陳紅彦◎主編

國家圖書館藏稿鈔本年譜彙刊

上册

國家圖書館出版社

圖書在版編目(CIP)數據

國家圖書館藏稿鈔本年譜彙刊:全三册 / 陳紅彦主編.-- 北京:國家圖書館出版社,2017.6

ISBN 978 - 7 - 5013 - 6109 - 0

Ⅰ.①國…　Ⅱ.①陳…　Ⅲ.①歷史人物—年譜—中國　Ⅳ.①K82 - 64

中國版本圖書館 CIP 數據核字(2017)第 101892 號

書　　名　國家圖書館藏稿鈔本年譜彙刊(全三册)
著　　者　陳紅彦　主編
責任編輯　林　榮
封面設計　程言工作室

出　　版　國家圖書館出版社(100034　北京市西城區文津街 7 號)
（原書目文獻出版社　北京圖書館出版社）
發　　行　010—66114536　66126153　66151313　66175620
66121706(傳真)　66126156(門市部)
E - mail　nlcpress@ nlc. cn(郵購)
Website　www. nlcpress. com→投稿中心
經　　銷　新華書店
印　　裝　北京華藝齋古籍印務有限公司
版　　次　2017 年 6 月第 1 版　2017 年 6 月第 1 次印刷

開　　本　787 × 1092(毫米)　1/16
印　　張　112

書　　號　ISBN 978 - 7 - 5013 - 6109 - 0
定　　價　1800.00 圓

編委會

主　　編：陳紅彦

副 主 編：謝冬榮　薩仁高娃

編　　委（按姓氏筆畫排序）：

石光明　李　堅　李文潔　李紅英　董馥榮

賈大偉　劉　明　蘇曉君

編　　務：薛文輝　肖　剛　趙大瑩　曹菁菁　馬　琳

前言

年譜是用編年體裁記載人物生平事迹、經歷、著述等内容，以譜立德、立功、立言，垂示不朽。年譜肇始於宋朝，興盛於明清，及至現在仍有編纂。年譜多由後人爲前人作譜，亦不乏自訂者。有年譜則其人可知、其世可考，年經月緯，始末昭焯。據不完全統計，現存各時期的年譜達四五千種，數量蔚爲大觀，是人物研究的重要資料。王寶先的《歷代名人年譜總目》、王德毅的《中國歷代名人年譜總目》、楊殿珣的《中國歷代年譜總録》、來新夏的《近三百年人物年譜知見録》、謝巍的《中國歷代人物年譜考録》、黄秀文的《中國年譜辭典》等書揭示了我國年譜編纂與保存的現狀。

國家圖書館十分重視年譜的收藏。《北京圖書館古籍善本書目》著録年譜四十八種，《國家圖書館普通古籍總目·傳記門》著録年譜一千二百三十三種，其中有不少爲稿本、鈔本或早期版本，存世稀少，歷來爲學者、藏家所珍視。一九九九年，國家圖書館曾編纂出版《北京圖書館藏珍本年譜叢刊》一書，收録了以普通古籍爲主的一千餘種年譜。此次出版的《國家圖書館藏稿鈔本年譜彙刊》，可視爲《北京圖書館藏珍本年譜叢刊》的接續之作。

《國家圖書館藏稿鈔本年譜彙刊》收録稿鈔本年譜十九種，其中善本六種，普通古籍十三種；稿本七種，鈔本十二種。譜主年代上起東漢，下訖晚清，其中著名者有東漢南閣祭酒許慎、東漢中郎蔡邕、曹操之子陳思王曹植、晉朝黄門侍郎潘岳、梁朝醴陵侯江淹、唐朝詩人杜甫、宋朝女詞人李清照、明朝忠臣楊繼盛、明末學士張溥、清初畫家王時敏、清經學家丁晏、清光緒浙江巡撫任道鎔、清末宗室寶廷等，編譜者主要是明清及民國間人。

本書收録的稿本年譜中，《時晴齋主人年譜》黑格卷軸，編者詹嗣賢是譜主張集馨的外甥，此譜可補張集馨自訂《椒雲年譜》之缺；任道鎔編《寄鷗自訂年譜》，後世未見流傳；董遷編《合肥龔端毅公年譜稿》，編於民國二十九年（1940），是《龔芝麓年譜》的原稿本；《蔡中郎年譜時事表》，逐月記事，比清高均儒編《蔡中郎年表》更爲詳備。在鈔本年譜中，《丁儉卿年譜》的編者丁壽恒是譜主第三子，此譜完成於丁晏卒後，未曾刊印；明堵胤錫編、清吴騫續編的《堵文襄公年譜》一卷，爲光緒十一年（1885）童斐鈔本。童斐（1865—1931），字伯章，常州府宜興縣人，光緒二十九年（1903）舉人，撰有《中樂尋源》《虚字集解》等；《王煙客年譜》是民國二十三年（1934）陳乃乾共讀樓鈔本，據《過雲樓書畫記》所載艮盦老人顧文彬節鈔本鈔録。其餘鈔本雖有或多或少刊印本流傳，然因其罕存稀見，亦具有獨特的文獻與版本價值。

限於見識，所選年譜難免有不當之處，敬請讀者批評指正。

編　者

二〇一七年五月

提要

許君疑年録一卷

清諸可寶編。清光緒二十年（1894）章鈺緑格鈔本。一册，毛裝。版心題『算鶴量鯨室』。書衣墨筆題『錢塘諸遲鞠氏著　甲午二月堅孟手録』，并鈐『章氏庋書』印。

年譜譜主爲東漢許慎。許慎（約58—149），字叔重，東漢汝南郡召陵縣人。官至太尉、南閣祭酒。著《説文解字》，推究六書之義，分部類從，至爲精密，爲中國第一部系統地分析漢字字形和考究字源的字書，也是世界上最早的字典。另著有《五經異義》《淮南鴻烈解詁》等書，今皆亡佚。范曄《後漢書》有傳。

諸可寶（1845—1903），字遲菊，號璞齋，浙江錢塘人。清同治六年（1867）舉人，曾入張之洞幕，官江蘇昆山知縣。善書法，工山水。除本書以外，還著有《捶琴詞》《璞齋詩集》《疇人傳》《江蘇全省輿圖》《元魏熒陽鄭文公摩崖碑跋》等。

書中粘貼有藏書簽一紙，上題『章氏藏書』。根據所用稿紙等判斷，本書爲近代藏書家章鈺所鈔所藏。章鈺(1865—1937),字式之,一字堅孟,晚號霜根老人,書齋名四當齋、箅鶴量鯨。江蘇長洲人。清光緒二十九年(1903)進士,官刑部主事,曾任京師圖書館纂修等職。辛亥革命後退居天津,以校書爲業。據統計,章氏一生手鈔手校之書多達一萬五千餘卷,且手鈔之書多用版心題『箅鶴量鯨室』的緑格稿紙。

年譜前有諸可寶序,正文從上至下分設四欄:第一欄『紀年』,以漢光武帝建武六年(30)開始;第二欄『朝政』,列與許慎紀年相對應的朝廷大事;第三欄『時人』,記録與許慎同時期的重要人物及事迹;第四欄『本事』,按年記録許慎的生平事迹。

這部年譜在《中國古籍總目·史部》中列有兩個版本:一爲復旦大學圖書館所藏稿本;二是民國八年(1919)天津金鉞所刻《許學四種》本。此鈔本正是金鉞刻本所依據的底本。金氏在年譜的序言中云:『己未秋初,予於吴中章式之主政許,見錢塘諸遲鞠大令所撰《許君疑年録》,乃主政手鈔本,未經刊行者也……爰假録付梓。』

本年譜考證許慎出生年爲漢光武帝建武三十一年(55),與通行説法略有不同,但其亦是『一家之言』。正如金鉞在刊刻時稱贊的那樣,『以許君子冲之官爵,記冲之年,由冲之年證許君之年。似較前人僅以許君詩友弟子年齒事迹相印證者,益爲精密』。

本書爲著名藏書家章鈺所鈔藏,具有珍貴的版本價值。(石光明)

蔡中郎年譜時事表一卷

佚名編。民國烏絲欄稿本。一册，毛裝。書名代擬。書衣墨筆題『雜鈔』。

年譜譜主爲東漢蔡邕。蔡邕（133—192），字伯喈，陳留郡圉（今河南省開封市圉鎮）人，著名才女蔡文姬之父。東漢著名文學家、書法家。因官至左中郎將，後人稱其爲『蔡中郎』。著有《蔡中郎集》《蔡邕十意輯存》《獨斷》《月令問答》《勸學》《琴操》等。

本年譜書寫在烏絲欄的稿紙上，書内無總題名，每年所記事非與蔡邕生平有關，僅以中郎年歲爲綫索，記漢順帝陽嘉二年（133）至漢獻帝初平三年（192）這六十年的歷史。如順帝永和五年（140）庚辰，八歲，『南匈奴大將反，五月度遼將軍馬續招降之』。靈帝熹平四年（175）乙卯，四十三歲，『改平準爲中準，使宦者爲令列於内署。自是諸署悉以閹人爲丞令』。獻帝初平三年（192）壬申，六十歲，『四月……吕布誅董卓……曹操稱兖州刺史』。從内容上看均輯録自《後漢書》《資治通鑑》等史書。書中提及蔡邕生平事迹内容之處，僅有兩處：一是第一葉第一行，『順帝陽嘉二年癸酉，一歲，中郎生』；二是『靈帝光和六年癸亥，五十一歲』，『石經刻成，立太學講堂前』。

從蔡邕年譜的編輯及流傳看，本書具有補缺的性質。（石光明）

曹子建年譜一卷

清朱緒曾輯。清鈔本。一册。

本譜譜主爲三國魏曹植。曹植（192—232），字子建，沛國譙（今安徽省亳州市）人，曹操之子。三國魏著名文學家，建安文學的代表人物，著有《洛神賦》《白馬篇》《七哀詩》等。

朱緒曾（1805—1860），字述之，號北山，上元（今屬江蘇南京）人。清道光二年（1822）鄉試舉人，以大挑知縣分發浙江，補孝豐知縣，署武義、秀水，遷嘉興。學問該洽，精於訓詁，嗜好藏書。平生著述頗豐，撰有《爾雅集釋》《論語義證》《曹子建集考異》《開有益齋讀書志》等，又校刊《梅里正續詩輯》等。《碑傳集補》卷四十九有傳。

是書附於清鈔本朱緒曾輯《曹子建集》之後，緑格，卷端次行低兩格題『年譜　朱緒曾輯』。年譜始自漢獻帝初平三年（192）曹植生，至魏明帝太和六年（232）曹植卒止，凡四十一年。年譜逐年據史傳等繫以時事和曹植撰述，考訂嚴謹，不妄下斷語。如『建安二十二年丁酉年二十六歲』一條繫以曹植《釋思賦》，稱：『按此賦不定此年作，姑附於此。』且多訂補舊説之謬，如『建安四年己卯年八歲』一條，云：『據《文昭甄皇后傳》裴松之注引《魏書》：甄皇后，靈帝光和五年（182）十二月丁酉生，至此年十八歲，蓋已適袁熙矣。若子建甫八齡耳，何得云欲娶此十年以長之婦乎？』

書中有墨筆校記，一種是據朱緒曾原稿與鈔本互校，如『建安三年戊寅年七歲』一條，云：『魏武。吕布取徐州。』書眉有校記稱：『原稿作魏武帝。』又貼有數紙浮簽，均寫有校記，署『庚案』，鈐『伯西』一印，未能考得誰氏。如『建安八年癸未年十二歲』一條，云：『袁譚與弟尚争冀州，譚乞降。』浮簽校記稱：『袁譚，原本誤寫遠産。』一種是據己意而訂鈔本之訛，如『建安二十五年庚子年二十九歲』一條，繫以曹植《上九尾狐表》，行間有校記稱『此五字應删去』。又同條所繫時事有『改元延安』之稱，浮簽校語稱：『延安，當作延康。』年譜末有補遺兩條，校記稱：『從草稿録出并校訛。』

清丁晏亦有《陳思王年譜》一卷，朱緒曾稱其『持論正大，考證詳贍，爲陳王功臣』，但也存在訛誤，如魏明帝太和元年(227)丁氏引《鄴都故事》稱魏明帝太和中筑鬥鷄臺，而將曹植《鬥鷄詩》繫於此年。朱氏稱：『然劉楨、應瑒俱有《鬥鷄詩》，不必筑臺始有鬥鷄之事。』檢此年譜，太和元年(227)即不繫曹植《鬥鷄詩》，訂正丁氏之誤。

此年譜爲治曹植詩文研究所必參稽，頗具文獻價值。(劉明)

潘岳年譜一卷陸機年譜一卷江文通年譜一卷

佚名編。民國朱絲欄稿本。一册，毛裝。所用稿紙版心題『中和豐』。

年譜譜主分别爲晉潘岳、晉陸機、南朝梁江淹。潘岳(247—300)，又稱潘安，表字安仁，小字檀奴，滎陽郡中牟縣（今河南省中牟縣大潘莊）人。西晉文學家，『太康文學』的主要代表。陸機（261—303），字士衡，吴郡吴縣（今江蘇蘇州）人。西晉著名文學家、書法家。江淹（444—505），字文通，宋州濟陽考城（今河南省商丘市民權縣程莊鎮江集村）人，歷仕南朝宋、齊、梁三代，爲南朝著名政治家、文學家。

這三種年譜的叙事風格手法近似，均以正史本傳爲綱目，輔以相關典籍以及所作辭賦記事爲綫索。所記年代、事件詳實可靠。《潘岳年譜》據王隱《晉書》、臧榮緒《晉書》及潘岳《秋興賦》《懷舊賦》《藉田賦》《楊仲武誄》《爲賈謐贈陸機詩》等十餘篇詩辭賦考訂而成。《陸機年譜》引文有王隱《晉書》、臧榮緒《晉書》及《世説新語》《文館詞林》《建康實録》《資治通鑑》以及陸機《贈弟士龍詩》《赴洛道中作詩二首》等。《江文通年譜》據《梁書》《南史》《宋書》《南齊書》以及江淹《自序傳》《閩中草木頌》《知己賦》等考訂而成。

此書未見有書目著録。（石光明）

杜工部詩年譜一卷

宋魯訔撰。清鈔本。與趙子櫟《杜工部年譜》《杜工部草堂詩話》二卷合一册，皆附於魯訔編次、蔡夢弼箋注之《杜工部草堂詩箋》五十卷之後。

年譜譜主爲唐杜甫。杜甫（712—770），字子美，號少陵野老，河南鞏縣（今河南省鞏義市）人。曾任左拾遺、檢校工部員外郎等職，所作詩多收録在《杜工部集》中。

魯訔（1099—1175），字季欽，又作季卿，號冷齋，宋嘉興（今屬浙江）人，後徙海鹽（今屬浙江）。宋紹興五年（1135）進士，授餘杭主簿，知衢州江山縣，擢太常丞，進太府少卿，權大理少卿，除江西轉運副使，徙浙東、福建路提刑，官至朝請郎，致仕歸。刻意古文，恥作蹈襲語，著有《易説》《論語解》《蒙溪已矣集》《須江雜著》《會稽唱酬》《芻狗集》等，又有《杜工部草堂詩箋》四十卷、《杜工部詩年譜》一卷，今存。《全宋詞補輯》録其詞一首、《全宋詩》録其詩三首、《全宋文》收其文。事迹參周必大《文忠集》卷三十四《直敷文閣致仕魯公訔墓誌銘》、《［至元］嘉禾志》卷十三。

年譜卷端題『杜工部詩年譜』『嘉興魯訔撰』。《四庫全書總目提要》（以下簡稱《提要》）謂魯訔『曾注杜詩，今存者惟此譜』。此鈔本年譜卷前有宋紹興癸酉（二十三年，1153）魯訔《編次杜工部詩序》，述魯訔編纂杜詩緣起云：『名公巨儒譜叙注釋是不一家，用意率過，異説如蝟。余因舊集略加編次，古詩近體一其後先，摘諸家之善者考於當時事實，及地理歲月與古語之的然者，聊注其下。』

是譜以杜甫生於唐先天元年壬子（712），卒於大曆五年庚戌（770）。杜甫年譜創始於吕大防，魯訔所述杜甫生卒年與之相同，《提要》謂魯訔『蓋承吕《譜》之舊』，并謂諸書考杜甫生卒年多有錯誤，應以吕大防、魯訔之説爲是。《提要》引姚桐壽《樂郊私語》謂《杜少陵集》魯訔所編定，『詩目次第爲季卿編定，一循少陵平生行迹，可以見其詩法』，并以此評價魯訔所撰年譜云：『知密於趙子櫟《譜》多矣。雖間有附會，又烏可以一眚掩乎？』

現存宋刻本《分門集注杜工部詩》二十五卷，附魯訔所撰年譜，其首條『睿宗先天元年壬子』下記：『按公志及傳皆云年五十九卒於大曆五年辛亥』。《古逸叢書》影印宋麻沙本《杜工部草堂詩箋》此條記爲：『按公志及傳皆云年五十九卒於大曆五年庚戌』。此鈔本與宋刻本同，皆作『大曆五年辛亥』。大曆五年之干支應爲『庚戌』，此鈔本與宋刻本皆誤。此鈔本首條末有小字注云：『汲公呂大防始作詩年譜』，此注見於多種魯訔、趙子櫟杜甫年譜合刻本，而收呂大防、魯訔年譜的宋刻本則無此注。此本鈔録者不可考。（李文潔）

杜工部年譜一卷

宋趙子櫟撰。清鈔本。與魯訔《杜工部詩年譜》《杜工部草堂詩話》二卷合一册，皆附於魯訔編次、蔡夢弼箋注之《杜工部草堂詩箋》五十卷之後。卷端題『杜工部年譜』『趙子櫟』。

趙子櫟（？—1137），字夢授，宋太祖六世孫。宋元祐進士。宋靖康中金兵南侵，趙子櫟時爲汝州太守，保境有功，遷寶文閣直學士。宋紹興七年（1137）卒。《宋史》卷二百四十七有傳。

年譜首有趙子櫟識語云：『呂汲公大防爲《杜詩年譜》，其説以謂次第其出處之歲月，略見其爲文之時，得以考其辭力，少而鋭，壯而肆，老而嚴者如此。竊嘗深考其譜，以爲甫生於睿宗先天元年庚戌，而甫實生於開元二年癸丑；以謂甫没於大曆五年亥，而甫實没於大曆六年辛亥。其推甫生歿所值紀年與夫紀年所值甲子皆有一歲之差，且多疏略。今輒爲訂正而稍補其闕。』趙《譜》本爲訂正呂《譜》而作，但周采泉《杜集書録》説：『其實呂《譜》僅紀年干支之差，其他不誤。趙《譜》則生没前後皆誤，其他舛誤尚多。』

《四庫全書總目提要》又辨趙子櫟所斷杜甫生卒年云：『子櫟與魯訔均紹興中人，然子櫟撰此譜時，似未見訔《譜》。故篇中惟辨吕大防謂甫生於先天元年之誤。考宋人所作甫年譜，又有蔡興中、黄鶴二家，皆以甫五十九歲爲大曆庚戌。獨子櫟持異議，以爲卒於辛亥之冬。不知辛亥甫年六十矣。且子櫟以《五年庚戌晚秋長河送李十二》爲甫絶筆。甫生平著述不輟，若以六年冬暴疾卒，何至一年之内竟無一詩，此又其不確之證也。其所援引亦簡略，不及魯《譜》之詳。以其舊本而存之，以備參考焉爾。』

此鈔本題識所録干支紀年有誤。《古逸叢書》影印宋麻沙本《杜工部草堂詩箋》記此識語爲：『以謂甫生於睿宗先天元年壬子，而甫實生於開元元年癸丑；以謂甫没於大曆五年庚戌，而甫實没於大曆六年辛亥。』趙子櫟年譜正文實以杜甫生於開元元年（713）癸丑，題識所謂『生於開元二年癸丑』有誤。吕大防《杜詩年譜》以杜甫歿於大曆五年（770）庚戌，鈔本所録『甫没於大曆五年亥』又有漏誤。此本鈔録者不可考。（李文潔）

杜工部年譜一卷

清周篆撰。清鈔本。此年譜位於《杜工部詩集集解》首册，前有《杜工部集序》《杜工部傳》，後爲《集解杜工部集凡例》《杜工部集附録》。

周篆（1642—1706），字籀書，號草亭先生。先祖居青浦，父周澧徙烏程（今浙江湖州），周篆後來遷至蘇州吴江嚴墓鎮。他少時聰穎好學，能詩古文，年輕時曾問學於顧炎武，顧氏曾撰《與周籀書書》，要他務本原之學，求經世致用之道。周篆遂博究經史，所撰文章多關於治理之法。他的文章切中時弊，且邏輯縝密。《清經世文編》收其《字説》《濬隋河故道通漕議》諸文。著有《蜀漢書》八十一卷、《草亭先生文集》二卷《詩集》四卷。《［乾隆］震澤縣志》卷十九、《［同治］蘇州府志》卷一百十二有傳。

此清鈔本『玄』字缺筆，有朱筆圈點。書衣楷書題款云『杜詩集解　青浦周篆撰　惠定宇題　戊子八月得於天津文運堂　閒閑記』。年譜分世次、年號、歲次、行年及出處五項。除録杜甫生卒年份之外，亦簡述其仕途、交際、游歷地點及經過，目次清晰。

周篆以布衣而終，然影響頗大，曾與仇兆鰲説詩論文。仇兆鰲稱周氏詩文并舉，兼得於韓愈、杜甫之能。王士禛未見其人，讀其文，亦稱其文章『皆經天緯地之學』。《［乾隆］震澤縣志》稱周氏撰著生前未得刊刻，俱爲家藏。此年譜及其所著《杜工部詩集集解》無刻本傳世，僅存此鈔本，文獻價值頗高。（賈大偉）

李清照年譜不分卷

魏堯西編。民國三十六年（1947）成都朱格稿本。一册。

李清照（1084—1155？），號易安居士，濟南章丘（今山東省濟南市章丘區）人。宋代女詞人，婉約詞派代表。

魏堯西（1917—1998），四川邛崍人。早年就讀私塾，後於中學任教，曾參與一九九三年《邛崍縣志》的編纂，所著除《李清照年譜》外，尚有《邛窯志略》等。

本年譜爲散葉，寫在朱格印成的稿紙上。首葉爲影印的手繪『易安居士三十一歲之照』像，後爲民國三十六年（1947）作於成都泡桐樹街掃花閣的自序。書末有附録，包括《參考書目》《後記》。年譜採取編年兼紀事本末體，按譜主生平經歷分段記叙。書中引用大量史書、專記、評論等來考證有關年代與事實是一大特點。著者在《後記》中説：『予又參稽其他志乘及評論易安刊物，約近百種，復獲數十事，輯爲斯譜。』按照《參考書目》所記，衹收文中徵引者，約六十餘種，『其參考未經徵引者，概從略』。可見著者在寫作過程中傾注了極大的熱情和對主人公李清照深深的敬意，自序云：『易安去今七百年，珠沉玉錮，事迹難詳。余刮垢靈光，鈎稽遺軼，憑證論斷，輯爲年譜。紬繹染翰，錯綜摩編，更數月而殺青告成。逝者不作，我思古人。每展卷低徊，迹其冰玉，千秋一日，猶仿佛接其神情妙秀也。』

據《中國古籍總目》記載，李氏年譜僅民國李文祫編《易安居士年譜》一卷一種。本書既可以豐富李氏生平事迹的記載，又爲宋代詩詞及李清照詩詞風格的研究提供了重要的史料。本书也具有較高的版本價值。（石光明）

先三鄉賢年譜三種

清黄佛頤輯。民國朱絲欄鈔本。一册。

此《先三鄉賢年譜》由《雙槐公年譜》《粵洲公年譜》《文裕公年譜》三譜合編而成。前有南海楊裕芬序，略書三人學術淵源及年譜成書經過。末有黄佛頤之父映奎跋文，詳述此譜編輯起因經過，言其從兄石孫曾輯有泰泉公年譜，稿存於家十餘載，後被人攫去不返。清光緒癸卯（二十九年，1903）借續編《黄氏家乘》之機，命佛頤增輯三公年譜，合編爲一卷，以期追溯三公家學淵源及生平事迹，從而激勵本宗子弟以三公爲榜樣奮然興起。

所謂三公者，爲雙槐公黄瑜、粵洲公黄畿、文裕公黄佐，分别爲香山黄氏六世祖、七世祖、八世祖。黄瑜（1426—1497），字廷美，號友琴，晚更號雙槐老人，香山人。明景泰七年（1456）中舉，曾官惠州府長樂縣知縣。其爲官政績頗佳，亦受百姓擁戴，然性情剛直，長期不得升遷，後棄官回廣州。因於庭院内種植兩棵槐樹，故自號雙槐。著有《雙槐集》《雙槐歲鈔》《書經旁》等。黄畿（1465—1513），字宗大，號粵洲，南海人。黄瑜之子，庠生。黄畿少有奇童之譽，然屢試不逮，後絶意科舉，隱居羅浮山之椒山，自號粵洲，學者稱爲粵洲先生。著有《三五玄書》二十五卷、《皇極經世書傳》八卷、《粵洲集》六卷、《删正黄庭經》等。屈大均在《廣東新語》中説：『粵人書之精者，以畿爲最。』黄佐（1490—1566），字才伯，號希齋，晚號太霞子，又號泰泉居士，學者稱泰泉先生，謚文裕，南海人。黄畿之子。明正德十五年（1520）進士，授編修，纍遷南國子監祭酒，因事被罷官，後歸居廣州，改白雲山景泰寺爲泰泉書院，廣收弟子。於教授之餘，潛心著述，著有《南雍志》二十四卷、《翰林記》二十卷、《革除遺事》六卷、《廣州府志》二十二卷、《廣州人物志》二十四卷、《香山志》八卷、《泰泉全集》六十卷等。黄佐被認爲是繼丘濬、陳獻章之後，嶺南儒學的又一位集大成者。黄佐也是一代之詩宗，被後人尊爲粵之昌黎，朱彝尊則稱其爲嶺南詩派的領袖。

黄佛頤所輯年譜以三人的著作和地方志及家譜資料爲主要依據，分别記載了三人的生平事迹和著述情況，雖是爲先人作譜，但内容詳實，無虚妄溢美之詞，亦屬可貴。該譜刊於清光緒三十一年（1905）香山黄氏純淵堂刻《黄氏家乘續編》之卷首，并冠有三人畫像。據《中國家譜總目》，此家譜海内外僅五家機構有藏。《中國歷代人物年譜考録》將三譜分别著録，但均未提及此鈔本。此鈔本行款、内容悉與刻本同，當從刻本鈔出，因刻本存世較少，此鈔本亦較珍貴。（董馥榮）

楊忠湣公自著年譜一卷

明楊繼盛撰。清光緒十一年（1885）童斐鈔本。與《堵文襄公年譜》合一册。

楊繼盛（1516—1555），字仲芳，號椒山，直隸容城（今河北省容城縣北河照村）人。謚號忠湣，世稱「楊忠湣」。楊繼盛於明嘉靖二十六年（1547）登進士第，初官南京吏部主事，後任兵部員外郎，因彈劾仇鸞開馬市之議，被貶爲狄道典史。其後被起用爲諸城知縣，遷南京户部主事、刑部員外郎，調兵部武選司員外郎。嘉靖三十二年（1553）因彈劾嚴嵩「五奸十大罪」，遭陷害入獄。在獄中雖飽受酷刑折磨，終不肯屈服，於嘉靖三十四年（1555）與張經、李天寵、蘇松、湯克寬等九人同遭處決，棄屍於市，年僅四十歲。臨刑前，他將自書年譜交予其子。明穆宗即位後，以楊繼盛爲直諫諸臣之首，并追贈太常少卿，謚號「忠湣」。楊繼盛因其不畏權貴直言犯諫的精神而爲後世所推崇。

據考，《楊忠湣公自著年譜》主要部分成於嘉靖三十二年（1553）閏三月二十一日，嘉靖三十三年（1554）、三十四年（1555）又有續補，記述了自身的生平事迹及思想經歷，涉及到當時的政治、軍事、經濟、典章制度等諸多方面。楊繼盛年譜有多種刊本，《中國歷代人物年譜考録》記載有明隆慶、萬曆，清康熙刊《楊忠湣公集》附；清乾隆六年（1741）刊《狄道州志》卷十三《藝文》内；清道光二十一年（1841）刊《楊椒山先生全集》卷首，道光二十三年（1843）思補堂刊《楊忠湣公遺集》附；《三賢文集》本，清光緒十六年（1890）曹娥江司蜀刊《修橋遺言》卷首，《三異人文集》本，《楊公垂範集》附；光緒二十三年（1897）湖南書局刊《四忠遺集》本；日本嘉永年間活字本《楊椒山先生集》附等版本。《中國歷代人物年譜考録》還記載有北京圖書館（今國家圖書館）藏清光緒間鈔本，即爲此童斐鈔本。

童斐（1865—1931），字伯章，常州府宜興縣人。光緒二十九年（1903）舉人，曾任宜興周鐵竺西學堂校長，江蘇省立第五中學校長，上海光華大學教授、國史系主任。童斐是著名的教育家兼曲學專家，著有《中樂尋源》《虚字集解》等。此鈔本書衣墨筆題『楊忠湣　堵文襄公年譜　琢如手録』。書末有童斐光緒十一年（1885）跋文，叙述其鈔録此兩年譜的原因。文稱其讀二公年譜，『觀其少年，皆零丁孤苦，貧賤不聊生，而卒能積學自達，此其志氣固自有加人一等者。及其慷慨公義，臨難不顧身，至死無有貳志，每感激泣下……因録一編於座右以爲取法，且以志於警誡云』。正文卷端下題『李卓吾先生定本』，由此推知，此鈔本底本爲毛大可鑒定，章梅溪、朱芷庵重訂本《增補楊椒山先生全集》。與刊本相比，此鈔本在結尾部分做了省略處理，刊本中的批注也是有選擇性地過録於書眉。

楊繼盛自著年譜長期以刻本的形式流傳，其原稿直至乾隆時期纔現世，現藏河北省文物保護中心。（董馥榮）

王煙客年譜一卷

清王寶仁編，清顧文彬節鈔。民國二十三年（1934）共讀樓烏絲欄鈔本。一册。

年譜譜主爲名人王時敏。王時敏（1592—1680），號煙客，江蘇太倉人。王時敏出身世家，爲明大學士王錫爵之孫，翰林編修王衡之子。他以蔭官至太常寺少卿，工於繪畫，是明末清初的著名畫家，是山水畫『婁東派』的創始人，與王鑒、王翬、王原祁并稱『四王』，外加惲壽平、吴歷，合稱『清六家』。王時敏的傳世作品有《層巒疊嶂圖》《秋山圖》《雅宜山齋圖》等，并著有《西田集》《疑年録彙編》《西廬詩草》等。

王寶仁（1789—1852），字東壁，號研雲，王時敏七世孫。王寶仁所編《奉常公年譜》四卷，綜合諸多記載，全面記述了王時敏一生的事迹，涉及仕事、世事、家事和書畫事等各個方面。顧文彬（1811—1889），字蔚如，號子山，晚號艮盦，一爲艮庵，過雲樓主，江蘇蘇州人。著名書畫收藏家，過雲樓爲其藏書樓。顧文彬晚年精選所藏書畫二百五十件，編纂成《過雲樓書畫記》十卷，記録了他搜集、賞析、研究歷代書法名畫的成果心得。其節鈔《王煙客年譜》載於清光緒八年（1882）顧氏所刊《過雲樓書畫記》卷六内。顧氏在年譜末撰有跋文，叙述其刊入年譜的原因。顧文彬稱因欽慕王時敏而鈔藏《奉常公年譜》，并『掇其大凡，存什之一二附刊卷中，諗世之心醉先生筆墨者』。

此鈔本以共讀樓定製稿紙鈔寫而成。每半葉十行，行二十一字，小字雙行同。黑口，四周單邊，版心下鐫『共讀樓寫本』字樣。卷末題『原本四卷，此據《過雲樓書畫記》所載艮盦老人顧文彬節鈔本也。甲戌寒夜寫訖，共十一葉』。共讀樓乃現代著名目録學家、文獻家陳乃乾室名。陳乃乾（1896—1971），浙江海寧人。室名慎初堂、共讀樓、百一廬。陳乃乾亦爲藏書家，曾有藏書至萬卷，其中頗多善本。年譜是其收藏中的一個重要部分，其曾於一九三四年編撰《共讀樓藏年譜目録》，著録年譜七百餘種，其中有不少是其親筆所鈔。《王煙客年譜》在内容選擇上側重於畫事和家事方面，對於畫作的創作時間和起因經過都有較爲細緻的記録，同時對王時敏的交游活動也多有涉及，雖爲節選，但也有其獨特的價值。加之此本爲名家鈔寫，其版本學方面的價值也頗爲重要。（董馥榮）

堵文襄公年譜一卷

明堵胤錫編，清吴騫續編。清光緒十一年（1885）童斐鈔本。與《楊忠湣公自著年譜》合一册。

堵胤錫（1601—1649），亦作允錫，又名錫君，原名靈授，字仲緘，一字牧子，號牧游，江苏宜興人。明崇禎十年（1637）進士，曾官南京户部主事、長沙知府等職。清軍入關後任南明兵部尚書，封光化伯，在湖南、江西、貴州、廣東、廣西等地進行反清活動。堵胤錫等人主張聯合大順軍和大西軍，因與何騰蛟、瞿式耜等意見相左而受到排擠。南明永曆三年（1649）十一月二十七日，病卒於潯州（今廣西桂平）。永曆帝痛悼不已，諭祭九壇，贈上柱國、中極殿大學士，太傅兼太子太師、潯國公，謚號文忠，其謚又稱文襄，改謚忠肅。《明史》有傳。有《堵文忠公集》行世。

《中國歷代人物年譜考録》所載堵胤錫年譜有六種，其一爲堵胤錫自記年譜，該譜撰於崇禎四年（1631）三十一歲時，叙至崇禎十七年（1644）二月止，爲其他各譜之藍本。其他五種爲：明堵胤錫編，清吴騫續編《堵文襄公年譜》；清任源祥編《堵文襄公年譜續編》；清張夏編《堵文襄公年譜》；清潘士超編《堵文忠年譜》；清周同編《堵文忠公年譜》。關於這幾種年譜間的關係，清光緒十三年（1887）周同在其所編年譜的凡例中有清晰的説明，『文忠公年譜凡四編，有公自編者，載筆於崇禎辛未，追譜從前而迄於甲申二月。有續增者，起於公十一歲冲宇公卒，至四十八歲寄故人書而止。其文由公自記者居半，有續編者則任源祥承公之絶筆續以終公之世也。有爲張夏所編者，則以自記二字冠公之手編。合訂三編，事增而減其文即潘士超所刊行者也』。以是先有堵胤錫自記年譜，其後有任源祥續編本，然後有清康熙間張夏所編本，清道光間潘士超所編譜是在任、張兩譜的基礎上的增編本，周同所編本則是取張、任、潘譜彙輯而成。任、張、潘、周四譜均有刻本行世。《中國歷代人物年譜考録》稱鈔本《堵文襄公年譜》『未署編者名氏，然有吴騫校并跋，係取堵氏自編加以增續，蓋吴所爲』。吴騫（1733—1813），字槎客，號兔床，浙江海寧人。著名藏書家。《中國歷代人物年譜考録》所著録吴騫鈔校本現藏國家圖書館。吴騫鈔本末有兩則題記，據題記所言，此譜借鈔自潘於雲，後吴騫見到張夏所撰年譜，發現張譜較鈔本内容詳細，此譜不識何人手輯，疑其即從張本節録者。由此可知吴騫所藏鈔本并非吴騫所續編。

此童斐鈔本不分卷，亦未署編者名氏。所記事自明萬曆二十九年（1601），止於永曆三年（1649）去世，記述了堵胤錫的生平事迹，對他任長沙知府時的剿匪事迹，以及清軍入關後，招撫李自成起義軍舊部聯合抗清的事迹都有詳細的記載，同時也反映了南明朝廷内部各派系間争鬥的情形。此譜内容與諸譜大致相同，但亦有不同之處，文字叙述較爲簡略，知亦爲節鈔本。此鈔本《中國歷代人物年譜考録》未著録。（董馥榮）

張溥年譜

蔣逸雪編。民國朱絲欄稿本。一册。

張溥（1602—1641），字天如，號西銘，直隸（今江蘇）太倉人。明崇禎四年（1631）進士，復社盟主，以宗經復古、切實尚用相號召，評議時政，進行文學和政治活動。崇禎十四年（1641）卒，年三十九歲，私謚仁學先生。有《易經注疏大全合纂》《漢魏六朝百三家集》《歷代史論》《歷代名臣奏議》《唐文粹删》《七録齋集》等。

蔣逸雪（1902—1985），江蘇建湖人。先在實應文士張海漁學塾讀書，後入淮陰省立第六師範學校，畢業後留教附小。之後任教於淮安省立第九中學、鹽城中學、太倉師範等校。抗戰初，隨江蘇聯合中學西遷四川，任國史館編輯主任。抗戰勝利後回江蘇，任教鎮江師範學校，一九五六年調任揚州師範學院中文系。退休後歸居鎮江舊宅，從事著述。有《陸秀夫年譜》《劉鶚年譜》《南穀類稿》等。

此譜書前冠民國二十九年（1940）張繼序、編者自序及萬斯同《明史稿・張溥傳》、張廷玉《明史・張溥傳》，後附參考書目。年譜起於明神宗萬曆三十年（1602）三月二十三日，是爲張溥生日，止於崇禎十四年（1641）五月初八日丑時，是爲張溥卒時。編者對譜主評價甚高，其自序有云：『復社之立，創自天如。天如起自孤寒，不三十而名震朝野，一言以爲月旦，四海重其風儀。北而燕晉，南而閩粤，西而黔蜀，才秀論政，是非臧否，咸取決於吴會。身隱田廬，望重天下，謂非賢者能之乎？宜興再相，拔善類，黜苛雜，朝政一新，駸駸有中興之勢，論者歸功於天如。迨天如作古，朝事乃不可問，論者又不僅爲一人惜也。』此譜蔣逸雪謂訪之舊家、徵之舊籍而成，可爲『庶後之輯黨社史者有所考覽焉』。蔣氏所記注重時賢、時政與譜主之關聯，條陳要旨，引文闡釋，言語簡潔，詳略得當，使張氏家世源委、生平事迹紬繹而顯於世。

蔣逸雪《張溥年譜》初印於民國三十四年（1945），由重慶商務印書館排印，後於民國三十五年（1946）收入上海商務印書館排印的《中國史學叢書》。此譜爲墨筆楷書，朱絲欄散葉，未裝訂。書衣鈐有『民國卅五年六月廿九日』墨印，表明此譜完成於此紀年之前。每葉均鈐『重慶市圖書雜志審查委員會審查訖』橢圓藍印，該委員會於民國二十七年（1938）在重慶成立，説明此譜曾在重慶滯留過，與重慶初印相吻合。正文共五十八葉，譜前附編者『須改正者』一紙，經筆迹比對，應爲蔣逸雪親筆，紙右邊有朱筆豎題『稿已裝箱寄滬，請滬處照改』，左側另有墨筆豎題『原稿上已照單改正』，下有紀年，爲民國三十五年（1946）六月十七日，左右呼應，而『照單改正』地當爲上海。由此推知，此譜應是編者遷居四川時完成於民國三十五年（1946）之前，待出版的清稿本，曾經民國重慶圖書雜志審查委員會逐葉審查，由抗戰後期重慶商務印書館初版排印，後經編者開列修改單，輾轉寄滬，由上海商務印書館再排印入《中國史學叢書》，極具文獻與版本價值。（蘇曉君）

合肥龔端毅公年譜稿

董遷編。民國二十九年（1940）朱絲欄稿本。一册。

年譜譜主爲龔鼎孳。龔鼎孳（1616—1673），字孝升，號芝麓，安徽合肥人。明崇禎七年（1634）進士，授兵科給事中。入清，官至刑部尚書，謚『端毅』。著有《定山堂詩集》四十三卷、《定山堂詩餘》四卷、《定山堂古文小品》二卷等。《清史稿》卷四百八十四有傳。

董遷，生平不詳。該年譜前有董遷署『民國第一庚辰』（即民國二十九年，1940）的《弁言》及《本譜所用參考書》，後有家人小傳及《端毅公著述》。年譜内容起自明萬曆四十三年（1615），止於清康熙十四年（1675）。全書字體鈔寫工整，間有增補與浮簽，應爲著者謄清稿本。董氏《弁言》云：『僕少既失學，及長顛沛四方，退食之餘讀書略有領悟』，説明著者學歷不高、仕途不顯。又云『客冬，吾友李君泠衷主編《朔風》雜志，屢屬爲文，情不獲已』，讀龔鼎孳集之後，參考他書，『乃决編次成譜，以備他年史家所採』。

《中國歷代人物年譜考録》著録龔鼎孳年譜兩種，一爲譜主自撰《浠川政譜》二卷，有清光緒刻本存世；一爲董遷編《龔芝麓年譜》，首刊於《中和月刊》一九四二年第三卷第一至三期。將此稿本與刊本相較，年譜内容大體一致，但是亦有個别字句的不同，由此可見稿本之價值。另，刊本末有壽鵬飛《〈龔芝麓年譜〉書後》，首言：『同邑董君太冲，有龔芝麓尚書年譜之作。』按壽鵬飛爲浙江紹興人，因此董遷當是紹興人，『太冲』爲其字

號。（謝冬榮）

沈端恪公年譜四卷

清沈曰富編。清鈔本。一册。

年譜譜主爲清人沈近思。沈近思（1671—1728），字位山，號倓齋，謚端恪，浙江仁和人。清康熙三十九年（1700）進士，出知河南臨潁縣，建社倉，設義冢、義學，有政聲，清雍正間纍官左都御史。撰有《勵志録》《夙興録》《天鑒堂集》等。

沈曰富（1808—1858），字沃之，吴江人。清道光十九年（1839）舉人，治學以程、朱爲主，兼綜漢、宋。爲文本桐城義法，細緻縝密，語言質樸。亦能詩詞，多磊落不平之氣。撰有《集雅堂詩》《受恒受漸齋集》等。

《沈端恪公年譜》早期有清同治十二年（1873）浙江書局刻《沈端恪公遺書》本，之後又有清光緒二十二年（1896）江蘇書局刻本等，均分爲二卷，所記康熙十年（1671）正月至四十九年（1710）八月建紫陽書院爲上卷，康熙五十年（1711）春至雍正五年（1727）正月擢左都御史，十二月十三日公卒於位爲下卷。此本鈔至雍正四年（1726），則分爲四卷，卷一起康熙十年（1671）正月十四日出生，迄四十四年（1705）冬赴京謁選；卷二起康熙四十五年（1706）元旦游泰山，迄五十年（1711）春臨潁社倉成；卷三起康熙五十一年（1712）在臨潁任上徐太尊書，迄六十一年（1722）正月由厦門回福建省城；卷四起雍正元年（1723）春奉召入京授吏部文選司郎中，迄四年（1726）十月奉旨加級。四卷本應是據原稿本鈔録，可見初稿形態，存世稀少。

俞樾《春在堂隨筆》卷五就記録有稿本四卷，清末楊昌濬曾得到過，并録有復本，云：『楊石泉中丞偶得《沈端恪年譜》四卷，其書乃未定稿本，屬余寫定。因於吴下寓廬校讀一過，付鈔胥寫之，仍爲四卷。』俞樾校讀過的鈔本已不知所蹤，此沈曰富四卷鈔本，譜文亦很規整，與常見刊本兩相比較，除缺少譜主最後一年的記録外，紀年、記事大體相同，而文字多有出入，叙述各有詳略，增删、修改處不少，由此可見編纂定稿經過，與二卷刊本不同，此四卷本尚未廣泛流傳。（蘇曉君）

丁儉卿年譜一卷

清丁壽恒等撰。清鈔本。一册。

年譜譜主爲丁晏。丁晏（1794—1876），字儉卿，號柘唐，又作柘塘、柘堂，祖籍濟南，江蘇淮安山陽人。清代經學家。清道光元年（1821）舉人。清咸豐十一年（1861）九月，朝廷獎叙其守城有功，加三品銜，并賞戴花翎。清同治十年（1871），與何紹基共同主持《重修山陽縣志》《淮安藝文志》的纂修。先後主講阜寧觀海書院、鹽城表海書院、淮安文津、麗正等書院，有『江淮經師』之稱，晚號石亭居士。『頤志齋』是其齋名，因鄭玄有《六藝論》，故署其堂名『六藝』。

丁晏治經，漢、宋并重，著述豐富，傳世之作有《周易解故》一卷、《易林釋文》二卷、《詩考補注》二卷、《論語孔注證僞》二卷、《論孟集注附考》二卷、《説文朓語》一卷、《説文舉隅》一卷、《四史餘論》四卷等，多收入《頤志齋叢書》。關於丁晏著述，其玄孫丁志安輯有《丁晏著作年表》，刊於淮陰師專《文史叢刊》第一〇七號，可了解其生平學術成就。

此鈔本全名《皇清晉封資政大夫　誥授通奉大夫　欽賞二品封典三品銜　封户部員外郎加三級前侍讀銜内閣中書顯考柘唐府君年譜》，簡稱《柘唐府君年譜》，其子丁壽恒、丁壽炳、丁壽寶等人編，李鴻章填諱。此書首載丁氏家譜世系，次考譜主生平、從學、交游及著述等，譜主所撰序跋常常繫於其後，從中可見其著作之由及思想淵源。其子孫生卒嫁娶、入學出仕等，亦有詳述，保留了不少史料，較別本詳細。此本中多有圈改修訂、删減增補等處，疑爲初鈔本。

據《中國歷代人物年譜考録》，有關丁晏年譜另有六種：首先，丁晏自訂手稿本《柘翁自編年譜》，此書編至咸豐三年(1853)，即作者年六十歲時；其次，《丁柘塘先生年譜》一卷，其門弟子吴昆田、陶鑲編，此本亦編至六十歲時；第三，《歷年紀略》一卷，又名《丁柘唐先生歷年紀略》，其侄丁一鵬編，朱絲欄鈔本；第四，《先資政公年譜》，其次子丁壽祺編，作者屬稿未竟而卒，不知存佚，民國間宋焜《静思軒藏書記》甲編著録；第五，稿本《丁柘塘先生年譜》，清潘桐編；第六，《頤志老人年譜》，其玄孫丁步坤等人編，據丁壽恒本增訂。其中，《柘唐府君年譜》與《丁柘唐先生歷年紀略》收入《北京圖書館藏珍本年譜叢刊》，二〇〇六年編入《晚清名儒年譜》。(李紅英)

時晴齋主人年譜一卷

清詹嗣賢撰。稿本。一卷，卷軸裝。

年譜譜主爲張集馨。張集馨（1800—1878），字椒雲，江蘇儀徵人。因在京居於汪由敦舊宅時晴齋，别號時晴齋主人。清道光九年（1829）舉進士，初任職翰林院，道光十六年（1836）受道光帝『特簡』，外放爲山西朔平知府。此後三十年間，在山西、福建、陝西、四川、甘肅、河南、直隸、江西等省任知府、道員、按察使、布政使、署理巡撫等職。清同治四年（1865），因防禦太平軍北伐『出兵遷延』，被彈劾革職。著有《十三經音義字辨》《時晴齋詩賦》《道咸宦海見聞録》等書。

詹嗣賢（1840—？），字希伯，江蘇儀徵人。同治十三年（1874）舉進士，清光緒八年（1882）任翰林院編修。詹氏爲張集馨之甥，與徐州煤礦的創建者胡恩燮交往甚密，曾爲胡氏撰《白下愚園集序》。其生平事迹不詳，史書無傳。

是本爲詹氏稿本，卷軸裝，黑格白紙，每行二十五字，全篇皆爲奏摺提行格式。書衣有行書題款云『詹翰林嗣賢書張椒雲年譜』。末題『光緒六年歲在庚辰仲秋月外甥詹嗣賢頓首謹編并書』一行。

是書載張氏生平，除述其家世、仕途及著述外，還録其晚年講學、刻書之事迹。其中記載張集馨因甘肅番案及剿滅太平軍北伐不利而屢遭彈劾的内容，是研究甘肅地方民族史和太平天國北伐的重要材料。其記載内容可補張氏自叙年譜《道咸宦海見聞録》之不足。張集馨雖非清末重臣，然歷道光、咸豐、同治三朝，爲宦三十餘載，官至巡撫。他的家世經歷、人際交往、仕途沉浮，亦是研究清末歷史的重要史料。

是書無刻本傳世，該本裝裱精美，保存完整，字體工整秀美，紙墨如新，文獻價值頗高。（賈大偉）

滌浮居士塵游録一卷

清劉長華編。清光緒朱格稿本。二册。

年譜譜主即爲編者。劉長華（1810—？），字椒泉，一字春木，號品芳，又號素園，别號滌浮居士，室名貽馨堂，江蘇崇明（今屬上海）人。清道光舉人，官華亭教諭。著有《歷代同姓名録》二十三卷、《漢晉迄明諡彙考》十卷、《皇朝諡彙考》五卷等，輯有《崇川劉氏叢書》四種。

此年譜爲稿本，未曾刊印過，記載了譜主一生的大致經歷。清嘉慶十五年庚午（1810）七月初二日劉長華生於江蘇通州，先後師從沈柏齡、王鶴翔，道光十四年（1834）七月望後赴省試，中第六十三名舉人，時年二十四歲，之後數番赴試均不第。道光二十四年（1844）四月初，大挑二等候選教職。清咸豐三年（1853）家居，輯《錦字類箋》。四年（1854）家居，輯《素園雜記》。六年（1856）三月校其父遺文付梓，月餘刊竣；五月編校《孫忠靖遺集》二十餘卷付梓，十月刊竣。咸豐八年（1858）四月十二日，選補松江府華亭縣教諭，在署命工刊刻《宗譜》，時年四十八歲。九年（1859）春夏在署作《崇川黌耆贊語》一卷付梓，又輯《性理説》《家箴》各卷，十二月

《貽馨堂文集》《宗譜》在松刊竣刷印。咸豐十年（1860），又監理雲間書院事。清同治十年（1871）十二月續刊《貽馨堂文集》。十一年（1872）夏，在署檢校《古今同姓名録》二册，校對增補，分六卷。十二年（1873）四月，鈔易《歷代同姓名録》稿本。十三年（1874）四月中旬，《四書經説備忘録》八卷鈔完，又校定《四書辨異》一卷。清光緒五年（1879）正月，《漢晉迄明謚彙考》刻成，月底命匠刻《歷代同姓名録》，四月刻《文昌孝經》一部，分送各塾。光緒七年（1881）二月初，《歷代同姓名録》刊竣，仲春至季冬在家輯《春秋左傳列國人名姓字考》二帙。九年（1883）七月至季冬，在家檢讀崔鴻《十六國春秋》，輯《十六國春秋雜記》二卷底稿。十年（1884）三月中旬，將所輯《十六國春秋雜記》鈔謄成帙，十月杪所刊《漢晉迄明謚彙考》工竣。譜主卒年不詳，自叙至光緒十一年（1885），時年七十五歲。此譜有咸豐間上海小刀會史料可採，然書中大量記録日常家庭生活雜事，過於瑣碎。

原譜不載譜主真實姓名，僅有字號題記，書衣墨筆題『滁浮居士塵游録編年稿本』『同治辛未孟春上旬　雲間齋舍手訂』，下鈐『滁浮居士』『素園主人』方印。據内封墨筆題『椒泉老人手訂』推知，書衣所題『辛未』即同治十年（1871），劉長華年六十一，當是此稿始撰年。書分上下兩册，楷書小字，有蟲蛀痕迹。有近人馮雄藏書印多方。（蘇曉君）

寄鷗自訂年譜一卷

清任道鎔撰。稿本。一册。

任道鎔（1823—1906），字礪甫，別字筱沅，晚號寄鷗，江蘇宜興人。清道光二十九年（1849）以拔貢入官，清咸豐年間在籍襄辦團練，升任當陽知縣。清同治二年（1863）任直隸順德知府，行堅壁清野之法對抗捻軍。纍遷至浙江布政使，清光緒七年（1881）擢山東巡撫，二十二年（1896）任河東河道總督，二十七年（1901）調浙江巡撫。次年以病歸。任道鎔辦事幹練、勤政廉潔，深受曾國藩賞識，光緒帝亦『賞戴花翎』『功賞頭品頂戴』。他善書畫，所作墨梅氣魄雄厚，近似彭玉麐（清代書畫家，官至兵部尚書）。《清史稿》卷四百五十有傳。

此任氏自訂年譜稿本書於朱絲欄稿紙之上，半葉十行，行字不等。葉心題『寄鷗館』。書衣題『寄翁年譜稿已清至癸未年　另存　甲乙丙等年續記』。卷端題『寄鷗自訂年譜』。記録任道鎔自道光三年（癸未，1823）出生至光緒二十二年（丙申，1896）七十四歲的經歷，每年一條，以干支紀年加歲數起首，如『辛丑十九歲』『庚辰五十六歲』，内容有詳有略，時有勾畫塗抹。應該是任道鎔晚年（七十四歲）對自己一生的回憶記録。他修訂此年譜之際，正是擔任河東河道總督之時，距離告老還鄉尚有五年。此年譜對自己的幼年教育、科舉、從政履歷、婚姻、家庭成員、地產置辦等的記録尤爲詳細，如『庚辰五十八歲，以籌餉功奉旨賞加頭品頂戴』；『丙申七十四歲，正月初七日，奉上諭：「河東河道總督着任道鎔署理，欽此。」』是了解任道鎔生平的重要資料。

此稿本年譜與著者的《寄老遺言》一卷，《寄翁述舊録》一卷，戊子（光緒十四年，1888）、己丑（光緒十五年，1889）、庚寅（光緒十六年，1890）、壬辰（光緒十八年，1892）、辛丑（光緒二十七年，1901）、壬寅（光緒二十八年，1902）日記，以及保基契簿等其他五册，合爲一函。其中，此年譜與各年日記所用之稿紙相同，均爲半葉十行的朱絲欄『寄鷗館』稿紙。（李堅）

偶齋先生年譜一卷

清壽富等編。清鈔本。一册。

年譜譜主爲寶廷。寶廷（1840—1891），姓愛新覺羅氏，初名寶賢，字少溪，又字仲猷，號竹坡，又號難齋，晚號偶齋，清宗室，鑲藍旗人。清同治七年（1868）進士，由編修纍至禮部右侍郎、正黄旗蒙古副都統，以敢諫名時。工詩好歌，撰有《竹坡侍郎奏議》《竹坡先生遺文》《偶齋詩草》等。

壽富（1865—1900），字伯茀，一作伯福，號菊客，又號菊坡，譜主寶廷長子。清光緒二十四年（1898）進士，授編修。八國聯軍陷京，自縊死。有《讀經札記》《搏虎集》《菊客文集》等。

寶廷一世祖和碩鄭憲親王濟爾哈朗，是清太祖母弟舒爾哈齊之子、努爾哈赤之侄，傳至其時已爲八世。寶廷生於清道光二十年（1840）正月望亥時，同治三年（1864）舉於鄉，七年（1868）禮部第一，中二甲六名進士，授翰林院庶吉士。十年（1871）散館，授編修。十一年（1872）補授翰林院侍講，充文淵閣校理。十二年（1873）六月充浙江鄉試副考官，七月轉補翰林院侍讀。光緒二年（1876）授國子監司業。六年（1880）正月充文淵閣直閣事。七年（1881）授内閣學士、禮部右侍郎。八年（1882）春授正黄旗蒙古副都統。光緒九年（1883）寶廷四十三歲，以禮部右侍郎充福建鄉試正考官，途中在浙江納江山船女爲妾，回京後上書自劾，就此罷官。在其遺書中自責所作『任性妄爲，卒至身名俱敗，負國辱家』。光緒十六年（1890）十月四日卒於家，終年五十一歲。寶廷共有四子，長子壽富，次子富壽，三子壽康，四子康壽，是爲編譜者。

此鈔本無正題名，僅書衣題『偶齋先生年譜』，字體端楷工整，無殘損，從版式看，鈔録年或早於印本。寶廷年譜早期有清宣統二年（1910）京邸鉛印《嘉定長白二先生奏議》本，名《先考侍郎公年譜》，除題名、行文格式不一，文字偶有增減外，兩譜内容基本相同。（蘇曉君）

總目録

上册

中　册

下　册

上册目録

（清）諸可寶 編

許君疑年録一卷

清光緒二十年（1894）章鈺緑格鈔本

許君疑年録

錢塘諸遲鞠氏著

甲午二月坚孟手録

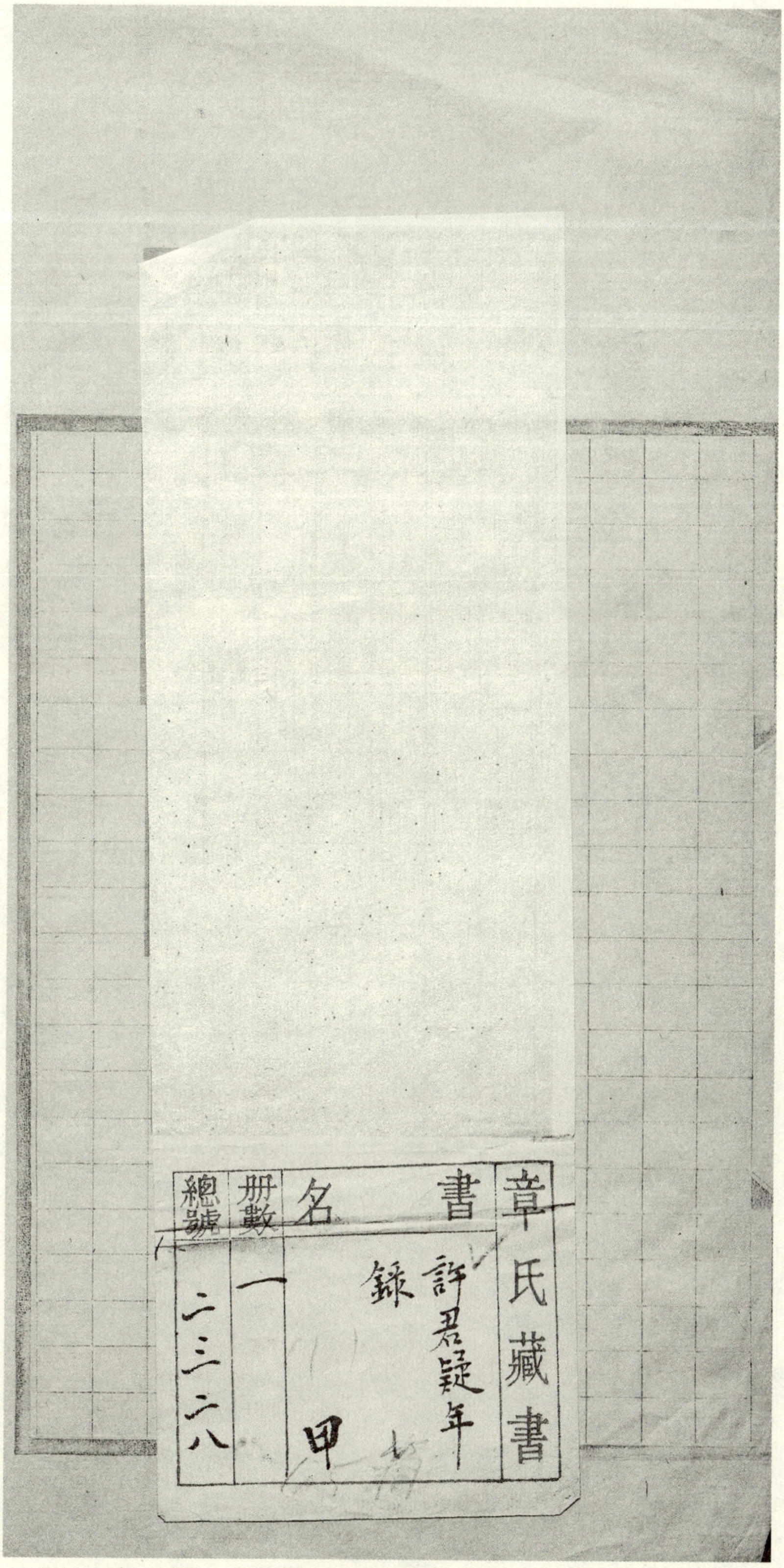
章氏藏書
書名
許君疑年錄
甲
册數
一
總號
二三二八

許君疑年錄

敘曰許君東京大儒而生卒年壽史闕不詳一二遺聞佚事乾嘉諸老師冥搜羣籍僅有致者然甚出處歲月終無定斷可質嘗就段懋堂氏桂未谷氏嚴鐵橋氏三家說外旁搜說文書即從沖表道漢安言孝經四事諸說所未及或千慮之一得焉首在子沖之受爵攷沖上書署曰召陵萬歲里公乘艸莽臣沖詣書曰召陵公乘許沖第四十五公乘者爲賜爵第八級今案漢書百官公卿表爵一級曰公士二上造三簪裊四不更五大夫六官大夫七公大夫師古曰列位從大夫加官公者示稍尊也八公乘師古曰言其得乘公家之車也九五大夫師古曰大夫之尊也諸秦制以賞功勞續漢書百官志亭長劉昭注引漢官儀曰民年二十三爲正一歲以爲衛士一歲以爲材官騎士習

詩疏引五經異義又說文解字包字下引皆曰 目注

射御騎馳戰陣又閔內侯注引荀綽晉百官表注曰秦依
古制其在軍賜爵為等級其帥人皆更卒也有功賜爵則
在軍吏之例自一爵以上至不更四等皆士也大夫以上
至五大夫五等比大夫也公士上造皆步卒也簪褭不更
不復為民更卒日也大夫官大夫公大夫公乘五大夫皆
軍吏也吏民爵不得過公乘者得貰與子若同產公乘者
軍吏之爵最高者也雖非臨戰得公卒車故曰公乘也由
若之說為材官騎士者必在二十五歲史後之說卒士而
積階比大夫必非甚少弱然則冲以累功得為軍吏而受
高爵其年當遠出三十以上子年既出三十則父年可
知毛詩傳箋大小戴記傳循古制三十有室娶即次歲生
子子生適逾三十父豈非必逾六十乎冲上書所載年月
試由彼時逆溯而縣揣之然頗實指許君歲紀而大略可

見又積漢制敍則賜民爵人一二級必之孝力田乃三級
然敍級者有而爵不恒賜積爵級第八出亦非矣此可證一
也次在古學之從師考沖上書曰本從逵受古學又曰考
之於逵作說文解字云本從者退闕之詞則師事在前可
知云考而後作則書成亦在前可考今案賈逵傳逵父徽
從劉歆受左氏春秋兼習國語周官又受古文尚書又受
于塗惲學毛詩于謝曼卿逵悉傳父業考許君古文學
既受於逵蓋盡傳其家法故五經異義及說文解字所引
詩亦列今文家言而如易孟氏尚書孔氏詩毛氏周官
春秋左氏諸古文說二書說咸同自敍尤可據觀許君傳先
撰異義而後作說文明甚知慎以五經傳說臧否不同於
是撰為五經異義又作說文解字十四篇皆傳于世今考
孝經古文說成書更在此前二書皆已引之二書讀大[illegible]

數年乃卒業者使沖所以在後早在京師則當為郡吏無
因得聞諸儒之議建初四年以而親受侍中之教也又案
逵傳自為兒童常在太學不通人間事擢為郎與班固並
校祕書還衛士令為左中郎將後為侍中騎都尉內領祕
書近署永元十三年卒時年七十二說文解字敘在永元
十二年庚子正月作 逵一生未離京國然則許君之從
學必在於太尉府後從學而後著書書成而後逵卒是許
君亦不得甚少矣使沖生於建武末世則於建初六年向
論不及從師及從矣而受學曰太識豈其五經歲稱乎被
謂太尉張酺以同郡故酺亦汝南人以尉之者則從學至
成書自敘中僅七年爾此可疑二也次在侍內之人及同
沖之友故沖上書曰侍內通人考之于逵侍內之者人必
生存而說必親聞也許君引諸家說於先儒外惟以師不

名蓋張林蓋傳毅班固皆建初永元間同官京朝人今案
陳寵傳皇后弟侍中竇憲薦真定令張林爲尚書文苑傳
毅傳建初中拜郎中與班固賈逵共典校書永元元年
車騎將軍竇憲復請毅爲主記室及憲遷大將軍永元元
年九月以毅爲司馬班固爲中護軍毅早卒又案班固坐
憲黨死獄中年六十一時在永元四年毅卒或早一二年
逵固年亦相若是三人者皆竇府賓僚班傳且與逵同校
書然則許君待问时必皆生存之日而辟公府自在此前
更可證張酺爲太尉在永元五年則毅固已殁世又攷許
君傳馬融常推敬之今案融傳延熹九年卒年八十八逆
溯至許君同校書東觀时嚴氏據后紀已詳融年止三十
有二許君蓋必長融者二十餘歲融故有加於兄事之禮
而敬爲學宿也校書时上距敘説文解字已十年使許君

僮年試十歲許則尉舉南閣時又不相應矣此可證三
也在次仕郡之日而再遷之時故許君傳為郡功曹舉
孝廉再遷除洨長云再遷者是此前已遷一階可知蔚宗
合數事敘之文失簡略蓋既試得仕郡次舉孝廉辟太尉
府次授書事已乃除洨長也今案杜詩傳少有才能仕郡
功曹吏既辟大司馬府又臣詩伏自惟忖本以史吏一
介之才注史吏謂初為郡功曹也儒林傳初仕郡功曹辟
太傅張禹府皆初試仕之證又案許君敘曰尉律學僮十
七以上始試籀書諷九千字乃得為吏漢書藝文志作為
史以杜詩傳例之史吏一也又詩傳少有才能少即十七
已上之證然則許君仕郡吏年當在弱冠內正本傳謂
少博學經籍時且學律也至許君舉孝廉第一科辟太
尉南閣祭酒諸家詳攷已覈年嘗不逾三十而胡廣既同

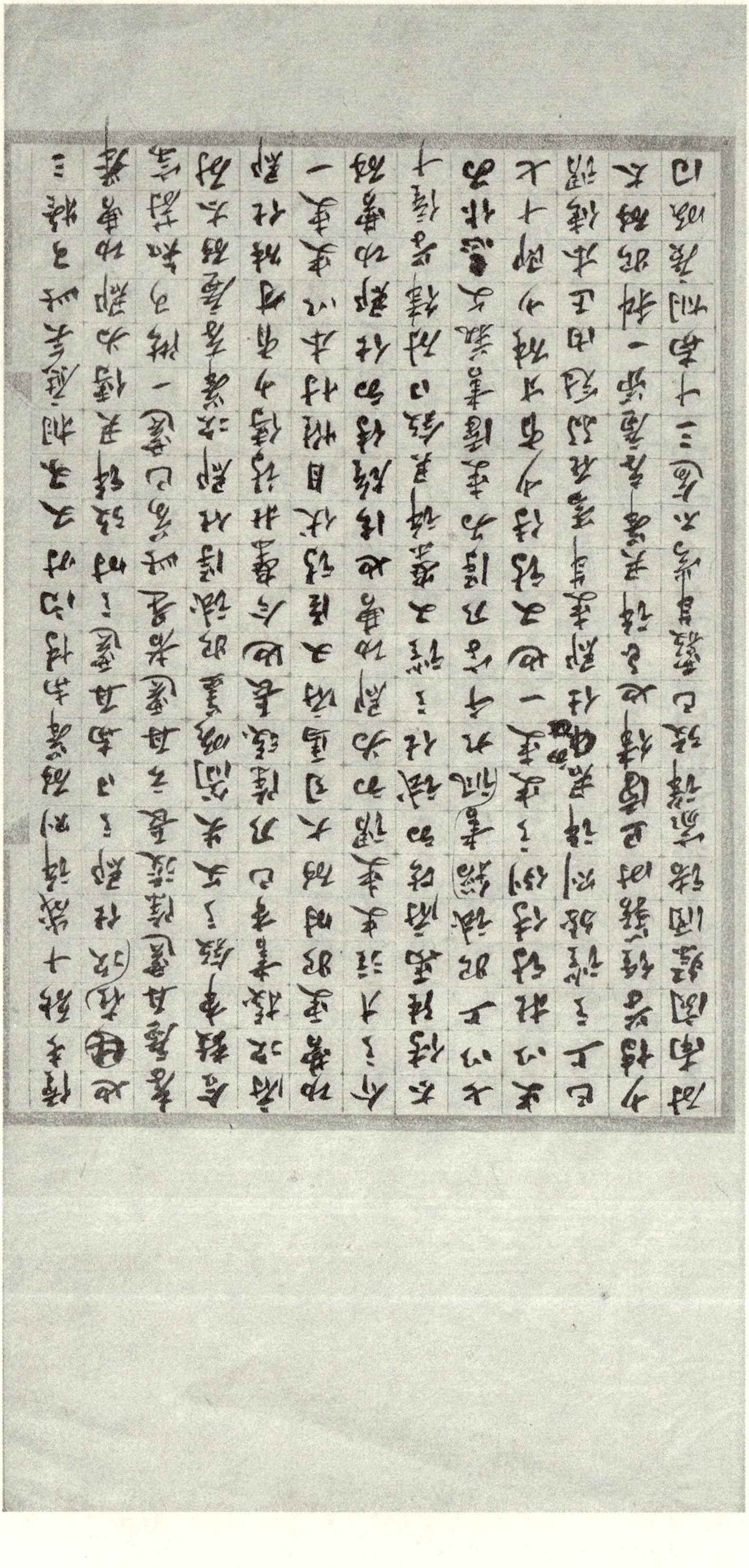

虞傳注引謝承書曰虞有雅才學究五經古今術藝皆畢
覽之年二十七舉孝廉令故被時書來行限年舉之典其
再還時列東害令案安帝紀元初六年二月壬子詔三府
選掾屬高第能惠利牧養者各五人光祿勳與中郎將選
孝廉郎寬博有謀清白行高者五十人出補令長丞尉
計上距揚書時適得十年馬融傳謂滯於東觀十年不得
調比例許君高已再還除令長也儒林孔僖傳於郎中校
校書東觀拜臨晉令是其例或者雖得補除引病未出皆
後二年遂子沖上書沖所以仍稱故太尉耳隸釋高彪碑
云師事□□尉汝南許公桂氏謂稱者故太二字可信碑
立於元和七年是年十二月已改元中平碑在蓋立狀
稱舊元上距上書年六十有四何亦不署新除乎蓋謂除
令長而復對公府因謂典所有儒林揚仁傳於什邡令後

辟司徒(虞)(桓)府文苑范冉傳為萊蕪長後辟太尉府壹業
辟為三府,辟乃應司空命,恢許君既已引病,未必復出
山矣,此可證四也。嘉若數語,當論往世愚以為言子沖受
爵之說,又以師友相例,許君蓋生於建武末年,卒於和平
以前,蓋壽得九十餘歲。約略計測,則少於逵者二十五,長
於馬亦二十五。仕郡在十七已上,舉孝在三十之前,成書
製敘時四十六歲,詣校書時五十六,除外病歸,遣子上書
皆六十外事。爲竟師事逵,居順帝中葉,尹珍受經或值桓
帝初元,準斯為斷,許說互通,抑且不費調停矣。遂參錯比
附成許君將年錄一篇,闕稽虞箋亦既越歲,會陶肾学子
縝同年編次年表,目附享君之尤詎刻詞莧之犢彥,幾同
志,或備觀者云爾。光緒九年歲在昭陽協洽寅賓日錢唐
諸可寶

許君疑年錄

錢唐諸可寶輯

紀年

光武帝建武六年庚寅

朝政

時人

賈逵生

今案逵傳以本年計之生於此年也傳中為許君古文學之師故首紀之以為蓋諸庚列時人

本事

許君名慎字叔重汝南召陵萬歲里人

今案先世遷居召陵已無可考見矣

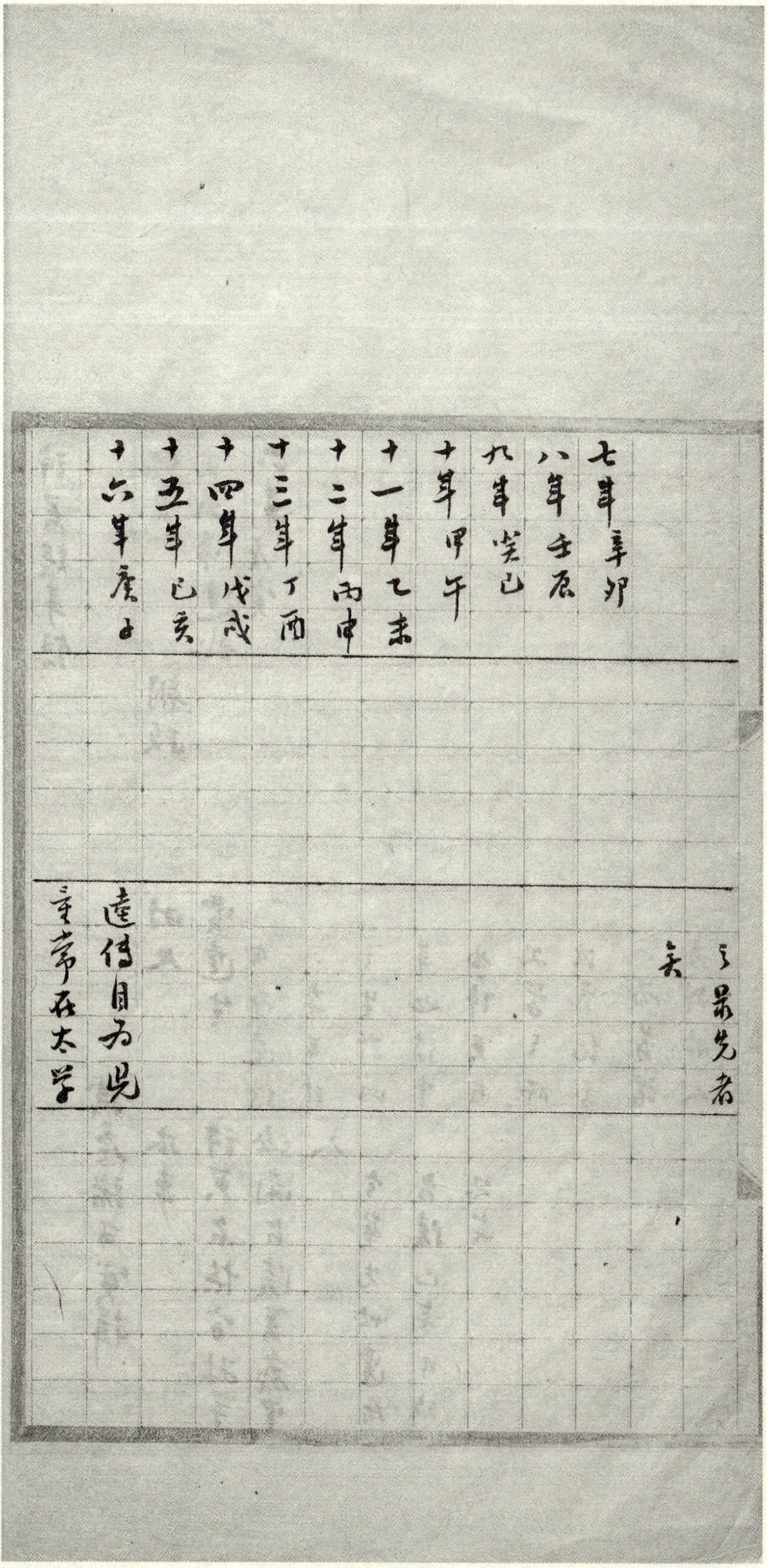

七年辛卯
八年壬辰
九年癸巳
十年甲午
十一年乙未
十二年丙申
十三年丁酉
十四年戊戌
十五年己亥
十六年庚子

之景先者
矣
遠侍目為見
幸常在太学

十七年辛丑

十八年壬寅

十九年癸卯

二十年甲辰

二十一年乙

巳

二十二年丙

午

不通人間事

今案達讓

京拔風雨

久居京師

可據

二十三年丁未

二十四年戊申

二十五年己酉

逵傳逵悉傳父業弱冠能誦左氏傳及五經本文以大夏侯尚書教授雖為古學兼通五家穀梁之說尤明左氏傳國

詩乃之解詁五十一篇今案其年逵正二十歲矣

二十六年庚戌

二十七年辛亥　本紀詔三公去大名改司馬曰太尉

二十八年壬子

二十九年癸

丑

三十年甲寅

三十一年乙卯

建武中元元

逵年二十六

許君生疑當在此年

今案許君若生於此年，則少於逵二十五有歲，長於融二十五六之間，似不以生于建武末年為[illegible]矣，後皆以此年為例斷。

年丙辰
二年丁巳
明帝永平元
年戊午
二年己未
三年庚申
四年辛酉
五年壬戌
六年癸亥

本紀二月王
雒山出寶鼎
廬江太守獻
之

令群臣許君叙稱
郡國亦往往於
山川得鼎彝其
銘即前代之古
文皆自相似

七年甲子
八年乙丑
九年丙寅
十年丁卯
十一年戊辰
十二年己巳
十三年庚午

献皇侍於汝
南太守典理
楚事注承平
十三年楚王

即指此事是许
昊幼时所亲闻
者也

本传时人为之语
曰五经无双许叔
重据书成此时则
许昊十六岁矣存

十四年辛未

十五年壬申

英録反逆生
者在汝南星
时主劾之也
今案星部
汝南太守
在楚反之
前是宜汝
南最久者
惟星可据

成童之后正是情
学经籍时也
今按诗只少时
学经籍皆习也
今文家说本传叙时
举于为郡功曹
之前此则不通
疑以后来可
推人生成童以
后疑以前正
少时也
本传为郡功曹时

書成之年則許君
十八歲矣
今案許君敘引
尉律學僮年十
七以上始試諷
籀書九千字乃
得為吏又案杜
詩傳少有才能
仕郡功曹又臣
詩伏自惟材本
以史吏一介之
才注史吏謂初
由郡功曹也此

则许冲初试得
为吏年必在十
七已上并知此
时郡县吏是既
是皆可据印肯
出入上下亦不
越一二年间也

十六年癸酉
十七年甲戌

本纪三月汝逵侍时有神御览二百六十四
南太守鲍昱召集宫殿官引汝南先贤传云
为司徒　是府临邑侯刘许慎为功曹奉上
岁补孝五邑後奉逵特物以笃义年下以恭
勒集京师　帝敕兰台给笔

十八年乙亥章帝建初元年丙子

本紀牟融為太尉

筆札徒佐郎者頗好為郎而班固典校秘書

逵傳詔逵入講北宮白虎觀南宮雲臺

今案此即許君為功曹時之據續漢志郡皆置諸曹掾史本注諸曹略如公府曹功曹史主選署功勞是其證也

二年丁丑

三年戊寅

四年己卯

本纪五月司
徒鲍昱为太
尉　冬十一
月以杨终言
诏会诸儒于
白虎观议五
经同异
令[illegible]目此
年后凡为
太尉者皆
详纪之以

杨终传会终
坐事繫狱博
士赵博校书
郎[illegible]班固贾
逵等以终深
晓春秋学多
异闻表请之
班固传天子
会诸儒讲论
五经作白虎
通德论令固

其為許昊撰集其事
府主也　馬融生
今案融傳
以卒年計
之生於此
年也

五年庚辰

漢官儀世祖詔云舉四科辟召察茂才尤異孝廉之吏又丞相設四科之辟第一科曰德

今案陳元辟司空南閣祭酒李通府經典釋文叙錄引陳元如司空南閣祭酒是

舉孝廉辟太尉府南閣祭酒疑考存此年則許昊二十六歲矣

今案胡廣詩注引謝承書曰廣有雄才學究五

行高好志節
清白補西曹
南閣祭酒
令集文獻
直說引二
科補議曹
三科補四
辭八奏四
科補賊決
皆試公府
補掾之職

舉第一科
補安之職
又集倚林
周擇侍府
大司馬府
署議曹祭
酒是三公
府諸曹皆
有祭酒乃
掾非令史
掾推比三
百石如諸
曹之李固

經年二十七舉
康彥比則許君
將舉如存此時
甚年其學皆咳
日廣圖此時府
主即薦郎將先
知之隱而後辟
之急亦理所常
有甚許君未辟
皆府因奏因從
遠受古文學也
如居京師乃對
閒五經傳說臧

[illegible]則舉第
二科故補
官議曹耳
宋書百官
志謂吳王
濞為劉氏
祭酒夫祭
祀以酒為
本長者主
之故以祭
酒為稱漢
之侍中魏
之散騎常

若元同矣即當
該儀議同異也

侍高功者
亞而然後
焉於斯然
而蓋因其
名也此亦
一證、

六年辛巳　本紀鄧彪為太尉

七年壬午　逵侍還為衛士令

八年癸未　本紀和帝紀逵侍乃說訟本傳逵受古學概
注引傳良舊儒多選高才書在此年則許慎
儀建初八年生受左氏穀二十九歲矣

十二月己未詔書辟士四科即經行高如四科等及刺史二千石察舉茂才尤異廉吏務實核試以職

今案此孝廉試而補安之制國此此日存廉吏也文

學春秋古文尚書毛詩由是四經遂行於世皆稱達所選弟子及門生爲千乘王國郎朝夕受業黃門署學者皆欣欣羨慕焉

今按許君即從前年甄異之解亦必解于此時蓋從逵受古文學後乃通古文家說此蓋附許君所博通經籍皆今文家之說也故許君敘稱易孟氏書孔氏詩毛氏春秋左氏論語孝經皆古文也

元和元年甲申

二年乙酉

孝實核試宗其科即補其職又支試賤奏皆于公府尚詩生試太常補郎

中興

本紀鄭宏為太尉

本紀行四分曆五月令郡國上明經者

逵傳令逵自選公羊嚴顏諸生高才者

據則說文解字及五經異義所引皆今古文諸說雜出必在其時從逵受古學之後矣許君蓋居門生之列非選生

今舉許君因五經無雙者為尤以左氏為專門

三年丙戌

章和元年丁

口十萬以上

五人不滿十

萬三人

本紀宋由為

太尉

二十人教以

左氏達志義

行四方歷事

故上特著之

名家之學辭釋

高彪碑引口口

尉汝南許公明

于左氏范書亦

未敍左氏學之

次所列許君傳

陰有服穎謝

三人皆未得其意

目見

子沖生疑書於此

年則許君三十二

歲矣

亥

二年戊子

陆篪传皇后卅说文解字疑考
弟付中寔宪在此年则许君年
荐嘉定合传三十四岁矣
林为尚书今案许君叙称
今案其时粤在永元困敦
正在永元之年岁在子曰
四蒙许君困敦是年帝崩
书亦引揍于春新君改元
林说益亦隆以明年建号
身亲见之疑此年亦可称
人矣汴上新元矣许君持
书曰特向白道人放之柱

和帝永元元年己丑

二年庚寅

三年辛卯

本纪竇憲為大將軍

逵傳以逵為左中郎將

通人經師生存之人要能持向之乎

逵必承逵生前也此則五經異義亦必將于此時故亦屢引詩中說春經古文說特更盛于此蓋五經異義中亦已引之矣

四年壬戌

本紀尹睦為太尉

文苑傅毅傳
建初中拜郎
中與班固賈
逵共典校書
竇憲遷大將
軍以毅為司
馬固為中護
軍毅早卒
今案固從
憲黨死獄
中在是年
年六十一毅
之卒當早

今案許君書中
外隱林傳毅助
固諸說可謂特
句通人也三子
皆同時人而又
皆竇府之士且
為付中為同官
讀故許君既特
句通人而又並
致之於逵也此
皆可據

一二年丙
年不若国
此語南逵
同典校書
許君書引
穀國說蓋
親問之

本紀作酺為
太尉酺傳汝
南細陽人

五年癸巳

今案謂許君辟
于此時酺以同
郡故亦可信從
賈逵受学之年
則太遲矣

六年甲午

七年乙未
八年丙申
九年丁酉
十年戊戌
十一年己亥
十二年庚子

本紀作禹為

遼侍後為侍
中領騎都尉
兼領秘書監
署

今案許仲袁稱
先帝許侍中云
云即謂此事矣
又云本謂遼愛
古學又云考之
於遼碑甚符合
則其為此蓋之
事可據也

正月甲申朔作說

十三年辛丑

本紀帝幸東

賈逵卒年逵傳

太尉

文解字敘

今案永元困敦
之年實在此年
且甲申朔正月
月以術推之可
推朏謂朏於戊
子已庚子作敘
亦已十有二年
矣蓋此時創成書
而尚為正定文
字故逵之未上
也

十四年壬寅

十五年癸卯

十六年甲辰

元興元年乙巳

殤帝延平元年丙午

安帝永初元年戊申丁未

觀覽書林，閱篇籍，博選術藝之士以充其官 | 時年七十三，朝廷愍惜，除子为太子舍人

本紀徐防為太尉

本紀徐防為太尉

二年戊申　散侍大将军
御隱閣题名
今为舍人

三年己酉
四年庚戌

后记乃授選　散侍擢为校　以谘書校書东观
传偖劉踪及　書郎中谘东　散中黄门宣生李
侍士議郎四　觀典校秘書　書善皆在此年於
府掾史五十　东记及儒　許昊年五十六矣
餘人謂东观　林侍劉踪侍　虎四府掾史之選
傚掾侍記事　蔡倫侍郎门　可推本侍馬融常
畢奏御賜葛　令校馬融　推數之疑者在此
常在官莲　已是年已　年日校書附
又謂中宫近　三十二歲　今集融侍年三

且於東觀受。其說許昊十二歲中于許
讀經傳以教国宜执侯。昊二十五六歲
接宮人左右，生之謂可故以為當世者
習誦朝夕滿作宿而批数甚于
之人常人蓋十年以
今案四府長国兄事者何
者司徒太
尉司空大數之市高
將軍為四
府

五斗辛亥

本紀李修為刊如曹安世為倉書注疑亦書
太尉孫蓋功明得在安時因同就校
見国学書書乃共為之者也

未及竟而卒和帝詔昭就東觀藏書閣踵而成之及鄧太后臨朝時漢書始出多未能通者同郡馬融伏於閣下從昭受讀後又詔融兄續繼昭成之

然誤南之書閣詁疑亦當在此時就亦有注本也今案許君助注書必校秘書為後作並在東觀此後取材宏富矣又案古文孝經孔氏說必謹於若五經異義亦謹君說文解字之著作皆在從達

六年壬子
七年癸丑
元初元年甲寅
二年乙卯

本紀司馬苞為太尉
本紀馬英為太尉

謝侍上虞威
頌口諷諫

遹叟學段茂堂先生箸異義攷決曰又休說文可據生又異義中已引孝經古文說故知其最存奇也說引說敗

三年丙辰
四年丁巳
五年戊午
六年己未

本紀二月壬子詔三府選掾屬高第能惠利牧養者各五人光祿勳與中郎將選孝廉郎寬博有謀清白行高者五十人出補令長

本傳再遷除洨長
疑當在此年時許
君年六十五矣
今案范書似據
除階為書而讀
之許沖表則據
其本官而猶或
者考時除令長
而即引疾不之
官家居終老耳

永寧元年庚
申

丞尉
令業三府
共選十五
人許昇考
入選也

歌伎隣于東
觀十年不得

如楊鴉伎府大
將軍梁冀府去
陰陳倉令因赤
不行即其例也
不如高飛碑立
于許沖上表之
良者棄於陰而
署技官豈有王
朝令于反不居
務而願至此三
府據居耶

锢因先子袁
自劾归太后
闻之愍遂令
楚锢之
令案欲不
以锢是许
其等同操
书者或皆
已改易之
披削迹亦
于是并还
付中越赎
棱刷太晚

說也孔傳
林臨晉令
六子據

建光元年辛酉

許沖表後云上書者汝南許沖詣左掖門外會令并齎所上書十月十九日中黃門饒喜以詔書賜召陵公乘許沖布四十匹即日

欲侍太后崩以病去鐵遣子云安帝名還郎陵萬歲里公乘沖署後在講部齎上說文解字十五卷又孝經孔氏古文說一篇疑許沖此時年已三十六則許慎年六十七歲矣

今舉許沖之年不得甚少以其

延光元年壬戌

二年癸亥

受詔東府校

內勅勾謝

也受霸王第八
級地理人三十
有宋安東生子
子玉三十父母
已踰六十矣此
則有振五詩醉
神以公乘上書
許其國不得在
五十內外矣可
使

三年甲子	本纪二月帝东巡	歌侍出西河向西(廏)長史上東巡欲為相郎中
四年乙丑	本纪三月北郷侯(出)入即位	歌侍及北郷侯即位歌於病去西郡功曹
順帝永建元年丙寅	本纪下司隸校尉虞詡獄昌赦之	虞詡付奏中常侍程璜陳隶盛生李閏等可发例目

今案許君校書東觀就小黄门孟生李喜等言是蓋山十有七年此則詡所奏

二年丁卯
三年戊辰
四年己巳
五年庚午
六年辛未
陽嘉元年壬

本紀初令郡

勅之中常侍孟
生李閏取郎許
君所教者得貴
用本傳甚禁習
問疑即薦或為
侍官之論亦理
而恒有也

今案許君為舉

申

二年癸酉

三年甲戌

四年乙亥

国華李廬限
年四十以上
の日在選

敕付城門校
尉常起華敬
徵諸公年討
第拜議郎

敕付大將軍高彪從事春秋左

李廬国朱有限
年四十之典選
相距數十年而
此乃法制也可
據此後高彪之
華年五十餘
碑文生終

果貴表為從氏學疑當在此年
本中郎　則許君年八十一
今案存以矣
詳紀融階　今案憲去融為
者為高憲　從許君或在此
從學時之　時韓辭高憲碑
證也融出　卒于光和七年
守及廣陵　上距此時四十
之後憲年　九年憲壽以七
因訪之益　十計之此時正
謂憲在第　適弱冠為諸生
從學則年　時也碑云師事
此上壽矣　口口討論南許

文苑高彪傳
為諸生游太
學常從馬融
欲訪大義融
疾不獲見乃
覆刺遺融書
融省書慚追
還之彪逝而
不顧

此碑于古氏其
言可據光和
七年而是年
改元在十二月
已已碑云彪卒
于六月故附之
碑時固猶稱光
和矣彪之卒又
上距上說文解
字時六十有四
年縱有上表固
不解于元初時
去馬融許也

永和元年丙子

二年丁丑

三年戊寅

四年己卯

五年庚辰

六年辛巳

歆侍轉武都太守

彪後于熹平初举孝廉辟公府校書东觀外黄令而許昊明同也

漢安元年壬午

二年癸未

建康元年甲申

沖帝永嘉元年乙酉

質帝本初元年丙戌

桓帝建和元年丁亥

牂牁汝南郡毋斂人尹珍從受
太守應世叔受五經疑書在此年
後朝方以教則許是年九十三
遂後拜議郎歲矣尹珍或在亥

重存东既為受經亦未可定
述以應支授 今案襄陽國志
缪年六十九 所引右范書而
歲 南史傳同范書
又云陸宏正荊
如刺史或書在
桓靈之間今無
可攷矣陸又逞
居李學闕緯于
後

二年戊子
三年己丑 缪年七十一 本傳卒于家 疑書
歲後正返壹 在此時列許異素

九年年八十五九十五歲矣
八卒于宋
華陽國志尹
珍又師事應
世叔学圖緯
今葉苑書
西南夷传
同役應奉
侍承興元
年拜武陵
太守上雖
比鐘僅四
年耳珍之

今葉馬歆壽亦
五八十八歲僅
儒多享大年九
伏生孔光諸人
然則許君上壽
又何憚乎以此
如發例子沖之
年五足六六十
有四歲矣

從學或必
在守郡以
前正南許
吳吳年畢
世也

許吳特年錄終

佚名 編

蔡中郎年譜時事表一卷

民國烏絲欄稿本

雜鈔

時岑起爲城門校尉尚書
令左雄爲司隸校尉
黃瓊爲衛尉
度遼將軍宋漢爲太僕

順帝陽嘉二年癸酉　一歲　中郎生

封冀爲襄邑侯左雄切諫冀讓還其封

夏地震詔引敦朴對策以李固爲第一同對策者馬融張衡

（三月）使匈奴中郎將王稠率左骨都侯等擊鮮卑破之

五月（戊午）司空王龔免（以地震）六月辛未太常魯國孔扶爲司空　七月太尉龐參免

八月己巳大鴻臚施延爲太尉　烏桓校尉耿曄爲度遼將軍　[illegible]爲太常

順帝陽嘉三年甲戌　二歲

五月旱問尚書周舉以消變之術舉請出大官貪偽者（十一月壬寅）司徒劉

崎司空孔扶免　張衡請禁圖讖　（十月）護羌校尉馬續擊破鍾羌

十二月乙巳（大司農）黃尚爲司徒（光祿勳）王卓爲司空

時左雄代[illegible]爲尚書令周舉爲司隸校尉漢安元年遷

正月改元

順帝陽嘉四年乙亥　三歲

二月丙子 初聽中官得以養子襲爵 御史張綱言中官太盛不省

四月 以執金吾梁商爲大將軍 商辟李固爲從事中郎

閏月 烏桓寇雲中 破 四月甲子太尉施延免 龐參爲太尉

以越騎校尉梁冀爲執金吾

順帝永和元年丙子　四歲

以執金吾梁冀爲河南尹

正月己卯詔公卿百僚各上封事指陳得失

十一月太尉龐參罷 十二月王龔爲太尉

護羌校尉馬續爲度遼將軍

順帝永和二年丁丑 五歲

徼[illegible]上[illegible]真不至 十一月[illegible]國都尉[illegible]被自[illegible]充 [illegible]武陵太守[illegible]討平之

三月乙卯司空王卓薨 丁丑光祿勳郭虔為司空

時劉壽為光祿勳 劉[illegible]為大司農

順帝永和三年戊寅 六歲

六月 [illegible]九真太守[illegible]張喬[illegible]交阯太守[illegible]招降[illegible]徼外蠻夷 十一月[illegible]

[illegible]金城

閏四月九江賊蔡伯流等寇郡[illegible]徐州刺史[illegible]志降

八月己未司徒黃尚免 九月己酉光祿勳劉壽為司徒

順帝永和四年己卯 七歲

四月馬賢大破燒當羌

順帝永和五年庚辰 八歲

南匈奴大將反五月度遼將軍馬續招降之

南匈奴句龍吾斯車紐叛
且凍羌寇三輔馬賢為征西將軍討之

七月張耽擊降之

九月徙涼漢陽安定北地三百戶置北田

九月辛未太尉王龔罷 壬午太常桓焉為太尉

時汝南太守胡廣為大司農屯騎校尉竇章為少府潁川太守黃尚為司徒
大匠

正月改元

十一月癸卯 詔大將軍三公舉武猛識用有敦勵任為將帥者各一人

時將作大匠
李固為大司農 胡廣為大司農
作大匠李固為大司農 光祿大夫杜喬為太子太傅
太山太守李固為將作大匠
齊相王暢為司隸校尉

順帝永和六年辛巳 九歲

秋 八月丙辰 大將軍梁商薨 壬戌 子冀為大將軍 侍中不疑為河南尹 冀從弟

十月 庚子 車騎將軍張喬屯三輔

二月 征西將軍馬賢與羌戰 賢父子皆沒 三月 武都太守趙沖擊破鞏唐羌 詔沖督河西四郡兵

五月 徙西域將 耿曄與烏桓戰於天山

皇甫規上書自試 周舉為諫議大夫 張种為太僕

三月庚子 司空郭虔免 丙午 趙戒為司空 本僕 夏 度遼將軍馬續免 城門校尉 吳武為度遼將軍

順帝漢安元年壬午 十歲

二月丙辰 詔大將軍公卿舉賢良方正能探賾索隱者各一人

杜喬奏李固政為天下第一 徵為將作大匠

八月丁卯 遣杜喬周舉周栩馮羨欒巴張綱郭遵劉班八使分行州郡

張綱劾梁冀不疑 書御 帝知其直 不能用 出為廣陵太守

冀有隙 綱劾 當封侯 冀抑之

十月辛未 太尉桓焉 司徒劉壽免 以行車騎將軍趙峻為太尉 十一月 壬午 ……
廣為司徒 吳雄為廷尉 時劉宣為光祿勳

四月改元

順帝漢安二年癸未 十一歲

四月庚戌 護羌校尉趙沖擊破燒當羌 （漢陽太守[illegible]） 閏十月趙沖又擊破之

張綱卒

十月甲辰 減百官俸 丙午 禁沽酒 又貸王侯國租一歲

涼州地百八十震

（中常侍）竇章為大鴻臚 京兆尹[illegible]為司隸校尉

順帝建康元年甲申 十二歲

八月帝崩 沖帝即位 年二歲 皇太后臨朝 （太尉趙峻為太傅 [illegible] 李固為太尉錄尚書事）

（九月）地震 詔舉賢良方正之士 策問之 皇甫規言宜斥常侍及大將軍

冀抑置下第 （十一月）九江揚徐盜作亂 中郎將滕撫督兵討之

趙沖追擊羌 戰沒 羌寇自此衰耗 （四月）使匈奴中郎將馬寔擊[illegible]

郗破之 胡羌[illegible] 河內太守周舉為大鴻臚

下邳人謝安應募斬賊徐鳳
封平鄉侯
趙沖與羌戰死封子愷為
義陽侯

冲帝永嘉元年乙酉　十三歲　永嘉首小永嘉

正月帝崩質帝即位年八歲

十一月 左馮翊梁諱枝降輔（離蒲等）羌敗右後平（封鄉侯 三月）　九江都尉滕撫討斬九江賊馬

勉范容（周生）等 十一月 又討斬廣陵賊張嬰　華孟東南悉平

九月庚戌太傅趙峻薨

馬訪為太常　大鴻臚周舉為光祿勳　趙戒為（本書本傳）太僕　杜喬自大鴻臚為光祿勳（太中大夫）（明年遷為）

質帝本初元年丙戌　十四歲

四月詔郡國舉明經詣太學受業（年五十以上至七十以下 自大將軍至六百石皆遣子）歲滿課試拜官有差自此太學

盛至三萬餘生　閏六月梁冀弒帝桓帝即位年十五歲太后猶

臨朝　閏月丁亥太尉李固免 戊子 胡廣為太尉（司空）趙戒為司徒（司空）與梁冀

參錄尚書事（太僕）袁湯為司空

胡廣以定策功封安樂鄉侯
趙戒以定策功封廚亭侯
袁湯以定策功封安國亭侯

六月太尉胡廣以病罷光祿勳杜喬
為太尉九月太尉杜喬以
地震免十月司徒趙戒免太
尉司空袁湯為司徒前太
尉胡廣為司空

時觀郡太守文瓊為太常
房植為少府房植為河南尹
劉捕為七業太僕以定策功封
高亭侯

桓帝建和元年丁亥　十五歲

十一月宦者唐衡左悺等共譖李固杜喬冀因誣固喬下獄死馬融為
冀作章表吳祐力爭之不得遂自免歸掾匿上書乞固喬骸骨太后
（以定策功封曹騰等侯）
許之

中常侍曹騰為大長秋加位特進以為徐州刺史陶謙所殺

正月（朔日有食）詔三公九卿校尉各言得失

四月地震大命各上封事舉賢良方正能直言極諫者

桓帝建和二年戊子　十六歲

正月改元

桓帝建和三年己丑 十七岁

颍阴陵侯相荀淑卒

六月诏举贤良方正能直言极谏者

十月太尉赵戒（以地震策）免 司徒袁汤为太尉 （大司农）张歆为司徒

时[illegible]（羊傅）为大司农 何豹为少府

桓帝和平元年庚寅 十八岁

（正月）太后归政

时刘矩为大司农 吴雄为光禄勋

五月改元

桓帝元嘉元年辛卯　十九歲

十一月地震　詔舉獨行之士

太尉袁湯免　河南尹[illegible]余　是日大風[illegible]上書不納

四月日蝕　張歆罷　吳雄為司徒　十月司空胡廣罷　閏十一月黃瓊為司空（庚午太常）

空　前司空胡廣為太常　時羊儒為太常

時史弼為北軍中侯　祝恬為司隸校尉　[illegible]

桓帝元嘉二年壬辰　二十歲

十一月司空黃瓊免（地震）　十二月特進趙戒為司空　前司空黃瓊為太僕

五月改元

桓帝永兴元年癸巳　二十一岁

冀州刺史朱穆下狱输作左校

十月太尉袁汤以灾异免太常胡广为太尉司徒吴雄罢司空赵戒免太仆黄琼

为司徒光禄勋房植为司空

武陵太守应奉讨诛叛蛮降之

时尹颂为光禄勋丹阳太守韩演为太常

桓帝永興二年甲午　六十二歲

封乳母子馬初為列侯

二月辛丑初聽刺史二千石行三年喪服

二月地震詔舉賢良方正能直言極諫者

九月太尉胡廣免　司空黃瓊為太尉　閏九月光祿勳尹頌為司徒

河南尹[illegible]為光祿勳　周景為河南尹

正月改元

桓帝永壽元年乙未 年三歲

七月安定屬國都尉張奐請爲南匈奴亂遂爲北中郎將

六四月司空房植免以太常韓縯爲司空

桓帝永壽二年 丙申 二十四歲

有嫁女寇榮中[illegible]為桓校尉

李膺為度遼將軍 中郎將段熲擊泰山琅邪藏封列侯

正月初聽中官得行三年服

恒齋永壽三年丁酉 二十五歲

四月九[illegible]

六月初[illegible]

十一月日[illegible]

六月改元

桓帝延熹元年戊戌　二十六歳

南匈奴屠各并叛入寇鲜卑

种暠为度辽将军　边烽始熄

三月初置鸿德苑令

七月太尉黄琼免　太常胡广为太尉

十二月[illegible]遣使匈奴中郎将率南单于击破之

时京兆尹陈龟为度辽将军　寻被征还

黄琼免太尉为大司农　时陈龟为大司农　河内太守周景为将作大匠

司隶校尉冯绲为廷尉　何豹为河南尹

桓帝延熹二年己亥　二十八歲

八月　大將軍梁冀伏誅　帝與中常侍單超、左悺、徐璜、具瑗誅之

封五人為列侯

徵處士徐穉、姜肱等，不至。救白馬令李雲，杜衆

河南尹楊秉坐論作左校　校尉

三月　復設刺史二千石行三年喪

七月　初造顯陽苑

大司農黃瓊為太尉，祝恬為司徒，盛允為司空

初置秘書監官

十月　中常侍單超為車騎將軍

以京師為光祿勳

桓帝延熹三年庚子　宦者单超卒中常侍……　岁

诏求故太尉李固后　海内盗贼四起　唐衡死为宦者……赵岐

家属岐避逃于安邱孙嵩家后赦出　与中郎将宗资其别部司马张敏封东都侯　十一月泰山贼叔孙杀都尉以皇甫规

为太守讨平之　车骑将军冯绲讨降武陵蛮　荆州刺史度尚讨平长沙蛮

闰正月西羌余众复寇张掖段颎破降之颎追至积石山出塞二千余里

六月辛丑司徒祝恬薨　司空盛允为司徒　太常虞放为司空

十一月段颎击破勒姐羌

时宗正刘矩为太常议郎陈蕃为光禄勋五月隶校尉……为廷尉宗

正刘宠为大鸿胪……今刘矩为宗正寻迁将作大匠刘宠为宗正寻迁河南

尹韩演为司隶校尉左雄亦为之明年免前太常杨秉为河南尹

桓帝延熹四年辛丑 二十九歲

減百官俸 貸王侯半租 賣關內侯以下官 諸羌攻反涼州刺史郭閎 [illegible] 段熲 [illegible] 下獄

正月中郎將 皇甫規擊破諸羌

二月司空盛允免 壬戌 太常种暠為司徒

三月尚書 [illegible] 右僕射 [illegible] 三月太尉黃瓊免 四月 劉矩為太尉

六月司空虞放免 己酉 前太尉黃瓊為司空

六月益州刺史山昱擊破犍為屬國夷

九月司空黃瓊免 大鴻臚劉寵為司空

五月 [illegible] 廷尉馮緄遷太常 司隸校尉 [illegible] 為少府

河南尹楊秉坐輸作左校 京兆尹劉祐代之

桓帝延熹三年庚子 [illegible] 歲

諸不校太尉黄瓊免 河南尹[illegible]起 盧衍光為宦[illegible]遂敗

家屬岐幽逃避竹[illegible]後被中 [illegible]中郎將[illegible]其部[illegible]封東鄉侯 十一月 泰山賊叔孫[illegible]殺都尉[illegible]

為太守討平之 中郎將[illegible]討降武陵蠻 荊州刺史度尚討平長沙蠻

閏正月 西羌寇張掖段熲破降之 斬首積石山出塞二千餘里

六月辛丑日徒祝恬薨 太常盛允為司徒 太常 [illegible]為司空

十月 段熲擊破勒姐羌

以宗正劉矩為太常 以陳蕃為光禄勳 五月 [illegible]校尉張緄為廷尉 宗

正劉寵為大鴻臚 宗正劉矩為宗正 將作大匠劉寵為宗正 [illegible]

[illegible]為[illegible]校尉 左[illegible]為之 明年免 太常楊秉為河南尹

桓帝延熹四年辛丑　二九歲

減百官俸，貸王侯半租，賣關內侯以下官　諸羌攻反涼州刺史郭閎濟　段熲坐徵下獄

十一月中郎將皇甫規擊破諸羌

二月壬戌日食　太常盛允免　种暠為司徒

正月省紀侯右僕射　三月太尉黃瓊免　四月太常劉矩為太尉

五月乙酉司空虞放免　前太尉黃瓊為司空

六月益州刺史山昱擊破叛羌為唐國吏

九月司空黃瓊免　大鴻臚劉寵為司空

五月地震　延尉馮緄遷太常　日靜校尉霍諝為少府

河南尹楊秉坐輸作左校　京兆尹劉祐代之

十月太常馮緄為車騎將軍

桓帝延熹五年 壬寅 三十歲

皇甫規討平沈氐羌 十一月車騎將軍馮緄討武陵諸蠻降之 荊州刺史討平長沙賊 宦者誣

譖皇甫規論下獄 輸左校

五月地震 詔公卿各上封事

七月諸郡兵討破烏吾羌 上郡兵擊破羌

十一月太尉劉矩免 楊秉為太尉

校議郎皇甫規為度遼將軍 數月遷中郎將 張奐為度遼將軍

時拔河南尹楊秉為太常 少府寇詡為廷尉 日韓縯為衛尉 劉祐為宗正

舉憲為大司農 八年免 從事中郎應奉為司隸校尉

桓帝延熹六年癸卯　三十一歲

（十二月）鮮卑寇遼東　張奐為度遼將軍　皇甫規為使匈奴中郎將

段熲為護羌校尉　（五月）武陵蠻攻郡　兵討平之　（八月）崔寔[illegible]免

馮緄　（由車騎將軍）夏四月乙巳車騎將軍馮緄為益州刺史

帝校獵上林苑　陳蕃疏諫不聽　尋以[illegible]免

二月（戊午）司徒种暠薨　三月（衛尉）許栩為司徒

十一月司空劉寵免　十二月（衛尉）周景為司空

時前車騎將軍馮緄為將作大匠　尋遷（河南尹）校司空劉寵（代之）

桓帝延熹七年甲辰 三十二歲

七月荆州刺史度尚擊零陵桂陽盜賊及蠻夷封右鄉侯

邟鄉侯黃瓊卒

十月護羌校尉段熲擊破當煎羌

時太中大夫胡廣改為太常 河南尹杜密遷太僕 明年免 屯騎校尉馮緄改為廷尉 卒

桓帝延熹八年乙巳 三十三歲

遣中常侍左悺之苦縣祠老子 二月 太尉楊秉劾免中常侍侯覽

司隸韓縯劾左悺及兄悺自殺 縯又劾都鄉侯 初斂田畝稅錢

宦者誣陷李膺馮緄劉祐輸作左校 十月 桂陽賊攻零陵太守陳球

沛國守中郎將度尚擊斬賊 十二月 段熲破勒姐羌 立后竇氏 封武槐里侯

思侯 君膺為司隸校尉 六月 段熲破當煎羌於湟中 封都鄉侯

正月 勃海王悝謀反 降為癭陶王

正月晦日有食之 詔公卿校尉舉賢良方正

五月丙戌 太尉楊秉薨 七月 陳蕃為太尉

十月 司空周景免 劉茂為司空 時司隸校尉應奉免 前河南尹李膺代之

十一月 遣中常侍管霸之苦縣祠老子

桓帝延熹九年　丙午　二千四歲

使匈奴中郎將　皇甫規為度遼將軍　七月庚午　叛羌寇[illegible]　南匈奴烏桓鮮

卑寇緣九郡　六月南匈奴及烏桓鮮卑寇緣邊九郡　諸夏陵夷　張奐督幽并二州

黨錮起　九月南陽太守　太原太守　殺成瑨劉瓆　捕李膺杜密部黨二百餘人下獄　逮捕

皆　太尉陳蕃　光祿勳免　竇武為城門校尉　十二月　張奐[illegible]遷　匈奴烏桓降鮮卑

[illegible]

正月[illegible]　校尉卿國[illegible]率

四月司徒許栩免　五月　胡廣為司徒

九月周景為太尉　司空劉茂免　十二月光祿勳宣酆為司空

時尚書[illegible]　遷太常　將作大匠劉寵為宗正　度遼將軍張奐為大司農

遷司徒長史　[illegible]為將作大匠　校司徒[illegible]為[illegible]校尉

六月改元

桓帝永康元年丁未 三十五歲

段熲擊破當煎羌 六月赦黨人歸田里禁錮終身

張奐遣司馬尹端擊破羌 十二月帝崩 竇武迎立解瀆亭侯

拜朝 竇武與陳蕃同心輔政 徵李膺杜密尹勳劉瑜等爲

乳母趙嬈及諸女尚書 共中常侍曹節王甫等朋比諂事太后

所封拜蕃武辭之

五月晦日有食之 詔公卿校尉舉賢良方正

正月及四月羌寇三輔 張奐擊破之

时皇甫規遷將作大匠 轉度遼將軍 長史 少府趙典爲衛尉 袁逢

爲太僕 將作大匠尹勳爲大司農 太守趙典爲長史少府 尋遷周景爲少府

前汝南太守尹勳爲將作大匠 尋遷魏郡太守陳球代之

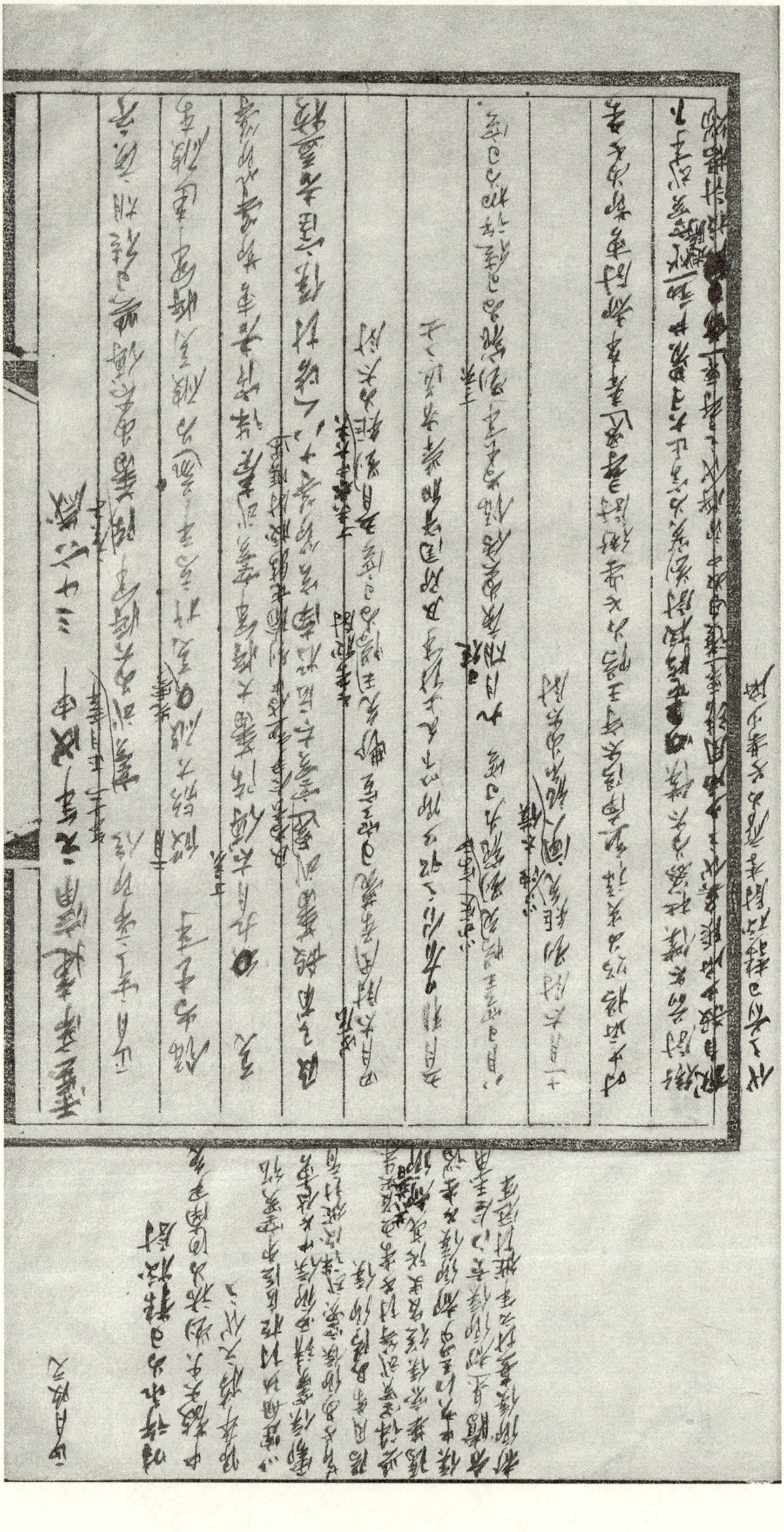

靈帝建寧二年己酉　三十八歲

四月青蛇見御座上，詔公卿以下上封事。張奐訟武、蕃忠貞，詔切責之。

七月段熲平東羌，封新豐縣侯。　十月改以錮黨殺前司隸校尉李

膺等百餘人，諸附從者錮及五屬。

四月大風雨雹，詔公卿以下各上封事。

五月太尉聞人襲罷（以災異），司空許栩免（宗集）。六月劉寵為太尉（太常），許訓為司徒，劉囂為司空（太僕）。

十二月太尉劉寵免，郭禧為太尉（太僕）。

長樂衛尉曹節為車騎將軍，百餘日罷。

以大司農張奐為太常，坐黨下獄免。袁逢為太僕（杜密坐黨自殺），中常侍侯覽為長樂太

僕。少府[illegible]為大鴻臚（河南尹李膺為少府，坐黨）。段熲為少府。王寓為司隸校尉。

中常侍曹節為大長秋，[illegible]

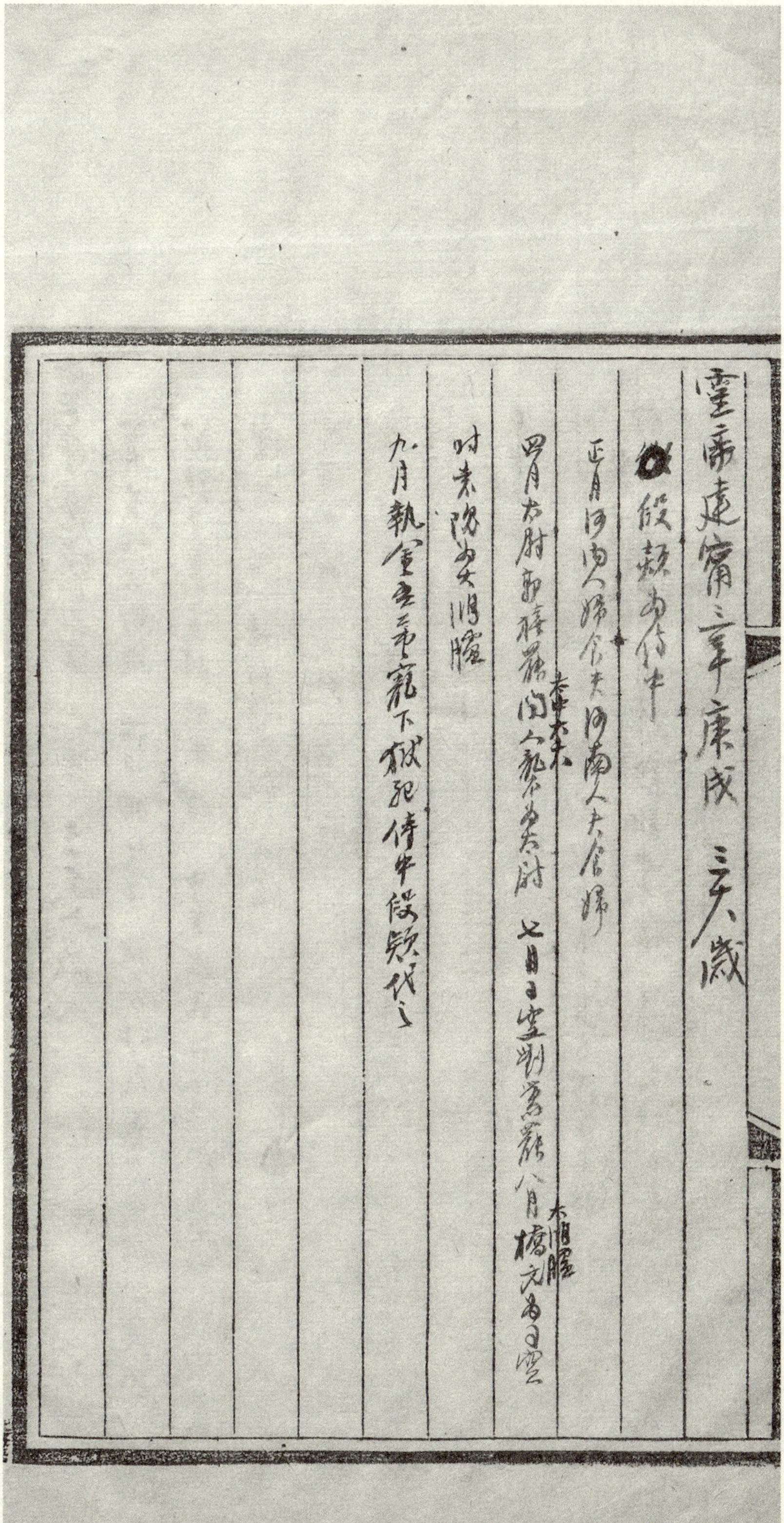
靈帝建寧三年庚戌 三十八歲

段熲為侍中

正月河内人婦食夫河南人夫食婦

四月太尉郭禧罷 聞人襲為太尉 太中大夫 七月司空劉囂罷 八月橋玄為司空 大鴻臚

時來豔為大鴻臚

九月執金吾董寵下獄死 侍中段熲代之

灵帝建宁四年　辛亥　三十五岁

三月太尉闻人袭免（辛酉 以日食）太仆李咸为太尉

三月朔日有食之　诏公卿至六百石各上封事

三月（辛酉）司徒许训免　司空桥玄为司徒　四月太常来艳为司空

七月司空来艳（以久病罢）司徒桥玄免　太常宗俱为司空　前司空许栩为司徒

时前南阳太守陈球为廷尉，刘猛为司隶校尉，明年左转，执金吾段颎

为河南尹代李左迁

封后父宋酆为不其乡侯

五月改元

靈帝熹平元年壬子 四十歲

五月宦者侯覽有罪自殺 十月宦者殺渤海王悝

三月壬戌太傅胡廣薨謚文恭

七月宦者諷司隸校尉段熲捕繫太學諸生千餘人

十一月揚州刺史臧旻丹陽太守陳夤討破會稽賊許生事在三年十一月

十二月司徒許栩罷 大鴻臚袁隗為司徒

時段熲由諫議大夫遷御史中丞尋為司隸校尉

靈帝熹平二年癸丑　四十一歲

錄年表屢遷

正月丁丑司空宗俱薨　二月壬午光祿勳楊賜為司空　三月太尉李咸免　五月司隸校尉段熲為太尉

七月司空楊賜免以災異太常潁川唐珍為司空

十二月太尉段熲以病罷復為司隸校尉

時宗正劉寬為光祿勳

靈帝熹平三年甲寅　四十二歲

揚州刺史臧旻丹陽太守陳夤擊

十一月吳郡司馬孫堅討會稽妖賊許生斬之

二月己巳太常陳耽為太尉

十二月北地太守夏育擊破鮮卑又寇并州

十二月日南徼外國重譯貢獻

靈帝熹平四年乙卯　四十三歲

改平準爲中準使宦者爲令列於內署自是諸署悉以閹人爲丞令

靈帝熹平五年 丙辰 四十四歲

閏五月 永昌太守曹鸞上書言黨人宜赦，詔檻車收鸞殺之，於是詔州郡

即更考黨人禁錮五屬

六月太尉陳耽罷 司空許訓為太尉 六月 劉逸為司空

四月使中郎將堂谿典請雨，因上言復崇高山名為嵩高山

十月太尉許訓罷 光祿勳劉寬為太尉 十月司徒袁隗罷 十二月 光祿勳楊賜為司徒

靈帝熹平六年丁巳　四十五歲

待制鴻都門下者數千人侍中祭酒樂松賈護多引趨勢之士

陽球因甲申上書奏請罷鴻都之選

二月南宮平城門及武庫東垣屋自壞

四月市賈民為宣陵孝子者數十人皆除太子舍人

八月破鮮卑中郎將田晏出雲中使匈奴中郎將臧旻與南單于

出雁門護烏桓校尉夏育出高柳並伐鮮卑晏等大敗

十月（癸丑）太尉劉寬免（當作地震）十一月司空陳球免十二月（甲寅太常）孟戫為太尉（庚辰）司徒楊賜

七月司空劉逸免廷尉陳球為司空

免陳耽為司空（十二月太常陳耽）

時廷尉陽球為尚書前太尉劉寬為衛尉光祿大夫陽球復為廷尉屬衛

中郎將陽為將作大匠

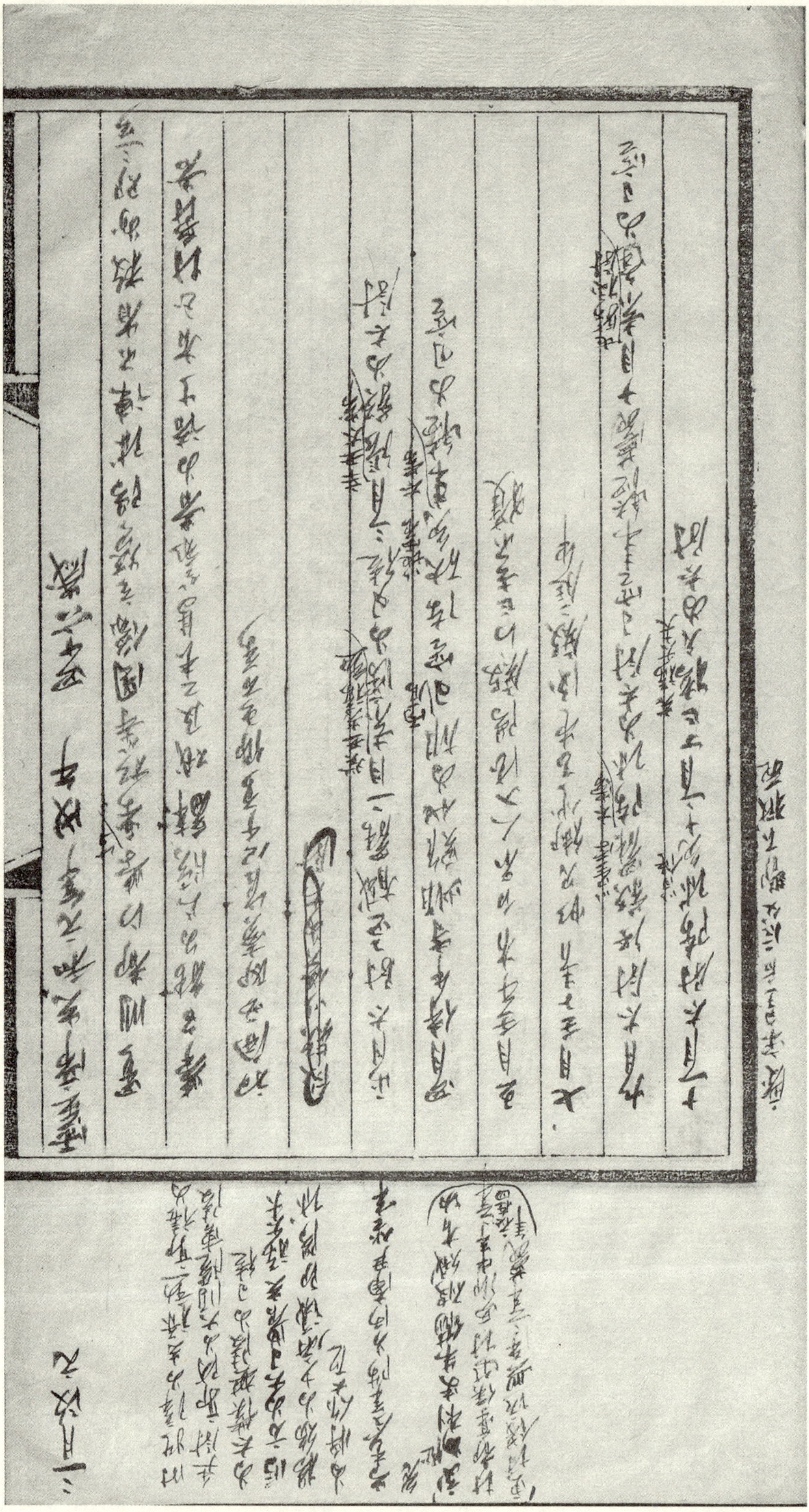

靈帝光和二年己未　四十七歲

四月辛巳　司隸校尉陽球奏收中常侍王甫（甫子）及太尉段熲隨附狀　皆伏下獄死　[illegible]熲以次

誅曹節　節白帝從球爲衛尉於是曹節朱瑀等復横

中常侍呂強上疏辭封都鄉侯爲中郎與段熲訟寃

十月甲申　十二月司徒劉郃永樂少府陳球尚書劉納衛尉陽球謀誅宦者事

泄皆下獄死

三月司徒袁滂免　大鴻臚劉郃爲司徒　太尉橋玄罷　段熲爲太尉　司空袁逢

罷　張濟爲司空　五月劉寬爲太尉　十二月楊賜爲司徒

時少府楊賜爲光禄勲司隸校尉陽球爲衛尉　太中大夫陳球爲永樂少府

中常侍王甫子萌爲長樂少府陽球奏收下獄

靈帝光和三年庚申　四十八歲

零陵太守楊琁擊破蒼梧桂陽賊

六月詔公卿舉能通尚書毛詩左氏穀梁春秋各一人悉除議郎

作畢圭靈昆苑

灵帝光和四年辛酉 四九岁

正月交阯男子梁龙反刺史朱儁击斩之

作列肆于后宫

九月太尉刘宽免庚寅卫尉许馘为太尉

闰九月司徒杨赐罢辛酉太常陈耽为司徒

时前司徒为太常前太尉刘宽为光禄勋

太长秋曹节卒中常侍赵忠领之

追封后父何真舞阳宣德侯

靈帝光和五年壬戌　五十歲

詔公卿舉二千石為民害者太尉許馘司空張濟於宦者子弟不敢

問誣糾小郡有惠化者司徒陳耽亍其枉

三月司徒陳耽免四月太常袁隗為司徒十月太尉許馘罷太常楊賜為太尉

靈帝光和六年癸亥 五十一歲

石經刻成立太學講堂前

始置圃囿署以宦者為令

十二月改元

时甘陵相刘虔为宗正
右扶风盖勋为将作大匠
右将军朱儁为北军中候
张温为司隶校尉
议郎李燮为河南尹
八月何进以后兄发张角党谋
谋封慎侯 遂平苗以破黄巾功
功封济阳侯
刘陶以先于张角要封中陵乡
侯 杨赐以上张角奏及复侍
讲恩封临晋侯 光禄勋刘宽
以先策黄巾逆谋封逯乡侯

灵帝中平元年甲子 五十二岁

黄巾贼钜鹿张角起 置三十六方 旬月之间天下响应 二月 郎中张钧上
书言黄巾之乱起于十常侍 收钧下狱死
北地太守皇甫嵩 中常侍吕强 请弛党禁 赦之 赵忠张让诬杀
强 及侍中向栩 三月 卢植拜北中郎将讨张角 五月皇甫嵩朱儁
骑都尉曹操 合军讨平三郡黄巾 八月皇甫嵩讨张角 角死 十月
破 斩角弟张宝 嵩遂为车骑将军 领冀州牧 朱儁 破南阳
黄巾 豫州刺史王允讨破黄巾 张让陷允 徵允下狱
三月河南尹何进为大将军 封都亭
置八关都尉官 三月壬子 因中常侍吕强言 大赦天下党人 还诸徙者
四月太尉杨赐免 邓盛为太尉 司空张济罢 张温为司空

王政四年刺杀阳城侯 ……封列侯

靈帝中平二年乙丑 五十三歲

崔烈以[illegible]爲司徒 六月以討張角功封宦者張讓等十三人爲列侯

（三月）皇甫嵩當年討涼州賊 八月 罷皇甫嵩以張溫代之（自司空）十一月破北宮伯玉於美陽

九月 特進楊賜爲司空 薨於位 許相爲司空（東海太守）

十月 諫議大夫劉陶以天下亂由宦者 坐下獄殺之 又殺前司徒陳耽

造萬金堂於西園

十一月董卓破涼州賊（封斄鄉侯）以[illegible]張溫[illegible]石[illegible]

（三年）二月 以[illegible]袁隗免（崇戚）三月 崔烈（廷尉）爲司徒 五月 太尉鄧盛（以崔烈[illegible]）罷 張延（太僕）爲太尉

五月 劉寵薨

春 太中郎將朱儁爲右車騎將軍 以[illegible]去官

時將作大匠吳[illegible]遷爲少府 袁滂爲執金吾

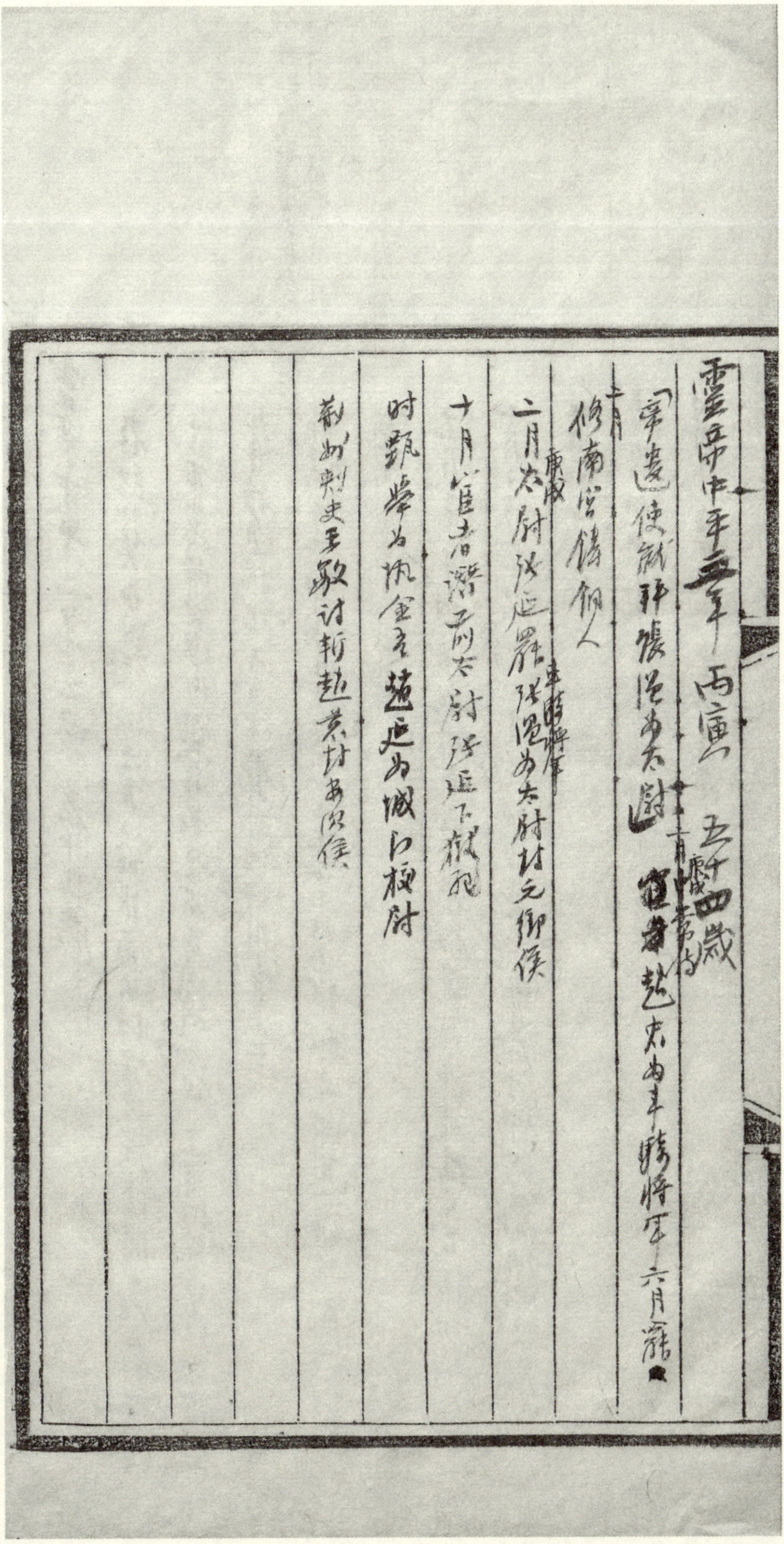

靈帝中平三年丙寅 五十四歲

（春）遣使就拜張溫為太尉 十一月庚戌中常侍趙忠為車騎將軍 六月罷

十月修南宮德陽殿

二月庚戌太尉張延罷 車騎將軍張溫為太尉 封元卿侯

十月前太尉張延下獄死

時甄舉為執金吾 趙延為城門校尉

荊州刺史王敏討斬趙慈 封為列侯

靈帝中平四年丁卯　五十三歲

正月　河南尹何苗為車騎將軍（破滎陽賊拜）

二月　馬騰與韓遂寇三輔　劫擄王國為主

十月　長沙太守孫堅討賊區星　封烏程侯

四月　太尉張溫免　司徒崔烈為太尉　五月　司空許相為司徒　光祿勳丁宮為司空

十一月　太尉崔烈罷　曹嵩為太尉

以少府朱儁為太僕　尋遷　永樂少府楊彪為太僕　光祿大夫朱儁為將作大

匠　壽遷為少府　河南尹何苗遷為車騎將軍

傅燮戰歿　謚曰壯節侯

靈帝中平五年戊辰　五十六歲

太常劉焉議改刺史為牧伯，以焉為益州牧，劉虞為幽州牧

八月　初置西園八校尉

以左將軍皇甫嵩討涼州賊王國於陳倉

十月　青徐黃巾復起

十月　講武平樂觀，帝自稱無上將軍

四月太尉曹嵩罷，樊陵為太尉，六月太尉樊陵罷，七月馬日磾為

太尉，八月司徒許相罷，丁宮為司徒

改初中平

十二月上軍別部司馬趙瑾討平巴郡板楯蠻

以破虜將軍董卓為前將軍，宗正劉虞為太常，尋遷太傅，楊彪為衛尉

少府袁隗為太僕，尋遷南陽太守劉表為宗正

靈帝中平六年己巳 五十七歲

皇甫嵩大破王國 斬虞討斬漁陽賊張純 四月 虞拜

太尉 四月太尉馬日磾免 七月 丁宮罷

四月帝崩 皇子辯即位 何太后臨朝 封弟協為渤海王

袁隗為太傅 與大將軍何進參錄尚書事 四月 何進收宦者蹇碩

誅之 七月何進召董卓將兵詣京師 太后詔罷諸宦者

八月宦者張讓等入宮殺何進 劫太后帝出至河上 日

袁紹 盡誅之 帝還宮 九月袁紹奔冀

州 董卓廢少帝為弘農王 獻帝即位 卓自為太尉

侯 自為相國 劍履上殿

為司空 尋為太尉

八月辛未司空劉弘免董卓自為司空九月太尉劉虞為大司馬

卓令公卿以下至黃門侍郎家一人為郎以補宦者所領諸署侍於殿上

九月丙戌太中大夫楊彪為司空

平原相荀爽為光祿勳三日遷

時河南尹王允為太僕 周忠為大司農

張讓段珪以樊陵為司隸校尉少府許相為河南尹

并州刺史丁原為執金吾為呂布所殺

中軍校尉袁紹為司隸校尉

宦者為司隸校尉

獻帝初平元年庚午 五十八歲

正月關東州郡起兵討董卓推袁紹為盟主 光祿勳趙謙為太尉 太僕王允為司徒

二月辛[illegible]卓徵皇甫嵩為城門校尉 劉表為荊州刺史 封成武侯 建安十三年死

三月戊午董卓殺太傅袁隗 太僕袁基 長沙太守孫堅起兵

討卓將軍袁術據南陽表堅領豫州刺史

二月太尉黃琬 司徒楊彪免

二月董卓殺城門校尉伍瓊督軍校尉周珌 三月殺太傅袁隗 太僕袁基 夷其族 尺口以上男女五十餘人皆下獄死

二月丁亥遷都長安 三月乙巳車駕入長安

三月戊午[illegible]留屯畢圭苑 焚洛陽宮廟

五月司空荀爽薨 六月辛丑光祿大夫种拂為司空

後將軍袁術河內太守王匡執殺少府陰脩執金吾胡母班將作大匠

吴修越騎校尉王瓌等北大鴻臚韓融獲免焉

孫堅殺荊州刺史王叡又殺南陽太守張咨

袁隗被殺徵劉虞代之道阻之命不得達

太尉趙謙 行車騎將軍 勃海太守袁紹自為車騎將軍 [illegible]校尉

時少府楊彪為太常以病免 宣璠為光祿勳 侍中楊琦為衛尉 議郎

趙岐為右僕射 韓融 楊彪 但為大鴻臚 太常張喜為大司農 和平中卒于

安大鴻臚楊為少府 士孫瑞 胡毋班為執金吾 吳脩為將作大匠

左中郎將皇甫嵩為城門校尉 未備而免之

直隸尚書 [illegible]校尉 前太尉張溫為司隸校尉

獻帝初平二年辛未　年九歲

二月卓自為太師位諸侯王上　孫堅擊敗卓兵　堅入洛陽修諸陵而還　卓西入長安　袁紹逼冀州牧韓馥自領州事　袁紹表操為東郡太守　公孫瓚攻袁紹　以劉備為平原相　劉表兵射殺孫堅　河南尹朱儁移書州郡徵兵討卓　卓發寧郡原王匡遣

遼東

四月董卓入長安

七月司空种拂免　光祿大夫淳于嘉為司空　太尉趙謙罷　太常馬日磾為太尉

十月壬戌董卓殺衛尉張溫

十一月泰山太守應劭擊破青州黃巾寇渤海　公孫瓚復大破之於東光

时董卓之弟旻为左将军封鄠侯前司空种拂为太常京兆尹杨彪为[illegible]

禄勋寿迁鲁旭为太仆

十月壬戌卫尉张温为董卓笞死

时前太尉赵谦为司隶校尉

之允以入关之功封温侯

獻帝初平三年壬申 卅歲

正月牛輔遣校尉李傕郭汜張濟擊朱儁於中牟，破之，遂掠潁川

四月（辛巳）司徒王允使中郎將呂布誅董卓，詔允錄尚書事，以布為奮威（封都亭侯進封溫）

將軍，共秉朝政 曹操領兗州刺史 六月李傕郭汜等舉兵犯闕

（六月甲午 如李傕郭汜殺）司徒王允，呂布走出關 九月傕汜等自為將軍，錄朝政，徵朱儁為

太僕

正月袁術遣將孫堅攻劉表於襄陽，堅戰歿，袁紹敗公孫瓚於

界橋

五月征西將軍皇甫嵩為車騎將軍

六月戊午董卓部曲將李傕郭汜樊稠張濟陷長安城，太常种

拂、太僕魯旭、大鴻臚周奐、城門校尉崔烈、越騎校尉王頎並

戰後

李傕殺司隸校尉京兆

六月趙謙為司徒（車騎將軍） 七月（庚子）馬日磾為太傅錄尚書事

八月皇甫嵩為太尉（車騎將軍） 司徒趙謙罷（病） 九月（甲申司空）淳于嘉為司徒 （光祿大夫）楊彪為

司空並錄尚書事 十二月太尉皇甫嵩免 （光祿大夫）周忠為太尉參錄尚書事

時司隸校尉趙謙為前將軍 後遷為左將軍

李傕自為車騎將軍（開府假司隸校尉假節） 郭汜自為後將軍 樊稠自為右將軍（自美陽侯進為萬年侯） 為李傕所殺

李蒙以校尉虎賁中郎將（自平陽侯進為建安二年坐誅）為左將軍 封陽翟侯 建安四年歐血死

時太僕趙岐 急以南陽朱儁為太僕

前太尉崔烈為城門校尉 胡軫為司隸校尉

張濟自為平陽侯 建安元年 為穰人所殺

（清）朱緒曾 輯

曹子建年譜一卷

清鈔本

斯譜論世知人其亦有取乎此也按丁譜持論正大事考證詳贍為陳王功臣惟明帝太和元年下引鄴都故事魏明帝太和中築鬬雞臺集有鬬雞詩然劉楨應瑒俱有鬬雞詩不必築臺始有鬬雞之事又泥東阿二字謂東阿徙自太和不應世説有文帝令東阿七步詩之語至以文選陳琳答東阿王牋并示龜賦吴質答東阿王書俱譜入明帝太和三年不知陳琳建安二十二年卒文帝與吴質書云徐陳應劉一時俱逝安得至明帝太和三年吴質卒太和四年其稱東阿王者乃劉慶義蕭德施所加非其原本如此也

以上各家本

曹子建集

年譜　　　　朱緒曾輯

漢獻帝初平三年壬申子建生

魏畧武帝先有劉夫人生子昂字子修　陳志武皇帝二十五男卞皇后生文皇帝任城王彰陳思王植蕭懷王熊　文帝生靈帝中平四年長子建五歲

初平四年癸酉年二歲

魏武為兖州牧父嵩為陶謙將張闓所害

魏武征陶謙

興平元年甲戌年三歲

原稿作魏武帝

吕布取兖州　荀彧程昱保甄城范東阿

興平二年乙亥年四歲

魏武破吕布復取兖州

建安元年丙子年五歲

天子遷於許都以曹操為司空車騎將軍

建安二年丁丑年六歲

魏武征張繡長子昂遇害

建安三年戊寅年七歲

魏武　吕布取徐州

建安四年己卯年八歲

袁紹滅公孫瓚據有四州命子譚熙尚分領青幽冀三州甥高幹領并州　據文昭甄皇后傳裴松之注引魏書甄皇后靈帝光和五年十二月丁酉生至此年十八歲蓋已適袁熙矣若子建甫八齡耳何得云欲娶此十年以長之婦乎（按光和五年壬戌十二月癸未朔甄后生丁酉日乃十二月十五日也）

建安五年庚辰年九歲

魏武破袁紹於官渡

建安六年辛巳年十歲

建安七年壬午年十一歲

本傳云曹植字子建年十餘歲誦詩論及辭賦數十萬言善屬文按是時鄴地屬袁氏尚未建銅爵臺三國志本不誤後人誤連下太祖嘗見之云云遂謂子建十歲登銅雀臺作賦乃巨謬耳

袁紹薨子尚代

建安八年癸未年十二歲 袁譚乞降

康案 袁譚原本誤寫遠

建安九年甲申年十三歲

魏武取冀州尚敗走長子丕納袁熙妻甄氏是年丕十八歲甄氏年二十三歲女長於男故其後色衰愛

袁紹滅公孫瓚據有四州命子譚熙尚分領青幽冀三州甥高幹領并州　據文昭甄皇后傳裴松之注引魏書甄皇后靈帝光和五年十二月丁酉生至此年十八歲蓋已適袁熙矣若子建甫八齡耳何得云欲娶此十年以長之婦乎按光和五年壬戌十二月癸未朔甄后生丁酉日乃十二月十五日也

建安五年庚辰年九歲

魏武破袁紹於官渡

建安六年辛巳年十歲

建安七年壬午年十一歲

本傳云曹植字子建年十餘歲誦詩論及辭賦數十萬言善屬文按是時鄴地屬袁氏尚未建銅爵臺三國志本不誤後人誤連下太祖嘗見之云云遂謂子建十歲登銅雀臺作賦乃臣謬耳

袁紹薨子尚代

建安八年癸未年十二歲

袁譚與弟尚爭冀州譚乞降

建安九年甲申年十三歲

魏武取冀州尚敗走長子丕納袁熙妻甄氏是年丕十八歲甄氏年二十三歲女長於男故其後色衰愛

虵爲郭氏所譏耳小説家誣子建亦欲得之不考之甚也辨詳洛神賦下

建安十年乙酉年十四歲

魏武斬袁譚遂領冀州牧還家於鄴　丕妻甄氏生子叡

建安十一年丙戌年十五歲

建安十二年丁亥年十六歲

遼東公孫康斬袁熙袁尚傳其首袁氏遂滅

建安十三年戊子年十七歲

天子罷三公官以操爲丞相　作元武池以肆舟師

集中離繳雁賦序云余游於元武陂中即此元武池也但賦不必作於此年陂在鄴　曹倉舒卒年十三歲

建安十四年己丑年十八歲

魏武東征長子丕從　文帝浮淮賦序云建安十四年王師自譙東征時予從行是也

建安十五年庚寅年十九歲

武帝紀云冬作銅雀臺　裴松之注云魏武故事載公十二月己亥詔云孤祖父以至孤身皆當親重之任可謂見信者矣以及子植兄弟過於三世矣前朝

恩封三代為侯固辭不受今更欲受之然封兼四縣食戸三萬何德堪之今上還陽夏柘苦三縣戸二萬但食武平萬戸何焯云植當為桓張溥亦作子桓然是時方封曹植曹據曹豹為侯所謂恩封三子為侯是也植字不誤潘眉云丕於十五年未受朝職至十六年始為五官中郎將張何二家改子植為子桓但據兄弟之次序不考受爵之先後皆似是而實非者也緒曾按丕立為丞相副故不與諸子齒魏武詔亦不得稱丕之字曰子桓魏武封在十二月已亥六年正月庚辰天子報減戸口萬五千分所讓封三子為

侯此詔因讓户故不言及丕其爵職亦無甚先後也

建安十六年辛卯年二十歲

本傳云性簡易不治威儀輿馬服飾每進見難問應聲而對特見寵愛建安十六年封平原侯　武帝紀云春正月天子命世子丕為五官中郎將置官屬為丞相副注魏書曰庚辰天子報減户口萬五千分所讓三縣封三子植為平原侯據為范陽侯豹為饒陽侯食邑各五千户據此丕已為丞相副監國植等不過封侯迨魏國既建進公為王丕始為魏太子耳

離思賦序云建安十六年大軍西征馬超太子留監

新城衣作新成宜核出

國植時從焉　武帝紀秋七月公西征魏文帝感離
賦建安十六年上西征余居守老母諸弟皆從
述行賦云觀秦政之驪墳亦關中作
建安十七年壬辰年二十一歲
是年阮瑀卒　登臺賦本傳云太祖常視其文謂植
曰汝倩人耶植跪曰言出為倫下筆成章願當面試
奈何倩人時鄴銅爵臺新城太祖悉將諸子登臺使
各為賦植援筆立成可觀太祖甚異之太平御覽引魏志作使各
詩字誤文帝登賦序建安十七年春遊西園登
銅雀臺命余兄弟並作據此知登臺賦作於此時

原本字誤作自

康集詩字誤

光祿大夫荀侯誅冬十月魏武征孫權侍中光祿大夫荀彧薨

建安十八年癸巳年二十二歲

武帝紀云天子命公為魏公加九錫　敘愁賦序云時家二女弟故漢皇帝聘為貴人家母見二弟愁思故令予作賦方輿紀要四十九愁思岡在彰德府西南二十里曹植常悲吟於此故名

武帝紀云秋八月天子聘公三女為貴人少者待年於國　按子建為平原侯邢容（客）為家丞劉楨為庶子應瑒亦為庶子文帝臨渦賦序云建安十八年至譙余兄弟從上拜墳墓蓋是時子建亦從行也

國植時從焉　武帝紀秋七月公西征魏文帝感離賦建安十六年上西征余居守老母諸弟皆從述行賦云觀秦政之驪墳亦關中作

建安十七年壬辰年二十一歲

是年阮瑀卒　登臺賦本傳云太祖常視其文謂植曰汝倩人耶植跪曰言出為論下筆成章顧當面試奈何倩人時鄴銅爵臺新城太祖悉將諸子登臺使各為賦植援筆立成可觀太祖甚異之（太平御覽引魏志作使各自為詩詩字誤）　文帝登臺賦序建安十七年春遊西園登銅雀臺命余兄弟並作據此知登臺賦作於此時

光祿大夫荀侯誅冬十月魏武征孫權侍中光祿大
夫荀彧薨

建安十八年癸巳年二十二歲

武帝紀云天子命公為魏公加九錫　敘愁賦序云
時家二女弟故漢皇帝聘為貴人家母見二弟愁思
故令予作賦（方輿紀要四十九愁思岡在彰德府西南二十里曹植常悲吟於此故名）
武帝紀云秋八月天子聘公三女為貴人少者待年
於國　按子建為平原侯邢客（容）為家丞劉楨為庶子
應瑒亦為庶子（文帝臨渦賦序云建安十八年至譙余兄弟從上拜墳墓是時子建亦
從行也）

建安十九年甲午年二十三歲

本傳云十九年徙封臨菑侯　本傳云留守鄴戒之曰吾昔為頓邱令年二十三歲思此時所行無愧於今今汝年亦二十三矣汝可不勉與　植别傳作昔吾為頻令頻乃頓字之訛　東征賦序云建安十九年王師東征吳寇余典禁兵衛宮省楊修亦有出征賦云公命臨菑守於鄴都是也　裴潛傳注韓宣字景熙渤海人也為人短小建安中丞相名署軍謀掾冗散在鄴嘗於鄴出入宮於東掖門內與臨菑侯植相遇時天新雨地有泥潦不得去乃以扇自障住於

道邊植嫌宣不答又不為禮乃駐車使其常從問宣
何官宣云丞相軍謀掾也植又問曰應得唐突列侯
否宣曰春秋之義王人雖微列於諸侯之上未聞宰
士而為下土諸侯禮也植又曰即如所言為人父吏
見其子應有禮否宣又曰於禮臣子一例也而宣年
又長植知其枝柱難窮乃釋去具為太子言以為辯
黄初中為尚書郎嘗以職事受罰於殿前已束縛帝
輦過問此為誰左右對曰尚書郎渤海韓宣也帝追
念前臨菑侯所說曰是子建所道韓宣耶特原之遂
解其縛時天大寒宣前以當受杖豫脱綿纏褌及其

原禪膝不下乃趨而去帝目而送之笑曰此家有瞻
諦之士也　按此事不必定在此年姑載於此
建安二十年乙未年二十四歲
十一月魏武征漢中　贈丁儀王粲詩詩云從軍度
函谷驅車度西京文選注建安二十年公西征張魯
行女哀辭序云家王征蜀蓋作於此乎摯虞文章流
別論哀辭建安中文帝與臨菑各失稚子命徐幹劉
楨等為之哀辭　文選魏文帝與鍾大理書注魏畧
曰太祖征漢中太子在孟津聞繇有玉玦欲得之而
難公索使臨菑侯轉因人說之繇即送之太子與繇

書云今舍弟子建因荀仲茂時從容喻鄙旨是也

建安二十一年丙申年二十五歲

武帝紀云天子進公爵爲魏王　是年封彰鄢陵侯

兖平鄉侯彪壽春侯

與楊德祖書云僕少小爲文章迄至今二十五年矣

建安二十二年丁酉年二十六歲

本傳增邑五千并前萬戸　王仲宣誄誄云建安二

十二年正月二十四日戊申魏故侍中關内侯王君

薨王粲傳云二十二年春道病卒又徐幹陳琳劉楨

並以二十二年卒陳孔璋答陳思王牋云并示龜賦

初學記劉楨在曹植坐厨人進瓜楨命為賦促立成

俱在此年之前

釋思賦云家弟出養族父郎中伊予以兄弟之愛心

有戀然作此賦以贈之按鄗戴殤公子整奉從叔父

郎中紹後建安二十二年封鄗侯二十三年薨無子

按此賦不定此年作姑附於此

說疫氣云建安二十二年癘氣流行

武帝紀云冬十月以五官中郎將丕為太子　本傳

云植既以才思見異而丁儀丁廙楊修等為之羽翼

太祖狐疑幾為太子者數矣而植任性而行不自彫

與

勵飲酒不節而文帝御之以術矯情自飾宮人左右
並為之説故遂定為嗣　裴松之注魏畧丁儀字正
禮太祖欲以愛女妻之以問五官將五官將曰女人
觀貌而正禮目不便誠恐愛女未必悦也以為不如
伏波子楙太祖從之尋辟儀為掾到與議論嘉其才
朗曰丁掾好士也即使其兩目盲尚當與女何况但
眇是吾兒誤我時儀亦不得尚公主而與臨菑侯親
善數稱其奇才太祖既有意立植而儀又共贊之
廙字敬禮儀之弟也文士傳曰廙少有才姿博學洽
聞初辟公府建安中為黃門侍郎廙嘗從容謂太祖

曰臨菑侯天性仁孝發於自然而聰明特達其殆庶
幾至於博學淵識文章絕倫當今天下之賢才君子
不問少長皆願從其游而為之死實天下所以種福
於大魏而永受無窮之祚也欲以勸動太祖太祖荅
曰植吾愛之安能若卿言吾欲立之為何如廙曰此
國家之所以興衰天下之所以存亡非愚劣瑣賤者
所敢與及廙聞知臣莫若於君知子莫若於父至於
君不問明闇父不問賢愚而能常知其臣子者何蓋
由相知非一事一物相盡非一旦一夕況明公加之
以明哲習之以人子今發明達之命吐永安之言可

謂上應天命下合人心得之於須臾垂之於萬世者
也廙不避斧鉞之誅敢不盡言太祖深納之　典畧
楊修字德祖是時臨菑侯以才捷愛幸來意投修數
與修書云云修答書云云其相往來如此甚數植後
以驕縱見疏而植故綴修不止修亦不敢自絕　魏
志王粲傳潁川邯鄲淳注魏畧淳一名竺字子叔博
學有文章又善倉雅蟲篆許氏字指初平時從三輔
客荊州荊州內附太祖數聞其名與相見甚敬異
之時五官將博延英儒亦聞淳名因起淳欲使在文
學官屬中會臨淄侯植亦求淳太祖遣淳詣植植初

得淳甚喜延入坐不先與談時天暑熱植因呼常從
取水自澡訖傳(傅)粉科頭坐拍袒胡舞五椎鍛跳丸擊
劍誦俳優小說數千言訖謂淳曰邯鄲生何如耶於
是更著衣幘整容與淳評說混元造化之端品物區
別之意然後論羲皇以來聖賢名臣烈士優劣之差
次頌古今文章賦誄及當官政事宜所先後又論用
武行軍倚伏之勢迺命廚宰酒炙交至坐席默然無
與抗者及暮淳歸對其所知歎植之才謂之天人時
世子未立太祖俄有意於立植淳屢稱植才由是五
官將頗不悅按陋哉魏略之言也子建性本簡易不

尚詭奇何以酬酢無閒裸裎相對非劉李之嫚人等諸洗足無幼安之自訟遽爾科頭跳盪疑狂俳優殊賭日之夕矣昌言歸哉乃復談天縱辨括地逞辭似秦延君之說書類馬服子之論戰脣乾舌燥亦云憊矣昔山吏部以一字拔人王太尉以三語識俊但存神契何取多談假令倨肆如斯矜炫若此臨菑侯毋乃反冒邯鄲生未必傾心斯則極擬高深轉形褊淺者也

楊俊傳初臨菑侯與俊善太祖適嗣未定密訪羣司俊雖並論文帝臨菑才分所長不適有所據當然稱臨菑猶美文帝常以恨之黃初二年車駕至

宛以市不豐樂發怒收儁儁曰吾知罪矣遂自殺

荀彧傳子惲嗣官至虎賁中郎將初文帝與平原侯植並有擬論文帝曲禮彧及彧卒惲又與植善而與夏侯尚不穆文帝深恨惲惲早卒　明帝紀注世語

孔桂字叔林太祖表騎都尉太祖既受桂五官將及諸侯亦皆親之其後桂見太祖久不立太子而有意於臨菑侯因更親附臨菑侯而簡於五官將將甚銜之及太祖薨文帝即位未及致其罪黃初元年隨例轉駙馬都尉而桂私[illegible]西域貨賂許為人事事發有詔收問遂殺之　以上丁儀丁廙楊修邯鄲淳楊俊

康案轉駙馬原本誤作附字

荀惲孔桂俱迎武帝意欲立子建者儀廙修俊桂後
俱被殺淳惲亦幸免耳
賈詡傳時文帝爲五官將而臨菑侯植才名方盛各
有黨與有奪宗之議文帝使人問詡自固之術詡曰
願將軍恢崇德業度躬素士之業朝夕孜孜不違子
道如此而已文帝從之深自砥礪太祖又嘗屏除左
右問詡詡默然不對太祖曰與卿言而不答何也詡
曰屬適有所思故不即對耳太祖曰何思詡曰思袁
本初劉景升父子也太祖大笑於是太子遂定　魏
略吴質字季重以才學通博爲五官中郎將及諸侯

宛以市不豐樂發怒收俊俊曰吾知罪矣遂自殺

荀彧傳子惲嗣官至虎賁中郎將初文帝與平原侯植並有擬論文帝曲禮彧及彧卒惲又與植善而與夏侯尚不穆文帝深恨惲惲早卒　明帝紀注世語

孔桂字叔林太祖表騎都尉太祖既受桂五官將及諸侯亦皆親之其後桂見太祖久不立太子而有意於臨菑侯因更親附臨菑侯而簡於五官將將甚銜之及太祖薨文帝即位未及致其罪黃初元年隨例轉駙馬都尉而桂私受西域貨賂許為人事事發有詔收問遂殺之　以上丁儀丁廙楊修邯鄲淳楊俊

荀惲孔桂俱迎武帝意欲立子建者儀廙脩倰桂後

俱被殺淳惲亦幸免耳

賈詡傳時文帝為五官將而臨菑侯植才名方盛各

有黨與有奪宗之議文帝使人問詡自固之術詡曰

願將軍恢崇德業度躬素士之業朝夕孜孜不違子

道如此而已文帝從之深自砥礪太祖又嘗屏除左

右問詡詡默然不對太祖曰與卿言而不荅何也詡

曰屬適有所思故不即對耳太祖曰何思詡曰思袁

本初劉景升父子也太祖大笑於是太子遂定　魏

略吴質字季重以才學通博為五官中郎將及諸侯

所禮愛質亦善處其兄弟之間若前世樓君卿之遊五侯矣世語魏王嘗出征世子及臨菑侯並送路側植稱述功德發言有章左右屬目王亦悅焉世子悵然自失質曰王當行流涕可也及辭世子泣而拜王及左右咸歔欷於是皆以植辭多華誠實不足也又世語及楊修年二十五以名公子有才能為太祖所器與丁儀兄弟皆欲以植為嗣太子患之以車載廢簏內朝歌長吳質與謀修以白太祖未及推驗太子懼告質質曰何患明日復以簏受絹車內以惑之修必重白重白必推而無驗則彼受罪世子從之修果

鮮原傳　原本誤傳寫

定疑焉　桓階傳魏國初建為
太子未定而臨菑侯有寵階數
陳文帝德優齒長宜為儲嗣公規密諫前後懇至注
魏書階諫曰今太子位冠群子名昭海內仁聖達節
天下莫不聞而大王甫以植問臣誠惑之於是太祖
篤於守正深益重焉　邢容原名敬避傳字子昂是時諸
子高選官屬令曰侯家吏宜得淵深法度如邢容者
遂以平原侯植家丞容防閑以禮無所屈撓由是不
合庶子劉楨諫曰家丞邢容北士之彥少秉高節元
靜淡泊言少理多真雅士也楨誠不足同貫詩人並

所禮愛質亦善處其兄弟之間若前世樓君卿之遊
五侯矣世語魏王嘗出征世子及臨菑侯並送路側
植稱述功德發言有章左右屬目王亦悅焉世子悵
然自失質曰王當行流涕可也及辭世子泣而拜王
及左右咸歔欷於是皆以植辭多華誠實不足也又
世語及楊脩年二十五以名公子有才能為太祖所
器與丁儀兄弟皆欲以植為嗣太子患之以車載廢
簏内朝歌長吳質與謀脩以白太祖未及推驗太子
懼告質質曰何患明日復以簏受絹車内以惑之脩
必重白重白必推而無驗則彼受罪世子從之脩果

白而無人焉太祖由是疑焉　桓階傳魏國初建為
虎賁中郎將侍中時太子未定而臨菑侯有寵階數
陳文帝德優齒長宜為儲嗣公規密諫前後懇至注
魏書階諫曰今太子位冠羣子名昭海內仁聖達節
天下莫不聞而大王甫以植問臣誠惑之於是太祖
篤於守正深益重焉　邢容原名敬避傳字子昂是時諸
子高選官屬令曰侯家吏宜得淵深法度如邢容者
遂以平原侯植家丞容防閑以禮無所屈撓由是不
合庶子劉楨諫曰家丞邢容北土之彥少秉高節元
靜淡泊言少理多眞雅士也楨誠不足同貫詩人並

列左右而植禮遇殊特容反疏簡私懼觀者將謂君
侯習近不肖禮賢不足採庶子之春華忘家丞之秋
實為上招謗其罪不小以為反側後叅丞相軍轉東
曹椽初太子未定而臨菑侯植有寵丁儀等竝贊翼
其賢太祖問容容對曰以庶代宗先代之戒願陛下
深重戒之太祖謝其意後遂以為太子少傅轉太保
衛臻傳初太祖久不立太子而方奇貴臨菑侯丁
儀等為羽翼勸臻自結臻以大義拒之　毛玠傳字
孝先時太子未定而臨菑侯植有寵而愛玠密諫曰
近者袁紹以嫡庶不分覆宗滅國廢立大事非所宜

庫案 聰 原本誤寫總

庫案 對 字原本誤寫對

聞後羣會太祖目指曰此古所謂國之司直我之周
昌也　崔炎原名避敬傳字季珪時未立太子臨菑侯有
才而愛太祖狐疑以函令密請於舟炎露板答曰蓋
[illegible]如五官將仁孝聰明宜承正
統〻以死守之植〻之兄女壻也太祖貴其公亮喟
然歎息遷中尉後太祖疑炎與楊訓書不遜賜炎死
人上賈詡吳質桓階邢容衛臻毛玠崔炎皆勸魏
太子者詡小人也然異日子建對鄢陵侯
彰亦以袁氏事是此非賈詡之言乃子建之言也詡
多陰謀文帝之不廢因交結宮人左右此與魏徵之

列左右而植禮遇殊特容反疏簡私懼觀者將謂君
侯習近不肖禮賢不足採庶子之春華忘家丞之秋
實為上招謗其罪不小以為反側後參丞相軍轉東
曹掾初太子未定而臨菑侯植有寵丁儀等竝贊翼
其賢太祖問容容對曰以庶代宗先代之戒願陛下
深重戒之太祖謝其意後遂以為太子少傅轉太保
衛臻傳初太祖久不立太子而方奇貴臨菑侯丁
儀等為羽翼勸臻自結臻以大義拒之 毛玠傳字
孝先時太子未定而臨菑侯植有寵而愛玠密諫曰
近者袁紹以嫡庶不分覆宗滅國廢立大事非所宜

聞後羣會太祖目指曰此古所謂國之司直我之周

昌也　崔炎原名敬避傳字季珪時未立太子臨菑侯有

才而愛太祖狐疑以函令密請於舟炎露板答曰蓋

聞春秋之義立子以長如五官將仁孝聰明宜承正

統炎以死守之植炎之兄女壻也太祖貴其公亮喟

然歎息遷中尉後太祖疑炎與楊訓書不遜賜炎死

以上賈詡吳質桓階邢容衛臻毛玠崔炎皆勸魏

武立丕為太子者詡小人也然異日子建對鄢陵侯

彰亦以袁氏事是此非賈詡之言乃子建之言也詡

多陰謀文帝之不廢因交結宮人左右此與魏徵之

數建戎相似是以文帝即位首以詡為太尉致為孫
自彫勵以讓自處使如唐文
先唐高而親見之矣至於崔
季珪子建之妻叔父也露板之答與子建行馳開司
馬門心思正合世語曰植妻衣繡太祖登臺見之以
違制命還家賜死然子建有謝妻改封陳王表（妃）賜死
未可盡信崔君苗為曹志婿子建之孫壻曹與崔世
為婚姻至於季珪之死文帝蓋終以子建之戚而搆
之而謂為丁儀所間者亦非也
本傳云植常乘車行馳道中開司馬門出太祖大怒

康案畧日當作異目

公車令坐死由是植寵日衰注載魏武故事載令曰始者謂子建兒中最可定大事又令曰自臨菑侯植門至金門令吾異日視此兒矣又令曰諸侯長吏乃帳下吏知吾出軌將諸侯行義否從子建私開司馬門來吾都不復信諸侯也恐吾適出便復私出故攝將行不可恒使吾以誰為心腹也　世說太祖遣太子及植各出一門密勅門不得出以觀其所為太子至門不得出而還修先戒植若門不出侯侯受王命可斬守者植從之　范蔚宗書章華太子注續漢書曰人有白修與臨菑侯曹植飲醉共載

教建成相似是以文帝即位首以詡為太尉致為孫權所笑殊不知子建不自彫勵以讓自處使如唐文皇恐隱巢之禍魏武必先唐高而親見之矣至於崔季珪子建之妻叔父也露板之答與子建行馳開司馬門心思正合世語曰植妻衣繡太祖登臺見之以違制命還家賜死然子建有謝妻改封陳王妃表賜死未可盡信崔君苗為曹志婿子建之孫壻曹與崔世為婚姻至於季珪之死文帝蓋終以子建之戚而搆之而謂為丁儀所間者亦非也

本傳云植常乘車行馳道中開司馬門出太祖大怒

公車令坐死由是植寵日衰注載魏武故事載令曰始者謂子建兒中最可定大事又令曰自臨菑侯植私出開司馬門至金門令吾異目視此兒矣又令曰諸侯長吏乃帳下吏知吾出軌將諸侯行義否從子建私開司馬門來吾都不復信諸侯也恐吾適出便復私出故攝將行不可恒使吾以誰為心腹也　世說太祖遣太子及植各出一門密勅門不得出以觀其所為太子至門不得出而還修先戒植若門不出侯侯受王命可斬守者植從之　范蔚宗書章華太子注續漢書曰人有白修與臨菑侯曹植飲醉共載

從司馬門出謗訕鄢陵侯彰太祖聞之大怒故遂收
修殺之時年四十五矣
開司馬門事諸書所說不同水經注穀水注渠水自銅駝街東逕司馬門南
自此南直宣陽門經緯通達皆列馳道往來之禁一同兩漢曹子建嘗行御街犯門禁以此見薄
本傳魏武故事所云私開司馬門為得其實若世語
云既命其各出一門又勑令無出將觀其能出以奉
王命乎抑欲其不出以守侯度乎以修之才策必能
料之何至使子建斬守者以獲罪楊修豈愚騃者乎
且魏武又止云恐吾適出又復私出不聞有斬守事
也司馬彪續漢書謂子建與楊修共出司馬門謗訕

鄢陵愈不足據彰與子建未嘗有隙又何致以謗彰而殺修乎或謂命丕及子建各出一門欲使丕犯私出之令而廢之也是計乃斬守倉吏斬侍妾之故智魏武雖詐未必行之於其子使果有此謀楊修豈不知之乃竟以欲廢丕者陷子建耶必不然然則子建私出門者特所謂任性而行以犯禁自晦使魏武不能改嫡耳子建讓兄之心雖魏武亦知之蓋非此不能讓也陳普石堂集春華建安曹子建秋實西京張釋之父事邢顒奴七子黃初使作萬年基注云邢顒君子也而植惡之楊修丁儀小人也而植愛之既以無禮怨父復以不弟失兄始與浮薄之人同處及其始終如孤豚家國未幾亦覆八代詞人皆謬用其心者也陳石堂於子建事迹未考覈故其言如

康案征虜原本誤作征虜

此不足辨也

建安二十三年戊戌年二十七歲

武帝紀秋七月西征九月至長安

建安二十四年己亥年二十八歲

傳云太祖以植為南中郎將行

呼有所敕戒植不能受命於是

悔而罷之注魏氏春秋曰植雖行太子飲焉逼而醉

之王名植植不能受王命故王怒也按魏氏春秋殆

非也子建自醉耳豈丕能逼之乎是時樊城圍急魏

武欲從許都非以子建為才必無是命以知太子雖

立而植寵猶未衰也子建之醉所以力避兵柄厥後任城見害而東阿幸免者亦以未獲兵權耳所謂操心危慮患深也

秋殺主簿楊修本傳云太祖論始終之變以楊修頗有才策而又袁氏之甥也於是以罪誅楊修植益內不自安注典畧二十五年秋公以修前後漏言教交關諸侯乃收殺之修臨死謂故人曰我固是以死之晚也其意以為坐曹植也修死百餘日而太祖薨世語修與賈逵王淩並為主簿而為植所友每嘗就質慮事有闕忖度太祖意豫為作答數餘條修敕門下

此不足辨也

建安二十三年戊戌年二十七歲

武帝紀秋七月西征九月至長安

建安二十四年己亥年二十八歲

秋七月樊城被圍本傳云太祖以植為南中郎將行征虜將軍欲遣救仁呼有所敕戒植不能受命於是悔而罷之注魏氏春秋曰植雖行太子飲焉逼而醉之王名植植不能受王命故王怒也按魏氏春秋殆非也子建自醉耳豈丕能逼之乎是時樊城圍急魏武欲徙許都非以子建為才必無是命以知太子雖

立而植寵猶未衰也子建之醉所以力避兵柄厥後
任城見害而東阿幸免者亦以未獲兵權耳所謂操
心危慮患深也
秋殺主簿楊修本傳云太祖論始終之變以楊修頗
有才策而又袁氏之甥也於是以罪誅楊修植益内
不自安注典畧二十五年秋公以修前後漏言教交
關諸侯乃收殺之修臨死謂故人曰我固是以死之
晚也其意以為坐曹植也修死百餘日而太祖薨世
語修與賈逵王淩並為主簿而為植所友每當就質
慮事有闕忖度太祖意豫為作答數餘條修敕門下

教出以次答教裁出答已入太祖怪其捷推問始泄

故修遂以交搆賜死　范蔚宗後漢書言修逆為答

記不言與子建忖度又言操於此忌修且以袁氏之

甥慮為後患遂因事殺之按范書不言因子建見殺

是也魏武殺修實以袁甥之故前此因袁氏欲殺修

之父彪賴孔融救之彪耄不足患而修有才策所以

與孔融俱殺也

建安二十五年庚子年二十九歲

鶡賦大暑賦侍太子宴坐詩俱作於建安末

三月改元延安十一月魏受禪改元黃初

案延安當作延康

魏黃初元年

武帝諱　正月庚子魏王崩於洛陽年六十六謚曰

武王二月丁卯葬高平陵　任城王彰傳太祖至洛

陽得疾驛召彰未至太祖崩注魏略曰彰至謂臨菑

侯植曰先王召我者欲立汝也植曰不可不見袁氏

兄弟乎

本傳曰植與諸侯並就國蘇則傳初則及臨菑侯植

聞魏氏代漢皆發服悲哭文帝聞植如此而不聞則

曰吾應天受禪而聞有哭者

張欲正論以對侍中傅巽掐

教出以次答教裁出答已入太祖怪其捷推問始泄故修遂以交搆賜死　范蔚宗後漢書言修逆為答記不言與子建忖度又言操於此忌修且以袁氏之甥慮為後患遂因事殺之按范書不言因子建見殺是也魏武殺修實以袁甥之故前此因袁氏欲殺修之父彪賴孔融救之彪耄不足患而修有才策所以與孔融俱殺也

建安二十五年庚子年二十九歲

寶刀賦鷴賦大暑賦侍太子宴坐詩俱作於建安末

三月改元延安十一月魏受禪改元黃初

魏黃初元年

武帝誄　正月庚子魏王崩於洛陽年六十六謚曰

武王二月丁卯葬高平陵　任城王彰傳太祖至洛

陽得疾驛召彰未至太祖崩注魏略曰彰至謂臨菑

侯植曰先王召我者欲立汝也植曰不可不見袁氏

兄弟乎

本傳曰植與諸侯並就國蘇則傳初則及臨菑侯植

聞魏氏代漢皆發服悲哭文帝聞植如此而不聞則

也帝在洛陽嘗從容言曰吾應天受禪而聞有哭者

何也則謂見問鬚髯悉張欲正論以對侍中傅巽掐

康案 原本倍字疑陪字誤

康案 黃初原本誤寫王祁

則曰不謂卿也於是乃止注初則在金城聞漢帝禪位以為崩也乃發喪後聞其在自以不審意頗默然臨菑侯植自傷失先帝意亦怨激而哭其後文帝出遊追恨臨菑侯植顧謂左右曰人心不同當我登大位之時天下有哭者時從臣知帝此言有為而發也而則以為為已欲下馬謝焉傅巽目之乃悟據此知

又二十八字衍

國十一月受禪是時音位諸臣建之哭華歆輩曾聞之乎

慶受禪上禮表 文帝紀云十一月丙午漢帝禪位……祚改延安為黃初

本傳云文帝即位誅丁儀丁廙並其男口 按雙丁之見殺也文帝自恨之也初太祖欲以丁儀尚公主文帝必有不樂於儀者故力沮之丁私憾於文帝迎太祖意而欲立子建至謂子建依附二丁以希奪嫡必無是也

求祭先王表當在是年 〔上九尾狐表〕此五字應刪去

黃初二年辛丑年三十歲

本傳云監國謁者灌均希旨奏植醉酒悖慢劫脅使者有司請治罪帝以太后故貶爵安鄉侯注魏書載詔曰植朕之同母弟朕於天下無所不容而況植骨

則曰不謂卿也於是乃止注初則在金城聞漢帝禪
位以為崩也乃發喪後聞其在自以不審意頗默然
臨菑侯植自傷失先帝意亦怨激而哭其後文帝出
遊追恨臨菑侯植顧謂左右曰人心不同當我登大
位之時天下有哭者時從臣知帝此言有為而發也
而則以為為已欲下馬謝焉傅巽目之乃悟據此知
魏武既葬諸侯各就國十一月受禪是時音位諸臣
子建等不在其列子建之哭華歆輩曾聞之乎　慶
文帝受禪表　慶受禪上禮表　文帝紀云十一月
丙午漢帝禪位庚午王升壇即祚改延安[康]為黃初

本傳云文帝即位誅丁儀丁廙並其男口　按雙丁

之見殺也文帝自恨之也初太祖欲以丁儀尚公主

文帝必有不樂於儀者故力沮之丁私憾於文帝迎

太祖意而欲立子建至謂子建依附二丁以希奪嫡

必無是也

求祭先王表當在是年　〔上九尾狐表〕（此五字原刪去）

黃初二年辛丑年三十歲

本傳云監國謁者灌均希旨奏植醉酒悖慢劫脅使

者有司請治罪帝以太后故貶爵安鄉侯注魏書載

詔曰植朕之同母弟朕於天下無所不容而況植骨

月之親捨而不誅其改封植本傳云其年改封鄄城唐李吉甫元和郡縣志濮州鄄城縣州理城在故鄄城中魏文帝以臨菑侯植為鄄城侯太平寰宇記陳思王臺在鄄城西二里許

魏畧云初植未到關自念有過宜當謝帝乃留其從官著關東單將兩三人微行入見清河長公主欲因主謝而關吏以聞帝使人逆之不得見太后以為自殺也對帝泣會植科頭負鈇鑕徒跣詣闕下帝及太后乃喜及見之帝猶嚴顏色不與語又不使冠履伏地涕泣太后為不樂詔乃聽復王服郝氏以此事列四年徙封雍邱王其年雍陽後杭云魏畧所載皆規模梁孝王事而志其失實

卞后傳注魏書東阿王植太后少子最愛之後植犯
法為有司所奏帝令太后弟奉車都尉蘭持公卿
議白太后太后曰不意此兒所作如是汝還語帝不
可以我故壞國法及自見帝不以為言注臣松之曰
文帝問占夢周宣曰吾夢磨錢欲使文滅而復愈更
明何謂宣悵然不對帝固問之宣曰此陛下家事雖
欲爾而太后不聽是以欲滅更明耳時帝欲治植之
罪逼於太后但加貶耳
唐李氏獨異志云魏陳思王曹植與文帝不協文帝
即位嘗欲害之又以思王太后之愛子不敢肆心因

誅

名植遊華林園飲酒酣醉之密遣左右縊殺使者以弓絃三縊不死而絃皆頓絕植即驚覺左右走白帝帝自是後不敢復害植

文選注曹植罷朝表曰行至延津受安鄉侯印綬求出獵表曰臣自招罪釁徙居京師待罪南宮求習業表曰雖免大誅誅得歸本國據此知子建得罪居京師居京師後免罪仍歸臨淄至延津受安鄉侯印綬也然子建遭讒非一次又常為王畿倉輯所奏見文館詞林史不盡載也

學宮頌孔子廟碑　文紀三月詔以議郎孔羨為宗

聖侯邑百戸奉孔子祀令魯郡修起舊廟置百戸吏
卒以守衛之又於其外廣為室屋以居學者（詳見孔子廟碑）
下
文紀六月丁卯夫氏甄氏卒　甄后傳六月遣使賜
死於鄴是時甄年四十文帝年三十五郭后陰貴人
俱有寵魏文帝之甄后與漢武帝之陳后皆夫少於
妻始悅其色迨色衰愛弛怨懟隨之所以死也若蒲
生行乃武帝作鄴都故事以為甄后非也其辭有云
邊地多悲風樹木何翛翛從軍致獨樂延年壽千秋
甄后居鄴安得有邊地從軍之語子建蒲生行浮萍

康
熙　鄄字原本誤寫甄

篇及棄婦篇皆不爲甄后作猜疑方甚避死不暇何

至和甄詩耶

黄初三年壬寅年三十一歲

本傳云三年立爲鄄城王邑二

[illegible]三月乙丑封帝弟鄢陵公彰等十

一人皆爲王夏四月戊申立鄄城侯爲鄄城王

錢大昕史考異云任城諸王皆由公進封植以罪貶

侯且是縣王非郡王

初制王之庶子爲鄉公嗣王之庶子爲亭侯公之庶

子爲亭伯按封二子爲公謝恩章云封臣息男苗爲

高陽鄉公志為穆鄉公在此時賀鳳皇黃龍見表
中山王衮傳黃初三年黃龍見鄴西漳水衮上書贊
頌又云才不及陳思王而好與之侔子建表蓋同時
所上表中云鳳凰復見於鄴南延康八月石邑縣言
鳳凰集故云復見也
洛神賦云黃初三年余朝京師何義門曰朝京師實
在四年而賦云三年蓋子建不忘漢之心不忍以獻
帝之延康為黃初元年也然子建三年四年俱朝京
師是時文帝猜忌方深朝不即見故四年復朝洛神
賦作於三年贈白馬王作於四年　宋書禮制云魏

篇及棄婦篇皆不爲甄后作猜疑方甚避死不暇何

至和甄詩耶

黄初三年壬寅年三十一歲

謝徙封甄城王表　本傳云三年立爲鄄城王邑二千五百户文紀云三月乙丑封帝弟鄢陵公彰等十一人皆爲王夏四月戊申立鄄城侯爲鄄城王

錢大昕史考異云任城諸王皆由公進封植以罪貶侯且是縣王非郡王

初制王之庶子爲鄉公嗣王之庶子爲亭侯公之庶子爲亭伯按封二子爲公謝恩章云封臣息男苗爲

高陽鄉公志爲穆鄉公在此時賀鳳皇黃龍見表
中山王衮傳黃初三年黃龍見鄴西漳水衮上書贊
頌又云才不及陳思王而好與之侔子建表蓋同時
所上表中云鳳凰復見於鄴南延康八月石邑縣言
鳳凰集故云復見也
洛神賦云黃初三年余朝京師何義門曰朝京師實
在四年而賦云三年蓋子建不忘漢之心不忍以獻
帝之延康爲黃初元年也然子建三年四年俱朝京
師是時文帝猜忌方深朝不即見故四年復朝洛神
賦作於三年贈白馬王作於四年　宋書禮制云魏

黄初三年始奉璽朝會盖禪位後是年始行元會之禮子建不應不至來朝不得見故史闕書也

黄初四年癸未年三十二歲

本傳云四年徙封雍丘云本傳云責躬應詔詩其年朝京師上疏獻詩二篇帝嘉其辭義優詔答勉之

任城王誅　文紀云六月甲戌任城王彰暴薨於京師謚曰威世説魏文帝忌弟任城王驍壯因在卞太后閤共圍棋正噉棗文帝以毒置諸棗蔕中自選可食者而進王弗悟遂雜進之既中毒太后索水救之帝預敕左右毀瓶罐太后徒跣趨井無以汲須臾遂

卒復欲害東阿稱東阿亦記事之失太后曰汝已殺我任城不
得復殺我東阿魏氏春秋謂彰問璽綬將有異志故
來朝不得即見彰忿怒暴薨子建詩云會節氣到洛
陽任城王薨可謂微而顯矣立言之體也
贈白馬王彪詩云黃初四年正月白馬王任城王與
余俱朝京師會節氣到洛陽任城薨至七月與白馬
還國
襲封雍丘王表　太平寰宇記雍丘縣陳思王襲封
雍丘王表云禹祠原在此城禹廟讚亦此時作
酈食其讚太平寰宇記雍丘縣酈食其墳

雍

懷親賦　序云濟陽南澤按濟陽與雍丘俱屬陳留

郡子建正月朝京師七月歸鄄城後仍徙封曹丘

黃初五年甲申年三十三歲

黃初五年令

黃初六年乙巳年三十四歲

本傳云六年帝東征還過雍丘幸植宮增邑五百

七步詩郝經續後漢書六年丕東征還過雍丘宮令

植作詩丕憐之增戶五百荀宗道注引七步詩世說魏文帝令東阿王明帝時

始分東阿此云東阿誤七步中成詩不成者當大發應聲便為

詩云云帝深有慙色御覽引魏志文帝嘗欲害植以

加

其無罪令植七步為詩若不成如軍法今魏志無其事太平廣記引世語魏文帝與陳思王植（此稱陳思王亦舉其卒諡）同輦出遊逢見兩牛在墻間鬬一牛不如墜井而死詔令賦死牛詩不得道是牛亦不得道是井更不得言其死走馬一百步令成四十言步盡不成加斬罪子建策馬而馳既攬筆賦云云賦成步未盡復作三十言自愍詩煑豆云云

黃初六年令

慰情賦序云黃初六年

謝賜衣表答語云皇帝問雍邱王則賜衣在此年

黃初七年丙午年三十五歲

文帝誄　文紀云夏四月丙辰疾篤五月辛巳文帝

崩于嘉德殿年四十六月立太子叡即皇帝位戊寅

葬首陽陵　注鄄城王植為誄云云按鄄侯當作雍

丘王

獻文帝馬表又上先帝賜鎧表上銀鞍表謝鼓吹表

冬至獻履襪表獻馬表獻璧表多作於文帝時

輔臣論　夏四月丙辰帝疾篤召中軍大將軍曹真

鎮軍大將軍陳羣征東大將軍曹休撫軍大將軍司

馬懿竝受遺詔輔嗣王　陳禹謨本北堂書鈔以大

將軍為曹仁不知仁薨於黃初四年三月丁未宋本

無人姓名乃陳誤加也

太和元年丁未年三十六歲

本傳云太和元年徙封浚儀

太和二年戊申年三十七歲

本傳云二年復還雍丘

朔風詩昔我往矣朱華未晞今我旋止素雪云飛言

去雍丘至浚儀今復旋雍丘也又云昔我同袍今我

乖別言文帝崩也　求自試表本傳云植嘗自憤怨

抱利器而無所施上疏求自試注魏畧曰植雖上此

表猶疑不見用　明紀云正月丁未行幸長安夏四
月丁酉還洛陽宮注魏畧曰是時譌言云帝已崩從
駕羣臣迎立雍丘王植京師自卞太后羣公盡懼及
帝還皆私察顔色卞太后悲喜交集欲推始言者帝
曰天下皆言將何所推
大司馬曹休誄　明紀云秋九月庚子大司馬曹休
薨
太和三年己酉年三十八歲
轉封東阿王謝表本傳云三年徙封東阿
遷都表序云余初封平原轉臨菑中命鄄城遂徙雍

卭攺邑浚儀而未將適於東阿蕭常續後漢書云曹叡時徙封東阿又徙封陳留畧去從浚儀還雍卭方輿紀要倉庫縣在監利縣北八十里相傳曹植曾建城邑立倉庫於此監利在非子建所治乃地利之誤

本傳云植登魚山臨東阿喟然有終焉之志

會稽典録虞歆字文肅歷郡守節操高麗魏曹植為東阿王東阿先有三十碑銘多非實植皆毀除之以歆碑不虛獨全焉見北堂書鈔碑類

異苑曰陳思王字子建嘗登魚山臨東阿忽聞岩岫間有誦經聲清通深亮遠谷流響肅然有靈氣不覺欽心祇異便有終焉之志即倣而則之今之梵唱皆

植依儗所造也一云陳思王遊山忽聞空裏誦經聲清遠遒亮解音者則而寫之為神仙聲道士效之作步虛聲也宏明集陳思王曹植字子建武帝中子十歲誦詩書十萬餘言善屬文每讀佛經留連嗟玩以為至道之宗極轉讀七律升降曲折之響世皆調而則之遊魚山聞有聲特異清颺哀婉因傚其聲為梵讚今法事有魚山梵即其餘奏也按子建未嘗佞佛求仙方有意自試憂國憂家豈遁入異端乎良以陳王高才名重後世緇黃依託而為此説耳裴松之採掇極富亦不載此事其妄不足辨

太和四年庚戌年三十九歲

明帝紀云二月戊子詔刻文帝典論立於廟門之外

是時子建尚存張華博物志云典論陳思王辨道論

云云近人輯典論者遂取之不知文帝典論中斷無

稱陳思王之理博物志蓋並引二書也

上宣后誄表　宣后誄　明帝紀云六月戊子太皇

太后崩秋七月武宣卞后祔葬於高陵

征蜀論　明帝紀秋七月詔大司馬曹真大將軍司

馬宣王伐蜀九月詔眞等班師

太和五年辛亥年四十歲

求通親親表　本傳云五年復上疏求存問親戚因
致其意詔報曰已敕有司如王所訴將作大匠楊阜
傳時雍丘王植怨於不齒藩國至親法禁峻密故阜
又陳九族之義
陳審舉表　本傳云植復上疏陳審舉之義魏明帝
答東阿王論邊事詔書見文館詞林卷六百六十四
有云何乃謙卑自同三監答表中三監之釁臣自當
之之語已注于陳審舉表後
求習業表　魏畧曰是時大發士息及取諸國士植
以近前諸國士息已見發其遺孤稚弱在者無幾而

復被取乃上書云云

謝賜柰表　本傳云其年冬詔諸王朝是表作於是年冬蓋諸王赴六年正月元會於五年冬已至京師表中云柰以夏熟今則冬生知作於冬也

太和六年壬子年四十一歲

元會詩　本傳云六年正月朝京師

改封陳王謝恩章　謝妻改封表　本傳云其年二月以陳四縣封植為陳王邑三千五百戶唐李吉甫元和郡縣志陳州獻帝末陳王寵為袁紹所殺國除為陳郡曹魏復為陳國以東阿王植為陳王植子志徙封濟北又為陳郡晉宋因之

贊社文　序曰余前封鄄城侯轉雍丘經離十載塊然守空飢寒備嘗聖朝愍之故封此縣按自為鄄城侯至此年方十載籍田說蓋亦作於此耳

平原懿公主誄　文昭甄皇后傳太和六年明帝愛女淑薨追謚叔為平原公主為之立廟取后之從孫晃黃與合葬追封黃列侯以夫人從弟德為之承甄氏姓封德為平原侯襲公主爵

明帝紀云十一月庚寅陳思王植薨　本傳云植每欲求別見獨談論及時政幸冀試用終不能得既還悵然絶望時法制待藩國既日峻迫寮屬皆賈豎下

序自少 案

才兵人給其殘老大數不過二百人又植以前過事
事減半十一年中而三徙都嘗汲汲無歡遂發病薨
遺令薄葬以小子志保家之主也欲立之
初植登魚山臨東阿喟然有終焉之志遂營為墓易居
錄東阿魚山即曹子建聞梵處有墓在焉山上有臺二曰柳書曰羊茂碑見隴皆傳為子建讀書處二臺名
義不甚可解魚山一名吾山即漢武帝瓠子歌云吾山平兮鉅野溢是也
子志嗣徙封濟北王景初中詔曰陳思王昔雖有過
原本誤寫至少
補前闕且自少至終篇籍不離於
子誠難能也其
黄初中諸奏植罪狀公卿已下議
尚書秘書中書三府大鴻臚者皆削除之撰植前後

贊社文　序曰余前封鄄城侯轉雍丘經離十載塊
然守空飢寒備嘗聖朝愍之故封此縣按自爲鄄城
侯至此年方十載籍田說蓋亦作於此耳
平原懿公主誄　文昭甄皇后傳太和六年明帝愛
女淑薨追謚叔爲平原公主爲之立廟取后之從孫
兄黃與合葬追封黃列侯以夫人從弟德爲之承甄
氏姓封德爲平原侯襲公主爵
明帝紀云十一月庚寅陳思王植薨　本傳云植每
欲求別見獨談論及時政幸冀試用終不能得既還
悵然絕望時法制待藩國既日峻迫寮屬皆賈豎下

才兵人給其殘老大數不過二百人又植以前過事事減半十一年中而三徙都常汲汲無歡遂發病薨遺令薄葬以小子志保家之主也欲立之

初植登魚山臨東阿喟然有終焉之志遂營為墓居易録東阿魚山即曹子建闡梵處有墓在焉山上有臺二曰柳書曰羊茂碑見隋皆傳為子建讀書處二臺名義不甚可解魚山一名吾山即漢武帝瓠子歌云吾山平分鉅野溢是也子志嗣徙封濟北王景初中詔曰陳思王昔雖有過失既克己慎行以補前闕且自少至終篇籍不離於手誠難能也其收黃初中諸奏植罪狀公卿已下議尚書秘書中書三府大鴻臚者皆削除之撰植前後

著賦頌詩銘雜論凡百餘篇副藏內外志累增邑並前九百九十戶　曹志字允恭晉書有傳　謚法過而能改曰思　以上子建諸文擇其可據者附之不一一編年懼鑿也

東阿縣魚山陳思王墓道隋碑文云王諱植字子建沛國譙人洪源共九泉並深崇　比以峻自制輿　戶　昌與焉其後建國開基斗日周室顯霸業於東都彰苐封於譙邑苐苐與同瓊根寶葉蒔芳蘭如讀如磷為而莫朽軒冕相傳襲縉紳如讀如為而不絕此乃備頌典毋毋與毋同聊可梗概而言矣逮承相參承與丞同迺成王室

道勳隆重位登上宰受國平陽自玆厥後鳴鸞佩玉
飛蓋交映　祖嵩漢司隸太尉公執掌三事從容論
道美著阿衡之任不亦宜乎　父操魏太祖皇帝資
神龍虎剖判鬱以開基名頌讖牒謡歌貞神火運告
終土德承厤援據圖録享有天下驟改質文馳遷正
朔英雄之氣蓋有餘矣一昆○丕魏高祖文皇帝紹即
四海光澤五都負扆明堂朝宗萬國允文允武庶績
咸熙正踐昇平時稱宴晏黄龍表瑞驗兆漳濱玉虎
金雞恒綸宇宙　王乃黄内通理愠愠與蘊同淑唅英叡
哲稟於自然博慜慜與敏同由於天縱佩金華以邁四氣

抱玉操如（如讀為而）忽風霜綴瞻藻於孩年攝首什於孺
歲尋聲制賦應詔題詩詞采昭灼子雲遥慚於吐鳳
文華理富仲舒遠愧於懷龍又能誦萬卷於三冬觀
千言於一見才比山藪思並江湖清詞菀菀若蕤葩
之蔚鄧林緑藻妍妍如河英之照巨海武庫太官之
譽握捉之器者矣（也）但禄由德賞頻享　皇爵建安十
六年封平原侯十九年改封臨菑侯都不以貴任為
懷直置清雅自得常閑步文籍偃仰琴書朝覽百篇
夕存吐握使高據擅名之士侍宴於西薗（薗與園同）振藻
獨步之才陪遊於東閣皇初二年（皇初即黄初避隋諱）姦臣謗

奏遂貶爵為安鄉侯三年進立為王詣京師面陳濫
謗之罪　詔令復國自以懷正信如為（如讀為而）見疑抱利
器而無用每懷悲慨頻啓頻奏四月改封東阿王五
年以陳前四縣封（縣與縣同）復封為陳王以詭言（詭與譏同）數
裹頻　従都汲汲無歡遂發憤
營墓魚山傍年茂臺平生遊陟
有終焉之所既如為（如讀為而）年代夐遠兆塋崩淪（塋與塋同）茂
響英聲遠而不絶至十弍世孫曹永洛等去曌朝
皇建二年蒙前尊孝照　皇帝愾宏古典敬立二王
崇奉三恪永洛等於時膺符表貢面陳照　皇親酬

康基　従都　原本误写徙字

抱玉操如（如讀為而）忽風霜綴瞻藻於孩年攝茵什於襦

歲尋聲制賦應詔題詩詞采昭灼子雲遥慚於吐鳳

文華理富仲舒遠愧於懷龍又能誦萬卷於三冬觀

千言於一見才比山藪思並江湖清詞菀菀若蘩葩

之蔚鄧林綠藻妍妍如河英之照巨海武庫太官之

譽握捉之器者矣（也）但祿由德賞頻享　皇爵建安十

六年封平原侯十九年改封臨菑侯都不以責任為

懷直置清雅自得常閑步文籍偃仰琴書朝覽百篇

夕存吐握使高據擅名之士侍宴於西薗（薗與園同）振藻

獨步之才陪遊於東閣皇初二年（皇初即黃初避隋諱）姦臣謗

奏遂貶爵為安鄉侯三年進立為王詣京師面陳濫
謗之罪　詔令復國自以懷正信如如讀為而見疑抱利
器而無用每懷悲慨頻啓頻奏四月改封東阿王五
年以陳前四縣封縣與縣同復封為陳王以詭言詭與譏同數
構奸臣内興十一年裏頻　徙都汲汲無歡遂發憤
而薨時年卅　立即營墓魚山傍年茂臺平生遊陟
有終焉之所既如如讀為而年代夐遠兆塋崩淪塋與塋同茂
響英聲遠而不絶至十弍世孫曹永洛等去呈朝
皇建二年蒙前尊孝照　皇帝恢宏古典敬立二王
崇奉三恪永洛等於時膺符表貢面陳照　皇親酉州

聖詔比經窮討皆存實録蒙　勅報允興復靈廟
饋嗣蒸嘗四時虔謁使恭恭嗣子得展衷誠之願煢
煢孝孫長畢昊天之慕遂雕鏤眞容鐫金寫形庶使
○○相度永敕而不泯七步文宗傳芳猷於萬葉者
也其詞粵（粵與曰同古字通用無闕文）維王磐石斯固綿緒攸長
波連溟渤枝帶扶桑分珪作瑞建國開疆蕙樓菌閣
遠邁靈光（其一）器調高奇風草梳朗（草與格同）談人刮舌靈
虵曜掌東閣晨開西薗夜賞松華桂茂玉閨金鑾（閏與
同）潤（其二）聲馳天下道冠生民才驚曠古德重千鈞混之
不濁磨而不磷如何一旦萎我哲人（其三）山舟易失日

車難駐壹謝人間長尊埏路尊與遵同風哀松柏墳穿狐

兔何世何年還成七步其四迺考維昆廓定洪基受圖

應麻運合紫微一辭皇闕永背象吡教隨日轉響逐

雲飛其五大隋開皇十三年歲次星　之吉　王漁洋

居易録東阿縣魚山陳思王墓道有隋碑書法雜用

篆隸八分甚古又云此碑文不極工考歐集古録趙

金石録及近代金薤琳瑯石墨鐫華金石志俱不及

載　錢大昕潛研堂金石文跋尾右東阿王廟碑叙

子建封爵與史多同惟本傳云黄初二年貶爵安鄉

侯其年改封鄄城侯三年立為鄄城王四年徙封雍

成王

成字疑誤

卯王太和元年從封浚儀二年復還雍丘三年從封
東阿六年二月封爲成王碑於黃初三年之下云四
年改封東阿王則誤以太和之四年爲黃初之四年
又中脫從封浚儀雍丘諸事耳傳稱薨時年四十一
碑作三十一按傳建安十九年太祖征孫權使植留
守鄴戒之曰吾昔爲頓丘令年二十三思此時所行
無悔於今汝年亦二十三矣通鑑考異引此文云植
今年年二十三則死時當年四十一矣本傳云三十
一誤也今讀此碑則知隋以前其本已誤故碑亦承
其誤而今本乃作四十一者後人因温公之言追正

之耳碑文云父操魏太祖武皇帝昆丕魏高祖文皇
帝於於父字上空一字武皇上空一字丕字上空一
字碑又稱齊孝昭皇帝皇字上空一字至皇建二字
係年號不應空格亦空一字蓋書碑之人不學無術
故有此失也文稱齊朝皇建二年蒙前尊孝昭皇帝
恢宏古典敬立二王崇奉三恪據北齊書在皇建元
年八月未知孰是碑書黃初為皇初避隋諱又以博
愍為博敏既如為既而兆塋為兆塋王闓為玉潤又
書其詞粵以粵為曰與太公碑正同銘詞四章章皆
八句獨首章多惟王二字王阮亭居易録載此文疑

卭王太和元年徙封浚儀二年復還雍卭三年徙封
東阿六年二月封為成王碑於黄初三年之下云四
年改封東阿王則誤以太和之四年為黄初之四年
又中脱徙封浚儀雍卭諸事耳傳稱薨時年四十一
碑作三十一按傳建安十九年太祖征孫權使植留
守鄴戒之曰吾昔為頓卭令年二十三思此時所行
無悔於今汝年亦二十三矣通鑑考異引此文云植
今年年二十三則死時當年四十一矣本傳云三十
一誤也今讀此碑則知隋以前其本已誤故碑亦承
其誤而今本乃作四十一者後人因温公之言追正

之耳碑文云父操魏太祖武皇帝昆丕魏高祖文皇
帝於於父字上空一字武皇皇上空一字丕字上空一
字碑又稱齊孝昭皇帝皇字上空一字至皇建二字
係年號不應空格亦空一字蓋書碑之人不學無術
故有此失也文稱齊朝皇建二年蒙前尊孝昭皇帝
恢宏古典敬立二王崇奉三恪據北齊書在皇建元
年八月未知孰是碑書黃初為皇初避隋諱又以博
愍為博敏既如為既而兆瑩為兆瑩王閏為玉潤又
書其詞粤以粤為曰與太公碑正同銘詞四章章皆
八句獨首章多惟王二字王阮亭居易録載此文疑

帷王之上尚有闕文乃於其詞下空六格又不知粤
與曰通而以粤字接帷王為句皆謬也　王昶金石
萃編云按魚山在東阿縣大清河西岸東阿縣志稱
即漢武帝所塞決河歌瓠子者也史記武帝紀天子
禱萬里沙過祠泰山還至瓠子自臨塞決河又武帝
瓠子歌云瓠子決兮將奈何皓皓旰旰兮閭殫為河
當即此魚山下之大清河也志又稱山有東阿王墓
其下有廟而不言廟中有碑蓋志之踈也碑叙植先
世云祖嵩漢司隷太尉公職掌三事從容論道美著
阿衡之任不亦宜乎而不詳嵩之所自出蓋為陳思

諱也三國魏書武帝紀亦云桓帝世曹騰為中常侍
大長秋封費亭侯養子嵩官至太尉莫能審其生出
本末蓋巳先為武帝諱也注引續漢書曰嵩字巨高
靈帝時代崔烈為太尉吳人作曹瞞傳及郭班世語
並云夏侯氏之子夏侯惇之叔父太祖於惇為從父
兄弟也是嵩之本姓為夏侯氏矣碑敘嵩字直椄丞
相參畧去常侍騰其為陳思諱者更分明也東阿王
薨年實四十一碑書作卌有壹今搨本卌字右一竪
巳泐微在其蹟作卄形有字全泐壹字尚存末筆𠆢
當諦視始辨之其詞㽵之下碑只空二字居易録云

空六格者必是當時所見褒本遂誤認以粤惟王三字為銘銘詞上有闕文因上空六格以足成二句也如讀為而不特既如為既而而蒔芳蘭如莫朽抱玉操如忽風霜懷正信如見疑如字皆當讀作而也談人刮舌疑即括囊之義以刮為括也攝酋什於孺歲握捉之器者也酋什握捉二義未詳　左暄三餘續筆隋立曹植碑而字多作如蒔芳蘭如莫朽抱玉操如忽風霜懷正信如見疑既如年代夐遠釋文序録謂北人言者如而靡異（緒曾按近刻居易録皆刻作而餘多碑異）如武授堂金石跋云碑前叙子建封爵頻三徙都蓋依魏

志為文後又稱十一世孫曹永洛等齊皇建二年蒙
口尊孝昭皇帝恢宏古典敬立二王崇奉三恪永洛
等於時膺符表貢面奉昭皇親承聖詔蒙勅報允典
復靈廟雕鏤其容其記子建廟祀所起如此北齊書
孝昭紀皇建元年詔昔武王克殷先封兩代漢魏二
晉不廢茲典及元氏統厤不率書章朕纂奉大業思
宏古典但二王三恪舊說不同可議定是非列名條
奏其禮儀雖式亦仰議之今碑所稱即指其事但以
為皇建二年者下詔在元年八月議定施行當為二
年各從其實書之也曹魏系出自虞故以曹氏備三

恪之一當時先復古制史文不惡載賴此以知其槩
古刻流傳何可没哉碑云黄内通理及懷正信如見
疑皆避中字如見疑者如與而通也　山左金石志
云石碑高七尺廣四尺二寸五分二十二行每行四
十三字隸書有額無題字似有畫象已不能辨書體
兼篆隸其中增損假借之字已載錢氏跋中尚有未
封典册作典冊丞相作承相字縣
懸厓右山園作西薗譺言作說言風格疏
郎作瑯邪作那是也
唐李吉甫元和郡縣志鄆州東河縣魚山一名吾山

康棻 蘊淑哈英上疑有蘊
淑含英作玉字 未補

在縣東南二十里瓠子歌曰吾山平兮巨野溢魚沸鬱兮迫冬日即此山也曹子建每登此山有終焉之志及亡葬於山下宋樂史太平寰宇記魚山一名吾山魏陳思王曹植葬其西亦其所封之國也周廻十二里宋本有此今萬本刪去

杭世駿三國志補注名勝志載曹子建墓在通許縣之七里岡成化九年大水墓崩一穴入視隧表碣曰雍邱王雍邱今之杞縣距通葬斯地耶緒曾按陳思王葬東阿古無異議通許崩墓乃好事不讀史者附會耳

恪之一當時先復古制史文不惡載賴此以知其槩古刻流傳何可没哉碑云黄内通理及懷正信如見疑皆避中字如見疑者如與而通也　山左金石志云石碑高七尺廣四尺二寸五分二十二行每行四十三字隸書有額無題字似有畫象已不能辨書體兼篆隸其中增損假借之字已載錢氏跋中尚有未及者如茅封作茾封典册作典冊丞相作承相宇縣作宇寰蕰淑晗英西園作西薗讜言作謉言風格疏朗作風革梳朗皆是也

唐李吉甫元和郡縣志鄆州東河縣魚山一名吾山

在縣東南二十里瓠子歌曰吾山平兮巨野溢魚沸鬱兮迫冬日卽此山也曹子建每登此山有終焉之志及亾葬於山下宋樂史太平寰宇記魚山一名吾山魏陳思王曹植葬其西亦其所封之國也周迴十二里宋本有此今萬本删去

杭世駿三國志補注名勝志載曹子建墓在通許縣之七里岡成化九年大水墓崩一穴入視隧表碣曰曹子建墓按曹植從封雍丘王雍丘今之杞縣距通許四十里而近豈植眞葬斯地耶緒曾按陳思王葬東阿古無異議通許崩墓乃好事不讀史者附會耳

杭氏取之誤矣

居易録門人國子監助教趙䖏善德州人前戶侍景毅

繼鼎之孫也家藏一玉鑪云耕夫得之古冢中冢有斷

碑云君諱植字子建始疑是陳思王考之乃北齊高

植墓按高氏渤海蓨人正今德州境然北齊書竟不

載植姓名何也

梁庾肩吾經陳思王墓詩公子獨憂生邛壟擅餘名

采樵枯樹盡犂田荒隧平寃追宴平樂詎想謁承明

且余來錫命兼言事結成飄飄河朔遠颮颮颶風鳴

鷹與雲俱陣沙將蓬共驚枯桑落古社寒烏歸孤城

隴水哀笳曲漁陽慘鼓聲離家來遠客安得不傷情

宋薛尚功浪語集陳思王墓詩喬松䕩崇岳託跡大高亢飄摇風雪場蜷曲蛇龍狀干霄竟何事勁節良獨壯下有椒桐秀遠入煙霞望天意固有在人情亦云妄苦乏柔苗蔭清霜重且傲居然嗟彼其坐使出其上至哉文身子三以天下讓

國朝梁佩蘭六瑩堂集經東阿懷陳思王北河無順流風來忽奔瀉清晨達東阿日出光未灑昔在陳王時此地盛車馬城堞連魚山宮殿露鴛瓦笳簫樂游讌賓從會風雅人代一以移歲月不相假我來訪陳

迹緬邈千載下狐狸嘯荒塚禽鳥飛四野長歎分古
今浩歌付嘔啞王風日淪替誰是知音者又黃星自
天應黃龍向譙見老瞞執漢柄子桓受漢禪氣數當
鼎分諸葛早已辨王躬被袞冕功業欲一建志復吳
國仇識料典午變陳情請自試不得效尺寸賦詩抒
懷抱飲酒託荒讌身世常憂危榮辱非所戀三讀然
豆歌哀傷淚如霰

國朝李良年陳思王墓建安才名人不及公子分封
此都邑銅爵西陵曲未殘釜中何事相煎急一從玉
樹掩荒邨漳水無情日夜流二千年間人事改斷垣

康案原本落一字未補

康案解佩思交甫原本落佩字

零落餘松楸豐碑別起臨官道華亭書法今代少沈太史倫兵大梁時立石封樹依然靄夕陰未許羆貔穴沙草游俠

風流世共傳祇今誰繼鄴中篇元芝不復來神女白

洛川生前華屋紛無數玉盌金凫渺難據

惟有文章光燄長一杯且酹陳王墓

國朝劉嗣綰陳思王墓勝地追梁苑賢王並魯宮聲

名三國最文藻一家工屈宋銜官列應劉侍從中衣

[illegible]瓜李游方盛芙蓉宴未終爭

解佩思交甫分香竟乃翁詩

[illegible]門戶斯為禍藩房詎見功山

迹緬邈千載下狐狸嘯荒塚禽鳥飛四野長歎兮古
今浩歌付嘔啞王風日淪替誰是知音者又黃星自
天應黃龍向譙見老瞞執漢柄子桓受漢禪氣數當
鼎分諸葛早已辨王躬被袞冕功業欲一建志復吳
國仇識料典午變陳情請自試不得效尺寸賦詩抒
懷抱飲酒託荒讌身世常憂危榮辱非所戀三讀然
豆歌哀傷淚如霰

國朝李良年陳思王墓建安才名人不及公子分封
此都邑銅爵西陵曲未殘釜中何事相煎急一從玉
樹掩荒郊漳水無情日夜流二千年間人事改斷垣

零落餘松楸豐碑別起臨官道華亭書法今代少（沈太
史脩兵大梁時立石）封樹依然霱夕陰未許鼯鼪穴沙草游俠
風流世共傳祇今誰繼鄴中篇元芝不復來神女白
猶應向洛川生前華屋紛無數玉盌金凫渺難據
惟有文章光燄長一杯且酹陳王墓
國朝劉嗣綰陳思王墓勝地追梁苑賢王並魯宮聲
名三國最文藻一家工屈宋銜官列應劉侍從中衣
冠推鄴下軒蓋照江東瓜李游方盛芙蓉宴未終爭
傳賓館譽別擅選樓風解佩思交甫分香竟乃翁詩
章悼黄鳥詞賦感驚鴻門戸斯為禍藩房詎見功山

河此年少亂世各英雄魏闕書徒獻周親表未通霸

圖希自試家變迭相攻苦語真然豆傷心到轉蓬才

應八斗盡命合七哀窮去路遮須遠前塵洛浦空雀

臺歌舞散麟冢古今同骨已枯劉表碑誰立孔融露

槃移禁苑冰井隔榛叢漳水迴流碧魚山夕照紅建

安篇什在遺恨平秋蟲

陳壽本傳曰任城武藝壯猛有將領之氣陳思文才

富豔足以自通後葉然不能克讓遠防終致携隙傳

曰楚則失之矣而齊亦未為得也其此之謂歟

陳壽王衛二劉傳傳評曰昔文帝陳王以公子之尊

博好文采同聲相應才士並出惟粲等六人最見名
目而粲特處常伯之官興一代之制然其沖虛德宇
未容徐幹之粹者也衛覬亦以多識典故相時王之
或劉劭該覽學籍文質周洽劉廙以清鑒著傳蝦用
才達顯云

魚豢曰諺云貧不學儉卑不學恭非人性分也勢使
然耳此實然之勢信不虛矣假令太祖妨遏植等在
於疇昔此賢之心何緣有窺望乎彰之挾恨尚無所
至至於植者乃令楊修以倚注遇害丁儀以希意族
滅哀夫余每覽植之華采思若有神以此推之太祖

之動心亦良有以也

左思魏都賦勇若任城才若東阿抗旍則威噉秋霜

摛藻則華縱春苑

魚豢魏畧云陳思王精意著作飲食損減得反胃病

也御覽人事部胃

晉書文苑傳序獨彼陳王思風遒舉備乎典奧懸諸

日月

金樓子立言篇曹子建陸士衡皆文士也觀其詞致

側密事語堅明意匠有序遺言無失雖不以儒者命

家此亦悉通其義也

金摟子立言篇顔回希舜所以早亡賈誼好學遂令
速殞楊雄作賦有蔓腸之談曹植爲文有反胃之論
文中子中説可曰陳思王可謂達理者矣以天下讓
時人莫之知也阮逸注曹植字子建魏祖欲立爲太
子植不自雕厲飲酒晦迹兄文帝矯情自飾求爲嗣
人不知子建署兄耳
文中子中説子曰君子哉思王也其文深以典阮逸
注親親表典矣出師表深矣
晋李瀚蒙求仲宣獨步子建八斗宋徐子元注南史
謝靈運曰天下才共一石曹子建獨得八斗我得一

斗自古及今共用一斗奇才博識安可繼之宋無名
氏釋常談云文章多謂之八斗之才謝靈運常云天
下才共一石曹子建獨占八斗我得一斗天下共分
一斗按元明類書八斗俱云南史謝靈運傳檢宋書及南史靈運傳無此語駱賓王詩陳思八斗才
李商隱詩用盡陳王八斗才徐寅詩閑賦宮詞八斗才宣和書譜曹植甫十歲善屬文若素構自詩道云
士風流掃地而植以八斗之才擅天下遂以詞章為諸儒倡
宋曾慥類說引玉箱雜記曹子建七步成章號繡虎
按元明類書或云三國志或云世說檢二書俱無此語俗本世說補有之蓋據類書以增入也
宋陳亮龍川集三國紀年附録論曹植云曹操取天
下於群盜之手可以為能矣要何嘗不藉漢以為名

也得間遂取之是猶謂之天乎植之所以不能安也
況使之嗣事哉力不足以周旋於其間苟安而成之
若表而去之皆非其心也自放於法度之外於事何
所堪立嫡以長所從來舊矣乃足煩經營也大業既
已濟困頓廢辱蓋亦安之而不悔然猶惓惓累疏求
一出其力自効抑所謂其兄關弓而射之則涕泣而
道之者耶三代衰孔氏之學又泯没而無傳其於君
臣父子兄弟之間失其本心者多矣若植者孔子之
謂仁者也

元郝經續後漢書議曰予讀植求通親表及陳情表

康案 流下原本落涕字

贈白馬王彪詩未嘗不為流
馬也愛兄之道若此其盡也
終身無徼冀使冢嗣不搖而
甘處藩服及任城問疉毅然責以表氏事則為弟之
道亦盡也夫豈能興難而丕銜之不置操死而身未
冷削奪其爵趣使就國禁錮終身而族丁儀丁廙嗚
乎二人[illegible]二感怒焉不宿怨焉親愛之而已

康案 恩字 原本誤寫思字

月之禍興為晉之甲兵 原注晉書
惠帝永平元年楚王瑋矯詔殺汝南王亮賈后殺暐
永康元年趙王倫誅賈后逼帝禪位永寧元年齊王
冏討倫誅之太安元年長沙王乂殺冏永興元年東
海王越殺乂討成都王穎幽之卒越復伐河間王顒

宗

南陽王模殺河間王越尋以憂卒宋之鼎鑊原注南史宋文帝殺其弟江夏王義康裴子野曰宋之鼎吁可畏哉鑊齊之香火原注南史齊明帝忌高武子孫欲盡除之以問始安王遙光遙光謂當以次行之遙光有足疾上嘗令乘輿入每與屏人久語上索香火嗚咽流涕明日必有所誅會上疾暴甚遙光遂行其策殺河東王鉉等七王於是太宗世祖諸子皆盡矣隋之絞縊原注隋書煬帝即位矯高祖之詔賜故太子勇死縊殺唐之弓矢原注唐書太子建成齊王元吉至臨湖殿秦王世民射建成殺而戮之尉遲敬德射元吉殺之盡為管蔡之狠詭無復常棣之友弟皆丕啟之也當太和之際司馬懿得政而天望實歸之植即言取齊者田族非呂也分晉者趙魏非姬姓而叡竟弗察嗟乎有一賢王而不用界之區區之爽忍死待懿以託昏童而魏果亡植之

陳情表集中未見或即陳審舉求自試歟與贈白馬王彪詩未嘗不為流涕也親親之情若此其篤也愛兄之道若此其盡也雖為操所愛不自矯飾終身無儌冀使冢嗣不搖而甘處藩服及任城問璽毅然責以袁氏事則為弟之道亦盡也夫豈能與難而丕銜之不置操死而身未冷削奪其爵趣使就國禁錮終身而族丁儀丁廙嗚呼仁人之於弟也不藏怒焉不宿怨焉親愛之而已矣丕真寡恩哉自是骨月之禍興為晉之甲兵原注晉書惠帝元康元年楚王瑋矯詔殺汝南王亮賈后殺瑋永康元年趙王倫誅賈后逼帝禪位永寧元年齊王同討倫誅之太安元年長沙王乂殺冏永興元年東海王越殺乂討成都王穎幽之卒越復伐河間王顒

南陽王模殺河間宋之鼎鑊原注南史宋文帝殺其
王越尋以憂卒弟江夏王義康裴子野
曰宋之鼎鑊齊之香火原注南史齊明帝忌高武子
吁可畏哉孫欲盡除之以問始安王遙
光遙光謂當以次行之遙光有足疾上嘗令乘輿入
每與屏人久語上索香火嗚咽流涕明日必有所誅
會上疾暴甚遙光遂行其策殺河東王隋之絞縊注原
鉉等七王於是太宗世祖諸子皆盡矣
隋書煬帝即位矯高祖之唐之弓矢原注唐書太子
詔賜故太子勇死縊殺建成齊王元吉
至臨湖殿秦王世民射建成殺
而戮之尉遲敬德射元吉殺之盡為管蔡之狠詭無
復常棣之友弟皆丕啟之也當太和之際司馬懿得
政而天望實歸之植即言取齊者田族非呂也分晉
者趙魏非姬姓而叡竟弗察嗟乎有一賢王而不用
畀之區區之爽忍死待懿以託昏童而魏果亡植之

識慮若此其志可哀已隋王通云陳王達理者也以天下讓時人莫之知也又曰君子哉思王也其文深以典可謂知植矣陳壽謂思王文才富豔足以自通後葉然不能遠防終至攜隙楚則失之而齊不為得豈知言哉

明王世貞書陳思王植傳後云陳思王與文帝同母弟也文帝即位之二年即風監國謁者論劾其罪名而欲誅之以太后之救而幸免然亦瀕死者數矣蓋以武帝之世有奪嫡之謀而未遂故也而王仲淹乃曰思王以天下讓夫豈其情哉與楊修善則修為之

擬答與丁儀丁廙書則儀廙為之請嗣雖有百口無
以自解然丕方矯情自適而植乃任性而行乘車馳
道中與伐吳伐吳二字誤當云救曹仁醉不能受命此雖非臣子
之節然觀過知仁可以見思王之無意奪嫡而貪功
名者如三子輩成之也仲淹殆得其微矣雖然思王
之失職成之者三子也而啟之者武帝也考之漢建
安十五年司徒趙溫辟丕茂才而坐溫選舉不以實
免官十六年始拜五官中郎將案五官中郎將置官屬為丞相副元美以
為丕位不及植誤之矣而植已封平原侯十九年徙封臨菑侯
是時同母之兄任城尚未侯也二十一年而任城始

侯鄢陵則思王已加食邑至萬户又時時對人稱説其才而欲立之豈所以安思王哉不特一思王也鄧哀王沖僅十三歲而亦欲立之及其亡也乃謂文帝曰此我之不幸而汝曹之幸也噫是何言歟厥後以任城之彊勇毒思王削而移徙藩國若傳舍幽憂疎隔亡異囚竄至使文帝後謂臣下家兄孝廉是其分也若使倉舒在我亦無天下蒼舒者沖小名也嗚乎孰非武帝啟之哉如意不死呂后而死漢高亦不斥陶豫章幸而免耳然亦危矣魏畧名任城至洛而已殂任城乃謂臨

康熙組字原本誤寫祖

菑侯曰先王召我者欲立汝也臨菑侯曰不可不見

袁氏兄弟乎然則斯言也王仲淹之所以稱讓任城

之所以毒而思王之所以終免也

晉書琅玡王裒傳封顯義侯刁協奏昔魏臨菑以邢

顒為家丞劉植為庶子今侯幼時宜選明德帝曰臨

淄萬戶封又植少有美才能同遊田蘇者今晚生矇

弱何論於此

十六國春秋南涼録秃髮傉次子明德歸儁爽聰明

傉檀甚寵之年始十三為高昌殿賦援筆立成影不

移漏傉檀覽而嘉之擬之曹子建

侯鄢陵則思王已加食邑至萬戶又時時對人稱說其才而欲立之豈所以安思王哉不特一思王也鄧哀王沖僅十三歲而亦欲立之及其亡也乃謂文帝曰此我之不幸而汝曹之幸也噫是何言歟厥後以任城之彊勇毒思王削而移徙藩國若傳舍幽憂疎隔亡異囚竄至使文帝後謂臣下家兄孝廉是其分也若使倉舒在我亦無天下蒼舒者沖小名也嗚乎孰非武帝啟之哉如意不死呂后而死漢高彼不斥武帝而斥晉文定陶豫章幸而免耳然亦危矣魏略又謂太祖疾甚驛召任城至洛而已殂任城乃謂臨

菑侯曰先王召我者欲立汝也臨菑侯曰不可不見

袁氏兄弟乎然則斯言也王仲淹之所以稱讓任城

之所以毒而思王之所以終免也

晉書琅邪王奐傳封顯義侯刁協奏昔魏臨菑以邢

顒為家丞劉植為庶子今侯幼時宜選明德帝曰臨

淄萬户封又植少有美才能同遊田蘇者今晚生矇

弱何論於此

十六國春秋南涼録秃髮傉次子明德歸傿爽聰明

傉檀甚寵之年始十三為高昌殿賦援筆立成影不

移漏傉檀覽而嘉之擬之曹子建

南史隨郡王子隆字雲興武帝第八子也性和美有
文才武帝以子隆能屬文謂王儉曰我家東阿也
北魏彭城王勰傳勰以寵愛頻煩乃曰臣聞兼親疎
而兩並異同而子建此既成文於昔臣願誦之於後
陳思求而不允愚臣不請而得非獨曹植遠羨於臣
是陛下踐魏文而不顧高祖大笑執勰手曰二曹才
名相忌吾與汝道德相親
洛陽伽藍記長分橋西有千金堰計其水利日益千
金因以為名昔都水使者陳勰所造太平寰宇記訛
作陳思王造

宋潛説友咸淳臨安志曹王廟在常樂鄉像光湖南

金輿村相傳爲曹子建

元陸友仁硯北雜志陳思王讀書臺在冀州

明謝肇淛文海披沙陳思王作七宗羹

明都卬三餘贅筆譙樓鼓角之曲有三弄相傳爲曹子建作其初弄曰爲君難爲臣亦難難又難再弄曰創業難守成亦難難又難三弄曰起家難保家亦難難又難今角音之嗚嗚者乃難字之曳聲耳按此因子建怨歌行云爲君既不易爲臣良獨難而附會耳

卷五

喜雨詩并序

太和三年大旱三麥不收百姓乃為飢餓之鈔　此序在補北題之後詩前

卷九

遥逝

哀秋氣之一日兮涼風肅其簌簌神妃戲于重泉兮騰蛇蟄

於山穴　之鈔於郭穴

此序在補并題　草稿在九頁下

卷七

畫鷄賦序　帝臨雨澤嘆曰　原本作天氣冥晦

此条已有定刪

曹子建集補遺從草稿録出並校訖

年譜應補在東阿縣魚山陳思王墓道隋碑条之前 另作一条

通典太和六年陳王薨明帝詔陳相為國王制服云若正名實司空議是也且謂之國相而不稱臣制服則亦名實有錯若去相之號除國之名則傷親親之恩也宜釋輕從重優崇之大義也

又 應補在十六國春秋条之後

南史隨郡王子隆字雲興武帝第八子也性和美有文才武帝以子隆能屬文謂王儉曰我家東阿也

嚴可均校輯曹子建集十卷目録一卷 應補入叙在丁晏年譜前

右曹子建集魏陳思王曹植也植字子建武帝庶子文帝同母弟魏志本傳甚詳本傳末載者魏氏代漢子建發服悲哭文帝在洛陽嘗從容言曰吾應天受禪而聞有哭者何也事載蘇則傳陳壽良史愼許可兩傳互相明讀者當自得之初子建有寵幾奪嫡奪嫡或不代漢將再造之勳榮於鼎分帝業矣時移勢異萬事皆非能無悲哭悲哭不專為漢然當革命之期有生同慨荀文若撓九錫而殞身忠之屬也子建此舉尤可教忠而何千五百餘年篤論之士若未讀蘇則傳者此可見史家予奪具有權衡矣東漢尚風節而子建之精光浩氣長留天地間者在文辭不在風節偶持風節要不因此增重也春秋傳曰太上有立德其次有立功其次有立言久而不廢此之謂不朽子建德薄于魏有罪于漢無功惟是自少至終篇籍不離手文則兩京具體詩為百代宗工是能立言不朽視立德立功曾何懸别先嘗刪定别撰為前錄七十八篇有自序景初中詔譔錄前後所著賦頌詩銘雜論凡百餘篇而其二子苗志家藏及士大夫家所傳寫在錄外者又數百篇晉初荀勖等合編為陳思王集隋志有三十卷唐志有二十卷又三十卷兩本俱亡於唐亂北宋摭拾叢殘得二百十五篇實

二百六篇重編為曹子建集十卷舛錯漏甚多張溥增補之舛漏仍多余搜括羣書所載得賦五十九詩百二十一雜文百四十凡三百二十篇並附收十六篇皆注明出處孤離瑣屑重惜碎金題在辭亡亦留闕目隋唐舊本厓略存焉編定十卷録一卷丁敬禮嘗語子建曰後世誰相知定吾文者今兹校輯良由子建集亡而其光氣發見必不可湮若云後世相知則余何敢道光庚子歲立冬前三日謹敘録按嚴輯本極為精博惟以王宋詩即棄婦篇未考演繁露蘇鶚演義引千里啞井之句據圖經以大饗碑銘為子建作而置六代論不收誥咎文不引困學紀聞仍訛為誥咎辨正論内九箴引陳思王論昔堯舜禹湯文武云云及金樓子所引漢二祖優劣論宋人三國文類所載文帝誄吴棫韻補所載諸贊之類俱未采其餘仍有挂漏甚矣蒐輯之難也然已度越諸家本數倍矣

卷一

元暢賦

衆才所歸書鈔政術門君道　此係序文應補於名曰元暢下另行寫

絙日際而來王文選顏延年宋郊祀歌　此句補於賦末一行另行寫

懷親賦

平原原字是

節遊賦

飛陛陛字是

卷二

閒居賦

颸寒風而開襟文選潘岳西征賦注沈約遊道士館詩注

願同衾於寒女文選郭泰機答傅咸詩注

娱賓賦

踰周公之棄餐棄郭作素按棄即吐哺之意今從初學記改

慰子賦慰字是

九愁賦

無軏軏字是注改軏郭作軌

九華扇賦

攄微妙以歷時結九層之華文爾乃浸以芷若拂以江蘺揺以五香濯以蘭池應補在因形致好之上

寶刀賦

飛光鑑於天庭爰告祠於太乙

洛陽賦

蓬萊生於禁闈本至尊之攸居　于今之可悲下二句應補空一字原缺

寶刀賦

飛文藻藻字是注改藻一作義

遷都賦

鄄城鄄字是

卷四

芙蓉賦

退潤王宇進文帝廷文選劉休元擬古詩注　應補在竦芳柯以從風之上

此下接卷五一頁

酒賦

嗟麴蘖之殊味應補在亮茲美之獨珍下仍缺六字空格可也

諒千鍾之可慕何百觚之足云其味亮升久載休名應補

在其味有宜城醪醴之上

離思賦

欲畢力於旌麾力郭誤方　小注應補

太子留建國文帝紀是年丕為五官中郎將副丞相此序稱太子留監國知子建無奪嫡意

右小注應補

閒居賦

時薄暮而起予予郭誤雨類聚作予是也予讀如與此小注應補

續補 亦從草本校出

元暢賦

止同契於稷卨 卨漢書異姓諸侯王表乃咎卨稷百官公卿表卨作司徒五行志卨祖契讀曰偰先列反東方朔傳契為鴻臚注與卨同本作偰後省耳廣韻卨殷祖也當古文

陶神知機擒理表微 二句據書鈔補 聊作斯賦名曰元暢 斯據書鈔

補書鈔原本下有庶以司馬相如為上林賦控引天地古今十六字訛不可讀

怨伶夔之不存 蘷郭作蘷干祿字書通 以上兩条小注當照此改

九愁賦

咸蕪穢而倚傾 此下小注須刪

節遊賦

亢高軒以迥眺軒郭誤輕眺誤跳　小注只用此七字餘刪

感節賦

願寄軀於飛蓬

商風入帷書鈔歲時部秋　此句應補在末另一行

感時賦

帷淫雨之永降曠三旬而未歸文選鮑明遠苦熱行注

悲命賦

哀魂靈之飛揚文選江文通別賦注

思歸賦

何層雲之沈結兮悼太陽之潛匿雨淋滲而累注傷心

洛神賦

憤悁以悽毒吳棫韻補五質毒痛也引曹植思歸賦

此上三賦原本如無應補於第三卷之後 骨像應圖披羅衣之璀璨兮珥瑤碧之華琚

離繳雁賦

情惆悵而內傷悵郭作焉

贈白馬王彪

脩阪造雲日阪文選作坂陸德明經典釋文漢和帝名肇不改京兆郡魏武帝名操陳思王詩云脩阪造雲日是不諱嫌名說文阪坡者曰阪一曰澤障一曰山脅也漢書皇甫晏屯觀坂坂與阪同然說文有阪無坂釋文引思王詩作阪是也宋楊彥齡筆錄禮不諱嫌名引思王此句本於陸氏脩阪即應詔詩云黃坂是階但彼來而此歸也黃坂亦當作阪、小注照此改

太平御覽濮州羊角城陳思王愁臺基甚高太平寰宇

記慈臺在鄄城縣西二里陳思王為鄄城王因築臺於此

應補於洛神賦之前 中山王奕条之後

黄初三年

龔封雍邱王表

太平寰宇記雍邱縣周武王克殷封夏後東樓公於杞是為杞國即此地也漢為雍邱縣隸陳留郡魏為雍邱國封鄄城王植為雍邱王

周武以下應補

黄初四年

此句有小注脫段

寄身於草野（野郭作野） 秦山烏鵲行

仰首嗽朝霞（嗽郭茂倩作吸 郭作仰嗽吸）

欻與棟葉連 根一作株 走復好鸞凰 此句下原多[illegible]只明此兩字可接之小注作鸞凰吁嗟篇云云

憤憤俗間（作憤憤 郭作憤憤） 青精歎篇

何為客海東（海郭茂倩作滄） 此句原注如此只此七字疑有誤

饑來見卯陵 卯陵下脫有小注十四字云云

自傷吾族衰 吾郭茂倩作四 云一作少某某作吾 靈芝篇

靈淵怀讒兇 靈淵郭茂倩作[illegible] 宋志作靈[illegible] 大魏篇

猶[illegible]高山[illegible]小注中郭茂倩[illegible]

親友在門 飢不及餐（餐郭作餐） 歡日尚少 戚日苦多 何以忘憂 彈

酒歟舊南公要道不煩鸚鵡戲雪論 八句據宋書起部

茂傳神州滿蝴蝶也首泥于古話一說也 並莊門

天地長久 部作天長地久 金泥書帖

太子當璧圖 文帝紀建安十六年丕為五官中郎將副丞相 此序稱太子當璧圖知子建之序當在此 雜思賦 小字南宇此段錯 詞亂 洞房處

時為暮而起予 部作予郎說而歌聲作予之嬰讀 如馬詩取義偏于云云

咀嚼清商 歌聲之章出於商四韻宋蕭穎中歲時翻詠 六閭惟御覽有此八句蓋本作文斷之辭也 俯觀文

軒仰燕幕華蓋顧保萬年 部作萬年 作壽千載萬歲一笑君娛樂

哉未央皇宮萬歲 初學記歌聲作皇宮 鈔作主 宗御覽作宮 壽考無疆

初學記御覽作壽考東宮 歌聲作壽考無疆

佚名 編

潘岳年譜一卷陸機年譜一卷江文通年譜一卷

民國朱絲欄稿本

潘岳年譜

魏廢帝正始八年丁卯 岳生 秋興賦序云晉十有四年余春秋三十有二由此上推岳生此年

魏廢帝正始九年 岳二歲

魏廢帝嘉平元年 岳三歲

嘉平二年 四歲

嘉平三年 五歲

嘉平四年 六歲

嘉平五年 七歲

魏廢帝嘉平六年 高貴鄉公正元元年 八歲

魏高貴鄉公正元二年 九歲

魏高貴鄉公甘露元年 十歲

魏高貴鄉公甘露二年 十一歲

魏高貴鄉公甘露三年。十二歲 懷舊賦序云余十二獲見父友東武戴侯楊君(肇)始見知名遂申之以婚姻

甘露四年 十三歲

魏高貴鄉公甘露五年
魏元帝景元元年　十四歲
景元二年　十五歲
景元三年　十六歲
景元四年　十七歲
魏元帝咸熙元年　十八歲
魏元帝咸熙二年
晉武帝泰始元年　十九歲
晉武帝泰始二年　二十歲　辟
賈充府舉秀才為郎（河陽
縣作云弱冠秀嘉招）
晉武帝泰始三年　二十一〃
晉武帝泰始四年　二十二歲　是
年正月丁亥武帝初藉田于千
畝岳時為□□□掾作藉田賦（文選藉田賦注引臧榮緒晉書曰泰始四年正月丁亥世祖初藉于千畝司空掾潘岳作藉田賦頌也　按晉書賈充泰始八年始進司空此謂司空掾者殆因充曾為司空而追言之耳）
晉武帝泰始五年　二十三〃
晉武帝泰始六年　二十四〃
七年　二十五〃
八年　二十六〃
晉武帝泰始九年　二十七歲
是年司空鄭袤卒岳之司
空鄭袤碑當于是年作（今集袤作豪檢晉書無鄭豪作司空者疑誤）
晉武帝泰始十年　二十八〃　是

晉武帝咸寧元年二十九歲 傳云「舉辟司空太尉府……為衆所疾遂棲遲十年出為河陽令……時為尚書僕射山濤領吏部」按岳以弱冠辟太尉府至此已十年 又按山濤傳濤以咸寧初除尚書僕射領吏部據此岳為河陽令在此歲無疑（潘尼贈河陽詩有既立寧三河」語當[illegible]在此一年[illegible]岳為[illegible]河陽時所贈）

是年出為河陽令「在河陽縣作」詩「河陽庭前安石榴賦」及「閑道謠」當于此兩年中作

~~晉武帝咸寧元年二十九歲~~ 夏四月岳妻父荆州刺史東武伯楊肇卒作楊荆州誄

晉武帝咸寧二年三十歲 岳轉懷令（及其容士書議）當在咸寧元二年間

晉武帝咸寧三年 三十一歲「在懷縣作」詩云「自我違京輦四載迄于斯」按岳以泰始十年出為河陽令至此已四年故是詩當作于本年

晉武帝咸寧四年 三十二歲 始見二毛 時為太尉掾兼虎賁中郎將 秋作秋興賦 是獻皇后崩作哀策文

晉武帝咸寧五年三十三歲 秋

興賦序云「逮事世祖武皇帝為河
陽懷令尚書郎廷尉平」岳本
傳亦云「岳頻宰二邑勤于政績
調補尚書度支郎遷廷尉平」
岳為此二官当在此後十年內
晉武帝太康元年三十三〔四〕歲
……太康二年三十四〔五〕歲
……太康三年三十五〔六〕歲 是
年夏四月賈充薨作太宰魯
武公誄
晉武帝太康四年三十六〔七〕歲
晉武帝太康五年三十七〔八〕歲 晉
書任愷傳云「銓登三公愷
止字敬卿莫不為憤嘆也
愷不得為免以憂卒」案
魏舒以太康四年十月為司
徒七年正月罷免〔仕〕愷之卒
当在五六兩年是則岳之

故太常任府君畫贊亦當于此數年內作（？） 按是年尚書左僕射劉毅太尉司馬亮司空衛瓘議罷中正除九品之制岳之九品議當作是年

晉武帝太康六年 三十九歲

太康七年 四十歲

太康八年 四十一歲

太康九年 四十二歲

太康十年 四十三歲

晉惠帝永熙元年 四十四歲 是年武帝卒 作世祖武帝誄 楊駿為太傅輔政引岳為太傅主簿

晉惠帝元康元年 四十五歲 是年賈后殺楊駿 岳當從坐 公孫宏救免之（王隱晉書曰潘

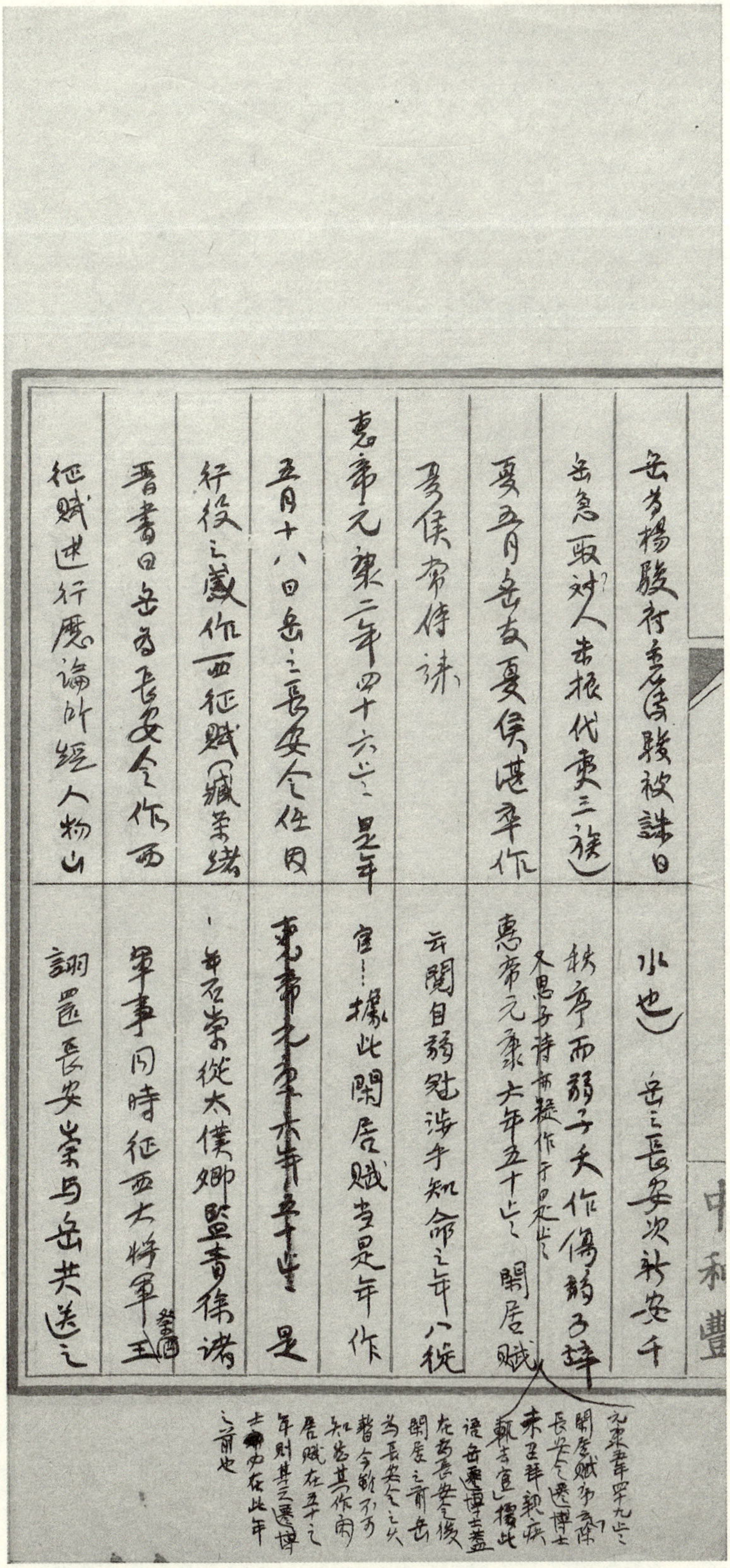

岳为杨骏府主簿，骏被诛日……小也）岳之长安，次新安，千

岳急取对人?告根代夷三族） 秋亭而弱子夭，作伤弱子辞（又思子诗亦疑作于是时）

夏五月，岳友夏侯湛卒，作 惠帝元康六年，五十岁，闲居赋

夏侯常侍诔 云：阅自弱冠，涉乎知命之年，八徙

惠帝元康二年，四十六岁，是年 官……据此，闲居赋当是年作

五月十八日，岳之长安令任，因 ~~惠帝元康六年五十岁~~ 是

行役之岁作西征赋（臧荣绪 、本石崇从太仆卿出青徐诸

晋书曰：岳为长安令，作西 军事，同时征西大将军王

征赋，述行历，论所经人物山 诩还长安，崇与岳共送之

元康六年四十九岁。闲居赋序云：长安令迁博士，未召拜，亲疾，辄去官。据此，岳迁博士盖在为长安令后、闲居之前。岳为长安令之只能今断不可知。岳其作闲居赋在五十之年，则其迁博士亦当在此年之前也

于金谷澗中岳作金谷集詩一首　作爲賈謐贈陸機詩（按機答賈長淵詩序云「元康六年入爲尚書郎，魯公贈詩一篇」據此則岳爲賈謐贈機詩作此年）

惠帝元康七年　五十一歲　秋九月汧督馬敦卒，作馬汧督誄，本傳云「徵補博士未召，以母疾輒去官免。尋爲著作郎，轉散騎侍郎」按岳爲此二官當在此後三年中

元康八年　五十二歲　妻楊氏卒（楊仲武誄云「德宮之艱，同次外寢，惟我與汝，對筵接枕，自時迄今，曾未盈稔，姑姪繼隕，何痛斯甚」（楊仲武[illegible]）姑卒于是年無疑）

姪楊仲武（岳内姪）卒于元康九年五月，岳妻卒（[illegible]）是年作悼亡詩（[illegible]）

悼亡詩云「曾寧期月周，戚戚彌相愍」，又云「清商應秋至，溽暑隨節闌」。期月清商之語，知是詩必作于亡妻之初秋，又知岳妻之卒必在去歲之秋也。

悼亡詩有「改服從朝政，哀心寄私制」。此謂從朝政，即就黃門侍郎。

戚彌相愍」可見悼亡詩作　懷太子書

~~于未嘗參雜在其妻亡後一年~~　惠帝~~元~~[永]康~~九~~[元]年　五十四歲　中[秋月]

惠帝元康九年　五十三歲　是　書令孫秀以宿嫌誣岳與

年賈謐平齊萬年惠帝令　石崇歐陽建謀奉淮南

諸臣作詩岳應詔作關中　王允齊王冏為亂誅之

詩一首　夏五月岳內姪楊

仲武卒作楊仲武誄及哀

楊仲文作弟仲武哀枕文

十二月為賈后詐作愍

陸機年譜

魏元帝景元二年
吴景帝永安四年　本傳云年二十而吴滅　案吴滅于泰始（太康）元年
由此上推機生是年

晋泰始十年　吴鳳凰三年　十四

歲　秋七月陸抗卒與兄晏、
景、玄、弟雲分領抗兵爲牙門
將（見吳志陸抗傳）出守荆楚
。（贈弟士龍詩云昔我西征扼腕川湄）
武帝太康元年二十歲　吳滅
、兄夷道監晏、水軍都督景均
戰死　退居舊里閉門勤學
作文賦（杜詩　陸機二十作爲文賦）
武帝太康二年二十一歲　贈弟士
龍詩序云「余弱年夙孤與弟士
龍銜恤喪庭續會逼王命。
墨經即戎時並縈髮悼心告
別漸歷八載家邦傾覆」又詩
云「自往迄茲曠年八祀」案機

以泰始十年(出)領父兵至此已八年

贈弟士龍一詩当(在)此歲作

武帝元康三年 二十二歲 本傳云

「以孫氏在吳而祖父世為将相

有大勲于江表深慨孫皓舉

而棄之乃論權所以得皓所以

亡又欲述其祖父功業遂作辨

亡論二篇」案辨亡論作于何

年史無明載然總在未入洛

以前所作也

武帝太康十年 二十九歲 本傳

云「年二十而吳滅退居舊里閉門

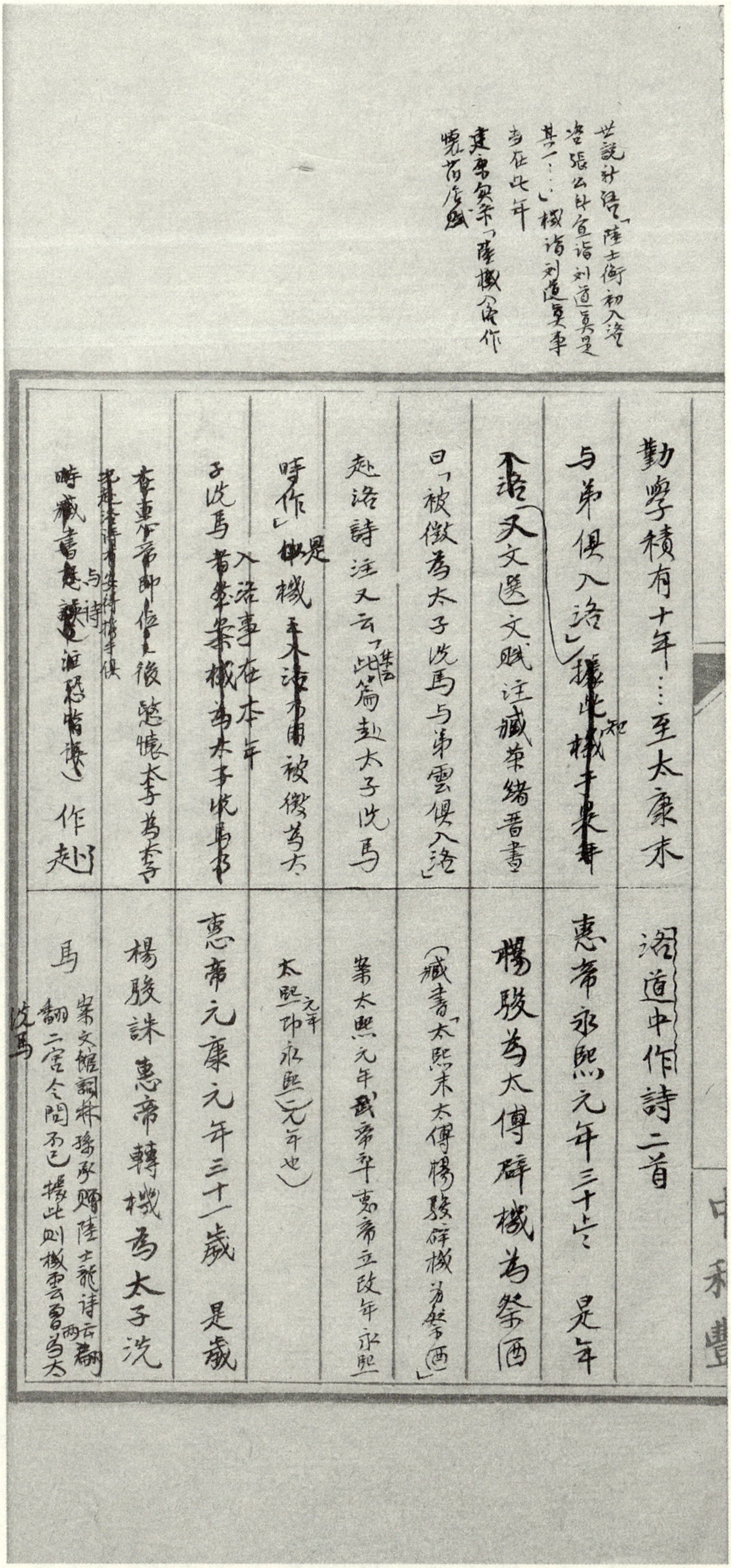

世說新語「陸士衡初入洛，咨張公所宜詣，劉道真是其一……」機詣劉道真事當在此年

建案吳宗「陸機入洛作懷舊賦」

勤學積有十年……至太康末與弟俱入洛」又文選文賦注臧榮緒晉書曰「被徵為太子洗馬與弟雲俱入洛」赴洛詩注又云「此篇赴太子洗馬時作」是機被徵為太子洗馬入洛事在本年 查惠帝即位後愍懷太子為太子時與詩……作赴洛道中作詩二首

惠帝永熙元年三十歲 是年

楊駿為太傅辟機為祭酒

（臧書「太熙末太傅楊駿辟機為祭酒」）

案太熙元年武帝卒惠帝立改年永熙

太熙元年即永熙元年也

惠帝元康元年三十一歲 是歲

楊駿誅 惠帝轉機為太子洗馬

案文館詞林張承贈陸士龍詩云「翩翩二宮，今聞不已」據此則機雲曾為太子洗馬

惠帝元康二年三十二歲 華賦

鼈賦、皇太子宴玄圃宣猷堂、

詩、皇太子賜讌詩、贈皇太子清宴弟士龍詩

詩、東宮詩（即漢魏六朝百三名家集本之付吳怨路長一首、文选士龍卷元機詩注引）

詠老詩 文选謝靈運晚日出西射堂詩注引作

東宮作詩 前為太子洗馬時贈顧彥先旅遠遊宦

詩（文選注云東宮作） 皆作于此前後

三年中

元康三年三十三歲 「吳王郎中時

從梁陳作」詩云「在昔崇賢直加逢

矯迹入崇賢……誰謂伏事淺契

闊逾三年薄言未後命改服就蕃

臣」案機以元康元年爲太子洗

馬至此已三年是則赴吳王郎中任

在此歲也 潘尼作詩送之 作

詣吳王表 贈馮文羆詩（胡克家以此詩當作于出補吳王郎中之時）

元康四年三十四歲

五年三十五歲

元康六年三十六歲 答賈謐詩

序云「元康六年入爲尚書郎魯公

「文選赴洛「希世無高符」詩
注云「集云此篇赴太子洗馬
時作」案機為太子洗馬在
元康元年又此詩有「請端
肅時命」之語疑為入為
尚書郎時所作蓋機前
此未入洛非赴太子洗馬
召也 作譜

贈詩一篇作此詩答之云爾」據 息宿頗有違懷緊之思憤而
此機為尚書郎及作答賈謐詩 成篇
皆此年事 晉書紀瞻傳「尚 元康七年三十七歲
書郎陸機策之曰」機是年入 元康八年三十八歲 是年以臺
為尚書郎 策瞻事及策瞻 郎出補著作郎見魏武帝遺
著文當在此後兩年中 作 令于祕閣感作弔魏武帝文
思録賦賦序云「余以元康六 晉書賀循傳「著作郎陸機
年取急歸而王師外征職典 上疏薦循曰」云云上疏薦循
中兵与聞軍政懼兵革未 事當出是年

元康九年三十九歲　資治通鑑
永康元年趙王倫以殿中郎
陸機為參軍機為殿中
郎當在此年
永康元年四十歲　歎逝賦
云「余方四十而懿親戚屬亡
多存寡……以是思哀々可知矣
乃為賦曰」觀此歎逝賦作于此
年　四月趙王倫廢賈后自為相國以

機為相國參軍　以預誅賈
謐功賜爵關內侯　六月改
葬愍懷太子于顯平陵作愍
懷太子誄（愍懷太子傳云已卯葬
于顯平陵……故臣江統陸機並作頌
誄焉）　本傳云「倫將篡位
以為中書郎」案倫于永寧元
年春正月篡位以機為中
書郎事當出此年冬々

要覽序云「值省之暇，乃集要覽，併方略」，機以二九之年入為太子洗馬，至是隨成都出，要覽之集當為三十至四十年中事

永寧元年四十一歲　春正月　詔疑機與為，收機付廷尉

趙王倫篡位，遷帝于金墉城　成都王穎、吳王晏理救之，

機時為中書侍郎，與尚書，得減死徙邊，後又遇赦，肆（按是年曾大赦三次，一在四月，一在六月，一在八月，機之遇赦當在第三次）

秋，瑯琊王睿從帝到城　見原後謝表，謝成都王

下而及三月，齊王冏、成都　牋，與吳王晏表，園葵

王穎、河間王顒起兵討倫，四　詩均是年六月後作　顧

月誅倫及其黨。六月齊　榮、戴若思等勸機還吳，不

王冏以機職在中書，賜趙　聽。成都王表為平原內史（引參大將軍事，疑在此年冬）

王倫九錫文及惠帝禪位　對佐作謝平原內史表

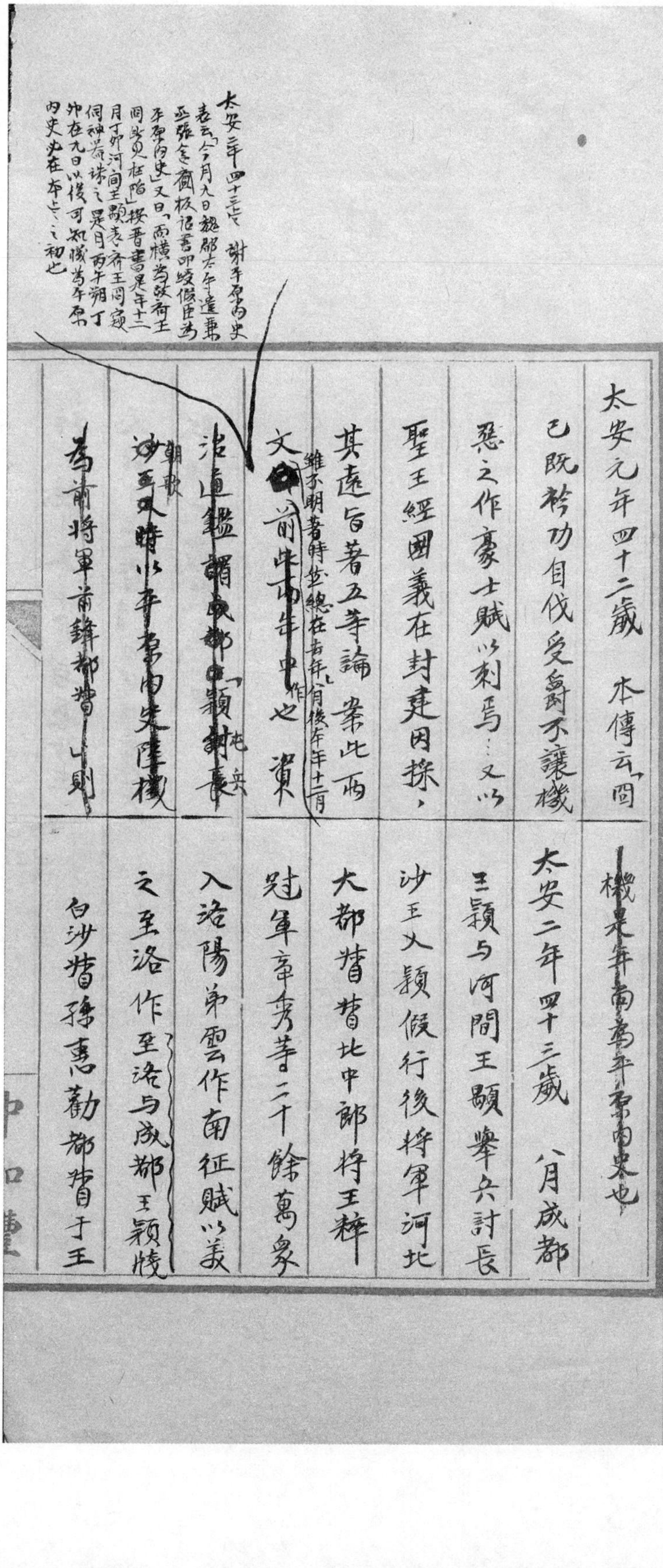

太安二年四十三歲 謝平原内史表云「今月九日魏郡太守遣兼丞張含齎板詔書印綬假臣為平原内史」又曰「丙横為鼓，齊王冏為見枉陷」按晉書是年十二月丁卯河間王顒表齊王冏窺伺神器誅之是月丙午朔丁卯在九日以後可知機為平原内史必在本年之初也

太安元年四十二歲 本傳云，冏

已既矜功自伐受爵不讓機

惡之作豪士賦以刺焉…又以

聖王經國義在封建因採，

其遠旨著五等論 案此兩

文～前此一年中作也 雖不明著時並總在去年，冏後本年十二月 資

治通鑑謂成都王穎耽兵

沙王乂時以本為内史陸機 朝歌

為前將軍前鋒都督 山則

機是年南為平原内史也

太安二年四十三歲 八月成都

王穎与河間王顒舉兵討長

沙王乂穎假行後將軍河北

大都督督北中郎將王粹

冠軍牽秀等二十餘萬衆

入洛陽弟雲作南征賦以美

之至洛作至洛与成都王穎牋

白沙督孫惠勸都督于王

粹不聽　冬十月与長沙王
乂戰于建春門（本傳作鹿苑）大
敗穎收機殺之

江文通年譜

宋文帝元嘉二十一年淹生 梁書本傳云天監四年卒時年六十二由此上推淹生是年

元嘉二十二年 二歲

二十三年 三歲

二十四年 四歲

二十五年 五歲

二十六年 六歲 自序云六歲能屬詩

元嘉二十七年七歲

二十八年八歲

二十九年九歲

三十年十歲

△孝 宋武帝孝建元年十一歲

孝建二年十二歲

孝建三年十三歲 自序云十

三而孤邈過庭之訓可知

是年失怙　南史本傳云

初淹年十三時孤貧常采

薪以養母曾于樵所得

貂蟬一具將鬻以供母

其母曰此故汝之休徵也汝

才行若此豈長貧賤也可

留待侍中時著之

大明元年十四歲

大明二年十五歲

三年十六歲

四年十七歲

五年十八歲

六年十九歲

七年二十歲　自序云「弱

冠以五經授宋始安劉子真」

「略傳大義」　案梁書孝武紀大

明七年五月乙亥進號車騎

将军辅国将军始安王子
真为广州刺史」又始安王刘
子真传「大明七年迁使持节
监广交二州始兴始安临贺
三郡诸军事平越中郎将广
州刺史将军如故不之镇迁
征虏将军南彭城太守领
石头戍事」据此则淹授
始安王五经在是年五月

以后始安王为彭城太守时
事也（案文选李善引刘
璠梁典谓「江淹年二十以
五经授宋景素景素待
以客礼」云云 景素当是子真之
误）

大明八年 二十一岁 此年当仍
为始安王师

前废帝景和元年
明帝泰始元年 二十二岁 自

序云為南徐州新安王從
事奉朝請使案淹執新
安王從事在大明八年抑
在是年不可考惟新安
王劉子鸞以是年九月賜死
則其為在年九月以前事可無
疑也
案集有為始安王拜征
虜將軍南兗州刺史及為始

安王拜征虜將軍丹陽尹
二年　案書始安王傳景
和元年為丹陽尹九月為
南兗州刺史據此似淹解
奉朝請即為始安
王官　淹執解奉朝請使時日不可考惟必在是年九月前
泰始二年　二十三　自序傳云
始安之薨也建平王劉景素
聞風而悅待以布衣之禮

（自序傳云「然少年倜儻不俗，或為世士所嫉，遂誣淹受金者」此即淹被下獄之因）

宋始安王子真（本）年十月
帝紀「泰始三年八月以中領軍

賜死建平王本年九月為南
沈攸之行南兗州刺史」即繼

兗州刺史待淹事當在
建平王之任者也。案淹獄中

此年冬也
上書云「加以涉旬月，迫季秋」

泰始三年二十四歲　宋書本
（京本）據此二文則淹之出獄即

傳云「淹隨景素在南兗州廣
在是歲八月。建平王來鎮

陵令郭彥文得罪辭連淹
南兗州刺史時也。至其繫

繫州獄。淹獄中上書景素
獄之時，據「涉旬月」一語，似

覽書即日出之」案梁書本
在六年十月事。惟此語乃

用太史公司馬遷報任少卿書語是否淹確實所作歟則尚有待于考証也

自序傳云「尋舉南徐州桂陽王秀才對策上第」意即在是年事

泰始四年二十五歲

泰始五年二十六歲

泰始六年二十七歲 自序傳云「轉巴陵王左常侍右軍」按淹轉巴陵王劉休若左常侍右軍之年及其久暫皆無從考證惟知其必在此三年中也

泰始七年二十八歲 梁書云景素為荊州淹從之鎮又自序傳云轉建平王主簿案宋書明帝紀景素以本官為荊州刺史

明帝紀太始七年八月
庚辰（寅）以疾愈大赦天下淹為
建平王作疾和禮上表
明紀八月戊戌立第三皇子
為安成王（即順帝）淹為
建平作慶拜封表
為建平王讓左將軍荊
州刺史表 拜荊州刺史章
均是時作

泰豫元年 二十九歲 本傳
少帝即位多失德景素
據上流咸勸因此舉事淹
每從容諫曰流言納禍二
叔所以同亡抵局銜怨七
國于焉俱斃殿下不求宗
廟之安而信左右之計則
復見麋鹿霜露棲于姑
蘇之臺矣 案明紀是年

三月以蔡興宗代景素為
荊州刺史而徵景素為
散騎常侍後將軍太常
（未拜而帝崩故）四月帝[illegible]月即位[illegible]時
景素尚未離荊州也
四月少帝（即後廢帝）即位
作為建平王慶少帝即（位）
（癸未）章
六月少帝尊明帝王皇后
為太后并立皇后江氏進
為景素作王太后正位章
及慶江皇后正位章
~~後廢帝紀泰豫元年閏七~~
月新除太常建平王景
素為鎮軍將軍南徐
州刺史[illegible]以爲為鎮
軍參軍事領南東海
郡丞

為建平王讓鎮南徐州首印今集中所載之啟
刺史啟 建平王之南徐州阮公詩十五首也其賦此
刺史辭甬表均是上作詩之時日今不可考出總
後廢帝元徽元年三十七 自在此一二年中
南史傳云於是王與不逞之徒是年作與交論隱書(書
日夜構議淹知禍機之將有云況今年已三十白髮新生
發乃賦詩十五首畧明性故知其為此年所作)
命之理因以為諷王遂不元徽二年 三十八 南史本傳
悟案淹諷景素詩十五之桂陽之役朝廷周章詔檄

久之未就齊高帝引淹入中書省先賜酒食淹素能飲啖食炙(鵝)垂盡進酒數升訖文誥亦辦案桂陽王劉休範以是歲五月反今集中之勅為朝賢答劉休範書即是時作也

舊鈔本作「會南東海太守陸澄丁艱淹自謂郡丞應行郡事景素用司馬柳世隆淹固求之景素大怒言于選部黜為建安吳興令案南齊書柳世隆傳轉建平王鎮北諮議參軍南泰山太守轉司馬南東海太守宋書後廢帝紀元徽元

年八月景素進号鎮北將徵四年七月反誅據三載
軍次年七月進号征北將語亦可知淹之被黜爲吳
軍世隆爲鎮北諮議參興令必在本年又淹爲
軍必在元年南東海太守吳興令詣建平王牋云籌
必在是年淹之被黜事見伏皁九載齒錄八年
亦不出是年也又案淹自淹以泰始二年隨景素於
序傳云乃在邑三載朱方交州至此已九年是亦
竟敗焉朱方者景素可爲淹是年被黜之證
所鎮之地也景素以元也

後廢帝元徽三年三十二歲
閩中草木頌序云「爰乃榮
鄰嘉惠，守職閩中」淹以
上年出為吳興令在任三
年，凡此頌當在此前後
三年中所作也
元徽四年三十三歲　新詞序
云「予上國不才，黜為閩山長
吏，待罪三載，究識煙霞
之狀」淹（又自序傳云「在邑三載，朱方竟敗焉」按）元徽二年黜為吳
興令，至此既三載，序云
待罪三載云云，則新詞
定為是時之作也
自序傳云「為建安吳興
令，地在東南嶠外，閩越
之舊境也，爰有碧水丹山
珍木靈草，皆淹平生所
至愛，不覺行路之遠矣」

山中無事，与道書為儔。乃
修其猶狂，或日夕忘歸，放浪
之際，頗著文章自娛」云云
疑別恨、思北歸、青苔、石劫
等賦，均作于吳興。今時
是歲七月，建平王劉景素
反誅，淹復還京師，閉唐
不仕，其（尋）友吏部郎殷孚
卒，淹作知己賦以寄哀

焉。知己賦序云「僕乃得羅嶠
外，遊踐窮然，始還舊都，會
居昇卒，故為茲賦以寄深哀」）
元徽五年 昇明元年 三十四歲 是年七月
後廢帝被弑，順帝即位，丙
中進蕭道成為侍中司空
錄尚書事，驃騎大將軍
并給油幢絡車，道成召
淹為尚書駕部郎，驃騎

參軍今集載兼驃騎
讓封第二表 二表錄尚書
事到省表兼領軍讓司
空并敦勸啟兼領軍
拜侍中刺史章兼驃騎
讓油幢表皆此時作也」
十日道成進督豫司二州淹
為作讓表閏十月荊州刺
史沈攸之舉兵反淹為道
成陳王勝之理并為作
尚書符 同月乙巳道成出
屯新亭中兵治嚴築壘
淹作檄兼驃騎從新亭
壘埋掊殺教 及為兼驃騎
上頓表 宋書是年十月
袁粲劉秉據石頭反旋平
之淹為順帝作慰勞雍
州詔 詔有云「沈攸之小豎反覆

福逆西蕃攸之閭十首始友
此說在攸之反後作，故繫于
此）
作橫吹賦（賦序云「驃騎公以
鈒率十萬御荊人于外郊」可
見此賦必蕭道成出師新亭
時作）
順帝昇明二年三十五歲　正月
沈攸之平，為道成作慶平賊
表，言為道成作輔黃鉞
表、讓太尉增封二三表
三月為作謝甲仗入殿表
自作蕭太尉慶宜表。九
月道成進太傅，領揚州牧，
劍履上殿，為作讓太傅
揚州牧、重讓揚州、三讓
揚州、謝侍中敦勸、重
讓鉞、復殊禮等表及拜

太尉(蕭赤傳)揚州牧章同
月順帝追贈道成祖太常
父散騎常侍金紫光祿大
夫淹為作謝表
順帝紀是年月以齊王世
子為領軍將軍撫軍將軍
蕭嶷為江州刺史九月蕭映
為南兗州刺史十月蕭晃為
豫州刺史載齊書順帝紀

日昇明二年遷寧朔將軍
淮南宣城二郡太守又文惠
太子傳曰遷黃門侍郎淹
為道成章蕭太尉子姪拜
領軍江州兗州豫州淮南黃
門謝表謝之
南齊書祥瑞志昇明二
年九月建寧縣建昌村民
採藥于高歲山得銅鐘一

枚宣城臨成韶藉山獲紫綠百楔封十郡为备公備

芝一枝十一月廿四日降長山縣十二月廿四日降彭山九錫淹作讓謝表及序

杉樹淹因為道成草上章

銅鐘芝草衆瑞表梁史本傳云相國建補記

昇明三年三十六歲宋書順室參軍事

帝紀正月丙辰加道成前部四月道成進爵為王淹代

羽葆鼓吹丁巳命太傅府作讓，拜齊王表四月詔命

依舊辟召淹代為表讓謝道成冕十二旒建天子旌

三月詔進道成位相國旗，淹為草謝表同月辛

卯順帝禪位道成詔　斷募士二詔皆逸手筆

代道成作讓禪表　七月作赦交州詔

道成即位逸轉驃騎　齊書何戢傳建元元年

豫章王嶷祀室祭　上欲轉戢領選問尚書令

車騎東武令祭享詔　褚淵……乃以戢為吏部

毌　尚書褚淵建元之年加

五月齊高帝詔遣大使　尚書令何戢爲吏部尚

分使行四方遣兼散騎　書令者在此年逸之仿

常侍十二人巡行同月詔　詹事吏部尚書詔某也在

是年作也（通鑑謂冬十月事）

齊高帝建元二年 二十七歲

高紀春四月戊戌朔大赦天
下大赦詔疑即此時所作
同月作北伐詔 六月作曲
赦丹陽等四郡詔

齊書王儉傳 建元元年
改封南昌縣公明年轉左
僕射（通鑑二年春四月以尚書
右僕射王儉為左僕射）又明
帝紀建元二年為持節都督
郢州司州义陽諸軍事冠
軍將軍郢州刺史 進号征
虜將軍 又王僧虔傳 建元
二年冬 持節都督湘州諸軍
事征南將軍湘州刺史 王
敬則傳建元二年進号安北
將軍……尋遷使持節散騎

常侍安東将軍吳興太守

軍真傳建元元年遷常侍

軍明年遷太常領鄱陽

国師仍轉侍中秘書監領

驍騎将軍又遷征虜将

軍臨川王鎮西長史領南

蠻校尉南郡内史吳興

三遷上表固讓據此王僧

為左僕射詔兼冠軍先與

征虜詔王光禄為征南湘州

詔王撫軍為安東吳興

詔王僧虔為南蠻校尉

均是年之作也鄱陽王鏘

建元二年豫章王嶷為荊

州刺史

南齊書檀超傳建元二年初

置史官以超与驃騎記室

江淹掌史職

自序傳云「受禪，又為驃騎豫
章王記室參軍，領東武令，參
掌詔冊，並典國史。既非所好，
辭不獲命。尋遷正員散騎
侍郎、中書侍郎」。案淹遷正
員散騎侍郎及中書侍郎
之年史無明文，然必在建元
二三四三年中（南史謂淹
二十五為中書侍郎誤）

建元三年　三十八歲　春正月柳
世隆為南兗州刺史，作柳僕
射為南兗州刺詔
~~王奐傳建元元年~~　通鑑建
元三年，以豫章王嶷為荊
湘二州刺史，領南蠻，嶷罷
更以侍中王奐為之。王奐傳
建元元年遷左將軍，明
年遷太常，領鄱陽王師，仍

轉侍中秘書監領驍騎將軍
又遷征虜將軍臨川王鎮西
長史領南蠻校尉南郡內
史與一也三遷止表固讓」
所謂一也乃指盛數言故
與為校尉事在三年而亦在二
年儉之王侍中為南蠻校尉誤
亦作本在中二月卧草也
建元四年三十九也、書后曰壬

戊 高帝詔置學生二百人
以張緒為太常卿領國子
祭酒王延之為中書令右
光祿大夫儉作立學詔語
令為太常領國子祭酒誤
王鎮軍為中書令右光祿
誤
案儉集有到功曹參軍諮
竟陵王子良牋 梁史南史

淹自序傳止於中書侍郎而不及爲竟陵參軍及永明以後事當在是年以前所傳也

本傳皆不載淹爲功曹參軍事南齊書武紀本年六月進封聞喜公子良爲竟陵王淹爲竟陵功曹參軍豈即本是年六月中事邪

齊武帝永明元年四十歲 是年遷驍騎將軍掌国史出爲建武將軍廬陵内史

（梁書本傳云永明初遷驍驃將軍掌国史出爲建武廬陵將軍廬陵内史視事三年還爲驍騎將軍兼尚書左丞南史本傳云永明三年兼尚書左丞攝視事三年及永明三年證則淹還驍騎将軍掌国史本建武將軍廬陵内史也皆在是年也）

武帝永明二年四十二歲 是

出为巴陵内史

永明三年四十二岁　是年还为

骁骑将军兼尚书左丞

事[illegible]在[illegible]年

~~永明四年四十三岁是年~~

南史「时襄阳人开古冢得

玉镜及竹简古书字不可

识王僧虔善识字体亦不

能读，直云似是科斗书。」

以科斗字推之则周宣王

之简也」案僧虔以是年

七月罢于位则僧虔还骁骑

将军兼尚书左丞及发此、

周宣王简事皆在七月以

前矣。

永明四年四十三岁　梁书本

传云寻复以本官领国

子博士谅即在此年

永明五年四十四歲 書令謝朏司徒長史王纘

六年四十五歲 護軍長史庾弘遠以久疾

七年四十六歲 不預山陵公事，淹奏彈之

八年四十七歲 又劾奏前益州刺史劉悛（清）

九年四十八歲 梁州刺史陰智伯贓貨巨

萬

十年四十九歲 梁書本傳云 少帝初以本官兼御史中丞，是則至此年尚爲驍騎將軍也

十一年五十歲 是歲武 少帝隆昌元年五十一歲 七月

帝崩少帝即位，遷驍騎 蕭鸞弑少帝，鬱林王迎

將軍本官兼御史中丞中 立海陵王，十月又廢海林王

自立轉廣為車騎諮議
王長史 俄除廷尉卿加
給事中
建武二年 五十二上乙 梁書
本傳云「遷冠軍長史加
輔國將軍出為宣城太守
將軍如故」 譲均在此年事
建武三年 五十三上乙 是上條
守宣城
建武四年 五十四上 是年仍
守宣城

永泰元
建武四年 五十五上乙 是上乙
仍為宣城太守 是年七
月明帝崩東昏侯即位
永元元年 五十六上乙 梁書
本傳云「在郡四年遷為黃
門侍郎領步兵校尉尋
為秘書監」若沛果在
建武二年出任宣城則至
永泰元年免歷四載即

以舊數計此時帝已四任
黃門侍郎矣
永元二年 五十七歲 四月崔慧景
慧景舉兵襲陵破京師
衣冠悉（挂）投名刺惟淹稱
疾不往
永元三年 中興元年 五十八歲 是年以秘
書監兼衛尉 又副王瑩
領軍 三月南康王寶融
即帝位於江陵 九月蕭衍引
軍至新林 淹微服奔之
衍以投為冠軍將軍 秘
書監 尋故 （十二月晋安王寶義領司徒以淹）尋兼司徒左
長史 遷吏部尚書
中興二年 梁天監元年 五十九歲 正月蕭
衍進位相國 轉淹為相
國右長史 仍兼冠軍將
軍 四月蕭衍受禪改號

梁世南為散騎常侍左
衛將軍封臨湘縣開國
伯食邑四百户同年以疾
遷金紫光禄大夫改封
醴陵侯
天監二年 六十七
天監三年 六十七
天監四年 六十七 卒

中
和
豐

（宋）魯訔 撰

杜工部詩年譜一卷

清鈔本

編次杜工部詩序

騷人雅士同知祖尚少陵同欲模楷聲韻者其意律深嚴難讀也余謂少陵老人初不事艱澁左隱以病人其平易處有賤夫老婦所可道者至其深純宏妙千古不可追跡則序事穩實立意渾大遇物寫難景之狀紓情出不說之意借古的確感時深遠若江海浩溔（溔以沼切大水皃）風雲蕩汩蛟龍黿鼉出沒其間而變化莫測風澄雲霽象緯回薄錯峙偉麗細大無不可觀離而序之次其先後時危平俗嶮惡山川夷險風物明

晦公之所寓舒局皆可槩見如陪公杖屨而游
四方数百年間猶對面語何患於難讀耶名公
巨儒譜叙注釋是不一家用意卒過異説如蝸
余因舊集略加編次古詩近體一其後先摘諸
家之善者考於當時事實及地理歲月與古語
之的然者聊注其下若其意律乃詩之六經神
會意得隨人所到不敢易而言之叙次既倫讀
之者如親罹艱棘虎狼之惏為可驚愕目見當
時甿庶被削刻轉塗炭為可憫因感公之流徙
始而適中而瘁卒至為少年輩侮忽以訖死為

可傷也紹興癸酉五月晦日丹丘泠齋魯訔序

杜工部詩年譜　　嘉興魯訔　譔

睿宗先天元年壬子（正月改太極五月改為延[illegible]以是年八月改元）

按公志及傳皆云年五十九卒于大曆五年

辛亥詩史云開元〻年癸丑公生公上三大

禮賦云生陛下淳樸之俗行四十載公天寶

十載奏賦年三十有九逆第公今年生呂汲

公玫公生先天元年癸丑天寶十三載奏賦

若十三載公當四十三歲矣唐書宰相表及

紀年通譜先天元年壬子而譜以為癸丑集

祭房公廣德元年歲次癸卯而譜以為甲辰

皆差一年 汲公吕大防始作詩年譜

開元：年癸丑

三年乙卯

公郾城觀公孫弟子舞劍行云開元三年余尚童稚於郾城觀公孫舞劍器年譜以為三年丙辰按公是年纔四歲年必有誤公進鵰賦表云臣素賴先人緒業自七歲所綴詩華向四十載矣約千有餘篇則能憶西歲時事不為誤也

十四年丙寅

公初游選場壯遊曰往昔十四五出遊翰墨場斯文崔魏徒以我似班揚

二十三年乙亥公年二十四

公作開元皇帝皇甫淑妃豐碑曰歲次乙亥十月癸未朔薨又曰野老何知斯文見托不論官閥遊夏入文學之科意公尚白衣天寶十載始上三大禮賦起家授河西尉或以為是年未應稱野老當是天寶十載辛卯銘曰列樹拱矣豐碑闕然乃知後來方立碑也但未能發其定於何年

二十五年丁丑

史云公少不自振客遊吴越齊趙故壯遊曰東下姑蘓臺已具浮海航到今有遺恨不得窮扶桑歸帆拂天姥中歲貢舊鄉忤下考功第拜辭京尹堂放蕩齊趙間裘馬頗清狂春登吹臺上冬獵青丘傍遊梁亦曰昔我游宋中惟梁孝王都憶與高李輩論文入酒壚氣酣登吹臺懷古視平蕪昔遊曰昔與高李輩晚登單父臺山脚曰昔我遊山東憶戲[illegible]嶽陽窮秋立日觀矯首望八荒公居城南嘗預

京兆薦貢而考功下之唐初考功試進士開
元二十六年戊寅春以考功郎輊徙禮部以
春官侍郎主之公之適齊趙當在此歲以前
二十九年辛巳
公有酹遠祖晉鎮南將軍于洛之首陽酹文
十三葉孫甫開元二十九年　歲次辛巳
天寶元年壬午公年三十一
南曹小司寇於我太夫人堂下壘土爲山之
作系云天寶初
六載丁亥

公應詔退下元結諭友曰天寶六載詔天下
有一藝詣轂下李林甫相國命尚書省皆下
之遂賀野無遺賢于庭公上韋左相曰主上
頃見徵倏來欲求伸青冥卻垂翅蹭蹬無縱
鱗上鮮于京兆曰獻納紆皇眷中間謁紫宸
破膽遭前政陰謀獨秉鈞正為此邪

九載庚寅紀十一月封華嶽

十載辛卯公年四十

公奏三大禮賦元稹誌曰賦奏命宰相試文
授右衛率府曹曹史云公奏賦帝奇之命待

制集賢院相試文授河西尉不拜改右衛率
府胄曹公官定後戲贈曰不作河西尉淒涼
為折腰老夫怕趨走率府且逍遙莫相疑行
曰憶獻三賦蓬萊宮自怪一日聲烜赫集賢
學士如堵墻觀我落筆中書堂史集皆以為
十三載按帝紀十載行三大禮十三載未當
郊況表云臣生長陛下淳樸之俗行四十載
矣故知當在今歲原叔云新書作召試京兆
府兵曹新書乃今舊書也今書作胄曹進西
嶽賦表乃云妾學官試文章皆不同除夕曲

江族弟位宅守歲曰四十明朝過年譜云上韋左相詩云鳳曆軒轅紀龍飛四十春壯遊曰放蕩齊趙間裘馬頗清狂快意八九年西歸到咸陽則公歸自齊趙乃應詔奏賦又數年間事也（翰林王洙字叔原）

十三載甲午公年四十三

玄宗紀秋八月甲子朔文部侍郎韋見素拜中書門下平章事公贄見韋左相詩云龍飛四十春又曰愚蒙但隱淪則此詩似未獻賦前封西嶽賦表云臣本杜陵諸生年過四十

又云蓋長安一匹夫耳次歲國家有事於郊
廟韋得奏賦待制於集賢委學官試文章再
降恩澤送隸有司參列選序則此賦又在三
大禮賦後詩史以為十二載未詳紀二月丁
丑楊國忠為司空公表云陛下元弼克生司
空斯文不可寢已則此賦當在未封西嶽前
而紀封華岳在九載又當考也

十四載

十一月祿山反陷河北諸郡公有自京赴奉
先作注云此年十一月作集注云公在率府欲辭職遂作去矣行而家屬

先在奉先詩史云莿北反書未聞公已送身織甸

十五載丙申公年四十五是年七月肅宗即位於寧武改元至德

祿山僭帝于東京公在奉先以舅氏崔十九

翁為白水尉故適白水有高齋三十韻六月

卒未賊入潼關駕幸劍外七月甲子肅宗即

位靈武公漸北過彭衙行曰憶昔避賊初北

走经險艱夜深彭衙道馮翊界月照白水山屬同

州少留同家窪欲出蘆子關公七月寓于鄜

川有三川觀漲詩鄜州屬縣曰我经華原來長安北

公䶮服走靈武賊得之故贈韋評事詩曰昔

汲賊中時潛與子同遊公沒賊中有九日藍

田崔氏莊以下十三首

至德二載丁酉公年四十六

公春在賊中曲江行曰少陵野老吞聲哭春

日潛行曲江曲自正月乙卯祿山死二月戊

子肅宗次鳳翔李光弼敗安慶緒于太原郭潼關又

子儀敗安慶敗于永豐倉緒于潼關又敗于永豐倉公西

走鳳翔達鳳翔行在曰西憶岐陽信無人遂

卻回又曰司隸章初覩南陽氣已新又述懷

曰去年潼關敗妻子隔絕久今夏草木長脫

身淂西走元微之誌云甫謁肅宗行在拜左拾遺舊書云自京師宵遁赴河西謁肅宗於彭原新書云拜右拾遺非是房琯罷相甫上疏不宜免帝怒詔三司雜問以張鎬言帝解赦之公有狀謝口勑又有六月十二日薦岑參諫官狀皆可考新史云自是帝不甚省録公家寓鄜彌年孺弱至餓死許甫往省親呂汲公考云八月墨勑放還鄜州有北征詩舊史云肅宗貶琯貶甫為華州司功曹非是實録言御史大夫韋陟言當考北征曰皇帝二

載秋閏八月初吉杜子將北征蒼茫問家室
贈節度李重進曰青袍朝士最苦者白頭拾
遺徒步歸閏八月朔甲寅賊安慶緒寇好時
渭北節度使李光進戰郤之渭北壘空公浔
北首鄜路送韋宙同谷曰鑾輿駐鳳翔受詞
太白脚秋旋自鄜時扈從還闕贈嚴賈二閣老
曰法駕還雙闕王師下八川比時霑奉引佳
氣拂周旋十月丁卯夫子還闕公臘日供奉
紫宸曰臘日常年煖尚遙今年臘日凍全消
十二月上皇至自蜀以蜀郡為南京鳳翔為

西京西京爲中京

乾元元年戊戌公年四十七是歲二月改元復以載爲年

春公有紫宸退朝口號賡賈至朝大明宮宣

政殿晚出左掖又退朝出左掖直夜題省中

壁等詩徵之誌公左拾遺歲餘以直言出華

州司户悲往事繫曰至德二載甫自京兆光

門出道歸鳳翔乾元初從左拾遺移華州掾

與親故别因出此門有悲往事曰近淂歸京

邑移官定至尊必大臣有不樂公者至華題

鄭縣亭子曰雲斷岳蓮臨大路天晴宮柳暗

長春唐官儀功曹主秋賦公有秋策問進士七月代華牧論殘冦狀上朝廷策士文公及冬出潼關東征洛陽道史不載有閿鄉姜七少府設鱠及湖城遇孟雲卿歸劉顥宅飲宿等詩

二年己亥公年四十八

春留東都三月九節度之師潰于滏水郭子儀斷盟津退守洛師公有新安吏石壕吏等詩歸華放情山水間嘗遊伏毒寺有憶鄭南曰鄭南伏毒寺瀟灑到江心鮑公詩譜云夏

去華之秦公有秋華下苦熱曰七月六日苦
炎熱（蒸）對食暫餐還不能立秋後題曰平生獨
往願惆悵年半百罷官亦由人何事拘形役
自是有浩然志史云關輔飢輙弃官去客秦
州負採橡栗自給有秦州二十首曰滿目悲
生事因人作遠遊遲迴度隴怯浩蕩及關愁
公厭秦隴要衝人事煩夥西南命駕游同谷
別賛上人曰天長關塞寒歲莫飢凍逼野風
吹征衣欲別向曛黑冬十月發秦州曰我衰
更嬾拙生事不自謀無食思樂土無衣思南

州至同谷作七歌寓同谷不盈月十二月一
日發同谷曰始來茲山中休駕喜地僻柰何
迫物累一歲四行役公自京至華至秦至同
谷赴劍南凡四史曰同谷採橡栗自給流落
劍外公詩云邑有佳主人又曰臨岐別數子
握手淚再滴非寥落而還殆迫於寇攘也送
韋宙從事同谷曰此邦承平日剽劫吏所羞
又曰古來無人地今代橫戈矛當時必為羌
戎所迫但史不載止云十二月史思明寇陝
州公度栗亭趨劍門木皮嶺曰季冬攜童稚

辛苦赴蜀门鹿頭山曰鹿頭何亭亭是日慰
飢渴連山西南斷俯見千里豁冀公柱石姿
論道邦國活裴晃鎮成都公遂卜居錦江成
都曰我行山川異忽在天一方自古有羇旅
我何苦哀傷

上元二年庚子公年四十九
裴冀公為公卜居成都西郭浣花溪成都記
草堂寺府西七里浣花寺三里寺極宏麗公
卜居曰浣花流水水西頭主人為卜林塘幽
公寓浣花雖有江山之適羈旅牢落之思未

免故二年之間有赴青城縣成都西暫如新津出成都寄陶王二少尹寄高彭州投簡成華兩縣諸子等詩柳芳曆曰高適乾元初刺彭公乾元初客秦有寄適于彭州上元初適牧蜀而公乃有寄高彭州詩當考

二年辛丑公年五十

紀夏四月劍東〻川節度兵馬使段子璋反陷綿州節度使李奐奔于成都五月劍南節度使崔光遠客東川段子璋伏誅公戲作花卿歌曰成都猛將有花卿學語小兒知姓名

綿州刺史着柘黄我卿掃除即日平子璋髑髏血模糊手提擲還崔大夫李侯重有此節度人道我卿絶世無舊唐傳云梓州刺史段子璋反以兵攻東川節度使李奐適涪州兵與西川節度使崔光遠攻子璋斬之西川牙將花驚定者恃勇既誅子璋大掠東蜀新史云梓屯將段子璋反適從崔光遠討斬之而光兵不戢遂大掠天子怒遂以適代為西川節度紀傳與此詩皆不同當知公紀事為審也九月壬寅大赦去上元號稱元年以十一

月為歲首以斗所建為名公草堂即事曰荒
村建子月獨樹老夫家春秋變古則書之公
此意也年譜與史云嚴武鎮成都甫往依焉
新史云上元二年冬黄門侍郎鄭國公嚴武
鎮成都奏為節度參謀檢校尚書工部員外
郎賜緋魚公先赴成都裴公為卜居浣花里
譜傳皆非是嚴中丞枉駕見過系云嚴武東
川除西川勑除兩川都節制詩云元戎小隊
出郊坰問柳尋花到野亭川合東西瞻使節
地分南北任流萍辭意皆與傳異詩史云地

志劍西益彭蜀其州二十有八劍東梓綿劍普十州綿為都會肅宗實録子璋盜綿州改年黄龍州曰龍安府代宗實録武京兆少尹御史中丞賊思明阻兵京師頗自矜大命綿州刺史未幾東劍節度詔兩劍一道新傳坐房琯貶巴州久之還東川玉壘記是年崔光遠尹成都花驚定平段難而士卒剽掠士女至斷腕取金詔監軍按其罪十二月恚死

寶應元年壬寅（上元二年九月改元年二月四月改寶應）年五十一

武至成都公奉和嚴中丞西城晚眺時蜀困

於調度嚴數從公往来寄題杜二錦江野亭
云莫倚善題鸚武賦何須不着鵕鸃冠公酬
云謝安不倦登臨賞阮籍焉知禮法踈公結
廬浣花涉三年草堂曰經營上元始斷手寶
應年浣花曰萬里清江上三年落日低四月
巳巳代宗即位召武公送嚴入朝曰鼎湖瞻
望遠象闕憲章新四海猶多難中原憶老臣
送嚴到綿州同登杜使君江樓曰歸朝送使
客落景惜登臨詩史召武為太子賓客傳還
拜京兆尹為二聖山陵橋道使封鄭公還黃

門侍郎公初與武云中丞梓州九日贈武曰大夫此詩曰侍郎再鎮蜀曰上嚴鄭公前後自可考也晚月呈漢中王多在中秋七月歛南西川兵馬使徐知道反八月已未伏誅公吟射洪曰南京亂初定故公欲駕梓至梓已重陽九日登城九日奉寄嚴大夫曰不眠持漢節何路出巴山嚴巴嶺荅曰昨向巴山落月時兩鄉千里夢相思時嚴猶未出巴地也秋歸成都迎家遂往往梓十一月往射洪縣南途中有作南之通泉縣亦梓州邑過郭代公故

宅陪王侍御因登東山最高頂宴姚通泉晚
携酒涪江泛舟皆一時作也
廣德元年癸卯年五十二
春日梓州登樓曰行路難如此登樓望欲迷
又曰厭蜀交遊冷思吴勝事繁應須理舟楫
長嘯下荆门公已有東下之興公送辛員外
暫至绵還梓州陪章侍御宴南樓陪章侍御
惠義寺秋章梓州水亭時公將適吴楚留别
章使君留後曰終作適荆蠻安排用莊叟秋
故相房琯薨公有九月壬戌祭房公文公轉

遊閬中為閬州王使君進論巴蜀安危表警

急曰玉壘雖傳檄松州已解圍（系云時高公適領西川節

使時吐蕃犯塞為中國患公痛其猖獗疾蜀

無善將以守要害明年武再出鎮蜀道始安

是歲召補京兆功曹不赴

二年甲辰公年五十三

公自梓之閬有閬山歌等詩送李梓州之任

并寄章十侍御（系云初時罷梓州刺史東川留後將赴朝廷）二公

交印正在今春有將赴荆南遊有將赴荆南

寄別李劍州遊子曰巴蜀愁誰語吳門興杳

然公時意未有所適會嚴武復節度劍南東西川公往依焉贈武曰殊方又喜故人來重領還須濟世才甞怪偏裨終日待不知旌節隔年回房琯薨閬州贈一品公別房太尉墓曰他鄉復行役駐馬別孤墳自閬州領妻子却赴蜀山三首曰汩汩避羣盜悠悠經十年不成向南國復作遊西川將赴成都草堂途中有作先寄嚴鄭公旋錦江贈王侍御曰一別星橋夜三回斗柄春亦曰猶得見殘春徹之誌曰劍南節度嚴武狀爲工部員外郎參

謀軍事公揚旗系云二年夏六月成都尹鄭
公置酒公堂觀騎士新旗幟曰三州陷犬戎
但見西嶺青代宗紀曰廣德元年失松維州
柳芳曆迺曰糧運绝西川節度使高適不能軍
吐蕃陷松維保三州以公詩考之當然武軍
城早秋曰昨夜秋風入漢關朔風邊雪滿西
山更催飛將追驕虜莫遣沙場匹馬還公和
曰秋風嫋嫋動高旌玉帳分弓射虜營已收
滴博雲間戍更奪蓬婆雪外城遣悶曰胡為
來幕下只合在舟中黄卷真如律青袍也自

公〻放誕不樂吏檢雖鄭公禮寬心契尤每見意史云性褊躁傲誕嘗醉登武床瞪視曰嚴挺之乃有此子武亦暴猛外若不忤中銜之一日欲殺甫及梓州刺史章彝集吏於門武將出冠鉤于簾三左右白其母奔救得止獨殺彝舊史不載以公詩考之武來鎮蜀彝已交印入覲公再依武相歡洽無恨〻意史當失之

永泰元年乙巳公年五十四

正月三日竟歸溪上有作簡院內諸公曰白

頸趨幕府深覺負平生夏四月庚寅嚴公薨
公有哭歸樞五月癸丑詔定襄郡王郭英乂
節度劍南紀閏十月劍南西山兵馬使崔旰
反寇成都郭英乂奔于靈池普州韓澄殺之
崔寧傳寧本名旰永泰元年武卒行軍司馬杜濟
等請郭英乂為節度寧亦与大將王崇俊朝
廷次用英乂英乂恨之召寧〻不敢還英乂
自將討之寧還攻英乂英乂不勝走靈池於
是劍南楊子琳起瀘州與邛州柏貞節連和
討寧明年詔杜鴻漸山西劍南等道副元帥

平其亂入成都政事一委寧乃表貞節爲邛
州刺史子琳爲瀘州刺史以和解之大曆三
年寧來朝楊子琳襲取成都以公詩攷之成
都亂再至東川相送行曰我行入東川十步
一回首成都亂罷氣蕭瑟浣花草堂亦何有
梓州豪傑大者誰本州從事知名久公歸成
都止以嚴公再鎮草堂曰昔我去草堂蠻夷
塞成都今我歸草堂成都適無虞請陳初亂
時反覆乃須臾大將赴朝廷羣小起異國中
宵斬白馬盟歃氣已麤西取邛南兵北斷劍

閭閻布衣数十人亦擁專城居系云即楊子琳柏貞節之

徒賊子亘奔走三年望東吳弧矢暗江海難

為遊五湖不忍竟舍此復來薙榛蕪入門四

松在步屧萬竹疎營屋曰愛惜已六載茲辰

去千竿以詩訂傳云大將赴朝廷羣起異圖

以為嚴公後來公無再歸草堂之跡以為

崔旰史云大曆三年入朝寧本名旰至是賜

名留其弟守成都楊子琳乘間赴瀘州以精

騎數千襲據其城寧妾任募勇士自將以進

子琳引去公厭蜀思吳下荊門遂南下夏艤

戎州燕戎州使君東樓渝州候嚴六侍御至
忠州有燕使君姪宅及夏泊雲安至十二月
一日三首今朝臘月春意動雲安縣前江可
憐公已不樂雲安欲還夔趙傻以為永泰元
年四月嚴武卒五月下忠渝大曆元年在雲
安與詩文皆差一年高常侍永泰元年正月
卒公有聞高常侍亡系云忠州作知公以永
泰元年下渝忠但草堂所紀却是嚴公薨後
事不敢妄定姑從舊次

大曆元年丙午公年五十五

年譜　　　　七

題子規曰峽裏雲安縣江樓翼瓦齊移居夔
州郭曰伏枕雲安縣遷居白帝城春知催柳
別江與放船清客居曰西南失大將商旅自
星奔今又降元戎已聞動行軒此詩方及失
大將聞杜鴻漸出鎮與史年六差暮春還居
瀼西有暮春題瀼西新賃草堂屋五首

大曆二年丁未公年五十六

在夔州西閣立春日巫峽寒江那對眼杜陵
遠客不勝悲雨詩曰冥冥甲子雨已度立春
時資治通鑑大曆二年正月辛亥朔至十三

日甲子諺云春甲子雨赤地千里移居赤甲
有入宅赤甲二詩曰卜居赤甲遷居新兩見
巫山楚水春三月自赤甲遷居瀼西有卜居
暮春題瀼西新賃草居五首秋又移居東屯
有自瀼西荊扉且移居東屯茅屋四首曰東
屯復瀼西一種住青溪來往皆茅屋淹留爲
稻畦訖冬居夔

大曆三年戊申公年五十七

太歲日曰楚峽行將老巫山坐復春時第五
弟漂泊江左近無消息遠懷覬觀等曰陽翟

宲知處荆南近淂書正月中旬定出三峡曰
自汝到荆府書來数喚吾頌楙添風詠禁火
卜歡娛公因觀在荆陽遂發棹有将别巫峡
贈南鄉兄瀼西果園四十畝曰正月喧鶯末
兹辰放鷁初夏有和江陵宋大少府雨後同
諸公及舍弟宴書齋秋又不安於荆南舟中
出南浦奉寄鄭少尹曰更欲投何處飄然去
此都是秋移居公安（荆南屬邑府南九十里）復東下發劉
郎浦（十道志在荆州）曰挂帆早發劉郎浦疾風飄ㄟ
昏亭午曉發公安（系云数月憩息此縣）泊岳陽城下（巴陵郡）

曰岸風飜夕浪舟雪灑寒燈則冬在岳陽矣

大曆四年己酉公年五十八

陪裴使君登岳陽樓曰雪岸叢梅發春泥百草生敢違漁父問從此更南征公將適潭詩譜云此年春自岳陽至潭遂如衡畏熱復迴夏將如襄陽秋將歸秦皆不果卒留潭自是章舟居詠懷及上水遣懷及銅官渚守風皆自岳陽入潭時作蓋自岳之潭之衡為上水而自衡回潭為順水詩皆可考

五年庚戌公年五十九

春去潭至衡清明日着處繁華憐是日長沙千人萬人出則公在潭至夏湖南兵馬使臧玠殺其團練使崔灌又是歲湖南將王國良反及西原蠻寇州縣故公益南至衡山縣謁文宣新學堂呈陸宰及入衡州侑述臧玠等亂末云橋井舊地宅仙山引舟航此行厭著雨厥土聞清涼諸舅割符近開緘書札光橋井在郴州諸舅謂崔偉前有送二十三舅錄事之楊郴州詩公將往依焉公又至耒陽州東南遊岳祠大水遽至涉旬不得食聶耒陽以

公阻水致酒肉療飢荒江詩得代懷興盡本
韻至縣呈聶令傳云令嘗饋牛炙白酒大醉
一夕卒王彥輔辯之爲詳以詩考之公在耒
陽畏瘴癘是夏賊當已平乃沿湘而下故回
棹之什曰衡岳江湖大蒸池疫癘偏羅含湘中記烝
水注湘又順浪翻堪倚回帆又省牵登舟將適
漢陽曰春宅棄汝去秋帆催客歸又暮秋將
歸秦留别湖南幕府親友則秋已還潭暮秋
北首其卒當在潭岳之間秋冬之交元微之
誌云子美之孫嗣業啓子美之柩襄祔事於

偃師途次於荆拜余爲誌辭不能絶其畧云

扁舟下荆楚竟以寓卒旅殯岳陽呂汲公年

譜云大曆五年辛亥是年夏還襄漢卒於岳

陽以詩考之大略可見傳言卒於耒陽非也

汲公云是夏亦非也今九域志衡州有公墓

又未知信然或附會邪

（宋）趙子櫟 撰

杜工部年譜一卷

清鈔本

杜工部年譜　趙子櫟

呂汲公大防為杜詩年譜其說以謂次第其出處之歲月略見其為文之時得以考其辭力少而銳壯而肆老而嚴者如此竊嘗深考其譜以為甫生于睿宗先天元年庚戌而甫實生于開元二年癸丑以謂甫沒於大曆五年亥而甫實沒於大曆六年辛亥其推甫生歿所值紀年與夫紀年所值甲子皆有一歲之差且多疎略今輒為訂正而稍補其闕俾觀者得以考焉

明皇開元〻年癸丑
按天寶十載公年三十九奏三大禮賦表云
生陛下淳朴之俗行四十載逆数之甫今年
生舊譜甫生先天癸丑奏賦天寶十三載十
三載年四十三十載亦年四十矣

開元三年乙卯
夔峽觀公孫弟子舞劍器詩序云開元三年
余尚童稚於郾城觀公孫氏舞劍器

開元七年己未
壯遊詩云七齡思即壯進鵰賦表云自七歲

所綴詩筆甫作詩起七歲

開元九年辛酉

壯遊詩云九齡書大字有作成一囊

開元十四年丙寅

壯遊詩云昔年十四五往

開元十五年丁卯

甫年十五後有百憂集行云憶年十五心尚

孩

開元二十三年乙亥

有開元皇帝皇甫淑妃神道碑云野老何知斯

文見託甫時白衣

開元二十五年丁丑

壯遊詩云忤下考功第唐初考功試進士開元二十六年戊寅春以考功輊徙禮部以春官侍郎主之甫下考功第蓋今春也

開元二十八年庚辰

按柳芳唐曆開元二十八年天下雄富西京米價不盈二百絹亦如之東由汴宋西歷岐鳳夾路列店陳酒饌待客行人萬里不持寸刃憶昔詩云憶昔開元全盛日小邑猶藏萬家室

稻米流脂粟米白公私倉廪皆豐實九州道
路無豺虎遠行不勞吉日出乃其時也
開元二十九年辛巳
是年甫有祭杜預文云十三葉孫甫謹以寒
食之奠昭告於先祖晉鎮南大將軍當陽成
侯預葬龜洛偃師首陽山南甫祭于洛之首
陽
天寶元年壬午
集有天寶初南曹小司寇爲山之作時年三
十

天寶三載甲申

正月丙申朔詔改元曰載

天寶六載丁亥

詔天下有一藝詣轂下時李林甫相國命尚書省試皆下之遂賀野無遺賢于庭其年甫

元結皆應詔而退

天寶九載庚寅

秋七月置廣文館於國子監以鄭虔為将士

贈鄭虔醉時歌云廣文先生官獨冷今年秋

後所作也

天寶十載辛卯

明皇紀天寶十載春正月朝見太清宮朝饗太廟及有事於南郊甫上三大禮賦授河西尉改右衛率府冑曹史謂甫天寶十三載獻賦而考明皇紀十三載至自華清朝獻太清宮未嘗郊廟行三大禮當以明皇紀爲證

天寶十一載壬辰

除夕曲江族弟杜位宅守歲云守歲阿戎家云云甫年四十獻歲年四十一位弟字戎甫從弟李林甫壻宅近曲江浣花寄位云玉壘

題詩心緒亂何時更得曲江遊

天寶十三載甲午

上韋左相詩鳳曆軒轅紀龍飛四十春元宗

即位四十二載故云元宗西岳太華碑曰天

寶十二載癸巳甫進封嶽表杜陵諸生年過

四十丞相國忠今春二月丁丑陟司空賦曰

維岳克生司空則賦當在今載甫今年四十二

故曰年過四十

天寶十四載乙未

是年十一月初自京赴奉先有奉先縣詠懷

詩是月有祿山之亂

至德元年丙申

是年肅宗即位改至德元載夏五月甫避寇

左馮翊逆旅鄜時有白水高齋三川觀漲詩

六月祿山入潼關明皇西幸七月肅宗即位

靈武甫自鄜挺身赴朝廷漸北至彭衙行遂

陷賊中冬有悲陳陶悲青坂哀王孫詩

至德二載丁酉

其春猶陷賊作曲江行春望憶幼子賊退竄

歸鳳翔拜左拾遺房琯敗陳陶甫上疏救之

有薦岑參謝口勑放推問狀八月墨制放往
鄜州有別賈嚴二閣老北征徒步歸行羌村
詩
乾元元年戊戌
夏六月出為華州司功其秋有試進士策代
華牧郭使君論殘寇狀時有留花門洗兵馬
詩
乾元二年己亥
元年九月九節度兵討慶緒於鄴城遂潰三
月官軍敗滏水甫有新安吏石壕吏新婚別

垂老別無家別甫時華州司功叅軍關輔飢
弃官西去度隴客秦亭五秋後詩云惆悵年
半百甫年四十七冬十月發秦州初至赤谷
南至鐵堂峽遂踐同谷城積草嶺鳳皇臺

上元元年庚子

成都西郭草堂詩云經營上元始即其時也
有浣花卜居狂夫有客南鄰讓與王侍御掄
邀高蜀州適詩

上元二年辛丑

是年在蜀郡有百憂集行云即今倏忽已五十

按是年：四十九有杜鵑行石犀行古柏行病柏病橘枯椶枯柟詩代宗紀上元二年九月壬寅詔剔上元號獨曰元年月以斗建命之以建子起歲草堂即事荒村建子月又戲贈友詩元年建巳月郎有焦校書元年建巳月官有王司直其年太子少保鄭國公崔光遠為成都尹劍南節度會東川段子璋殺其節度李奐走成都光遠命花驚定平之甫有贈花卿歌光遠死其月廷命嚴武

寶應元年壬寅

嚴武今春開府成都甫有嚴中丞枉駕浣花草堂仲夏嚴中丞見過之作草堂詩云斷手寶應年即其時也甫與嚴武巴西相別其冬甫游射洪陳拾遺草堂南至通泉縣還梓州

代宗廣德元年癸卯

其春甫有登梓州城樓又西北游涪城夏還有梓城南樓陪趙侍御詩九月有祭房相公文其秋入閬中其冬有放船江上詩甫巴西聞收京闕有送班司馬入京詩其年代宗幸陝有憶昔詩云得不哀痛塵再蒙自天寶十

四載至此九年元宗幸蜀代宗又幸陜故曰

塵再蒙甫年五十一

廣德二年甲辰

嚴武再鎮蜀甫贈詩云殊方又喜故人來除京兆功曹不赴武辟劍南參謀檢校工部員外郎閬濬中贈武詩渴峄茅屋赴成都真爲文翁再剖符其夏至蜀有公堂揚旗和嚴武早秋詩揚旗詩云二州陥犬戎一本作三州代宗紀吐蕃陥松維二州柳芳歷粮運绝西川節度高適不能軍吐蕃陥松维保三州甫

年五十二
永泰元年乙巳
其春飲鄭公堂四月嚴武死有哭嚴僕射歸
櫬詩
大曆元年丙午
二月杜鴻漸鎮蜀甫厭蜀思吳成都亂遂南
游東川至夔峽浮家戎江渝州候嚴六侍御
題忠州龍興寺詩
大曆二年丁未
有雲安立春詩放船下峽初宅瀼西有赤甲

鹽東屯白帝詩其年十月十九有觀公孫大娘弟子舞劍器詩云五十年間似反掌自開元三載相去五十三年甫年五十五

大曆三年戊申

正月旦有大歲日詩 正月甲子放船下峽畄峽州之上牢下牢過荊州之松滋有荊南秋日詩九鑽巴噀火三蟄楚祠雷自庚子卜築劍外巴道及丙午遊旅雲安雲安楚地移居公安歷石首劉郎浦其冬至湘潭有岳陽樓歲晏行

大曆四年己酉

有岳陽洞庭湖青草湖湘夫人祠喬口道林岳麓二寺詩

大曆五年庚戌

高適乾元中刺蜀州永泰元年卒至大曆五年實六年矣是年庚戌甫年五十八正月進酬高蜀州人日寄漢中王瑀敬昭州超先二月湖南屯將臧玠犯長沙甫發潭州泝湘宿鑿石浦過津口次空靈岸宿石花戍過衡山回棹至衡東南邑曰耒陽有呈聶令詩或請

甫絕筆耒陽之夏然耒陽古體之後律詩尚

盡一秋晚秋長沙送李十二曰與子避地西康

州洞庭相逢十二秋類此者多

大曆六年辛亥

甫其冬北征弃魄巴陵元稹誌劍南兩川節

度嚴武狀公工部員外叅謀軍事旋棄去扁

舟下荊楚年五十九以卒旅襯岳陽說者或

謂遊耒陽江上宿酒家是夕江水泛漲為水

漂漲聶令堆空土為墳或謂聶令饋白酒牛

炙脹飫而死皆不可信

（清）周篆 撰

杜工部年譜一卷

清鈔本

青浦周篆撰　惠定宇題

杜詩集解

戊子八月得於天津文運堂　閒閑記

杜工部年譜

周　篆撰

世次	年號	歲次	行年	出處
睿宗	景雲三年正月改元太極五月改延和	壬子	公生	

玄宗		
先天（八月改）		
開元元年	癸丑	公年二歲
開元二年	甲寅	三歲
開元三年	乙卯	四歲

開元四年	丙辰	五歲	
開元五年	丁巳	六歲	
開元六年	戊午	七歲	能詩
開元七年	己未	八歲	

開元八年	庚申	九歲
開元九年	辛酉	十歲
開元十年	壬戌	十一歲
開元十一年	癸亥	十二歲

能書

開元十二年	甲子	十三歲
開元十三年	乙丑	十四歲
開元十四年	丙寅	十五歲
開元十五年	丁夘	十六歲

年號	干支	歲	事蹟
開元十六年	戊辰	十七歲	
開元十七年	己巳	十八歲	
開元十八年	庚午	十九歲	出遊晋
開元十九年	辛未	二十歲	遊吴越

年號	干支	年歲	事跡
開元二十年	壬申	二十一歲	
開元二十一年	癸酉	二十二歲	
開元二十二年	甲戌	二十三歲	
開元二十三年	乙亥	二十四歲	自吳越歸赴京兆貢舉不第

開元二十四年	丙子	二十五歲	
開元二十五年	丁丑	二十六歲	遊齊趙
開元二十五年	戊寅	二十七歲	
開元二十七年	己卯	二十八歲	

開元二十八年	庚辰	二十九歲	
開元二十九年	辛巳	三十歲	在東都
天寶元年	壬午	三十一歲	
天寶二年	癸未	三十二歲	

天寶三年	甲申	三十三歲	
天寶四載	乙酉	三十四歲	在齊州
天寶五載	丙戌	三十五歲	歸長安
天寶六載	丁亥	三十六歲	應詔退下遂留長安

天寶七載	戊子	三十七歲	
天寶八載	己丑	三十八歲	
天寶九載	庚寅	三十九歲	
天寶十載	辛卯	四十歲	進三大禮賦玄宗奇之命待制集賢院

天寶十一載	壬辰	四十一歲	召試文章送隸有司參列選序
天寶十二載	癸巳	四十二歲	
天寶十三載	甲午	四十三歲	進西岳賦
天寶十四載	乙未	四十四歲	授河西尉不拜改右衛率府兵曹參軍秋往奉先

肅宗

天寶十五載至德元載

丙申

四十五歲

五月自奉先往白水依舅氏崔少府六月又自白水往鄜州聞肅宗即位羸服奔行在不得達復至京師

至德二載

丁酉

四十六歲

四月脫賊謁上鳳翔拜左拾遺疏救房琯上怒詔三司推問張鎬救之免八月墨制放還鄜省家

乾元元年	戊戌	四十七歲	官左拾遺六月出為華州司功冬晚離官間至東都
乾元二年	己亥	四十八歲	春自東都回華州関輔饑七月棄官度隴客秦州卜置草堂西枝村未成十月往同谷不盈月十二月入蜀至成都
上元元	庚	四十九	在成都卜居浣花溪

代宗			
年	子	歲	
上元二年	辛丑	五十歲	居成都草堂間至蜀州之新津青城
寶應元年	壬寅	五十一歲	七月送嚴武還朝到綿州西州兵馬使徐知道反因入梓州冬復歸成都迎家至梓十二月往射洪南之通泉皆梓州屬邑

寶應二年廣德元年	癸卯	五十二歲	在梓州春間往漢州秋往閬州冬晚復回梓州是歲召補京兆功曹不赴
廣德二年	甲辰	五十三歲	春復自梓州往閬州嚴武再鎮蜀春晚遂歸成都草堂六月武表為節度參謀檢校工部員外賜緋魚袋
			正月辭幕府歸艸堂四月嚴

永泰元年	乙巳	五十四歲	武卒五月遂離蜀南下自戎州至渝州六月至忠州秋至雲安居之
大曆元年	丙午	五十五歲	春自雲安至夔州居之秋寓西閣
大曆二年	丁未	五十六歲	在夔州春遷居赤甲三月遷瀼西秋遷東屯未幾復歸瀼西

年	干支	歲	事
大曆三年	戊申	五十七歲	正月去夔出峡三月至江陵秋移居公安冬晚至岳州
大曆四年	己酉	五十八歲	正月自岳州之潭州未幾入衡州夏畏熱復回潭州
大曆五年	庚戌	五十九歲	春在潭州夏四月避臧玠亂入衡州欲如郴州依舅氏崔偉因至耒陽卒

魏堯西 編

李清照年譜不分卷

民國三十六年（1947）成都朱格稿本

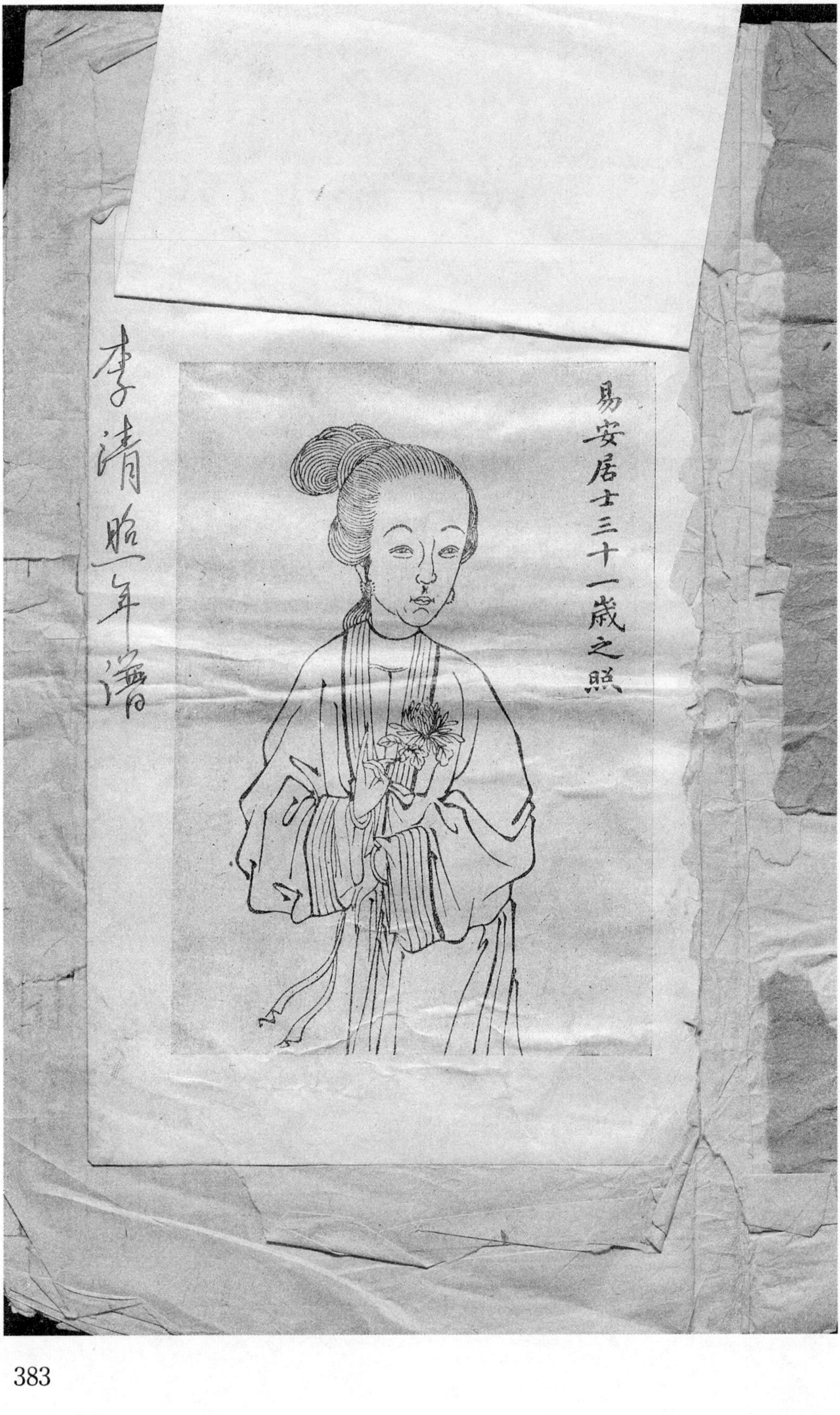
李清照年谱
易安居士三十一歲之照

序

宋室自肇虜寇，南渡遷徙，朝士將杭作汴，迷醉湖山，易安以一婦人，篤目有憂世之志；北來消息，輒諷時人；江左衣冠，感思王導。及隨明誠宦居建康。外侵內亂，兵馬倉皇，易安豪情自恣，每披簑冒雪，登覽閒吟。雖避亂金華，方幸脫厄舟車，而遂講博奕，其生性之蕭灑豁達，益想見簟枕紗廚，賭書潑茗之樂，風流才調，雖玉臺新詠、錦字迴文，不能過也。洎乎晚歲，霧鬢風鬟，猶不忘情京洛之寶馬香車，中州之撚金鋪翠；豈惟遲暮生悲，感華興感，蓋亦寓黍離之歎焉。至吳江易水之詩，春懷居國

其

、尤都顯者。原其心而哀其遇，彼苕溪漁隱，肆口雌黃，置之不論可耳。易安去今七百年，珠沉玉錮，事跡難詳，余刮垢靈光，鉤稽遺軼，憑證論斷，輯為年譜，紬繹梁翰、錯綜摩編，更數月而殺青告成。逝者不作，我思古人，每展卷低徊，逆其氷玉，千秋一日，猶彷彿接其神情於旁也。中華民國三十六年中秋魏堯西自識於成都泡桐樹街之掃花閣。

李清照年譜

李清照年譜

目次

李清照三十一歲之照

序

年譜

附錄

參考書目

後記

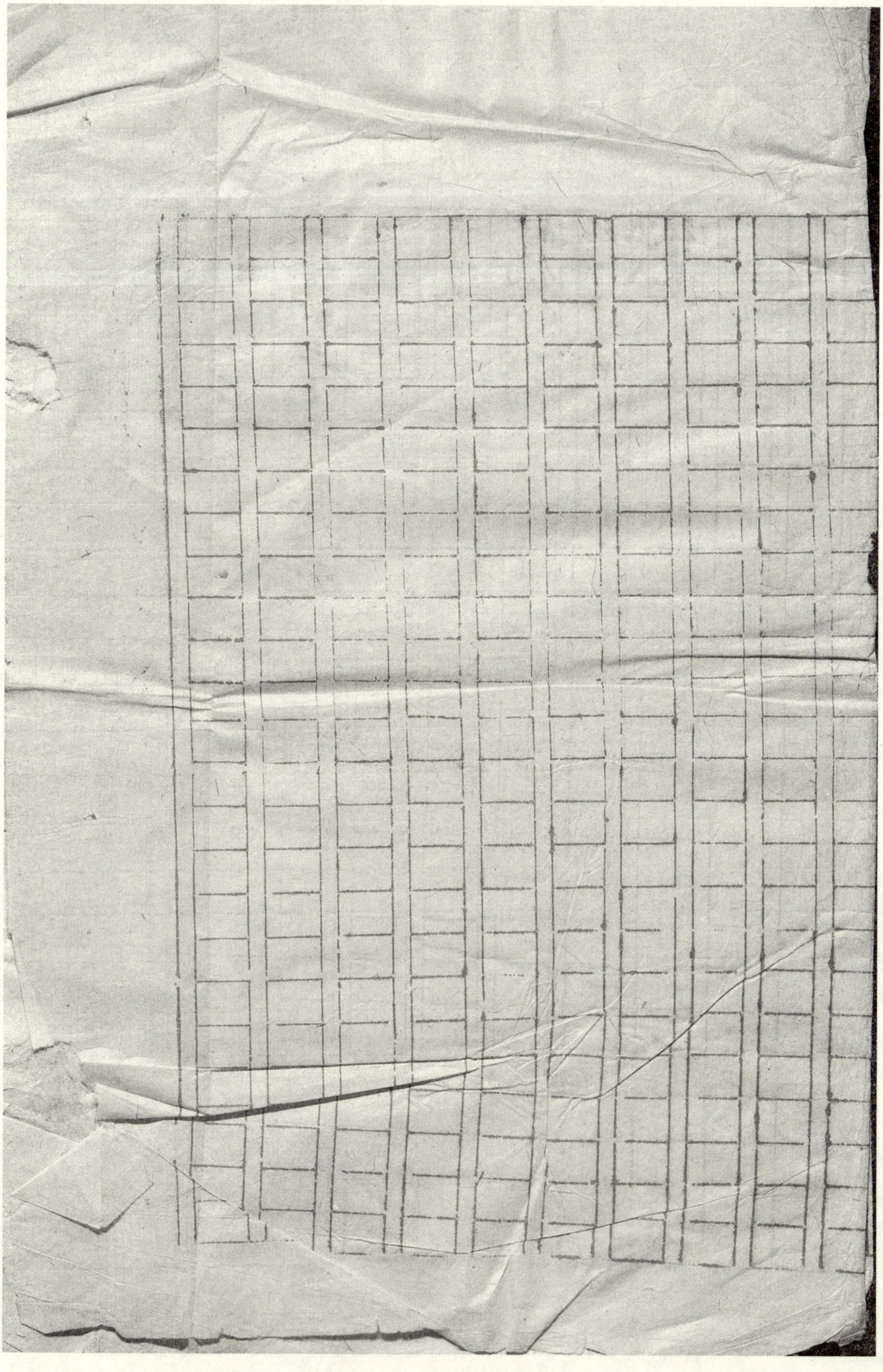

「帋」字一律用「紙」

李清照年譜

魏堯西

易安姓李氏、名清照、自號易安居士、濟南人。

雲麓漫鈔：李氏自號易安居士。

宋詩紀事：清照、號易安居士、濟南人。

詞林紀事：李清照、號易安居士、濟南人、格非之女。

山東通志列女傳：李清照、濟南人。

濟南府志列女傳：李氏名清照、號易安居士、禮部員外郎格非女。諸城翰林趙明誠妻。

自少便有詩名、才力華贍、逼近前輩。文章落帋、人爭傳之、小詞多膾炙人口。

「碧鷄漫志」：「自少便有詩名、才力華贍、逼近前輩、在士大夫中、已不多得、若本朝婦人、當推詞采第一。」

「雲麓漫鈔」：「有才思、文章落筆、人爭傳之、小詞多膾炙人口。」

「風月堂詩話」：「嘗有句云：『詩情如夜鵲、三遶未能安。』」晁無咎多對士大夫稱之、頗膾炙人口。

「癸巳類稿易安居士事輯」：「易安自少年兼有詩名、傳誦者如：『詩情如夜鵲、三繞未能安。』『少陵也是

可憐人、更待明年試春草し。又春残云〻「春残何事
苦思卿、病裏梳頭髪恨長、梁燕語多終日在、薔薇風
細一簾香」。

又格非●
下宋史文苑李格非傳曰、李格非、字文叔、濟南人、其
幼時俊警異甚、有司方以詩賦取士、格非獨用意經學
、著禮記說數十萬言、遂登進士第、調冀州司戸參軍
試學官為鄆州教授、郡守以其貧、欲使兼他官、謝不
可。入補太學録再轉博士、以文章受知於蘇軾、嘗著
洛陽名園記、謂洛陽之盛衰、天下治亂之候也、其後

洛陽陷於金人、以為知言。紹聖立局、編元章奏以為
檢討不就、庚執政意、通判廣信軍、有道士說人禍福
、或中、出必乘車、眦倚信惑、格非遇之塗、叱左右取車
中道士來、窮治其姦、杖而出諸境。召為校書郎、遷
著作佐郎、禮部員外郎、提典京東刑獄、以黨籍罷。卒
年六十一。格非苦心工於詞章、陵轢直前、無難易可
否、筆力不少滯、嘗言「文不可以苟作、誠不著焉、
則不能工。且晉人能文者多矣。至劉伯倫酒德頌、陶
淵明歸去來辭、字字如肺肝出、遂高步晉人之上、其誠

著也」。……女清照、詩文猶有稱於時。嫁趙挺之之子明誠、自號易安居士。

《後村詩話》：李格非、字文叔、濟南人、詩文四十五卷。文高雅條鬯有義味、在晁秦之上、詩稍不逮、元祐末為博士、紹聖始為禮部郎、有挽蔡相確詩云：「邴吉勳勞猶未報、衛公精爽僅能歸。」豈蔡嘗汲引之乎？晚魯直五言八句首云：「魯直今已矣、平生作小詩」。下六句亦無褒、文叔尚蘇門諸人尤厚、其歿也文潛志其墓。（按：此志今《柯山集》及《張右史文集》皆不載）猶於山谷在日以詩往還、而此詩如此、良不可曉。其過臨淄、絶句云：「擊鼓吹笙七百年、臨淄城闕尚依然、如今只有耕耘者、曾得當時九府錢」。試院五言云：「斗喧成小紋、亦稍敗吾勤、定是朱衣吏、乘時欲舞文」亦佳。文叔李易安父也。文潛志云：「長女能詩、嫁趙明誠」。按後村詩話引文潛志、稱易安為長女、易安當尚有弟妹、今無考。

母王氏、拱辰孫女。

下宋史文苑李格非傳：「妻王氏、拱辰孫女、亦善文」。

下宋史王拱辰傳：「王拱辰、字君貺、開封咸平人、元名拱壽、年十九舉進士第一、仁宗賜以今名、通判懷州、入直集賢院、歷鹽鐵判官、脩起居注知制誥、慶曆元年為翰林學士、契丹使劉六符嘗謂賈昌朝曰「塘濼何為者、一葦可杭、投箠可平、不然決其堤、十萬土囊即可路矣」。仁宗以問拱辰、對曰「兵事尚詭、彼誠有謀、不應以語我、此夸言耳。設險守國、先王不廢、而祖宗所以限敵人也」。至是又使六符來、求關南十縣、斥太宗伐燕為無名舉。朝莫之所答、拱辰曰「王師征河東、契丹既通使而寇石嶺關以援賊、太祖怒、遂回軍伐之、豈謂無名」。乃作報書曰「既交石嶺之鋒、遂起薊門之役」。契丹得報、遂好如初、帝喜謂輔臣曰「非拱辰深練故實、殆

難答也」。權知開封府、拜御史中丞。夏竦除樞密使、
拱辰言「竦經略西師無功稱而歸、今置諸二府、何以
厲世」。因對極論之、帝未省遽起、拱辰前引裾、乃
納其說、竦遂罷。又言「滕宗諒在慶州所為不度、而
但降秩守虢、擢邊臣則効宜施重責」。未聽、即家居求
自貶、乃從宗諒岳州、敕拱辰赴臺入見。帝曰「言
事官第自舉、勿以朝廷未行為沮、已而輕去以沽名。
自今有當言者、宜力陳毋避」。僧紹宗以鑄佛像惑衆
、都人競投金治、中宮掖亦出資佐之。拱辰言「西師
宿邊而財資費於不急、動士心起民怨」。詔亟禁之。

蘇舜欽會賓客於進奏院、王益柔醉作歌[傲]、拱辰風其僚
[曾]周詢劉元瑜舉劾之、兩人既竄廢、同席者俱逐。時杜
衍范仲淹為政、多所更張、拱辰之黨不便、舜欽益柔
皆仲淹所薦、而舜欽衍壻也、故因是傾之。由是為公
議所薄。復以翰林學士權三司使、坐舉富民鄭旭出知
鄭州、徙澶瀛并三州。數歲還為承旨學士侍讀。帝於邇英
閣置太玄經蓍草顧曰〃朕每閱此、卿亦知其說乎〃
?拱辰具以對、且曰〃願陛下垂意六經、旁采史策
、此不足學也〃。至和三年復拜三司、使契丹、見
其主混同江設宴垂釣、每得魚必酌拱辰酒、親鼓琵

琶以侑飲、謂其相曰：「此南朝少年狀元也、入翰林十五年、故吾厚待之」。使還、御史趙抃、論其輒當非正之禮、異時北使援此以請、將何以拒之。湖北轉運判官知潭州、任顓市死商真珠事敗、且獄上、拱辰悉入珠掖庭、抃并劾之。除宣徽北院使。抃言宣徽之職、本以待勛勞者、唯前執政及節度使得為之、拱辰安得汙此選。乃以端明殿學士知永興軍、歷秦定二州河南大名府、積官至吏部尚書。神宗登極、恩當轉僕射，歐陽修以為此宰相官、不應序遷、但遷太子少保、熙寧元年、復以北院使召還。王安石參知政事、惡其異

6

已、乘二相有故、出為應天府。八年入朝為中太一宮使。元豐初轉南院使、賜金方團帶、再判大名、改武安軍節度使、三路籍民為保甲、日聚而教之。禁令苛急、往往去為盜、郡縣不敢以聞。拱辰抗言其害曰：「非止困其財力、奪其農時、是以法驅之使陷於罪罟也、浸淫為大盜、其兆已見、縱未能罷、願損財下戶以紓之」。主者指拱辰為沮法。拱辰曰：「此老臣所以報國也」。上章不已、帝悟、於是第五等戶得免。哲宗立、徙節彰德、加檢校太師。是年薨、年七十四。贈開府儀同三司、謚懿恪。

下宋詩紀事：王拱辰、字君貺、咸平人、天聖八年進士。

夫趙明誠。

下宋史文苑李格非傳：：：女清照：：：嫁趙挺之之子明誠。

下齊南府志列女傳：李氏名清照：：：諸城翰林趙明誠妻。

無子嗣。

下癸巳類稿易安居士事輯：易安無所出。

易安品貌端莊、倜儻有丈夫氣。

「漱玉詞敘論」：明誠曾為清照題三十一歲畫像云：「清麗其詞，端莊其品。」

「閨閣瑣談」下：易安倜儻有丈夫氣，乃閨閣中之蘇辛，非秦柳也。又云：「易安跌宕昭彰，氣調極類少游、刻摯且兼山谷，篇章惜少，不過窺豹一斑，閨房之秀，固文士之豪也。才鋒太露，被謗殆亦因此。

性強記。

「金石錄後序」：余性強記，每飯罷，坐歸來堂，烹茶，指堆積書史，言某事在某書某卷第幾葉第幾行，以中否決勝負，為飲茶先後。中即舉杯大笑，至茶傾憂患中，反不得飲而起，甘心老是鄉矣。

喜金石古器書畫。

取金石錄後序……嗚呼！自王播、元載之禍，書画与胡椒無異，長輿元凱之病，錢癖与傳癖何殊，名雖不同，其惑一也。……余年二十一，在太學作學生，……每朔望謁告出，質衣取半千錢，步入相國寺，市碑文果實歸，相對展玩咀嚼，自謂葛天氏之民也。後二年出仕宦，便有飯蔬衣練，窮遐方絕域，盡天下古文奇字之志……丞相居政府，親舊或在館閣，多有亡詩逸史，魯壁汲冢所未見之書，遂盡力傳寫，浸覺

有味，不能自已。後或見古今名人書畫、三代奇器，
亦復脱衣市易。嘗記崇寧間，有人持徐熙牡丹圖，求
錢二十萬……（留信宿）計無所出而還之，夫婦相向惋悵者數
日。 每獲一書，即同共校勘，整集籤題，
得書畫彝鼎，亦摩玩舒卷，指摘疵病，夜盡一燭為率
，故能紙札精緻，字畫完整，冠諸收書家。
收書既成，歸來堂起書庫大櫥，簿甲乙，置書冊。如
要講讀，即請鑰上簿關出。卷帙或少損污，必懲責揩
完塗改，不復向時之坦夷也。是欲求適意而反憀慄
。余性不耐，始謀食去重肉，衣去重采，首無明珠翡

翠之飾，室無塗金刺繡之具，遇書史百家、字不刓缺
，本不訛謬者，輒市之，儲作副本。自來家傳周易左
氏傳，故兩家者流，文字最備。於是几案羅列，枕籍，
意會心謀，目往神授，樂在聲色狗馬之上。——
金人陷洪州，遂盡委棄……獨餘少輕小卷軸書
帖，寫本李杜韓柳集、世說、鹽鐵論，漢唐石刻副本數
十軸，三代鼎鼐十數事，南唐寫本書數篋，偶病中把
玩，搬在卧內——惟有書畫硯墨可五七簏，更不
忍置他所，常在卧榻下，手自開闔——亦有一二殘零
不成部帙書冊，三數種平常書帖，猶復愛惜，如護頭

目……、昔蕭繹江陵陷沒、不惜國亡、而毀裂書画、楊廣江都傾覆、不悲身死、而復取圖書、豈人性之所著、死生不能忘之歟……

嗜博奕、凡所謂博者皆耽之。

下打馬圖序：予性喜博、凡所謂博者皆耽之。晝夜每忘寢食、且平生多寡、未嘗不進者何、精而已。自南渡來流離遷徙、盡散博具。

又云：更長燭明、奈此良夜何。於是博奕之事講矣

。

宋神宗元豐六年癸亥（一〇八三）易安生。

按：洪邁容齋四筆云：易安金石錄後序作於紹興四年，時易安年五十二矣。今傳後序作易安自題紹興二年，疑後爲傳鈔所誤。四庫全書總目提要著錄馬裕家藏本，亦謂「是本所列，與邁所撮述者不同，則後人補入，非清照之全文」。浦江清金石錄後序注解後案：「洪邁容齋四筆卷五撮述金石錄後序之大概，末云：『時紹興四年也，易安年五十二矣，自敘如此。』予讀其文而悲之。」據此，則洪氏所見之原稿，實題紹興四年，不知何時誤爲二年耳。考易安打馬圖經序，知其於紹興四年十月離臨安至金華，今金石錄後序之自述，至赴杭爲止，不提卜居金

華事。當出於下居金華以前，定為紹興四年八月，最為
適合。（此層理由，余采自近人王璠君所作金石錄後
序考年此時易安年五十二，合於文中遽瑗之句，則當
生於元豐六年）。復以後序中余自少陸機作賦之二年推
之，易安以是年紀歲，至建中辛巳適十八歲。據此，易
安當生於是年。

易安生歷城城西南之柳絮泉上。

丁山東通志濟南歷城縣疆域古蹟一：李易安故宅在柳
絮泉。

丁癸巳類稿易安居士事輯：居歷城城西南之柳絮泉上。（

古懽堂集有柳絮泉訪李易安故宅詩。據濟乘、「柳絮泉在金綫泉東」。

是年趙明誠三歲。

按、金石錄後序云、「余建中辛巳、始歸趙氏……

……侯年二十一。」據此、明誠長易安二歲。

丁疑年錄、趙德甫、明誠、生元豐四年辛酉。

時歐陽脩、字永叔、卒後十一年。

晏殊、字同叔、卒後二十八年。

宋祁、字子京、卒後二十五年。

張先、字子野、卒後五年。

柳永，字耆卿。卒後？、歲。

晏幾道，字叔原。？歲。

蘇軾，字子瞻。四十八歲。

黃庭堅，字魯直。三十七歲。

秦觀，字少游。三十五歲。

賀鑄，字方回。十歲。

下苕溪漁隱叢話：李易安云「……逮至本朝，禮樂文武大備，又涵養百餘年，始有柳屯田永者，變舊聲作新聲，出樂章集，大得聲稱于世。雖協音律，而詞語塵下。又有張子野宋子京兄弟。沈唐元絳，晁次膺輩繼出，雖時時有妙語，而破碎何足名家。至晏元獻、歐陽永叔、蘇子瞻，學際天人，作為小歌詞，直如酌蠡水於大海，然皆句讀不葺之詩爾。又往往不協音律者，何耶？蓋詩文分平側，而歌詞分五音，又分五聲，又分六律，又分清濁輕重。且如近世所謂聲聲慢、雨中花、喜遷鶯，既押平聲韻，又押入聲韻，又押上去聲，又押入聲，本押仄聲韻，如押上聲則協，如押入聲則不可歌矣。王介甫、曾子固文章似西漢，若作小歌詞，則人必絕倒，不可讀也。乃知別是一家，知之者少。後晏叔原、賀方回、秦少游、黃魯直出，始能知之。又晏苦無鋪敘，賀苦少典重，秦即專主情致而少故實，譬如貧家美女，雖極妍麗，而終乏富貴態，黃郎尚故實而多疵病，如良玉有瑕，價自減半矣。

張耒、字文潛。三十歲。

晁無咎、字補之。三十一歲。

周邦彥、字美成。二十八歲。

陳師道、字履常。一字無己。三十一歲。

綦崇禮生。

元豐七年甲子（一〇八四）易安二歲。

是年司馬光上資治通鑑於朝。

（哲宗）元豐八年乙丑（一〇八五）易安三歲。

元祐元年丙寅（一〇八六）易安四歲。

明誠父挺之，在秘閣。

下宋史趙挺之傳：挺之字正夫，密州諸城人。進士上第。熙寧建學，選教授，登棣二州。通判德州……召試館職，為秘閣校理。

黃魯直在館閣。

下宋史文苑黃庭堅傳……哲宗立，召為校書郎，神宗實錄檢討官。

「黄山谷年譜」云：元祐元年丙寅，是歲山谷在館中，按「實錄」：「除神宗實錄檢討官、集賢校理」。「揮麈後錄」：趙正夫丞相，元祐初与黄太史魯直俱在館閣，魯直以其魯人，意常輕之。每庖吏來問食次，正夫必曰：「來日吃蒸餅」。一日聚飯行令，魯直云：「欲五字從首尾如一字，復合成一字」。正夫沉吟久之曰：「妾女禾鬼魏」。魯直應声曰：「來力敕正整」，叶正夫之音。闔坐大笑。正夫又嘗曰：「鄉间最重潤筆，每一志成，則太平車載物以贈之」。魯直曰：「想是蘿蔔与瓜虀耳」。正夫銜之切骨。其後排摘不遺餘力，卒致宜州之貶。

是年九月司馬光、王安石卒。

元祐二年丁卯（一〇八七）易安五歲。

是年黃魯直在史局

下山谷年譜：是歲山谷在史局。按實錄：正月辛未，

山谷為著作佐郎。

元祐三年戊辰（一〇八八）易安六歲。

明誠外祖父郭槩提點夔州路刑獄。

下后山詩注第二卷送外舅郭大夫夔州提刑詩 注云：

據實錄，元祐二年五月，知潭州郭槩提點夔州路刑獄。

宋史文苑陳師道傳：陳師道、字履常，一字無己，彭城人。少而好學苦志，年十六，蚤以文謁曾鞏，一見奇之，許其以文著……與趙挺之友壻，素惡其人……

元祐四年己巳（一〇八九）易安七歲。

是年三月、蘇子瞻自翰苑出知杭州。

元祐五年庚午（一〇九〇）易安八歲。

是年趙明誠十歲，侍其父挺之通判徐州。時明誠已好金石、得晋樂毅論隋化善寺二碑，藏之。

金石錄卷二十晋樂毅論跋：元祐間余侍親官徐州。時故、郎官趙竦被旨聞呂梁洪，挈以隨行……

金石錄卷二十二：脩化善寺碑跋：……予元祐間侍親官彭門。時為兒童。得此碑今三十餘年矣。

宋史趙挺之傳：……通判徐州、俄入楚州。

是年黄魯直在秘書省，係史局。陳無己移潁州教授。

元祐六年辛未（一〇九一）易安九歲。陳與義、字去非、號簡齋生。

是年八月，蘇子瞻除翰林承旨出知潁州。

元祐七年壬申（一〇九二）易安十歲。

易安父格非，入補太學。

、宋史文苑李格非傳：……入補太學錄、再轉博士。

后山詩注附年譜：元祐七年壬申、是時后山在潁州

、有寄李學士詩：注：格非，字文叔。眼前漪舊串東

都，五歲曾無一紙書。平日齊名多早達，莫年同國未

情疎。自笑東刺論疏事，賴有西方說從事。說與杜郎

須著便，不應論上始知愁。

張九成，字子韶，少

疑年錄：張九成，字子韶，生元祐七年壬申。

元祐八年癸酉（一〇九三）易安十一歲。

是年正月蘇轍卒。五月蘇子瞻蘇子由罷為湖北福建轉運

官。

紹聖元年甲戌（一〇九四）易安十二歲。

是年蘇子瞻知定州，再貶寧遠軍節度副使。惠州安置，以

十月三日到惠州。

沈括卒。（字存中）年六十五歲。

紹聖二年乙亥（一〇九五）易安十三歲。

是年三月、明誠外祖父郭槩知潭州。

陳無己丁母夫人憂。

〈后山詩注補箋〉：是歲三月、后山丁母夫人憂、、、

據〈宣錄〉「紹聖二年三月、河北東路提刑郭槩知潭州。」

紹聖三年丙子（一〇九六）易安十四歲。

紹聖四年丁丑（一〇九七）易安十五歲。

是年明誠十七歲，已喜收蓄前代石刻。時陳無己居彭城，

16

以書抵明誠曰：「近得柳公權所書劉君碑，文字摩滅，独公權[illegible]姓名三字煥然」。無己又言「豐縣有漢重修高祖廟碑」。明誠託人訪求之。

金石錄卷三十◎唐起居郎劉君碑跋：「右起居郎劉君碑、劉氏墓在彭城叢亭里，紹聖間故陳無己學士居彭城，以書抵余曰：「近得柳公權所書劉君碑，文字摩滅、独公權姓名三字煥然明白，余因求得之……」

金石錄卷三十漢重修高祖廟碑跋：「……余年十七八時，已喜收蓄前代石刻，故正字陳無己，彭人，為余言豐縣有此碑，託人訪求，後數年乃得之……」

后山詩注附年譜ニ紹聖四年丁丑、是歳、后山廬曹州、既而歸葬。

后山詩注彭城陳先生集記ニ先生姓陳、諱師道、字履常、一字無己。彭城人……

後山文集與山谷書ニ正夫有子明誠、好文義、毎過蘇黄文、雖半簡數字必錄藏、以此失好於父。幾如小邢矣。

。

按挺之為紹述派人物、蘇黄皆元祐党人。宋史趙挺之傳ニ……初挺之在徳州、希意行市易法、黄庭堅監徳安鎮、謂小民貧不堪誅求、及召試。蘇軾曰ニ挺之聚斂十人，學行無取，豈堪此選。」至是劾奏軾草麻有云：「民亦勞止」，以為誹謗先帝，既而坐不論……，」二者之不相容。挺之惡朋識嘉蘇黃文宜也。後山亦元祐黨人，與挺之尚為友婿，亦寧凍死而不着挺之衣也。

是年蘇子瞻謫儋州，子由謫雷州。

元符元年戊寅（一〇九八）易安十六歲。

秦少游移雷州編管。

黃庭堅在黔南，以避外兄張向之嫌遷戎州，三月離黔，六月抵戎州。

元符二年己卯（一〇九九）易安十七歲。

是年蘇子瞻仍在儋州。黃魯直在戎州。陳無已在徐州

○

元符三年庚辰（一一〇〇）易安十八歲。

是年明誠二十歲。

正月己卯哲宗崩，徽宗即位。皇太后權同處分軍國事。明年二月甲辰，帝始親政。~~皇太后諭遺制立帝端王。帝即位於柩~~

六月蘇子瞻過瓊州渡海。

七月黃魯直自戎舟行省其姑於青神。十一月復還戎州

○

十一月陳無已除秘書省正字。

秦少游卒。年五十二歲。（錢大昕疑年錄）

徽宗建中靖國元年辛巳（一一〇一）易安十九歲。

易安適明誠。

金石錄後序：余建中辛巳，始歸趙氏。

按：金石錄後序云：「余自少陸機作賦之二年，至過蘧瑗知非之二歲，三十四年之間，憂患得失，何其多也」。自少陸機作賦之二年，指十八歲出嫁趙氏。至過蘧瑗知非之二歲，謂作後序之年。今距紹興四年作後序時，恰三十四年，與容齋四筆所記相合。是年本十九歲。易安以足年紀歲作十八歲耳。

琅嬛記：趙明誠幼時，其父將為擇婦。明誠晝寢，夢誦一書。覺來惟憶三句：「言與司合，安上已脫，芝芙草拔」。以告其父。其父為解曰：「汝殆得能文詞婦也。言與司合是詞字，安上已脫是女字，芝芙草拔是之夫二字。非謂汝為詞女之夫乎？」後李翁以女妻之，即易安也。

時明誠在太學作學生，每朔望謁告出，質衣取半千錢，

19

步入相國寺，市碑文果實歸。與易安相對展玩咀嚼。自謂「葛天氏之民也」。

金石錄後序：「……侯年二十一，在太學作學生。趙李族寒素貧儉。每朔望謁告出，質衣取半千錢，步入相國寺，市碑文果實歸，相對展玩咀嚼，自謂「葛天氏之民」。

古今詞話：「李別號易安居士，適趙明誠。明誠在太學，朔望出，質衣取半千錢，市碑文果實歸，相玩味適日。

宋史選舉志：太學生以八品以下子弟若庶人之俊異者

為之。外舍生二千人，內舍生三百人，上舍生百人。藝業俱優者為上舍生。

是年易安父格非，時為禮部員外郎，明誠父挺之，為吏部侍郎。

金石錄後序：余建中辛巳，始歸趙氏。時先君作禮部員外郎，丞相時作吏部侍郎。

宋史文苑李格非傳：……召為校書郎。遷著作佐郎，禮部員外郎。

后山詩注：注（建中靖國元年辛巳）和文叔退朝詩：朝流騎汗紫叉挽，風捲屯雲皆萬魄。任使青衫污嬌色」可令纖手洗春泥。

宋史趙挺之傳：「……入為國子司業，歷太常少卿，權吏部侍郎。

結褵未久，明誠即負笈遠遊。易安填一翦梅詞送之曰：「紅藕香殘玉簟秋。輕解羅裳，獨上蘭舟。雲中誰寄錦書來？雁字回時，月滿西樓。花自飄零水自流。一種相思，兩處閑愁。此情無計可消除。才下眉頭，却上心頭。」

瑯嬛記：「易安結褵未久，其夫趙明誠即負笈遠遊，易安不忍別，覓錦帕書一翦梅詞送之云云。」

又嘗以醉花陰詞函致明誠云：「薄霧濃雲愁永晝，瑞腦焚金獸。佳節又重陽，玉枕紗廚，半夜涼初透。東籬把酒黃昏後，有暗香盈袖。莫道不消魂，簾捲西風，人比黃花瘦。」明誠得之嘆絕，苦思求勝之。乃忘寢食三日夜，得十五闋。雜易安之作以示友人陸德夫。德夫玩之再三日：「只有『莫道不消魂』三句絕佳。」

瑯環記：易安嘗以醉花陰詞函致明誠。明誠嘆絕，苦思求勝之。乃忘寢食三日夜，得十五闋。雜易安之作以示友人陸德夫。德夫玩賞再三曰：「祇有『莫道不消魂』三句絕佳。」政易安作也。

是年七月二十日，蘇子瞻卒於常州。年六十六歲。

十二月二十九日、陳無已卒於京。年四十九歲。

宋史文苑陳師道傳：：：「與趙挺之友壻，素惡其人。適預郊祀行礼。寒甚，衣無棉。妻就假於挺之家。問所從得，却之不肯服，遂以寒疾死。

后村詩話：后山生不肯着趙挺之丞相背心。其死也友人鄒道鄉買棺以殮。二事尤偉。魏衍作集記不敢書前事。豈趙公貴盛有所避諱乎？」

崇寧元年壬午（一一〇二）二十四歲。

是年明誠父挺之，為御史中丞。楊安當進詩曰：「炙手可熱心可寒山。挺之排擊元祐党人甚力，格非以党籍罷。易安獻挺之詩曰：「何況人間父子情」。讀者哀之。

宋史文苑李格非傳：……遷著作佐郎、禮部員外郎。提點京東刑獄，以黨籍罷。

宋史趙挺之傳：使曾布以使事聯職禁中，密指諭使建議紹述。於是排擊元祐諸人，不遺餘力。由吏部尚書拜右丞，進左丞、中書門下郎。

續資治通鑑：崇寧元年五月，挺之為中丞，與曾布比，建議紹述，排擊元祐諸賢。由是遷居政府。

郡齋讀書志：其舅正夫相徽宗朝，嘗獻詩曰：「炙手可熱心可寒」。

張淏洛陽名園記序云：「文叔在元祐官太學。丁建中靖國再用邪朋党為党人。女適趙相挺之子，亦能詩。上趙相救其父云：「何况人間父子情」。識者哀之。」

濟南府志列女傳云：「其舅挺之相徽宗，清照獻詩有云：『炙手可熱心可寒』。挺之排元祐党人甚力，格非以党籍罷，清照上詩救格非云：『何况人間父子情』。識者哀之。」

金石錄注解云：「按格非與挺之雖結兒女親家，格非受知於蘇軾，為元祐党人，挺之則為紹述派人物，排擊元祐党人者，兩人始合終離，清照精神上當極感苦悶」云、有人持徐熙牡丹圖求錢二十萬。易安計無所出，留信宿還之。與明誠悵惋者數日。

金石錄後序：嘗記崇寧間，有人持徐熙牡丹圖求錢二十萬。當時雖貴家子弟，求二十萬錢，豈易得耶！留信宿，計無所出而還之。夫婦相向惋悵者數日。

崇寧二年癸未（一一〇三）易安二十一歲。

明誠出仕宦。益有力收集金石書畫。

金石錄後序：後二年出仕宦。便有飯蔬衣練，窮遐方絕域，盡天下古文奇字之志。日就月將，漸益堆積。丞相居政府，親舊或在館閣，多有亡詩逸史魯壁汲冢所未見之書，遂盡力傳寫，淺覺有味，不能自已。從或見古今名人書畫，亦復脫衣市易。

金石錄後序注：宋初有三館，藏書籍，太宗建崇文院，從三館之書以實之，東廊為集賢書庫，西廊為史館，又別為書庫，目曰秘閣。神宗改崇文院為秘書省。明誠夫婦之親戚故友，在館閣供職者，謂在秘書省為著作郎校書郎等職。

易安嘗和張文潛浯溪中興頌詩曰：「五十功名如電掃，華清花柳咸陽草，五坊供俸鬬雞兒，酒肉堆中不知老。胡兵忽自天上來，逆胡亦自姦雄才，勤政樓前走胡馬，珠翠踏盡香塵埃。六師出戰阯披靡，前致荔支馬多死，堯功舜德誠如天，安用區區紀文字。著碑刻銘真陋哉，乃令神鬼磨山崖，子儀光弼不自猜，天心悔禍人心開。夏為殷鑑當深戒，簡策汗青今具在。君不見當時張說最多機，雖死已被姚崇賣。」又和曰：「君不見驚人廢興唐天寶，中興碑上今生草，不知負國有奸雄，但說成功尊國老。誰令妃子天上來，虢秦韓國皆仙才，苑中羯鼓玉方響，春風不敢生塵埃。姓史誰復知安史，健兒猛將安眠死，去天尺五抱甕峰，峰出鑿出開元字。時移勢去真可哀，姦人心醜深如崖，西蜀萬里尚能返，南門一閉何時開。

可憐孝德如天大，反使將軍稱好在。嗚呼！胡輩相不能道輔國用事張后專，祇能道春蘚長安作斤賣。此詩當作年月無考，姑繫於此。

清波雜志：浯溪中興碑，自唐至今，題咏實繁。零陵近雖刊行，止令舉入石者，未曾暇廣搜而博訪也。趙明誠侍制妻，易安李夫人，嘗和張文潛長篇二。以婦人而廁衆作，非深有思致者能之乎。

柯山集：讀中興頌碑詩：玉環妖血無人掃，漁陽馬厭長安草，潼關戰骨高於山，萬里君王蜀中老。金戈鐵馬從西來，郭公凜凜英雄才，舉旗為風偃為雨，洒掃九廟無塵埃。元功高名誰與紀，風雅不繼騷人死。水部胸中星斗文，太師筆下龍蛇字。天遣二子傳將來，高山石上磨蒼苔，誰持此碑入我室？使我一見昏眸開。百年廢興增感慨，當時數子今安在？君不見荒涼浯水棄不收，時有游人打碑賣。

《苕溪漁隱叢話》：余游浯溪，觀磨碑之側，有此詩刻石。前云：「讀中興頌張文潛。」後云：「秦觀少游書」。

崇寧三年甲申（一一〇四）易安二十二歲。

是年鄭樵生。

崇寧四年乙酉（一一〇五）易安二十三歲。

是年黃庭堅卒。年六十一歲。

崇寧五年丙戌（一一〇六）易安二十四歲。

大觀元年丁亥（一一〇七）易安二十五歲。

三月易安舅趙挺之罷相。旋卒。徽宗臨幸其第。

宋史徽宗帝紀：大觀元年三月，挺之罷。

宋史趙挺之傳：……乞歸青州。將入辭，會慧星見，帝默思蔡徽，盡除諸京所為法，罷京。召見挺之曰：「京所為一如卿言。」加挺之特進，仍為右僕射。旋卒。

續資治通鑑：大觀元年……三月癸丑，觀文殿大學士祐神觀使趙挺之卒。

老學庵學記：趙正夫丞相薨，車騎臨幸。夫人郭氏出拜，請恩澤者三事：其一乃乞於謚中帶一正字。有二事皆許可，惟賜謚事，独曰：「待理會」。平時徽庙凡言「待理會」者，皆不准許之詞也。

明誠丁父憂。居青州鄉里，與易安同校金石錄。

按：金石錄後序云：「至建康，青州故第，尚鎖書冊什物，用屋十餘間。」所云「青州故第」即此時明誠同易安所居之鄉里也。

又按：後序又云：「後屏居鄉里十年」。當是本年明誠丁父憂後至政和七年之間。

金石錄後序：「……後屏居鄉里十年，仰取俯拾，衣食有餘。……」

……

癸巳類稿易安居士事輯：「……明誠後屏居鄉里十年……」

濟南府志列女傳：「……明誠諸城人，而家於青[illegible]也。」

是年程頤卒。

大觀二年戊子（一一〇八）易安二十六歲。

易安同明誠居青州鄉里。

大觀三年己丑（一一〇九）易安二十七歲。

易安同明誠仍居青州鄉里。

大觀四年庚寅（一一一〇）易安二十八歲。

易安同明誠仍居青州鄉里。

政和元年辛卯（一一一一）易安二十九歲。

易安作石刻畫像，明誠同易安記之。

寶雅堂詩 宋李易安居士石刻畫像高五尺上書雲巢二隸字下書「辛卯九月德父易安同記」今藏東武王氏仍園中：蓬萊郡守神仙眷，燕寢凝香啓雲幔，檢書論茗角勝負，笑比高柔共愛玩。縱橫圖史東壁紛，慧眼紛披過千卷。歸來堂畔吟箋，漱玉新詞壓蘭畹。乘龍夫婿相門子，艷福双修才調擅，芝芙兆夢播佳話，金石沾題佐名宦。駕生者誰周昉徒，文采風流掃釵鈿。雲巢大書記合筆，篆泐蝸碑拓鸜鵒。獨憐生小便工愁，麝墨金縷揮玉腕，嬌花寵柳商閒情，定枕紗廚動幽怨。蒲臺鳳去幾何時，晚景桑榆丁喪亂，棠山下望不極，肯逐飛塵共流轉。微雲翳月豈足污，犀袖禁寒良可惋。人生榮悴等夢境，畢竟清名屬才媛，拜瞻遺像墨緣幬，香熱金猊手留盥。只愁瘦損舊風神，簾外黃花淚痕泫。按石刻畫像係三十一歲畫像，明誠於政和甲午題之。

李清照論：諸城有五尺琀瓏石，上刻「雲巢」二字，下有「辛卯九月德父易安同記」。

易安事，後之好事者乃偽為一事耳。

漱玉詞敘論　明誠曾為清照題三十一歲畫像云：「清
麗其詞，端莊其品，歸去來兮，真堪偕隱」。末署政和
甲午題。按：此據年譜作三十一歲。
石遺室詩話：王又點題李易安小照云：「南渡相逢憔
悴辛，西風瘦盡捲簾人，猶饒蘿逸天宜在，饞富圖書
韻已屯。四十年中成小劫，幾千里路避胡塵。分明好
古能文壁，猶剩流芳賺愴神」。余詩云：「水河山幾戰
塵，宋周嫠婦絕酸辛。都將家國千行淚，併入眉心一
寸顰。霧鬢不傳垂老影，簑衣誰寫苦吟身？儂家亦有
開安像，金線泉邊一愴神」。

28 ①

政和二年壬辰（一一一二）易安三十歲。

是年張文潛卒。年六十一歲。蘇子由卒。年六十一歲。

政和三年癸巳（一一一三）易安三十一歲。

易安同明誠仍居青州鄉里。

易安有三十一歲畫像，明年明誠題之。

政和四年甲午（一一一四）易安三十二歲。

仍居青州鄉里。李燾生。

政和五年乙未（一一一五）易安三十三歲。

仍居青州鄉里。

政和六年丙申（一一一六）易安三十四歲。

仍居青州鄉里。

政和七年丁酉（一一一七）易安三十五歲。

是年明誠守萊州。

按：易安同明誠居青州鄉里事，當止於是年。明誠守萊州事，亦始於是年。

明誠赴萊州，易安有蝶戀花詞送明誠曰：「淚濕羅衣脂粉滿，四疊陽關，唱到千千遍。人道山長山又斷，瀟瀟微雨聞孤館。惜別傷離方寸亂，忘了臨行酒盞深和淺。好把音書憑過雁，東萊不似蓬萊遠！」

癸巳類稿易安居士事輯：及起知青萊二州，皆政簡；

……

按：濟南府志云：「明誠，諸城人，而家於青州也」。徐使趙挺之傳亦有「乞歸青州」之語。俞事輯云「起知青萊二州」，疑以易安後序「建守兩郡」之句而誤也。

又按：俞事輯所述易安事蹟，多不可解。如後序明言「予以建中辛巳始歸趙氏」，而俞事輯則謂「元符元年年十八，適太學生諸城趙明誠」。此又以明誠家在青州，而遂誤明誠知青州也。

十月，明誠金石錄成三百卷，囑其友人劉跂序之。

宋文類劉跂金石錄序：「東武趙明誠德父，家多前代金石刻，倣歐陽公集古所論，以考書傳諸家同異，訂其得失，著金石錄三十卷，別白牴牾，實事求是，其書乃行。甚可觀也。昔文籍既繁，竹素紕紊，轉向謄寫，彌久不能無誤。近世用墨版摹印，便於流布，而一有所失，更無別本是正。然則謄寫模印其為利害之數略相等。又前世載筆之士，所見所聞，而其所傳、不能無同異。亦或有意輕重，情流事遷，則遁離失實。後學欲窺其罅，摟抉證驗，用力多見功寡，此校讎之士，抱槧懷鉛，所以汲汲也。昔人欲刊定經典及醫方，或謂經典同異，未有所傷。若醫方能致壽夭。陶弘景亟稱之，以為知言。彼哉卑陋，一至於此，或識邢邵不善讎書。邵曰：「誤書思之、更是一適。」且別本是正，猶未敢曰可。而欲以思得之，厶。其佻有如此者。惟金石刻出於當時所作，身與事接，不容僞妄、皎皎可信。宋人勤渠鄭重以遺來世、惟恐不遠。固非以爲夸而好古之士忘寢廢食而求、常恨不廣。亦豈專以爲玩哉。余登泰山、觀秦相斯所刻，退而按史遷所記、大凡百四十有六字而差失者九字。以此積之諸書浩博、其失胡可勝言。而信書之人，守自所見、知其違戾，猶弗能深考。猥曰「是碑之誤」，其殆未思之乎。若乃庸夫野人所述，其言雖不雅馴，則望而知之直差耳。今德父之藏既甚富。又選擇其善而採討，去取雖有思致。其書誠有補於學者，迺案左文為序。竊疑附姓名於篇末。有可喜，於是手書。政和七年九月十日、河間劉跂序。

按：三藏物齋叢書金石錄跋云：「跂字斯立，東光人，觀文殿學士摯之子也。登元豐三年進士，自號讀易老人。此序舊刻◎編於金石錄之後，題曰後序。孝德父於泰山刻石，漢張平子二跋，皆云「碑得自跂手。」於跂稱為亡友。則德甫成書時，跂已先卒。蓋序撰於政和七年，而書成於宣和之末也」。其言甚是。

宋詩紀事：「跂字斯立，韓之子，王肇之壻，與弟蹈同登

元豐三年進士。遭黨禍，為李延年所誣，編管壽春。自號

學易老人，有學易集。」

是年洪适生。

重和元年戊戌（一一一八）易安三十六歲。

明誠仍守萊州。

宣和元年己亥（一一一九）易安三十七歲。

明誠仍守萊州。

宣和二年庚子（一一二〇）易安三十八歲。

明誠仍守萊州。

宣和三年辛丑（一一二一）易安三十九歲。

明誠仍守萊州，易安朝夕相守，共事鉛槧。抽書鬬茶，自謂樂在聲色狗馬之上。

漱玉詞敘論：易安自嫁明誠，感情極融洽。唱隨之樂自十八至四十四，二十餘年之間，幾於朝夕相守。文字校勘，歌詠唱酬，所謂「抽書鬬茶」即在三十九歲居萊州日。風流韻度，不減妖麗。在此二十餘年中，所有作品，都極旖旎纏綿、有搖魂蕩魄之致。

金石錄後序：……連守兩郡，竭其俸入以事鉛槧。每獲一書，即同共校勘，整集籤題。得書畫彝鼎，亦摩玩舒

卷，指摘疵病，夜盡一燭為率。故能紙札精緻，字畫
完整，冠諸收書家。余性強記，每飯罷，坐歸來堂，
烹茶，指堆積書史，言某事在某書某卷第幾葉第幾行
，以中否角勝負，為飲茶先後。中即舉杯大笑，至茶
傾覆懷中，反不得飲而起。甘心老是鄉矣。故雖處憂
患窮困而志不屈。收書既成，歸來堂起書庫大櫥，簿
甲乙，置書冊，如要講讀，即請鑰上簿，關出，卷帙或
少損污，必懲責揩完塗改，不復向時之坦夷也。是欲
求適意而反取憀慄。余性不耐。始謀食去重肉，衣去
重采，首無明珠翡翠之飾，室無塗金刺繡之具。遇書

史百家，字不通刻鉄，本不訛謬者，輒市之，儲作副本。自來家傳周易左氏傳，故兩家者流，文字最備。於是几案羅列枕藉，意會心謀，目往神授，樂在声色狗馬之上。

金石錄後序注解：此段明識夫婦之韻事，豔傳千古。

清洪昇作四嬋娟劇本之第三種，劇名，即譜此事。

癸巳類稿易安居士事輯：及起知青萊二州，皆政簡，日事鉛槧。易安與共校勘金石錄，考證精鑿，多足正史書之失。每獲一篇，即校勘整集題籤，得書画彝鼎，摩玩舒卷，指摘疵病。夜盡一燭為率，所藏蟠札精緻，字畫完整。冠諸收藏家。

齊南府志列女傳：明誠好儲經籍，及三代鼎彝書畫，金石刻……清照與共校勘，明誠作金石錄，考據精確，多正史書之失。清照寔助成之。

宣和四年（一一二二）壬寅 易安四十歲。

明誠仍守萊州。

宣和五年癸卯（一一二三）易安四十一歲。

明誠著金石錄成。在靜治堂裝卷初就，易安助明誠校勘之。

金石錄卷二十八唐富平尉顏喬卿碣跋：右唐富平尉顏喬

鄉碣在長安，世頗罕傳，或云其在今亡矣。有朝士劉
蹕如者，汾陽人。家藏漢唐石刻四百卷。以余集錄闕
此碣也，輟以見贈。宣和癸卯中秋在東萊重易標褙，因
為識之。

金石錄後序：今日忽閱此書，如見故人。因憶侯在東
萊靜治堂，裝卷初就，芸籤縹帶，束一卷作一帙。每日
晚吏散，輒校勘二卷，題跋一卷。此二千卷，有題跋者
五百二卷耳……

讀耳集：易安居士李氏，趙明誠妻。金石錄亦筆削其
間。

明誠金石錄序：余自少小喜從當時學士大夫，訪問前
代金石刻，以廣見聞。後得歐陽文忠公集古錄，讀而
賢之。以為是正訛謬，有功於後學者甚大，惜其尚有
漏落，又無歲月先後之次，思欲廣而成書，以傳學者
。於是益訪求藏蓄，凡二十年而後粗備。上自三代，
下迄隋唐五季。內自京師，達於四方，遐邦絕域，夷
狄所傳，倉史以來，古文奇字，大小二篆，分隸行草
之書，鍾鼎簠簋尊敦甗鬲盤杅之銘。詞人墨客
詩歌賦頌，碑誌敘記之文章，名卿賢士之功烈行治。
至於浮屠老子之說，凡古物奇器，豐碑巨刻所載，與

夫殘章斷畫，磨滅而僅存者，略無遺矣。因次其先後為
二千卷。余之致力於斯，可謂勤且久矣。非特區區
為玩好之具而已也。蓋竊嘗以謂詩書以後，君臣行事
之跡，悉載於史，雖是非褒貶出於秉筆者私意，或失
其實，然至其善惡大節，有可誣而又傳之既久，理當
依據。若夫歲月地理，官爵世次，以金石考之，其牴
牾十常三四，蓋史牒出於後人之手，不能無失。而刻
辭當時所立，可信不疑。則又考其異同，參以他書，
為金石錄三十卷。至於文辭之美惡，字畫之工拙，覽
者當自得之，不復論。嗚呼！自三代以來聖賢遺跡，

著於金石者多矣。蓋其風雨侵蝕，與夫樵夫牧童毀淪棄之餘，幸而存者止此耳。是金石之固，猶不足恃，然則所謂二千卷者，終歸於磨滅，而余之是書，有時而或傳也。孔子曰：「飽食終日，無所用心，難矣哉。不有博奕者乎，爲之猶賢乎已」。是書之成，其賢於無所用心，豈特博奕之比乎。輒錄而傳諸後世，好古博雅之士，其必有補焉。東武趙明誠序。

按：三識物齋叢書金石錄跋云：「劉跋序撰於政和七年而書成於宣和之末」。又後序有：「因憶侯在東萊靜治堂，裝卷初就之語」，則金石錄當成於是年。

是年洪邁字景盧生。

宣和六年甲辰（一一二四）易安四十二歲。

是年楊萬里字廷秀生。

宣和七年乙巳（一一二五）易安四十三歲。

是年十二月金兵入寇，徽宗內禪，欽宗即位。尊徽宗為道君太上皇帝。陸游，字務觀生。

欽宗靖康元年丙午（一一二六）易安四十四歲。

明誠守淄川。

金石錄後序：至靖康丙午歲，侯守淄川。聞金人犯京師，四顧茫然。盈箱溢篋，且戀戀，且悵悵，知其必不

96

淮，渡江，至江寧。[illegible]所藏圖書古器，是時開始散失。

金石錄後序：建炎丁未春三月，奔太夫人喪南來。既長物不能盡載，迺先去書之重大印本者，又去畫之多幅者，又去古器之無款識者，後又去書之監本者，畫之平常者，凡屢減去，尚載書十五車。至東海，連艫渡淮，又渡江至建康……

按：是年五月，高宗至江寧，始改江寧為建康，易安後序此稱用新名，蓋追稱之也，今從其初。

癸巳類稿易安居士事輯：靖康二年春（金石錄後序作建炎丁未，是年五月，始為建炎，今改之）明誠奔母喪於金陵。（金石錄後序作建康。其名建炎三年始改、今從其初。）

金石錄後序注解：俞氏津輯云：「靖康二年春，明誠奔母喪於金陵」。當本據此文。按：本文只言南下。下文固有至建康之句。至於明誠母是否卒於金陵無考也。趙家故宅在青州，何以明誠遠在建康？以意測之，當時京師既陷，北方騷亂。明誠兄趙思誠先奉母南下。或思誠本官於南方，其母往依之，遂殁於南方耳。史乏明文，不盡可考。總之明誠夫婦之南行，一則奔喪，二則避難，觀其載書十五車可知也。

高宗建炎二年戊申（一一二八）易安四十六歲。

正月青州陷，所存圖書，被焚十餘屋。

《金石錄後序》：建炎丁未春三月，奔太夫喪南來……又渡江至建康，青州故第，尚鎖書冊什物，用屋十餘間，期明年春再具舟載之。十二月金人陷青州，凡所謂十餘屋者，已皆為煨燼矣。

按：《宋史·高宗帝紀》、《建炎以來繫年要錄》：金人陷青州事，皆繫在本年正月。易安當時因兵亂之際，道路誤傳。或易安追記於數年之後，亦不能確憶也。今改正。

九月明誠復起，以秘閣修撰出知江寧府。易安每值大雪，即頂笠披蓑，循城遠眺尋詩。每得句必邀明誠和之，明誠每以為苦。時易安有句云：「南來尚怯吳江冷，北狩應悲易水寒」。「南渡衣冠少王導，北來消息欠劉琨」。

按：江寧明年五月始改建康。今仍稱原名。

清波雜志：頃見易安族人言：「明誠在建康日，易安每值天大雪，即頂笠披蓑，循城遠覽以尋詩。得句必邀其夫賡和，明誠每苦之也。

詩說雋永：「今代婦人能詩者，前有曾夫人魏，後有易安李。李在趙氏時建炎初從秘閣守建康作詩云：「南來尚怯吳江冷，北狩應悲易水寒」。又「南渡衣冠少王

38

37

導，北来消息欠劉琨」。

金石錄後序注解：建炎二年戊申，明誠復官知江寧府・此時乃稱江寧府，至建炎三年五月，高宗至江寧，御筆改江寧為建康。見繫年要錄卷二十三。清照追憶往事，用新改之名也。明誠知建康府在戊申秋九月，繫年要錄失載。但要錄於此月記帝謂宰相，使求賢才，並召復舊官事，則明誠即因之而起復之一人也。又按明誠此時官銜為秘閣修撰。其時帝駐蹕揚州。

建炎三年己酉（一一二九）易安四十七歲。

三月明誠罷官，將与易安卜居贛水上。

金石錄後序：己酉春三月罷，具舟上蕪湖，入姑孰，

將卜居贛水上。

五月，易安同明誠至池陽。時明誠被旨知湖州，赴行在，

易安暫住池陽。

金石錄後序：夏五月至池陽，被旨知湖州，過闕上殿

、遂住家池陽，獨赴召。

癸巳類稿易安居士事輯：三年明誠罷，將家於贛水。

四月高宗如江寧。五月改為建康府。

金石錄後序注解：建炎三年己酉，是年正月金兵入淮泗，帝離揚州奔鎮江，揚州被焚劫，又幸杭州，鎮江被無賴及軍人抄掠。三月苗傅、劉正彥作亂，逼帝禪於於太子。四月，帝復位。明誠知建康，前後共半年。强寇外侵，群賊內亂，大江南北，騷動不寧。而清照尚有閒情逸致。清波雜志（宋周煇撰）卷八：「頃見易安族人言，明誠在建康日，易安每值大雪，即頂笠披簑，循城遠覽，以尋詩，得句必邀其夫賡和，明誠每苦之也」。清照此文言明誠以建炎三年春三月罷建康守、而不言其因。下文言夏五月，始被旨知湖州。李心

《繫年要錄》卷二十記是年二月初五日甲寅事云：「御營統制官王亦，將京軍駐江寧，謀為變，以夜縱火為信。江東轉運副使直徽猷閣李謨覘知之，馳告守臣趙明誠，時明誠已被命移湖州，弗聽。謨飭兵將率所部團民兵伏塗巷中，柵其隘。夜半，天慶觀火，諸軍譟而去，亦至，不得入，遂斧南門而去。遲明訪明誠，則與通判府事朝散郎毋丘絳、觀察推官湯允恭縋城宵遁矣。其後絳、允恭皆抵罪。」李氏注云：「此據日曆、擬李謨墓誌、及江東運司所奏參修也。」據此，則明誠是畏事先遁。但《要錄》記二月即有湖州之命，而據《易安》則五月始被旨知湖州，兩處不同，未知孰是。俞理初漏失未考。

六月十三日，明誠赴行在，易安別於江上。明誠途中奔馳，冒大暑感疾，至建康病痁。

《金石錄後序》：六月十三日，始負擔，捨舟坐岸上，葛衣岸巾，精神如虎，目光爛爛射人，望舟中告別。余意甚惡，呼曰：「如聞城中緩急，奈何？」戟手遙應曰：「從眾。必不得已，先棄輜重，次衣被，次書冊，次卷軸，次古器。獨所謂宗器者，可自負抱，与身存亡，勿忘也！」遂馳馬去。塗中奔馳，冒大暑感疾，至行在病痁。

七月末明誠書報臥病，易安解舟至行在視之。時張學士

飛卿攜玉壺過視明誠。明誠病亟。

金石錄後序：七月末，書報臥病。余驚怛，念侯性素

急，奈何病痁。或熱必服寒藥，疾可憂。遂解舟下，

一日夜行三百里。比至果大服茈胡黃芩藥，瘧且痢，

病危在膏肓。余悲泣倉皇，不忍問後事。

又云：侯疾亟時，張飛卿學士攜玉壺過視侯……

八月十八日明誠卒，年四十九歲。易安為文祭之曰：「

白日正中，嘆龐翁之機捷。堅城自墮，憐杞婦之悲深」

○後又有御街行詞悼明誠曰：「藤床紙帳朝眠起，說不盡無佳思。沉香煙斷玉爐寒，伴我情懷如水。笛聲三弄、梅心驚破，多少春情意。小風疏雨蕭蕭地，又催下千行淚。吹簫人去玉樓空，腸斷與誰同倚。一枝折得，人間天上，沒個人堪寄。」

金石錄後序：八月十八日遂不起，取筆作詩，絕筆而終，殊無分香賣履之意。

癸巳類稿易安居士事輯……詔明誠知湖州，明誠赴行在，感暑疾發。易安自明誠赴召時，暫住池陽，得病信，解舟東下，至建康病已危，八月明誠卒。易安為文祭之，自白：「白日正中，歎龍公之機敏。堅城自墮」；「憐杞婦之悲深」。祭文唐文俱用駢體，宜祭文亦不用韻也。

四六談麈：「趙令人李，號易安。其祭湖州文曰：「白日正中……」婦人四六之工者。」

蓮子居詞話：「武陵春，其作於祭湖州以後歟。悲深婉篤，猶令人感伉儷之重。葉文莊乃謂語言文字，誠所謂不祥之具。遺譏於古今者矣。不察之論也。」陶康謝蘇潭方伯，路昆，詠史詩云：「風鬟尚怯渡江冷，雨泣應含杞婦深。回首靜治堂舊事，翻茶校帖最相思。」

易安既葬明誠畢，大病。史稱時勢日迫，易安無所之，欲
往洪州依明誠妹壻，乃先遣二故吏送行李投之。
金石錄後序：葬畢余無所之。朝廷已分遣六宮。又傳
江當禁渡。時猶有書二萬卷，金石刻二千卷，器皿茵
褥，可待百客，他長物稱是。余又大病，僅存喘息，
事勢日迫。念侯有妹壻，任兵部侍郎，從衛在洪州，
遂遣二故吏先部送行李往投之。
宋史高宗紀：七月，隆祐太后如洪州，宮人從之。
建炎以來繫年要錄：三年，秋七月，壬寅，詔迎奉皇
太后率六宮往豫章，且奉太廟神主，景靈宮祖宗神御

以行。百司非預軍旅之事者悉從。仍命龍神衛四廂都
指揮使建武軍節度使楊維忠將衛兵萬人從行。
金石錄後序注解：皇太后者，隆祐太后也。即哲宗孟
太后。靖康之亂，以其久廢而免，獨得脫險，詔立康
王即帝位者也。
閏八月張飛卿玉壺事發，連及易安。初飛卿於明誠病亟
時，攜玉壺過視。語久之，仍攜去。時建康置防秋安撫
使。擾攘之際，或疑其饋璧北朝。言者列以上聞，或言
趙李皆當置獄。易安方大病，僅存喘息，欲往洪州不能
，聞玉壺事大懼。

金石錄後序：先侯疾亟時，有張學士飛卿攜玉壺過視侯，便攜去，其實珉也。不知何人傳道，遂妄言有頒金之語。或言有密論列者。余大惶怖，不敢言，亦不敢遂已。

癸巳類稿易安居士事輯：

◎易安既葬明誠，乃遣送書籍於洪州，易安欲往洪。初學士張飛卿者，於明誠至行在時，以玉壺示明誠，語久之，仍攜玉壺去。時建康置防秋安撫使，擾攘之際，或疑其饋璧北朝也。言者列以上聞。或言頒金，張皆當置獄。易安方大病，僅存喘息，欲往洪不能，聞玉壺事大懼。

建炎以來繫年要錄：建炎三年閏八月，和安大夫開州團練使王繼先，嘗以黃金三百兩，從故秘閣修撰趙明誠家中市古器。兵部尚書謝克家言：「恐疏遠聞之，有累盛德。欲望寢罷。」上批令三省，取問繼先因依，繼先為人奸黠，善諂佞，以醫得幸。

越縵文集書陸剛甫觀察儀顧堂題跋後：傳聞置獄，當在此時。王繼先本奸黠小人，時方得幸，必有圖嫌趙氏之事。

十一月，易安盡其家所有赴越州行在投進，時高宗已奔明州。易安親舊中書舍人綦崇礼左右之。事解，易安作啓謝之。

金石錄後序：……盡將家中所有銅器等物，欲赴外廷投進。到越，已移幸四明，不敢留家中，並寫本書寄剡。按後序云：寄剡寫本書，後為官軍收叛卒取去。盡入故李將軍家。○時李將軍今無考。

癸巳類稿易安居士事輯：十一月，盡以其家所有，赴越州行在投進，而高宗已奔明州。時中書舍人綦崇礼左右之。○雲麓漫鈔云：「徽猷閣直學士沈該翰苑題壁記云：「綦崇礼建炎四年五月，以吏部侍郎兼權直院。十月除徽猷閣直學士，知漳州。」則學士在明年十月，且啓云内翰承旨。故從宋史本傳，稱中書舍人。）事解：清湯安以高攀舊親情，作啟謝之曰：「清照素習義方，粗明詩礼。近因疾病，欲至膏肓。牛蟻不分，灰釘已具。豈期末事，乃得上聞。取自宸衷，付之廷尉。」序欸投進家啓曰：「抵雀捐金，利當安往。將頭碎璧，失固可知。實自謬愚，分知獄市」。序攀為解釋曰：「内翰承旨，搢紳望族，冠蓋清流。日下無双，人間第一。奉天收復，本緣陸贄之詞；淮蔡底平，共傳昌黎之筆。哀憐無告，義同解驂」（越石父事）戴感洪恩，事真出己。（知筌事）故茲白首，得免丹書。序頌事無迹曰：「雖南山之竹，豈能窮多口之談，惟智者之言，可以止無根之謗」。（據雲麓漫鈔）綦宗叔厚（一作序）厚，高密人也（宋史）。

宋史高宗帝紀：十一月，己巳，帝發越州，次錢清堰；……癸酉，帝發越州，……乙酉，帝次明州。

宋史卷三百七十八綦崇禮傳：綦崇禮，字叔厚，高密人。後徙濰之北海。祖父及父皆中明經進士科……重和元年上舍第，調淄縣主簿，為太學正，遷博士，改宣教郎，秘書省正字，除工部員外郎，尋為起居郎攝給事中。召試政事堂，為制詔三篇，不淹晷而就，詞翰奇偉，拜為中書舍人。

十一月金人陷洪州，易安前遣人送往明誠妹婿處輜重盡失。

金石錄後序：……遂遣二故吏先部送行李往投之，冬十二月，金人陷洪州，遂盡委棄。所謂連艫渡江之書，又散為雲煙矣。独餘少輕小卷軸書帖、寫本李杜韓柳集、世說、鹽鐵論，漢唐石刻副本數十軸，三代鼎鼐十數事，南唐寫本書數篋，偶病中把玩，搬在卧內者，巋然猶存。

癸巳類稿易安居士事輯：十二月，金人破洪州，易安而寄輜重盡失。

按：宋史高宗紀：十一月江西制置使王子獻棄洪州走：：、權知州事李積中以城降。易安作十二月誤，今從宋史。

時虜勢叵測，陽赴台州，依其弟勅局删定官李迒。到台，台守已遁，乃之剡，旋出睦。又棄其衣服走黃巖，入海奔行朝。

金石録後序：上江既不可渡，又虜勢叵測，有弟迒，任勅局删定官，遂往依之。到台，台守已遁，之剡，出睦。又棄衣被走黃巖，顧舟入海奔行朝，時駐蹕章安鎮。按：章安，台州府治西北章台市。又按：勅局删定官，司删定勅命，屬尚書省。

續資治通鑑：建炎三年，十二月，乙丑，帝如定海縣。

46

癸巳類稿易安居士事輯……金人破洪州，易安所寄輜重盡失，依其弟勅局删定官李迒之海……

建炎四年庚戌（一一三〇）易安四十八歲。

易安在章安鎮。三月從御舟海道之溫，又之越。

金石錄後序……時駐蹕章安，從御舟海道之溫，又之越。

宋史高宗帝紀：建炎四年春正月，丙午，帝次台州章安鎮。三月辛酉御舟發溫州……癸酉帝駐越州。

癸巳類稿易安居士事輯……依其弟勅局删定官李迒之海，由章安輾轉至越州。

金石錄後序注解：剡縣今嵊縣。睦州，今建德鎮，黃巖。顧氏本作崖。章安，鎮名，今臨縣東南。此數句疑有誤倒處，按之地理不順。以余之見，應改為「出睦之剡，到台，台守已遁。又棄衣被走黃巖，雇舟入海奔行朝，時駐蹕章安」。於地理方合。按宋史、高宗於閏八月離建康，（即明誠卒後之一月），九月次平江府（今蘇州），十月至臨安（今杭州），渡浙江至越州（今紹興），十一月離越州，十二月至明州（今鄞縣）。時金人陷臨安，帝定議航海，離明州，次昌國縣。金人又犯越州。建炎四年正月，至章安鎮，金人犯明州。易安則既葬德甫於建康後，欲西向行至洪州未果，必在池陽家中，稍作料理，折而東南行至睦州（建德），因張飛卿玉壺事，欲赴越州行朝投進，（見序後序）而上已移幸四明，時建炎三年十二月也。遂南至嵊縣，再至台州，至黃巖，至章安鎮，時建炎四年正月也。至於任刪官之李迒，當時在扈從百官中，抑在台州，則疑不能明也。建炎四年正月，金人陷明州，帝離章安鎮由海道至溫州，二月金人自臨安退兵，三月退至鎮江府，帝離溫州，四月，返駐越州。高宗之航海，至此告一段落。航海之際，百官多從，且眷屬亦從行，皆在所造之御舟中，清照依其

48

47

與弟李迒，以故相之總，秘閣修撰之妻，亦在船中，看山熱鬧也。

十二月易安之衢。

金石錄後序：庚戌十二月，放散百官，遂之衢。

癸巳類稿易安居士事輯：四年放散百官，遂偕迒至衢，（金石錄後序）時纂禮，以徽猷閣直學士知漳州。（翰苑題名壁記，建炎以來繫年要錄）

建炎以來繫年要錄卷三十九：十一月壬子，詔放散行在百司，除侍從臺諫官外，……餘令從便寄居，候春暖赴行在，…… 按後序注解：清照以為十二月者，当是同李迒離越州之月也。

是年朱熹，字元晦，一字仲晦，晚號晦翁生。

朱子游藝論：本朝婦人能文，只有李易安与魏夫人。李有詩大略云：「兩漢本繼紹，新室如贅疣。所以嵇中散，至死薄殷周。」中散非湯武得國，引之以比王莽。如此等語，豈女子所能。（宋詩紀事引）

紹興元年辛亥（一一三一）易安四十九歲。

三月，易安復赴越，卜居土民鍾氏舍。圖書被盜五簏去。

金石錄後序：紹興辛亥春三月，復赴越。

癸巳類稿易安居士事輯：紹興元年，易安之越。

宋史高宗帝紀：紹興元年，三月……帝在越州。

金石錄後序：在會稽卜居土民鍾氏舍。忽一夕，穴壁負五簏去，余悲慟不得活，重立賞收贖。後二日，鄰人鍾皓出十八軸求賞，故知其盜不遠矣。萬計求之，遂牢不可出。今知盡為吳說運使賤價得之……

建炎以來繫年要錄：建炎四年六月……朝請郎主管江州太平觀吳說為福建路轉運判官。按吳說字傅朋當時名書家也。

紹興二年壬子（一一三二）易安五十歲。

易安又赴杭。

·金石錄後序：壬子又赴杭。

癸巳類稿易安居士事輯：二年之杭……

是年張九成入第，對策有桂子飄香之語，易安賦詩嘲之曰：「露華倒影柳三變，桂子飄香張九成。」

老學菴筆記：張子韶對策有桂子飄香之語，趙明誠妻李氏嘲之曰：「露華倒影柳三變，桂子飄香張九成。」

名臣言行錄：子韶對策曰：「澄江瀉練，夜桂飄香，陛下享此樂必曰：『西風凄動，兩宮得無憂乎？』」

」

宋史三七四卷張九成傳：張九成，字子韶。其先開封人從居錢唐。游京師，從楊時學，權貴託人致幣曰：「肯從吾游，當存之館閣」。九成笑曰：「王良尚羞與嬖奚乘。吾可為貴客游耶？」紹興二年，上將策進士，詔考官直言者置高等。九成對策畧曰：「……今閭巷之人，皆知有父子妻子之樂，陛下貴為天子，冬不溫，夏不得凊，昏無所定，晨無所省，感時遇物，悽惋於心，可不思所以還二聖之車乎……」楊時遺九成書曰：「廷對自中興以來，未之有，非剛大之氣不為，得喪回屈，不能為也」。授鎮東軍簽判吏。（｜｜）

時明識須遲識，字起居郎。

建炎以來繫年要錄：紹興八月，丙辰，直秘閣主管江按：刪大觀趙思誠字起居郎。思誠，明誠兄也。
九月張汝舟以妻李氏，訟其妄增舉數入官。詔除名柳州
編管。李心傳建炎以來繫年要錄謂：李氏即易安。後遂以
此誣易安晚節不終，有改嫁張汝舟事。
四庫全書總目提要集部詞曲類，漱玉詞：……趙彥衛
雲麓漫鈔，李心傳建炎以來繫年要錄，載其與後夫構
訟事尤詳。

建炎以來繫年要錄：紹興二年九月……張汝舟為監
諸軍審計司，以妻李氏訟其妄增舉數入官，詔除柳州編
管。李氏格非女，能歌詞，自號易安居士。

《苕溪漁隱叢話》：易安再適張汝舟，未幾反目。有啟事與綦處厚云：「猥以桑榆之晚景，配茲駔儈之下材。」傳者無不笑之。

《雲麓漫鈔》：李氏自號易安居士，投內翰綦公崇禮啟：「清照啟：素習義方，粗明詩禮。近因疾病，欲至膏肓。牛蟻不分，灰釘已具，嘗藥雖存弱弟，應門惟有老兵。既爾蒼皇，因成造次。信彼如簧之舌，惑茲似錦之言。弟既可欺，持官文書來，輒信身幾欲死。非玉鏡架，亦安知僞難言。優柔未決，呻吟莫定。強以同歸，視聽才分，實難共處。忍以桑榆之晚節，配茲駔傖之下才。身既懷臭之可鄙，惟求脫去。彼毒艳黛之捋往，决欲殺之。遂肆侵凌，日加毆擊。可念剎住之助，难勝石勒之拳。局地扣天，敢效談娘之善訴，升堂入室，幸非赤子之甘心。外援难求，自陳何害。豈期未事，乃得上聞。取自衷衷，付之廷尉。被桎梏而詈对，同囚醜以陳詞。豈惟憤生，羞同縲绁為儕，何意老子与韓非同傳。但祈脫死，莫望價金。友邑橫者十旬，盖非天降。居圄圄者九日，豈足人為？抵捐產金，利當安往。將頭碎壁，失固可知。是自謬渴，分知獄市。此蓋伏遇內翰承旨，搢紳望族，冠蓋清流，日下

52

無双、人間第一。奉天克服，本緣陸贄之詞，淮蔡底平，還以會昌之詔。哀憐無告，雖未解驂，戴感洪恩、如真出己。故疏白首，得免丹書。情照敢不省過。知慚於心。還愧責全責智，已難逃萬世之譏，敗德敗名，何以見中朝之士。雖南山之竹，豈能窮多口之誅、惟智者之言，可以止無根之謗。高鵬人鷃，本異升沉，大鼠水鼷，难同嗜好。達人共悉，童子皆知。願賜照恩，再加湔洗。誓當布衣蔬食，溫故知新。再見江山，依舊一瓶一鉢，重歸畎畝，共須三沐三薰。忝在葭莩，敢疏塵瀆。

按：苕溪漁隱叢話、雲麓漫鈔所載訟離張汝舟啓，竄改建炎三年[illegible]據[illegible][illegible]也。盧見曾、俞正燮、吳子律、李慈銘諸人辨之詳矣。今併錄諸人之說如次：

雅雨堂叢書盧見曾金石錄序：德父殁時，易安年四十六年歲，遭時多難，流離往來，其有蹤跡者又六年，始為是書作跋，是時年已五十有二。匪夏姬之三、等季隗之就木。以如是之年而猶嫁，而猶望其才地之美，和好之情，亦如德父昔日。至大失所望而後悔之，又不肯飲恨自悼，輒諜諜形諸簡牘，此常人所不肯為，而謂易安之明達為之乎？觀其涉經喪亂，猶復

愛惜一二不全卷軸。如護頭目，如見其人。念念德父
不忘如是。安有一旦忍相背負之理。此于輿氏所謂好
事者為之。或造謗如碧雲騢之類，又可信乎？易安
父李文叔，即撰洛陽名園記者。文叔之妻，王拱辰孫
女，亦善文。其家世如此，尤不應爾。余因刊是書而
竝為正之。毋令千載下，易安猶蒙惡声也。
癸巳類稿易安居士事輯：讀雲麓漫鈔所載謝綦崇禮啓
，文筆劣下，中雜有佳語，定是竄改本。又夫婦訐訟
、必自証之，啓何以云無根之謗。余素惡易安改嫁張
汝舟之說，雅雨堂刻金石錄序，以情度易安，不當有

無此事。及見李心傳建炎以來繫年要錄，采鄙惡小說，比其事為文案，尤惡之。後讀齊東野語論韓忠繆事云云「李心傳在蜀去天萬里，輕信紀載，疎舛固宜。」又謝枋得集亦言胡繫年要錄為辛棄疾造韓侂胄壽詞。則所言易安文案謝啓事，可知是非天下之公，非望易安不嫁也。不甘小人言語，使才人下配駔儈。故以年分考之，見詩文見類部小說詩話者，考合排次，至紹興四年，易安年五十三。又紹興十一年五月十三日，綦崇禮婿陽夏謝伋寓家台州，自序四六談麈，時易安年已六十，伋稱為趙令人。若崇禮為處張汝舟婚事，伋親

54

其壻，不容不知。又下至淳祐元年，時及百年，張端義作貴耳集，亦稱易安居士、趙明誠妻。易安為嫠待，至後貌跡章章可據。趙彥衛、胡仔、李心傳等不明是非，至後貌為正論。碧雞漫志謂：「易安詞於婦人中為最無顧籍」也。水東日記謂：「易安詞為不祥之具」也。此何異謂「直不疑盜嫂亂倫，狄仁傑謀反當誅滅」也。且啓言「牛蟻不分，灰釘已具，第既可欺，持官文書來，輒信身幾欲死。非玉鏡架，亦安知呻吟未定，強以同歸。猥以桑榆之末影，配茲駔儈之下才」也。易安老命婦也，何以改嫁復官告。又言：「視聽才分，寔難共處。惟求脫去，決欲殺之。遂肆欺淩，日加毆擊。豈期末事，乃得上聞，取自宸衷，付之廷尉。又是閨房鄙論，竟達闕庭，帝澤隱私，詔之離異。夫南渡倉皇，海山奔竄。乃冊車戎馬交相接之時，為一駔儈之婦，從容再降玉音。宋之不君，未應若此。審視《金石錄後序》，始知頒金事白，據有湔洗之力。小人改易安《謝啟》，以飛卿玉壺為汝舟玉臺。用輕薄之詞，作善謔之報。而不悟牽連君父，誣衊廟堂，則小人之不善於立言也。

蓮子居詞話：妃子沼吳，重歸少伯，美人亡息，再醮荊王。簡帙工訛，殊難理遣。世傳易安居士再適張

55

汝舟卒至對簿，與綦處厚啓云云，爲時訕笑。今以金石錄後序考之，易安之歸德甫，在建中辛巳，時年一十有八，後二年癸未，德甫出仕宦。越二十三年靖康丙午德甫守淄川，其明年建炎丁未母喪。又明年戊申德甫起，復知建康府。又明年己酉春罷職，夏被旨知湖州。秋德甫遂病不起，時易安年四十有六矣。越五年紹興甲寅，作金石錄後序，時年五十有一。其明年乙卯，有上韓胡二公詩，猶自稱閭閻嫠婦。時年已五十有二。豈有就木之齡已過，隳城之淚方深，顧爲此不得已之爲，如蔡文姬故事？意必當時嫉元祐君子者攻

之不……文叔之女，才多，尤供諷詠之味，致
使世家帷薄，百世而下，蒙詬抱謗，可慨也已。文
云云：易安居士再適張汝舟，卒至對簿，有与綦處厚
啓云云。宋人說部，多載其事。大抵彼此衍襲，未
可盡信。宋史李文叔傳附見易安居士，不著此語，
而容齋去德甫未遠，其載於四筆中無微詞也。且失節
之婦，朱子又何以稱乎？反覆推之，易安當不甚然
。

越縵堂文集書李剛甫觀察儀顧堂題跋後：陸氏心源
儀顧題跋十六卷。其中可取者甚多。其書從已類稿

渦安事輯，後謂「張汝舟，毗陵人。崇寧五年進士。見咸淳毗陵志」。又引「建炎以來繫年要錄」：紹興二年九月，張汝舟為監諸軍審計司，以李氏訟其妄增舉數入官，詔除名，柳州編管」。則汝舟既確有其人，以李氏訟編管亦確有其事。汝舟即飛卿之名，妻字上當脫趙明誠三字。高宗性好古玩，汝舟必以進奉得官，因進奉而徵及玉壺，因玉壺失而有獻璧北朝之誣，而湯陰有妄增舉之報。蓋獻璧之誣，人人代抱不平，故李氏一控而汝舟即奪職編管。汝舟無可洩憤，改其謝啟，誣為改嫁，認為伊妻。其啟即為汝舟而改，非別有悉家也」。則殊臆決，不近理。案：嘉泰會稽志載：「宣和五年，張汝舟以降授宣教郎直秘閣知明州」。越為望郡，是汝舟在徽宗已通顯。乾道四明圖經載：「建炎四年，張汝舟以直顯謨閣知明州，兼管內安撫使，數月即罷」。（圖經載：「是年汝舟之前，已有劉洪道向子忞二人，汝舟之後為吳懋。以建炎四年八月到任。是汝舟在州，不過一二月。」）繫年要錄載：「紹興二年九月，汝舟除名。時官止右承奉郎。則仕宦頗極沉滯，安見其進奉得官。高祖頗好書畫，未聞其好器玩。易安金石錄後序言「聞飛卿玉壺事發，建

矣三年九十月間乚。時趙明誠甫於八月卒。高宗方為
金人所逼，流離奔竄，即甚荒闇之主，尚安得有心
玩好，令人以進奉博官。汝舟之名與飛卿之字，亦不
相配合。且序言飛卿玉壺實珉也，旋復攜去。則壺並
不在德甫所。安得妄告朝廷，徼之趙氏。且要錄言「
時建康置防秋安撫使。擾攘之際，或疑其饋璧北朝，
言者列以上聞，或言趙張皆當置獄乚。是明謂言官所
發，飛卿未有對獄之懼。豈有自發而自誣之理。易安
後序，亦謂何人傳道，妄言頒金。是並無飛卿之事
。安得謂人人代抱不平。易安故訴其妄，增數以報復

○至謂「其啓即汝舟所改」。尤非情理。汝舟以進士
歷官，已顯。豈肯自謂駔儈下才，及視聽才分，實難共
處。且人即無良，豈有冒認棄婦以為己妻。趙李皆名
人貴家，易安婦人之傑，海内衆著，又將誰欺，雖喪
心下愚，亦不至此。要録大書「右承奉郎監諸軍審
計司張汝舟屬吏，以汝舟妻李氏訟其妄增奉數入官也
」。其文甚明。安得謂妻上朘趙明誠三字。陸氏謂妄
增奉事何与妻事，朝廷亦豈為准理」。則閨房之内事
有難言。增奉入官，欺罔朝廷，安得置之不理。此等惟
家人得知之。故發即得實。若他人之婦、何從知之。

58

57

惟易安必无再嫁之事，理初排比歲月証之甚明。今即
今要錄所載此一節、覈其年月，更可瞭然。易安金石
錄後序，自題紹興二年，元黓歲，壯月，甲寅朔，易
安室題。要錄繫詔增舉書於紹興二年九月戊午朔
。相去一月，豈有三十日內忽在趙氏為嫠婦，忽在張
氏訟其夫，此不待辯者也。又易安於紹興三年五月，
上使金工部尚書胡松年詩：「有嫠家祖父生齊魯之
句。則易安以老寡婦終，已無疑義。要錄又載：「
紹興二年八月丙辰。（是二十九日，是戊子朔。後序
題甲寅朔，蓋筆誤。甲寅是二十七日。或是戊子朔甲

寅。脱戊子二字。又朔甲寅誤倒，古人題歲月，多有
此例。易安好古，觀其用歲陽紀歲，明月名紀月可知。
）直秘閣主管江州太平觀趙思誠守起居郎。思誠，明
誠兄也）。則是時趙氏尚盛，尤不容有此事。要錄又載
「建炎三年閏八月，和安大夫開州團練使王繼先嘗
以黃金三百兩從故秘修撰趙明誠家市古器，兵部尚
書謝克家言恐疏遠，聞之有累盛德，欲望寢罷。上批
令三省取問繼先。」則所云徵及玉壺，傳聞置獄，當在
此時。王繼先本姦黠小人，時方得幸，必有恫喝趙
氏之事。而綦崇禮為左右之得白。故易安作啟以謝。

或張汝舟妻李氏本易安一家，與夫不咸，訟訐離異。當時忌易安之才、如學士秦楚材者，（秦檜之兄、名梓）及被易安誚刺如張九成者，因持此事造之易安。（張九成爲紹興二年進士第一人，其对策有「桂子飄香」之語。易安因有「桂子飄香張九成」之謔。亦足証其嫠居無事，若與後夫爭訟仳離。豈尚有此暇，加弄猴猾手也。）或汝舟之妻，亦嫻文字，作文自述彼夫欺凌毆擊之事，其訟妄增舉數時，亦必牽及閨門，乖忤自求離絕，及置獄根勘得實，并遂其請。後人因其適皆李姓，遂牽合之。陳徽之亦不察而誤采之。俗語不實，流為丹青。遂以漱玉之清才，古今罕儷，且為文叔之女，德甫之妻，橫被惡名，致為千載貽人口實。余故申而辯之。補俞氏之闕，正陸氏之誤。可為不易之定論矣。

宋詩精華錄第四，易安詩句，多譏刺時事。故恨之者造言污衊，無而不至矣。

紹興三年癸丑（一一三三）易安五十一歲。

易安在行都。端午親聯有為內夫人閤代進帖子。時秦檜

允梓，在翰苑惡之，止賜金帛。

浩然齋雅談：紹興三年，行都端午，易安有為內夫人

者，代進帖子。皇帝閤曰：「日月堯天大，璇璣舜曆

長。側聞行殿帳，多集上書囊」。皇后閤曰：「意

帖初宜夏（意帖用上官昭容事），金駒已過蠶，至尊千萬壽，行見百斯男。（安案：俞事輯此句作[illegible]）

夫人閤曰：「三宮催解檥，妝罷未天明，便面天題字

，歌頭御賜名」。時秦楚材翰苑惡之，止賜金帛而罷

。

癸巳類稿易安居士事輯：三年行都端午，易安親聯有

為內夫人者……於是翰林止金帛之賜。咸以為
由易安也。時買翰林者，秦楚材忌之。
按：秦梓，字楚材。以有才名，登宣和進士第，累官
翰林院學士，出知宣州。致仕歸，弟檜當國，梓惡其
所為，自江寧徙溧陽。時有腳下司馬之目。
五月，簽書樞密院事韓肖胄、工部尚書胡松年，使金通兩
宮。易安賦詩上之。
雲麓漫鈔：上韓公樞密詩序云：「紹興癸丑五月，樞
密韓公、工部尚書胡公，使虜通兩宮也。有易安室者
，父祖皆出韓公門下。今家世淪替，子姓寒微，不敢

望公之車塵，又貧病。但神明未衰落。見此大號令，不能忘言。作古律詩各一章，以寄區區之意，以待採詩者。上韓公詩曰：「三年夏六月，天子視朝久，凝旒望南雲，思衣思北狩。如聞帝若曰：岳牧与群后，賢寧違半千，運已過陽九。勿勤燕然銘，勿種金城柳，豈無純孝臣，識此霜露悲。何必舍羹肉，便可載車脂。土地非所惜，玉帛弃塵泥。幣重辭益深，四岳僉曰俞。臣下帝所知，中朝第一人，春官有昌黎，身為百夫特，行為萬人師。嘉祐有建中，為政有皋夔。漢家重王商，唐室重子儀。見時應破膽，將命公所直。（肖曾、韓琦曾孫。）公拜稽首，受命白玉墀。曰：「臣●敢辭難，此亦何等時。家人安足謀，妻子不復辭。願奉宗廟靈，願奉天地威。徑持紫泥詔，直入黃龍城。北人懷舊德，傳子當來迎。聖孝定能達，勿復言請纓。倘持白馬血，与結天日盟。」上胡詩曰：「胡公清德人所難，謀同德協置器安。解衣已渡漢恩暖，離時不怯關山寒。皇天久陰后土濕，雨勢未回風勢急。車聲轔轔馬蕭蕭。壯士懦夫俱感泣。閭閻嫠婦亦何知，瀝血投詩干記室。夸邱苔又非荒城，勿輕談士無儒生。項王墓下馬猶倚。（言項羽葬魯，在今嶽

62

61

城□）寒襲城邊鷄未鳴。（水經注：韓侯城在全地。）巧匠亦曾嗣標櫟，羽毛之詢或有益。不乞情珠与和璧，但乞鄉關新信息。靈光雖在應蕭條，草中翁仲今何若？遺民定尚種桑麻，敗將如聞保城郭。髮婦祖父生齊魯，位下人高人比數。當年稷下縱談時，猶記人揮汗如雨。千秋南渡今幾年，漂泊遊子誰人伍。願將血淚寄河山，去灑青州一抔土。又：想見皇華過二京，壺漿夾道萬人迎。連昌宮裏桃依在，花萼樓頭鵲應驚。但說帝心憐赤子，須知天意念蒼生。聖明大信明如日，長亂何須在屬盟。

癸巳類稿易安居士事輯：：：五月命簽（應作僉，押也。諸書皆從竹。）書樞密院事韓肖胄，（字似夫）工部尚書胡松年（字茂老，海州，懷仁人。二人以七月行）充奉表通問使、副使。使金通兩宮也。（劉時舉續通鑑。又案：宋朝事實，其事在七月。其後八年十二月，韓又使金。）易安上詩：：：

宋史卷三百七十九韓肖胄傳：韓肖胄，字似夫，相州安陽人。曾祖琦，祖宗彥，再世為相。父治。肖胄以蔭補承務郎，歷開封司錄，與府尹同對殿中。徽宗問其家世，賜同上舍出身，除衛尉少卿，

63

假給事中，充賀僉國生辰使……紹興三年，拜端明殿學士，同僉樞密院事，充通問使。以胡松年副之。

《宋史》卷三百七十九《胡松年傳》：胡松年，字茂老，海州懷仁人。政和二年上舍釋褐，補濰州教授。八年，賜對便殿。徽宗偉其狀貌，改校書郎，兼資善堂翊善，提舉太平觀，為殿試詳定官，遷中書舍人，除給事中……出知平江府……加徽猷閣待制……除給事中……兼侍講。王倫使金還，言金人欲再遣重臣來計議。以松年試工部尚書，為韓肖胄副，充大金奉表通問使……

時湯安有《感懷詩》云："寒窗敗几無書史，公路生平竟此，青州從事孔方兄；終日紛紛喜生事。作詩謝絕聊閉門，虛室香生有佳思。靜坐吾乃見真吾，烏有先生子虛子。

癸巳類稿易安居士事輯：三年行部端午……其感懷詩曰：「寒窗敗几無書史……」

紹興四年甲寅（一一三四）易安五十二歲。

八月，作金石錄後序曰：「右金石錄三十卷者何，趙侯德父所著書也。取上自三代，下迄五季，鐘鼎甗鬲槃匜尊敦之款識，豐碑大碣，顯人晦士之事跡，凡見於金石刻者二千卷，皆是正譌謬，去取褒貶，上足以合聖

64

人之道，下至以訂史氏之失者，皆載之，可謂多矣。嗚
呼！自王播元載之禍，書畫與胡椒無異；長輿元凱之病
，錢癖與傳癖何殊，名雖不同，其惑一也。余建中辛巳
，始歸趙氏，時先君作禮部員外郎，丞相時作吏部侍郎
，侯年二十一，在太學作學生。趙李族寒，素貧儉，每
朔望謁告出，質衣取半千錢，步入相國寺，市碑文果實
歸，相對展玩咀嚼，自謂葛天氏之民也。後二年出仕宦
，便有飯蔬衣練，窮遐方絕域，盡天下古文奇字之志，
日就月將，漸益堆積。丞相居政府，親舊或在館閣，多
有亡詩逸史，魯壁汲冢所未見之書，遂盡力傳寫，浸覺有

味，不能自已。後或見古今名人書畫，三代奇器，亦復脫衣市易。嘗記崇寧間，有人持徐熙牡丹圖，求錢二十萬，當時雖貴家子弟，求二十萬錢，豈易得耶。留信宿，計無所出而還之。夫婦相向惋悵者數日。後屏居鄉里十年，仰取俯拾，衣食有餘。連守兩郡，竭其俸入，以事鉛槧。每獲一書，即共同校勘，整集籤題。得書畫彝鼎，亦摩玩舒卷，指摘疵病，夜盡一燭為率。故能紙札精緻，字畫完整，冠諸收書家。余性強記，每飯罷，坐歸來堂，烹茶，指堆積書史，言某事在某書某卷第幾葉第幾行，以中否角勝負，為飲茶先後。中即舉杯大笑至茶傾覆懷中，反不得飲而起。甘心老是鄉矣。故雖處憂患困窮而志不屈。收書既成，歸來堂起書庫大櫥。簿甲乙，置書冊。如要講讀，即請鑰上簿關出。卷帙或少損污，必懲責揩完塗改，不復向時之坦夷也。是欲求適意而反取憀慄。余性不耐。始謀食去重肉，衣去重采，首無明珠翡翠之飾，室無塗金刺繡之具。遇書史百家，字不刓缺，本不訛謬者，輒市之，儲作副本。自來家傳周易左氏傳，故兩家者流，文字最備。於是几案羅列，枕籍、意會心謀，目往神授，樂在聲色狗馬之上。至靖康丙午，侯守淄川，聞金人犯京師，四顧茫然，盈箱溢篋，

且戀戀，且悵悵，知其必不爲己物矣。建炎丁未春三月
，奔太夫人喪南來，既長物不能盡載，迺先去書之重大
印本者，又去畫之多幅者，又去古器之無款識者，後又
去書之監本者，畫之平常者。凡屢減去，尚載書十五車
。至東海，連艫渡淮，又渡江至建康。青州故第，尚鎖
書冊什物，用屋十餘間，期明年再具舟載之。十二月，
金人陷青州，凡所謂十餘屋者，已皆爲煨燼矣。建炎戊
申秋九月，侯起復知建康府。己酉春三月罷，具舟上
蕪湖，入姑孰，將卜居贛水上。夏五月，至池陽。被旨
知湖州，過闕上殿，遂駐家池陽，獨赴召。六月十三日

66

65

始負擔，捨舟坐岸上，葛衣岸巾，精神如虎，目光爛爛
射人，望舟中告別。余意甚惡，呼曰：「如聞城中緩急
奈何？」戟手遙應曰：「從眾。必不得已，先去輜重，次
衣被，次書冊卷軸，次古器。獨所謂宗器者，可自負抱
，與身俱存亡，勿忘也。」遂馳馬去。途中奔馳，冒大暑
，感疾。至行在，病痁。七月末，書報臥病。余驚怛，
念侯性素急，奈何病痁，或熱，必服寒藥，疾可憂。遂
解舟下，一日夜行三百里。比至，果大服茈胡黃芩藥，
瘧且痢，病危在膏肓。余悲泣，倉皇不忍問後事。八月
十八日，遂不起，取筆作詩，絕筆而終，殊無分香賣

傯之意，葬畢，余無所之。朝廷已分遣六宮，又傳江當禁渡。時猶有書二萬卷，金石刻二千卷，器皿茵褥，可待百客，他長物稱是。余又大病，僅存喘息。事勢日迫，念侯有妹壻任兵部侍郎，從衛在洪州，遂遣二故吏先部送行李往投之。冬十二月，金人陷洪州，遂盡委棄。所謂連艫渡江之書，又散為雲煙矣。獨餘少輕小卷軸書帖，寫本李杜韓柳集，世說，鹽鐵論，漢唐石刻副本數十軸，三代鼎鼐十數事，南唐寫本書數篋，偶病中把玩，搬在卧內者，巋然獨存。上江既不可往，又虜勢叵測，有弟迒任勅局删定官，遂往依之。到台，台守已已遁之剡，出睦，又棄衣被走黃巖。雇舟入海，奔行在，時駐蹕章安，從御舟海道之溫，又之越。庚戌十二月，放散百官，遂之衢。紹興辛亥春三月，復赴越，壬子，又赴杭。先侯疾亟時，有張飛卿學士攜玉壺過視侯，便攜去，其實珉也。不知何人傳道，遂妄言有頒金之語，或傳亦有密論列者。余大惶怖，不敢言，亦不敢遂已，盡將家中所有銅器等物，欲赴外廷投進。到越，已移幸四明，不敢留家中，並寫本書寄剡。後官軍收叛卒取去，聞盡入故李將軍家。所謂巋然獨存者，無慮十去五六矣。惟有書畫硯墨可五七簏，更不忍置他所，常在卧榻下，手自開闔。在會稽，卜居土民鍾氏舍，忽一夕，穴壁負五簏去。余悲慟不得活，重立賞收贖。後二日，鄰人鍾皓出十八軸求賞，故知其盜不遠矣。萬計求之，其餘遂牢不出。今知盡為吳說運使賤價得之。所謂巋然獨存者，乃十去其七八。所有一二殘零不成部帙書冊、三數種平平書帖，猶復愛惜，如護頭目，何愚也耶。今日忽閱此書，如見故人。因憶侯在東萊靜治堂，裝卷初就，芸籤縹帶，束十卷作一帙。每日晚吏散，輒校勘二卷，跋題一卷。此二千卷，有題跋者五百二卷耳。今手澤如新，而墓木已拱。悲夫！昔蕭繹江陵陷

沒，不惜國亡，而毀裂書畫，楊廣江都傾覆，不悲身死

而復取圖書，豈人性之所著，死生不能忘之歟。或者天

意以余菲薄，不足以享此尤物耶。抑亦死者有知，猶斤

斤愛惜，不肯留人間耶。何得之艱而失之易也。嗚呼！

余自少陸機作賦之二年，至過蘧瑗知非之兩歲，三十四

年之間，憂患得失，何其多也。然有有必有無，有聚必

有散，乃理之常。人亡弓，人得之，又胡足道。所以區

區記其始終者，亦欲為後世好古博雅者之戒云。紹興二

年玄黓歲壯月朔甲寅，易安室題。

日知錄集釋卷二十一注云：讀李易安題金石錄引王

播遷元載之事、以有聚有散、乃理之常、人亡人得、又胡足道。未嘗不嘆其言之達……

容齋四筆卷五趙德甫金石錄：東武趙明誠，德甫，清憲丞相中子也。著金石錄三十篇，上自三代，下迄五季，鼎、鐘、甗、鬲、盤、匜、尊、爵之款識，豐碑大碣，顯人晦士之事跡，見於石刻者皆是，正譌謬，去褒貶，凡為卷二千。其妻易安李居士，平生與之同志。趙歿後，愍舊物之不存，乃作後序，極道遭罹變故本末。今龍舒郡庫刻其書，而此序不見取。比獲見原稿於王順伯。因為撮述大概云：「余建中辛巳始歸趙氏……」亦欲為世好古博雅者之戒云。時紹興四年也，易安年五十二矣。自叙如此，余讀其文而悲之，為識於是書。

按：後序云：「余自少陸機作賦之二年，過蘧瑗知非之兩歲」。蘧瑗知非之兩歲，指今作後序年也。易安建中辛巳適趙明誠時，本十九歲，易安以是年紀歲作十八歲，至是年五十二歲，則當作五十一歲。抑或易安作後序之月日，適滿五十二歲耳？易安工四六，不脫詞藻習氣，或借用此二事以取巧，並未求其確實記其年歲也。浦清江金石錄後序注解云：「蘧瑗年五十而知四十九年之非，」此言過兩歲，是五十二歲，或指五十一歲，亦未可知。又按：今傳後序，易安自題紹興二年。而容齋四筆

70

63

作四年。今傳本，疑為後人傳鈔所誤。洪邁於慶元三年在趙王順伯處見此序原稿，距易安作文時僅六十一年。《四筆》云云「時紹興四年也，易安年五十二矣」之語，可無疑義。浦江請云云「然則後序即為紹興四年所作，何以今本作紹興二年亦黙乎？」考紹興四年八月戊寅朔，五年八月壬寅朔，皆非甲寅。余之臆說，以為文中之甲寅本非記日，乃記歲者，而紹興四年適歲次甲寅也。故洪氏所見原稿或為「紹興四年甲寅歲壯月朔甲寅易安室題」，後傳鈔者既誤四年為二年，又置甲寅於下，於是成為「紹興二年歲壯月朔甲寅易安室題」，後人見年歲二字中似

有缺落，按其年為壬，乃增益點畫字，遂成今本。此與說

顧炎武日知錄所載「山東人刻金石錄於易安後序壯

月朔，不知壯月之出於爾雅，而改為牡丹」之辨誤相似。

今據洪氏所記，列於是年。

金石錄後序注解：「據此文之題識為紹興二年壬十八月

朔甲寅日，今查繫年要錄是年八月朔戊子，甲寅乃是

二十七日，李慈銘為之說曰：「題甲寅朔，蓋筆誤，

或是戊子朔甲寅，脫戊子二字，古人題月日，多用此

例」。作文題日，決無筆誤之理，至於本為戊子朔甲

寅」，則似可通，古人誠有此例，蓋題朔及日之支干

支，以見其為是月之第幾日耳。李說雖辯，但根本問題，以此序為作於紹興年，必不可通也。此序如作於紹興二年，易安時年五十二，於是上推至建炎三年德甫卒時，易安年四十九，上推至建國辛巳年，易安年二十一，是與德甫同庚也。然而觀此文語氣，一，若建中辛巳年侯年二十一，而己之年非二十一者，一不合也。「余自少陸機作賦之二年」一語，非指出嫁之年齡，雖有別種適宜之解釋，是易安出嫁時非為二十一歲而是十八歲，二不合也。本文云「壬子又赴杭」，一若此序尚作在壬子以後者，三不合也。根據以以上之理由，余意定此序作於紹興二年者非也。

趙不譾跋：「趙德父所著金石錄，鋟版於龍舒郡齋久矣。尚多脫落，茲幸假守於邦人張懷祖知縣，既得郡文學山陰王君玉是正。且惜夫易安之跋不附焉。因刻以殿之，用慰德父之望，亦以遂易安之志云。開禧改元上巳日浚儀、趙不譾、師厚父。」

葉仲盛跋：「金石錄余求之三十年不可得，壬辰冬始遇此善本于京師，如獲寶玉。欽羨略觀一度，其於集古錄正誤最多，誠亦精審已。雖然自昔藏書家凡塵風葉之喻，前後彼此，蓋恆有之，不足怪也。吾安得歐

陽伯集古錄、洪丞相隸釋隸等書，悉集於此，而又有

閒工夫稍盡心焉，亦平生之一適也。漫筆之以跋。成

化九年二月朔旦。吳郡葉仲盛甫志。

歸有光跋：余見此書於吳純甫家，至是始從友人周思

仁借歸，復借葉文莊家藏本校之。觀李易安所稱，其

一生辛勤之力，頃刻雲散，可以為後人藏書之戒。然

余平生無他好，獨好書以為適吾性焉耳，不能為後日

計也。文莊公書無慮萬卷，至今且百年，獨完悉，繙閱

之餘，手跡宛然，為之敬嘆。嘉靖三十六年十月既望

。吳郡歸有光題。

金石錄後序注解：：後序者，金石錄一書，已有明誠自序一篇載於卷首，今清照所作，附於卷末，且距明誠之卒，又已數年，故稱後序。據南宋人洪邁於慶元三年，所作之容齋四筆中所述，則當時龍舒郡庫刻趙氏金石錄，此後序不曾刊入。洪氏得見原稿於王順伯處，讀其文而悲之，爲撮述大概，錄入於容齋四筆中。惜洪氏僅撮述大概，倘全錄原文，則爲今日最佳之古本也。凡作文題記於書末，或稱書後，或稱跋，性質微有區別。今稱後序者，此文詳記明誠作書之旨，及金石錄聚散之經過，比明誠自作之序更詳，決非泛泛之題

跋、故洪容齋見其手稿、稱為後序、而呂欽本乃以
明誠之友河間劉跂政和七年之序作為後序、以此序為
跋者非也。

按：後序宮闈文選作三篇、讀古逸連為一篇甚是

。後序之後、不能再有自序、諸家文集亦未道及有自
序也。

時易安有曉夢詩曰：「曉夢隨疎鐘、飄然躡雲霞、因緣
安期生、邂逅萼綠華。秋風正無賴、吹盡玉井花。共看
藕如船、同食棗如瓜。翩翩坐上客、意妍語亦佳。嘲辭
鬥詭辯、活火烹新茶。雖乏上元術、遊樂亦莫涯。人生

能如此、何必歸故家。起來斂衣坐、兩耳厭喧嘩。心知不可見、念念猶咨嗟。

按、是年十月朔、易安始離臨安至金華。此詩云「秋風正無賴、吹盡玉井花」。當作於八九月間、俞事輯謂十月下居金華時作、誤。

癸巳類稿易安居士事輯：詩秀朗、有仙骨也。

十月朔、離臨安避乱西上、過子陵釣臺、至金華、卜居陳氏第。

癸巳類稿易安居士事輯：四年避亂西上、過嚴子陵釣臺、有巨艦、因利扁舟為名之歎。（打馬圖、釣臺

34

集、或以其二十字韻語為歇詩、蓋由聊成之、非詩

也、不復錄）至金華卜居焉。

打馬圖序：今年冬十月朔、聞淮上警報、江浙之人、

自東走西、自南走北。居山林者、謀入城市。居城市

者、謀入山林。旁午絡繹、莫知所之。余亦自臨安泝流

過嚴灘、抵金華、卜居陳氏第。

十一月，二十四日。作打馬圖經。

打馬圖序：慧則通、通則無所不達。專則精、精則

無所不妙。故庖丁之解牛，郢人之運斤，師曠之聽，

離婁之視，大至堯舜之仁，桀紂之惡，小至擲豆起

蠅，巾角拂棊，皆臻至理者何？妙而已。後世之人
，不惟學聖賢之道，不到聖處，雖嬉戲之事，亦不得
其依稀彷彿，而遂止者多矣。夫博無他，爭先術耳，
故專者能之。余性喜博，凡所謂博者皆耽之，晝夜每
忘寢食。且平生多寡，未嘗不進者何？精而已。自南
渡來，流離遷徙，盡散博具，故罕為之，然實未嘗忘於胸中也。今年十月朔，聞淮上
警報，江浙之人，自東走西，自南走北，居山林者，
謀入城市，居城市者，謀入山林，旁午絡繹，莫不失
所。易安居士亦自臨安泝流，涉嚴灘之險，抵金華，卜
居陳氏第。乍釋舟楫而見軒窗，意頗適然。更長燭

明，奈此良夜何，於是博奕之事講矣。且長行葉子、博塞彈棋，世無傳者，若打褐、大小、豬窩、族鬼、胡畫、數倉、賭快之類，皆鄙俚不經見。藏酒、樗蒲、雙蹙融，近漸廢絕。選仙、加減、插關火，質魯任命，無所施人智巧。大小象棋，惟可容二人。獨采選、打馬，特為閨房雅戲。嘗恨采選叢煩，勞於檢閱，故能通者少，難遇勁敵。打馬簡要，而苦無文采。

按打馬，世有二種，一種一將十馬，謂之關西馬。一種無將二十馬者，謂之依經馬。流傳既久，各有圖經凡例可考。行移賞罰，互有異同。又宣和間，人取二種馬，第雖加減，大約交加僥倖，古意盡失。所謂宣和馬者是也。余獨愛依經馬，因取其賞罰互度，每事作數語，隨事附見，使兒輩圖之。不獨施之博徒，亦足貽諸好事。使千萬世後，知命辭打馬，始自易安居士也。紹興四年，十一月二十四日，易安室序。

癸巳類稿易安居士事輯：至金華卜居，為……作打馬圖曰：……亂曰：「佛狸定見卯年死，（是歲甲寅）貴賤紛紛尚流徙。滿眼驊騮及騄耳，時危安得真致此，木蘭橫戈好女子。老矣不復志千里，但願相

76

將過淮水」。

易安自南渡以來，嘗懷京洛舊事，有元宵永遇樂詞曰：「落日鎔金，暮雲合璧。人在何處。染柳煙濃，吹梅笛怨，春意知幾許。元宵佳節，融和天氣，次第豈無風雨。來相召，香車寶馬，謝他酒朋詩侶。中州盛事，閨門多暇，記得偏重三五。鋪翠冠兒，撚金雪柳，簇帶爭濟楚。如今憔悴，風鬟霜鬢，怕見夜間出去。不如向簾兒底下，聽人笑語」。

貴耳集：「南渡以來嘗懷京洛舊事，晚年賦元宵永遇樂詞云：「落日鎔金，暮雲合璧」，已極工緻。至於染柳烟濃，吹梅笛怨，春意知幾許。氣象更好。後叠云「於今憔悴，風鬟霜鬢，怕見夜間出去」。皆以尋常語度入音律，鍊句精巧，則易手淺入調者。

又有武陵春詞曰：「春住塵香花已盡，日晚倦梳頭，物是人非事事休，欲語淚先流。聞説雙溪春尚好，也擬泛輕舟，只恐雙溪舴艋舟，載不動許多愁。」

癸巳類稿易安居士事輯云：居金華有武陵春詞曰：「春住塵香花已盡、、、、、、、」流寓有故鄉之思。（水東日記云：「玩其詞意，作於序金石錄之後」。）

按：雙溪在金華縣北，東流合於[illegible]溪。唐詩宋詞選云

「武陵春」[illegible]蓋南渡後易安流離故鄉時而作也。

紹興五年乙卯（一一三五）易安五十三歲。

四月，是年，徽宗殂於金。

紹興六年丙辰（一一三六）易安五十四歲。

樓鑰，字大防生。陸務觀以蔭補登仕郎。

紹興七年丁巳（一一三七）易安五十五歲。

呂祖謙，字伯恭生。正月，何蘚還自金，始聞徽宗之喪，帝成服。

紹興八年戊午（一一三八）易安五十六歲。

是年，定都臨安。二月，帝 三月，以秦檜為尚書右僕射，同平章事，兼樞密使。

紹興九年己未（一一三九）易安五十七歲。

紹興十年庚辛（一一四〇）易安五十八歲。

是年四月，韓肖胄罷。八月，貶秘修閣修撰張九成等官。

紹興十一年辛酉（一一四一）易安五十九歲。

五月十三日，綦崇礼壻●陽夏謝伋，寓居台州，自序四六談麈，仍稱易安為趙令人。

癸巳類稿易安居士事輯：至紹興十一年、五月十三日，綦崇礼壻●陽夏謝伋，寓家台州，自序四六談麈時，易安年已六十，仍稱為趙令人。

四六談麈序：……山居歷年，[illegible]官終日，因後生之問，可記者輒錄之，以資講學之一事，如古今五七字詩

●題爲四六談塵云。他時有得，當坿益諸。紹興十一
年、五月十三日。陽夏謝伋序。
是年十月，秦檜矯詔，下岳飛於大理獄。十一月和議成
、稱臣納貢於金。十二月岳飛死，年三十九歲。
紹興十二年壬戌（一二四三）易安六十歲。
易安此役、或曰依其弟迒，老於金華。閨秀韓玉文、嘗
從之學詩。
、四朝詩集之閨秀韓玉文、秦人，居於杭，李易安教以
詩。
癸巳類稿易安居士事輯：：、其事非閨幃所記者，莫能

知。或曰：「依其弟迒，老於會稽。」……後有人於闕溪口鋪，見女子韓玉文題壁詩序云：「叨在錢塘，師事易安。」

紹興十三年癸亥（一一四三）易安六十一歲。

上明誠金石錄於朝。

四庫全書總目提要：史部◎金石◎金石錄三十卷。（兩淮馬裕家藏本）宋趙明誠撰。明誠字德父，密州諸城人。歷官知湖州軍州事。是書以所藏三代彝器及漢唐以來石刻，仿歐陽修集古錄例，編次成帙。紹興中其妻李清照表上於朝。張端義貴耳集謂：「清照亦筆

前其間之理或然也。有明識自序，並瞿清照跋序。前
十卷，皆以時代為次，自第一至二千，咸著於目。每
題下注撰年月撰書人名。後二千卷為辯證。凡跋尾五
百二篇。中邢義李證興荃倉般舟和尚四碑目錄中不
列其名，或編次偶有誤舛，或所續得之本未及補入
卷中歟。初錄傲於龍舒。開禧元年，趙不謭又重刻之
。其本今已罕傳，故歸有光朱彝尊所見皆傳鈔之本
，或遂指為未完之書。其實當時有所考證，乃為題識
。故清照跋稱二千卷中，有題跋者五百二卷耳。原
非卷卷有跋，未可以殘闕疑也。清照跋，按洪容齋四

筆，原為龍舒刻本所不載，邁於王順伯見原稿，乃撮述大概載之，此本所列，乃與邁所撮述者不同，則後人補入，非清照之全文矣。自明以來，轉相鈔錄，各以意為更移，或刪其間內之次第，又或竄亂其目之年月。第十卷以下，或併削其每卷之細目，或竟佚卷末之後序，沿譌踵謬，彌失其真。顧炎武日知錄載了章邱刻本，至以後序壯月朔為牡丹朔。其書之舛謬，可以概見。近日所傳，惟焦竑從秘府鈔出本，文嘉從宋刻影鈔本，崑山葉氏本，閩中徐氏本，濟南謝氏重刻本，又有長沙何焯、錢唐丁敬諸校本，差為完善。今揚卌刻本，皆爲摹錄，又於隸中以隸釋隸續諸書，增附案語，較爲詳核。別有范氏天一閣，惠氏紅豆山房諸校本，皆稍不及，故今從揚州所刊著於錄焉。

金石錄後序注解：金石錄三十卷，趙明誠撰。宋史藝文志著錄，今存。舊有雅雨堂叢書本，三長物齋叢書本，行素草堂本數種。今又有商務印書館影印之呂無黨手鈔本，（見四部叢刊續編）金者指古代銅器，石指石刻，商周青銅器上所刻文字，少者一二字，多者數百字，爲研究古文字學及古史學之重要材料。石刻指紀功碑、摩崖石刻、墓誌之類，其所刻文章，可以引證歷代史事，補訂正史之缺失。我國金石之學，始盛於北宋。屬於史學之一門，發達早於今日之西洋考古學也。前於趙明誠有歐陽修之集古錄。趙氏之作，即繼承歐陽公之事業者。

按：四庫全書總目提要云：紹興中易安上明誠金石錄於朝。今確定年月無考，姑繫於是年。

紹興十四年甲子（一一四四）易安六十二歲。

紹興十五年乙丑（一一四五）易安六十三歲。

紹興十六年丙寅（一一四六）易安六十四歲。

紹興十七年丁卯（一一四七）易安六十五歲。

紹興十八年戊辰（一一四八）易安六十六歲。

是年葉夢得卒，年七十二歲。

紹興十九年己巳（一一四九）易安六十七歲。

紹興二十年庚午（一一五〇）易安六十八歲。

是年易安猶存，見漢巴官鐵量，跋之。

金石錄卷十四漢巴官鐵量銘注云：「此盆色類丹砂，魯直石刻云：『其一曰：秦刀巴官，三百五十斤，永平七年，第二十七酉』余紹興庚午親見之。今在巫山縣治，韓暉仲云」。

按：張壽林清照詞評傳，亦以此注出於易安之手，謂是

年易安尚在人間。此注是否易安手筆可疑，姑繫於此

。易安卒年無可考。

易安能詩詞，工四六，又能書畫。

才婦錄：易安居士，能書能畫，又能詞，而尤長於文藻。近今學士，每讀金石錄後序，頓令心神開爽。何物老媼，生此寧馨，大奇大奇。

四六談麈：趙令人，號易安，其祭湖州文……婦人四六之工者。

宋學士文集之園續集：題易安所書琵琶行後詩：樂天謫居江州，聞商婦琵琶，拭淚悲嘆，可謂不善處環境矣

世其詞之傳，讀者尤愴然，況聞其事乎。李易安圖而書之，其意蓋有所寓。而永嘉陳傳良題識其言，則有哀其志者。余戲作一詩止之於禮義，亦古詩人之遺音歟。其詞曰：「佳人薄命紛如數，豈獨潯陽老商婦？青衫司馬太多情，一曲琵琶淚如雨。此身已失將焉歸，世間哀樂常相隨。易安寫此別有意，字字似訴心中悲。永嘉陳侯好奇士，夢裡謬為兒女語。花顏國色草上塵，朽骨何堪汙簡書。生男當如魯男子，生女當如夏侯女。千載穢跡吾欲洗，安得潯陽半江水。」

《太平清話》：李易安趙清憲之子婦，趙挺之亦謚清憲。

莫廷韓云：「曾買易安墨竹一幅」。予惜未見。

有易安居士文集七卷、易安詞六卷。

宋史藝文志：易安居士文集七卷，易安詞六卷。

郡齋讀書志：李易安集十二卷。

直齋書錄解題：漱玉集一卷，易安居士李清照撰。別本分五卷。

癸巳類稿易安居士事輯：有易安詞六卷。通考經籍考引直齋書錄解題、上漱玉集一卷。解題云：「別本分五卷」、詞令存」。書錄打馬賦一卷。解題云：「用十二馬、今世打馬，大約與樗蒲相類」。藝文志言：「文集七卷。明焦竑國史經籍志云二十卷。則並無五卷，惜其文未見。

按：易安詞今傳者，有漱玉詞一卷，見汲古閣詩詞雜俎刊本，趙萬里輯本，四印齋所刻詞刊本。又李文裿就王鵬運四印齋刻本復從各書采錄二十八闋，合王輯得七十八闋，并其他雜文詩賦及後人記載評論之作，續輯為漱玉集五卷。見冷雪盦叢書本。

詩詞雜俎漱玉詞跋云：黃叔暘云：「漱玉集三卷」。馬端臨云：「別本[illegible]分五卷」。考諸宋元雜記，大都率合詩詞雜著為漱玉集，則彙全集為三卷，無疑矣。第

國朝博雅如朋修先生，尚概未見其全，湮沒不彰久耶

。庚戌仲夏秋，余從邊卿覓得宋詞廿餘首，乃洪武三

年抄本，訂正已閱數名家。中有漱玉斷腸二册，雜卷

帙無多，參諸花庵草堂彤管諸書已浮其半，真鴻寶也

。急今梓之，以公同好。湖南毛晉識。

四庫全書總目提要集部詞曲類漱玉詞……清照工詩文

尤以詞擅名……此本為毛晉汲古閣所刊……案陳振

孫書錄解題載清照漱玉詞一卷，又云別本作五卷，黃

昇花庵詞選則稱漱玉詞三卷，今皆不傳，此本僅十

七闋，附以金石錄後序一篇，蓋後人裒輯為之，已非其舊。清照以一婦人，而詞格乃抗軼周柳。張端義貴耳集，極推其元宵永遇樂詞、聲聲慢，以為閨閣有此文筆，殆為閒氣，良非虛美。雖篇帙無多，固不能不寶而存之，以為詞家一大宗矣。

四印齋所刻漱玉詞跋：右易安居士漱玉詞一卷。按此詞雖見於宋史藝文志、直齋書錄解題，世久無傳本。古虞毛氏。刻之詹宋婦人集者，僅詞十七首。四庫收即是本也。此訂以宋曾伯端樂府雅詞所錄二十三首為主，復旁搜宋人選本說部，又得二十七首，都為一集。

文馬戲圖經（一名打馬圖經）一卷。見夷門廣牘刊本，欣賞編刊本，寶顏堂秘笈刊本。

寶顏堂秘笈打馬圖經跋：打馬今不傳。周櫟園書影稱：予友虎林陸驤武近刻李易安之譜於閩，以序家密蠟爲尙盛行。近淮上人頗好此戲云云。而今未見，殆失傳矣。此爲亡友黃石溪明經所寫本。序稱撰於紹興四年，周貴且集所稱南渡以來，常懷京洛舊事，晚年賦詞有於今憔悴風鬟霜鬢時也。時咸豐元辛亥春日南海伍崇曜跋。

附錄

易安居士事輯

俞正燮

易安居士，李清照，宋濟南人。父格非，母王狀元拱辰孫女，皆工文章。（宋史文苑傳）居歷城城西南之柳絮泉上。（古懽堂集，有柳絮泉訪李易安故宅詩，據齊乘，柳絮泉，在金線泉東）易安幼有才藻，元符二年，年十八，適太學生諸城趙明誠。明誠父挺之，時為吏部侍郎。格非為禮部員外郎。（俱宋史）明誠幼夢誦一書曰：言與詩合，安上已脫，芝芙草拔。挺之曰：此離合字，詞女之夫也。結縭未久，明誠出遊，易安意殊不忍別，書一剪梅詞於錦帕送之曰：紅藕香殘玉簟秋，輕解羅裳，獨上蘭舟。雲中誰寄錦書來，雁字迴時，月滿西樓。花自飄零水自流。一種相思，兩處閒愁，此情無計可消除，才下眉頭，却上心頭。（嫏嬛記，草堂詩餘俱如此，詩餘圖譜前段秋字句，輕解羅裳，作一句，月滿下有西字）易安有小令云：昨夜雨疏風驟，濃睡不消殘酒，試問卷簾人，却道海棠依舊，知否知否，應是綠肥紅瘦。（苕溪漁隱叢話）壺中天慢云：寵柳嬌花寒食近，種種惱人天氣。（黃暘評）其秋詞聲聲慢云：守定窓兒，獨自怎生得黑。黑字真不許第二人押也。詞云：尋尋覓覓，冷冷清清，悽悽慘慘寂寂。一下十四疊字。後又云：梧桐更兼細雨，到黃昏點點滴滴。（貴耳集云，是晚年作非也。又嘗以重陽醉花陰詞，函致明誠，明誠思勝之，一切謝客，廢寢忘食者三日。夜得五十餘闋，雜易安作以示友人陸德夫，德夫玩誦再三日，有三句乃絕佳，明誠詰之曰：莫道不消魂，簾捲西風，人比黃花瘦。政易安作也，易安之論曰：唐開元天寶間，李八郎者，能歌擅天下。時新及第進士，開宴曲江，榜中一名士先召李，使易服，隱姓名，衣冠故敝，精神慘沮。與之宴所曰：表弟願與坐末。眾皆不顧，既酒行樂作，歌者進，以曹元念謙為冠，歌罷眾皆咨嗟稱賞。名士忽指李曰：請表弟歌。眾皆哂，或有怒者。及轉喉發聲，歌一曲，眾皆泣下，起曰：此必李八郎也。自後鄭衛聲熾，流靡煩變，有菩薩蠻，春光好，莎雞子，更漏子，浣溪沙，夢江南，漁父等詞，不可徧舉。五代時，江南李氏，獨尚文雅，有小樓吹徹玉笙寒之句，及吹皺一池春水，語雖甚奇，所謂亡國之音哀以思也。本朝柳屯田永變舊聲作新聲，出樂章集，大得聲稱於世，雖協音律，而詞語塵下。又有張子野，宋子京兄弟，沈唐、元絳，晁次膺輩繼出，雖時時有妙語，而破碎何足名家。至晏丞相，歐陽永叔，蘇子瞻，學際天人，作為小歌詞，直如酌蠡水於大海，然皆句讀不葺之詩耳。又往往不協音律。蓋詩文分平側，而歌詞分五音，又分六律，又分清濁輕重。且如近世所謂聲聲慢，雨中花，喜遷鶯，既押平聲，又押入聲。玉樓春平聲，又押入聲。其本押側韻者，如本上聲，協押入聲，則不可通矣。（謂本平可通側，不拘上去入，若本側，則上去入，不可相通）王介甫曾子固，文章似西漢，若作小歌詞，則人必絕倒，不可讀也。乃知詞別是一家，知之者少，後晏叔原，賀方回，黃魯直出，始能知之。而晏苦無鋪敘，賀苦少典重，秦少游專主情致，而少故實。譬如貧家美女，雖極妍麗丰逸，而終乏富貴態。黃即尚故實，而多疵病，譬如良玉有瑕，價自減半矣。（以上皆漁隱叢話）易安識彈前輩，既中其病。（老學庵筆記）而詞日益工，李趙宦族，然素貧儉，每朔望，明誠太學謁告出，質衣取半千錢，步入相國寺，市碑文果實歸，夫妻相對，展玩咀嚼，嘗自謂葛天氏之民也。後二年，明誠出仕宦，挺之為宰相，居政府，親舊在館閣者，多有亡詩逸史●汲冢魯壁，所未見之書，盡力傳寫。或古今名人書畫，三代奇器，質衣物市之。崇甯時，有人持徐熙牡丹圖，求錢二十萬，留信宿，計無所出，卷還之。夫婦相對，惋悵者數日。（金石錄後序）挺之在徽宗時，易安進詩曰：炙手可熱心可寒。挺之排元祐黨人甚力，格非以党藉罷。易安上詩挺之曰：何況人間父子情。讀者哀之！（郡齋讀書志）嘗和張文潛浯溪中興頌碑詩曰：五十年功如電埽，華清花柳咸陽草，五坊供奉鬥雞兒，酒肉堆中不知老。胡兵忽自天上來，逆胡亦自姦雄才，勤政樓前走胡馬，珠翠蹋盡香塵埃。六師出戰輒披靡，前致荔支馬多死，堯功舜德誠如天，安用區區紀文字。著碑刻銘真陋哉。乃令神鬼磨山崖。子儀光弼不自猜，天心悔禍人心開。夏為殷鑒當深戒，簡策汗青今具在，君不見，當時張說最多機，雖生已被姚崇賣。又和曰：君不見驚人廢興唐天寶，中興碑上今生草，不知負國有姦雄，但說成功尊國老。誰令妃子天上來，虢秦韓國皆仙才，苑中羯鼓王方響，春風不敢生塵埃。姓名誰復知安史，健兒猛將安眠死，去天尺五抱甕峰，峰頭鑿出開元字。時移勢去真可哀，姦人心魄深如崖，西蜀萬里尚能返，南內一閑何時開。可憐孝德如天大，反使將軍稱好在。嗚呼！奴輩胡不能道輔國用事張后專，祇能道春薺長安作斤賣。（清波雜志，寒夜錄，春薺長安作斤賣，乃高力士詩）易安自少年，兼有詩名，才力華贍，逼近前輩。（碧雞漫志）傳誦者：詩情如夜鵲，三繞未能安。少陵也是可憐人，更待明年試春草。（風月堂詩話）世又傳：兩漢本繼紹，新室如贅疣，所以嵇中散，至死薄殷周。以為佳境。（朱子游藝論引詩（又春残詩云：春残何事苦思鄉，病裏梳頭恨髮長，梁燕語多終日在，薔薇風細一簾香。（彤管遺編））明誠後屏居鄉里十年，衣食有餘，及起知青萊二州，皆政簡，日事鉛槧，易安與共校勘，作金石錄，考證精鑿，多足正史書之失。每獲一書，即校勘整集，籤題。得書畫彝鼎，摩玩舒卷，指摘疵病，夜盡一燭為率。所藏紙札精緻，字畫完整，冠諸收書家。易安性強記，每飯罷，與明誠坐歸來堂，烹茶，指堆積書史，言某事在某書◎幾卷◎幾葉◎幾行，以中否決勝負，為飲茶先後。中即舉杯，往往大笑◎茶傾覆懷中，反不得飲而起。其收藏既富，歸來堂起書

庫大櫥，簿甲乙，置書冊。當講讀、卽請鑰上簿，關出卷
帙，或少損汙，必懲責，指完塗改。又置副本，便繙討。
書史百家，字不刓，本不誤謬者，常兼三四本，皆絕精。
家傳周易、左氏春秋、兩家文籍尤備，几案羅列枕籍，意
會心謀，目注神授，樂在聲色狗馬之上。靖康二年春，（
金石錄後序，作建炎丁未是年五月，始為建炎，今改之）
明誠奔母喪於金陵，（金石錄後序，作建康、其名建炎三
年，始改，今從其初）半棄所藏，其年十二月，金人陷青
州，火其書十餘屋。建炎二年，明誠起復知江甯府。（以
上皆金石錄後序，後序亦作建康，蓋追稱之，今改）易安

自南渡後以後，常懷京洛舊事，元宵賦永遇樂詞：「日落日鎔金，雲暮合璧。」又曰：「染柳煙輕，吹梅笛怨，春意知幾許。」後疊曰：「於今憔悴，風鬟霜鬢，怕向花間重去。」（貴耳集）在江寧日，每值天大雪，即頂笠披蓑，循城遠覽，得句必邀賡和，明誠每苦之。（清波雜志）三年，明誠罷，將家於贛水。（金石錄後序）四月，高宗如江寧，五月，改為建康府。（宋史紀，後序云，至行在，又言葬事，故依史實其地。）詔明誠知湖州。明誠赴行在，感暑痁發。易安自明誠赴召時，暫住池陽，得病信，解纜急東下。至建康，病已危，八月，明誠卒。（金石錄後序）易安為文祭之，有曰：「白日正中，歎龐公之機敏，堅城自墮，憐杞婦之悲深。」（四六談麈）祭文，唐人俱用駢體，宮祭文亦不用韻也。閏八月，高宗如臨安。（宋史紀）易安既葬明誠，乃遣送書籍於洪州，易安欲往洪。初學士張飛卿者，於明誠至行在時，以玉壺示明誠，語久之，乃攜壺去，時建康置防秋安撫使，擾攘之際，或疑其饋璧北朝也。言者列以上聞。或言趙張皆當置獄。易安方大病，僅存喘息，欲往洪不能，聞玉壺事，大懼。（金石錄後序）十一月，盡以其家所有，赴越州行在投進。而高宗已奔明州，（宋史金石錄後序）時中書舍人綦崇禮左右之。（宋史，按雲麓漫鈔云，徽猷閣直學士沈該翰苑題名壁記云：綦崇禮建炎四年五月，以吏部侍郎、兼權直院。十月，除徽猷閣直學士，知漳州。則學士在明年十月。且啟云：內翰承旨。故從宋史本傳，稱中書舍人）事解，清照以與綦舊親情。作啟謝之曰：「清照素習義方，粗明詩禮，近因疾病，欲至膏肓，牛蟻不分，灰釘已具。豈期末事，乃得上聞，取自宸衷，付之廷尉」。序欲投進家器曰：「抵雀捐金，利當安往，將頭碎壁，失固可知，實自繆愚，分知獄市」。序綦為解釋曰：「內翰承旨，搢紳望族，冠蓋清流，日下無雙，人間第一。奉天收復，本緣陸贄之詞，淮蔡底平，共傳呂黎之筆。哀憐無告，義同解驂，（越石父事）戴感洪恩，事真出己。（知瑩事）故茲白首，得免再書」。序頌金事無形迹曰：「雖南山之竹，豈能窮多口之談。惟智者知言，可以止無根之謗」。（據雲麓漫鈔）綦字叔（一作存）厚，高密人也。（宋史）十二月，金人破洪州，易安所寄輜重盡失。遂往台州，依其弟敕局刪定官李迒泛海，由章安輾轉至越州。四年放散百官，遂偕迒至衢。（金石錄後序）時綦崇禮以徽猷閣直學士，知漳州。（翰苑題名壁記，建炎以來繫年要錄）紹興元年，易安之越，二年之杭，年五十有一矣。作金石錄後序曰：「右金石錄三十卷，趙侯德甫所著書也。取上自三代，下迄五季，鐘鼎甗鬲盤匜尊敦之款識，豐碑大碣，顯人晦士之事迹，凡見於金石刻者二千卷，皆是正譌謬，去取褒貶，上足以合聖人之道，下足以訂史氏之失者，皆載之，可謂多矣。嗚呼！自王播元載之禍，書畫與胡椒無異，長輿元凱之病，錢癖與傳癖何殊，名雖不同，其為惑則一也。（本書）

又自序，遭離變，故本末甚悉：（容齋四筆）曰：靖康丙午歲，侯守淄川，聞金人犯京師，四顧茫然，書畫溢箱篋，且戀戀，且悵悵，知必不為己物矣。建炎丁未春三月，（五月，始為建炎，此追溯之號）奔太夫人喪南來（謂江

寧）既長物不能盡載、乃先去書之重大印本者、又去畫之
多幅者、又去古器之無款識者、後又去書之有監本者、畫
之平常者、器之重大者、凡屢減去、尚載書十五車。至東
海、連艫度淮、至建康（亦追稱）時青州故第尚鎖書冊
什物、用屋十餘間、期明年春、具舟載之。十二月、金人
陷青州、遂為灰燼。戊申九月、侯起復知建康。己酉三
月罷、具舟上蕪湖、入姑孰、將卜居於贛水上。五月、至
池陽、被旨、知湖州、過闕上殿、（建康為行在）遂住家池
陽、獨赴召。六月十三日、負擔舍舟坐岸上、葛衣岸巾、
精神如虎、目光爛爛射人、望舟中告別、余意甚惡。呼曰

」忽傳聞城中緩急柰何?」戟手遙應曰:「從衆。必不得
已,先去輜重,次衣服,次書冊卷軸,次古器。獨所謂宗
器者,自抱負與身存亡,勿忘也。」遂馳馬去。途中奔馳,
冒大暑,感疾,至行在,病痁。七月末書報卧病,余驚怛
,念侯性素急,柰何病痁,或熱,必服寒藥。疾可憂,遂
解舟下,一日夜行三百里,比至,果大服茈胡、黃芩,瘧
且痢,病危在膏肓。余悲泣倉皇,不忍問後事。八月十八
日,遂不起。取筆作詩,絕筆而逝。殊無分香賣屨之態。
葬畢,余無所之,時朝廷已分遣六宮(宋史言七月隆祐太
后如洪州,宮人從之)又傳江當禁渡(宋史言閏八月,

杜充守建康，韓世忠守鎮江，劉光世守池州，後光世移屯江州）猶有書二萬餘卷，金石刻二千卷，器皿裀褥，可待百客，他長物稱是。余又大病，僅存喘息，事勢日逼，念侯有妹壻任兵部侍郎，從衛在洪州（從衛六宮）遂遣二故吏，先部送行李往投之。十二月，金人陷洪州，遂盡委棄，獨餘少輕小卷軸書帖，寫本李杜韓柳集，世說，鹽鐵論，漢唐石刻副本數十軸，三代鼎彝十數事，又唐寫本書十數冊，偶病中把玩，在卧內者獨存。上江既不可往，又虜勢叵測，有弟迒任敕局刪定官，遂往依之。到台，台守已遁，（此建炎四年事）之剡，出睦，棄衣被，走黃巖，雇舟入海，奔行朝。時駐蹕章安（台州府治西南，章安市。謂舟次於此，自此之温）從御舟之温，又之越。庚戌（四年）十二月，放散百官（百官自便，不扈從，謂自郎官以下）遂之衢（以上建炎四年以前事）紹興辛亥（元年）三月，復赴越。壬子（二年）又赴杭（以上紹興二年事，作後序年也。此下復記建炎三年事）先侯病亟時（建炎三年八月）有張飛卿學士，攜玉壺過示，侯復攜去，其實珉也，不知何人傳道，妄言有頒金之語。或言有密論列者，余大惶怖不敢言，亦不敢遂已，盡將家中所有銅器等物，欲赴外廷投進。到越，已幸四明（建炎三年十一月）不敢留家中，並寫本書寄剡（此建炎四年事）後官軍收叛卒取去，閒盡入李將軍家，惟書畫硯墨六七簏，常在卧榻下，手自開合。在會稽卜居土民鍾氏宅，忽一夕穿壁負五簏去（此紹興元年事）余悲痛不欲活，立重賞收贖，後二日，鄰人鍾復皓出十八軸求賞，故知其盜不遠，萬計求之，其餘遂牢不可出，今盡為吳說運使，賤價得之。所餘一二殘零，不成部帙，書冊三數種，平平書帖，猶復愛惜，如護頭目，何愚也耶！今開此書，如見故人，因憶侯在東萊靜治堂，裝卷初就，芸籤縹帶，束十卷作一帙，每日晚吏散，輒校勘二卷，題跋一卷，此二千卷，有題跋者五百二卷耳今手澤如新，而墓木已拱，悲乎！昔蕭繹江陵陷沒，不惜國亡，而毀裂書畫；楊廣江都傾覆，不悲身死，而復取圖書。豈以性之所著，生死不能忘歟？或者天意以其菲薄，不足以享此尤物耶？抑死者有知，猶斤斤愛惜，不宜留人間耶？何得之難而失之易也。噫！余自少陸機作賦之二年，至過蘧瑗知非之兩歲，三十四年之間，憂患得失，何其多也。然有有必有無，有得必有失，乃理之常。人亡弓，人得之，又何足道。所以區區記此者，亦欲為後世博雅好古者之戒云爾。紹興二年，元黓歲壯月甲寅朔，易安室題。（本書）三年，行都端午，易安親聯有，為內夫人者，代進帖子，皇帝閣曰：「日月堯天大，璇璣舜歷長。側聞行殿帳，多集上書囊」。皇后閣曰：「意帖初宜夏，金騶已過蠶。至尊千萬壽，行見百斯男」。（意帖用上官昭容事）夫人閣曰：「三宮催解糉，團簫綵絲縈。便面天題字，歌頭御賜名」。（團簫，用唐開元內宮小角弓射糉事）於是翰林止金帛之賜。（浩然齋雅談）咸以為由易安也。時直翰林者，秦楚材忌之。五月，命簽（應作僉押也，諸書皆從竹）書樞密院事韓肖冑（字似夫）工部尚書胡松年。（字茂老，海州懷仁人，二人以七月行）充奉表通問使，副使使金[illegible]通兩宮也。（劉時舉續通鑑

12

96

，又案宋朝事實，其事在七月。其後八年十二月，韓又使金，易安上韓詩曰：「三年夏六月，天子視朝久，凝旒望南雲，垂衣思北狩，如聞帝若曰。岳牧與羣后，賢寧違半千，運已過陽九，勿勤燕然銘，勿種金城柳。豈無純孝臣，識此霜雪悲，何必舍羹肉，便可載車脂。土地非所惜，玉帛亦塵泥，誰可當將命，幣重辭益卑。四岳僉曰俞，臣下帝所知，中朝第一人，春官有昌黎，身為百夫特，行為萬人師。嘉祐與建中，為政有臯夔，漢家貴王商，唐室重子儀。見時應破膽，將命公所宜」。（肖胄，韓琦曾孫）公拜手稽首，受命白玉墀。曰「臣敢辭難，此亦何等時。家人安

足謀，妻子不復辭。願奉宗廟靈，願奉天地威」。徑持紫泥
詔，直入黃龍城，北人懷舊德，侍子當來迎，聖孝定能達
，勿復言請纓，倘持白馬血，與結天日盟」。上胡詩曰：
「胡公清德人所難，謀同德協置器安，解衣已道漢恩煖，
離詩不由怯關山寒。皇天久陰后土溼，雨勢未迴風勢急，
車聲轔轔馬蕭蕭，壯士慷慨俱感泣。閭閻嫠婦亦何知，瀝
血投詩干記室，祭卯莒父非荒城，勿輕談士棄儒生，憤王
墓下馬猶生」（史言、項羽葬魯）。在今穀城）寒號城邊雞
未鳴。（水經注、韓侯城在金地）巧匠亦曾顧樗櫟，芻蕘
之詢或有益，不乞隨珠與和璧，但乞鄉關新信息。靈光雖

在應蕭條，草中翁仲今何若，遺民定尚種桑麻，敗將如聞保城郭。嫠家祖父生齊魯，位下名高人比數，當年稷下縱談時，猶記人揮汗如雨。子孫南渡今幾年，漂零遂與流人伍，願將血淚寄河山，去灑青州一杯土」。其序云：「以上二公亦欲俟採詩者。（雲麓漫鈔）易安又有句云：「南來猶怯吳江冷，北狩應知易水寒」。又云：「南渡衣冠思王導（道），北來消息少劉琨」。（漁隱叢話、詩說雋永）忠憤激發，意悲語明，所非刺者衆。又為詩詒應舉進士曰：「露花倒影柳三變，桂子飄香張九成」。（老學庵筆記、九成、紹興二年進士）應舉者、服其工對、傳誦而惡之。其感懷詩曰：「寒窓敗几無書史，公路生平竟至此，青州從事孔方兄，終日紛紛喜生事。作詩謝絕聊閉門，虛室香生有佳思，靜中吾乃見真吾，烏有先生子虛子」。（彤管遺編，此詩上去兩押，所謂詩止分平側）四年避亂西上，過嚴子陵釣臺，有巨艦，因利扁舟為名之歎。（打馬圖，釣臺集，或以其二十字韻語為惡詩，蓋口占聊成之非詩也。不復錄）至金華，卜居焉。（打馬圖）有曉夢詩曰：「曉夢隨疎鐘，飄然躡雲霞，因緣安期生，邂逅萼綠華。秋風正無賴，吹盡玉井花，共看藕如船，同食棗如瓜。翩翩垂髮女，貌妍語亦佳，嘲辭鬥詭辨，活火烹新茶。雖乏上元術，遊樂亦莫涯，人生能如此，何必歸故家。起來斂衣坐，掩耳厭喧譁，心知不可見，念念猶咨嗟」。（彤管遺編一詩秀朗，有仙骨也。又作打馬圖曰：「慧則通，通則無所不達。專則精，精則無所不妙。故庖丁解牛，郢人運斤，師曠之聽，離婁之察，大至堯舜之仁，桀紂之惡，小至擲豆起蠅，巾角拂棋，皆臻其極者，妙而已。夫博無他，爭先術耳。故專者勝。余性專博，凡所謂博者，皆耽之。南渡流離，盡散博具。今年冬，十月朔，聞淮上警報。江浙之人，自東走西，自南走北。居山林者，謀入城市。居城市者，謀入山林。旁午絡繹，莫知所之。余亦自臨安泝

流過嚴灘，抵金華，卜居陳氏第。乍釋舟楫，而見窓軒，
意頗適然。更長燭明，如此良夜何？於是乎博奕之事講矣
。且長行葉子博塞，彈棋，世無傳者。打褐大小猪窩
族鬼胡畫數倉賭快之類，皆鄙俚不經見。藏酒摴
蒱雙蹙融近漸廢絕。選仙加減插關火質魯任命無
所施智巧。大小象戲，奕棋，又止容二人。獨采選打馬，
特為閨房雅戲。嘗恨采選叢煩，勞於檢閱，又能通者少，
難遇勁敵。打馬簡要，而苦無文采。按打馬、世有二種，
一種、一將十馬者、謂之關西馬。一種、無將二十馬者，
謂之依經馬。流傳既久、各有圖經凡例可考行移賞

罰互有同異。宣和間，人取二種馬，參雜加減，大約交加僥幸，古意盡矣。所謂宣和馬者是也。余獨愛依經法，因取其賞罰互度，每事作數語，隨事附見。使兒輩圖之，不獨施之博徒，亦足貽諸好事，使千百世後，知命辭打馬，始自易安居士也。時紹興四年，十有二月，二十四日」。其打馬賦曰：「歲令聿徂，盧或可呼。千金一擲，百萬十都。尊俎列陳，已行揖讓之禮。主賓言恰，不有博奕者乎。打馬爰興，摴蒱者退。實小道之上流，競深閨之雅戲。齊驅驥騄，疑穆王萬里之行，別起元黃，類楊氏五家之隊。珊珊佩響，方驚玉鐙之敲，落落星羅，忽諠連錢之碎。若乃吳江楓落，燕山葉飛，玉門関閉，沙苑草肥。臨波不渡，似惜幛泥。或出入騰驤，猛比昆陽之戰，或從容磬控，正如涿鹿之師。或聞望久，高脱復庾郎之失。或聲名素昧，倏驚癡叔之奇。亦有緩緩而歸，昂昂而駐。烏道驚馳，蟻封安步。崎嶇峻坂，慨想王良，跼促鹽車，忽逢造父。且夫卬陵云遠，白雲在天，心無戀豆，志在著鞭。蹴蹄黃葉，畫道金錢，用五十六采之間，行九十一路之內。明以賞罰，嚴其殿最，運指揮於方寸之中，決勝負以幾微之介。且好勝人之常情，爭籌者道之末技。説梅止渴，稍蘇奔競之心。畫餅充飢，亦寓踔騰之志。將求遠效，已踰関塞之艱，豈致奮足爭先，莫悟穽塹之墜。至於不習軍行，必占尤悔，當知範我之馳驅，勿忘君子之箴佩。況乃為之負己、事實見於正經，行以无疆，義必合乎天德。牝乃叶地類之貞，反亦記魯姬之式。鬉髩墮於梁家，溯滸循於岐國。故宜繞床大吽，五木皆盧，瀝酒一呼，六子盡赤。平生不負，遂成劍閣之勳，別墅未輸，決破淮淝之賊。今日且豈無元子，明時不乏安石。又何必陶長沙博局之投，正當師袁彥道布帽之擲也。亂曰：佛狸定見卯年死。（是歲甲寅）貴賤紛紛尚流徙，滿眼驊騮及騄耳，時危安得真致此。木蘭橫戈好女子，老矣不復志千里，但願相將過淮水。

（本書）時易安年五十三矣。居金華、有武陵春詞曰：「風住塵香花已盡、日晚倦梳頭。物是人非事事休，欲語淚先流。聞說雙溪春尚好，也擬泛輕舟，只恐雙溪舴艋舟，載不動許多愁」。流寓有故鄉之思。（水東日記云：玩其詞意、作於序金石錄之後）其事非閨閣文筆自記者、莫能知。或曰：「依弟迒老於金華。後人集其所著、為文七卷、詞六卷、行於世。（宋史藝文志）其金石錄後序稿、在王厚之（順伯）家。洪邁見之、為述其大概。（容齋四筆）朱文公言：「本朝婦人、能文章者、曾相布妻魏、及李易安二人而矣」。（詞綜）後有人於閩漢口舖，見女子韓玉文題壁詩序：「幼在錢塘、師事易安」。（彤管遺編）易安能詩詞文四六、又能畫、明人陳傳良藏有易安畫琵琶行圖。（宋濂學士集）莫廷韓買得易安畫墨竹一幅。（太平清話）張居正在政府曰：見部吏鍾姓、浙音者、問曰：「汝會稽人耶」？曰：「然」。居正色變久之。吏曰：新自湖廣遷往耳、然卒黜之。（王茗瑣談、文忠益以鍾復皓故、時不悉其意、以為乖暴）而其時無學者、不堪易安譏誚、改易安與綦學士啟、以張飛卿為張汝舟。以玉壺為玉臺。謂官文書、使易安嫁汝舟、後結訟、又詔離之、有文案。（詳趙彥衛雲麓漫抄、胡仔苕溪漁隱叢話、李心傳建炎以來繫年要錄」宋方擾離，不糾言妖也。

補曰：宋史李格非傳云：「女清照詩文尤有稱於時，嫁趙挺之之子明誠，自號易安居士，無他說也」。藝文志，有易安詞六卷。通考經籍考，引直齋書錄解題，止漱玉集一卷。解題云：「別本分五卷。詞今存，書錄打馬賦一卷」。解題云：「用二十馬，今世打馬，大約與摴蒱相類」。藝文志言，文集七卷。明焦竑國史經籍志云：「十二卷」，則并詞五卷，惜其文未見。嫏嬛記，四六談麈，宋文碎拾遺，並載易安賀學生啟云：「無午未一時之分，有伯仲兩楷之似。既繫臂而繫足，實難弟而難兄，玉刻雙璋，錦挑對褓。」注言任文二女子學生，德卿生於午，道卿生於未，張伯楷仲楷，兄弟相似，形狀無二，白仮兄弟母，不能辨，以五色采繩，一繫於臂，一繫於足。其用事明當如此。讀雲麓漫鈔所載謝綦崇禮啟，文筆劣下，中雜有佳語，定是竄改本。又夫婦許訟，必自證之。啟何以云無根之謗。余素惡易安改嫁張汝舟之說。雅雨堂刻金石錄後序，以情度易安不當有此事。及見李心傳建炎以來繫年要錄，采鄙惡小說，比其事為文案，尤惡之。後讀齊東野語論韓忠繆事云：「李心傳在蜀，去天萬里，輕信記載，疎舛固宜」。又謝枋得集亦言：「繫年要錄為辛棄疾造韓侂胄壽詞」。則所言易安文案謝啟事，可知是非，天下之公，非望易安以不嫁也。不甘小人言語，使才人下配駔儈，故以年分考之。凡詩文見類部小說詩話者，考合排次，至紹興四年，易安年五十三。又紹興十一年，五月十三日綦崇禮壻陽夏謝伋，寓家台州。自序四六談麈。時易安年已六十。伋稱為趙令人李。若崇禮為處張汝舟婚事，伋親其壻不容不知。又下至淳祐元年，時及百年，張端義作貴耳集，亦稱易安居士，趙明誠妻。易安為嫠行迹，章章可據。趙彥衛胡仔李心傳等，不明是非，至後人貌為正論。碧雞漫志：謂易安詞於婦人中，為最無顧藉。水東日記謂：易安詞為不祥之具。此何異謂直不疑盜嫂亂倫，狄仁傑謀反當誅滅也。且啟言：「牛蟻不分，灰釘已具」。弟既可欺，持官文書來、輒信身幾欲死。非玉鏡架，亦安知呻吟未定強以同歸。猥以桑榆之末影，配茲駔儈之下才」。昌安老命婦也，何以改嫁復與官告。又言：「視聽才分，實難共處。惟求脫去，決欲殺之。遂肆欺淩，日加毆擊，豈期末事，仍得上聞，取自宸衷，付之廷尉」。是又閨房鄙論，竟達闕廷」，帝察隱私詔之離異。夫南渡倉皇，海山奔竄，乃舟車戎馬相接之時，為一駔儈之婦，從容再降玉音，宋之不君，未應若此。審視金石錄後序，始知頌金事白，綦有湔洗之力，小人改易安謝啟，以飛卿玉壺為汝舟玉臺，用輕薄之詞，作善謔之報。而不悟牽連君父，誣衊廟堂，則小人之不善於立言也。劉時舉續通鑑云：「紹興四年八月，趙鼎疏言：『草澤行伍，求張浚不遂者，人人投牒，醜詆及其母妻』。」四朝聞見錄有云：「劾朱文公閨閫中穢事，疏及朱謝罪表」。蓋其時風氣如此。齊東野語又云：「黃尚書由妻胡夫人惠齋居士，時人比之易安。嘗指摘趙師羇放生池文誤，惠齋已卒，趙為臨安府，誘其逃婢，證惠齋前與棋客鄭日新通，遂黥配日新，而尚書以帷薄不修罷」。姿曰頗適云：「師羇初居吳郡，及尹天府日，延喬木為門客。喬教師羼子希蒼制古禮器於家釋菜，黃尚書欲發遣之，師羼乃毀器而遯喬山。是師羼與由以縣配門客相報，又值惠齋有摘文之事。乃並誣惠齋，其事與易安同。夫小人何足深責。吾獨惜易安與惠齋以美秀之才，好論文以中人忌也。易安打馬圖，言使兒輩圖之。合之上胡尚書詩。蓋易安無所出，兒輩乃格非子孫。故其事散落，今於詞之經批隙及好事者傳述者，亦輯之，於事實有益，可備好古明理者觀覽。其僅見漱玉集者，此不載也。

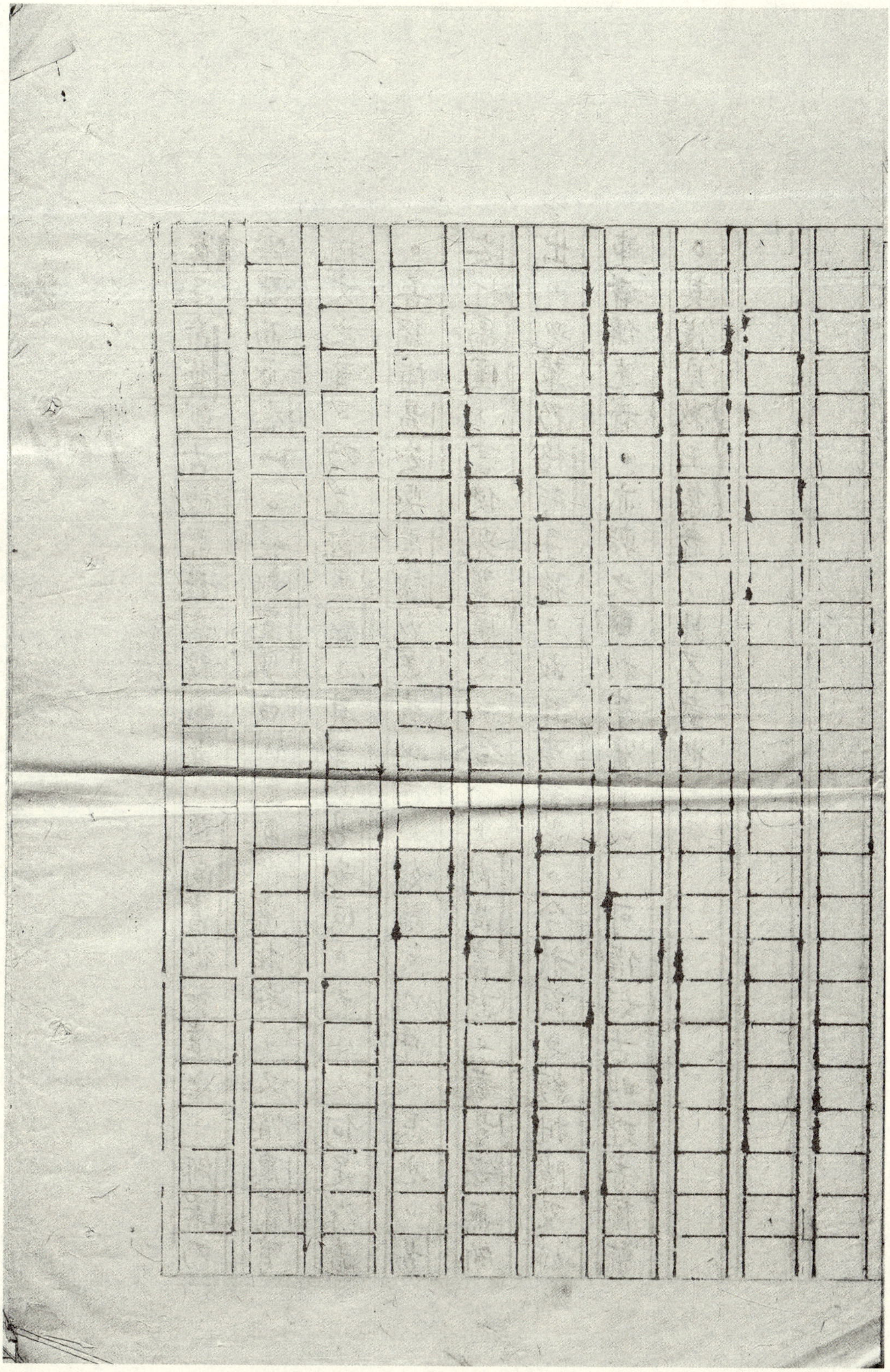

105

104

参考重要書目（其參考未經徵引者概從略）

書名	作者
宋史	脱脱等
續資治通鑑	畢沅
建炎以來繫年要錄	李心傳
金石錄	趙明誠
洛陽名園記	李格非
雲麓漫鈔	趙彥衛
碧雞漫志	王灼
清波雜志	周煇

瑯嬛記　尹元珍

揮麈後錄　王明清

四六談麈　謝伋

容齋隨筆　洪邁

苕溪漁隱叢話　胡仔

打馬圖經　李清照

漱玉詞　李清照

貴耳集　張端義

後村詩話　劉克莊

老學菴筆記　陸游

浩然齋雅談　周密

605

106

柯山集	張耒
張右史文集	張耒
黄山谷集	黄庭堅
陳後山集	陳師道
后山詩注	陳師道著 任淵注
后山詩注補箋	陳師道著 任淵注 冒鶴亭箋
郡齋讀書志	晁公武
宋學士集	宋濂
名臣言行錄	呂祖謙
宋文鑑	呂祖謙
日知錄集釋	顧炎武 黄汝成釋

水東日記　葉盛

癸巳類稿　俞正燮

樂府雅詞　曾慥

草堂詩餘　南宋人 輯名

詞綜　朱彝尊

續古文苑　孫星衍

宮閨文選　周壽昌

風月堂詩話　朱弁

詞林紀事　張宗橚

古今詞話　沈雄

107

106

蓮子居詞話　吳照衡

宋詩紀事　厲鶚

玉壺清話　陳繼儒

直齋書錄解題　陳振孫

四庫全書總目提要　永瑢等

詩詞雜俎　毛晉

稚雨堂叢書　盧見曾

三長物齋叢書　黃本驥

粵雅堂叢書　伍崇曜

四印齋所刻詞　王鵬運

疑年錄　錢大昕

歷代名人年譜　吴榮光

越縵堂文集　李慈銘

韡雅堂詩　張景祁

宋詩精華錄　陳衍

石遺室詩話　陳衍

蘭閣墳談　沈曾植

光緒山東通志　孫葆田

彊邨詞敘論　龍沐勛

金石錄後序注解　浦江清

宋詞三百首箋　朱孝臧輯　唐圭璋箋

後記

俞理初先生癸巳類稿易安居士事輯，據載撮引書目，凡三十餘種，蒐羅之功，亦云勤矣。惟易安之出生與歸趙氏年歲，事輯所列，疑竇頗多，予又參稽其他志乘及評論易安刊物，約近百種，復獲數十事，輯為斯譜，其出生與歸趙氏年歲，皆據金石錄後序并諸家之考證論列，輒不敢稍事臆斷，以誣古人。至張韡甫犀稚堂詩，題宋李易安居士五尺瓊瓏石畫像云：「上刻雲巢二隸字。下署辛卯九月德父易安同記。」按鄭蘇戡海藏樓詩，為王幼霞閣長（鵬運）題易安居士小像云：「南渡遺簪流人伍，老去才名誰比數。歌辭激憤一世無，小朝廷人真愧汝！畫圖省識言詞女，比似黃花瘦幾許，趙侯賢之署德父，政和四年歲甲午，胡馬未窺想寧處，歸來堂中正媚嫵，生小聰明喜自賭，金石圖書鬭記取，暮年作序戒好古，敘述亂離傷淒苦，何來雲擬與苕溪，未識紹興老命婦，是夾漱錄尤荒鹵，俞君編輯無可譜，行蹟章章儼對譜，半塘老以刻樂石（岣嶁碑）刻坐府，殷勤軼篇手搜補，摹圖徵題更誌語，表微事較好奇愈，荼蘼雲巢今何所？（趙明誠名雲巢，又有荼蘼画卷皆傳於世）惟有流傳漱玉詞，坐覽清暉照眉宇」。據此詩自注，又言雲巢為明誠留石之所，復改張薌甫䃾雅堂詩，意雲巢或係明誠故鄉奇石，明誠夫婦題字紀年事或有之，後之妄弄風雅者，乃將易安之象摹刻於工，遂使画像与雲巢並為談，若易安小照為石刻造像，以閨閣現存之人，刻諸山石，似非拘謹之明誠所能為，而宋代亦未聞有此種事例，衡之常情，殊不可信。又改䃾雅堂詩，雲巢題字之年，為辛卯九月，至易安小照明誠題詞之年，據蘇戡之「趙侯賢之署德父，政和四年歲甲午」[illegible]可[illegible]，則又在甲午年也，是雲巢是一事，画像又是一事，可見疑義。雲巢二字，[illegible]自是題石之詞，若明誠刻易安之像於山石，而題曰雲巢，未足大稱小適，然則雲巢本為明誠故鄉奇石，而取以名其留石之所也。又繆荃孫雲自在龕筆記載[illegible]靖康二年明誠在淄川得白樂天所書楞嚴經跋四之一：「淄川邢氏之村，即地平深，水林晶滑，牆壁磽确布錯，疑有隱君子焉。問之，爲一村皆邢姓，而邢君有嘉，故淳良好礼，遂造其廬。院中繁花正發，主人出接不獻，以予爲淄川守，而重予有素心之馨香也。復前後相經過，遂出樂天所書楞嚴經相示，因上馬疾馳歸，與畑君共賞，時已二鼓下矣，酒渴，烹小龍團，相對展玩，狂喜不支，兩見燭跋，猶歎不寐，便下筆爲之記。」此跋疑乃後人僞作，今讀金石錄後序易安與明誠搜聚金石之經過及同明誠校勘金石錄之情況，易安不厭其煩瑣，敘述至詳，而對於明誠之嗜好金石，尤一再致意。及讀明誠金石錄自序，書中題跋，反無一語涉及易安。今讀此跋，忽有與畑君共賞之語，自難免狐疑，審其詞意，頗不類明誠手筆。細審之，雖出自漫書，究嫌其不雅馴。且前既言以予爲淄川守，而重予有素心之馨香，後又言復前後相經過，乃始出樂天所書楞嚴經相示，豈有一州守喜愛書畫，而州民不知。況邢某既重其有

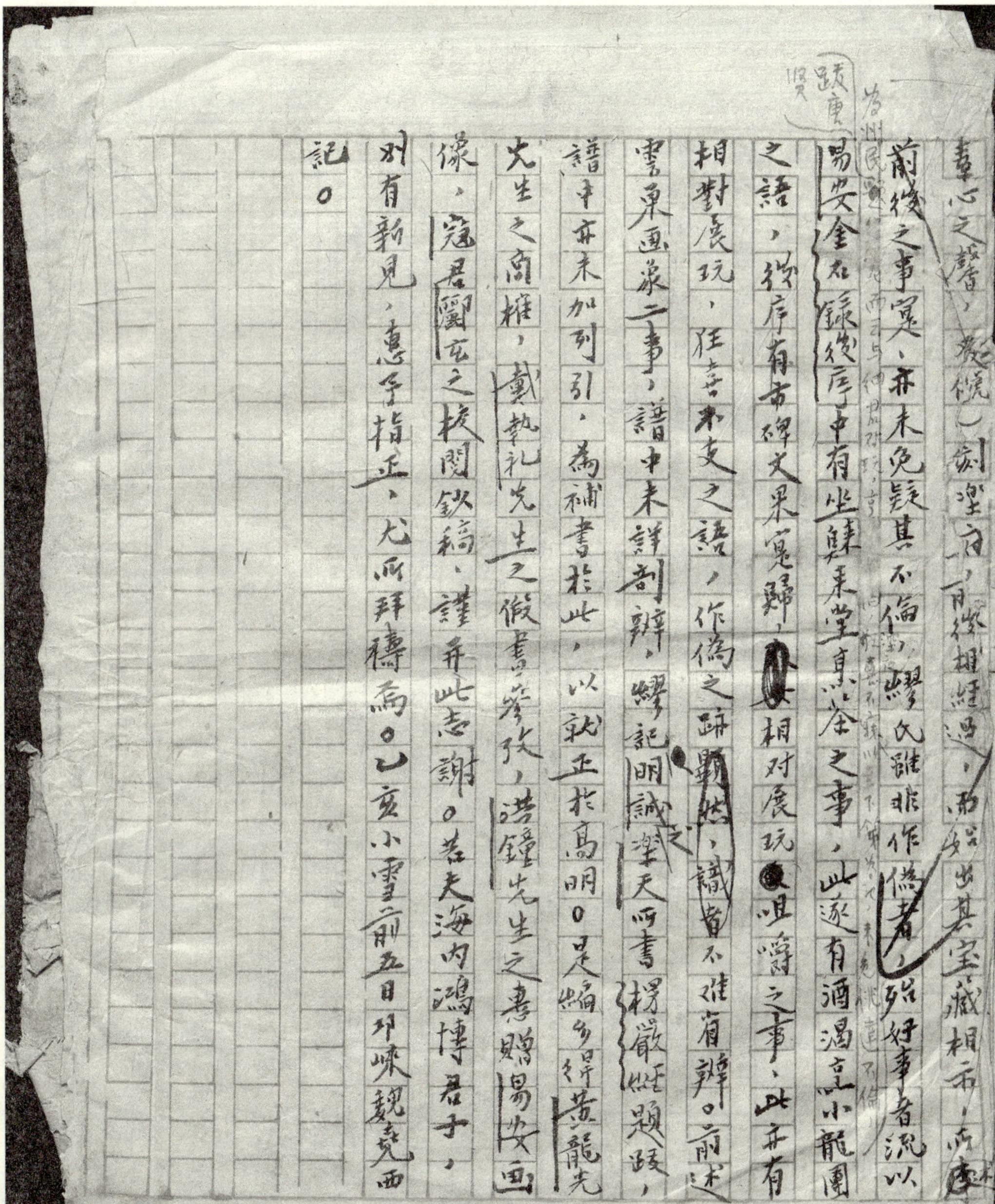

童心之聲，發幾）劍堂白，自從相經過，而始出其室藏相示，而序前後之事實，亦未免疑其不倫，繆氏雖非作偽者，殆好事者流，以易安金石錄後序中有坐歸來堂烹茶之事，此遂有酒渴烹小龍團之語；後序有古碑文果寬歸，相对展玩咀嚼之事，此亦有相對展玩，狂喜不支之語；作偽之跡顯然，識者不难看辨。前述雲巢畫象二事，譜中未詳剖辨，繆記明識樂天所書楞嚴經題跋，譜中亦未加列引，為補書於此，以就正於高明。是編多得黃龍先先生之商榷，戴執礼先生之假書參攷，浩鐘先生之惠贈易安畫像，寇君鬭玄之校閱鈔稿，謹并此志謝。若夫海內鴻博君子，則有新見，惠予指正，尤所拜禱焉。乙亥小雪前五日邛崍魏竞西記。

陳紅彥◎主編

國家圖書館藏稿鈔本年譜彙刊

下册

國家圖書館出版社

下册目録

（清）丁壽恒等 撰

丁儉卿年譜一卷

清鈔本

皇清晉封資政大夫　誥授通奉大夫　欽賞二品封典

三品銜　封戶部員外郎加三級前侍讀銜內閣中

書顯考柘唐府君年譜

府君姓丁氏諱　字儉卿號柘唐晚號石亭居士丁氏出自齊玎公之後史記齊世家漢書古今人表竝省作丁因謚爲族先世隸山東濟南府籍顧世系年

長民苦重斂追比無虛公毅然語人曰吾當以一身
任之詣當事陳里民瘠苦請就繫代徵屢瀕危殆志
不少挫里卒獲安人競德之妣氏張氏陳陳太君生
四世祖騰宇公諱起龍瑞宇公諱起鳳自是族日蕃
衍瑞宇公性仁厚比鄰以逋多鬻子女哭甚哀公聞
之戚然於心蠲金代償其負俾骨肉復全妣氏沈生
五世祖煥章公諱世華歲貢生候選訓導公自奉儉
約敦樸無華每冬夜施錢米不泄姓名數十年不衰
性純孝以瑞宇公諱凡服御有鳳形者悉不用雖婦

女釵飾亦禁之人比之徐節孝不履石云創建宗祠
於和樂六鄉祖塋之側是爲府君高祖妣氏顧生純
敕封孺人
謙公諱咸吉爲府君本生曾祖附貢生公讀書敦行
尤留心地方利弊練習詳密守令皆推重之郡邑兩
庠碑記皆紀公姓名勞績嘗慨尊經閣傾圮即獨捐
多金葺之善岐黃洞見癥結與時俗湯劑迥殊亦善
堪輿龍經之術而性沈默寡言不欲以諸藝名也純
謙公弟與偕兄公諱允益爲府君曾祖太學生性至孝
事親終日不離側年二十遘疾屬纊時寢門外恍有

呼爺娘者三如其平日聲聞者淒然
敕贈儒林郎布政司理問恭遇
覃恩
誥贈通奉大夫妣氏倪
欽旌節孝
敕贈太安人
誥贈太夫人以純謙公次子畀揆公嗣是為府君祖考畀
揆公諱熙采太學生候選布政司理問伉爽輕財不
為口惠族黨賴以衣食者若干家經理郡城育嬰堂

凡二十餘年資助無算晚歲家事中落而慷慨如故課子姓讀書甚切嘗曰家之所以緜長在讀書與不讀書貧奚慮焉歿後多年匠作肩販之徒談及公之盛德猶有泣下者以府君議敘累遇

覃恩

敕封徵仕郎

誥贈通奉大夫妣氏陳

敕贈太孺人

誥贈太夫人考諱琮字錦舒號禮庭附監生行誼詳府君所 三

為家傳刻入族譜累遇

覃恩

敕贈徵仕郎

貤贈文林郎翰林院庶吉士加一級

誥贈通奉大夫妣氏郝氏劉俱

敕贈太孺人

誥贈太夫人劉太夫人坤懿範詳府君所為家傳刻入族譜生男

子子三長為世父默齋先生諱易國學生候選州同

累遇

後沛字趙邑七十七本改夾注

覃恩
貤封儒林郎翰林院庶吉士加二級
誥贈中憲大夫刑部安徽司員外郎加三級著有淮郡節孝祠志壽七
十七卒次為世父顥愚先生諱智郡廩貢生

△從諱字越玉 七十六卒 改夾注

勅封文林郎候選知縣
貤封奉直大夫戶部貴州司主事加一級著有說文指掌
四種諧聲編類
二卷韻學扶微廣證求是篇訓蒙駢語五卷吳溝與
通江淮攷校定尚書今古文注壽七十有六卒

四

府君同為劉太夫人出劉太夫人又生女子子五為

府君姊三長適候選按察司司獄程祖炭次適太學

生曹宜次適馳贈修職郎候選訓導朱

稚妹二一適從九品袁毓文

一適邑庠生禹炳宗府君行第三淮安府學

廩生嘉慶己卯科優貢

朝考第一名候選訓導道光辛巳　恩科舉人揀選知縣

壬寅江北防堵奉

旨賞加內閣中書銜甲辰大挑二等即選教諭戊申淮安

修城始終出力吏部　奏淮議敘內閣中書奉

旨賞加內閣侍讀銜累遇

覃恩
敕封文林郎翰林院庶吉士加一級
誥封中憲大夫戶部員外郎加三級咸豐辛酉以淮安守
城出力 奏保
賞戴花翎並加三品銜奉
旨着照所請獎勵欽此同治甲子以團練禦賊 奏請
賞加二品封典奉
旨依議欽此
誥授通奉大夫 壬申重讌泮林配我母朱夫人

誥封夫人側室孫氏

貤封淑人子七人長壽昌 邑廪生道光癸卯科優貢甲辰

恩科順天舉人丁未科進士

賜同進士出身

欽點翰林院庶吉士散館改 主事用歷官户部主事員外

郎郎中福建道監察御史浙江嚴州府知府

欽加道銜先府君十年卒無子以壽祺子厚福嗣次壽祺

邑廪生道光己酉科拔貢咸豐辛亥 恩科舉人内

閣中書委署侍讀

欽加侍讀銜己未科進士
賜進士出身
欽點以主事用歷官刑部主事員外郎郎中雲南迤西道
賞戴花翎
欽加按察使銜後府君五十日卒次不孝壽恒附貢生候
選郎中
賞戴花翎均吾母朱夫人出次不孝壽炳邑廩貢生次不
孝壽榮郡庠生次不孝壽寶郡廩生同治癸酉科拔
貢候選教諭次不孝壽同邑庠生均孫淑人出吾母

六

生女一適儒童許凌雲先府君三年卒孫淑人生女一孫二十人壽祺出者五延福郡廩生同治癸酉科拔貢候選直隸州州判厚福邑庠生出為壽昌嗣陶福郡庠生麟福升福不孝壽恆出者四來福邑庠生賜福郡庠生積福嘉福不孝壽炳出者七元福祥福奎福寅福庚福履福肇福不孝壽榮出者二熾福仁福不孝壽寶出者一莘福不孝壽同出者一健福孫女十三人曾孫五人汝成厚福出萬存來福出汝弼汝翼陶福出萬庠積福出曾孫女六人

乾隆五十九年甲寅一歲

八月二十九日子時劉太夫人生府君於淮安府城內漕院東大溝巷里第王父時年四十一王母年四十王父以晚年季子命名曰　勗晚成也字曰儉卿勵清德也

六十年乙卯二歲

嘉慶元年丙辰三歲

二年丁巳四歲

三年戊午五歲

四年己未六歲

府君〔生〕雖羸弱而性端凝自四五歲時即不妄啼笑遇字跡必諦視王父母隨事指教意似〔即能〕領會

五年庚申七歲

是歲王考始命〔府君〕就塾從舅氏劉南賓先生讀諱鴻翥邑廩生

六年辛酉八歲

從南賓舅氏〔先生〕讀甫授四子書嘗侍尊席坐客以喜字留飲為酒令府君舉吾聞之喜而不寐云胡不喜時尚未讀孟子毛詩也偶於館塾繙閱即能記憶師嘉

其夙慧一座奇之

七年壬戌九歲

八年癸亥十歲

九年甲子十一歲

侍王考庭訓舉易折其右肱令屬對即對以夷于左股又舉少艾對老桃又舉東郭鋭對西門豹王考以色爲喜之

十年乙丑十二歲

自壬戌至是年王考以府君孱弱不甚督課或從舅師

氏讀或侍庭訓均不限以程而府君性無他嗜見書即閱默識心通肅然如成人夏六月王考攜府君游朱氏園外祖朱禹江先生諱湘安東附貢生同知銜誥封朝議大夫一見決為偉器即倩媒作伐訂為壻外祖無子僅生吾母鍾愛甚至有以府君家貧體羸沮之者外祖不聽

十一年丙寅十三歲

世父顒愚公入郡庠是年府君從胡蕉坪先生讀諱棠嘉慶癸酉拔貢甫學為詩文不半載即成篇詩亦詞采可觀師極賞之每遇友朋入塾師輒舉以夸示人

十二年丁卯十四歲

五月十六日丁王考通奉公憂府君哀戚備至喪葬盡禮自以幼課甚疏乃勤奮向學晝夜不輟

十三年戊辰十五歲

從黃少霞先生游諱以炳邑人嘉慶戊辰舉人金匱訓導 欽旌孝子王母劉太夫人以生齒日繁家計日瘠命與兩世父析產自攜府君撫育督課之

十四年己巳十六歲

八月服闋益勵志於學王母劉太夫人以府君體氣素

九

(羸)虚怯屬(命以)勿亟府君乃日起誦習晚即輟課以安王母心實則閉目溫理常至夜半以故九經咸能成誦後雖年躋耄耋偶憶某經某句即舉上下文絡繹背諷不少舛

十五年庚午十七歲

應澧帥書院觀風試(童)子試文題能盡其性未録同里潘四農先生(解元)諱德輿(崇祀鄉賢)道光戊子見其文謂澄汰陶鎔有江西五家風格因作七言長歌贈之(見養一齋集)

十六年辛未十八歲

九月二十八日娶吾母朱夫人時外祖久歿家亦落

王母劉太夫人謂府君曰奩豐者易驕惰今婦家由

富而貧必能勤約耐苦是福也冬府君作書與潘先

生潘先生有答書見養一齋集

從潘先生評云起至古法也改作夾注

十七年壬申十九歲

應縣試文題人之過也二句潘先生評云具隆萬之法律運天崇之才氣而斵削嚴峻則又正嘉古法也再覆題不以六律取第一名末覆第七名時縣令為韓公諱慧均山西汾陽人府試題割不正不食府君據儀禮少牢午割立義取第一名又題秋陽以暴之府君謂夏日盛陽周之秋夏之夏也試神羊别曲直賦府君據續漢書輿服志切合豸冠末覆第四名時郡守為岳

從言泉起至鐘鼓改作夾注

山公人滿洲府君兩試冠軍皆典題獨能疏釋精確名
噪一時為藝林所推重自是有績學之譽矣科試考
取古學言泉賦以荀宋之流導源自遠為韻腹稿五
言八韻正場文題子謂仲弓章次題惟耳亦然詩題
講肄為鐘鼓學使文公遠皋滿洲人內閣學士取入淮安府
學第四名

十八年癸酉二十歲

春二月阮文達公諱元揚州儀徵人乾隆己酉翰林大學士太傅督漕舉觀
風試文題興於詩三句府君依古傳注為分校所抹

不録嗣文達公以漢易十五家發策對者寥寥且多疏畧文達公屬學師訪能對者雷存齋先生諱瑩舉人華亭人山陽縣學訓導以府君名薦條對萬餘言山長江鄭堂先生諱藩國學生甘泉人激賞之亟語文達公於書院常額外增一課評云不佞三復足下之策摭羣籍之精闡漢易之與當今之世如足下之好學深思者有幾人哉條對中有駁策題一條原問孔子作十言之教卽十翼也府君據左傳定四年疏伏羲作十言孔子傳名十翼不名十言漢韓勑孔廟碑皇羲統華胥前闓九頭

以什言教是謂繫易本於皇羲十言非指十翼文達深嘉其論不以為忤也學使陳鍾溪先生諱希曾乾隆癸丑探花官侍郎江西新城人涖任觀風試乘長風破萬里浪賦及春王周正月經解府君取一等第三名評極獎許秋應

鄉試不售有秣陵游草

十九年甲戌二十一歲

五月初二日王母劉太夫人六旬誕慶稱觴致祝

二十年乙亥二十二歲

應歲試考取古學一等第五名補廩膳生科試取古

學一等第八名學使為王勿庵先生諱以銜乾隆乙卯狀元官侍郎浙江歸安人是歲舉優行

二十一年丙子二十三歲

閏六月伯姊生[illegible]適同邑光祿寺署正銜安徽懷遠縣教諭　制科孝廉方正許公諱聯甲長子　貤贈儒林郎光祿寺署正儒童許諱凌雲姊年二十歸於許二十三歲夫故五十七歲卒　欽旌節孝貤封安人秋應鄉試不售學使以優行咨部提考未錄

二十二年丁丑二十四歲

學使湯文端公諱金釗乾隆己未翰林官戶部尚書協辦大學士浙江蕭山人蒞任

觀風試一等三名是歲著論語孔注證偽四卷曩鄉
先生閻潛邱徵君著尚書古文疏證八卷證明偽書
學者奉為定論然其卷二以論語孔注證書傳之偽
蓋猶以論語注為安國作而不知亦以偽證偽也夫
安國古文論語見於漢藝文志然班志論語古二十
一篇自注云出孔子壁中其下載齊魯論篇數及齊
魯之說而古論語獨無說則知安國祇傳古文初未
嘗有說也荀悅漢紀稱武帝時孔安國家獻古文論
語王充論衡稱安國以論語教魯人扶卿漢儒具言
具傳授而不言曾作注解至魏正始中撰集解乃突
有孔注廁其間則此孔注其必非安國所作明矣及
讀王肅家語後序云安國撰衆師之義為古文論語
訓十一篇尚書傳五十八篇始悟論語書傳俱一手
所依託特於家語後序著其篇目家語為肅所偽作
則書傳論注亦肅所依託為之者也考何氏撰集解
肅時正仕於朝今集解中已錄王注其為當時推許
固已概見肅因詭稱有孔安國訓解為論注之最古
十七

者何氏寡識采以入書集解何序云古論唯博士孔
安國為之訓解而世不傳其云不傳者以漢志不載
孔注肅處後人滋疑故託言不傳為人世希有之本
以售其僞觀何序稱孔注為訓正與肅後序胳合則
論語古訓必出於肅手無疑也且古經傳皆別行自
馬融欲省學者兩讀始經傳並載今孔訓文義皆就
經句下為之亦非西京時所有左傳為漢世所不行
孔訓臚舉甚詳又多犯漢初諸帝諱皆灼然可疑者
若其文字細弱淺易無西漢質厚之意其為僞託又
不待智者而知矣余自幼年即疑是注之僞然未敢
有言也久之確見其贋駁詰遂多辨說既繁為論語
孔注證僞稿凡五易編為四卷并以尚書孔傳與肅
注比例以求證書傳亦肅所依託以補潛邱之所未
及世有好學深思者必以余言為然姑藏篋中以俟
知又著淮亭胜錄二卷並續錄敘刻石
者亭記事

二十三年戊寅二十五歲

應歲試取古學一等九名科試取古學一等一名策
問大學格物之説論語正名之義易之文辰詩之五
際禮禓襲之制府君條對二千餘言反復詳明湯學

丨使謂風簷寸晷非績學有素者不能面諭學師補舉

優行十二月朔伯兄壽昌生■娶陶氏邑人州同銜國學生諱克俊公女繼娶范氏大興人文林郎諱承哲公女貤封偕族祖煦臺公諱長春詳家譜初修

家譜成有序刻八家譜

二十四年己卯二十六歲

秋至江寧省應學使會同孫制軍諱玉庭乾隆乙未翰林大學士山東濟寧州人陳撫軍諱闕考優府君取優貢第三名同榜六人郭鴻劉文淇劉寶楠汪榮夏翼謀詳同年錄劉文淇字

孟瞻寶楠字楚楨兩先生與府君素以古學相切劘尤契洽焉旋接應鄉試房考傅公（諱廷蘭壬戌進士吳江知縣）薦而未售

二十五年庚辰二十七歲

春二月同里汪幼清給諫（諱報源廕生官給事中）奉文端公（諱廷珍乾隆己酉榜眼禮部尚書協辦大學士）眷屬入都府君偕行抵京主文端宅應

朝考

欽取二等第一名時優貢無一等也在都凡五閱月文端

廿八

以所著論語孔注證偽攜示王文簡公（諱引之己未翰林官工部尚書高郵人）文簡為序稱其書紹鄉前輩閻百詩之學又相其說之所不及文端寄書里中阮定甫明經（諱鍾瑗歲貢生）謂府君氣平心細識見明確當今豪傑之士也秋旋里著毛鄭詩釋四卷詩攷補注補遺三卷鄭氏詩譜攷正一卷（均梓入叢書）

道光元年辛巳二十八歲

應録科學使姚文僖公（諱文田己未狀元禮部尚書浙江人）取第一名

秋江南鄉試中式第六十名舉人正主試湯文端公

副主試熊東岩先生（諱遇泰戊辰翰林編修後官山東知府江西新建人）房考
王寅軒先生（諱正丁丑進士當塗知縣浙江長興人）是年從陳霽堂先
生（諱師濂乾隆丙午舉人金匱訓導）游

壇

二年壬午二十九歲
春入都應會試[不售]歸里著儀禮周禮禮記釋注共
八卷均梓入叢書 又著逸禮扶微二卷（敘云緝逸禮何仿也仿於宋之王厚
齋元之吳草廬也王氏因學紀聞云天子巡狩禮朝
貢禮王居明堂禮烝嘗禮朝事儀見於三禮注學禮
見於賈誼書古大明堂之禮見於蔡邕論雖寥寥片
言如斷圭碎璧猶可寶也吳氏采小戴投壺奔喪大
戴公冠諸侯遷廟諸侯釁廟及鄭注引中霤禘於太
廟王居明堂禮合為儀禮逸經八篇自序謂片言隻

友

字之未泯者猶必收拾而不敢遺亦我愛其禮之意
也然朝事儀見於大戴記學禮亦見保傅篇非逸禮
也厚齋以為逸禮失之矣毛詩時邁正義亦引天子巡
守禮不僅見於禮注而周禮士師注引軍禮又厚齋
所未及也吳氏纂次逸經巡守朝貢烝嘗軍禮皆所
不錄其失一也逸奔喪禮近載鄭注而草廬未之及
其失二也中霤禮僅據月令注而周禮司巫注公羊
桓八年疏俱引中霤禮草廬亦未之及其失三也王
居明堂禮僅據記注而續漢書祭祀志注引王居明
堂禮古大明堂之禮草廬俱未之及其失四也禘於
太廟禮僅據少牢注引而王制正義聖證論引禘於
太廟逸禮通典禘祫上引祫於太廟之禮草廬又未
之及其失五也蒙暇日采獲羣書詳加甄錄以補二
公之所未備首列逸經次逸記凡五帝記號謚記親
屬說別名說即辨名記別辨通用古王度記三正記王霸記青
史氏記昭穆篇本命篇瑞命篇禮服傳許慎五經異
義又引盛德記三朝記皆今大戴之文不復述也其
散句無篇名者別為逸文綴於後義有隱畧則為圖

說以表明之附以管子弟子職荀子禮論篇賈子容經漢石渠禮論叔孫通禮器制度戴德喪服變除鄭康成喪服變除何休冠儀約制等篇皆漢儒說經之文其視劉歆之義為近古矣肇始於着雍攝提格遞有譜益閱二載而成取漢章帝詔書扶微學之語總題曰逸禮扶微其諸斷圭碎璧之是寶片言隻字之不遺乎至若淹中已亡河内久佚孔叢子之軍禮大底偽文劉有年之逸經無非依託又緝逸禮者所不取也

三年癸未三十歲

春入都應會試不售五月十二日仲兄壽祺生[illegible]娶許氏邑人同知銜候選府經歷諱鑣公女歸里著周易解故敘云易自孟京荀虞之學亡魏王輔嗣出而廓清諸家獨標名理究其流失不無空言浮虛之弊於是矯其弊者復倡為漢學侈談支辰

廿

卦氣納甲之說好奇騁異大抵惠氏之支流也夫惠氏於師法蕩然之後捃摭殘賸以扶微學之一綫固不為無功矣然一惟漢儒之言是從顓門墨守而不顧其義之安理之是烏能免穿鑿之譏哉而後之無識者更為鋪其糟魄揚其頹波展轉販鬻無異攘他人之縢篋而有之余竊笑其偽也且易自京焦流為小數五行占候之言參同道家之言皆託之於易漢世之言易者亦雜矣獨輔嗣起而空之鑿山開道上契古人之真詮使後儒得見名理本乎潔淨精微之教而不至沒溺於象數之學以歧入異端未必非輔嗣導其先也而今之學者顧輕詆王學指為空言之罪首烏得為公論乎余謂易本象數象數不可知以義理知之數奇而理正也義理不可見於訓詁見之義微而詁顯也離訓詁而言理其失也虛離義理而言數其失也誕袪其虛誕之弊而察之以平心求之以實事則無論其為漢易為魏易為宋儒之易觀其會通探其指要門戶之見所以不可存也余少而讀易於易義略無所得惟是區明解故述其一隅之見以

備遺忘其所言者不過小學之緒餘以言易義抑末矣然世之讀易者必先熟經文經之訓詁不明則其說糾紛而不定偏曲而不安是故本之訓詁以正其文求之義理以衷其解訓詁者義理之本根也義理者訓詁之標準也顧義理為人心所自具可以沈潛體驗而得之而訓詁則非博攷不明非研究不精故是正文字未可以其識小而忽之也若夫於言古義株守舊文言訓詁而不本於理與言象數而不本於理則皆說易者之過也夫奚取焉

孝經徵文一卷

敘云孝經徵文何為而述也為宋儒之疑孝經者述也疑孝經幾於非聖矣余滋懼焉故述徵文也昔宋朱子作刊誤一卷刪去子曰及引詩書之文又謂天經地義進思盡忠退思補過等語出於左氏傳為取他書竄入然太平御覽學部引孝經[illegible]性言子曰以開號列曾子[illegible]出於漢世而其言如此然則子曰及引詩書皆孝經之本文庸可刪乎漢匡衡稱大雅無念爾祖聿修厥德孔子著之孝經首章則

〔曾子下似有以字〕

篇中引詩固孔子之舊也河間獻王引孝經天之經
地之義漢初大儒實事求是如獻王者亦稱此為孝
經則非襲用他書文也且論語一書克己復禮左氏
以為古志出門如賓承事如祭左氏以為臼季之言
豈得謂論語据摭左氏而作乎蓋邱明博聞多采孔
門精語綴集成文而後儒反疑聖經勦取左氏必不
然矣孝經有古文有今文古孝經孔氏不傳今所傳
古文皆贋本其可信者獨有今文而已注孝經者莫
古於魏文侯傳文侯受經於西河為孔門之私淑引
孝經者莫先於呂不韋書呂覽在未焚書以前已明
著其篇目據是二者益可知孝經之由來古矣余暇
日瀏覽羣書斷自兩漢錄其徵引孝經者並蒐集古
注各附句下俾後之學者知是書為漢以前所誦習
講授之書而不出於後人之附會尊聖人之經而息
羣儒之議徵文之述其亦不可以已也若夫疏釋經
義發揮聖言則有先儒之書在余雖不敏猶將揚搉
而陳
之

說文舉隅一卷

備遺忘其所言者不過小學之緒餘以言易義抑末矣然世之讀易者必先熟經文經之訓詁不明則其說紛紛而不定偏曲而不安是故本之訓詁以正其文求之義理以衷其解訓詁者義理之本根也義理者訓詁之標準也顧義理為人心所自具可以沈潛體驗而得之而訓詁則非博考不明非研究不精故是正文字未可以其識小而忽之也若夫矜言古義株守舊文言訓詁而不本於理與言象數而不本於理則皆說易者之過也夫奚取焉

孝經徵文一卷

敘云孝經徵文何為而述也為宋儒之疑孝經者述也疑孝經幾於非聖矣余滋懼焉故述之徵文也昔宋朱子疑作刊誤一卷刪去子曰及引詩書之文又謂天經地義進思盡忠退思補過等語出於左氏傳為取他書竄入然太平御覽學部引孝經鉤命決云首仲尼以立情性言子曰以開號列曾子示撰輔書詩以合謀緯書出於漢世而其言如此然則子曰及引詩書皆孝經之本文庸可刪乎漢匡衡稱大雅無念爾祖聿修厥德孔子著之孝經首章則

廿

篇中引詩固孔子之舊也河間獻王引孝經天之經地之義漢初大儒實事求是如獻王者亦稱此為孝經經則非襲用他書文也且論語一書克己復禮左氏以為古志出門如賓承事如祭左氏以為臼季之言豈得謂論語掇拾左氏而作乎蓋邱明博聞多采孔門精語綴集成文而後儒反疑聖經勦取左氏必不然矣孝經有古文有今文古孝經孔氏不傳今所傳古文皆贗本其可信者獨有今文而已注孝經者莫古於魏文侯傳文侯受經於西河為孔門之私淑引孝經者莫先於呂不韋書呂覽在未焚書以前已明引著其篇目據是二者益可知孝經之由來古矣余暇日瀏覽羣書斷自兩漢錄其徵引孝經者並蒐集古注各附句下俾後之學者知是書為漢以前所誦習講授之書而不出於後人之附會尊聖人之經而息羣儒之議徵文之述其亦不可以已也若夫疏釋經義發揮聖言則有先儒之書在余雖不敏猶將揚搉而陳之

說文舉隅一卷

四年甲申三十一歲

邑宰李石洲先生諱國瑞丁卯舉人後官淮揚道署按察使河南鄭州人延課其長子賡揚諸生後官銅沛同知館於縣署校讀說文文選通鑑漢書各一過朱墨評點常至漏深五月王母劉太夫人七旬誕慶稱觴致祝十一月十三日洪湖堰圩十三堡工決流民滿路府君與李公倡議賑恤自冬迄春全活甚眾

五年乙酉三十二歲

館汪春園先生諱椿南清河人附貢生世居北門外河下一卷一勺園西

廿二

課其兩孫見高侍曾及其曾孫黎獻己未舉人汪先生通儒碩學

教學相長府君得益良多有樓聚書數萬餘卷得縱

一觀之著禹貢集釋三卷禹貢錐指正誤一卷均梓入叢書

六年丙戌三十三歲

春入都應會試房考鄭朗如先生諱瑞玉己卯進士編修四川人力

薦主司已密加墨以額溢不録歸里著子史粹言二

卷梓入叢書李芝齡宗伯諱宗昉壬戌榜眼禮部尚書邑人創青雲會為

春闈膏秣之助屬吳蔗田先生諱準己未進士刑部主事邑人楊香

谷先生諱皋蘭甲子舉人太常寺博士銜邑人徐海峯先生諱登鰲壬午舉人江浦縣教諭國子監學録銜邑人及府君經理之自是公車有資

七年丁亥三十四歲

芏

先是上年水災歲歉邑宰譚公（諱霖南豐人）議敘延請經理賑務凡五月餘賑畢復以餘款存質庫備荒鈔淮南萬畢術一卷欽云自來神仙家類多幻言淮南王安以謀反自剄史傳甚明而葛洪神仙傳迺謂八公使劉安登山白日昇天雞犬舐其餘藥鳴天上而吠雲中豈不誣且誕哉初學記引淮南八公相鶴經此亦如伯樂相馬經陶朱公養魚經皆後人所託名也漢書稱淮南子二十一篇中篇八卷外書甚衆藝文類聚靈異部引列仙傳漢淮南王劉安言神仙黃白之事名為鴻寶萬畢三卷論變化之道唐志有淮南萬畢術一卷久佚不傳疑即淮南之外書也今淮南子墜形訓言磁石上飛雲母出水汜論訓言山出梟陽木生畢方說山訓言貓頭愈鼠雞頭已瘻䖟散積血斲木愈齲膏之殺鼈爛灰生蠅漆見蟹而不乾梧桐斷蓋馬氂截玉其言與萬畢術相似又汜論訓言老槐生火天文訓言方諸見月則津而為

水令萬畢術亦有此文蓋一時之作也褚先生補史記龜策傳曰臣為郎時見萬畢石朱方傳曰有神龜在江南嘉林中小司馬索隱曰按萬畢術中有石朱方方中說嘉林中方密之通雅謂萬畢者言萬灋畢於此郎漢之遙興輕舉倒景黃冶淖溺五倉之術也余暇日讀太平御覽見其引淮南萬畢術頗夥北宋初是書猶存因抄撮為一卷小說短書言近於戲大抵虛妄之辭詭秘之術綴而録之匪獨存古且以志戒也昔劉更生獻淮南枕中洪寶苑秘方令尚方鑄作事不驗下吏坐論夫以更生之行與學尚不免為衰說所惑後之讀萬畢術者其眘諸

八年戊子三十五歲

夏苦潦城河漲湧城迤北被淹甚重譚公又延浚市河以洩積水復開通文渠中支

廿六

九年己丑三十六歲

春入都應會試不售　編山陽詩徵國攜稾至京就正宗伯李公宗伯贊具摉采詳慎鄉邦文獻藉以不墜為有功桑梓之作手自審校並為之敘

十年庚寅三十七歲

主講阜邑觀風書院應安讌堂先生明府諱貞吉丁卯舉人邯鄲人之聘適縣試安公復延校童試卷夏六月汪春園先生病亟請府君至榻前訣別以身後相託府君諾之越

數年汪先生子以逋負落陷穽中府君竭力營救忌者以多金啗當事欲並陷府君幾爲所中者屢矣府君毅然以行事卒獲解鄉人義之

十一年辛卯三十八歲

主講鹽城表海書院應姚明府諱逢熙廣東人之聘秋復至阜邑校童試卷

十二年壬辰三十九歲

春入都應會試房考李文恪公諱菡壬午翰林工部尚書順天人三薦而未售

月不孝壽辰生月命改名壽恒■娶韋氏邑人丙申進士兵部員外郎諱坦公女主

廿七

此夾注

講鹽城表海書院應孔明府（諱昭杰，辛酉舉人，山東曲阜人，至聖裔）之聘，並校童試卷。府君刻讀經說，梓入叢書，以勸士。開課童試題辰繫焉，童生陶鑲用漢易爻辰詁題，取寘第一。人競駭之。及見徐蓮舫（諱燧，官訓導）拔貢、廣文徐敦五孝廉（諱闕）、張蓺圃（芳齡，貢生）明經諸耆宿，咸謂陶生世代讀書，乃極篤實，易學湛深，童試多年迄無一遇，以此次列前茅，洵為不愧。駭者不知陶生者也。陶君（字式型）旋及門受業，旋入庠食餼（學使祁文端公歲試取淮安合屬經解第一入庠，科試[illegible]補廩，歲貢生，候選訓導）。夏，王母猝患中風，少愈，成癱枯。是歲歉，邑宰唐

龢卿亢生諱汝明（四川劍州人）舉人延請放賑同人設厰於府縣
城隍廟（領振者）日萬餘人終事無擾

十三年癸巳四十歲

主講表海書院春府君欲不應會試王母趣行遂入
都不僅（應試試畢）急歸入秋王母精神尚好（健）府君耑侍寢膳扃
户不出自編錄詩文成集十一月杪王母病復類中
十二月初三日丁（王母劉）太夫人艱府君哀痛迫切必敬必
誠自是壹意著述進取之志日隳

十四年甲午四十一歲

廿八

夏五月伯兄壽昌應童試歲試取淮屬古學第一入

山陽縣學學使為廖文恪公諱鴻荃己巳榜眼工部尚書福建人秋及

門吳稼軒名昆田南清河人官中書刑部員外郎捷順天鄉試府君年

二十即賴筆耕為甘旨之奉從游至多其最契而歷

久不渝者惟陶君式型吳君稼軒覃思研精情誼敦

篤府君晚年嘗勗不孝等事之當如師陶年七十餘沒吳少府君十四歲現主講崇實書院

十五年乙未四十二歲

秋送壽昌至省鄉試著鄭康成陳思王陶靖節陸宣

輔卿先生諱汝明（四川劍州人）舉人延請放賑同人設廠於府縣城隍廟（領振者）日萬餘人終事無擾

十三年癸巳四十歲

主講表海書院春府君欲不應會試王母趣行遂入都（應試試畢）不售急歸入秋王母精神尚好（健）府君嵩侍寢膳扃戶不出自編錄詩文成集十一月杪王母病復類中十二月初三日丁太夫人（王母劉）艱府君哀痛迫切必敬必誠自是壹意著述進取之志日隳

十四年甲午四十一歲

夏五月伯兄壽昌應童試歲試取淮屬古學第一入
山陽縣學學使為廖文恪公諱鴻荃己巳榜眼工部尚書福建人秋及
門吳稼軒名昆田南清河人官中書刑部員外郎捷順天鄉試府君年
二十即賴筆耕為甘旨之奉從游至多其最契而歷
久不渝者惟陶君式型吳君稼軒覃思研精情誼敦
篤府君晚年嘗勖不孝等事之當如師陶年七十餘沒吳少府君
十四歲現主講崇實書院
十五年乙未四十二歲
秋送壽昌至省鄉試著鄭康成陳思王陶靖節陸宣

公年譜凡四卷名頤志齋四譜梓入叢書

十六年丙申四十三歲

三月服闋偕潘四農魯通甫兩先生諱一同乙舉未舉人及門吳稼軒名昆田南清河人甲午舉人官刑部員外郎同入都應會試四月江人黃樹齋諱爵滋癸未進士江西人後官刑部侍郎兩鴻臚黃槩卿諱宗丙戌進士南人雲人後官侍郎徐廉峯諱寶善庚辰進士安徽人兩太史汪孟慈諱喜孫改名喜荀丁卯舉人揚州人後官懷慶知府陳頌南諱慶鏞壬辰進士福建人後官給事中兩農曹集都中名宿及公車人士四十二人為江亭展禊之會府君及潘魯兩先生與焉府君有敘敘云今天子御

艽

極之十有六年槖筆賡歌英賢揚乎 禁掖臨軒射策才士萃於京師維時仕於朝者歸安葉京卿歙徐太史甘泉汪户部昆明黃太史晉江陳户部宜黃黃鴻臚洒於宣武城坊南之陶然亭以四月四日招集海內之文士為江亭展禊之會孟慈出所得宋刻禊帖並一時題詠臧弆古棗花寺上元溫農部肇江繪圖以紀其事傚水部之遺構追蓬池之勝遊迻書召客評酒命傳東箭南金之美薈其菁英鴻軒鳳舉之姿挹其光采匪惟國士之知抑亦 帝京之盛 以不才猥與其列謹為敘曰夫羽觴隨波肇於作洛之世蘭草解禊沿自會渭之詩秦祠曲水西夏徵符漢袚灞津南都方軌然而本初薄洛之禊賓從無聞夷甫洛川之遊清譚是尚惟右軍臨河之敘實典午命世之英三十三歲筆陣寫於盛年四十二人鑑湖華夫元賞當時仰其風儀後人重其文翰夫以內史卓絕鴻才疊出名德競傳繭紙之書僅尚鵞池之帖播其末技畧其微行浮華所為日謂知言所為日少也況爾時莊老是宗朝野成俗而逸少獨謂虛譚廢務

公年譜凡四卷名頤志齋四譜梓入叢書

十六年丙申四十三歲

三月服闋偕同鄉潘先生四農魯通甫兩先生諱一同乙未舉人

及白吳稼軒名昆田南清河人甲午舉人官刑部員外郎同入都應會試不售四月葉筠潭諱紹本辛酉進士浙

江人黃樹齋諱爵滋癸未進士江西人後官刑部侍郎兩鴻臚黃榘卿諱宗丙戌

進士南人後官侍郎雲徐廉峯諱寶善庚辰進士安徽人兩太史汪孟慈諱喜孫改名喜

荀丁卯舉人揚州人後官懷慶知府陳頌南諱慶鏞壬辰進士福建人後官給事中兩農

曹集都中名宿及公車人士四十二人為江亭展禊

之會府君及潘魯兩先生與焉府君有敘敘云今天子御

艽

極之十有六年禀筆賡歌英賢揚乎禁掖臨軒射策才士萃於京師維時仕於朝者歸安葉京卿歙徐太史甘泉汪户部昆明黃太史晉江陳户部宜黃黃鴻臚迺於宣武城坊南之陶然亭以四月四日招集海內之文士為江亭展禊之會孟慈出所得宋刻禊帖並一時題詠臧弆古本棗花寺上元温農部肇江繪圖以紀其事儆水部之遺構追蓬池之勝遊逸書召客評酒命傳東箭南金之美薈其菁英鴻軒鳳舉之姿挹其光采匪惟國士之知抑亦帝京之盛以不才猥與其列謹為敘曰夫羽觴隨波肇於作洛之世蘭草解禊沿自會潧之詩秦祠曲水西夏徵符漢祓灞津南都方軌然而本之初薄洛之禊賓從無聞夷甫洛川之遊清譚是尚惟右軍臨河之敘實典午命世之英三十三歲筆陣寫於盛年四十二人實鑑湖萃夫元賞當時仰其風儀後人重其文翰夫以內史卓絕鴻才疊出名德競傳繭紙之書僅尚鵞池之帖播其末技畧其微行浮華所為日譚知言所為日少況爾時莊老是宗朝野成俗而逸少獨謂虛譚廢務也

浮文妨要且謂夏禹勤王手胼足胝文王旰食日不
暇給然則分陰必惜麈尾可譚崇有之論裴頠所以
嫉時悖禮之談卞壼所以救世並中流之一壺斯百
川之砥柱當日會稽畢集安石賦詩兀然慕羲唐之
遊嗒焉覺彭殤之化而歛乃謂一死生為虛誕齊彭
殤為妄作是謝安高隱東山能無愧色而敬宗比方
金谷彌用汗顏蓋其仰觀俯察興感寄懷絲竹之娛
尚不欲近儕太傅車塵之拜亦何至下擬季倫哉
夙好此序用闡厥指明古人之用心示來者之取法
屆茲展禊之會將為敘引之貽粵在桑兆之年除月
之吉廣集燕臺之賓重修蘭渚之禊昔以莫春之際
茲以首夏之初周官之祓無判乎歲時漢京之禊或
在於秋日爰以正陽厥為嘉會龍眠繪雅集之圖蘭
若設伊蒲之饌月惟癸已允符元已之期日在甲辰
遙協建辰之令奉金人之寶劍後夫三旬浴釋子之
香花先以四日維時炎曦流景清樾蔭人疏牖洞開
涼風徐引茂林翳蔚上參碧天修竹檀欒俯映滌水
西山眺而朝爽來東閣開而英髦至薦紳之儔憑衿 卅

之侶莫不息駕傾心飲醑結契且王謝美胄會山陰者十五人羊孔勝流罰巨觥者十六輩類皆蟬冕簪纓烏衣閥閱世襟徒矜賦詩不答而茲之禊也滙宇宙之瑰奇鍾扶輿之靈秀搜巖采幹披褐懷珍杞林遍訪乎山陬珊網不遺乎海澨騏驥騄耳逢孫陽而解紲衣鏌鋣青萍遇薛燭而騰寶鞬庶幾潤色鴻業扶翼世道通六藝而為儒者備九能而為大夫永和之事不得顓美於前江亭之宴亦將箸聞於後也江左輇材淮東樸質規隻往哲模勉來茲惟實事之是求懼盛名之難副孟晉之志詠有同心盍戠之交藉以共勵若徒綴其蘭言拾其雲藻僅求同氣之應無裨同志之方此則旗亭畫壁之流要非都會展禊之意也

何子貞先生諱紹基丙申翰林湖南道州人湯海秋先生諱鵬癸未進士官御史湖南益陽人葉潤臣先生諱名澧舉人官內閣侍讀浙江候補道湖北漢陽人與

府君一見如舊相識遂訂交焉歸里後於冬十二月

納側室孫氏

十七年丁酉四十四歲

秋送壽昌至省鄉試編山陽詩徵二十四卷成敘云山陽之能詩者枚都尉開其先其詩即古詩十九首之八上接風騷下啓漢魏實五言之冠冕也魏有陳孔璋建安七子之一唐有吉中孚大歷十才子之一宋有張文潛蘇門六君子之一渭南之長笛倚樓之小杜賞之節孝之霜松春鳥大蘇稱之明代有冰壑老人一射陽先生虞山逸民三子可稱鼎足謝華啓秀各名一家為竹垞漁洋所稱賞我 朝作者林立望社諸子桐園一門風雅寖盛氣格雄古則有南齋西樵風韻清超則有風衣浩亭才力富贍則有魚門唐山完如百詩惺菴禹江東澗諸公經學理學不必以詩見而詩亦未嘗不工或以詩存人或以人存詩自學士文人以至武夫寓公高人名媛藝士販夫羽衣緇流皆所不

廿一

遺其間忠孝節烈道德文采彪炳天壤足為斯集之
光而一二窮愁之士撫時感事排悶寫憂賸觚爛札
未嘗不藉斯集以傳詩之裒集又曷可少哉曩潘中
丞輯淮郡文獻志錄詩頗多今故家間有存者邱季
貞洗馬有淮安詩城未見傳本乾隆中吳山夫徵君
選山陽耆舊詩仿元氏中州集系以小傳罔羅采獲
其用力亦綦勤矣顧此書為徵君未成之書抄録未
竟以出遊置之徵君自言為胸中一未了事且世無
刻本間有傳寫者重沓錯迕或為俗子所改竄增損
互異甚且有厭其繁而刪之余因徵君之選廣為攟摭
其詩其人謟多以倍詩話事實又加詳焉其為耆舊
詩所稱道者必標舉徵君姓氏不敢掠前人之美也
余自少時竊嘗有志於是訪求蒐輯歷十有八年而
后編定體例滙為一集總題曰山陽詩徵經曰文獻
不足故也足則吾能徵之矣後之覽者讀其詩知其
人論其世攷求文獻一方之掌故存焉補志乘之遺
以待輶軒之採於是乎
在匪徒揚扢風雅而已
又集校陳合集二卷云
枚集欽
漢志

偁枚乘賦九篇隋志梁時有二卷亡文獻通考有枚
叔集一卷陳氏解題謂自漢書文選諸書抄出者明
季張幼白儀部嘗合都尉詩賦及七發上吳王書合
刻為一集今皆不傳惜哉漢京辭賦之學始自枚生
欵之長卿子雲繼之其學寖盛然馬楊靡麗之辭文
豔用寡學識不及枚生孟堅以枚與賈山鄒陽同傳
贊其言正蓋英儒宏文橫絕今古不獨為吾淮之冠
也枚生子少孺亦善屬辭賦本傳稱平樂館賦皇太
子生賦立皇子禖祝衛皇后戒終賦從武帝行至甘
泉雍河東東巡狩封泰山塞決河宣房游觀三輔離
宮館山澤弋獵射馭狗馬蹵鞠刻鏤上輒使賦之志
稱枚皋賦百二十篇今隻字無傳然則枚叟詩文之
勵有存者重可寶已余摭拾班史文選注古文苑玉
臺新詠初學記輯為一卷片玉不遺碎金必錄署曰
枚叔集仍舊題也 陳集叙云吾淮之能為文者枚
都尉啓其先陳軍謀紹其後所謂篇章之珠澤文彩
之鄧林後之作者莫能遠也孔璋為建安七子之一
與仲宣偉長諸君齊名典論偁其於學無所遺於辭無

廿二

所假騁騏驥於千里仰齊足而並馳服膺至矣文獻通考陳孔璋集十卷考書錄解題蓋猶魏世相傳之原本今久佚失傳明張溥百三家集本有陳記室集一卷掇拾叢殘惜不著所出 瀏覽羣書左右采獲就隅見所及抄合一卷每篇皆注明某書所引以待學人之覆核凡詩四賦十雜文十一文選注引止欲賦二語張溥本未及采入今摭其遺初學記引大暑賦張溥本溷下脫濁字與灼今韻不協今補其闕張本又有袁紹上漢帝書紹與公孫瓚書及拜烏丸版文此三篇見范書及陳志俱不言孔璋作而張溥輯之記室集豈以孔璋嘗為紹典文章凡文皆出其手歟抑別有據依歟後漢書臧洪傳袁紹使洪邑人陳琳以書譬洪示其禍福責以恩義李賢注引獻帝春秋曰紹使琳為書八條告喻使降洪亦吾淮人今洪答書載本傳辭氣忠烈而琳書不傳則遺文之散佚者多矣漢魏文字傳世日希斯集之輯得有力者刊行之傳世行遠好古者或有取焉豈獨淮之文獻也哉

十八年戊戌四十五歲

入都應會試不售歸里府君有同祖兄麗昭公諱融幼失怙恃先王父母撫如己子卹養備至年四十七是夏病卒遺孤壽齡甫周晬府君撫之一如王父母之撫麗伯昭公經營眞屑不以為煩教之讀書為之授室入泮生子後猶時勉以立身持家務自刻勵勿墜先緒

十九年己亥四十六歲

主講淮關文津書院五月仲兄壽祺應童試取淮屬

古學經解第一入山陽縣學學使為祁文端公諱寯藻甲戌翰林大學士山西壽陽人

二十年庚子四十七歲

主講淮關文津書院不應會試秋送壽昌壽祺至省

鄉試府君父執駱春池廣文諱騰鳳庚申舉人安徽舒城縣教諭年七十餘無子有母崔太孺人壽百有二歲□□廣文病亟語府君曰吾不能送老母死不瞑敢以為累府君諾之廣文卒之府君偕廣文壻何濯波先生諱錦邑人國學生候選員外郎加四品銜視含斂以爭競不得立嗣次年崔壽母卒府君偕

文卒之次年崔壽母府君偕廣文壻何濯波先生諱錦

邑人國學生候選員外郎加四品銜經營喪葬牒官立嗣李宗伯并哀

集廣文藝游録聞方釋等篇叙而付諸梓

主講文津書院八月長孫女生壽褀出適同邑王■品銜布政司

理問許名可宗冬十月自院東大溝巷移居西長街新宅十

二月不孝壽炳生孫淑人出■娶韋氏邑人誥封奉直大夫同知銜候選

知縣國學生名堂公女

二十二年壬寅四十九歲

主講文津書院夏五月夷船闖入鎮江大江南北⊖

卅四

律戒嚴

欽使李芸舫太常諱湘棻壬辰翰林山東安邱人首屬府君團練義勇府君偕先外舅韋竹坪先生設局辦理六月黃河桃南汛工將潰府君曰南岸無虞鄉漲漫必挂淤河殆將北徙矣未幾果決桃源之衆興北岸有黃河北徙議前漕帥周文忠公諱天爵辛未進士山東東阿人曾取觀深以為然其說

是年曹子固太守諱聯桂乙未榜眼江西新建人龔書舸邑宰諱舫廩貢生安徽建平人以郡城傾圮內外通行有警無以為守稟請大府興築延府君總其事府君讓者再不獲辭乃邀

何副郎經營喪葬牒諸官為之立嗣李宗伯為廣文

敘藝游録開方釋例等篇付梓

二十一年辛丑四十八歲

主講文津書院八月長孫女生壽祺出■適同邑五品銜布政司理問許名可宗冬十月自院東大溝巷移居西長街新宅十二月不孝壽炳生孫淑人出■娶韋氏邑人誥封奉直大夫同知銜候選知縣國學生名堂公女

二十二年壬寅四十九歲

主講文津書院夏五月夷船闌入鎮江大江南北

卌

律戒嚴

欽使李芸舫太常諱湘棻壬辰翰林山東安邱人首屬府君團練義勇府君偕先外舅韋竹坪先生設局辦理六月黃河桃南汛工將潰府君曰南岸無虞即漲漫必挂淤河殆將北徙矣未幾果決桃源之衆興北岸有黃河北徙議前漕帥周文忠公諱天爵辛未進士山東東阿人曾取觀深以為然其說

是年曹子固太守諱聯桂乙未榜眼江西新建人龔書舸邑宰諱舫廪貢生安徽建平人以郡城傾圮內外通行有警無以為守稟請大府興築延府君總其事府君讓者再不獲辭乃邀

同鄉紳耆共圖之北門城樓舊懸大鐘舊志不詳始末誤為靈鐘府君手拓其文並為攷證有金天德大鐘款識並淮安修城古甎記（均梓入叢書）倪渥生明經（諱家駿乙酉拔貢候選訓導）府君執友也病亟託孤府君為捍禦外侮獲全

二十三年癸卯五十歲

主講文津書院二月署漕督安邱李公河帥潘文慎公（諱錫恩辛未翰林安徽涇縣人）會奏保衛鄉里勞績最著奉旨賞加內閣中書銜郡城外東南隅巽方舊有龍光閣踞

廿五

護城岡上前明朱烈愍公大典督漕時建久圮形家謂關係闔郡風水兼弭兵患府君謀諸同人成之以四月興工九月落成有記刻入石亭紀事秋送壽昌壽祺至省鄉試學使毛伯雨先生諱式郇己未翰林官侍郎山東人會同督部堂撫部院考優壽昌取優貢第三名

二十四年甲辰五十一歲

正月挈壽昌入都應朝考抵京後蒙

欽派王大臣大挑二等以教諭用應會試肝胃疾作乃留壽昌於京先外舅韋宅單車旋淮病少痊仍總修城之

役九月壽昌應順天鄉試中式第一百十六名舉人
十二月大孫延福生壽祺出娶郎中銜即選主事常州府學訓導乙卯舉人清河人王　諱璵女是歲重修城外大星大王廟並建茶亭又修郡厲壇均有記刻入石亭記事

二十五年乙巳五十二歲
主講文津書院淮安郡城周十一里有奇徹底拆砌兼築砲臺兵堡四門城樓工竣有重建淮安府舊城

廿六

記刻入石亭記事漕帥程晴峯先生諱矞采辛未翰林後官湖廣總督江西新建人

親歷周閱以工堅料實咨請兩江制軍督部堂撫部院河部堂

將捐資出力人員奬勵是歲重修府城隍廟並麗正

書院均有記刻入石亭記事邑人屠薌洲大令諱春林拔貢任四川

南部知縣病歿眷屬奉櫬回里停廢寺中府君為經畫葬

事並籌資贍其家屬

二十六年丙午五十三歲

主講文津書院輯張力臣先生遺集一卷後刻入吳仲仙制軍望三益齋叢書中時署淮安府篆為許珊林太守諱槤己卯舉人癸巳

乙改夾

進士候選道浙江海甯州人酷耆金石取張集親加校審並為之

序從兄壽徵世父顥愚公子

子從府君受業有年研精古訓是秋取列江蘇優貢

學使為張文毅公諱芾乙未翰林官侍郎陝西人十二月二孫厚福

生壽祺出[illegible]娶光祿寺署正銜國學生邑人陶諱聯璋女著周易詁卦淺説

一卷梓入叢書

二十七年丁未五十四歲

主講文津書院二月山陽西鄉迆南舊有泰平隄禦

湖水以衛民田年久失修堤内民田歲苦潦不登時

廿七

太守福楙公滿洲人一意興築延府君主其事堤成是
歲大有秋民呼之曰福公堤府君運河以西固無寸
田尺土也有記刻入石亭記事四月會試榜發壽昌中式第
六十四名貢士
殿試第三甲
賜同進士出身
欽點翰林院庶吉士六月不孝壽榮生孫淑人出■娶甘氏上元
人戶部郎中署寶應縣教九月不孝壽恆應童試歲
諭辛巳副榜諱煦公女
試取古學入山陽縣學學使為李楨堂先生諱煌丁丑翰林

進士候選道浙江海甯州人許太守與府君在都舊識酷嗜金石取張集親加校審並為之序從堂兄壽徵世父顓愚公子從府君受業有年研精古訓是秋取列江蘇優貢學使為張文毅公（諱芾乙未翰林官侍郎陝西人）十二月二孫厚福生壽祺出（娶光祿寺署正銜國學生邑人陶諱聯璋女）著周易訟卦淺說一卷（梓入叢書）

二十七年丁未五十四歲

主講文津書院二月山陽西鄉迤南舊有泰平隄禦湖水以衛民田年久失修堤內民田歲苦潦不登時

太守福楙公滿洲人一意興築延府君主其事堤成是

歲大有秋民呼之曰福公堤府君運河以西固無寸

田尺土也有記刻入石亭記事四月會試榜發壽昌中式第

六十四名貢士

殿試第三甲

賜同進士出身

欽點翰林院庶吉士六月不孝壽榮生孫淑人出■娶甘氏上元

人戶部郎中署寶應縣教諭辛巳副榜諱煦公女九月不孝壽恒應童試歲

試取古學入山陽縣學學使為李楨堂先生諱煌丁丑翰林

官侍郎雲南昆明人是歲重修淮安試院並於頭門内添建抱廈號舍俾更新有記刻入石亭記事

二十八年戊申五十五歲

主講文津書院三月重修徐節孝先生祠有記刻入石亭記事秋周木齋先生諱寅諸生邑人病亟無嗣以老妻息女相託妻年九十餘女今亦七十餘矣卒府君時相存問歷久弗衰並為周先生刻耳鳴山人集十月以修城捐輸偕何副郎先生至江甯謁江督李文恭公諱星沅壬辰翰林湖南人藩伯積拉明阿公江甯太守徐稺蘭太守先生諱青照壬午翰林大興人言其事時

省城罹水患徐太守詢以禦患之方府君詳悉以答太守歎服如橋使水不入城後於城堞女牆外集舟以通往來太守深為歎服旋以調去官次年江又漲當事者不及知省中仍積漫如故李文恭公屬府君即旋里辦賑盧止泉先生（諱澤甲寅舉人邑人僑寓金陵）贈以詩府君和章有東歸方振乏茅舍敢安眠之句盧先生深嘉之十一月由江督甯至蘇州謁陸立夫撫軍（諱建瀛壬午翰林湖北沔陽州人）是月蒙督撫河漕（制軍撫軍漕帥河帥）合詞奏獎城工捐輸經吏部覆

官侍郎雲南昆明人是歲重修淮安試院並於頭門內添建抱厦號舍一律更新有記刻入石亭記事

二十八年戊申五十五歲

主講文津書院三月重修徐節孝先生祠有記刻入石亭記事秋周木齋先生諱寅諸生邑人病亟無嗣以老妻息女相託妻年九十餘女今亦七十餘矣卒府君時相存問歷久弗衰並為周先生刻耳鳴山人集十月以修城捐輸偕何先生副郎至江甯謁江督李文恭公諱星沅壬辰翰林湖南人藩伯積拉明阿公江甯太守徐稺蘭先生太守諱青照壬午翰林大興人言其事時

省城罹水患徐太守詢以禦患之方府君謂前此開封（詳悉以答）

河決及荆州江漲皆嚴閉水門並於各城洞内築堰

如橋使水不入城後於城堞女牆外集舟以通往來

太守深為歎服旋以調去官次年江又漲當事者不

及知省中仍積漫如故李文恭公屬府君即旋里辦

賑盧止泉先生（諱澤甲寅舉人邑人僑寓金陵）贈以詩府君和章有

東歸方振乏茅舍敢安眠之句盧先生深嘉之十一

月由江督甯至蘇州謁陸立夫撫軍（諱建瀛壬午翰林湖北沔陽州

人）是月蒙制軍撫軍漕帥河帥合詞奏奬城工捐輸經吏部覆

奏府君議叙中書奉

旨賞加内閣侍讀銜餘紳富議叙如例韋竹坪先生於京

師創建淮安會館府君力贊成之有記刻入石十二

亭記事

月設厰二所放賑於新城至次年三月賑畢以餘款

存典備荒是月二孫女生壽祺出適清河庠生

王名錫熙

二十九年己酉五十六歲

主講文津書院春三月重修福公堤先年漳王廟[illegible]潰堤[illegible]沖漫殘缺公籲以賑餘款興工民復有秋有記刻入石亭記事五月壽昌挈眷入都供職附糧艘以行壽祺應科試取一等一名選拔貢生學使為青麐公辛丑翰林滿洲人重浚河下羅柳河重建南郭外大吊橋有記

刻入石亭記事是歲成石亭記事並續編二卷梓入叢書

三十年庚戌五十七歲

主講文津書院正月府君恭遇

覃恩

敕封文林郎翰林院庶吉士加一級吾母

敕封孺人四月又遇

覃恩

敕封儒林郎翰林院庶吉士加二級吾母

敕封安人府君以元年捷鄉闈至甲辰始與挑得二等久

四十

應銓授會有捐儘先例開或聳府君援之府　不應
是年見崑山教諭缺將選以受子封註銷夏五月壽
昌　應散館試改主事用籤分户部貴州司兼雲南司
行走郡城西門　武聖廟年久圮甚府君謀諸同鄉
重修次年五月工竣是年七月復於城西留雲道院
闢地偕同志構五雲堂一區屋為會文之所又重造
運河三淺五洞均有記刻入石亭記事十月郡西門外有普

濟堂徽商程葭應鍾創建歲久頹敝會鹽務裁經費貧病者益乏贍養陸立夫制軍檄淮安府延府君經辦府君稟請何副郎瀾波先生同理清其田畝俾收穫有資去其侵漁庶沾溉得實揭舊句於堂云常覺眼前生意滿須知世上苦人多今觀者怵目知警何副郎先生復於堂外建屋三楹以棲流丐名繼濟堂河帥楊端勤公諱以增壬午進士山東聊城人雅重府君時梅伯言諱曾亮壬午進士戶部郎中上元人著有柏梘山房集包倦翁諱世臣舉人江西知縣安徽涇縣人著有安吳四種等書兩先生館於端勤公署中浦轅每延府君至談藝旬日不休端勤公

罜

欲盡刊府君說經等書先以鄭氏詩譜攷正鏤版接
刊詩禮七編共十八卷先是汪文端公著有實事求是齋集
其裔刊行陸立夫制軍以體例未精面屬府君重編
存十之六有後跋　跋
云嘉慶庚辰之歲　以優貢應
廷試至京主同鄉汪　文端公家
自春徂秋凡八閱月朝夕晤言深蒙賞識寄書里中
阮定甫明經語及賤字謂接談數次洵可謂豪傑之
士氣平心細識見明確吾淮後進從未見有此人者
異日成就當可追踪前哲其過獎如此今忽忽三十
餘年自愧學不加進中書老禿馬齒加增無以副鄉
先達之厚望披閱遺文悲深知己撫今追昔感慨係
之矣文端通儒碩望於學無所不窺生平所作詩文
不自收拾輒隨手散去以是遺草鮮有存者戊申己
酉間哲嗣桐階太守綴輯叢殘謄稾編次實事求是
齋集四冊會陸立夫先生持節兩江文端壬午所得

士也因是冊意主廣蒐未加持擇屬重加排纂梓以行世　與文端同里開少承賞譽重以制軍之命夫何敢辭爰甄錄其仕進講筵潤色鴻業宗經稽史自抒心得之文其酬應世俗之作則畧焉不存蓋其慎也雖篇帙無多未足以表章文端之學然梗概具存菁華斯出後之讀者知公之躬行實踐不欲以文章名即以文論　其　制軍謂刪存悉中肯綮即當重鐫未幾江省淪陷斯編刊否不可知矣

咸豐元年辛亥五十八歲

主講文津書院春三月於宅之對宇葺半畝園有記刻入石亭記事時河未北徙連年運水漲漫有議於頭壩開設四孔以洩盛漲山陽西鄉將成澤國楊端勤公㠯

四十二

詢府君力陳其弊舉乾隆初衛太守哲治有永閉雙孔閘碑記為證端勤公即停止以順輿情四月三孫女生
壽祺出適海州庠生程名延鴻八月三孫來福生壽恆出娶詹事府主簿銜太學生程諱維圻女九月江南鄉試榜發壽祺中式第一百三名舉人邑人許鹿樵廣文諱汝官歲貢生林德署銅山訓導
川司馬諱濟蒼國學生同知銜建議重修東岳廟敦請府君為之經年乃成又為胡邑宰諱克文甲午舉人湖南桃園人重修北門化民橋均有記刻入石亭記事曾文正公諱國藩戊戌翰林大學士贈太傅世襲一等毅勇侯湖南湘鄉人由京寄贈篆聯云教子蘇明允著

書王仲任湘鄉爵相府君前在都相識至是以壽昌在京受業其門故寄聯致欽遲之意是年制府檄行府縣捐辦義倉謂常州陽武等處以十畝二十畝起捐劄飭仿辦府君議謂山陽田地瘠薄非蘇松常鎮膏腴比欲由五百畝起捐議未決有具稟府縣請以五十畝起捐者府君遂力辭不問

會祁方伯諱宿藻戊戌進士山西壽陽人過淮詢邑中疾苦府君力陳彫敝方伯遂諭府縣緩行以紓民力自是銜之者次骨思所以

中傷矣

二年壬子五十九歲

春恭遇

覃恩府君膺

誥封奉直大夫户部貴州司主事加二級吾母

封宜人高紫峯先生諱士魁辛巳舉人己丑進士四川蓬州知州以團練歷保賞加道銜邑人自蜀回淮

插竿

是歲苦旱漕帥楊疊雲先生諱殿邦甲戌翰林安徽盱眙人屬府君仿古法祈雨府君參酌春秋繁露及吏治懸鏡等書為壇於夾城雷祖行宮有禱雨文文及禮節均刻入石亭記事楊漕帥率屬禱三日而雨大至夏四月不孝壽寶生孫淑人出■娶晏氏儀徵人知州銜布政司理問太學生名端善公女朱恕齋方伯諱士達丁丑進士官布政使揚州府寶應人晚歲致政家居時駕舟來淮與府君敘談壽寶生方伯適至故以命名時運河涓涓細流不敷栽插府君請於漕帥河師引中河之水穿黃入運閘雙金閘等處以防旁洩可以

四十四

濟漕利農時豐工決黄河河身無水中河下貫河身
兩旁宜蓄壩河員需以時日府君偕包先生口授指
畫僅七日而水大至農田得栽漕艘亦暢行北上又
市河農田因距運水遠苦乾府君令多具水車由城
西門水閘車溜入城河由城河入阜城閘下注俾資
灌溉是歲均獲有秋冬十二月制府檄行府縣以粤
匪直下楚鄂蔓延豫章大江南北一律防堵府縣即
設局延府君及同鄉諸君董其事府君建議先練鄉
勇二百名選武舉倪家駟為教習又謀諸在城富家

於城内空閒廟宇積米近萬石為守禦計

三年癸丑六十歲

正月府君令練勇擒獲阜邑巨盜梁長濱等漕帥命太守恆廉公（甲午舉人滿洲人）即日杖斃之又獲長濱兄梁長（稳）搜出投逆呈詞大府斬以徇二月（江甯）金陵陷十九日鎮江陷二十一日揚州陷淮安毘連人心惶惶二十四日晚漕帥忽由揚旋淮居民驚竄城内一空四鄉土匪乘亂蠭起府君獨立不懼增團坊勇千餘名時糧艘停運泊運河兩岸者丁舵可七八千人府君與

清河邑宰吳勤惠公 諱棠乙未舉人後官四川總督安徽盱眙人 請於漕

帥每船月津貼食米名有警隨同攻剿旗幟因書

齊心殺賊字鑄虎蹲炮多尊於四城廣儲灰瓶軏石

嚴拿各鄉土匪擒獲多名靖內捍外經畫十餘晝夜

城民心漸歸去時戶牖不及扃閉者追歸固纖毫無

失也府縣彙其事通稟蒙各憲嘉獎在案府君舊有

肝胃疾以積勞不時舉發三月四孫陶福生壽祺出

娶程諱維圻女 六月五孫賜福生壽恆出 娶運同銜候選鹽運司運副清河人

王諱珣女 入夏府君疾益甚成懸飲月數次發發時涌吐

注一格

斗餘遂家居臥病不及問外事孰意誣謗者構言傾陷十月中忽奉奏參逮赴揚州行營戚友俱為悚歎府君神色自若即日扶病攜壽祺就道曰吾上報

國恩下衛鄉里因此獲禍雖死不悔即日能行毫無經手未完同事者亦捧帳辭退府縣慰留緣公收公議實用實銷府縣素知底蘊無纖悉隔閡也羈縶召棣轉得靜攝養病病少愈即檢書作楷一日召鎮詭言賊至居人竄匿市廛為虛當事者意府君亦他適遣使覘之使至見府君端坐觀書如故亟反命當事者曰真强

項也

四年甲寅六十一歲

在召埭正月不孝壽同生孫淑人出[illegible]娶程氏沭陽人道衢刑部郎中廩貢生程諱立煒公女三月壽昌在京代父鳴冤奉

旨飭令回籍四月　壽昌由京抵家參案又奉

旨改交邵漕帥審辦府君亦由召埭旋里十二月邵漕帥覆

奏又奉

旨改交江甯文藩伯審辦是歲著易林釋文四卷敘云漢焦延壽易林以六十四卦變而之九千四十六卦班志不著錄隋志五行類有焦贛易林十六卷漢書儒林傳京

房受易梁人焦延壽云嘗從孟喜問易房以為延壽
易即孟氏學東觀漢記永平五年秋京師少雨上御
靈臺召尚席取卦以周易卦林占之其繇曰蟻穴封
户大雨將集明日大雨以詔書問沛獻王輔曰令易林
震之蹇有此文漢世甚重其書亭林顧氏疑為東漢
以後人撰託非也亭林謂其時左氏未立學官易林
引左氏語甚多又往往有漢書中事如長城既立四
夷賓服交和結好又昭君是福事在元帝竟寧元年
案左傳當西漢時雖未立博士賈誼已為訓故河間
獻王傳其學毛詩故訓傳多依用之於易林何疑焉
至昭君不必為元帝時事或取昭明之義如毛詩平
王之類萃之臨曰昭君守國諸夏蒙德此昭君又何
以解焉且元帝之世延壽固當見之矣漢書京房傳
焦延壽字贛贛貧賤以好學得幸梁王王共其資用
令極意學既成為郡史察舉補小黃令贛嘗曰得我
道以亡身者必京生也房以元帝建昭二年上封事
棄市死時年四十一元帝紀建昭五年明年春正月
改元竟寧賜單于待詔掖庭王嬙為閼氏匈奴傳元

四十八

亦非也句雅有誤

家子王嬙字昭君賜單于延壽生歷昭

世亦非也易林學出西京文義古奥非東漢

諸儒所能依託流傳既久沿譌滋多舊有汲古閣毛

子晉本漢魏叢書何允中本近有黃丕烈重校宋本

黃本刻工完整售者為之紙貴然以毛何本校之

頗有舊本不誤而黃本妄改之者則宋本亦未盡可

據矣坤之豫云晝我筋力胝蠒為疾黃刻宋本誤作

蠒比之大過云胝藺為疾胝卽胼胝之胝蠒卽足藺

之藺為疾與上堅不可得合韻黃刻宋本疾字作候

尤為誤也需之兌云牡飛門啓同人之夬同漢五行

志京房易傳有城門牡飛事黃刻宋本皆誤作杜飛

其誤甚矣乾之井云黿鳴岐野鼈應山淵漢書張衡

傳黿鳴鼈應章懷注引易林黿鳴岐野鼈應于泉唐

時古本如此黃刻宋本作鷩鳴岐山黽應幽淵肌改

無據不可從也頤之解云箕伯入室政衰弊極抱其

彜器奔於他國黃刻宋本箕仁作飢人據史記西伯

伐飢國滅之飢卽錢耆之耆 案箕子與微子連舉

故下用抱器奔周之事不必改作飢人以合於殷本

房受易梁人焦延壽云嘗從孟喜問易房以為延壽
易即孟氏學東觀漢記永平五年秋京師少雨上御
靈臺召尚席取卦以周易卦林占之其繇曰蟻穴封
户大雨將集明日大雨以詔書問沛獻王輔令易林
震之蹇有此文漢世甚重其書亭林顧氏疑為東漢
以後人撰託非也亭林謂其時左氏未立學官易林
引左氏語甚多又往往有漢書中事如長城既立四
夷賓服交和結好昭君是福事在元帝竟寧元年
案左傳當西漢時雖未立博士賈誼已為訓故河間
獻王傳其學毛詩故訓傳多依用之於易林何疑焉
至昭君不必為元帝時事或取昭明之義如毛詩平
王之類萃之臨曰昭君守國諸夏蒙德此昭君又何
以解焉且元帝之世延壽固當見之矣漢書京房傳
焦延壽字贛贛貧賤以好學得幸梁王王共其資用
令極意學既成為郡史察舉補小黄令贛常曰得我
道以亡身者必京生也房以元帝建昭二年上封事
棄市死時年四十一元帝紀建昭五年明年春正月
改元竟寧賜單于待詔掖庭王嬙為閼氏匈奴傳元

帝以後宮良家子王嬙字昭君賜單于延壽生歷昭
宣元之世亦非也易林學出西京文義古奧非東漢
諸儒所能依託流傳既久沿譌滋多舊有汲古閣毛
子晉本漢魏叢書何允中本近有黃丕烈重校宋本
黃本刻工完整售者為之紙貴然 以毛何本校之
頗有舊本不誤而黃本妄改之者則宋本亦未盡可
據矣坤之豫云盡我筋力胝𪓟為疾黃刻宋本誤作
𪓟比之大過云胝薾為疾胝即胼胝之胝𪓟即足薾
之薾為疾與上堅不可得合韻黃刻宋本疾字作候
尤為誤也需之充云牡飛門啓同人之夬同漢五行
志京房易傳有城門牡飛事黃刻宋本皆誤作杜飛
其誤甚矣乾之井云鼂鳴岐野鷩應山淵漢書張衡
傳鼂鳴鷩應章懷注引易林鼂鳴岐野鷩應于泉唐
時古本如此黃刻宋本作鷩鳴岐山鼉應幽淵肌改
無據不可從也頤之解云箕伯入室飢人政衰弊極抱其
彝器奔於他國黃刻宋本箕仁作飢人據史記西伯
伐飢國滅之飢即錢耆之耆 案箕子與微子連舉
故下用抱器奔周之事不必改作飢人以合於殷本

紀也乾之咸云三人求橘反得大栗黃刻宋本作反
得丹穴據史記巳寡婦清事　案復之大過云蹞河
求橘並得大栗可為確證不必改作丹穴以合於貨
殖傳也大畜之訟云哀相無極黃謂哀相當作衷祖
　案毛本原文云靈公夏徵衷禍無極言其事可悲
哀禍亂相尋無已於文自通不必改作衷祖以合於
左氏文也始之晉云敗鼠賣卜黃謂卜當作朴周人
謂鼠未腊者為朴　案漢藝文志著龜家有鼠序卜
黃於文為順亦不必改為賣朴以合於戰國策也畧
舉一隅則黃本之失為不少矣　燖繹舊文用相讎
校擇善而從無所偏主其有音義不明證之故書雅
記疏其隱滯於所不知概從闕如仿陸氏經典釋文
纂易林釋文一卷附著於後末學譾陋聊備　又著楚
遺忘尚冀有道君子斷而裁之謂其義焉

辭天問箋一卷　敘云楚辭天問屈子呵壁之所為作
也楚有先王之廟及公卿祠堂畫古
賢聖神靈瑰瑋僪佹之形屈子仰見圖畫一一呵而
問之以寫其忿懟寃愁之志所為痛極而呼天也何

四十九

以知其呵壁也壁之有畫漢世猶然漢魯殿石壁及文翁禮殿圖皆有先賢畫像武梁祠堂有伏戲祝誦夏桀諸人之像漢書成帝紀甲觀畫堂畫九子毋霍光傳有周公負成王圖敘傳有紂醉踞妲己圖後漢宋宏傳有屏風畫列女圖王景傳有山海經禹貢圖古畫皆徵諸實事故屈子之辭指事設難隨所見而出之故其文不次也東漢順帝時侍中王叔師撰為章句叔師稱天問多奇怪之事劉向揚雄援引傳記以解說之關者甚多不能詳悉今子政子雲之說久佚不傳叔師依據舊文章決句斷注天問者莫古於是書矣蒙不揣譾陋仿鄭箋申毛之例因章句而為箋叔師義有隱滯箋以表明亦有不依章句者如鄭箋與毛異義是其例也箋義刱始於嘉慶丁丑屬草粗具藏於篋中迄今三十有七年覆加審定繕寫成書屈子以直行竭忠被讒憂憤悼古人之不作懼來者之難明述箋申義感慨係之

五年乙卯六十二歲

正月府君攜壽昌赴揚州萬福橋行營候審命壽祺
以中書到閣行走二月下旬文藩伯覆　奏三月初
二日奉
旨發往軍臺效力欽此藩伯令府君回籍候部文起行四月六孫麟福生壽祺
出娶揀選知縣己未舉人是月壽昌亦入都供職
清河人汪諱黎獻女
命不孝壽恆拆變家產納贖九月在火器營捐繳經
兵部議請免遣奏
旨依議欽此府君仰沐
府君回籍後即料理行李書籍為行計
至是始知仰沐

五十

聖恩感激涕零謂不孝等曰吾今而後得專心於讀書矣從前著述已成者亟須删削未成者尚待補完如一屋散錢無索儻不獲禍必不容吾家居將以勞卒各稿散佚可惜也不孝等侍聞訓語咸為淚下是歲著周易述傳二卷尚書餘論一卷毛詩陸疏校正二卷孝經述註一卷重編百家姓韻語三編命不孝壽恆為之註釋均梓入叢書又著易經象類一卷敘云易之為書也比物連類而象類分焉故傳曰本乎天者親上本乎地者親下則各從其類也方以類聚物以羣分以通神明之德以類萬物之情傳又曰乃與類行類族辨物於稽其類其稱名也小其取類也大引而伸之觸類而長

正月府君攜壽昌赴揚州萬福橋行營候審命壽祺
以中書到閣行走二月下旬文藩伯覆　奏三月初
二日奉
旨發往軍營効力欽此藩伯令府君回籍候部文起行四月六孫麟福生壽祺
出娶揀選知縣己未舉人清河人汪諱黎獻女是月壽昌亦入都供職
命不孝壽恆拆變家產納贖九月在火器營捐繳經
兵部議請免遣奉
旨依議欽此欽遵府君回籍後即料理行李書籍為行計
至是始知仰沐

五十

聖恩感激涕零謂不孝等曰吾今而後得專心於讀書矣從前著述已成者亟須删削未成者尚待補完如一屋散錢無索儻不獲禍必不容吾家居將以勞卒各稿散佚可惜也不孝等侍聞訓語咸為淚下是歲著周易述傳二卷尚書餘論一卷毛詩陸疏校正二卷孝經述註一卷重編百家姓韻語三編命不孝壽恆為之註釋均梓入叢書又著易經象類一卷敘云易之為書也比物連類而象類分焉故傳曰本乎天者親上本乎地者親下則各從其類也方以類聚物以羣分以通神明之德以類萬物之情傳又曰乃與類行類族辨物於稽其類其稱名也小其取類也大引而伸之觸類而長

之天下之能事畢矣文言傳曰猶未離其類也雜卦傳曰否泰反其類也象傳曰絶類上也行失類也類之為義大矣哉漢書魏相丙吉傳贊曰古之制名必由象類遠取諸物近取諸身揚雄傳云闕之以休咎絣之以象類易也者象類之書也漢儒皆言卦象虞氏易兼取旁通自王輔嗣出悉舉而空之然說卦傳皆言卦象聖人之說如此象其可廢乎哉余取易辭之相類者比而連之間附解義期於文約旨明而無取穿鑿回穴之說傳之家塾以發童蒙易曰蒙以養正聖功也象數非小也易道之大亦可由是而得其恉也十月恭遇

覃恩府君贈

誥封朝議大夫戶部主事加三級吾母

誥封恭人

五十一

府君廞門謝客日以覆校經史繙改舊稿為事暇與道士梁月舟及世父默齋公圍棊府君友愛綦篤默齋公晚境支絀命肩輿朝接暮送與同起居飲食將十年雖風雨亦然府君未六旬患懸飲時疾作即卧榻不起不能飲食一日疾甚默齋公至暮裴回不能去語不孝等曰汝父後吾方好若在吾先吾將何依言之沈痛可知府君相待之厚矣十一月七孫積福生壽恆出■（訓導郝名雲臺女）娶庚午舉人即選歲杪疾愈甚十二月二十八日得京信知伯嫂陶氏於十三日

殁於京邸

六年丙辰六十三歲

春疾少愈招鹽漬陶式型來淮自營壽藏於城東鄉

石塘鎮東呂莊之陽命先植松柏並手書歛葬各事

黏綴於朱子家禮篇末城西水鏡圓靈道院道士梁

月舟主之歲久失修府君以鬻產餘貲為建秋水蒹

葭之館有記刻入石亭記事是歲苦旱飛蝗蔽天

本為空論也　本是未之論

著詩集傳附釋一卷敘云丙辰之春杜門養痾屏除
人事取朱子詩傳紬繹讀之兼
採漢唐宋諸家之解斷以己意集衆説之長未有一
字無來歷者然後歎朱子之學之大也朱子初解亦

用序說呂氏讀詩記多引之至作集傳乃盡棄小序
以意解詩善夫程子之論曰學詩而不求序猶欲入
室而不由户也詩大序其文似繫辭其義非子夏所
能言也分明是聖人作此以教學者序中言國史明
乎得失之迹如非國史則何以知其所美所刺使當
時無小序雖聖人亦辨不得然則詩序之說烏可以
盡廢乎集傳成於淳熙丁酉朱子年四十八歲其後
作白鹿洞賦云廣青衿之疑問孟子注亦以柏舟為
衛之仁人皆從序說是集傳本為定論也余自幼年
受讀此傳然皆顢頇讀過未嘗究心今老矣始得分
析章句附以釋義更為表明因寫成一卷以傳
家塾函大之儒青衿之士溫習故書庶有取焉

書蔡傳附釋一卷

敘云尚書蔡氏集傳序云慶元己未冬
文公令沈作書集傳二典三謨先生蓋
嘗是正集傳本先生所命故凡引用師說不復識別
己未當慶元之五年朱子已七十歲閱十年而書集
傳成朱子已不復見矣金仁山謂蔡傳成於文公既
歿之後門人語錄未萃以前猶或不無遺漏放失之

五十三

憾余紬繹研求味其指要其有未安亦不敢曲徇先儒附以釋義疏通證明蔡氏每篇皆分析古文今文殆習聞朱子之論而疑書之古文歟秦誓蔡傳引吳氏曰疑其書之晚出或非盡當時之本文也蓋吳才老之說蔡氏亦疑秦誓之非本經矣茲所釋者皆今文亦有斥偽古文傳者並附於篇

釋春秋胡傳申正四卷

敘云春秋之學漢世多用公穀之說河間獻王得左氏傳始能考其行事不自為空言毛公賈誼馬鄭賈服諸儒昌明其學晉杜預以左傳附經而作集解遠服虔之古義阿王肅之偽文北魏衛冀隆據服難杜而其書不傳孔穎達依杜作疏而杜注遂盛行於世矣唐啖助始擬棄三傳以己意求經文及門趙匡陸氏繼之盧仝輩從而和之韓文公贈盧仝詩云春秋三傳束高閣獨抱遺經究終始柳子厚作陸先生墓表推為巨儒能知聖人之旨然新唐書謂啖氏自用名學憑私臆決以未可必而必之可謂切中其失矣宋紹興初胡文定侍經筵受詔譔春秋傳書成賜銀幣褒獎當時甚推重之元延

祐中定取士制用三傳兼取胡氏傳明代以胡傳立學宮為士子所誦習永樂大全一以胡傳為主自是三傳寖微而文定之書幾於後來居上已傳首謂元者仁也仁者心也楊龜山謂其說支離恐改元初無此意又謂夏時冠周月熊朋來黃澤趙汸皆辯其非至於譏洩冶之死節貶吳札之名賢河陽之狩而以為全其忠楚麇之卒而以為畧其弒其傳義亦多乖矣朱子曰胡春秋大義正有牽強處亦有過當處案文定過信公穀雖宗伊川程子兼取啖趙陸氏及劉敞蘇轍許翰孫覺諸家之說又不揆時事務為峻刻之文非平心之論也善夫朱子之論曰春秋是聖人據魯史以書其事使人自觀之以為鑒戒若欲推求一字之間以為聖人褒善貶惡竊恐不是聖人之旨又曰春秋本據魯史舊文筆削而成今人看春秋必謂某字譏某人則是孔子專任私意妄為褒貶孔子但據事直書而善惡自著若文定之書其亦任私意而過求褒貶者乎或謂文定當南渡後發憤著書專主復讎之義進規於朝其說然歟余曰否文定於會

五十四

于柯傳謂修怨怒鄰危其宗社不可謂孝極斥復九世之讎春秋賢之為妄昭十七年傳戒窮兵於遠虛內事外何其偉著春秋胡諍謂其陰主和議附時君而誤薦奸相竊為文定惜之近尤侗謂專以復讎為義此宋之春秋是未讀全書也愚肆業三傳並習文定之傳於其大義炳如者證明其說其說之失者則糾正之為胡傳申正四卷申者申其說之隱滯正者正其說之外跡也愚為此書欲令學者讀文定之傳區其得失著其異同窮源溯流不敢以三傳為左傳可廢而春秋之學以明亦先河後海之義云爾

杜解集正八卷

欽云自漢宋之學分黨同伐異經學與理學歧而二之非通儒之學也漢學鄭君經傳洽孰六藝之宗匯獨其學重也粹然純儒品行卓絕千古雖宋之理學名臣無以過之鄭君從張恭祖受左傳劉義慶世說稱鄭君注傳春秋傳未成遇服子慎盡以己所注與之遂成解誼服氏之學甚為當時所重至晉杜預撰集解備述賈劉許穎之說獨遺服氏不言孔沖遠謂服劣於諸儒棄而不論此

曲說阿杜也今服注久佚其可考見與杜注相同者
凡百餘條杜據為己說蠹生於木而還食其木遺棄
不言如郭象注莊之竊向郤夫之所為也東晉初服
杜俱置博士其後河北學尚服氏江南學尚杜氏唐
孔氏依杜解作正義服注遂微而杜氏始孤行於世
矣梁崔靈恩 魏衛冀隆皆申服難杜隋劉炫規杜過
百五十條今其書皆佚不傳後魏酈道元水經注
頗糾杜誤唐孔氏正義雖依杜解間正其訛元趙汸
撰左傳補注畧辨杜氏之非未暢其說我 朝經學
昌明顧氏炎武萬氏充宗惠氏士奇惠氏棟 沈氏彤
江氏永洪氏亮吉顧氏棟高於杜解多所糾正然猶
未能抉其隱微窮其情偽焦氏循補疏始斥杜氏為
司馬懿之私人故其注左貶死節之忠節張亂賊之
亾畯悖禮傷義忍於短喪飾非怙惡邪說肆行實為
世道人心之害其論可謂不朽矣近儒沈氏欽韓補
注備言杜氏私衷為司馬昭飾說發奸摘伏駁斥無
遺其全書未及梓行余從友人處假得原稿亟甄錄
之尤足箴杜癖之膏肓也夫經學者聖學之宗心術
五十五

傾邪而謂能發明經義者必不然矣自唐孔氏作疏阿附杜說千有餘年莫之是正大義晦盲如入闇室愚為杜解集正匪好為非毀前儒蓋欲扶翼正學昌明世教必如是而後左氏之傳可讀春秋之經可明也嗚呼經學之不明遂為政教彝倫之害而儒術因之日歧其患匪淺愚正杜氏之失所冀後之學者正世道以正人心慎毋歧經學理學而二之以流為偽學也

投壺考原一卷

欽云投壺古禮之正經也漢戴德戴聖傳之為大小戴記自朱子析分經記吳草廬定為禮之正經即逸禮三十九篇之文孔壁之古禮經也古者射為六藝之一投壺又射之一事漢魏以來祭遵袁紹戎馬之間猶習其藝至如王輔嗣之易學邵康節之數理亦從事投壺之儀元明以後此事寖廢矣宋司馬文正公有投壺新格尚可仿而行之雖未知於古禮何如然告朔餼羊之存不猶愈於樗蒱牧豬之戲乎余徵之古籍輯禮典傳記賦文圖格四篇共為考原一卷以備燕賓習射之娛庶幾志正體直反求諸身考禮正俗此其嚆矢

地也京師新建淮山邑館重修九坂橋水龍局冬旱荒賑粥均有記刻入石亭記事

七年丁巳六十四歲

著學彀二卷欽云學彀者取孟子書學射必志於彀也自世儒誤於所學撏撦章句掇拾辭華費日玩時迄於無用余甚憫焉故輯學彀以明示準的之方也余自少時竊嘗有志於學久之識其坦途循其正道不誘於一捷徑不迷於旁門及今年逾六旬孜孜不已勉攄其一得之愚甄錄古人之言學者以為高曾之規矩而不敢以肊說厠其間俾上智不至於歧趨中材亦可以跂及則惓惓教人之苦心而後學所當取法也要之聖賢之學體用兼賅自天子以至於庶人修齊平治之方莫不以學為之本不志乎學而欲其轉移世教激勵人材是猶變其彀而使之射未有能中者也中庸之記曰射有似乎君子失

五十六

諸正鵠反求諸其身善學者紬繹是編亦反求諸身而已矣

文穀二卷

叙云余既輯學穀復采獲古人之論文者為文穀二卷夫文以載道也明乎道而後可與於斯文藻繢襞積非文也淺露枯溢虛幻輕率尤非文也中無所得而託之空文以自見何足以為文乎故曰修辭立誠又曰不誠無物凡為文者志乎道而立言以識斯可矣先正之論文也其言明且清所以示之穀也識其穀而不能文者有之矣未有偭乎穀而能為文者也文之大者道以經世其次闡明聖言維持名教皆文也即皆道也志乎穀以詒來學之後人審所從焉舍道無以為文舍學無以求道本之學穀以正其趨參之文穀以精其業庶乎其得之矣

詠淮詩鈔二卷

叙云余既輯山陽詩徵復據摭前人之詠淮者凡四方之外籍歷代之聞人博采廣蒐編為二卷其淮人之詠淮者已載詩徵不復綴錄省重沓也夫三洲之詠合周樂之雅南叢桂之篇招淮王之隱士先民有作斯土興歌至如輶軒所歷竹帛所傳藝檀九能才姱羣

雅山楊桐柏之輝川耀玭珠之采考古夏五月於書
紀事其在斯乎采風陳詩是之取爾
肆得汴學石經篆隸二體黏為四大册有敚何子貞
先生贈以詩均梓入叢書九月九孫升福生壽祺出是歲
於半畝園新構草閣又宋儒忠烈陸公崇祀兩廡山
陽學增廣文武學額均有記刻入石
亭記事

八年戊午六十五歲

春命不孝壽恆入都應順天鄉試六月十孫嘉福生

壽恒出秋不孝壽恒下第旋里府君校刊外曾王父

劉公諱希向字炳藜乾隆甲戌進士湖北麻城縣知縣三冬識餘二卷有後

欽己梓行

九年乙未六十六歲

夏四月會試榜發壽祺中式第五十五名貢士

殿試第二甲

賜進士出身

欽點主事籤分刑部湖廣司行走袁端敏公諱甲三乙未進士河南項

城人泹漕督任延聘府君主講麗正書院月兩課皆扃

試端敏公竟日危坐士爭自奮是科借浙闈鄉試肄業者中式三人嗣後應童子試正副隨三課中入泮者近四十人八月壽昌升補員外郎奉

旨充順天鄉試同考官九月世父默齋公卒府君為營喪葬備至冬府君偕族弟霽初公諱昀附貢生浙江候補知縣等創建宗祠於南郭外次歲落成同治元年補為之記刻入石亭

記事

十年庚申六十七歲

主講麗正書院春捻逆闌入清江浦直抵郡城北關

沿路焚掠火光燭天當事延府君總守城之役府君辭同鄉造門者踵相接遽擁以出府君曰守城事吾竭吾力不濟吾以身殉至目前餉需及事後捐輸均請府縣主持府縣諾之時存城兵勇極單府君請漕帥飛檄先調衡陽防兵回城又咨揚州主兵者速派大隊援剿時民知捻不足畏無遷徙者城內坊民分段巡查登陴瞭望城外各鄉鎮團練自衛間出助練勇攻剿以東門外下關鎮爲最接仗多攻冒死抵禦擒斬無算三日而人心定未幾援兵大至遂克復清

江客兵有强擄婦女者府君言於劉統領名成元官副將貴州人劉副將時年三十餘驍勇多智先從本營搜取次及他營悉得數截留至數百名府君收養於郡城尼菴給饘粥醫藥擇鄉之年高德劭者總其事雖差役傭媪亦取年六旬外者戒（禁）少年子弟毋入內事平各家認領有無主二三人交育嬰堂為傭媪城內先一夜數驚擎獲奸細數人驚仍不止府君乃集土丐及游手無業者為長夫日廩給之為搬運器械糧儲及替（更）撥瞭望鳴鑼擊柝之用遂安靜無譁終事呈報用款

有以不合例挑駁者太守恆廉公力爭於大府不允府

君曰城不破吾纖毫無損所得至多其不銷者微末

耳吾自墊備太守欲捐廉分償府君不受

著馬班陳范四

史餘論五卷欽云馬遷班范古稱三史承祚繼之四史觀止史各有論附在本書不佞紬繹拾其緒餘匯沿勤說匯修博聞明事析理用志不分目瞑意倦老而逾勤纂為餘論以諗後人冬恭

遇

覃恩府君𦥮

誥封中憲大夫户部員外郎加三級吾母

誥封恭人

十一年辛酉六十八歲

主講麗正書院

欽差督辦江北團練大臣晏公名端書戊戌翰林時官大理寺卿後官都察院左副都御史署

兩廣總督儀徵人以府君名薦奉
旨差遣委用時議堅壁清野府君聚邑之四鄉耆民反復
譬諭扞練以成秋七月世父顓愚公卒府君營喪葬
一如默齋世父歿時八月府君患瘧三日不食不言
醫者束手忽自解且懸飲疾近十年從此若失九月
敘守城勞績府君蒙 奏保
賞戴花翎并奏加三品銜奉
旨著照所請獎勵欽此自是有警鄉人則擁府君以出少
平府君即家居著書督課子孫於饟需出入不聞問

也

同治元年壬戌六十九歲

主講麗正書院著頣志齋碑帖叙録一卷叙云同治紀元長夏

敝門帚掃衰集碑帖羅列案前肆書攷古如得珠船墨寶紙香醉心遊目夫金石之學肇於歐趙洪氏我

朝名人輩出則有亭林錫鬯覃溪蘭泉竹汀阮文達

公暨力臣山夫先生蒐羅益廣講求益精余之藏弃不足以擬其百一然如封龍元象諸碑得之寶應劉念樓北朝造象諸象得之日照許印林頗有亭林諸先生所未見者至如汴學二體石經吾鄉李芝齡宗伯校刻金石存云僅存周禮數石而余所得者宋元舊拓篆書正書竟有三百七十餘紙播之京師壽陽相國詫為奇祕道州何子貞太史賦長歌漢陽葉潤臣閣讀作跋尾以美其事洵藝林之至寶也爰就齋中所存次其年代時月畧仿解題輯為叙目存真

剡僞可以披沙而揀金守闕抱殘無取買菜而求益貽之同好或有取焉

五月十一孫元福生壽炳出四孫女生壽祺出時晏公升左副都御史奉

命往廣東督辦釐務府君亦辭團練之役

二年癸亥七十歲

主編徵題詠下將各題人叙入卷梓入叢書選刻麗正書不叙詩

詠選大孫延福應童試科試取入淮安府學學使為孫也和先生諱如僅癸丑狀元內閣學士夏壽昌升授福建道監察御史八山東濟寧州人

六十二

月小妹生孫淑人出妹十齡外即如成人性端凝不
安言笑針絍書算一學而精府
君晚歲體間不適即閉目假寐妹百方嬉娛俾顧之
喜而忘倦迨府君病妹不食不寢宵夜祈禱願以身
代府君既歿哀不絕聲未幾病病中遇朝夕上[illegible]食
猶悲不能已以府君歿之次年十月卒年十四卒之
前夕語孫淑人曰吾從此可仍侍吾父但累嫡母高
年思吾耳言之慘然蓋其孝性出於天云既卒面色
如生鄉人士咸曰孝女
行將狀其實請 旌焉 九月五孫女生壽祺出冬十
月大曾孫女生厚福出十二月十三孫祥福生壽炳
出

三年甲子七十一歲

剗偽可以披沙而揀金守闕抱殘無五月十一孫元
取買菜而求益貽之同好或有取焉
福生壽炳出四孫女生壽祺出時晏公升左副都御
史奉
命往廣東督辦釐務府君亦辭團練之役
二年癸亥七十歲
主講麗正書院著禹貢蔡傳正誤一卷梓入叢書選刻麗
正書院課藝繪七旬學易圖徧徵題詠大孫延福應
童試科試取入淮安府學學使為孫也和先生諱如僅癸
丑狀元內閣學士山東濟寧州人夏壽昌升授福建道監察御史八

月小妹生孫淑人出妹十齡外即如成人性端凝不妄言笑針絍書算一學而精府君晚歲體間不適即閉目假寐妹百方嬉娛俾顧之喜而忘倦迨府君病妹不食不寢宵夜祈禱願以身代府君既歿哀不絕聲未幾病病中遇朝夕上[illegible]食猶悲不能已以府君歿之次年十月卒年十四卒之前夕語孫淑人曰吾從此可仍侍吾父但累嫡母高年思吾耳言之慘然蓋其孝性出於天云既卒面色如生鄉人士咸曰孝女行將狀其實請旌焉九月五孫女生壽祺出冬十月大曾孫女生厚福出十二月十三孫祥福生壽炳出

三年甲子七十一歲

於注

主講麗正書院三月六孫女生壽榮出壽昌以捐銅

局欽績選授浙江嚴州府知府六月出京回籍是八月

金陵江甯克復壽昌以前在户部管軍需局奉

旨賞加道銜不孝壽炳應孫學使接任歲試取經解入山

陽縣學冬十月壽昌之官浙江十一月二曾孫女生

延福出大府以府君疊禦賊氛保請

賞二品封典經　部議准奉

旨依議欽此

誥贈如例

六十三

四年乙丑七十二歲

主講麗正書院六月壽昌在嚴郡山水暴至高與城齊覓舟出救災民誤墮於水從者掖之起遂病七月卒府君哭之慟命不孝壽恆往浙經紀其喪以歸自是戚戚寡歡精神迥不如前矣冬十月十四孫熾福生壽榮出

五年丙寅七十三歲

主講麗正書院春壽祺蒙

恩簡放雲南迤西道冒夏即挈眷回籍旋蒙李爵相名鴻章丁

未翰林大學士太子太保奏請終養奉
一等肅毅伯安徽合肥人

旨准其開缺七月十五孫奎福生壽炳出府君家居日久
與當事踪跡甚疏同里酬應亦少冬忽聞為言者所
糾莫測其由府君怡然處之

六年丁卯七十四歲

主講麗正書院著史記毛本正誤四月不孝壽榮考
取古學與不孝壽寶同取入淮安府學學使為鮑華
曇先生名源深丁未翰林官山西巡撫安徽和州人曾文正公過淮相訪
語府君始知上年被劾經文正公疏覆府君稱謝文

六十四

正公曰排釋是疆吏之責奚謝為取府君著述副藁數種去後以曹集銓評發金陵書局刊行

七年戊辰七十五歲

主講麗正書院七月十六孫寅禧生壽炳出漕帥張子青先生名之萬丁未狀元閣浙總督直隸南皮人分餉鮮荔枝府君謝以詩

八年己七十六歲

主講麗正書院三月七孫女生壽恒出十八孫仁福生壽榮出十一月大曾孫萬存生來福出

九年庚午七十七歲

主講麗正書院二月十九孫庚福生壽炳出六月二曾孫汝成生厚福出七月三曾孫女生陶福出閏十月八孫女生壽榮出漕帥張酉山先生（名兆棟，乙巳進士，廣東巡撫，山東濰縣人）奏修淮安府志山陽縣志延府君暨何子貞先生總纂乃先修邑志

六十六

十年辛未七十八歲

主講麗正書院修邑志五月九孫女生壽寶出六月四曾孫女生厚福出七月五曾孫女生延福出近數年府君日取歸震川集讀之繙展數十過不厭

十一年壬申七十九歲

主講麗正書院邑志發刊正月二十一孫履福生壽炳出三孫來福應科試取入山陽縣學是歲預考拔貢不存壽寶及大孫延福同取入淮安府學選拔貢生學使為彭味之先生名久餘丙申翰林官侍郎湖北人府君入學

年屆周甲重讌泮林七月適許伯姊卒十月十孫女仜壽榮出十一月二十二孫健福生壽同出

十二年癸酉八十歲

主講麗正書院邑志刊成有跋已刊行四月四曾孫汝弼生陶福出閏六月二十五孫華福生壽寶出七月六曾孫女生賜福出

十三年甲戌八十一歲

六十七

主講麗正書院六月五曾孫萬庠生積福出二十六
孫肇福生壽炳出八月十一孫女生壽榮出孫庶母
以壽祺官恭遇
覃恩
貤封淑人
光緒元年乙亥八十二歲
主講麗正書院夏春四三月學使按臨淮郡歲試二孫厚
福取入山陽縣學五孫賜福考取古學取入淮安府
學科試不孝壽同取入山陽縣學四孫陶福取入淮

六月廿曾孫汝翼生閩福出八月十三孫女生壽同出九月十三孫女生壽寶出

安府學學使為林錫三先生名天齡庚申翰林官侍讀學士福建長樂縣人入泮學使至書肆林立府君必親詣展閱捆載以歸今夏猶扶杖往購劉宮保鳳誥五代史記注俞太史樾所著書歸齋繙閱甚至篝燈觀之目光瑩然不孝等恐過勞請仍於午前觀書飯後策杖散步府君曰吾樂此不疲也不孝等私幸愛日方長期頤可冀詎意六月間有招飲於鑑湖草堂者忽患咳嗆亟歸服藥而愈八月初患瘧不十日而愈十一月十五日出為友祝八十壽歸覺不適而起居如平時不孝等請延

醫府君曰不須服藥靜攝自平二十日晚忽寒戰急延醫診咸云高年氣虛受寒傷食兼感溫邪勢屬沈重二十三日晚身熱退腑濁通羣望轉機奈眞陰不復神疲口渴飲食不進不孝等詢疾苦府君曰吾無病但亟思睡汝等勿相擾少時再詢語仍如是十二月三日夜神忽少清張目詢不孝等曰吾病已幾日不孝等以半月對府君曰吾覺數日耳有頃見衆孫六人立曰計時當更深汝等以我病未眠可亟去但吾經此病即愈亦不能再課汝等矣天曉後又倦初

四日申刻忽煩熱自是每日交申必煩熱神色益減不
孝等籲天露禱醫者百計進湯劑迄無靈効十三日
早忽云吾不起矣不孝等環請遺命府君曰好自樹
立吾心無一事也遂瞑目側卧踡左足延至午正刻
歿於正寢嗚呼痛哉府君竟棄不孝等而長逝耶皆
由不孝等侍奉無狀致罹鞠凶不可為子不可為人
旣殯壽祺即痛哭屬稾擬撰行述稾未竟而殁不孝等痛益加
痛每欲搆思肝腸寸裂顧念府君具智仁勇之質立
德言功之全不孝壽恒尤鄙陋不文誠無以闡揚萬

六十九

一然不及時詮次咎戾更甚乃含悲濡墨依年綴繫

綜計府君生平遭際備極艱辛早年孤露中年効力（扞衛）

鄉邦晚罹憂患至於暮齒又以食指（衆）累世俗見丁

口盛而家慶駢■不知府君之籌畫經營心滋苦矣

當兩兄京官時歲節齎產所入濟用而自奉澹薄此

壽祺藁中有云浮沈郎署十餘年不致有敗行者皆

府君教養成之洒伯兄之官遽亡仲兄舍官饑驅

府君曾不得逍遙安閒享一日之祿養痛哉

痛哉尚忍言耶府君少而清癯以讀書養氣日益强
固雖多病而精神充足少壯者不逮也性惟好書未
嘗一刻離左右所坐几案羅列恒滿見善本不惜重
價購之寢饋其中終身如一日間及金石繪畫等品
其餘蒔植骨董玩蓺之屬一如 先大父之不攖其
天降至近時之炫耳感目洋市器物尤鄙棄不一覯
服用樸素浣濯之衣不敝不更冠履之式不隨時易
能飲酒終身未嘗醉嘗與客較酒令飲至數斗仍不

七十

改常度家居非賓祭不設卽設亦有節焉課諸子孫屆文期必卽日删改挑燈研墨雖多亦然旣畢則一一指授而導誘之以集註為法程以經書為根柢雅不為空言也嘗訓不孝壽恒曰改文與作文殊作文則杼軸由己改文則教育因材初學者宜寬稍有意則必存以啓發其性靈苛則機窒將成者宜嚴雖一字不放過以簡肅其紀律寬則志荒應鄉舉則需堅息醒遂撤去常義一二層卽得再深則艱澁不達總宜過錘鍊精熟方為文入妙來欲於千萬人中售其技

豈卒爾操觚者所能若禮闈則又當矜平躁釋弓燥手柔極往復低徊之致著沈潛涵泳之功至為古文則須精密謹嚴灝氣流轉取徑必闢其新選辭不離於舊範圍乎馬班陳范浸淫乎韓柳歐蘇要之日起有功時過無及又嘗縱論才學兩端訓曰未學者覺才長學則才無可恃矣｜

｜往見紈綺子弟退還家聲叨荷門蔭破裂藩籬喜諛惡直肆忿逞爭悉由自詡才華不務學術甚至顯違

七十

禮義罔識尊卑一旦時移勢去衣敝履穿頹惰不振凍餒相尋妻子無以資生父老指為炯戒靦顏茍活搖尾乞憐不悔己之趨於下流輒懟逝者遺之不厚昔所謂才歸於無何有之鄉後雖欲學已成不可治之病大愚者終身不解大惑者終身不靈故誨育穉幼以愛親敬長為先思免寒微非誦詩讀書不克且讀書不過聖賢經傳卽成通儒無海外奇篇也律身不越綱紀倫常便作佳士無仙傳捷徑也褊急忮刻者非福驕矜誕妄者終窮斂材就範為汝勖之聆訓

之餘悖汗無似不孝壽恒隨侍最久稔聞最多而奄

忽至今迄無成就頑劣暴棄其罪曷可擢髮數哉

二年十一月卜吉權厝三年丁丑四月十二日丁酉丑時安葬於淮安郡城東鄉石塘東呂莊子山午向兼癸丁分金謹率

不孝壽炳等排比搜葺惟誌崖畧恩旨徵實以次不

僭敢無美不誣極知罣漏無所逃咎所尤痛者仲兄已

不及見矣受吊後承惠楹聯輓章誄文極多名言伏給繹不能備著於篇謹録。。。。

謹述 不詳

乞

當代大人先生矜而憐之賜以銘誄不孝等世世子孫

感且不朽

七十二

孤子壽恆稽顙泣述

壽炳

壽榮

壽寶

壽同

承重孫厚福同稽顙泣述

賜進士出身

誥授光禄大夫

賞戴雙眼花翎

欽差大臣太子太保文華殿大學士兵部尚書都察院右

都御史直隸總督一等肅毅伯加一騎都尉年愚姪

李鴻章頓首拜填諱

七十三

時晴齋主人年譜一卷

（清）詹嗣賢 撰

稿本

時晴齋主人年譜

公姓張氏諱集馨字椒雲行二江蘇儀徵縣人漢車騎將軍飛之裔也始祖諱直方明代司李淮陰已而遷儀遂家焉曾祖諱盛祖諱能烜本生考諱式封繼考諱式堯兼祧考諱式均皆以公貴誥封資政大夫曾祖妣氏金祖妣氏汪本生妣氏吳氏許兼祧妣氏鄭皆誥封夫人

嘉慶五年庚申公一歲

三月二十九日辰時公生於儀徵小市口故第吳太夫人出也時本生考孟侯公以名諸生授學里中伯兄集成甫就傅

六年辛酉公二歲

遷居本邑北門大街

七年壬戌公三歲

公六妹生

八年癸亥公四歲

吳太夫人初課字學聰穎異常兒

九年甲子公五歲

二月入家塾從同邑文生吳達夫先生必達讀

十年乙丑公六歲

八月公祖妣汪太夫人卒

十一年丙寅公七歲

公七妹生

十二年丁卯公八歲

公長姊適同邑副貢廣東廉州守厲公同勳　八月從同邑文
生焦壽符先生㫖讀　十月公妣吳太夫人卒公哀毀幾至滅
性贈公慰撫之始稍進糜粥戚黨咸異之
十三年戊辰公九歲
二月從同邑文生鮑山芝先生慶壽讀始開筆作文殊有英氣
十四年己巳公十歲
八月繼妣許太夫人來歸贈公
十五年庚午公十一歲
十六年辛未公十二歲
八月見痘證重而順　公六妹殤
十七年壬申公十三歲
四月復從焦壽符先生讀是年授經書畢　公長姊卒

十八年癸酉公十四歲
公次姊適同邑文生薛公文林
十九年甲戌公十五歲
從同邑文生方餘九先生曷年讀初應童試府縣皆首列以病未能與院試
二十年乙亥公十六歲
二十一年丙子公十七歲
從母舅吳定堂先生天保讀
二十二年丁丑公十八歲
從堂叔連城先生式璧讀
二十三年戊寅公十九歲
三月公繼妣許太夫人卒　十二月公七妹適同邑文生李公

光熊

二十四年己卯公二十歲

出繼四叔誦言公為嗣遵本生贈公命也

二十五年庚辰公二十一歲

九月本生贈公卒病劇時公焚黃籲神乞以身代卒後哀毀骨立杖而後興時家計日艱遂於十一月塟贈公於北郊與吳太夫人合墓

道光元年辛巳公二十二歲

時疊遭家難公又孫露生計日落老屋不能獨住遂移寓本邑十笏庵中讀書　十月本生降服憂滿入都寓會館為明秋應試計

二年壬午公二十三歲

正月從侍御馬漁山先生步蟾閱課藝　八月應京兆試四書首題居之無倦二句二題是故君子戒慎乎其所不睹二句三題國君進賢一節詩題詢于芻蕘得聞字中式第一百三十七名舉人房師為翰林院編修陳公官俊座師為刑部侍郎恩公銘刑部侍郎韓公文綺户部尚書黄公鉞

三年癸未公二十四歲

三月應禮部試薦而未售　五月考取景山官學教習　六月移寓壬午座主恩蘭士都護家授諸公子讀　九月從學士錢金粟先生林閱課藝

四年甲申公二十五歲

留京攻苦晝夜不輟

五年乙酉公二十六歲

與陳敬堂張菊潭全小汀諸先生聯文會　七月公大姪錫綬生

六年丙戌公二十七歲

四月春闈復報罷　七月返里

七年丁亥公二十八歲

三月公元配黄夫人來歸　四月二姪錫組生　六月隨外舅黄懷谷先生之山西壽陽縣官署　十月入京仍主蘭士都護家

八年戊子公二十九歲

復與諸先生聯文會攻苦益力

九年己丑公三十歲

傳補教習　三月應禮部試四書首題欲速則不達二句二題

或生而知之一段三題夏日校七句詩題春色先從草際歸得歸字中式第一百五十八名貢士房師為翰林院編修常公大醽座師為光祿寺卿吳公椿兵部侍郎朱公士彥吏部侍郎李公宗昉兵部尚書玉公麟　殿試二甲　朝考入選

欽點翰林院庶吉士　十月黃夫人自晉來京

十年庚寅公三十一歲

三月移寓南城汪文端公故第第舊有時晴齋公因沿其名

十月充　武英殿協修

十一年辛卯公三十二歲

與同年馬湘颿易晴江朱九山朱久香倭艮峰楊仰止王雁汀羅蘇溪諸先生聯賦課月六集

十二年壬辰公三十三歲

四月散館一等授編修　七月充武英殿纂修

十三年癸巳公三十四歲

七月大考二等

恩賞大緞二卷　九月派本衙門撰文

十四年甲午公三十五歲

六月公偕侯葉唐學士桐典試湖北得士張廷璠等五十一人

九月兼祧五叔秋岑公為嗣遵繼考誦言公命也　公伯兄

補通州衛所守禦缺

十五年乙未公三十六歲

四月堂姪雲藻成進士　七月公偕龍華田中允元任典試河

南得士趙林成等七十三人　十月輪班

召對

十六年丙申公三十七歲
五月保送御史　九月抵任時朔郡大荒公下車後先
特旨補授山西朔平府知府
記名旋奉
請蠲緩十分之三并請加賑一月
十七年丁酉公三十八歲
朔郡荒歉道殣相望公出貲札縣掩埋夏間蝗蝻復起公用古
法掘塹掩捕並粟易價買先後收數十萬斤又親禱邑廟得大
雨蝗不為災　五月三弟集聲生兼祧庶母陳出也　朔郡向
無書院公首倡捐廉函商各屬一體佽助創立玉林書院倍加
膏火士林知勸
十八年戊戌公三十九歲

郡多造還魂紙者公嚴治之保正任姓慣作離婚書公飭緝究辦於城東建節孝祠春秋致祭婦女咸知勵節　七月調署太原府事　靈石縣原招氏婦伏張氏勒媳伏陳氏賣姦不從致死一案伏張氏問擬斬候公廉得係伏陳氏不服管教為其姑勒斃並非勒媳賣姦伏張氏遂得減流　太原劇盜根寅兒搶劫典鋪與滿城驍騎校長慶等皆窩賊分贓根寅兒既被獲復殺捕逃逸公嚴緝獲案戮三人軍七人駐防兵始畏法　平定州訟師郭嗣宗女嫁王氏子忤姑被斥自戕郭京控七次公廉得其情按例誣坐一郡稱快

十九年己亥公四十歲

正月公元配黄夫人卒　太原王守年老欲退有虧項七千金撫藩欲公認遂題補公太原府撫藩本道並佽助之公恐累廉

潔名毅然辭三月遂回朔平任　四月委署雁平道事　代州候補縣馮麟角出官於外弟兄五人父沒馮麟趾等四分分派馮麟角不服公調其家籍清算並曉以大義馮麟趾流涕知悔遂均分結案　介休大盜張金鈴子姦搶一案經御史參奏提問事主但認被刦不認强姦公以該犯罪已至斬梟可免深究以全名節晉撫如詳覆奏奉

旨甚是　綏遠城防禦哈楚暹因畧買民女為妾其長官操之急哈遂京控參佐各官贓私各款並牽及將軍副都統徇隱以為抵制計奉

旨交巡撫楊國楨查辦楊奏委公赴綏城審訊公意以狡卉興大獄非政體反覆開導哈親書服供案遂結

二十年庚子公四十一歲

仍署雁平道事
二十一年辛丑公四十二歲
正月回本任　朔郡武生王某父沒與繼母不相能公當堂勸
誡母子愧悔　三月奉
旨補授福建汀漳龍道　十月繼配邵夫人來歸　十一月抵任
二十二年壬寅公四十三歲
郡城倡樓賭館每月送道署費三百金公嚴拒懲辦倡賭遂絕
迹　洋人犯順廈門失守漳郡戒嚴公偕總兵文興晝夜防守
得無事　三月丁繼考誦言公憂回籍
二十三年癸卯公四十四歲
公在籍修呂祖祠與署都轉陳公延恩董其事　七月長子兆
蘭生邵夫人出也

二十四年甲辰公四十五歲

九月服滿入京候缺

二十五年乙巳公四十六歲

正月奉
旨補授陝西督糧道　三月抵任糧儲專備滿綠各營兵米從無蠲
緩時值荒旱公核計倉儲尚足支放請於巡撫林公則徐奏請
緩征林公嘉其識密疏具保

二十六年丙午公四十七歲

三月署臬篆　七月充文闈提調官　十月充武闈提調官

二十七年丁未公四十八歲

正月復署臬篆　六月奉
旨補授四川按察使　八月繼配邵夫人卒　九月入京

召
對二次十一月抵任
二十八年戊申公四十九歲
蜀中嘓匪聚衆戕官擄搶勒贖公詳院派出副將長惠等購綫
蹤緝先後獲盜王老冬張燈桿子等八十餘犯訊明正法盜風
遂息　各州縣私立卡房私繫未定案人犯並及無辜公通飭
各屬派查嚴禁　遂甯陳令規避盜案處分强以並無奸夫之
十八歲幼婦為謀死親夫又以十七歲幼女為謀殺胞兄加功
公廉得其冤俱釋之合省稱頌　八月署藩篆藩庫閒款向為
官吏侵蝕焚銷册籍公承辦清查於督署及通省文武衙門搜
查舊案派員句稽究出侵挪二萬餘兩追還司庫　打箭爐土
司工布朗結有罪總督琦善出師討之公經理糧運師旋奏
旨賞加二級　本籍水災公捐賑五千兩以鄉桑梓奉

旨賞加五級紀錄二次

二十九年己酉公五十歲

二月回本任　犍為縣鹽商王姓子與同學幼童調姦不從將幼童殺斃移尸於門外潭中王商賄通書役搖惑問官公提省嚴究得實按律懲辦　仁壽縣武生王驟子夜率衆搶刦婺婦范氏家強姦其媳署縣某刪去搶掠情節改強為和范氏上控公提訊得實問如律　七月奉

旨補授貴州布政使　十一月入京

召對五次出京途次奉

旨調補甘肅布政使

三十年庚戌公五十一歲

二月抵任　甘省地瘠民貧黃河以東有丁無糧黃河以西有

糧無丁民間納銀不按市價州縣恐受賠累往往捏旱報災已
徵不解公奏
旨清查因奏定章程凡已徵未解者定為實虧勒限嚴追其前任攤
銷未經彌補者著落抵攤及原虧各官分賠積弊一清　十一
月奉
旨調補河南布政使逐次奏
旨前往山西會同臬司孫毓溎查辦前臬司多慧贓私各款
咸豐元年辛亥公五十二歲
正月奏覆臬司多慧參款分別議處降革有差　二月入京
召對八次子兆蘭承襲六品
恩蔭　三月抵任　河南地大物博起運並河工加價幾三百萬州
縣延不抵解以致支放竭蹶公飭造征解清冊備載應徵起運

已徵未解留支實欠各條款縷晰詳明拖欠者按冊嚴提不半
年徵收至一百七十餘萬　六月因前在甘肅番案獲譴奉
旨革職解刑部覆訊查甘肅生番定例不準渡河近來蒙古句引渡
河者數十萬人沿邊搶掠民不聊生琦制府奏明閱邊乘便掩
捕將雍沙賊帳一律掃平並生擒五十餘犯交署臬司朱其鎮
訊明正法嗣經御史及青海大臣奏劾琦制府擅殺良番復經
都統薩迎阿查辦薩與琦素不相能遂教賊翻供將原審督藩
司道各官擬以流徒奉
旨以各官並無親供提京覆訊刑部堂司又多與琦不睦不欲平反
僅減一等定罪公於勦番既未與聞審結又未主稿刑部無罪
可科鍛以任聽屬員濫用非刑遣戍軍台　九月王夫人卒子
兆蘭來京

二年壬子公五十三歲

五月到戍

顯廟深知公冤十一月就戍籍

賞給四品頂戴補授河南按察使十二月入京

召對二次旋奉

旨馳驛前往又奉

旨調補湖北按察使時公尚未出京也

三年癸丑公五十四歲

正月途次奉

旨調補河南按察使旋赴汴省任奉

旨巡撫陸應穀現在出省防勦如有要事準自行具奏時粤逆北犯

豫省戒嚴公委候補縣蒯賀孫等設廠鑄礮並添募鄉勇廣備

餉糧以資防守二月奉

旨補授直隸布政使時開州長垣告急公由豫帶兵進駐蘭儀廟工地方扼河而守又添募鄉勇三千名親加訓練皆成勁旅　三月

命督辦直隸軍務　五月丁兼祧考秋岑公憂呈請開缺奉

旨著毋庸開缺俟防堵事竣再行回籍治喪　賊撲陳橋渡口公親督副都統德順等迎擊獲賊船二隻生擒偽軍帥莫應揚等七十五名

欽差大臣勝公保因賊竄津沽調公會勦總督桂公良復用八百里檄文調公回省因星夜帶兵進省甫抵保定又札調往津桂勝素有隙遂遷怒於公參以不聽調度濫用帑金奉

旨革職遣戍時公已抵勝營連戰皆捷奏入

恩准留營桂復挨查公軍次提用庫款數目各州縣俱具結稟報並
未濫支
四年甲寅公五十五歲
公在營屢當前敵隨勝帥克復山東臨清州城
恩免發遣
五年乙卯公五十六歲
四月隨
欽差大臣僧親王克復馮官屯北路肅清奉
旨賞給五品頂戴　五月回京　九月奉
旨發往向榮軍營聽候差遣　十二月到家
六年丙辰公五十七歲
二月抵江南大營向帥派充翼長旋因骰疾乞假回籍就醫

八月回京九月奉
特旨賞給四品頂戴署甘肅布政使
召對五次
七年丁巳公五十八歲
二月抵任　甘省大錢鈔票向來只放不收民間不知寶貴公
通飭各屬準搭五成完稅又發帑二萬金為鈔本軍民稱便
每年藩庫應發之項約一百三十餘萬本處地丁錢糧及各省
協撥不過三四十萬公奏請設立捐局一經報收即就近指撥
餉糈幸得不誤
八年戊午公五十九歲
署河州鎮趙延煐禀院撤拉回子句結河州回民拆橋圍城文

報不通請兵進勦並請餉萬兩總督樂公斌遽令出師公謂趙
鎮張大其詞恐不足信遂派員至巴燕戎格曉諭恩威散其黨
與其事遂定人咸服其有識　二月助新疆兵餉七千兩奉
旨賞戴花翎　四月丁兼祧妣鄭太夫人憂　六月回籍　十月入
京
九年己未公六十歲
三月為子兆蘭娶婦許氏吏部尚書許公乃普女也　五月兼
祧降服滿
召對一次九月奉
旨賞加三品頂戴署理福建布政使
召對二次
十年庚申公六十一歲

正月抵任　閩省部選人員前司多不令赴任為調劑候補起
見公飭知各實缺俱赴本任以專責成並將鹽茶釐金各務次
第整頓　六月奉
旨調補江西布政使公目擊軍餉支絀首倡捐輸三千兩為各屬倡
奉
旨賞加三級時江西疊遭兵燹全省糜爛又久雨歉收總督曾公國
藩嚴催丁糧公與糧道會詳求緩大拂意旨奏參革職　伯兄
卒於家
十一年辛酉公六十二歲
二月繞道至陝作寓公　十月回京
同治元年壬戌公六十三歲
二年癸亥公六十四歲

正月奉
特旨補授陝西按察使
召對一次　三月抵任　四月署藩篆　陝省回氛猖獗省門晝閉巡撫瑛公棨偏於主撫為賊所愚不肯進勦麥熟在田無人出刈公力商撫院親督兵勇出城刈麥城中軍民始不苦飢間遇賊接仗亦小獲勝　七月奉
旨署巡撫公即日誓師整軍旅明賞罰派總兵曹克忠等分路出擊自臨前敵督陣連戰皆捷攻克光太廟上下水腰村焦寨沙河數十賊壘
欽差大臣多公隆阿聞公視事亦率勁旅進省公派兵會勦連破蘇家溝等處老巢解鳳翔三原盩厔各城圍藍逆由南山竄入公派總兵陶茂林遏之殲其全軍計前後勦殺叛回十數萬人軍

聲所至勢如破竹不數月全省廓清屢得
旨嘉獎　十月公奏密拏投賊現任佛坪營守備安永興並髮逆崔
萬滎侯士安三犯來省採聽虛實訊明正法奉
旨所辦甚妥　十二月公奏叛回驅逐殆盡查出叛產一萬餘頃應
招佃認墾所入租賦藉充兵餉
三年甲子公六十五歲
三月交卸撫篆回本任　四月三弟集聲捐分戶部員外郎
九月奉
旨赴甘查辦陝西乞撫降回公奏議撫緩兵不如先機決策奉
旨馳往甘肅相機籌辦嗣陝回孫義寶潛帶賊衆襲破甘肅固原州
城公又奏撫局萬不可恃奉
旨進勦並

派
查辦主撫不實之楊鈵程一案　十一月公抵靜甯公因驛跕梗
塞經年欲赴蘭垣須通饟道遂札令總兵曹克忠張在山等攻
克高家堡楊家山及靜甯北路狥巢驛路始通　堂姪寶書鳳
書中式江南舉人　刻時晴齋詩賦全集成

四年乙丑公六十六歲

正月陝撫劉公蓉奏覆前督熙公麟所參袒庇私人及京堂李
公雲麟所參各款劉徧查無據轉謂公一意主撫阿附多帥入
告奉
旨革職永不敘用時公正率師會同固原提督雷正綰攻克黑城子
七莊等處賊巢奏入奉
旨銷去永不敘用處分
諭帶所部救援狄道河州軍次六盤山感受寒瘴痰喘氣逆骸疾復

發乞假回京調理奉
旨俞允　時本邑疊遭兵燹廬舍蕩然無家可歸八月回京　繼三
弟集聲長女為女
五年丙寅公六十七歲
四月子兆蘭捐分兵部郎中加六級為公請正二品
封典
公優游林下蒔花種竹飲酒賦詩與鄂雲浦中丞順安阿介
石都護克敦布奕楚江上公湘楊簡侯方伯能格鍾六英讀學
佩賢彭芍亭京尹祖賢龔叔雨侍郎自閎崇雨舲中丞恩作九
老消寒會繪圖紀盛説者擬諸洛下耆英如是者十有四年
六年丁卯公六十八歲
九月三弟集聲舉順天副榜
七年戊辰公六十九歲

八年己巳公七十歲

三月公生辰子兆蘭爲公稱觴公有自壽詩　八月三弟集聲卒　九月淑配譚孺人卒

九年庚午公七十一歲

成十三經音義字辨公生平著力之書也　九月子兆蘭中式順天舉人　十月主講金臺書院悉心批閱諸生獲益良多如陸鳳石潤庠王可莊仁堪王向甫賡榮馮蓮塘文蔚朱景庵賡颺吳燮臣樹梅皆先後得鼎甲其餘成進士者亦數十人一時稱盛

十年辛未公七十二歲

十一年壬申公七十三歲

十二年癸酉公七十四歲

正月繼配王夫人卒　六月長孫祖頤生公慰甚　七月刻金

臺書院課藝初集成　九月堂姪寶恩中式順天舉人

十三年甲戌公七十五歲

九月患腸紅甚劇醫治得效　十月長女于歸合肥爵相李公

鴻章長子經方

光緒元年乙亥公七十六歲

二年丙子公七十七歲

三月淑配祁恭人卒　七月刻金臺書院課藝二集成

三年丁丑公七十八歲

時在京翰林以公科分為最是年七月大拜公為首士林榮焉

四月患吐紅證醫治得效

四年戊寅公七十九歲

三月手訂自作詞集成　十二月感微寒患痰嗽喘逆十一日子刻公卒於京邸次年己卯十月子兆蘭扶公柩同王夫人柩回籍於十二月二十五日合葬於本邑北郊丁家塋

光緒六年歲在庚辰仲秋月外甥詹嗣賢頓首謹編并書

（清）劉長華 編

滁浮居士塵游録一卷

清光緒朱格稿本

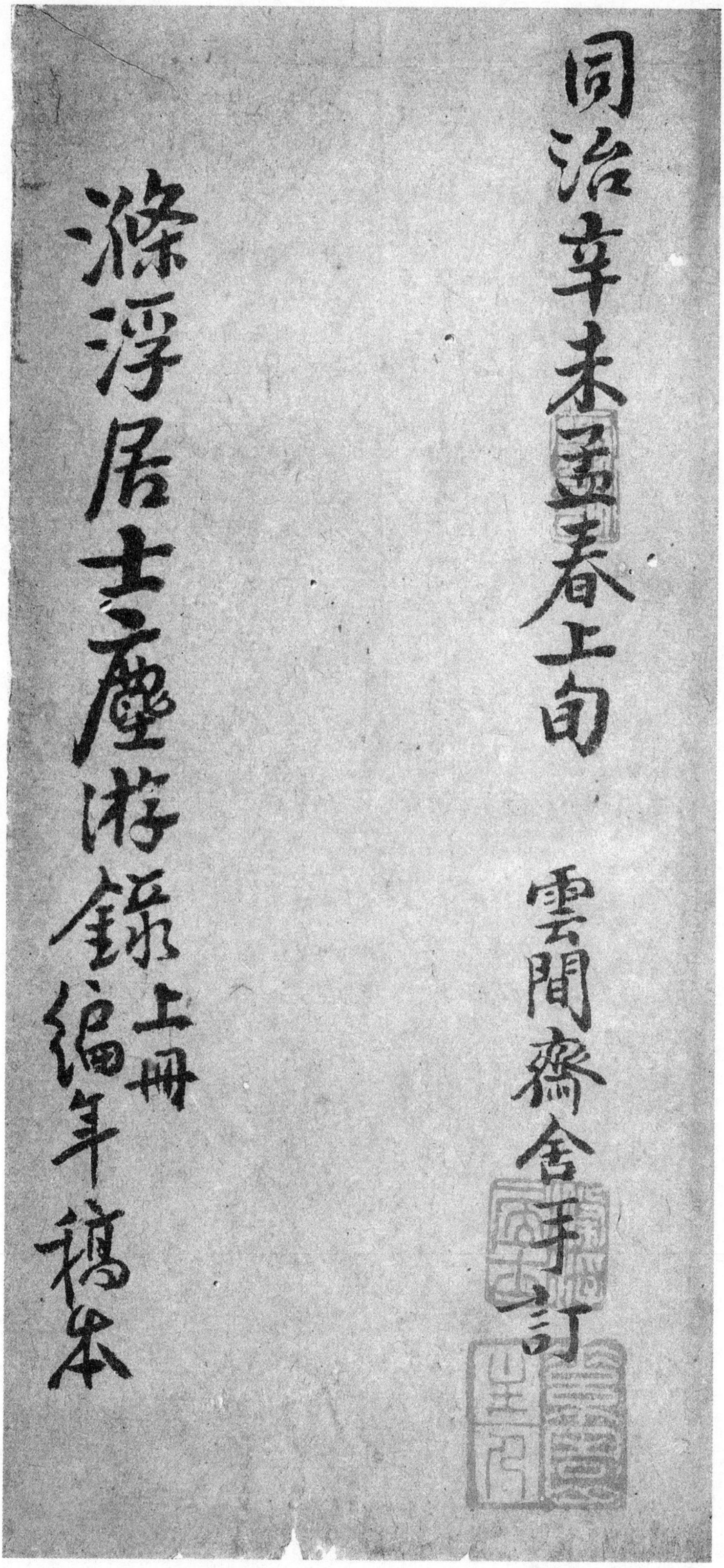
同治辛未孟春上旬
雲間齋舍手訂
滌浮居士歷游錄上冊
編年稿本

椒泉老人手订

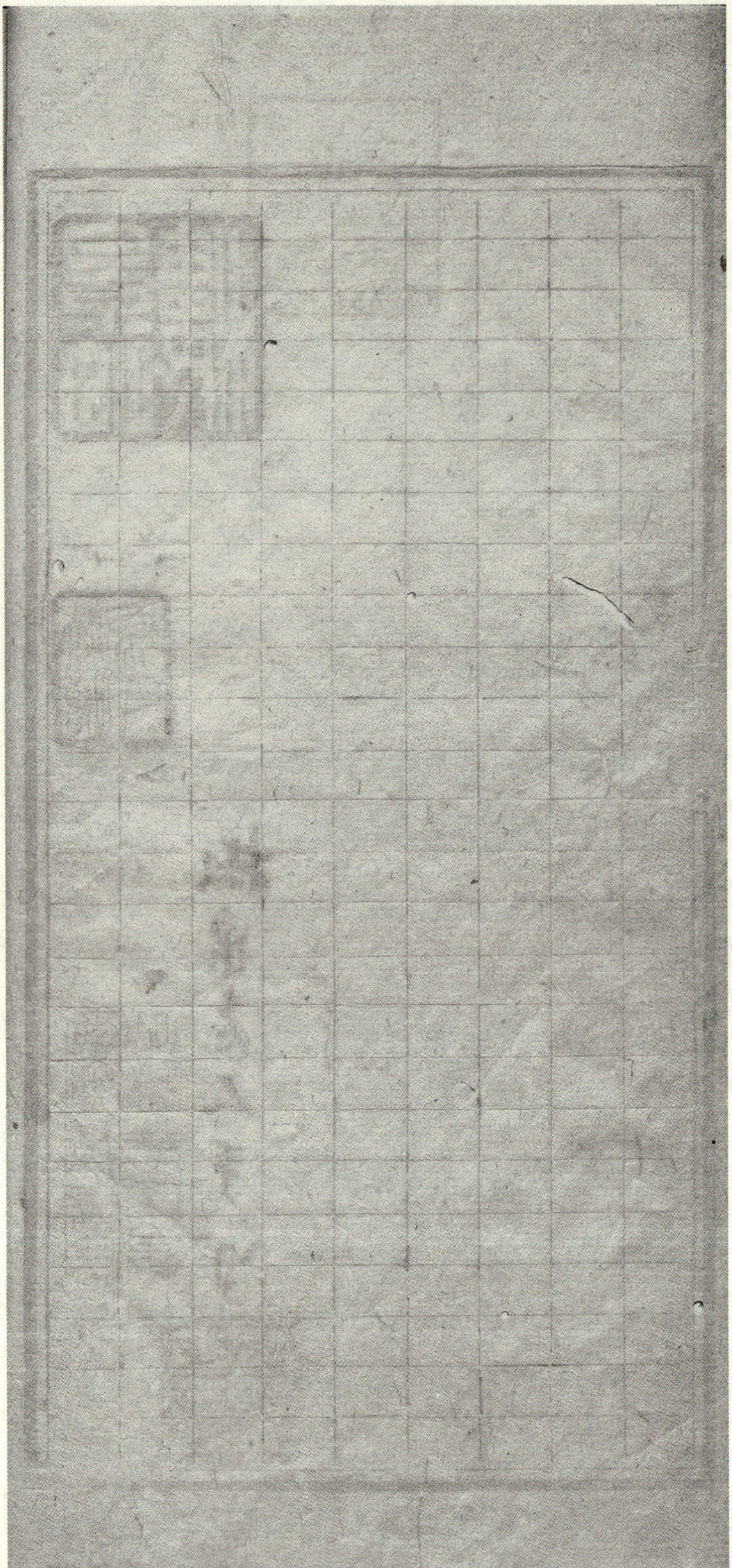

滌浮居士塵游錄

嘉慶十五年歲次庚午七月初二日 時生江蘇直隸通州城內

庚午 一歲 住西城內玉帶橋旁陸宅間壁 祖母馮太孺人時年五十二歲 父澄之府君母保孺人庚同年均三十五歲俱在堂 大兄年十四歲二兄年四歲大姊年十一歲二姊年八歲俱在室 保姑年三十一歲姑丈自申公同庚 是科鄉闈赴試父命小字蓮科 前夕先祖母夢一老僧以杖肩行囊經卷入內次辰遂生因小名蓮果

辛未　二歲

移住習家井徐宅　時同曾祖堂伯叔
惟次山述青二堂伯在老宅同祖同父
伯叔無　公親馬表煒石橋王學顧程
陸向傳蔭劉　曾祖母黨呂四場潘振
書薦初賢書　祖母黨馮賜軒皐友量
車遇庚二祖舅六位表叔俱存　母黨
外祖母張太孺人保咸萬母舅及舅母
秦孺人俱存　秦門祖姑母　易門堂
五姑俱存

壬申　三歲　第三妹生寄養李恩福為女後適文生胡廣壽　六月十三日二姊十歲許字色曉軒　廷柱　公之子名作霖

癸酉　四歲　五月父澄之府君在塾開蒙授讀　十一月十六日第四妹生

甲戌　五歲　移住南城門口馮宅　府君授讀

乙亥　六歲　偕二兄贊元從崔肯堂師附樊宅　八
月十二日母保孺人四十歲　十月二十
八日父澄之府君四十歲　月　日
祖考珍儒公三十週期
丙子　七歲　家塾延丁桂岩授讀未三月辭館復延
徐湘舫師　是秋移住掌印巷新宅
大兄翰堂二十歲　二兄贊元十歲
仲冬月大兄翰堂娶保氏歲貢岩瞻公

次女　秦門祖姑母逝

丁丑　八歲

偕二兄從徐師　初夏季弟鹿壽生

戊寅　九歲

從徐師　正月二十一日祖母馮太孺人六十壽辰開賀　六月　祖父珍儒公六十冥壽　是秋外祖母張太孺人卒適日殯西鄉三河莊

己卯　十歲　從徐師　四月二十六大姊二十歲

庚辰　十一歲　家塾復延沈茂如師名柏齡號蓮巷從受業

道光辛巳元年　十二歲　從沈師學作時藝起講　十月二姊出

閣適邑名霖作澤民　十二月十三日曾祖考

樸齋公三十周期

壬午　十三歲

從沈師　三月姚院科試大兄翰堂取古學第六名正考第十三名入泮　予聘定包氏時年十五增生廷柱公次女　孟夏月庶曾祖母楊太孺人卒於外孫秦家衣棺喪資悉府君辦理適二日殯於東門外曾祖瑩旁

六月季弟鹿壽殤　包二姊二十歲　是冬予應州試時馮振園州尊　十一月大姊靈貞出閣適潘宗岳公長子乂民士俊

癸未　十四歲　府君館保家巷馮宅予隨侍受業課藝

呈　府君批閱　是冬周石芳院按通

歲試予應童試正場題如日月之食焉至其何傷於日月乎

甲申　十五歲　仍侍　府君館馮宅課藝詩賦另送王

逸卿師鶴翔字雲表評閱　三月二十日夜祖

母馮太孺人逝時年六十六　二凡賛元

罷讀專管家務租事

乙酉　十六歲

仍侍　府君館馮宅課藝俱王師評閱

是春辛從益筍谷院科試予應試題季桓子受之

未售　父母年俱五十歲　秋九月馮

湛卿表兄由直省灤城縣回通稍積宦

俸奉表伯石橋公命懇託　府君代購

田畝為歸耕計湛卿住月餘返灤邑

十二月二兄贊元娶周氏文生芬長女

年俱十九歲

丙戌　十七歲

從王師附戚丈步張家　大兄翰堂三
十歲　二兄賛元二十歲　是秋辛前
院歲試予應試矣題升堂備卷未售　秋
季與袁嶸莊玉書王師儉唐檽宋元彬
孫銘恩錢　清錢元耿江炳若周宗濂
金森金光榮王輔清等十四人聯社課
文每月一次送家石臣伯評閱　肄業

書院

七年丁亥　十八歲

從王師在成宅　夜往石臣伯家偕族兄禮堂讀　仍聯文社　肄業書院内

十月初七日大姊丈潘乂民卒

八年戊子　十九歲

從王師在成宅　正月二十一日祖母馮太孺人七十冥壽祖父珍儒公同

二月初六日予完姻贅包宅包氏年二

十月二十七日巳時生

十一歲次日回家　三月二十四日辰刻父澄之府君逝時年五十三歲　五月保姑母五十歲姑丈同　是月朱方增虹舫院科試同社唐槦宋元彬莊玉書王師儉錢仝清金森等六人入泮予未與試文社止　肄業書院內　是冬大兄翰堂買得王者香家坐落西三十里中田壹萬二千步作坟塋正價八百千又貼陳祖使費二百千後又買塋旁田四千步作價四百千

己丑 二十歲

丁艱 從王師 二月初代大兄館馮德成祖舅家課徒馮金錞附吳長清一年、夜仍與禮堂伴讀 四月潘大姊三十歲 捌月二十日出殯祖父母暨父柩於西三十里新塋（八月二十七日） 十二月大嫂保氏卒（十一月朔出殯） 仲冬申（啟賢 鏡汀）院按通歲試同社袁嶸孫銘恩入泮予未與試、肄業書院内 上年迄是冬均大兄掌家本年沙租歉欠十二月大兄將南永安沙

袁家圩全垅田十數萬步又小海鎮田
九萬餘步全典歸周銘勲家共得典價
一百四十萬文（初次廿萬 二次廿萬）二兄開張
衣莊　是年二月　日老宅内次山堂
伯卒衣櫥悉予家辦理葬中路

庚寅　二十一歲

丁艱　從王師　七月二十四日服闋夏
初州試未與　十月生大女盤娜　月
初馬湛卿自灤城回通稍有俸金兑換
一千二百千寿存來源典託大兄料理

十一年辛卯　二十二歲

佳月餘返直隸　大兄掌家　二兄開
張衣莊　易門堂五姑母逝（予家辦喪）
從王業師　正月望後徐希鄭邀予及
王來慶來崇袁尚志湯蓮渚聯社課文
半月一次兩文一詩王靜山（廣仁）會伯
披閱至五月初止　肄業書院（三四）月
內予與硯友成東垣睽奎睽夜社課文
五日一次仍送王業師閱　四月杪補
考赴院試白院（鎔小山）備取古學第二名

科案拔取第二名入泮　七月初二偕大兄赴金陵鄉試時省中大水改期九月　十月中旬第三妹出閣適徐體元　十一月大兄繼娶白氏　二兄店歇大虧產業無存　是冬分撥家產

十二年壬辰　二十三歲

王業師評閱課藝　館寺街徐沂舫表姑丈家授徒徐希端　二月初一大兄因家用不敷遵　母命分產分炊憑親族立分書各執　六月二姊三十歲　七

月赴金陵鄉試　十月廖鴻荃院歲試
案列三等第四名　十一月第四妹二
十歲　是秋年豐新陳沙租倍收

十三年癸巳　二十四歲
館徐家　仲春與達蓀元鵬程馮文銓
吳錫朋謝載坤吳開潤等聯文社課文
王芸室先生閱冬止

十四年甲午　二十五歲
館徐家　三月廖院科試取二等第三
名　七月望後赴省試　九月十貳日

巳刻生男源滙　是日二更得報中式
第六十三名舉人　座師正龔季思守
正夫子浙江仁和人　副趙蓉舫光夫子
雲南昆明人房師葛梅君起元夫子浙
江人　秋收荒歉沙租半收　母
親供膳在予不另爨　十一月掌印巷
住宅得價併賣徐紹先家

乙未　二十六歲　正月十六赴京會試　保秉鈞表兄長

春姑母子於二月中去世 三月 二兄賛元去世 四月初旬不第予往直省保定府馬湛卿表兄寓弔石橋表伯喪時表伯於二月杪去世 住一日即起程南旋 五月上旬返里 五月十六日大姪源祥生 八月十二日母親保孺人六十壽辰是日開賀 十月典住東門口茅宅奉 母移居 大兄另典石橋東易宅偕二〻嫂居住 仲冬月馬湛卿奉父柩挈眷由保定府

四至通州柩寄三十里關帝廟閒弔一
日葬舊塋湛卿偕眷典住寺街北易家
前宅　父親六十冥壽

丙申　二十七歲　正月會試　三月石臣族伯逝　五月
初不第歸　夏月家居作覺世經排律
陰騭文七絶　大兄四十歲

丁酉　二十八歲　館家内　暇日理宗譜稿本　正月二

十一日祖母馮太孺人八十冥壽祖父
珍儒公同　六月、日室人包氏生
次女珊媛　十月廿七日室人包氏三
十歲

戊戌　二十九歲

正月赴試　五月不第歸　三月二
十四日父澄之府君十周期　五月初二
日保姑母六十壽辰　六月館東鄉

呂四場姚學寬家書室在姚氏將就園之西偏授徒四人學寬子二姪二

己亥　三十歲

館呂四場姚家　四月二十六日潘大姊四十歲　月包氏生第三女泗媛復典住王家埧丁宅十二月自館回城

奉母率妻子等移居

二十年庚子　三十一歲　館城内李恩福家授徒李育材　春初

無資未赴試

一

十月　日大女盤娜十歲是年許字

孫姑母嗣孫名榮森

二十一年辛丑　三十二歲　正月赴試　五月不第歸訓大男源滙

讀　是月代報易門堂五姑母節孝事

蹟稟學轉詳請　旌　是秋有暎夷攻

犯浙省定海縣旋擾乍浦上海警報

月　日次姪源發生

二十二年壬寅　三十三歲

館家內　源滙在家塾從母舅包澤民

師受句讀　包三姊四十歲

是夏夷人踞鎮海定海進乍浦犯上海

陷鎮江邗城攻金陵沿江各地告警吏

船來往俱由通境江口郡人大駭母親

與沈嫂避馬家港王佃宏裕家室人包

氏與源滙家二姊包五姊等同避八里

廟馮家至臘方回　第四妹三十歲

癸卯　三十四歲

家居　源滙在塾從包師　是春予奉母暨包氏子女共避居如皋城內張直哉空宅說合者胡佛生林曜宋易菴繩治同年也住居五月餘後大兄及二大嫂姪女等亦來仝住兩月餘即回予於九月杪回家　時馬湛卿亦挈眷避居皋邑周姨家

九月　源滙十歲

二十四年甲辰　三十五歲

正月會試　四月初大挑二等候選教職　不第留京於四月望日在館聞信包氏病篤遂與沈鷺卿南回　五月望前返里　七月杪同李濂石往蘇藩投効　九月初八日巳時包氏卒包長子二歲嘉慶戊辰十月二十七日巳時生助予十七年持家至是以癆瘵疾沒年三十七歲予哀之為作誄詞悼亡　十月二十三包氏出殯於西郊權厝祖塋旁

乙巳　三十六歲

家居未赴試　源滙在塾延顧殿言編
師教讀開筆　夏六月　母親抱恙甚篤
家内無人隨侍買妾　氏入宅逾月母
疾漸痊　八月十二日母保孺人七十
壽辰是日稱賀

二十六年丙午　三十七歲

館家內時源滙十三歲訓課文藝　二月初六日因治家乏人繼娶州東秦殿魁長女時年三十一歲嘉慶丙子閏六月寅時二十六日生借大兄家迎娶住一月回予宅　母親懽慰如舊　二月十二日丑刻老宅內堂伯考述青公卒二七十月初一日後葬東火星殿後始祖塋旁　大兄五十歲　二兄四十歲冥壽

予自嘉慶十五年七月初二甲寅日建

全至道光二十六年四月二十九日甲寅核計共貳百十五甲寅半　共計壹萬貳千九百三十日

自春至秋取贖老宅内各住房十五所

丁未　三十八歲　春初會試不第歸　館家内訓課源滙

六月潘大姊守節合例代報請旌

六月内由學出詳　祖父真儒公祖母馮太孺人九十冥壽　八月内先室邑氏

除靈　邑氏四十冥壽　三女珊媛十
歲　九月初六日老宅開工起造川堂
正屋十月初十豎柱上梁并造大門堂
壹座基址照舊至十二月二十七日停
工　王家埧典宅轉典李姓　是夏與
顧曉峯湯玉生楊直夫周蘭墀王子加
小崖等聯文社課文請顧儀卿師閱

二十八年戊申　三十九歲

正月初十日老宅開工起造　十二日
母親舊恙復發卧病不起醫藥罔效至

二十八日亥初刻仙逝　三月初二日
開喪初三日五七修齋結受生經庫十
七日終七　十八日大兄將母親房內
桌椅搬回　四月初六日予因慈顏見
背不忍再居丁宅遂素服奉　母靈位
率妻子女等於寅時還居老宅　五月
十五日大兄鞠堂請姑丈保自申姊丈
邑澤民妹丈徐涵初堅欲分析祭田予
聽憑剖分兄歸二分予撥一分拈鬮立

憑後予將受分田内撥出大半送給兩姪名下逐年收租每年多得租錢十六千零自是年秋始　五月在家訓課源滙　六月二十後沿江風暴大作潮溢内地十餘里積十餘日不止通境沙田被淹甚多　七月十四日妾暴戾出歸原主　七月中旬大女盤娜染弱症血分大虧醫藥不效至八月十八日寅時卒（時年十八歲）柩寄南門外放生菴　保姑母七

□壽辰 秋收荒歉沙租大欠 老宅內門扇窗格俱由仙女廟匠工帶回一百餘件陸續裝修尚未完備 三月二十日府君澄之公二十週期

二十九年己酉 四十歲

丁內艱 正月起在家訓課源滙 二月十二日丑時堂伯考述青公三週期 潘大姊五十歲 女泗媛十歲 八月十八日大女盤娜一周期

十月十一日嫡岳母包門李孺人卒

三十年庚戌　四十一歲

丁内艱正月二十八日母親二週期

家居課源滙　四月二十八日服闋

六月初七日大兄翰堂疾卒時年五十

四歲次日予助錢二十四千成殮

次姪源發十歲

十二月十六日岳丈包曉軒公逝　秋
收荒歉田遭水災沙租全欠　大女盤
娜二十冥壽　是夏與顧曉峯湯玉生
周蘭墀王銘之等仍聯文社

咸豐辛亥元年　四十二歲

館家內　正月二十二日毋保孺人除
靈在予宅修齋一永日　六月初七大
兄翰堂一週期

八月十八大女盤娜三週期保自申姑
丈家領像軸歸

二年壬子 四十三歲 正月會試不第歸 源滙往從徐涵初
業師 三月通郡院試源滙備卷未售
予家居輯錦字類箋 己二姊五十歲
十一月第四妹四十歲

三年癸丑 四十四歲 家居輯錦字類箋 源滙從徐業師年

四年 甲寅 四十五歲

一[illegible]歲 是年粵匪洪秀全陷金陵是秋松郡上海縣有奸民潘小桊子倡亂城陷 是冬逆匪沿江蹂躪十六日出殯母保孺人柩及大兄柩於西卌里祖塋

家居輯素園雜記 源滙從徐業師三月二十四日祖母馮太孺人卌週期修齋一永日 源滙聘定顧子權季女為室時氏年二十歲乙未年生四月初三日 六月

内家祠舊屋經族人拆買祠毀祠在高橋東首　予偕族人禀控訊斷歸價四百八十千另建結案　七月用價買東門外火星殿前祖塋旁馬宅移建合族宗祠於始祖塋旁河邊整理房屋裝造神龕設供以上七世木主擇日安座并立碑記嗣後逐年輪祭始祖日另辦菜一席先祭宗祠　八九月起造宅內廚屋三間修整川堂大廳貼壁地板環翠亭披

示窗稿　十月底奎大宗師（名章雲臺）科試通州拔取源滙第十名入泮是冬歲科並考　十一月十六日源滙遂學娶親　是月贖回大門内龔姓住房是春署任王子柔（壽籛皖人）州尊行考分歲科兩期州試本擬試畢發分兩案擬定王瓊澤徐希端為兩首及頭期試竣王菽原堅請出案瓊澤首列郡人不悅及二期州試點名一刻後諸童不應喧鬧

罷考適日再試王萩原派鄉勇二百護衛應考者人僅一半源滙與考州尊欲取前列十名內予再四謝卻試將畢萩原堅意阻抑徐希端另舉顧宗愷作首王州尊聽從出案 奎院聞信駭異至孟冬柢通歲試畢再行科試僅入州首宗愷一人其餘入泮者均在十名外源滙獲雋時前任王子彔卸事實任金公咸筱[illegible][illegible]調考事奎院面斥王公子彔并移

蘇藩憲記過

乙卯　四十六歲

正月元旦蘇撫院吉語珊在滬克復縣城

擒斬逆首　家居輯素園雜録　源滙

從徐業師　　六月

室人秦氏四十歲　八月母保太孺人

及十月父澄之府君均八十冥壽八月

宅內東北角起造亭屋二間　十月初

八日奉蘇藩楊能格札委署常熟縣教

諭十五日到蘇接委二十四日到任接篆　十一月杪赴蘇送府試時府尊平樾峯翰先生乃前任通郡予肄業書院時師也謁見備蒙優奬并函達常邑令孫君蘭溪豐照拂故予與孫君締交甚篤　十二月初返學署徵租米

六年丙辰　四十七歲　往常學署未赴試源滙仍從徐業師　二月

[illegible]五日託蘇垣錢天豐銀號在京都銅局用京錢八百四十五吊報捐教職本班儘先（三月初六日）戶部給照　常邑游文書院監院每月師課二次二月中山長章琯香先生到院課文囑予校閱　三月初謹校先君澄之公遺文付梓月餘刊竣　四月初奉蘇藩　府札委在常昭催勸助餉捐欵隨候補府錢（步文冬士）勸催解軍需局十五日錢太尊同蘇紳馮景

亭桂芬太史到常予隨輮勸捐十餘日至五月初三日錢馮仝往吴江　是月常邑尊孫蘭溪檢出所藏先代孫忠靖公傳庭遺集二十餘卷囑予編校付梓予信知手民喚匠十六人寓邑廟開雕逐日校對稿樣至十月刊竣板存邑廟後樓後被燬　五月聞金陵[illegible][illegible]衛向提軍大營移至丹陽屯駐　鎮江九華山[illegible]撫軍大營全覆蘇常告警防賊下

[illegible]常邑遷避難民絡繹紛至孫邑尊接
奉藩府憲札趕辦巡防局務予亦奉札
隨辦巡防旦晚出外稽察　六月十八
日卸任 時實任方君其洪到常 是月三十日託
蘇號寄信至京銅局報捐臒國子監助
教計用京錢壹千四百七十吊 七月戶十九
部給照又代大姪源祥報捐從九
計京錢壹百九十五吊 七底 月戶部給照
七月初一日返里　八月奉蘇藩憲

何札催解常昭捐款在常催繳一月回

九月潘大姊姑孫孺人卒時年八十三歲　大兄六十冥壽　二兄五十冥壽　十月中又赴常寓半月因捐款遲繳面禀蘇藩憲卸委兼在常整理孫忠靖公遺集刊本命工裝訂完畢回　十一月家居夏秋旱荒租僅半收糶十千外　是秋學院李聯琇小湖歲試通郡源滙取通屬古學第二名正案一等十名

七年丁巳　四十八歲　家居　源滙仍從徐業師　正月二十

一日祖妣馮太孺人一百冥壽脩齋半

日祖父珍儒公同　先室邑孺人五十

冥壽　三女珊媛二十歲　十一月十

六日保姑母逝時年七十九五七出殯

并領回大女盤娜柩暫厝西郊

八年戊午　四十九歲　家居　源滙仍徐業師　正月二十八

日母保太孺人十周期　三月二十四

日父澄之公三十周期修齋一永日是日同人公送匾額鄉謚孝毅先生　四月十二日源滙生大女端娜　十二日晚得報予選補松江府華亭縣教諭　四月初徐涵初邀予赴蘇考驗予因送徐妹丈至泰州挈眷抵學署迄二十五日予回　八月二十日王建華衆宅屋在川堂西偏共八間　九月二十四日四女酒媛出閣適包[illegible]文適是日開賀

本月初四日接到蘇藩王　催考驗
文札在籍辦文於十二日起程赴蘇至
本月二十八日在藩署看驗十一月十二
日在撫署考驗（題事居敬其事一章　詩題寒山轉蒼翠得寒字）
後給憑十四日晚抵松十五日巳時進
華學署接篆十五日在署辦縣試徵
祖事　內弟秦慶增來署幫理歲底方
回　在署命工刊刻宗譜　家內命源
滙雇工挑築十里坊新塋十二月杪遷

移先室包孺人柩安壙下葬　保姑母八十冥壽　十一月保姑母一周期

九年己未　五十歲

正月任華學　二月初八起辦府試事　三月十八日孫學憲（蓀元 蓮堂）按臨辦院試事至四月初三日考教首題學則三代共之二句次題道尊然後民知敬學詩題序文廣國華得文字八韻予列一

等[illegible]十四日孫院歲試畢起馬　春
夏在署作崇川釁者讚語一卷付梓又
輯性理說家箴各卷　四月二十六日
潘大姊六十壽辰　五月二十七日松
郡送學　內弟秦慶增於三月初六日
來署至季夏二十二日返里　六月初
一接本府金安瀾瀛仙札委兼署金山學初
三日在金學接篆初四日送學　初六
日在上海浙省助餉分局內捐加尋常

三級隨帶一級由助教加四級請[illegible]二

代　誥命局收存換司收計用夷洋九

十元　是月十　日孫院按臨通郡

試源滙考取古學第七名正案列附生

第一名　是考邑甥文適入泮

是科借浙闈鄉試定期十月予奉學院

孫牌委送試　八月初四起程赴江

陰送各生錄遺諸生因錄取太監喧鬧

幾致罷考　九月初五予由江陰回通

帶同源滙赴浙鄉試於二十三日抵杭
辦送試事時徐樹人表叔任杭方伯同
鄉時在藩署晤敘予偕源滙并遊西湖
諸勝有遊詠詩存錄稿本迄十月十八
日試竣予僱船回松源滙仝徐溢初師
回通至二十六日抵舍　是科源滙房
薦二次未售房師係張清華夫子浙人
九月　日午時家内源滙生次女
十月十五日包姊丈澤民卒　女泗媛

二十歲　十一日包嫡岳母李孺人十
周期
十一月下旬蘇垣帶勇候補道錢拜廷
慶善浙人奉徐撫軍命在松督辦漕務舟泊
西城外與予往來締交甚篤予贈以詩
十二月宗譜在松刊竣刷印白紙六
部竹紙二十八部託秦内弟慶曾帶回
分送計刊印訂工共用錢三百二十餘
千文此譜予自二十歲時留心搜採隨

特編撰創始此稿迄二十六七年後方
克告成付梓甚非易事刊訂工資係獨
力捐辦族人無過問者板存渭南
十年庚申　五十一歲
任華學　正月初五日署守金公為予
云去冬往西關外白龍潭風神廟拈香
仰見屋宇頹塌神像露坐傷損發愿整

修裝飾欲請予往估監修工費由署發付即日予偕徐書往閱名匠估計約在二百千以内足敷用欵報命金公囑予趕辦因於初八日動工至二月初一屋宇五間及神像裝塑油漆俱竣初二日金公拈香開光見之大喜并自製聯額敬送

二月朔日縣試　十八日接辦府試

是月予監雲間書院仰見講堂五間及旁屋大門八九間欹斜頹塌因與

院黄[illegible]款撥支錢一千二百餘千召匠修整二月開工迄四月望日告竣並未捐募詳府移縣存案三月初三日前院孫按臨松院科試事竣另考選拔兩場本學廩生潘兆芬秋山華撥府廩生朱傳聲俱蒙考取選拔二生均經予保舉獲雋至十九日畢事二十日孫院起馬　是春三月初五日孫院花甲壽辰予於起程前辦送戲鴻堂法帖全部八函馮集軒金石索八

卷一函孫院收閱大喜臨行致謝　時
浙垣於二月二十八日髮逆串入失守
三月初三日經副師張玉良帶兵來杭
攻擊浙垣克復　考時謠言紛雜孫院在
初考古學日聞浙垣信欲退回經予再
四勸阻始點名收考隨向予詢問現在
情形予備陳大畧孫院疑心稍釋逾一
日聞杭垣業已克復孫乃安　閏三月
十九日趕辦送學　時常郡逆匪環集

制軍何桂清駐常無[illegible]堅守麾下將弁兵勇數萬屯聚不能得力居民遷避者絡繹於道蘇郡亦然松郡於送學前已遷避數百家　閏三月下旬蘇垣兵勇橫肆廣勇曹勇恣行刼掠奸匪混跡時有變動撫軍徐有壬在署籌辦藩臬道至夜俱往宿舟次署幕均居外舍店户居民陸續遷徙　上年冬蘇屬吴江紳士鬧漕驅逐邑令焚毁縣署撫憲檄蘇

府親往彈壓不應本年春撫憲又欲檄候補道錢拜廷帶勇弍千餘往吳江彈壓錢公與予商籌并欲聘予入幕同至吳江予力陳利害凡前後情形逐一核計說明事必無濟錢公聞言首肯遂謝却帶勇之命不往迄聞三月中錢在蘇參閱時勢萬難支持始信予言之不謬因寄函道候并自恨進退之無措至四月初不得已雇船回浙路過松郡與予

把晤於城東公寓備述蘇城危甚言之
悽惋移時遂登舟而別　四月初常郡
何制軍逃往無錫各營官兵團勇俱潰
府縣俱逸城遂陷　何制軍先至無錫
後赴蘇城蘇城不納復往常熟賊衆趕
追蔓延各邑初五六日無錫江陰相繼
城陷蘇垣告急撫軍所調各營兵勇不
能速到赴援　四月十二日夜有賊目
詐稱新調馬總鎮兵四千餘來蘇接應

已到城外白守者欲入賺開城門紛紛散布至十三日辰刻蘇垣遂陷徐撫軍在署殉節（署）藩司蔡（寅斗 小玉）（署）臬司朱（鈞 小歐）（殉）守道吳（煦 小帆）府（吳雲 品齋）長元吳三縣不知下落　蘇城既陷松郡告警時松守金安瀾華令趙（炳鋯 霞峯）婁令卞（乃譝 小雅）日籌堵禦各雇勇丁二百餘名適提營游擊游桂林與兩縣不睦凡城守巡防等事營中將校概置不理專謀逃避　四月下旬賊已串入

崑山城陷　五月初蘇郡遷徙一空城内奸細紛集土梟肆橫所設城外團練巡防各局勇丁徒索錢滋事　初三日予同前任夏紫瀾文瀚暫避松城東鄉陳家衖邢宜亭翔麟武生家署内留僕許富長班錢良張霖等看守　十一日午後因辦武廟祀事移棹來城三更後抵東關口　十二日清晨入署下午聞是日辰刻青浦失守仍偕僕宋二返至

邢家許僕在署　署内所存米穀均經
鄰人借貸分給其餘箱筒什物均存留
未搬　十三日未刻賊由城西路秀野
橋下用馬隊突入婁邑卞令縱騎督勇
往堵賊隊稍却移時賊復衝突勇丁旋
潰卞令被戕死事郡守金　華令趙
暨兩典史（吴守之屠尺齋）俱出城逸松城失守
家僕許富已出東城里許在門斗王
德家之東偏橋下遇馬隊賊鎗傷斃

賊踞城十餘日疊擾四鄉搜括財米焚燬房屋并燬府學正殿及邑廟鐘樓等處　東北各鄉土匪蜂起嘯聚擄掠逐日逞兇予與前任夏紫瀾函稟土匪情形賫赴上海署撫薛煥覲堂　署藩司行轅申請示遵撫藩憲閱稟後隨即發牌示數十張帶回函命予與紫瀾在鄉趕辦民團并傳諭各圖紳士辦理團勇聯絡聲援予與夏君因傳保招募得勇二三

百人給發花洋布扎巾為號有事則圖
保鳴鑼前驅該民勇各執器械前往堵
禦搶掠予等亦督同堵截時土匪乘機
焚掠逐日不休五月十八九日聞匪等
已至沙港菴隨後即至陳家衕予等帶
同團勇三百餘名在沙港菴攻擊土匪
兩次殺斃百餘名擊傷五十餘名又火
焚亮匪四名匪黨漸戢　二十六日賊
分大股貳萬餘人由泗涇徑趨七堡上

海城内外僅有兵四五千人　二十七
日夜華邑令趙霞峯帶同兵勇三千餘
并夷兵五六百人於三更後由南門外
疾馳突入潛至城内賊聞信亟率衆開
北門退竄松城遂復　二十八日早晨
各營兵勇撥分城内外屯駐城上徧插
官軍旗幟夷兵守門只開南城一門出
入勇弁巡緝四出　二十九日予偕僕
宋二進城道旁尸骸暴露市河死屍填

積什物拋棄滿路惟賊目寓居之家米
肉雞鴨充積屋内夷兵隨時搜取予署
内書籍什物搜括一空幸譜板尚存
文廟完整如故　克復後鄉民入城攫
物逐日麕集居民亦稍稍還家檢閲物
件　六月初三新任署華令馬君　接
篆予往縣署致賀時郡守金仍奉藩札
在松署理藩憲又命前蘇府吴雲品齋為
府帮辦　郡守金派員稽查郡城郡中

尚存白米貳萬餘石堆積邑廟溫公元帥廟数處俱封閉備用叀目及營將屢次借支動欵郡守均如數支給　時賊踞青浦結營天馬山下距城僅二十里屢有警報郡人震恐府縣俱午前進署晚宿舟次　二十六日賊復由郡西門外水闕闖入兵勇盡逃衆官皆避松城再陷予寓東鄉邢宅不時來城會商至是仍返邢宅　方予於初次克復後入城

道上尸橫河中浮骸羣犬爭嚙觸目慘
傷臭穢數里又晤官幕紳士面目改觀
各道苦況觸耳生悲自是不食肉者半
載及郡城再失予囊空如洗旅食甚艱
聞夏紫瀾尊人棣林與弟蓉洲妹大姐
七姐等將回江北予因於七月朔偕赴
上海另搭江船回通初五日抵舍。時
義僕許富被戕已故五月杪已着錢良
覓屍棺殮葬於東鄉阡步井張汝林田

内東角從者只宋僕 賊踞城一日因
各户廚灶俱毀鍋碗不存無從得食遂
散往郊外搜括退出松城仍回竒浦郡
人不知 七月初一二日郡中空虛城
關不閉鄉民絙城而上不見賊蹤遂隨
地搜括適四五日游民踵至肆行搜索
肩挑背負而出半月後各鄉遠近竟刺
船入城搬運箱筒椅桌門窗房料等物
逐日紛沓城中一空 八月初有金山

錢聽甫銘晏撥鄉勇四五十名來松看
守各給飯資司城啟閉人跡漸通嗣後
大小文武各員亦陸續到城內外漸有
食物小店開張　文報內載六月廿六
日松郡二次失守七月初一日克復其
實不待克而復也　九月內實任華邑
令何鳴佩煥組署婁令羅啟伯克家先
後到任均寓城內民房兩典史俱在城
寓署郡守金仍在署　十月中署郡守

賈雲樵益謙抵任接篆辦理畝捐各局務前守金寓居外宅奉委專辦善後事宜 薛撫軍另撥帶兵參將游擊分駐松城防堵李藹堂恒嵩帶督標兵在城十一月杪予渡海至松料理署務旋請假回署守賈寓西城外竹竿衛錢宅雇勇護衛 十二月十三日予抵松二十一日起程二十五日歸 予到松先往東鄉邢宅後謁賈郡尊時夏紫瀾在西

城外捐局幫辦未晤予宿舟次　時蘇垣郡屬常鎮郡屬及太倉嘉定青浦俱未克復　賊屢犯滬城均經上海劉令擊退郇膏是年三月杪孫學院自松郡試畢回過蘇城聞警亟返江陰及四月初六七江陰將陷孫院挈眷渡江移寓通州試院兩月如夫人并在院生産一男江陰署内文案服物焚掠一空迄六月杪孫院移寓鹽城覔海船回本籍　通郡自四月初常郡蘇垣

陷後難民紛集各家遷避予家避居東
鄉秦內弟家至臘末回　六月中保白
申姑丈卒時年八十一　初七日大兄
翰堂十周期　是月源滙在鄉染疾初
痊實補廩缺係請陳暄出貢共計用錢
九百餘千　郡中王萩原奉　旨在籍
辦理團練城內外各局鄉勇均歸王姓
督辦　是夏夷率舟師犯　闕躪　圓
明園　上出狩熱河駐蹕避暑山莊

御園搜掠殆盡屋宇被燬夷復引兵至
都入城與我　朝議和立約　八月初
五日包岳母戴孺人逝適一日殯於東
郊　十月大女盤娜三十冥壽　十一
月徐涵初妹丈卒於高郵學署三妹及
兩蓬俱在署至歲暮回里柩厝東鄉舊
塋大寒後移葬新塋　十六日包曉軒
岳丈十周期　次姪源發三十歲
是冬十一月十九日杭垣失守

十一年辛酉 五十二歲

正月在本籍 二十八日松江署府貫因丁祭期近札委婁學申綺珊兆英代理 二月初署中軍參將李蔓堂在塘橋廣福林兩處札營撥兵防守李自帶兵在中軍署不時往城外巡防 時提軍曾秉忠允堂帶水師兵勇泊泖湖防堵洙涇等處 二月杪予渡海至滬三月初旬抵松回任 時郡城空虛學署

墻頹塌門窗無存寓居東城外學斗王德家　城內李中軍在署稽察兵弁追理搶奪各事加修廣福林營壘為持久堵禦計　賈署府因上年粮漕豁免飭兩縣立租捐法每畝捐錢若干繳官備用各業亦徵佃租開局辦理　二三月間賊疊攻犯我營經廣福兵弁轟擊屢勝郡賴稍靖　三月初十後府縣均搬進衙署辦公城中市店較多　四月內

城西北簳山屢有賊警經我軍轟擊賊
俱退　五月二十二日傍晚北簳山兵變有數
百勇丁遝入北郭搶掠侵晨居民遷徙
李菱堂中軍聞信疾馳至郭手戮三名
餘皆歸營用命　郡城善後局及忠義
局均移設府東徐雪舫家　七月十七
日　上崩於熱河行在　今上御極國
號同治帝幼太后垂簾頒行　恩詔各
官俱加一級　慈安慈禧稱兩宮太后　八月

朔日曆家推卯刻有日月合壁五星聯珠之瑞是日丁巳宿值土斗上應六合寶光　初二日戊刻大風起於西北飛沙走石破屋拔木郡人大恐次日午後漸止幸禾稼無傷　中秋後時聞賊警十九日侵夜燐火滿地四野鬼哭鬼車亂啼人聲鼎沸加以猛雨暴注樹木狂吼城鄉如一郡人驚駭營署府署俱急飭兵勇防備達旦聲籟漸止　二十六

七日松城聞警予復至東鄉邢家信宿累日即返王宅　時署府學戴蓉江觀熙與予隣寓每出入必偕婁學史綺珊寓東門外大街　是秋予備文詳申學憲孫蓮堂葆元先生請將華學被擄范顯欽唐敏二生廩缺接補前列俟缺各生并陳明變通辦理收補情由學憲批飭再確查申復予又詳復請示學憲咨部查詢至次年春初奉部批准由此松

郡辦補者十餘人他郡倣照辦補者甚多皆自華學創始　是夏薛撫軍檄調馮參戎帶勇七八千人屯駐金山衛城一帶防勦迄八九月營勇屢變屢潰卒歸逆黨搶掠賊勢益張馮營祇存勇四五百名撫軍聞信怒甚旋發密函與賈署守飭往洙涇會同水師曾提軍速辦曾即召馮諭話比至縋以軍法斬之是秋有夷目華爾統帶洋鎗隊勇三四

百名來松防守并挈二妾寓裏倉沈宅據聞華爾係廣東籍非真夷人二妾皆浙省甯波人　是冬新撫軍李在滬聞有到松巡查之說賈郡守先期已預備行館接候日久無耗迄半月後李偕提軍王私行至松立傳賈守比至李謂予等抵境不知無慮如賊猝至郡毫無覺察深恐貽悞賈惟引咎自責李謂初次可原下次斷難姑寬遂去兩縣疾往不

及逾月李返滬繕摺奏參府一吴品齋
雲丞二縣四縣丞一均請革職永不敘
用 旨允所請松之何羅二令悉在此
數賈郡守註册記大過一次 予寓居
作詩寄慨存稿 十一月杪定計請咨
赴試 是冬徵收學租十之三四米價
甚昂〤五〤元 十二月初四五日浦南屢有賊
警初十日予在府署報起程回籍學篆
移交署府學戴觀熙蓉江代理 十三日開

船至滬十五日在上海助餉捐局計捐實票銀貳千四百五十二兩由藩署獎案内議敘（新例準月主事加員外郎升銜）先給局收予淨出銀三百八八十兩（至同治元年四月十九日發給藩字第九十五號藩庫實收）予搭海船回十七日抵家 自予起程浦南賊衆紛集十六七至二十三日南滙奉賢金山疊次失守居民半徙郡城 二十六七八松城三日三夜大雪約深七尺道無行蹤氷厚

十一月二十五日杭垣失守巡撫

王有齡雪軒殉

只許　是職予將譜板帶回

是年家內源滙等於五月初由鄉搬回

同治壬戌元年五十三歲

正月在本籍　二十四日約保蓮舫李子山起程赴試行至泰界聞捻匪梗道揚境兵勇搶掠同人遂返二月初四日抵家　二月初六日松城廖菊屏壽彭

許銕珊 咸 俱携眷至通到舍晤述得悉正月初松郡避難慘狀 適二日松郡耿思泉 蒼巖 趙韻茗 光昌 張常甫 茂長 姚若愚等俱合眷至通囑予覔寓予即與徐叔愉 宗祥 商說借住徐典新宅內以徐小樹 毓海 為張氏壻耿趙皆婭姻故也 三四月至八月予家居補輯前代名臣謚彙攷補抄雜錄各本 六月十三日邑二姊六十壽在家賀生

十月十二日三女珊媛出閣（時年廿五歲戊戌正
月十）適李赤城之曾孫步瀛是日李壻
入贅次早回家　是秋趙韻茗在通為
長子聰伯增德完姻又為第三子叔雲
聘定江陰季君楳念詒之季女係予作
伐　十一月徐四妹五十歲　通郡秋
收半熟　前署松郡守金瀛仙先生自
春三月初挈眷至通迄臘仍寓併家巷
姚宅不時過予晤談米鹽錢物皆予接

濟又代籌辦 江北漕憲藩憲札委稽查
通州團練花布各局差務逐月可得薪
資備用
是年松郡正月初三日有賊衆萬餘用馬
隊前驅踏氷渡河猝近郡城經李愛堂
中軍迅帶弁勇亦踏氷前往迎敵殺斃
數十人受降三千餘人餘賊悉退 郡
中避難各家均僱小舟在城内外停泊
約共數百餘隻至是道路不通船氷牢

結無可移動郡人大駭待至六七日後
雪氷漸釋各舟方得放行　初三日之舉
李中軍亟協夷目華爾帶同鎗隊縱騎
踹氷分頭截殺故所向皆捷　是春李
小荃奉　命署蘇撫統健勇三四千人
至滬接篆前撫薛覲唐專辦通商事務
是春李撫軍亟飭劉仲良潘琴軒[illegible]梅村
等統領各營弁勇來滬調用　五月胡
逆黨又從泗涇糾合累萬盤踞郡之四

偏焚掠郊外被脅者約三千餘人門關
緊閉時李中軍賈署守籌辦急務令丁
姓旦晚登陴守望籍華爾所帶鎗隊六
七百名左右支應又不時出城迎戰轟
擊延至十四五日郡人股栗生理幾絶
幸至望日下午賊黨悉退城啟如舊
時夏紫瀾挈眷寓城外王宅四月抄聞
信亟搬進城内幸未遭擄　浦南奉金
各邑前有虎游戎馮叅戎帶勇堵防時

聞兵變兵潰陷後久爲賊踞　是秋潘
統領鼎新由滬督率弁勇追勦各邑南
滙金山奉賢以次克復　七八月間浦
南疾疫復作死者枕藉
是年四月內李撫軍已撥營將授秘計
克復嘉定青浦逆黨四散故五月朔松
城被圍
京都自上年七月十六奉・先帝命載
垣端華肅順穆蔭景壽匡源杜翮翰焦祐

瀛等八人同心輔政自　先帝升遐後
載垣端華肅順等專擅跋扈謀危社稷
十月　奉兩宮太后懿旨　令上諭旨
即將載垣端華賜自盡肅順斬立決其
餘穆蔭等五人均發往軍台後加恩僅
將穆蔭發往餘免遣自是朝政肅然至
元年春政務悉由王大臣擬旨繕遞
太后裁決飭發以昭明允時　上御極
尚未親政

二年癸亥　五十四歲

正月初約伴北上未果至十月杪仍家居

五月十三日會匪王朝陽聯結泰界淮陽諸匪黨在通郡南鄉山路要衆立盟約十五日進城作亂鎗砲旂幟已先有藏匿城内者幸前二日地隣高天成等

告發營弁局勇立即分隊前往擒抄數（黃州尊立飭）
十人黃州尊米訊明後立斬男婦匪黨
十三四名次日又斬八九名朝陽凌遲處
死餘黨乃散時城中徙居者大半予家
因吉雲初生決志勿遷（是案出奏官紳局董蒙獎）
五月十四日丑刻源滙生子吉雲

九月十二日源滙三十歲
十月初九日學憲孫松坪先生（如僅山東臨清）

人

按通科試源滙考取通屬古學第一名正案取列等第四名　二十六日考選拔頭場（補咸豐辛酉科）二十八日貳場是晚四更出榜源滙拔取　次日與泰興翟伯恒如皋羅鵬　靜海陳光緒靖江商寶齋（奭）用贄禮稟見（是年科案李增步瀛入泮）

十一月初四日予起程回華學任至二十一日接篆時署任畢長豫徵租甚刻徐書飛稟促予回署　通郡秋收半熟

沙祖甚歡 十二月十二日大姪源祥

完姻娶吴氏予助錢四十千零

是年松郡二月賊又聚集六七萬由四江口搭浮橋欲長驅入滬經李撫軍鴻章督飭勁旅分屯會勦俟賊初渡我軍奮勇衝擊殲斃及淹溺者無算賊師全覆官軍大振 三月復太倉 四月復崑山官軍遂進至蘇垣閶門婁門外

時署松守方麟軒傳書在任華署令白
香亭菡婁令王敬軒秉鑑七月初同鄉
馬蓮青毓森赴松府學實任婁學汪
夢梧彥樹同年在任八月署松守錢
慎齋德承抵任方卸事寓錢宅是夏
夷目華爾帶隊赴浙攻擊餘姚各邑砲
傷陣亡夷衆載棺柩回松浮厝於華縣
學宮櫺星門內甬道是日官[illegible]皆往奠
拜見之默然十月望蘇垣城外各營

軍威甚肅李撫軍親自督戰城内時有
投誠者備道賊目情形提軍程學啟又
潛通密函於賊目勸降賊遂私與黨謀
約日歸命至二十四日有賊目六名出
城至李營叅謁李歡晤命進内欵待隨
飭武士并斬之遂偕郡紳勇隊入城部署
蘇垣遂復　松郡於租捐外又有畝捐
法二成捐法皆前任賈倡行自錢署守
柢松捐欵減省各業徵租稍多　重陽

節後松郡耿思泉與趙韻茗張常甫等
俱挈眷渡海由滬返里予送之以詩
十二月二十一日予抵松後寓蕭王廟東胡蓉
初宅　松郡秋收甚歉學租僅徵四五
成不等　時夏紫瀾仍在松寓徐宅
松城內有分段濬城濠之議係予倡始
稟請錢郡尊舉行因亂後未經挑濬壅
水垢穢汲食者易致災疾郡尊與兩縣
酌議俟來春辦濬西城外近城各河道

趕於歲底飭董雇夫挑濬以利舟楫

十二月松城内普照寺西關外東岳廟超果寺二處每日均放粥二次時尚有難民數百流寓在郡其流寓在各鄉鎮者更多粥米係府縣先捐紳士續捐城内外三處酌定二月停放後予稟請錢郡尊展至四月杪始停 是冬十二月 杭垣克復

三年甲子　五十五歲

正月在華學任

二月錢郡尊與署華令白囑予辦印府志三十餘部送上憲及各邑紙張工本係七邑派出予辦白紙十部竹紙三十二部分送及結賬予賠墊十八千零無欵追還　三月初郡紳與錢郡尊議定修建試院購買舊屋及房料囑予監修予與郡紳姚蘅堂及徐書閬禓買得寘倉沈宅北關外沈宅廳屋樓房平屋共

九十餘間磚瓦石磉俱全其餘木料磚瓦陸續購買擇於四月破土五月興工工費由姚紳辦捐　二十四日予假回至月杪抵家　四月二十八日起程赴松至五月初二日回任　是月李撫軍分撥各營弁勇克復常郡　浙省克復嘉興郡　五月初十松郡試院開工予與婁學汪夢梧逐日到工查閱薪資自備至六月望後大堂二堂樓房箱屋漸

次告竣其餘下屋文塲及各屋裝修陸續製備　六月初十日竟夕大風自酉初至次日卯刻止雷雨大作屋宇頹塌逾日聞滬城吳淞大小船隻破壞者數百夷塲火輪船亦壞三隻　望後撫標新字營劉仲良秉樟統兵協勦嘉興後帶勇四千餘在松屯駐寓裏倉沈宅予不時謁見有詩呈覽　十八日曾帥督師克復金陵省垣并擒偽忠王李　逆

首洪秀全子又搜獲逆首金璽一顆賫送京都另有報捷奏稿盧江王梅村占魁總戎於五月初由嘉興凱還奉撫檄帶勇駐松防堵在松月餘與予締交七月初旬復整軍往湖州助勦予送之以詩府學馬蓮青同鄉五月杪卒於署五七開吊至七月上旬棺柩送回予經理其喪

七月初前署華邑令趙霞峯至松追討上年在任忙漕尾欠欵予在寓留

欵　二十七日克復浙省湖州城　八
月中旬試院工程甫竣　中秋節後實
任郡守李薇生銘皖至松錢署守卸任
九月初學書徐曜林購買門扇窗格
舊料板木共百餘件又購桌椅磚瓦等
物於二十八日開工修理本學署至下
月望日工竣共計出錢二百五十餘千
資用自備予於十月二十四日進署
九月杪撫標鼎字營統領潘琴軒鼎新

奉檄督率弁勇分駐松郡一帶防堵十
月初潘統領帶同堂弟鼎立鼎琛吳從
發（心田行五）等諸將佐及勇丁八千餘人至
松分屯五營在城內學宮關帝廟左右
潘寓裏倉沈宅隨時操演軍令整肅暇
時仍觀書遣興予屢謁見晤談叠蒙推
奬并囑不時過從參考古跡予贈詩誦
之喜甚時有營勇欲拆予署牆屋扎營
者兇悍莫阻賴潘親至予署保護乃免

至次年春初潘帶弁勇赴山東省防堵
十一月金陵舉辦鄉闈予因下月請
咨未送試　初十日前華邑令何鳴佩
至松寓府署時已落職與李郡守至戚
來此措資為歸耕計予念舊誼招飲聚
談把晤數次　是春至秋錢署守在松
舉行朔望宣講鄉約城内普照寺西城
外東岳廟每月分講二次每次錢署守
出錢二千給講生飯資届期親赴至十

月後李守居期不往朔望輟講　十二月初予請咨赴試　十二日學篆移文妻學兼署是日起程回籍至二十三日抵家　時夏紫瀾攜眷返江北予送以詩

是年三月初三日源滙赴淮會考時學憲孫松坪先生請吳漕憲棠同考至四月初三日回家　四月初三日姪女壽媛出閣適袁載朝第三子翼文為繼室予給錢八十千奩資又加禮盒錢十二

千二十一日源滙上貢匾開賀初三日大
媳顧氏三十歲　大姪源祥三十歲
九月二十一日包二姊逝時年六十二
歲

四年乙丑　五十六歲

正月在本籍　二十六日偕王芥亭李
子山大男源滙起程赴京二月十一日
至清江方知王營無車　朝考改期待

至十八日無車可雇同伴遂返二月二十二日尋抵家

三月分奉部開缺歸部曹候選是缺銓蘇郡楊姓　六月予仍往蘇起假回任時學憲宜定於七月初旬按蘇考試及屆期試竣逕回鎮江按試不考松太兩棚　七月中太倉州尊禀請學憲按臨宜公在蘇城試院大加批斥並云本院按試各郡業已奏明在案該州何得具

稟妥請嗣後如有稟請按試定即奏叅
不貸并通飭各郡知悉　八月內蘇撫
已奉部咨開缺飭蘇藩另委署理十月
中經崑山徐梅鑽營委署華學　十一
月中旬徐署任到松予於二十二日卸
事回至蘇垣稟懇郭藩憲柏蔭遠圖仍願歸
教職候選無力請咨蒙蘇藩咨部奉批
准原缺坐補　十二月初返里　是冬
予託部中裕泰銀號內錢小塘在部辦

理另缺候選五年春初小塘函寄蘇號
囑出筆費二百四十番言定另選予如
數寄交不料部批到蘇仍係坐補原缺
此款白費無用　予在學署半載僅收
得租米十分之六支銷用款
是年六月亡室人秦氏五十歲　八月
十二日母保太孺人及十月　日父
澄之府君均九十冥壽

五年丙寅 五十七歲

家居 正月奉蘇藩憲郭札委署嘉定縣學教諭 二月初旬往蘇託疾辭委因實任下月即到 三月在通州吳漕督照捐分局內撥款（係敦睦堂二百萬捐款內）乙千百。千文報捐雙月員外郎收到漕字第六號吳漕督實收壹紙又出飯食照費現銀七十二兩五錢（交分局家際春手經收）部照未收 在塾補讀各史又搜輯前

代碑碣志乘所載各謚號　月大兄
菊堂七十冥壽　月二兄贊元六十
冥壽　七月偕王德水　榮清顧儀卿纁
宋璞齋　琛　等追還馮蒼符家買出三十
里鄉會公產壹所同人稟學詳州奉州
蓴梁小曙　悅馨　訊斷着賣主馮退出公
產買主錢大生罰出三千千文歸公存
典生息結案　九月杪前署松郡守金
瀛仙卒於通城內寓館喪資無措予邀

季君梅臺局委員汪君張君等欽貲成
殘亟還役至泰州促金大少君芷堂泰
椿（時以候補通判寓居泰界）到通成服五七開弔適
數日賴同人購金雇船芷堂偕次弟扶
柩回桐鄉皆予經理其事金公前在寓
託予挪借錢壽廿餘千予退還芷堂許
代償還　是夏六月下旬高郵清水潭
隄決數十丈居民淹死者萬餘聞此堤
自康熙七年決後工費一千數百萬半

載告竣今始再決堤工浩繁至上八月
間居民來通告賑者千餘是年通郡秋
收半熟棉利甚歉

丁卯　五十八歲　家居

三月中與源滙辦理王蔆堂廣蔭世叔
及家石臣伯舉報鄉賢事蹟冊結稟稿

由學加看詳州　五月初旬梁小曙州
尊加看轉詳各大憲至七年十一月得旨准入祀
十二日大孫女端娜十歲　六月三女
珊媛三十歲　七月望源滙與徐籛峯
保蔚青兄弟崔馳千等赴金陵鄉試
八月二十六日源滙返里是科房薦未
售　十月通郡秋收尚豐沙租減成棉
利少收　十一月十六日保姑母十周
期　日先室邑孺人六十冥壽

七年戊辰　五十九歲

正月十六日同源滙馮棣昌起程北上二十八日抵清江連日多雨二月初三日起車沿途雨雪阻滯至三月初三到京會館車價站飯較往年倍增　正月分予奉部銓補華學原缺　是春(年初)捻匪逆竄由陝省折回突驅直省保定冀州

滄州山東臨清德州諸界共約十數萬衆道路多梗直督曾　國藩中堂派弁勇分屯防堵李　鴻章宮保統師會勦官軍十萬餘屯駐燕趙齊豫諸境依運河左右為援相持數月不下賊益蔓延披猖

太后屢下詔切責刻期督勦至四月杪尚崛負如故時各鄉居民逃避道無行跡各營弁勇祗堅壁以待未能得手六月杪李帥進勦幸運河神降靈河水

陡長文餘淹斃賊黨無算事平七、八初四日三更後捷報到京
是科南省搭火輪船赴京會試者十居
八九乘轎車者寥寥　四月初六日揭
曉通郡脫科　五月在京源滙與如皋
羅筠谷　靖江商寶齋常郡莊　浙
省周　閩省蕭　諸同年聯社課
文折衷於泰州王子賓桐主政又與在
京諸文士旗籍官生等結詩社每月二
次呈請名公披閱評定甲乙源滙屢取

前茅聲譽大起至六月望停課　六月十八日　保和殿補行朝考第一塲源滙取二等七名二十六日　殿廷覆試取二等第一名　七月初四日源滙引見奉　諭旨以知縣分發試用欽此二十五日籤分甘肅省　八月初八日在部呈請措資假（未經領照）回籍（請假係七月望後八月八日）起程由直隸正定冀州紆道南回至九月初一日抵清江下船初十日抵

家五六月在京託禮部書辦陳昱五浙人
闕照冬季辦案題奏鄉賢請
旨允准
入祀家石臣伯入祀通庠鄉賢予出筆費一百吊
又託裕泰銀號內錢小塘在吏部呈請
補領咸豐九年分由助教加四級祖父
母父母二代封典誥軸予出筆費軸費
共銀四十八兩交小塘辦給是年十二
月初小塘領到誥軸二卷封固寄至上
海永懋棧轉交　累月在京予有題詠

贈荅即事諸詩存稿

是年家内正月二十八日母保太孺人二十周期施食一臺　大孫吉雲上學三月中旬室人秦氏患泄瀉病症日劇延至四月望後瀕於死者數次衣衾棺木一應辦齊迄月杪方漸痊。五月初二日保姑母九十冥壽　二十七日中

刻潘大姊逝時年六十九　六月初家
内接奉蘇撫丁日昌雨生檄催赴學任
十月中在籍與陳湘亭徐仙李祿宸孫
會陽織雲朱守光顧蘅香徐銘新保蔚
青等創議籌辦恤嫠局會擇於十一月
十六日齊集郡廟是日同人焚香盟神
立簿寫捐酌擬規條具稟予與同人面
稟州尊劉唯庭傳曾太守立案批准給
示勸捐舉辦　十一月初旬契大買川

堂前周錦鋐住房一所房價三十萬文立契託内弟秦慶增出名買業　是月望日託吏書鄭姓辦理考驗赴任文件予於二十一日起程赴蘇二十八日到蘇藩轅投文謁見至十二月初十在撫署考驗題吾斯之未能信詩題寒梅着花未得寒字給憑十三日晨刻抵松接篆寓徐書家　時署華學施叔愉建烈在署嗜酒貪暴已徵收學租十之六七毫不開支殘歲一切用

欵房費均予墊出支銷　時郡守楊卓

菴永杰華邑令張古虞澤仁署婁令佘

茗生福曾在任府學聞少谷維靖婁學

顧茗僊澐外學惟奉邑黃宰平鋆金邑

吳蓉坡炳宸南邑楊竹軒讓係舊相識

其餘上學徐瘦君青學陸文魚吳嘉遂

均署任　九月　日次孫女二娜十歲

十二月初馬湛卿表兄棺柩由山東夏

津僱船回通伊子二所偕胞姑汪仝行

柩葬三十里祖塋汪姑二所賃住馬宅

八年己巳 六十歲

在華學任 二月二十九日假回三月初七日抵家至四月十一日返松 三月一日縣試 四月七日府試至二十日事竣 五月在松抄錄家石臣伯事跡稟稿并各憲回批命工刊刻崇祀鄉賢錄十一月工竣 又刻黌耆讚語續錄一頁 又刻崇川恤嫠局徵信錄至十月工竣刷印分送 夏月搜攷詩禮經解諸書有辨

人文

說十數篇存稿

八月中旬華學舉人吳介眉昂錫潘秋山兆芳顧香遠蓮陳杏生士翹拔貢周竺溪景頤優貢徐雪舫光澍沈祥龍約齋副貢錢岳仙景雲歲貢王友梅文珪倪士惠巽甫徐芳山林在學廩生沈湘舟禾朱晴舫德臣卲元卿樹堃吳雨亭念萱朱雪卿傳經于紹謙子卿張朗亭端履朱舫漁作渭吳曉湘晉璋張葦舟

則華胡雲溪紹昌施杏伯榮昺吳雲棠
望屺朱竹人賡堯顧蒟舫庭萱汪新畬
景雲附生錢淵渟鴻業沈蘭垞福祉雷
震卿聲發許同春逢辰張國華宋凝福
吳璇沈福清周棠李作霖并婁學舉人
張茂昭王愚溪茂昭歲貢郭友松福衡
程斐君如達嚴質夫誠等因予自咸豐
八年到松勤施教誨整飭學校十年春
趕籌用款修葺雲間書院講堂齋屋大

門共十一間整修鄉賢名宦二祠崇聖宮後牆壁祇就院中逐年積存餘欵措節撥用並未捐募又接辦雲間書院監院累年籌撥每年增至十課花紅飯資在外自十年五月亂後至同治元年冬月二年仲冬設法籌議先將　文廟大殿公台整理窗格完繕次築牆垣修階級三年季春又與郡紳董姚衡堂仇祝平等購料備物鳩工規畫修建城內試

院共一百餘間逐日在院監督工堅料
實用費僅一萬弍千千零未及他郡之
半自四月起至九月工竣薪資自給絲
毫不取四年秋奉 部文開鈌飭令請
咨赴 部投供候選部曹郡中聞信隨
有舉人潘兆芬王茂昭貢生周景顧程
如達廪生王文珪沈禾朱德仁[illegible]員錢
鴻業等十餘人公禀府李薇生太守縣白秀亭
乞留府縣詳申藩憲未允遂卸任歸七

年正月復補原缺季冬抵任雲門闔學

士林欣悅不置因擇於八年季秋月擬

送功在學校匾額予屢辭謝旋於九月

初八日復公送儒門懿範額以顏其署

列名數十人是日到者二百餘人予備酒

食酬酢焉計共出酒席吹炮賞資錢廿

八九千文

九月二十三日學憲童華薇研院按松二

十五日開考至十月十五日事畢　十

一月二十五日送學　二十八日在上
海陝甘捐分局內縣改捐陳明注銷知雙月復諭
捐米票銀壹百十三兩伍錢二十八日填明
發給實收陝藩用印上寫蘇字一百三十九
號予淨計出洋八十二元卡　十二月
徵收學租米七八折不等僅敷開支用
欵兌米價兩元五角　自春至冬奉撫
憲丁雨生札逐月令學官親往諴鄉名
局督率講生講約并各鄉風土民情逐

一詳載每月將宣講　聖諭第幾条小學第幾章開明摺報由縣轉詳按月批回移發又稽察城鄉所設義塾幾處塾師勤惰學徒人數多寡課程勤玩一并開摺詳報其各該學勤勞者予優奬疎玩者加斥責年終甄別分列一二三等飭司註册發歸各縣移知予署累月摺報均蒙撫憲批示閱悉取列上等　是春二月初次繕摺予採取松郡近事八條

陳明稟報仰祈鑒核均蒙存察有稿録入文本　是春三月予假回里徐書召匠修理衙署置竈粉牆計用石灰板木人工共五十餘千予抵松進署是年家内正月　延李壻學登為塾師授大孫吉雲句讀　三月初七予返里後趕辦恤嫠局事請示張貼隨令各鄉嫠開明親供年歲住址各条赴襍房報名送局交董查核數日後報出一千六

七百名大半重複假冒又有外邠帮工雜入圖混經司事朱宇光顧蘭香李蘭皋孫蕙揚潘益三王運鯤等逐細詰查僅得極貧次貧嫠婦一百七八十名予與陳湘亭孫織雲蕙揚朱宇光顧蘭香李蘭皋等籌款酌議編定四字卹嫠濟貧為號分等註册擇日給資先發木牌一顆填明某號某氏住址以憑赴局領錢悉照稟定規條辦理逐月支給續因假冒

牽混人浮於額恐致到局爭奪生事予
等公同商籌趕擇於三月二十七八日做
照金陵省局恤嫠之法其錢由各董分
道送給通郡創始舉行各董於兩日內
城內外貧嫠均已散給計共一百七十
餘名安堵無譁嗣後逐月照辦若實有
貧苦嫠婦遺漏者報查俟補予等於卹
次給資後趕將編號貧嫠人數若干及
發恤資一百十一千九百文開列清摺

具禀報案於四月初一日送州呈閲其
餘貧嫠待補者現因經費不足尚乞憲
示勸捐佽助　予於四月初三赴程[illegible]
松後逐月同人照章給發間有補入者
俱在總簿分簿內註明月日一切用款
均在公賬支銷逐月捐助之款隨時登
記字號錢數
四月二十六日潘大姊七十冥壽

八月初七日源滙與綺堂族弟辦理石
臣伯入祀鄉賢祠正殿祭告文本祠祝文先期由予署酌擬
寄回是日送者三百餘人
九月内次孫德雲殤　十月十五日包
姊丈澤民十周期　十一日包嫡岳母
李孺人二十周期　四女泗媛
三十歲　是年大水通郡秋收平熟歸
利甚歉沙地減收

九年庚午　六十一歲

正月廿七日（二更後）忽聞西城外陰兵大動燐火滿地人聲鼎沸（郡人大駭[illegible]至[illegible]日始止後聞蘇太嘉湖[illegible]日[illegible]）在華學任　二月廿二假回　三月望在通起程至二十二日返松　四月初有署婁縣丞陳子寬（裕浙仁和）第二子祖均年方七歲眉目聳秀幼穉語言有章予頗鍾愛子寬因寄與予名下是月十九日備香燭名帖子寬帶祖均到署拜謁拜灶神予取名劉源榮備席留款出

賞貲泮二元給陳价隨封四百　夏月
搜攷禮記春秋各家註釋　六月杪奉
學憲童院牌委本科鄉闈送試　七月
初五日起程赴金陵十四日抵省十五
日謁見十八日開考錄遺時秦淮江潮
陡長大貢院前水勢日高尺許二十日
前漸聞有改期之說幸二十三四日退潮
信不增惟貢院龍腮兩邊號[illegible][illegible]尚[illegible]
餘江藩憲梅啟照日與內提調等商籌

出水之法　二十二日後學憲[illegible]生牌示
定於二十五六日補錄遺兩場
日考優　二十六日巳刻制軍爲國[illegible]
新貽由節署後往教場閱射營兵弁勇
萃集左右觀者如堵制軍閱畢回至甬
道突有刺客張汶詳乘虛疾馳近前用
藥刀尺餘攔腰搠入刃已剸腹數寸內
傷臟腑制軍登時不語步行數武旋即
傾倒吐淤血數口舁入寢室當將該犯

扭獲監禁訊供署内延醫診視供云不
治至二十七日辰刻遂卒將軍暨兩學
院俱繕摺　奏聞是時省垣人士交集
聞者無不詫異該犯張汶詳屢經嚴鞫
堅不吐實　童學憲及皖省殷兆鏞譜經學
憲俱停考優一場　時童院為本科監
臨官前此考遺錄取僅七八折減所較多
至是求補者踵接又遲到生監遂補[illegible]
遺者絡繹不絕童院堅不收考予等再

四懇請童院准於三十日再補考遺一
場至七月初一院門不扃童[illegible][illegible]役員
院辦理監臨事務　馬制軍[illegible][illegible][illegible][illegible]
事出意外省垣駭異駐防將軍英桂恐
致他變亟飭營校分往城內外稽察是
日聚寶門暫掩半日傍晚各城關早閉
派弁兵巡防　是日下午江藩署糧道
署下江考棚均添設營勇鎗隊帳蓬在
轅門守護各處約派八九十名藩道署轅

柵俱閉　二十七日上江殷院錄遺題出若刺褐夫一句聞者相顧愕然　時錄遺未取之生監下江約千五百餘人上江約二千餘人日在街市探聽求補或府署或藩署不時稟叩轉求迄八月朔日侵晨聚集二千餘人擁擠藩署遞稟乞補梅方伯不能出轅函遣隨收稟允准懇求各生乃散方伯廉[illegible]乞自初二至初五日童院已續補二三

次其未經補出者人數尚多矣初三至初六日又屢在藩轅寫貼告白見希圖挾制毫無顧忌　二十六日傍晚生江考棚忽有考生寫出揭帖云稱此次馬制軍被戕之事係教堂夷人賄囑致禍衆情不甘招集同人定於二十八日晨刻齊赴城北燒燬教堂云云梅方伯聞信急着江甯府馮柏年飭傳兩江送考學官面話二十七日早晨馮太

尊飭役分往各學寓所立請未刻到署

届期兩江送考者陸續進府署謁見時

馮郡尊往督署料理內有幕賓周君出

與各學相見述及揭帖云云馮郡尊傾

諸君迅飭各路書斗傳諭考生令各安

居待試切勿在外生事為囑予等回寓

亟傳書斗徧諭二十八日幸安靜無[illegible]

八月朔日江潮如舊貢院水[illegible]心號

內水尚未退江藩梅因與夷目商辦消

水之法出重貲僱役夫衆於試院牆外
掘深溝引水安排水車於溝外燒炭動
綸轆轤轉運汲去號內之水消[illegible][illegible]淸
河內至初七日號舍悉涸入試者坐無
慮 是秋錄遺蘇常及揚郡屬俊秀極
多有新捐俗往者有借照假考帶鹽布
販鬻者率以赴試爲名緣各處有賓興
公費入試者利其分款可備薪資故人
數較多數倍孫阮兩次考遺僅作二成

錄取若生監遲到在七月外者概不收
考八月初續補取二次俱有生無監
初六日塲期甚近計兩江未補之生監
及未收考者不下二千餘人藩轅前又
貼出告白云稱遠道來省不能進闈羞
歸鄉里赧對家庭凡我同人訂於初八
日各攜考具齊赴闈前乞求收錄進試
若不獲命共願効死闈前以昌志[illegible]
語詞甚荒謬提調梅方伯概置不理寄

派弁兵二千餘名分駐試院前後旦晚
防護　時有廬江監生吳典言[illegible]入[illegible]
籍奉賢童生王（俞炳恒）借余（王）姓捐（監）照冒名赴
試吳混入場王　經予稟請斥退其餘
各屬頂冒職監不可殫述　初八日外
提調梅方伯隨時稽察查詢各路點名
至酉刻後冊內（未點）不滿二百人而外間人
數尚多方伯亟飭弁兵趕出閒雜人等
立即升炮封門其未點官生教職諸人

均在至公堂聽點頭場得安然無事至十一日二場十四日三場俱辦理帖然

先是江藩梅札飭各學送考官於初五日已刻齊集大貢院諭話屆期同至梅方伯與内提調倪孫兩觀察云此次鄉闈非往昔可比現禍變迭乘謠言紛雜全賴各兄竭力襄助完辦試事若生監有不法者即惟送考官是[illegible][illegible]語唯唯應命至十五六日始幸告竣此外十

月初武闈鄉試予等禀明董院篏上憲
牌松屬武生已託上元學陳、吴新泰興人代辦飭書斗留省守候　十六日晚
予與蘇太兩學在藩署府署上號禀辭
二十一日予與孫會陽織雲朱字光
等登舟起程回通　省寓在武定橋下
廣和藥舖内施阜厚宅與青浦署學吴
瑶舟懷田泰興人同予送試社兄合寓予出房資
十二元

是科考生攜帶鹽布來省者自七月初六七後鹽或每人十石八石或數十石絡繹不絕積至月杪已不下十萬餘石匪但減價抑且無店消受府縣因士子叢集兼有馬制軍禍事姑寬勿問迨文闈將竣又有武闈接辦護督憲英將軍與江藩梅商籌亟飭員弁往各關建營汎添勇巡查嚴禁私帶鹽借[illegible][illegible]且[illegible]旬應試各武生已僱船帶鹽每船或二

三百石不等九月初在仙女廟儀徵江口
下關等處逐日船到不服巡查[illegible]
爭毆滋事曾有武生毆傷營弁逆[illegible]鎗
甏武生各節迄九月杪省中鹽物山積
巡兵捜查互相爭鬥逐日喧嚷不止後
經巡兵毆甏二生該生等挾憤圖洩造
言生釁幾致閙塲罷考屆期經武營員
弁在中維持解勸每塲幸俱安謐　此
次文武兩試省垣存儲鹽貨竟有廿餘

萬石之多無處消行實為前科所未有冬季兩淮鹽場出貨甚廣各船因此暫停轉運十月初江藩梅因士子夾帶鹽布等事詳請蘇撫奏案申禁旋奉諭旨嗣後鄉會士子所過關卡不許夾帶鹽布私物違者搜出懲辦并著各省通飭是年自四五月起直省天津府及金陵省垣揚州府各處俱大鬧迷拐幼孩事案聞係拐出賣與夷人天主堂內剜眼剜心腦合藥一說土匪用藥迷拐送往教堂圖錢一說外夷募中國[illegible]數千人於兵月給口糧僅三四兩勇以為亦不足因

給與迷藥壹包令往各處拐騙幼孩每
得孩童十歲內者送至教堂[illegible][illegible]皆給
洋十數元或二十元若男女廿歲外者
價止減半惟拐得孕婦可給洋四五十
元餘若在四五十歲外者教堂止出洋
三五元因此夷（外）所募之兵日在街市乘
間搜覓天津郡城人烟輻輳自四月間
時有孩童走失尋覓無踪逐後日有所
失居民訪得此信痛恨切齒五月初城

中拐出幼孩積百餘口聞俱送教堂剜
割煉藥屢控府縣勿理居民因客訪得
拐匪數名擒獲送縣縣令傳訊哭有夷
理事官豐大業闖入施放洋鎗縣令劉
傑急閃打斃跟隨一名縣急赴通商大
臣崇厚館稟聞崇未及啟口夷官趕至
亦放鎗照打崇避左又擊死隨從二名
時居民環集衆情不甘因將[illegible]
隨兵殺死旋與鄉民二千餘圍統教堂

入內搜捕果見已剜割者死屍填積未剜者拘禁待斃又搜出樓房心眼分列多般和藥安放見者無不痛憤當將堂內夷婆廣婆三十餘人夷弁兵四十餘人盡數殺死并教堂燒燬此五月二十三日午刻事也通商大臣崇厚立即將民教爭毆殺死情形自請治罪并將地方官嚴議革職具摺奏 聞

二十八日奉 上諭崇厚辦理通商事

務不能綏靖地方天津道周家勳未能
先事預防知府張光藻知縣劉傑辦理不
善以致釀成巨案均屬咎無可辭著先
交部分別議處仍著曾國藩抵津後確
切查明嚴參具奏至迷拐人口匪徒及
為首滋事人犯均應查拿懲辦並著曾
國藩會同崇厚澈底根究秉公辦理欽
此軍機大臣恭親王又飛調[illegible]
津會議時京都夷館飛檄定海上海各

館發兵赴津五月杪上海迅撥夷兵三千餘裝載四輪船放洋定海[illegible]江於[illegible]洋均於陸月初抵津口經曾督統兵防截[illegible]能進口相持月餘仍商和議夷酋欲得官員首級數顆賠銀三百餘萬以洩憤并待奏明本國定奪通商大臣直督俱未允續聞外夷現動兵戈咈法兩國悉遭隣國殺戮并吞舉國空虛日久無耗夷稍斂戢延至九月仍復設法調

議通商大臣崇直督曾議將津城為首
滋事人犯斬首二十餘名發遣三十餘
名又賠償銀六十餘萬與夷目商定和
辭夷兵悉退通商崇直督曾會摺奏明
後并示諭津民及各直省軍民人等嗣
後須保護外國教堂來人毋許相擾云
云金陵四五月間街市僻巷遂[illegible]有遺
迷拐者或三四人二三人不等城[illegible]北一帶[illegible]空
廓拐去男婦較多居民訪獲拐匪縛送

縣署奉督憲馬諭正法兩次奸匪仍未屏迹居民密訪拐去幼孩男[illegible][illegible][illegible]天堂剜割死尸積至數百慘毒莫[illegible]密訴馬督馬公即於次晨帶勇赴堂搜緝誆料夷早得信趕於靜夜掩藏無跡及馬公到時徧搜無據夷官反與抵牾又向督署理論後經將軍等調息居民不堪其苦因在各街市各巷口多設木檻以被迷者一跌即醒故也六月杪奸匪迷

拐不時常有迄七月初鄉試人士徐到
此禍漸少溧水高淳六合各邑亦同遭
此害揚州郡城自上年秋至今夏已拐
騙數百名上年秋又在教堂學童內戕
害百餘名居民聚集燒燬教堂十數間
時與夷衆爭毆起衅此禍仍熾府縣設
法緝捕不能禁遏續聞天津滋事巨案
凡有擒獲奸匪者官府但從寬究責釋
生枝節奸匪遂肆行無忌夏月泰通諸

境亦俱遭此厄　此次迷拐事案江浙
各處均有此患惟天津金陵湖郡三處
夷建教堂廣敞夷目弁兵稍多故受禍
尤甚交冬節後迷拐事漸少
九月初順天鄉試首題　　　榜發
卷派各官磨勘檢出應斥革停科者共
二十八人解元南元以抄襲魁卷內兩
人雷同其餘各有疵謬均經議革議停
時謂之無頭榜　十月二十五日松郡

市河潮水停留一日未退　是科華學中式舉人六名（吴望屺　朱賡堯　張則華　吴鍾杰　陳士翹　唐鴻藻）他學祗中一二名婁學僅副榜一名迄冬後補廩者共六人（宋承庠　吴震　吴念萱　張功鎔　朱震雷）陳麟昌為本學極盛　閏十月十三日予祇松回任　武闈本學中式武舉一名沈夢虎　是年十月江藩梅因敘武考生夾帶鹽布入省販買滋事詳請奏案永禁以杜冒混十一月奉　諭旨嗣

後鄉會試期各關津營汛均應嚴查夾
帶貨物如查有鹽物帶售者俱着照例
懲辦 是秋大熟棉稻俱稔徵收本學
租米十之八九

是年二月十九日抵家即將恤嫠事件
與孫織雲會揚朱宇光王運鯤等熟商
趕辦開局告示擇於二十八日在書院

後東倉開局給發是日請州尊兩學師到局州尊陳公有公務未到兩學徐君王君 時欽 早臨持牌領錢者紛至俱各安謐無譁次日予復與二孫進州禀請飭催勸捐陳公允准嗣後屆期給發俱在杭局照辦點飯由公賬開支 三月十五日予起程回松 六月初七合家內大兄翰堂二十周期 保自[illegible]姑丈十周期

六 是月初哭有馮賜軒公之孫元炳欲在予管馮捐鄉會田項内挪借二年租項先託孫小山椿林持賬本到舍與源滙面說復有袁尚志潘雲齡顧其行三人扛帮索借不應即行控稟百般嚇詐稟詞荒誕源滙無奈隨着王大蘇元來署訴知予即將此事繕稟賫申陳州尊鑒核二十三日到家至二十二日袁尚志馮元炳等因事不濟竟將謊詞加利積算朦稟

追償入案適日陳公批示斥責予接信後即着家屬具呈退董並陳明逐年出入各賬俟家主送試假回核結呈繳七月中予抵省後將本科應發卷燭費兌錢給發每分五百袁潘等欲在省生波阻令勿收奈衆情不協遂得無事計共發錢二百三十餘千及予八月杪回家趕將逐年出入賬核結謄清稟呈州署并叩提究誣一面請宋璞齋等出稟保

舉新董孫錫恩接管陳公素知錫恩因發諭札與孫董管予將租簿佃稚一并交卸孫亦稟報領訖乃袁馮潘顧等知歸孫管即阻佃租屢向孫嘵嘵求索復於九月廿三日借列多名稟控予虧公款二千餘千追償分給陳公面斥其妄乃退自是袁馮潘顧懷恨日深屢貼告白追款横加誣言予概置不問閏十月初二予謁州尊陳公陳公謂兄可回任

伊等所控與兄無涉此事無庸訊質也
予即於是日禀辭初五日起程後聞伊
等定俟新署任孫（雲錦海岑）州尊到通再控
及月杪孫公到任伊等用呈二張一係
徐錫官為首控予虧欵及孫會陽穢詞
不應作董另舉孫伯玉錢竹廬兩人一
係潘雲齡為首專控予欠公欵。並牽涉
源滙生繼兩母並無祧繼家。事粘呈督
佃頓庄字據源滙貢卷為憑入呈後一

日孫公批示斥責并兩呈佃字貢卷一并發還伊等蓋憤殊甚近聞又布謡言恣意嚇詐未知如何揑飾此種意外之事姚袁馮潘等奸險刁詐一至於此殊堪痛恨

八月初五日色岳母戴孺人十周期

十月　日大女盤娜四十冥壽　閏

十月初四日二（未刻）嫂周氏卒時年六十四

歲舊與大嫂仝居自上年秋冬屢與大
嫂大姪不睦欝悶幾成痰火之症予在
家時迭次勸説安慰前七八日即有吞
金之事後用方消解是日暴卒死非正
命予甚悲愍代購棺木一具助喪資十
數千文十一月十一日出殯西郊祖塋
旁　十一月　徐涵初妹丈十周期
十六日包曉軒岳丈二十周期　次燦
源發三十歲　二十一日戊刻大孫吉雲殤聞信

悲悼月餘有姜蘭吟感懷詩存稿　是秋增刻恤嫠徵信錄十餘頁　源滙仍在家管理　是秋源滙以獨子兼祧稟請轉詳給咨蒙江藩批飭遵例告養

十年辛未　六十二歲

在華學任粟正月元旦　正月十六日縣試　二月初一試畢初四日考武　三月初十日府試至四月初八日文武試畢　四月三十日學憲彭久餘味之湖北江夏人院按松　五月初二日開考　十四日考教首題故君子內省不

疾二句經題庶民用章家用平康　予列

詩題獨立蒼茫自詠詩得詩字

一等二名二十三日試畢回轅十七日外場十八九日步箭二十二十一刀弓石至二十二日文武生童歲試竣　是月端午節日

逢夏至節　是考文武贄票約　百番

內弟秦慶增於四月十九日下午到

署因恙初痊於六月初一雇船回通

是春閏二月二十二日浙省金華蘭谿

等處四縣地界陡遭龍風捲去房屋居

民無數二十六日杭垣內外及餘杭等

處俱大風大雨雹　三月二十二日浙紹興府城及蕭山山陰會稽等處突遭龍風大雹捲去民房萬餘家損傷民人無數破壞江河船隻以數千計此甚詫異江北揚通等處亦於是月數日內大風飛沙走石幸無傷損　四月杪接信家中接得一孫取名賡禧（四月初三日辰時生）六月內亢旱不雨松郡與通州同予在署抄錄雜記

七月初旬連得大雨 聞直隸天津保定自五月下旬至六月望前半月大雨數百里化爲江湖淹死民人官弁四五十萬 是月二十七日三更後夢仍侍 先君側先君怒加訓斥欲以錐刺予股予畏避旋寤悶思月内予必叢集過惡 先君加意箴儆兼有勉學之意覺後返躬自責灑淚數行爰誌不忘 編刊潘大姊節孝録本一印送出刊印工價十千零

八月朔送學　初二日各新生堂課
二十一日請假掃墓回里　二十九日夜
半抵家　九月十三日學署舊僕陳貴
病故　二十六日予在通雇船起程至
十月初四日回署　九月二十四日晚
適前任通州陳月湖（江西）懋鸞先生為交代
事至通次日相遇於州署握手道念殊
深契濶午後復來予舍晤談移時友誼
甚篤予因行期已促不及暢敘衹具酒

肴羹臛半席饋之

十月初五日爵閣總督曾公國藩滌生到松閲兵予随班迎候　二十二日四更時予夢入闈考試題係論語中參錯合成不知如何着筆見旁一人持新刻文本查閲内有此題予因借閲一回語多七字若小說門詞不甚了了但記亥本名駕四文明云係新樣文字坊間初有又見東台楊竹軒驤亦在前號舍與試予

詢以文題做法伊赴廁未答須之即竊
此文本大奇存以備忘
十一月在松徵租此租向係書册管理
因去冬徐書虧欠推諉佃缺本年徐書
退卯予飭家丁管催并飭另斗帮催收
數稍多　松郡秋收尚豐米價甚低每
石糙價只一元八九角合錢貳千二三
百文
十二月初八日赴上海陝捐分局晤王

桐村商説　報捐事件　十二日回
署　十五日託森泰錢庄兑劃寄蘇垣
乾昌茂銀號庫平銀票解九年分司餉計
出洋一百五十七元　續刊貽馨堂文
集後四卷工竣刷印　印訂文昌孝經
讀本一百部發送各義塾　是冬通郡
花稻俱稔沙租少欠　源滙仍歸家管
理
上年秋源滙在籍遵江藩梅公批飭該

員照例請養等因隨即稟州陳明州尊

加結詳申咨部復奉部咨補取地方官

印結核辦本年　月院飭江藩轉行六

月藩文到州予家稟請轉申八月內江

藩已據州詳申院十月內院咨部科

孫海岑錦雲

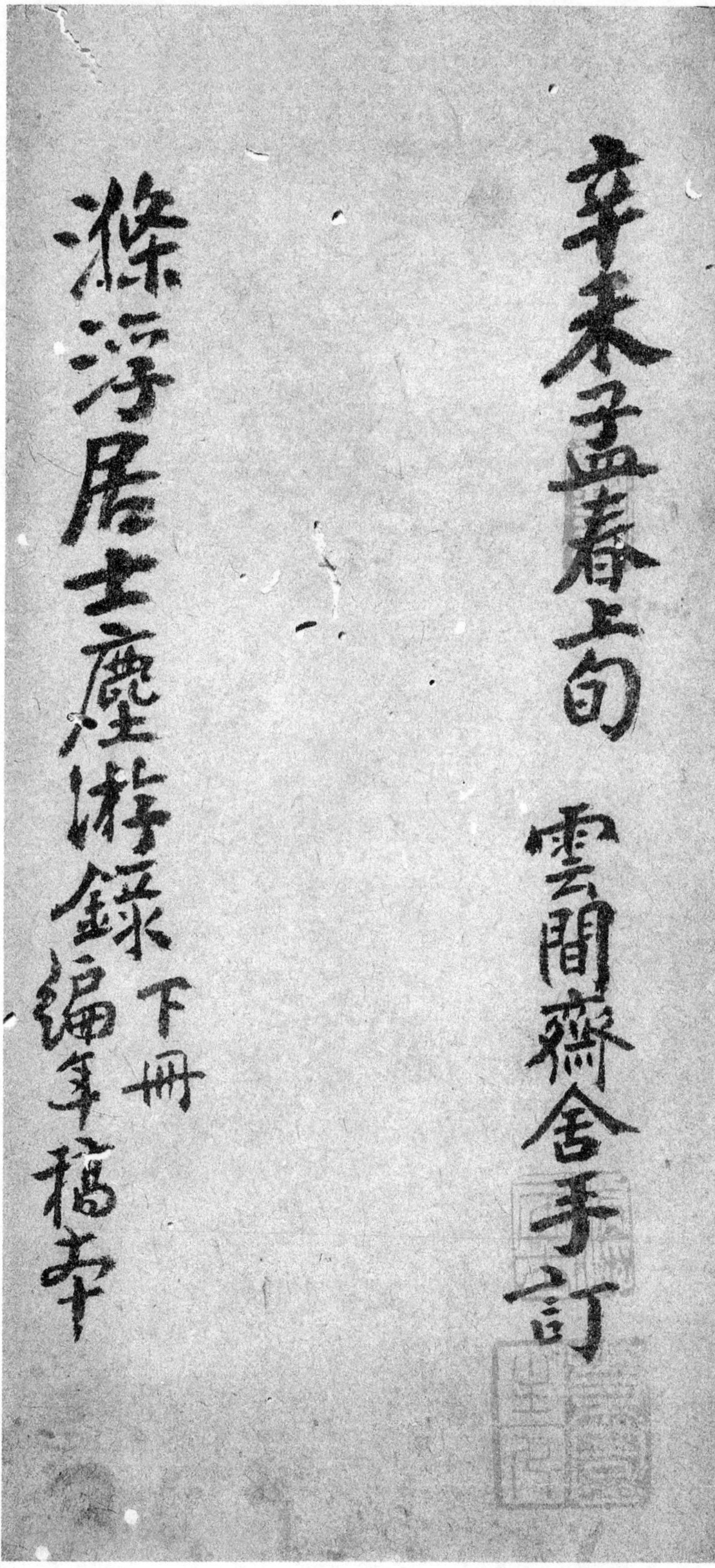

辛未孟春上旬　雲間齋舍手訂

滌浮居士塵游錄　下册

編年稿本

十二年壬申　六十三歲　在華學任　正月廿六日縣試二月
初一初覆十七日試畢　四月初六日
府試至五月初一日試畢
五月初八日姊柒十冥壽
六月二十三日代賠前署任施建烈
解七年分司餉訏共用洋一百五十
元此欵借貸湊解（時銀價每兩壹千百八十文）
應

六

七月十八日又挪欵充解十年分司餉計共用洋一百五十六元

仲季夏在署檢核抄錄古今同姓名錄二冊校對增補編分六卷　又搜輯叢書各種纂入雜記

七月二十日辰刻大孫女端娜殤時年十五

八月十九日辰刻地震

是夏查出學書徐曜林私佔學田四戶
藏匿多年移縣究追還欵有粮冊為憑徐書
銜恨入骨屢興譏謗
九月二十六日奉 學憲彭 檄松屬
定於十月初四日取齊按臨科試當即
出示曉諭 十月初一日巳刻又奉
府文接到憲札內開暫停數日另定
試期隨飭各學示諭 時松城生童到
者已半書店漸開聞信暫閉 半月後

聞學憲請假半月定期先考常郡

十月廿六日學署開倉徵米　自開倉至十月杪共收一百廿餘石（時價每石一元五角）

十一月初三　陸元在署有與女工爭鬧事　十二日晚在縣訊明具結認誣經差稟銷　十四日徐書父子挾忿借端擾害在府縣造謗

十九日予因與楊府尊（永杰卓菴）不愜旋即

移請本縣告病陳明足疾回籍調理出缺轉報

二十日將學篆交卸　又將本年應完

司餉劃出八十石租米交代理者收解

又將未收米七十石零移交接收開支

歲底房費各款

十二月初四日酉刻起程回里　初五六七

三日三夜大風凡江湖各河港壞舟無

數溺死者萬餘予等泊青浦小河內無

恙。十一日抵蘇垣十五日渡江陰小

江十七日夜半抵通城十八日早晨抵

家二十日秦壽爺與陸元由福山港

渡江至家

是月十九日婁學顧雲浦卒於寓

十一月十六日徐四妹六十歲

十二年癸酉　年六十四歲

在家度歲　正二三月養痾家居

四月檢查家藏各書籍　抄易同姓名

録稿本　六月初八日包壻文適病故

喪資悉予帮貼　七月十　日源滙赴

省鄉試　八月二十八日源滙自金陵

回報罷　九十月秋收半豐　十二月四

娜遺腹生子　十二月初包四娜生子

滿月　二十一日趕將包女搬出賃住

四鋪井丁宅房租及衣食悉予養給

是冬暇日抄錄匯内四書經說四書辨

異各稿本 賡禧三歲 九月十二日

源滙四十歲在家課徒

十三年甲戌　年六十五歲　家居

四月中旬四書經說備忘錄八卷抄完

又校定四書辨異一卷　是月十三日

大媳顧氏四十歲

五月十六日大姪源祥四十歲　前三

月初已四娜又典住王家壩王宅朝東

三間典價八十五千價係予出初九日

搬進仝大兒入宅　四月二十四日蔣

姓搬讓予家西首住房一所予給出典

價贖回 是秋此宅復典與徐姓 搬住
當得典價十六萬言定八年回贖 壬午年頂
期取贖
十二月又典得後門外閞姓住房一所當
出典價十弍萬與邑四娜住十二月仝閏保遺保進宅
是年秋收平平

光緒元年乙亥　年六十六歲　家居　源滙在家課徒

六月初八包壻二週期

六月廿六日丙子秦氏年六十歲

是夏又典得余巷内姜姓住房一所保姓出筆轉典契載十年當出典價十弍萬八千文

與包四娜居住李姓臘底始讓包未進宅

九月包四娜次子遺保在開姓宅內病故

是年八月十二日母保太宜人十月廿八日父澄之公均一百冥

壽修齋半日併在十月

是年秋收平平

二年丙子　年六十七歲

家居　課大孫賡禧誦讀

正月　源滙在家課徒

二月廿二日包壻除靈偕四娜隨將什物搬

住家内　住房另賃別姓

閏五月廿七日大嫂白氏去世

七月初八日包四娜病重移居姜姓住房

七月十二日包四娜去世　臘底葬西關

將軍巷下王東橋北首　佃陶川種祭田三百步

伊子閏林在予家留養

七月十八源滙赴金陵鄉試八月廿五日回

九月十一日申刻得報源滙中式第八十五

名舉人　房師周　座師龔邊

是秋開支報金各項共計十六萬零

十一月開賀收得賀金廿萬零支銷各款

冬月秋收平平租項尚豐

十二月聞前松府尊楊永杰卓菴被沈制軍

奏參開缺降職通判次年二月撤任

三年丁丑　年六十八歲

二月初六日予等由沂州過山東齊河是日午刻大風沙塵漫天過河後日已將晡忽見紅光四照如同白晝同行之車無不詫異至一更後紅光漸減移時始滅此誠奇異

正月十二日予偕源滙赴京起程 至
二月初十三日抵京住會館 源滙考試不利
四月十六日出京 至五月初六到淮 下船十二
日到家 是春自正至四月天久不雨河水乾涸 予等自
江堰雇小車南回艱苦備歷

是年

四月十三日邑閨保病逝 仍葬王秉橋北邑四

娜瑩內 是月雨水甚稀河水淺涸 至五月二十後得大雨數次

五六月內予家居養痾

正月 延次姪源澤在家課賡禧讀

書

六月為源滙買妾(身價一百廿番)吳氏(年十九歲)十六日進宅

六月源滙仍在家課徒

七月因宗祠𨻶漏修理磚瓦灰作人工共三十八千零

十月廿六日先室包宜人七十冥壽日(修齋半日)

十一月十六日保姑母二十週期

是歲秋收平平租事半豐

十二月馮儆民之子承祜因伊父十二年

是冬十一月廿八至十二月初一日大雪一次初五六日又大雪一次厚逾四五尺冰凍不消街巷凍厚數寸行者傾跌折肱折足者十

數人牆壁頹塌者十居六七屋簷冰條長二三尺此從前未有之雪村野凍地一色堅冷匝月不消迨次年正月中旬殘雪漸見消盡

從子義會一股堅欲退回首挃会當憑頎其行王建西算結退回廿七弔七千零予將開姓往（房持典）作價十六萬又出戊寅十二月期票七弔七千零交出清訖此會與馮無涉

四年戊寅　年六十九歲　家居

正月廿八日先慈保太宜人三十週期施食一臺（修齋半日）

正月二十日仍延次姪源澤在塾授大孫賡禧句讀（慶禧八歲）源滙在家課徒

四月初旬奉　部行查應補班教職予與王文炳顧金標等十餘人到州查明有無事故州尊於　月　稟覆

五月初二日保姑母一百冥壽

廿七日潘大姊十周期

同日大嫂白氏二周期

五月初三日檢出謚孜付梓人寫樣刊刻

去冬雨雪交迫房屋墻壁損壞者甚多今正月至五月已出磚瓦石灰人工計共錢卅五千零

十月予刻蘇城傳來看〻小說一本分送勸善

是冬秋收平平沙租半收

十二月初四日包吉侯送恩妻吳氏及子女三人在予家索詐歲底未回

家居　源澤仍在塾課膺禧　源滙在家課徒

五年己卯　年七十歲

正月謚彙攷刻成趕印訂八十部分送

正月底命匠予刻同姓名錄

二月二十三日包吉侯之妻吳氏仝子女三人仍在予家予稟州主用差押逐

四月刻文昌孝經一部　印訂分送各塾

肆月二十六日大姊潘節母八十冥壽

六月二十八日胡肥妹去世

七月二日壽辰避居西寺蒼松閣二日

十月十一月印送文昌孝經已有千本

是年秋收頗豐米價僅每石三千零

獨棉價布價甚低貨無錢售故鄉庄百

姓艱於貲用　是冬佃租平平
十二月二十二日包吉僕又挺身率惡妻
吳及子女二人在予正屋內索詐坐臥
打鬧異常靦然不顧予仍稟明　州尊
松公　辱經差施太勸予周濟錢三十二
千吉僕具領出結認明嗣後永不詐擾
差等押逐後稟覆存案
一
一
六年庚辰　七十二歲

正初八日許源滙仝黄文田等起程北
上　二月　日源滙到京會館　日
覆試取列一等第七名　三月卯送文
昌孝經五百部　五月源滙下第南旋
是年九月初八悍媳顧氏因買妾妬
嫉隨時將吳氏辱罵凌虐予同內子惟
有包容大局緘默無言詎料該悍媳悖
逆日甚目無尊長是日巳刻借端與妾
吳氏口角經欲凶毆逞毒經內子排解

又欲與予尋釁逞凶予憤恨塡胸接回
塙子
三妹同商雷將吳氏交三妹帶回擇配
又請保李二壻到舍將予逐年所收沙
民田租分撥三分之二歸源滙收租度
日即日帶同悍媳另宅分住不准稽延
源滙隨覓孫宅典住至十一月十六日該
氏與女搬往別宅家內舊住之屋一空
親族中憚其凶暴亦無敢饒舌者嗚呼
此予家之大變也予年七旬外遭此橫

纍迴出情理之外亦予多慚德返躬叢
咎之報何從挽回於未路哉嗣後輿內
子幼孫三人勤苦度日計惟排遣憂慮
懽笑談論以終餘年若人世間之彝倫
樂事後嗣佳境竟一并付之東流矣
家內祭祀應酬各用欵仍予辦理
暇日續成古近體詩一百。六首

七年辛巳 七十二歲

源澤在家課讀 二月初歷代同姓名錄刊竣計工費二百十千零當印訂白紙三十竹紙八十部以備分送寄售

仲春至季冬在家輯春秋左傳列國人名姓字攷二帙 又撰擬稿經說十餘条

八月予與孫會陽等因恤嫠局經費不敷擬籌捐款顧翰香等以劉海沙新漲灘地可買歸嫠局管業每年田利可資局用其買價房費葉園各用款俱先請

一 案詞內有半歸婺局等語自業云李州批駁後又字明於公情愿全歸婺局充公

係胡澤亭經禧 呈案

顧輝光墊出即請顧為婺局沙地葦事

囑予出名具稟予因繕稟面呈州尊李

公春棠奉州批駁後又覆稟

是年十一月因節孝祠大廳龕座將滿

無從添供牌座創議建造兩廡稟州出

示擇日破土於十二月初二日開工至

廿五日工竣出貲創建別無捐款其披

一 水台龕窗格尚未製備

八年壬午　七十三歲　正月延東門外馬雲裳錦爲塾師課賡禧讀　源滙仍住外宅
巳月初二辦新沙灘地委員侯紹瀛到通寓華王廟
十二月十六日徐三妹七十壽辰

九年癸未　七十四歲　廣稽仍從馬雲裳塾師

六七月間江潮騰湧風雨屢作沿江沙地特有破圩之患棉稻俱傷民田亦有水患

七月至季冬月在家檢讀崔鴻十六國春秋輯雜記二卷底稿

是年秋收俱歉予家租事寥寥

正月初七日　三月出殯

松聽濤郡尊夫人瓜爾佳氏卒於通之州署

十年甲申　七十五歲

廣禧仍從馬雲裳塾師授讀課文

正月　李名南郡尊夫人趙恭人卒於州署

三月中旬將所輯十六國春秋雜記抄

謄成帙

四月素園芍藥盛開紅紫二種各數十

朶尤豐艷異常花面徑七八寸賦詩招

飲各友和章得十餘首

是春二三月米價昂貴四鄉貧農嗷嗷待

哺結黨聯羣游食於各村中蜂擁而至

或一二百人或四五百人西沙飢民尤甚州尊李台南春棠概置弗理并不選董議賑三月杪飢民逐日增多已至十里坊前後幾欲入城求賑釀成事端幸各圩董斂貲籌款分棚給賑飢黎稍安迄月餘已届麥熟各户均返廬舍整理農務方歸無事　春麥熟豐收每石祇二千二三百文

自二月至七月陸續和馮藝南家章仙

乱壇詠物律詩約二十餘章

八九月棉稻豊收沙民田租均給

九月初三日申刻李名南郡葛卒於州署十一月卅日出殡

十月杪所刊漢晋及明謚彙工竣計

字八萬五千四百四十計價十五萬

弍百序文弁言共九頁計價六千三

百文當即刷印竹白紙五十部計紙價

印訂者工用十四千零

十一月廿九日寅刻三婿李学登病故

三十日刻殮李家貧苦喪資一切係予補助

十二月廿九亥刻三妹徐孺人病故次月除夕午刻殮

十年乙酉七十六歲　賡禧仍從馬雲棠塾師授讀課文

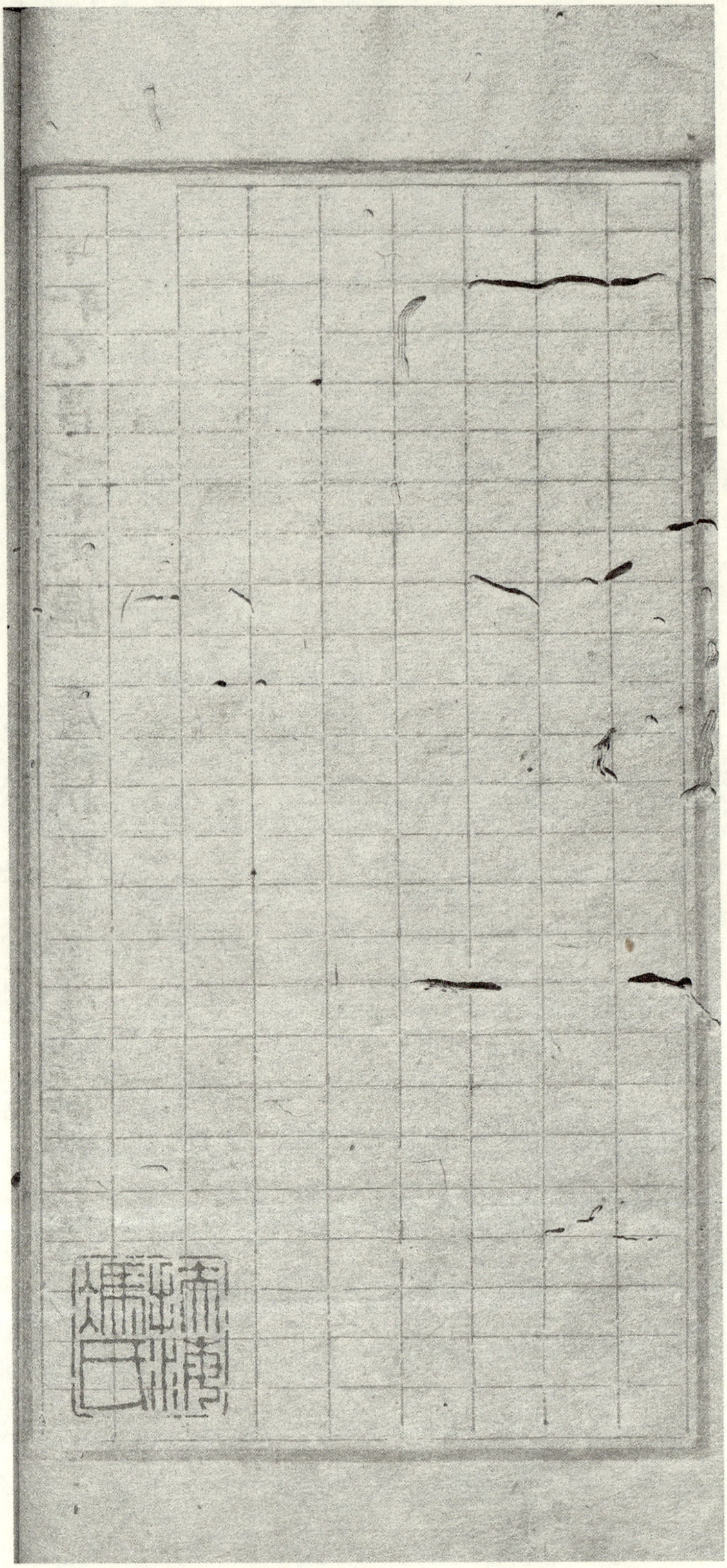

寄鷗自訂年譜一卷

（清）任道鎔 撰

稿本

寄翁年譜稿

已清至癸未年止另存

甲乙丙辛七年續記

寄鷗自訂年譜

寄鷗居士系出宜興任氏名道鎔字筱沅晚號寄翁道光三年癸未十一月初十日生於夫人巷是年大水先考光祿跋園公籌辦賑務活人甚衆

甲申二歲

乙酉三歲

丙戌四歲先考令識字

丁亥五歲發蒙從涂臣之師讀

戊子六歲身出瘄

己丑七歲讀禮記先考命通卷背誦背

畢讀解王訛先考謂王太宜人曰此子有夙

慧當善視之

庚寅八歲讀禮了先考令通卷背誦背畢讀解王訛先考謂王太宜人曰此子有夙慧當善視之

辛卯九歲從李鼎唐師讀

壬辰十歲讀史漢唐宋八家文初學作詩

癸巳十一歲作論文先考自課

甲午十二歲先妣俞太宜人棄養從俞源石師讀

乙未十三歲學舉子業十一月十九日先考棄養

享年七十有八王太夫人泣語曰汝父晚年得子

汝幼歲八〇當努力讀書〇以承先志〇否則余不能

生矣。注濂受命。太夫人督課甚嚴。每至夜分不輟。是時家門多故。皆太夫人一力維持也。

丙申十四歲從陳仁山師讀十一月移居西廟巷

與二兄分園同宅

丁酉十五歲

戊戌十六歲服滿應童子試

己亥十七歲史太夫人來歸 葬先考於湯家圩

庚子十八歲大兄之騎生遂嗣長兄薪蘓從潘桂棠師讀

辛丑十九歲應童子試府縣前列

壬寅二十歲次兒之驄生受知於山左毛伯雨師諱式
郇以第二名取入府庠
癸卯二十一歲星秋鄉試
甲辰二十二歲三兒之駿生歲試一等
乙巳二十三歲科試一等補於廩生
丙午二十四歲長女生適同里庠生錢致聰
丁未二十五歲歲試一等補廩膳生
戊申二十六歲科試一等受知於長白裔學師
師諱麐取選拔貢生
己酉二十七歲五兒之驊生

庚戌二十八歲 朝考入選 見以教職用 座主惟

湘鄉曾滌生師 滿洲瑞芝生師知遇最深

咸豐元年辛亥二十九歲 次女生 適桃源浙江知府

尹彥釗

壬子三十歲

癸丑三十一歲 七月之驥生

甲寅三十二歲 粵匪陷金陵 太夫人率眷居鄉

設局辦團防籌辦軍餉 是年冬[illegible]奉

賢祠等

乙卯三十三歲 赴[illegible]復任主講[illegible]文南樓

兩雪院集補粘脩 文廟

丙辰三十四歲宜興大旱迎養 太夫人享著卧

署

丁巳三十五歲奉檄篆東松郡軍需作以十餘

萬千恪制軍良保薦送湖北當陽縣識趙

特部准繳保薦加五品銜

戊午三十六歲卸奉賢篆返里七月先宜史太夫人

逝世十月北行入 覲所道路具請留子懋侍奉

太夫人未經迎養

己未三十七歲引 見到部 謁胡詠芝中丞暢論

吏治軍事。中丞日偕普百里千所。姑為之。六月赴
晋陽任。（常丁十三人共）時太旱祈禱得雨。先清積案。
日坐堂皇。遍牌示審。（嚴）杜憲鶴茵。（下案重積）與五營同議
訴，月案千起。保陳捐隨。力行罕以孫保甲親
赴五城抽查。任內奉命使遷案。図圖空虛。設立
書院蒙學。裁汰官兵。邊境夫馬，革除徵役
千餘名。
庚申三十八歲 太夫人六旬正壽，士民不期而至者
數千人。集鶏再酒登堂祝壽。亦盛事也。是年
秋，划府下嚴撫。凡吃齋入教者，擒名拘拿[illegible]判

州人。日斬四十七人。當是時,殺者雖以數計。所殺所

不匯也。查傳各按牌甲,按保甲冊清查。限一月

各查本按冊具結,各鄉並限出具。明年四十三

人,累而。當堂訊之。惟由荊州派兵拔捕,當

是人本年先於除。是年奉按部檄指單

飾。按傳某戶各具冊,給與。免…半

月內二等全。余性其速。全云所到兩手不

積案。不…四境,盜賊…學連…民間

但之待官。否若猶怕也。不…星年之驟

辛酉三十九歲。吳夫人來歸。探訪郎…

再詳請題旌並建祠設總坊於門賊遁荊
門四單六總練甲集團防守四境並援
並戊四十歲遇襄太玄人區署肇家慶幸四
月調任江夏臨行紳民大哭歸云大失民望返
我保君八字。路餞四千里。萬花載道。路為之塞。
江夏美象事愛。賢寓尤多。寓沈大嘼最多。
夜知。割滅地丁折價。草除串票浮費。
設局捐錢修壩。捕治江盜匪。是年大擢
直隸順德府知府
癸亥四十七歲之勛以云知府湖南之驛以補巡

分湖北鄂江夏縣賠累帑金張鼎典
質借清帑，代入都引見，具摺謝恩。十二
月到直隸省。
甲子四十一歲，正月赴任。下車後提問沙河李
氏冤獄。洪婦病卒，詰以偽死，家主年未及
冠，已監禁年餘，平反之。前露墓之撤任仍
賠本級照例發還。倡建孝棚，興復龍岡書
院，籌銀六千。延聘山長，每月課士四五百人。
乙丑四十二歲，餘於邑清理詞訟，日上摺日自記
日管押，分別四種，按月造冊申報，親查核營。

積案全清。值邑人張光藻以來，勤實賢
吏也。南和羣盜搶掠已成習慣，前皆敷衍了事，
訪拿為首六名，另拘楊某暗中主使，乘夜捕之，一
并就地正法，衆皆戢息。勸撥南和唐姓山地二頃

丙寅四十四歲 五月旱甚，試種區田，勸民掘井，
著讀史六言，顏用小字，自書為之序，刊潛香
詩草，為吳夫人三十壽。以督征闔屬地丁兩載
全完，奉 旨賞加道銜

丁卯四十五歲 著宦游襍詠，孫傳綬生也。騎出
三月，梟匪自臨清州下堡寺竄突，事○接勦殲補

特屬柴田鄉團練勇團一營。六月十五日賊
於任家東盟屯。十九日，撲及平鄉李楊村，民團
擊退之。劉蔭渠制府、余蔭軒從戎勦賊。
時三月，並生我從賊，鄒至應帶，制府與余從
我同時屏賊。兵賊所過，村莊皆擾。余力行堅
壁清野之法。初，柴土寨一百四十一處，又募有團
寨家。然以小村并入大村，置造寨史，選寨主
團。十月，官秀峰、勝帥帶何出隊，特隊來
查閱團寨，駐南鄉。十一月二十九日，賊竄鄉
境五里莊，乘夜整隊擊之，傷斃六十餘名。

生擒悍贼耿七等五名。又经平乡团丁迎击
南宫县贼。生擒许三等三名。斩馘三十余名。
夺获马匹器械。贼即窜往宁晋东境。赤旋北趋。
为滑浚乡团截杀。贼众于二月初八日截捕
卫辉属。余匪窜豫境彰郡。旋被捕获四十六
月奉到军机处。陕逆乘冰桥渡河入晋。集
河防。查邢台内邱沙河西山一带。计长二百里
有余里。山口十六处。与晋毗连。易于窜越。即
将队西行。周历各山口。严饬士民逐旧险隘设
寨添丁。分置各口。择要扼守。派勇守之。山民

戚安縣。自四。旋撥開賊由懷慶封門已竄入

豫境。漳衛懷三府大肆焚掠。日晴際於不

除夕黑夜馳回。帶罷宜城守。所有鎮絕軍火已

先期措備。尚未離衛合屋。皇

戊辰四十六歲。元旦賊竄張擾畿輔。京畿十餘

覃恩晉授中憲大夫。請封先母孟氏為太恭人。妻李氏晉封恭人

都。廢澤回入直。余撥截防軍先潰。是日趙

參戎李長春親率撥精馬一營到郡。會同西山防。兵中

尚未知賊已入直也。詎昨截留驛軍南寨祠

三日晉謁撫憲。賊蹤已遍沙河。旋督趙運軍精

帶馬隊五哨出隊。行至五里鋪。時當昏黑与賊

函。查照力擊之。[illegible]生擒賊目朱學

孟。尊爵馬匹旗幟[illegible]潰折向東南[illegible]

因有傷亡。立時收隊。憑寨固守。天甫明。賊[illegible]

南和任縣陸軍[illegible]計長八十餘里。[illegible]甚難

張宗禹軍從[illegible]賊後由[illegible]道繞前擱截。官師

未為[illegible]動。張遂大隊入直。川[illegible]為第一戰役

[illegible]中[illegible]章[illegible]賊既北竄。[illegible]防尤宜嚴密

多立府[illegible]向日間士子[illegible]

[illegible]城[illegible]圍[illegible]

[illegible]有圍寨[illegible]

揀兵[illegible]訓練八團[illegible]行[illegible]

徒之利其財物馬匹。惟向殺之。迎出難民。被傷
尤甚。現在四團會同賊。徧如有搶掠。年滿是
賊。此賊。茲官兵賞罰不濟。搶殺一人。犯者論眾來
北兩門。設為盤查。凡係上冡搶逃回。查明處死。
綠旗營兵。散費須全。隨放回籍。係全不勝
訓。務在擒賊焚掠。擒之則擒。廉捷郵。犯者以匪
旋其門。人心衛之。安輯。然因此兵必且賊也。順治當
南北之衝。江皖秦豫。十餘年未聞兵革。擾寄
此處。河九邑分東南北三路。以三路兼顧。自一處至
適中之地。須備軍餉。何須練團勇事。察軍

經過毫無缺乏，而民間一草一木，民甚德之。二
月二十八日，賊由南竄東團，焚擄數[illegible]賊千餘人，陳付衛
將神機營團[illegible]團衆[illegible]兵為賊陳軍營團勇賊
互相攻擊，余等督人統軍中[illegible]團[illegible]擄降者
大呼曰：凶殺賊者勿傷，是民[illegible]陳[illegible]其時殺傷相當
[illegible]
捐[illegible]籌指捐五[illegible]代捐集二萬[illegible]月識捕
[illegible]衛，制府以防剿功保奏，奉旨以道員用，並
賞戴花翎，並補出力員弁八十餘人。是年
討[illegible]蔡年異奏請通[illegible]德律[illegible]謹勸捐任[illegible]
甚為動云。

己巳四十七歲孫侍讀告之駿尚書憐告師相蒞
直特任陝甘見吾氣○同清詩獄○停撥搢○均羡
衙○裁節署○由教案○前三端照行○共家師相特
保○天語褒嘉○接減任職同郎車馬羨繹○詳懷
勤和○星午秋旱○嗣行阡陌○皆勸民間掘井一萬
皆所○醵濟災民田○師相抽哄識南○惟州屬有
麥○尚至旱象○未田給賑○周壽審寄再吾屬民京
抵任報串費入一案裁去冬月撥廉赴山東
村採買麥種○分鄉申種○利藥吞條說教民
育吾○

庚午四十八歲 五月旱甚，又勸民掘井。衛[illegible]

[illegible]進。奇[illegible]。是年谷秀成收。官民慶幸。鉅鹿教民張

某侵奪其妹田屋。指入天主堂，提案送內

明白何教案，悉為持平和，教民亦氣伏。

月[illegible]師相調兩江，李少荃爵帥移任直隸，因

遷西山，帶往營粟。年甚下和。出子[illegible]之

探買魚骨粟。並采禁數十萬粟，多給山民。

設留嬰堂為善舉。自請李爵帥，通詳[illegible]行。

辛未四十九歲 [illegible]

之[illegible]年[illegible] [illegible]之 南[illegible]年 御[illegible]

趙州之寧晉、隆平，歸入南泊。夏秋之交，山水漲發，泛溢民田，黑白蕎豆，乾萎以盡。士民屢請疏濬，率以工大費鉅，二府一州人不克齊[illegible]。余為通籌全局，屬中丞調發帑，廣趙兩屬，先自倡捐，於滏河水會流處築堤，以行來源；於隆平界，挑挖引河，以利宣洩。身二萬餘兩，多時沿河各村按田出夫，即以所挖之土築堤，兩月而竣。律深通，由水下注，則流歸宿，去水患，即興水利。瘠土立變為沃壤矣。知兩年上游堤工各月[illegible]

議敍〇擢仰尚於頭〇加隨帶二級〇郡北響水河

同冊疏濬〇高氏堰〇之十一月調任保定守州〇

年〇旨依議 次年 閏廣建初立鄉〇十一月國郡 作德調作德三

值 壬子年借補東河年正拔九人中說肆業者得八人各照發入府 之業證年兵稱士蜀民風稍循禮益

壬申五十歲 孫侍惠堂之辭出境〔以捐備城工賞加〕

群紫押又他〇者巳西門肯教士私建教堂〇士民中〔下年授〕

服〇提署追回地基〇專函遂還〇與清河道 田 議擬

古濟趙主等河〇八月擢河南開歸陳許道

十二月擢河南任 覃恩誥授通議大夫〔以捐備城工賞加〕

癸酉五十一歲 就河干〇稽查 加 誥贈三代

431

營盤冒積數。八月中河出險，搶堤一百五十六丈，星夜赴工集料，窮四晝夜之力，搶修完固。據實稟報，定河岸出入章程。喬鶴儕河帥係據該道自為理，何得稟，核實詳奏，復蒙優超。此後中河再險，並派該道洞悉機宜，迅速出險。出段諸事，尤能力求撙節。臺東盡廢，且循聲卓越，為盈日中不可多得之員。奉旨[illegible]第路保衛。

甲戌五十二歲，三品之階，近以河工積勞太深，驟攖挽疾，有去志。錢調甫中丞、喬鶴儕河帥挽留未果。自夏至霜清三汛，出險十八次，幸料物應手，未至潰決。今未易換，應費庫款。柳園渡口船少河寬，每遇時風，年年失事。商旅慨歎，指廉添備大渡八隻，南北太平莊建屋十餘間，以便行人棲息，免沾霜露擴濟。嚴立章程，河兵司其事。詳定為文勒石河干。以疾請假卸篆，統計兩年節省公帑以萬計。是年覃恩加級，誥授榮祿大夫，誥贈三代，從一品封典，誥封生母王氏為一品太夫人，誥贈妻吳氏，誥封妻吳氏為

一品夫人

乙亥五十三歲以京畿入覲　蒙旋署河南按察

使復請訓　恩見欽定擢署所擢江西

按察使入都　陛見　召見二次　賜食之

次　西華園賜詩民政二品封典

丙子五十四歲在任藩臬之職　蒙署理江西

署布政司兩淵源從召到任填缺一

撫韓五月吉南贛臨饒水大漲上下數

田廬漂沒多處南新尤甚　所屬

舟四出賑救災民　遣餅米燭炷火種

年月鄉邨兩倉。常存倉穀十萬石。南部守姻
之物折歷金利償法。分別重輕。發民二萬二千
兩。劃錢九萬三千兩。捐一歲俸錢。乘時補
糴。捐廉二千串。施藥療疾（療病）。設採白米三
萬石。分設三廠施粥。計自四月至六萬
石。預備來春平糶。劄免丁銀三千餘兩。
并出捐銀四千餘萬
倡紳士社倉民勸。又通出積穀一萬千餘萬石。
詳院案。十二月回泉司任。
丁丑五十五歲。蒙侍澤宣之騎出皇自泉回者積八
歷題皆其案六百餘起。宦績八條。事隔十年。

即將未結積壓

以致於例限（因循）稽擱未办者，省監、西監禁罪囚四百餘名，兩次恩詔未得減免，（其老死者不可勝計）為屬未流命。盜詞訟（已成習慣）[illegible]案累一月之加，先將各案卤逐件清出，詳院奏明，寬免審限，勒限三月全清，須請詔月報，定章嚴為申過，[illegible]掛號歸積，查禁押[illegible]，詞訟冊報[illegible]，[illegible]至年餘實結通省新舊案三萬餘起，囹圄一空，各地設候審所。

戊寅五十八歲，署浙江布政使，五月到任，五年（臨行之日合士民執香來署）[illegible]自[illegible]四月十六[illegible]詞訟歷此年庫虧數二百餘萬，清查實詳[illegible]

請入告留減甘餉三十萬。又要協餉並減去
傳明潼又軍中急之支款。該營備造之之
程。概行裁撤。是年約節省庫款二萬餘兩。
可舉。指之自這處處，甲於他省。除請傳
外，三年。撥部河南長興營勇盜殺胡
姓一案。其賞主祖蔭。寄捕溫台人成指年餘
未結。疑案多端。反覆研究，廉得其實。
案皆奏結。湖屬民甚眾，相安。何為人奮勇
紳田分御設局。清查保甲，酒店設盤查局
以清積案。源有善後章程十四條，分誘並宗。

寄鷗館

貧民漲之飢饑，釐捐概取，而屬員且因以累民

請一律免捐，嚴密察司道中飽收數太監

勸捐積穀四十餘萬石，按算郡縣籌修倉堤

民要四千兩，籌備各倉積穀，永為例，樣直

務期欽設為施，變修停三江閘，叩恩民

加清淞西之隱弊，減收之例，勸調劑甚缺

則勒索贈……凡請托饋贈之

概屏絕。

臣年五十七歲，調直隸布政使，壽太夫人歸居

本籍之後兩月入都，陛見二次，賜克食二次

寄廬館

十月到直隸順天保定天津河間等屬
歷水災蠲緩賑恤。隱州縣帶代未繳二百
六十餘萬。十餘年中舊交而不繳，而不交部
短少庫項積至三百餘萬兩。其虧缺之由皆係
銷。十年來州縣將藉此為詞，庫藏為之一
空。余明定交代章程。限三月結清舊款。
新案則造四柱。限滿二月。二年立錢糧月報冊。其宗
按月稽查。其未解者照例參辦。仍逐款查追。裁革攤捐
[illegible]一律停止
[illegible]
清釐積欠。至光緒二十三年止，清出二百餘萬兩。至今永守成法[illegible]

十年四月朔大祀。明之制迥然兩歸。另如此則司
庫庭矣。以壽勸種花七十餘萬。由縣解收
下提所兩萬。生息。設立官營局。以應負繳。
撥款修築千丈長堤。疏濬精視河。舞開早
八人。功十八人。
唐承五十八歲以為壽節功。奉旨賞加頭
品頂戴。覃恩誥授光祿大夫。晉贈三
代正一品封典。生母王氏晉一品太夫人。妻吳
氏吳氏均晉正一品夫人。孫詒龍生之歲出
八月。太夫人八十正壽。因慈禧太后御書賜壽字。

敕撤將館。有爲爲母祝壽上言　建寧
樊仲查明保奏。奉　旨申飭著李鴻
章將餘後之通可望逐事破除情面力圖整
頓。乃爲原言所阻。跪誦之下。欽感莫名。
辛巳五十九歲。因所旺所職。承恩召起抄言
歸。樊仲隨見。五月擢山東巡撫入都。召見二次
上問人才以方大湜葉伯英傅智甫沈錫經鄭
仁溥對。賜克食二次。八月赴東撫任。沿途
夫馬供帳均由自備。東省要政重在隨防河工。因東省
要政河工尤急。九月六齊東黃河北岸決口。新城

寄[illegible]館

可危。又飭提督丁壽昌所帶之勇馳赴擋禦。河

知府戴燾、張上達自長清以至利津逐段察

看。鐵門關板沙淤塞。上游雖施工。河身節

節壅塞。易於出險。此有築堤之法。以解兩

隆矣。若將兩場堤堵。惜修堵。僅之後將來

境盜賊橫行。劫殺無虛日。嚴飭防軍實

緝。與寅地方官分飭捕拱務積匪一百五十

餘名。訊實四置之死。盜風稍戢。並疏陳嗣

後盜(凡為盜竊)犯稍釋照例按劾年。有礙可防軍三千

餘營。收繳兵情。缺額甚多。飭需長丁

餘著單屬無難，疏請裁去其馬步
十營。統領營官分別參劾，遴選營員訓練。
務求精實。綠營則缺額不補，以缺餉抽
練軍三營。應裁兵歸實額，仍不足額。
等。旨下部議行。機器局費四千兩，撥製
造局即將局但製器事業，務需實設法
補給緒撥。藩庫設告以清款遞撥
所官不謹，循補庶務，弛之。分別參撤。
擊正歷城工程料銀，以重帑款。裁減擬抽
以濟餉需。

至于六十歲四月分派委員自長清至利津七百餘里撥款十萬修築民埝建洛口石[illegible]設東西兩廠以資宣洩[illegible][illegible]勸無遺出積各七十餘萬石撥賑東省[illegible]奉命[illegible]至煙台查勘海口形勢迤行成山宿島海設砲台以固北洋門戶通伸岡[illegible]整飭[illegible]之[illegible]砲[illegible]東境南北山邑自長清至鄆城七百[illegible]崎嶇艱險一律平治之五月以後請假[illegible]假二十日[illegible]事

旨留中上下[illegible]

乙丑閏月附片設事項寬一千百丈〇一律如
式〇乃利津南北岸五月潰決〇居民築堤堵口〇
六月黄水陡漲丈餘〇歷城桃園決口一百
四十餘丈〇濟陽二三十丈不等〇河高於隄五六尺之隄〇
南岸隄清決四十餘丈〇歷城齊陽齊東齊
河東民居濮州利津惠民等處水灾者〇河員
等帶舟四出〇携載饅米餅餌〇先救急賑
分屬精査戶口〇兼放積谷〇以救目前〇共
計災民四千餘萬名口〇其疏濬除災〇撫恤
欽撥漕集撫〇三者並舉〇將來三十餘

弟處災最重之歷城、濟陽、齊東四次，除
則齊東三次，民賴以安。桃園決口，最爲險要，
開春之後，口門一日不堵，民心一日不定，決
計踩請籌撥款，事亦無已，以工代賑，奏請（奉旨俞允）趕辦。
況又前令飛星連夜購料，集夫，十月望赴
工，督飭弁兵，並八道進占，晝夜兼作，十二月十二日
合龍（搶），因而加廂，而處外已完，一日驗收，既
稍緩須臾，今之撥款，秋冬汛至，知難久
奉旨交部優敘。先是潘泉司蔽文
依之以十餘萬兩（余），截款之項，事一經究問（嘗言），費

惟時災民集
議赴關挽

二十六年有郭[illegible]兩修工料物計值十餘
萬濟南北岸之銀即至二千六萬兩
自開河至工竣實有五千餘日以之百兩
次賈魯侯林相去無一珠[illegible]案保奏
為[illegible]出力之武官 旨[illegible]以開復草[illegible]
羣色[illegible]識[illegible] 旨交議十二月初
九月調浙江撫十八日部議以[illegible]
人降調帶[illegible]部因路為草率留任二十二日
奉 旨著來京另候簡用
癸未六十七歲二月部東撫[illegible]新任為陳

為延同年友士杰如蒙（御恩）寬數以得賑
冒乞溢得等詞求頒十數員　賞請查
新任查办因疏請　貴衙三月奉太夫
人出京特寄兩函順便查收後某今
春蒙恩由運河南下四月到京七月經蒲
道　自此行後以首住[illegible]前[illegible]為編修
林園檢討後先[illegible]（烟）出歸[illegible]特院纪
去日文考差[illegible]部議一併降調改（[illegible]）
而革俊未及到　宮門請安奉（[illegible]）
上諭引見　貴道員請　四品[illegible]一次十二

月過望。綜計弥僅數三十年。智拙才短娛
無甚是自平生所堪自信。是以自立志刻刻
以勤廉自勵。寺以能擇為忠。里所一毫
非分錢。不作一件過分事。不妄矜飾。
處自欺也。不形同處。防偉進也。不計毀
譽。惧奪志也。不敢親近權貴。不敢従
急交游。於了寡念。与俗不諧。嘗家
重迫特達之知。由中而外。惡置實
兼以圖報報萬一。歸田後閉戶家居，
不老堪自保。毒觀祥係以義能年而已。

以下未載

覓且廬隨筆

甲申之歲三月返宜興謁祖塋即回蘇

門先於丙戌癸丑買宅木瀆畢蔭米山式

己卯冬復買宅數楹花園別曰澂壽堂東

廊曰寄題館西廊曰芭蕉林中之廊曰疊石精舍

榭曰借趣山莊於此消磨歲月蘇泉

許星台廉訪係江右同官兼年誼了余

長至表廉訪氣和平常至怡園雅集並與

老友顧子山吳引之彭納生潘玉泉諸觀察衆

芸論詩相聚為樂慨吳大人前上年四月逝世

五月（向生）瘧肝厥舊疾發二十七日先年正一三年一發自癸未四月到京五月疾作八月初又病作此則一月一正發則一月二正直則一月三四正元氣大虧百藥無效終日在憂患中身是閩中清福未易消受也十二月二十九日丑刻于氏（姨）舉一子名以增眉目清朗老年得此聊以解憂詎料于氏（姨）以飲食不慎服涼藥兩日□□□□殁於初五日辰刻逝世（淵）嗚呼痛哉為文誌其生以用授梓勿使湮沒無聞字會忌仍於六橫宜邑寄指項三百千作宜長牛痘局經費租於崇慶寺置塋地一區計二千二畝（僧三有）二十元

乙酉六十三歲 正月初四日叙吉宦大略附年譜之後
闲中無以消遣臨漢魏六朝諸碑臨潯其意漢西狭
頌景君蒼頡廟郙君等無習氣宋所深喜者李之
由兖沂道升蘇臬二月擬新余擅東巳五載一見
設亭執弟子禮甚恭三月延蘇門牛痘醫董宜
設局施種其經費与周中棠觀察捐爲先兆
公舅氏卿泉七月二十七日具題補授北卿崇慶
十二月二十一日葬于峡于崇慶寺基田十二月十八日
侍珍生之孫出
丙戌六十四歲 爲廷炎祠置長元吳引地三面

即以義莊存款付價，為族之資，自置一千八
百畝，可當田產也。吳夫人五十正壽，不稱觴，以壽資
百番移作本籍手終接迎。三月十九日孫侍讀生
之驛出。二十四日，為侍讀究姻，係吳引之（浙江杭嘉湖道）觀察之孫（名某生）
女。（孫寶瑄知協）字述□，廣名因慶之。女傳讀，縣試冠軍，府試
以第三名，侍生物試十八名，府試十四名，為之驛遇
道頭歸還。六月院試，侍讀入物庠。七月旅里萘
年先光諸公斜解入祀鄉賢祠。八月初一返蘇患
伏暑之症，一月不甦，頗為困乏不堪，兼自（癸未）甲申年來過
歸田後本年於保養也，乃上嘱書於之手便授已受悔

不快申乙參亍咳[illegible]浮麵腹泄不已遺下

男兒人照管乳媽[illegible]見乃見疫弱[illegible]朝夕

乏人[illegible]且為保兒擇心[illegible]年乃六間歲之先人之案

以何為可九月廿八日納周生保氏之婢為側室姓李

氏年十九歲其人勤儉[illegible]僅存太夫人甚得周氏之歡

[illegible]十月初四日歸兒自滬般來此

但案小之氣盛延牀許喪[illegible]

行寄飛館蒲孫盛開所夕賞既勤殷吟寫

太夫人自九月初一以牛乳停滯血並氣促嘗夜半

促喘[illegible]尚未約陳先生午後診[illegible]

年刊於汴資一百廿作元又刊於李九成宮集義論
共四石重繪老五代圖像
丁亥六十五歲捐俸于先造一草堂宮宇李甫拙
董其事三月孫侍讓勒為碣重繪老三代圖
像老像毀於庚申之變今於百像圖追摹于石
咸豐纂神仙自三月初畫舊身將世見修養先
迄四月終乎書批選刊官時草十一卷孫侍孟入府庠
補記丙戌年兩年一日罷看鹿司李罷之素踪出示
三戶部京撰通行萬家清季蓋羅地形自李安瓶
子東授民物東林此處不出余仍以洲西三片書之文

蓋不至歉薄。從前少雨甚少，每皆隱瞞，是否多遺

乃一路所知，究竟如遇有荒年迭占，細册核計不難之

時路過，總不探問查考，以至所應報之處

錢文乙丙歲征漕，定於每石二千四百文。惟時糧價值

二千五六百文。至開倉時，民間不以米為交，錢官因愛累

而米價日貴，即至丙戌秋收時分，白米一石價錢四千餘文

外屬縣減，貴亦不過米麥纏，至征漕時定價二千五百

文。適張明堂年訪，月評觀察留於嘉園，談及

漕務，余言於今每年加百文，以抑米價上公，白請中

丞允即照行，且在今年每文收漕米多錢少，秋收大概

答價未平清後未驅發由於要流通也只此一言畢

異平羅寬於地方有益特記之

記里門兌後捐資大略僧元公祠民三百兩徑正公祠大

錢二千四百八千文又石板洋八千元題一匾洋七十元一本堂

寢室祠次民五百兩化鳥有二次洋一千元倡亦系

莊三千元刊直隸集銀三百兩跋百文在內四年約有周

易說四民三百兩洋一百元當年約該銀一百三十元亦

京都試館兩次銀一千三百兩修文廟後事之請費

峯二千兩亦云有嬰堂大千一千串亦早經屬大千

三百千又刊傳家集二萬元亦善之祠四十元

太夫人年近九旬壬午冬初起病腿浮腫不能多行動日服

參朮西洋參六錢越月已脫床後四月間感受外邪旁

不能進遂日就疲困至閏四月初十日案熱驟昏厥

燒香注告星夜即進參朮精神略起惟眠食

終不能照常日延付李訓之蔓麗兩可藥以

歸妻風痃時發近則痰中帶血李安遂吐症

厚年餘見家中呼吸之聲絕於尸心煩意亂

生與之生年遇今日得堪此憾月癸未四月底

蘇平日吳夫人病作時閱四年百計醫治已千

卯致而老母自丙戌三月發作以後頻有日夕

歸田五載未能一日安逸五月中旬偶感暑
疾兼因而血氣俱衰府獨侍志入府庠即
覺了如意五祝然之後斷難賞串場作甚佳
今年如此他日可望有成余之眉頭頓舒
自月下旬天時驟熱太夫人手病亦常百計堅
依路手後賑後略進早前之氣而極而兩日元之
補白着較更甚十五日來大熱而手足如弱可服
益進仙方二十五日後來稍稍清而未思飲食日進
進補劑數次神智稍清而浮腫更甚遲至七
日初三旬日不能呼吸刻呼好兒子者三聲

笑而逝矣。嗚呼痛哉！而復[illegible]音容耶？[illegible]年[illegible]

母子相依爲命[illegible]

[illegible]

遭此大故，精力頓減，[illegible]亦[illegible]大衰，[illegible]

[illegible]

請[illegible]鎮青中並題主，[illegible]容者要伴靈[illegible]

中百餘日未能[illegible]，悲慟[illegible]自[illegible]

[illegible]太夫人[illegible]

墓誌未就。太夫人平生[illegible]

者揮淚揭碣，[illegible]墓上，揮淚[illegible]十二

日十七日，側室李[illegible]一男，名[illegible]

戊子[illegible]歲月，太夫人[illegible]年[illegible]

南村張雨峰目皆能通此人世所罕之境為之傾

也本孟當復所贊不暢論見之莫為之作白描

矣薩然三月十三日華嚴每葉 菩薩圖宜

與華嚴精舍之石佛北淅第二一通八圖通字行光三月

石倉雲嶺

入藏作喬詩主入相命至今年已畢並所延請

是日此係生面 十八日至壽穴開坑棺至四尺覓

氣派一簏作冰山漢出尚有冊合君惶戰慄間至所措

此地係癸未年經係未啟以臣標題以

不得已據王臣居經營年賠償一旦消除六棱

月提照看去勝以暴夜世

遙葵殘詩此姚古月壽我立刻請人覓地葬

續二陸季五同年來精風鑑覓得南山雲霍山看

寄嘔宧

谷庵二處亦山上穴緣々甚大金塷山巷有鷄鳴山

龍下岸二處又脚田扉山一處已請地師李蔭山

覆葬又覓得清濤山地一所實係佳兆者辟

宗山地五所，常便甚爲坦，此又緣讓。六月

二十日之譯心歸病殺家屋不齊至

及母徒自傳爲九月返里，哭後闈屬諸塋

兆返月回旋葬十月下旬後返至門石 太夫人

敬營葬事十一月初九日奉安滿穴五紀成

山下山之千向兼酉成三分

太夫人懷抱清濤山寅

文書云所以爲貴，實[illegible]爲佳城已妥于氏，並其祔葬

山之清覆塋滿槨紘衣襟眼殺只

慶壽壽基田已三年矣[illegible]同 太夫人[illegible]

附葬墓在[illegible]亭向[illegible]日見五色流方謂去盤

此處不善地人〻以為大幸乃賢所未〻子須慶（余意遇因仲兄未國除的）

於廿一日患病先意復當廿九日半夜矢已而殁

生星行料理喪葬由西廿八日旋韓而病已危矣

閏月就使寓館有得之以許多日之[illegible]子之

家中大意之道有庸醫之異慎先張不敢所保

於甲申子月廿九日死於戊子子月廿九日除半夜

是何數〻〻可痛可傷哉是月十七日仲兄出園（讀者憐之子）

謝世余西年遇吾宅料理喪以年而旋老身

而今遭此一个親弟妹流而今兄以〻經此憂

于心何忍目

己丑六十七歲二月返里埽墓會同宜邑父台称霞山刲邑

宰劉撲仰暨郡守贊吳受之樂善好施春頌以曾沅浦（因宜邑總憩泉流從植三地守寬康）

宣傳賑民二萬金分二三六等月散給嶺民寔返感

慶惠之至三月偕葺木瀆寒廬園有靈山樓甚軒敞（宋上諭係奧事從救寔未解不動於中也）

有古松參天老桂參地有池有石有竹木東西南北

西廳後十六楹○葺而新之余與館師張退庵曾

將卓孫承澍孫積承流課讀於此一家親俱寢時閒

鳥啟○（讀日）日偕徉（於）其間隨意作字或書字不必貴

工夫多此中得吟陶謝詩頓覺心閑神曠此之境

界堂蓋真有仙凡之別性（以前作即此）直三錢寫也六月

之驥赴津門李傅相處機器局總辦事，從此專心習
練武事，使其有成，然承流矣。實尚讀心志不定，入泮已
三年，至是甚長進，爲之因情亂之。九月返里歸墓相度
通貞巷元妙之祠後屋基，建高祖印川公祠，因
太夫人因貴已命以積存貴還讀佑計開工，因臘月告竣，
三世元楊公之祠一律修葺，煥然一新，共計工料
用洋二千餘番，餘爲文御承先訓者，一日無忘懷
新祠，知據實大旨謂弟光云：實有承顧祭費爲
多，私爲所要者也。僕深代之感，卻賴太夫人之
庇。立隱焉。是八月廿五至十月中旬，淫雨四旬，江浙歲
成澤國，吾郡修宜一判，愛宗郡秀與湖州接壤也。

家臣謹案丞翁稚取藏本譜上首阮文達宗

與其[illegible]宗由的傳第行錄同去

嚴邪雖未能出而助力殊勤者也凡十月初二

服滿仍服布衣初居後身之憂未艱難而

就有以為非禮遂於十二月赴禮部呈報遵

阮文達之言續禮者按揭[illegible]

赴部公[illegible]四字[illegible]命日[illegible]

不許也　[illegible]是年刊[illegible]

[illegible]祿饋食神之宜[illegible]田[illegible]田[illegible]刊[illegible]

[illegible]文集[illegible]集自[illegible]年

手刊周易洗心西銘先集録叙已十有八九矣

嗣人適二千（丁巳年秋宗譜告成）[illegible]心[illegible]稍釋之亦已長眠日至去宗祠散（[illegible]七八年向）

月譜余君字官（[illegible]返之）[illegible]載[illegible]之祖宗色亦奉[illegible]淡擧行[illegible]（壬年）

己事之就緒有[illegible]嗚呼[illegible]有完[illegible]者之居官相勝多矣

（[illegible]孫孫裕完姻孫同郡庚戌翰林罷官歸[illegible]斗）

康宗[illegible]十八歲二月[illegible]先[illegible]返至東方為祖

（之孫[illegible]女）

所月以[illegible]解入祠日[illegible]初與之[illegible]在一時者惜

所以與主[illegible]面[illegible]碑中[illegible]之字[illegible]讀[illegible]

四[illegible]叙[illegible]座[illegible]英雨[illegible]沒一長留天地間

（[illegible]神[illegible]譜補假[illegible]建祠[illegible]叙矣）

手[illegible]年皆之屬[illegible]祖宗呼吸相通而人

後者西[illegible]年[illegible]年[illegible]事[illegible]年[illegible]也[illegible]

寄[illegible]館

鄉宦邑庠中之素識鄉人相守者咸灰燼而毀
元極之祠稍稍更人傳為美談國事府祠祭毫缺如遺漏
有其事遺
祥經先前查議一律補設祠其幾
教也吳夫人仰承慈訓撥貲一年宜荊義後文為
閩久未建醫與邑紳重謀捐資並於三清殿後
地建專祠所捐洋四百圓三月興修廿六月竣工
十月初吳開疾病召者人事猶能向吳夫人言時患病私
十日去世十二日三限程募人集相從而殁家運厄塞
吳氏已極萬年難保其人何以堪因以吳夫人貴送
捐置銃千金之奉傳相來請建坊本旨旌獎其樂

善舉施送匾額又以吳太夫人遺言捐湖六百兩作
丙戌月公初祭費錢兩之記歸石於祠星年即竟
大兆錄以官直多年捐撫部六千件書傳於京
閣條運題點頂戴
辛酉六十九歲正月為承流完姻係江西新建梅氏
前東河總督啟照孫女江蘇知府諱之女三月初七
鄉試前孫家鼐生承孫出越七日而殤孫婦吳氏因此
患病彥陵寒熱二元正不治二十七日下世自丁亥七月
太夫人棄養以後數十年中傷心實多益兒前數十年
順境皆仰承慈蔭也錄之稿存實生際孫惶懼

惟望一家幼輩安分待時，勿令惹病，老人倍增憂慼。

患。昨見汝輩年則去年十二月四日三之驪自晉寄來

歸兒兩次去年十月寄富春輩一子當時曾未及

理會，據恩庚寅三月之驪起行時並未聞其去子者

到吾自筆之年之後並未聞於家書提及一字，直至

吳大人去世之驪聞訃之後，二媳始於十二月初間得晉中

家書，乃昔余云之驪有書請示[illegible]閱，目前余曰毋

須又云富春臣娘子病三月未知是真是假，總

年內不能奉表，須候明年歲後再來，余應之曰可。彼

時亦覺其疑甚深也，且思之驪年已半百，無嗣望子甚

即當本年十月廿二日就算其情事七月內可收足十月以

前二紙錢全消息何以閱訴不續來償二紙者云尤可異者

情事爲三月其情節可計其六月日想不符十月

院生之後何以今年二字申報只今年二字告五月之六又猶花之文

既非家財族言產己生子豈不謬歟渠子之妻

核其情節則可說計其八月日則不符官事

推並年譜亂亦屬余亦不必指爲說

以名之騙可以欺父其父不敢欺祖瞞過人瞞不過

衆人是可忍也孰不可忍也更世間無子者甚多從

未聞有絕嗣者之騙去歸子遺命子余不能

過房承之嗣（等）不許過房姓承繼等類亦許過房

第自修之切勝書祭祀概不准列名覓[illegible]（字不准用於三代）

一則發揚祖宗積累不得上譜並繳告列祖列

宗不敢（蹈）此欺罔之罪區區苦衷如是而已

余今七十歲承繼承沉孫文有遠境頗為滿[illegible]

承孫恩惠療疾於兩月餘二月而[illegible]身而仁（足）

圖五存已經則左手足亦不[illegible]（延）至十八日而亡[illegible]（閏時）

此年月日[illegible]之（命）嗣字（承繼）昊吉人雲梃區是[illegible]

孫永豐十五圖青蒿之麓（岡）山向孫姆呂氏

年僅逢意期
功之表若無承
桑榆何以堪此
孫承繼承流
將其立次子嗣立一字內

承嗣大歸之後何人先此即何人承繼頂取名曰宗繼

增益吾稿例之辭之謂徐氏之辭之謂程氏

安益吾詠興十一圖青龍閣山館壬年秋金

緣永豐册曝究指海三至元瞑門之驗之次

部府皐之游未刷梓每觴向上去借刻環閒

癸巳七十一歲歸於歸貫進士江二郎便補其曾長

孝廉郡南溪門之子家梓以之賜之

癸巳七十一歲与吳門老友風烟際雲吳垓

廉訪

濤書中丞

卿補之傍司馬遇之真之亭會例一月三叙

部郎朱修庭之侄生兩觀察計伯

詠怡情抱一時圖唱洲之樂同梅花百詠

奉還校書

甲午七十二歲精力未衰之髮尤饒熾

不並常小軍樑書逕與韓學畢樑轄鋒
節力總不與問世事而承撫承沆約共御抹
社課讀吳内莫後也要御快猪頎地同
人瞻染資備造助銀三百元六月二十日承沆
華一男命名家驤曾孫有慶亦近數年
來稍心事也倭氣甚熾後防戒嚴
乙未七十三歲竄子之驕獨於晉孫承澤於五
月十八殁於滬心境惡劣如何如何四月與倭人
議和割地賠費並准内地通商為古
未有之變局自今以往無時莫其後矣

六月二十九日德濬生李姬出七月廿三日殤

□承澍峰一子命名家榮未滿一月遽[illegible]峰病

下巻焼指題八月中秋園中盆梅開放一枝二千[illegible]

青白香（以紅梅[illegible]）合陽餅[illegible]鵝宴客□佳語亦佳兆也

九月初十電傳奉　上諭降調前任山東巡撫任

道鎔著來京另候簡用欽此聞命之下感悚莫

名伏念十三年自領兼圻擁疆節鉞之任萬

所賴區區呈請撫軍俟病愈起程十一月初旬

除病根乞假一月（是月四日承澍峰一子命名家寶[illegible]）平生淡於名利又以家事不暇遠

行[illegible]都中[illegible]旋以資斧[illegible]言務辣手遂決計北歸[illegible]二十

[illegible]

初四日辛
三堂論往河
南河工佳家

五鼓起。臘月二十五日係二十七日即寅刻 宮門請安 常

召見。上向山東河南河工、洋務、錢路、直江浙言

務。西藩道員朱之榛對一百餘言。上徵[illegible]

年幾歲。對曰年七十有三。上微

笑曰:汝精神很好。卯正退出,回寓稍息,詣樞

府。翁相平、李蘭生、常熙錢子密、剛子良兩

侍郎

丙申 正月初七日辛 上諭:河東河道總

督著任道鎔署理,欽此。初八日 [illegible] 卯具摺謝

恩。蒙 召見。卯初退出,謁崇御、孫御、朱樞

堂。二十日請訓。蒙 召見,卯正退出。十五日

山東河南兩省河工情形授寶陳東以上年十二月工部源浚御史胡景桂條陳河工事宜川海南河工歸孫推兼辦河山東河工歸河督專辦奉旨依議欽命河督東河仰荷聖明洞鑒感本年某月

申刻侍　旨十六日　頤和園　賞隨載呈

日丑刻進內朝房略坐辰刻進　仁壽宮坐西

廊依次問安王公大臣六十人分六起越月午刻

賞宴未刻　賞菓桌稍後　賞茲一菜盤

心。未刻　賞晚宴珍饈羅列豐美異常又蒙

恩賜綠綢袍褂大小荷包白玉三鑲如意一枝大紅帽緯一件

兩匣大小荷包兩對螺鈿漆盤一個手爐一個

賞御詩　恩賜銀玉四口藏畢侍　旨　上燈　濱

明湖看福壽燈諸王大臣跪接　皇太后

皇上自湖船登岸坐廠進燈牌坊看燈畢　命坐船

玉峯壽山燈（燈燭）光隱約掩映湖上湖光燈燭（攢簇）映真

奇觀也 諸停 命海湖西岸放花 賞

元宵 戌刻退出 侍（懿）旨十七日賜宴淑園

臣劉進內入座同王座四桌親王軍機大（臣）部

尚書總憲各部共十八人宴畢 賞江綢

大卷袍褂一付大紅帽緯一匣普洱茶一團

語 集壽堂謝恩 皇太后 皇上並世

皇太后諭曰昨日天氣寒冷我心上頗不安

今日天氣晴和你們上歲數的人可以園中

隨意游覽 復諭優加問你國政（退出）命內侍

携帶毡墊茶桃仓盒到更衣息清山臨湖四圍迴廊曲折殿閣斜廊參差繞御山幽幽靜如入蓬萊仙島

為平生未曾之境人生樂還不能想八之竊

於晚年得之感戴天恩年逾七旬尚得躬逢其盛論服滄龍綺流覽

十餘里申刻退出二十日請訓蒙召見恩

刻退出二十四日赴芳潤園謁恭邸二十五日出

京至天津晤制軍王夔帥留一日由水路行二

月十七日到任十八日受印接篆二十五日出省赴

南北兩岸查驗工料稽操卑齊上南岸光多罰賠

五十條三月後察核京河工情形擬五月赴

七

工程防險河務月為西北支河流稍順交秋
後漫中上汛十一堡有工處所皆平穩以工程動料
後發前料待工以此為防險要旨應照至
議至康八月交白露險疾多到精力亦若即
旋為養病查自己自行前往十六年以來
設立河營以南北道各閱文設七廳之所
需兵專管除尺不拘月一報惟河營為總河大員
以廳員承辦之料物原由河營經理已屬不成
體制所以有專管錢糧[工料]之責不合致工員
屬故違定例若年底宣用料是其

今則但盡其力以作已有之物[illegible]

由旨發價也又[illegible]路[illegible]之一路究[illegible]買

銀多塊小千金之價亦二三十之[illegible]年之

身事外[illegible]守其職而[illegible]矣文於人之行年

其未出道上[illegible]則[illegible]矣

者來路年後之路[illegible]而[illegible]其自之一路[illegible]

於是何滑為七路之所[illegible]去何[illegible]之路[illegible]家

主在日後意開支月十六年至二十一年所為

毫無主[illegible]撥從有何滑為名而過事[illegible]

無論十餘紙所提[illegible]十二萬金[illegible]不

多不力雖以旋迴不經之年疏數世鹽在[illegible]

誠何以能[illegible]何後家之請教來[illegible]

張東因病 陛辭時面承 聖訓諭曰河防局銀

兩予經理亦之諭飭予稽新定規模逐年

清楚整頓之既得要義發給料

以因之章以為式年來則以工動料防險則

以所料價工係如何之一例自渊源之一概發給例

派南北道督率工程廳員工料子料支銷

悉存其案按例發賞用則用于必需而出力

務盡除銷除之習籍新章而除舊制

從事於此上願二者防不足工費一毫歸好

歷經三汛以後觀一察清後核銷河防局

經費總用之一萬三千兩有餘，又以八萬五千兩

爲餘金墨（為洋之內鑄之款）繳紀敕者之，東洋無從過問

開局之後，來者有之，劍峰總積（習）費而屢將

來手擬辦五十四條，通飭各廠，得以徵異

此後東洋工廠子稍資利之道也。是以本條十六

年後辦之道一廠，皆另工費不得經手工程東

設茲收交派委各員人，每年之費，前此五六年

金總之二三成，共計數約了事，既費累千四

八萬餘，全數（整頓辦理）據報不了，收給東洋，核算鐘查中西

照常撥濟，其局請試辦一年，費志何如(?)則

寄簃館

信之餘日夜赴濟查勘南北運二將廳

凡屬挑工及明年十之七八以來之年急切堤工

按照丈尺核實節估計　業據　某員回等

預計往年多出三分節省之費明以後工程

由該道親臨勘估再行撥款仍復將諸

務要於月内完竣一律裁撤仍隨時

制隨時廳務必得手責成所有運河

道庫出入之錯徹底清查裁減

定例　十一月寒暑貪五人等　旨留中奉旨

同治三年日附片奉旨

州並府州縣指名分發候補班人員，日有補缺後（指例不准捐道員班）
階者未補缺之先不准指免本班（以示限制而與[illegible]通）硃批該
部議奏十二月奉旨派辦河工程十一月奉（旋奉二年以閩浙總督[illegible]）
恩賞[illegible]晚年榮遇也[illegible]二月
到任時患腹疾至秋冬復作先後計一百五十七
日自本年賜告厚未嘗一日偷安時逾十月皆力
疾從事至已祝宴五之後為嚴寒所襲
二豎侮不支於十二月十三日具摺請假一月是（本年）
年五月之駒署理當以府去府以道續要同
余冠洲刺史之女為窒子孫蘊聘直隸總

猜王蒙石之女鏡（為婚）与蒙仲均係七的左右子女

女直又玄禮祿詢佳構（星豪孫星）亦佳話也上（南岸）南廳工程

續長陰工林主議以鄭工汛策鄭汛歸上南廳（所管）鄭

下汛中上汛策請添設鄭中通判一員協備一切事

前交部議准是亦束河急救之要政也

（清）壽富等 編

偶齋先生年譜一卷

清鈔本

偶無先生年谱

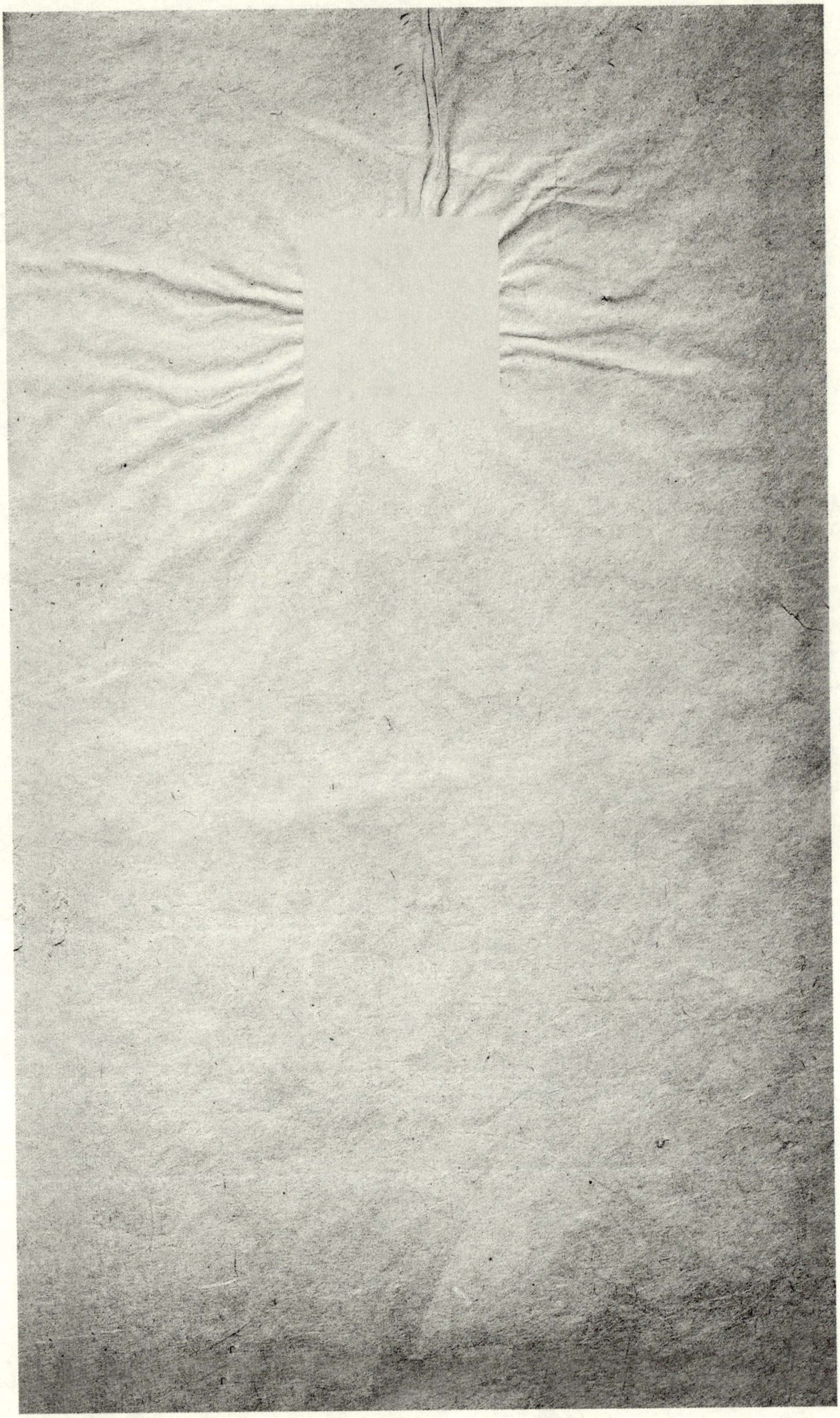

世系圖

一世祖和碩鄭憲親王

諱濟爾哈朗系出

顯祖宣皇帝之第三子諱舒爾哈齊

舒爾哈齊公第六子即王以功進爵親王事詳國史

二世祖和碩簡純親王

諱濟度

憲親王之第二子事詳國史

三世祖和碩簡修親王

諱雅布

簡純親王之第五子事詳國史

四世祖諱阿札蘭官輔國將軍

簡修親王之第三子

五世祖諱德崇誥封資政大夫

阿札蘭公第十一子

六世祖諱廣敏原任盛京兵部侍郎誥封資政大夫

晉封光祿大夫始為宗人府理事官慈祥好善人稱廣佛晝出太常仙蝶隨之夜有二神鐙遥引病醫者自至察之乃社神所代延者

崇公第二子

七世祖諱興隆原任宗人府筆政早卒無子以興定公子為嗣

次諱恆

三年

四定

五茂

六　恭

八世祖蓮溪公諱常祿字綏先辛卯科舉人壬辰科

進士官至翰林院侍讀

興定公長子出繼

興隆公

九世竹坡公長子壽富

次　富壽

三　壽康

四　康壽

公諱寶賢字少溪號竹坡後更名諱寶廷字仲獻號
難齋晚年自號偶齋
道光二十年庚子正月望亥時公生
先祖蓮溪公始娶那羅氏早卒無出繼娶那穆都魯
氏性慈善生公之夕夢霜竹一叢挺然干霄故蓮溪
公名之曰賢號竹坡公生而俊偉指修逾常舌能入
喉胸有朱痣宛然如人端坐狀天資豁達視人世禍
福利害權勢毀譽無足動心者於倫常之際纏綿悱
惻固結於心終身莫可解遇人接物必以誠無機心
無飾言無矯行也生於險阻既登仕凡取與授受一

準之以義、廉俸所入、遇故舊之急、傾囊濟之無吝色、
故入仕十餘年、家無恆產、晚年罷職、賴故舊以存活
布衣疏食終其身晏如也、公朝選出潘文勤公門下、
文勤公嘗謂人曰、如某者所謂清水出芙蓉、天然去
雕飾也、

二十三年癸卯、公四歲、妹嫻生、

二十六丙午、公七歲、太夫人那穆都魯氏卒

二十七年丁未、公八歲、始就傅、
公天資穎敏、喜讀善悟、是歲　先祖蓮溪公罷職家
漸中落、命公就傅、

二十八年戊申、公九歲、蓮溪公移居西山、

時　先祖蓮溪公同年鐵公荔崖、隱居翠微山以所居之半、假蓮溪、公、蓮溪公遂攜公往居之、公之喜遊山、蓋自是始、

三十年庚戌、公十一歲、入城、

時　先祖姑新寡、先祖蓮溪公之胞妹也、因攜公入城就之、

咸豐二年壬子、公十三歲始學詩

公性穎悟於詩尤近、是歲和杜甫詠鳳凰詩、長老驚喜、以為大器、自是遂肆力於詩、然、家益貧不能延師

先祖蓮溪公乃自教之、

四年甲寅、公十五歲、再移居西山、時車乙齋先生士驥、居三山菴、授某公子經、喜公聰穎、因舍而教公、車先生去、適馮雲浦先生霖移居山中、蓮溪公命公執贄焉、馮先生善為詩、於是公之詩學大進、

六年丙辰、公十七歲、入城、是歲遭回祿之變、家業蕩然、僮僕盡去、公乃自操灑掃之事、

八年戊午、公十九歲、初應舉

九年己未公二十歲妹嫻卒、
十年庚申、公二十一歲奉蓮溪公移居海甸秋奉蓮溪
公避兵先塋冬入城授室、
時 先姑既卒、 先祖蓮溪公益鬱鬱不樂、公乃奉
蓮溪公移居海甸柳浪莊僧寺中莊倚昆明湖畔公
朝夕奉蓮溪公倘佯湖上、蓮溪公心少慰、秋、洋夷犯
京師、蓮溪公誓殉之、公涕泣力請、弗許、後聞
駕幸木蘭、公請奔 行在、許之、路遇逃軍、蓮溪公憤
甚痛罵之、逃軍怒、繫蓮溪公、誣以逃官、公力救、為其
所鞭、破額、臥道旁、少蘇、追及之、苦哀逃軍、會有自木

蘭入京肴解之乃得釋蓮溪公及公皆病不能行乃載以入京公乃奉蓮溪公避兵城西丙舍顛沛流離幾瀕於危和約既定奉蓮溪公入城蓮溪公乃為公授室娶　先祖母那羅氏從弟介山先生連英次女時喪亂之餘家居徒四壁立親迎之夕少耕先生伊綏蘭臺先生錫芳適至少耕先生典衣沽酒蘭臺先生取當為先祖壽如是而已少耕先生滿洲人公之至友蘭臺先生馮先生霖之子也

十一年辛酉公二十二歲再應鄉舉

同治元年壬戌公二十三歲三應鄉舉長女新篁生旋殤

二年癸亥、公二十四歲次女箇卿生旋殤
是歲公與札庫穆伯時先生志潤、結日下聯吟社同
社數十人、選勝探幽極一時詩酒之盛、得詩數千首
昆明簡南坪先生宗杰選訂詩以公壓卷、詞以伯時
先生壓卷、公次之、綏芬伯敦先生宜垕出金梓之、
三年甲子、公二十五歲舉於鄉、
座主為文端公瑞常朱文端公鳳標、羅文懿公惇衍
李文清公棠階是歲家奇窘室中几案盡售、以瓶為
座憑坑而讀積夏苦雨連日不得食、乃取庭中野菜
食之、馮先生見而憐之、薦授徒於烏拉介眉先生靈

壽家、先祖及先妣始得稍給、及秋中試四應舉矣、
欲謁座主、以不能具贄而止、
四年乙丑、公二十六歲、試禮部不第、長子壽富生、
是歲端午、公不能具酒肉為　先祖壽、凌晨徘徊無
以為計、介眉先生聞之、典葛衣以贈、公念之終身不
忘、
七年戊辰、公二十九歲、試禮部第一、登洪鈞榜第六名
進士、授翰林院庶吉士、
主試者為文忠公文祥、董公恂、朱文端公鳳標
公繼格　廷對文端公倭仁拔置第六、

賜進士出身授翰林院庶吉士是歲著不殺生論公不好佛而性不喜殺雖蟲蟻蟣虱嘗護惜之人有以為近佛者公乃為論曉之

八年己巳公三十歲次子富壽生秋蓮溪公卒時家中惟一老嫗應門醫藥飲食資皆須借貸公出謀米鹽入侍湯藥不交睫者幾三月彌留之夕家中僅制錢十餘貫欲市人參而不給憶本草中謂以於朮濃煎力可敵參遂夜半叩藥肆門主人眠不納公涕泣哀之始得朮歸進一匙而　先祖沒衣衾棺槨皆不具公撫尸哀號聲動四鄰鄰人孫公與公夙不

識至是感公純孝、叩門慨然願出資假公而不責息、始得殯　先祖蓮溪公於先塋側、

九年庚午、公三十一歲、葬蓮溪公、孫公重公孝、復假公資市櫬、於是遂葬　先祖蓮溪公、復手種松柏於墓側、公嘗謂生平受恩雖報而不能忘者三人、一烏拉介眉先生、典衣貸公奉親、一王芷亭先生（名裕芬、系出宗室安平貝勒後、棄家為道士、與公為詩酒友）屢分誦經資為　先祖壽、一孫公也、

十年辛未、公三十二歲、授職編修、

是歲散館授是職、

十一年壬申、公三十三歲、六月、補授翰林院侍講、十二月充文淵閣校理、冬、納妾李氏

公性喜山水、自丙辰入城奉侍 先祖蓮溪公無敢少離、是歲服闋、乃偕伯時先生徧遊西山諸勝為西山紀遊行數千言冬又遊田盤山為田盤歌、數千言五言長詩自孔雀東南飛、後有北征南山諸作七言長詩於古少見、公始創為之、

十二年癸酉公三十四歲春往天津四月納妾胡氏六月充浙江鄉試副考官七月轉補翰林院侍讀八月三子康富生旋殤、

春往天津徧閲海門諸險要夏典試浙江奉　先祖
蓮溪公遺容以行凡所遊歷皆奉之既放榜窮數日
之力徧遊西湖諸勝臨歸復與湖作別乘月泛舟終
夜而返歸途泛太湖登金焦與焦山定慧寺詩僧芥
航大須定交臨行解所繫黄帶題詩其上留以誌別
行山東欲登泰山正考官徐季和夫子致祥以日暮
力阻之公不聽遂乘夜以登宿絶頂觀日出而返公
之在浙也取惠泉一瓶歸薦於　先墓復出白雲茶
邀諸故人作惠泉社是行得詩千餘首曰使越集

十

三年甲戌公三十五歲六月上疏不報秋納妾盛氏

時　穆宗毅皇帝方修葺圓明園　安佑
宮、是春都城隍廟災五月彗星現西北公上疏諫一
曰勤聖學二曰開言路三曰停工作四曰戒逸豫五
曰遠佞倖六曰節財用疏上留中謹按公之建言自是始沒後諫草殘缺十失五六所奉　諭旨亦不能全備或報或不報亦難詳考所上日月亦難確今謹就所存者編入其已失者闕之或存其目　是歲遊滴水崖
光緒元年乙亥公三十六歲二月上疏報聞五月大考左遷
中允六月三女籜秋生
是時　穆宗升遐　今上入承大統
皇太后垂簾　詔求直言公上疏一選師保以

崇　聖德二嚴宦寺以杜干預三核實內務府以節
糜費四訓練神機營以備緩急奉　旨翰林院代
遞寶廷條陳一摺皇帝沖齡踐阼蒙養最關緊要允
宜涵育德性俾一言一動胥出於正以為典學之本
而端出治之原至我朝整飭宦侍　家法至嚴前
迭降旨將不法太監嚴加懲創朝廷深知此輩不可
稍涉寬假該侍讀所奏深得杜漸防微之意內務府
向有應用經費與部庫本屬判然嗣後著總管內務
府大臣將應用專款認真整頓加意撙節量入為出
不得動輒奏請借撥部款所有借撥之款作何開銷

並着造冊報部一面咨明稽察内務府御史以備查
覈其動用該衙門專款着仍照舊章辦理該衙門司
員儻有浮冒情弊即着隨時察明嚴參欽此　是歲
穆宗梓宮奉移禮親王世鐸等合辭籲請暫
停親送山東巡撫丁寶楨籲請均未　允行公憂
時事之難復為疏諫為某大臣所阻不果上時未克
講職不能自上故也　是春往滴水崖
二年丙子公三十七歲二月授國子監司業三月上
聖學貴專疏
去歲上疏以　今上聖德為言至是　兩宮

太后命翁同龢夏同善授　今上書公憂太監或

以玩好分上心至是上疏請嚴飭內侍毋以玩好之

物獻並請　皇太后躬行慈儉以導　聖躬

又以皇上沖齡請辨色臨朝以資休息焉俟考諭旨

是歲寒甚中秋諸債蝟集偕道士王謙夜宿昆明湖

搽貞觀中避之

三年丁丑公三十八歲正月上敬陳管見疏三月上太

廟大禮疏六月夫人耶羅氏卒十月上應詔陳言疏

謹按是年尚有諸臣進言請實見諸施行疏並擬寫新正加恩寄諭二疏今無考

正月公上疏一曰維正道公以洋夷在中國徧立講

堂誘人入教大為風俗之憂若顯為阻之必啟爭端
適江浙有邪教案因借以為言請各地設立講堂每
月宣講　聖訓以暗破其謀二曰儲將材公以中
興諸將日就衰老請仿博學鴻詞例　令中外大
臣各舉知兵之人面試錄取分發各防使之歷練以
備他日之用三曰納直言以近日章奏多留中不報
請非機密之言皆明降　諭旨宣示中外四曰慎
更調以近時督撫更調太速六部侍郎升轉又各按
憲綱屬員書吏易為奸弊請督撫久於其任侍郎以
本部轉升以收其效時民間傳喧宮中製燈公以所

關於　聖德國體者甚大並請　旨宣示以解
之奉　旨國子監司業寶廷奏敬陳管見一摺據
稱近年江浙等省邪教盛行請另宣講　聖諭
以維教化等語宣講　聖諭廣訓憲典昭垂自
應實力奉行近來地方官往往視為具文以致有名
無實著順天府五城御史各省督撫學政督飭官紳
認真舉行毋得稍形懈弛所有設立講舍等事宜並
著酌量辦理前經明降諭旨令各路統兵大員督撫
保舉將材出具切實考語奏明存記原以備干城之
選該司業請仿照博學鴻詞例特開一科試以兵法

酌授文職均屬窒礙難行著毋庸議仍著該大臣督
撫悉心考察如有堪任專閫之員即行據實保奏以
備簡用方今時事艱難朝廷博訪周諮原期下情得
以上達中外臣工陳奏事件如有堪以採擇者無不
立見施行亦有留中備覽及寄諭各省督撫等辦理
之件豈能概行宣示至毛舉細故或所言未當每予
優容正以廣開言路該司業所陳無論可否均請明
降諭旨是成納諫之虛文轉非求言之實意嗣後中
外臣工有言事責者務當凜遵同治十三年十二月
十九日兩宮　皇太后懿旨於用人行政一切

事宜各抒所見隨時陳奏用付孜孜求治至意朝廷慎簡封疆大吏因地擇人各部堂官有分理庶務之責隨時擇用並無成見該司業所陳各部堂官各省督撫藩臬均令久於其任毋庸紛紛更調是未悉朝廷因材器使之心也另片奏傳聞宮中將大張燈火製燈甚多等語現在　穆宗毅皇帝　孝哲毅皇后梓宮在殯各省水旱頻仍災民困苦深宮宵旰憂勞豈敢耽心玩好至左右近侍前奉兩宮
皇太后懿旨嚴加訓飭當亦不敢以此嘗試該司業所稱自係傳聞之誤將此曉諭中外知之欽此

十月下　詔求言公上疏大意謂中外因循皆由
樞臣之不敢任咎不肯任怨欲振因循須嚴誡樞臣
力加振作以為諸臣倡又論總理衙門司員須責才
品兼優之員及開倉平糶市粟之貨永免抽釐各事
奉　旨國子監司業寶廷奏應詔陳言各摺片方
今時事艱難民生困苦朝廷孜孜求治昕夕不遑全
在中外大小臣工振刷精神殫心盡職以期共濟時
艱若如寶廷所奏部院各臣封疆大吏往往諉卸因
循司員屬吏無所畏憚其原在樞臣不敢任咎不肯
任怨以致吏治日偷民生日窘怨恫交作災害頻仍

等語是上以實求下以名應其何以挽積習而臻治理嗣後軍機大臣及部院督撫各大臣務當力矢公忠不避嫌怨於用人行政諸大端綜核名實遇事講求以為屬員倡率中外臣工亦應各勤職守毋得粉飾顢頇仍蹈從前習氣至總理各國事務衙門關係中外交涉各件尤在擇人任使該堂官等當考核才品量能授事毋以輕浮貪詐及不知大體之人濫廁其中致滋貽誤該司業另片奏設法教養宗室及米粟永免抽釐並請飭部發倉設局平糶各等語著該衙門議奏欽此

四年戊寅公三十九歲二月上敬陳救荒四條疏請廣
開言路疏請下詔罪己疏請撥内務府用款以濟賑
需疏紅旂報捷請益加敬慎疏俄患宜防請飭樞臣
詳察東三省大臣疏三月上請寬免黄體芳處分疏
請飭甲米加成展限兩季疏四月上請特旨飭下内
務府先撥若干解濟賑所疏災廣賑繁請行分貸法
疏五月授詹事府右庶子上訛言日起請示鎮定疏
六月上請借局錢放給八旗餉疏八月充補滿洲日
講起居注官轉左庶子遊翠微山十一月授侍講學
士十二月上敬陳管見疏

時山西河南大饑京師苦旱公上救荒四條及請開
言路下　詔罷已撥内務府用款諸疏　上多
採納之又新疆初定公上疏請益加敬慎並請飭樞
臣詳察東三省大臣能否勝任蓋時土耳機與俄夷
搆兵土人新敗公恐俄夷乘勝與我搆釁而東三省
將軍銘安既書生不知兵豐紳亦非將材崇厚又奸
邪難恃故上疏陳之　五月授右庶子自鐫小印曰
春華蓋自警也　六月黃體芳因言某大臣措語過
當奉　旨議處公上疏救之恭引　太宗
世祖聖諭以上並謂恐開大臣專權之漸及部

議上體芳竟邀寬免　請甲米加成展限亦因荒故
公又以災廣賑繁請行分貸之法奉　旨國子監
司業（按是月公已授庶子此疏日月當有誤）寶廷奏災廣賑繁條陳分
貸之法請飭速議一摺前因河南賑款不敷曾經李
鶴年袁保恆奏請於本省及鄰省官商富户内分别
息借銀兩以三年為期由地丁項下歸還業經照准
兹據該司業所奏陳分貸之法擬分為三等大照貸
銀一萬兩中照貸銀一千兩小照貸銀一百兩由藩
司蓋印註明分十年歸清發給各縣無須行息視銀
數多少分别給以匾額酌請奬叙勸貸多者官紳均

請獎敘收銀一切皆歸公正富紳經理不得假手吏
胥隨時造册申報歸款時由紳士赴縣面領該縣即
將地丁錢糧預為扣留以備歸款繳照如願貸米糧
者亦按時價折銀給照各等語所陳有無窒礙著李
鴻章閻敬銘曾國荃李鶴年涂宗瀛袁保恆妥速籌
議具奏原摺並著戶部迅速咨行各該省以便籌辦
欽此　時久旱之餘日有赤色欽天監適有封奏未下
又每日神機營更番入內巡察民間遂訛言四起公
上疏奏　旨國子監司業寶廷奏訛言日起請示
鎮定一摺京師連次得雨深透人心大定外來飢民

現已陸續資遣本無庸作意外之防至禁城理宜嚴
肅曾諭前鋒統領護軍統領認真整頓復據醇親王
面奏神機營兵年例歇夏可派令帮同地面官巡查
當經允其所請自四月初五日至二十八日每日見
日月出入時間有赤色按天文正義內載日月占驗
三日內有雨則解逐日覲候存記俱係三四日內或
有雨或微風或雲陰應不入占等語該衙門照例具
奏之事亦無所用其張皇若如寶廷所奏則民間因
此傳聞訛言日興是朝廷整飭紀綱之舉轉為羣情
駭惑之端不可不明白曉諭以安人心而釋羣疑著

即將欽天監原摺單一並宣示至嚴申門禁章程著
御前大臣軍機大臣總管內務府大臣前鋒統領護
軍統領察照成案妥速會議具奏所有京師內外城
保甲事宜著步軍統領衙門督率司員實力奉行不
得虛應故事神武門蒼震門派太監及各項匠役所
出入著總管內務府大臣妥為約束毋任滋生事端
欽此 時市中挑剔私錢旂民大困公請發庫錢先
期支放以蘇時困從之 是夏大雨屋壁頹無資修
葺作夏雨歎 秋偕張孝達師之洞黃再同師國瑾
張幼樵太世叔佩綸袁爽秋昶陳伯潛寶琛二年伯

游翠微山諸寺夜偕黃袁二先生登寶珠洞絕頂望
月有詩紀其事　是秋菊花極盛欲買苦無資盛氏
妾脫釵釧以獻遂購之盈屋自是每秋必購菊至末
年猶不衰而花債如山焉　十二月公上敬陳管見
六條一明黜陟二專責任三詳詢考四嚴限程五去
欺蒙六慎赦宥奉　旨翰林院侍講學士寶廷奏
敬陳管見一摺所奏嚴程限去欺蒙慎赦宥各條不
為無見各部各省遇有議行事件自應遵限迅辦何
得任意延宕甚至日久含糊覆奏或竟置若罔聞似
此疲玩因循尚復成何事體向來科道各官原有稽

察之責嗣後著實力奉行不得虛應故事其事關緊要應行察核之件並著軍機大臣隨時認真稽察各省奉旨察覆之事尤當逐一稽察如有遲延不覆即著據實奏聞定將該督撫嚴懲決不寬貸中外大臣於覆奏事件儻有掩飾欺蒙甚或割裂例文傅會成案以伸其說察辦事件如果調停遷就皆不能逃朝廷洞鑒嗣後軍機大臣益當悉心察核毋稍徇隱赦宥本非善政從前起用廢員均擇其情節較輕寔有可原者酌量錄用此中自有權衡嗣後廢員如有報效著據情奏聞不准援案代為聲請以示限制欽此同

日奉　旨寶鋆榮祿差務較煩寶鋆著開去國史館總裁閱兵大臣差使榮祿著開去工部尚書缺開去總管内務府大臣差使欽此因專責任疏中所言及之也

五年己卯公四十歲正月京察照舊供職是月轉補侍讀學士二月扈從東陵四月上遵旨會議各摺片六月上彈劾憲賀壽慈疏初三日召見八月授少詹事二十一日謝　恩召見（謹按公無日錄故凡蒙　召見奏對之語莫得而纂）焉遊翠微山日本人竹添進一來九月上明刑弼教當遵經訓疏上封疆大吏如有迹近剛愎乞加訓誡

疏冬稽察覺羅學十二月初十日上沃心決計疏上
天命有定勿為浮言所擾疏十六日上補陳前議通
商必不可允疏修補當速遣使當慎疏是日 召見
閏三月十七日欽奉慈安端裕康慶昭和莊敬皇太
后 慈禧端佑康頤昭豫莊誠皇太后懿旨吏部奏
主事吳可讀服毒自盡遺有密摺代為呈遞摺內所
稱請明降懿旨豫定將來大統之歸等語前於同治
十三年十二月初五日降旨俟嗣皇帝生有皇子即
承繼大行皇帝為嗣此次吳可讀所奏前降諭旨時
即是此意著王大臣大學士六部九卿翰詹科道將

吳可讀原摺妥議具奏欽此時廷議引雍正七年不
建儲之諭謂將來神器所歸，皇上必能斟酌盡善
非此時所得預擬請毋庸置議同時尚書徐桐翁同
龢潘祖蔭翰林侍讀學士黃體芳司業張之洞御史
李端棻並公皆另摺具奏大意皆謂吳可讀既有此奏
若不明白宣示恐天下臣民轉未能深喻宜申明宣
示將來承繼大統之元良即穆宗皇帝之聖子公並
請將前後　懿旨與廣安吳可讀及此次與議諸
臣奏議存之　毓慶宮俟　皇上親政日由毓慶
宮諸臣會同軍機大臣恭呈　御覽附片又詳陳廷

議未能詳明力言此次定議不可渾涵之故時有引
乾隆十三年諭旨謂可讀迹近飾忠嘗試有公復上
疏代為剖别之又上疏請特奬孤忠以勵氣節前後
凡二疏三上四月初十日奉　懿旨本日王大臣
等遵旨議已故主事吳可讀請預定大統一摺御史
李端棻尚書徐桐翁同龢潘祖蔭翰林院侍讀學士
寶廷黄體芳國子監司業張之洞另議各摺覽奏大
意相同前於同治十三年十二月初五日降旨俟嗣
皇帝生有皇子即承繼大行皇帝為嗣原以將來繼
緒有人可慰天下臣民之望第我朝　聖　聖相承

皆未明定儲位彝訓昭垂允宜萬世遵守是以前降
諭旨未將繼統一節宣示具有深意吳可讀所請豫
定大統之歸實於本朝家法不合皇帝受穆宗毅皇
帝付託之重將來誕生皇子自能慎選元良纘緒其
繼大統者即為毅皇帝之嗣子守祖宗之成法
示天下以無私皇帝亦必能善體此意也所有吳可
讀原奏及王大臣等會議摺徐桐翁同龢潘祖蔭聯
摺寶廷張之洞各一摺並閏月十七日及本日諭旨
均著另錄一分存毓慶宫至吳可讀以死建言孤忠
可憫著吏部照五品官例議卹欽此　先是尚書賀

壽慈因與商人李鍾銘交通為人參奏降三級調用至是復補副都御史公上疏彈樞臣奉　旨翰林院侍讀學士寶廷奏獲咎大員聲名甚劣請旨開缺另簡一摺賀壽慈前因與商人李鍾銘往來一案降三級調用都察院左副都御史一缺朝廷以賀壽慈係候補人員吏部開列在前是以令其補授該副都御史既係未孚眾望年力亦究就衰著即行開缺至所奏賀壽慈復用係樞臣之意賀壽慈面奏不實則為欺罔恭演龍輴車順道購書則為大不敬樞臣擬旨不曰欺罔不曰大不敬而渾其詞曰殊屬非是及都

察院刑部定案竟免置議等語朕沖齡踐阼恭奉兩
宮　皇太后垂簾訓政軍機大臣於承旨時仰蒙
垂詢建言獻替亦係職分所當為賀壽慈覆奏各節
與初次回奏不符業已有旨宣示至恭演龍輴車順
道購書固屬不應豈能即加以大不敬之罪都察院
會同刑部覆奏此案聲明李鍾銘與賀壽慈交易往
來訊無干預公事情弊應否免議請旨定奪當以賀
壽慈業經降調降旨免其再行置議並非軍機大臣
為賀壽慈開脫處分敢於徇庇也惟機務甚煩關係
至重軍機大臣承書諭旨嗣後務當益加謹慎毋得

稍有疎忽欽此　是年秋公初預朝審刑部送到犯冊見各省擬實之犯甚多經刑部改入情實者復四十餘起公欲籤商苦於不習刑名躊躇累日適李全木一案刑部以失出議處公恐各省吏務為深刻於是上疏大意謂辟以止辟罪疑惟輕聖人用法寬嚴相濟有司執法不可不嚴朝廷用法不妨少寬請於情有可原者加　恩酌量多予免勾並請　飭下刑部及各疆吏此後擬罪不可有意輕縱亦不可有意苛刻用期明允中有曰八月二十一日復蒙　賜召對仰承　聖訓諭以時事艱難朝廷方開言路聞

遣曾紀澤入俄定約一切電報外廷皆莫能聞八月初二日公上曾紀澤屢次電寄請交廷議疏公憶庚申之役敵人先據登州責令地方供應芻糧故能在津與我持久慮盛京將軍歧元不能與曾國荃相輔北防時國荃山東撫臣周恆祺不知兵恐難嚴山左門戶十八日公上請飭樞臣詳察歧元周恆祺能否勝任分別辦理疏是日 召見軍機惇親王醇親王六部尚書都察院左都御史小臣得預者公與庶子張之洞而已二十七日會議摺上公已列銜意有未盡復上三疏一請急修戰備大意謂戰當修備和亦當修備

俄雖遣使來華講和彼見我備密則要求自緩彼見我備踈則要求愈急請飭樞臣於俄使未來之先務令修備完密一謂恭親王小心持重怯於決斷請飭惇親王醇賢親王通籌大局一請飭總署於俄使未到之先詳審條約輕重如何商辦折衷一是自去歲俄事起公日夜憂勞時或泣下至是始少定計所上前後凡十五疏多見施行措辭有難為樞臣地者不暇計也而有積怨者矣然公　聖眷方隆亦無如何也　二十九日上日本定約請飭廷議疏按疏草已失年歲恐有舛俟考是歲充禁城察夜大臣時門禁廢弛察夜大臣

命之下感愧交深夫古忠臣之事君也君不納諫尚
不憚直言況躬逢明聖從諫如流尚忍瞻前顧後自
甘緘默以取容乎蓋公受 恩日深故凡遇朝廷有
事當爭者無不力爭有朝聞夕上不及起草者是以
公之諫草多缺殘不全焉疏上報聞謹按諭旨無從鈔錄姑闕焉
日本竹添進一名光鴻字漸卿游歷中國入京徧見
當路賢士大夫聞公名來見值公入山公歸又來公
辭以人臣無外交進一乃行文總理衙門代奏，允
行公奉總署札乃與之修相見禮臨去索詩公辭以
疾進一為作十日留公不得已付之以去 時俄羅

斯據伊犁百方要求使臣崇厚擅與約定奉 旨廷
議公上疏大意謂條約萬不可允須責成樞臣堅以
持之樞臣心定然後始可合天下之心力與之決戰
中有曰宋之衰猶有南渡元之季猶有北歸今江漢
既制於泰西又舉松花江而授之南不能南北不能
北今一議戰輒曰孤注竊謂一定約天下已成孤注
矣又恐 聖心不定於是深推國家盛衰莫非天數
天命有定國體宜存勿為浮言所搖勿為小利害所
惑請但盡人事以待之又謂伊犁必不得已可以不
索通商必不可允為三疏連上之十二月十六日

召對是日崇厚交刑部（謹按是年又有修補當速遣使當慎疏封疆大吏如有迹近剛愎乞加訓誡疏皆無考）

六年庚辰公四十一歲正月充文淵閣直閣事十一日公上疏二十一日公上疏五月十一日公上疏七月初四日公上疏八月初二日公上疏十八日公上疏是日召對二十七日公上疏二十九日公上疏十二月十七日升詹事府詹事是歲派充禁城察夜大臣是歲俄事愈熾正月十一日公上請將國書及所改條約仍飭會議疏時會議多由總理各國事務衙門主稿諸臣莫敢異同二十一日公上俄事關係重

大始終當交廷議會議當由内閣主稿疏上請飭將
崇厚定約分別新舊開單呈覽徧示廷臣疏是夏紛
傳外國使臣為崇厚乞恩公謂損國威墮士氣懈人
心五月公上罪臣不可輕赦疏公憂樞臣多不知兵
議論紛煩皆袖手莫敢決可否七月初四日公上請
召左宗棠入朝籌畫疏　慈禧皇太后自俄事起日
夜憂勤聖體違和久不愈公深以為憂欲有言而不
敢自念宗室世僕因此得禍亦無憾至是上疏請召
中外大臣博訪名醫以聞令隨同太醫診視從之人
皆為公危公以國事日棘不暇顧也自夏徂秋朝廷

多不巡行但取兵丁花名而已公每夜必自巡行城

上呼章京之勤者勉勵之惰者申飭之諸大臣中多

憚於夜行時有謂公以己之長形人之短者公聞之

自歎終不與辯也

七年辛巳公四十二歲正月授内閣學士兼禮部侍郎

銜三月公上疏六月交部從優議叙七月公上疏十

月授禮部右侍郎公具疏辭不許十二月公上疏是

歲充西陵監修大臣

時俄患方息日本乘虛并吞琉球約未定　孝貞顯

皇后新薨　慈禧皇太后未報大安外廷喧傳左文

襄恃才傲物與舊樞臣意見多不合公日夜懼憂思
所以寬　聖心而解諸臣之意見者三月二十九日公
上請飭諸臣共殫血誠疏大意謂　皇太后屢次扶
病召對雖所以定羣情非調攝之所宜請內事責之
部臣外事責之疆臣補救責之諫臣贊襄責之樞臣
樞臣任其勞諫臣任其怨內外臣工通力合作　皇
太后可節勞珍攝以慰天下之望又曰恭親王國之
懿親寶鋆等宣力有年受恩深重左宗棠勛望夙著
胡林翼嘗稱橫覽七十二州更無才出其右者既入
樞廷當以天下為己任必當虛懷大度時念胡林翼

平日切磋之言不可矜伐自是云云同日又上請留
李鴻章數日議大局疏覲德殿行禮時閑雜人等混
入請飭察禁疏奉 旨內閣學士寶廷奏請飭內外
臣工共殫血誠一摺方今時事多艱全賴內外諸臣
協力同心維持匡輔豈可不加振作稍涉因循恭親
王誼屬懿親久資倚畀軍機大臣等同居樞要務當
竭慮殫精任勞任怨力矢公忠以期無負委任其有
言責諸臣於用人行政確有所見尤應剴切指陳不
可稍存避忌至各部院堂官及各省督撫受國厚恩
均膺重寄於一切應辦事件總當加意講求認真整

頓庶幾中外一心艱難共濟於諸臣有厚望焉將此
通諭知之同日奉　旨内閣學士寶廷奏每值觀德
殿行禮齊集僕從閑雜人等混入聚觀請飭察禁等
語觀德殿齊集禮應嚴肅若聽僕從閑雜人等任意
混入殊屬不成事體嗣後每值齊集之日著該管大
臣認真稽察如有僕從閑雜人等不遵約束擅入門
内者即從嚴懲治以昭整肅欽此　去歲公請飭内
外大臣博訪名醫至是　大安公與保薦醫士之督
撫皆奉　旨從優議叙　時彗星久見下　詔修省
公謂古之修省在人君今　皇上冲齡無所謂失德

修省之事宜責大臣修省之道不外用人行政而行
政之本仍在用人中外大臣宜分别賢否以為進退
七月十四日上請考大臣疏諸臣亦宜實力修省疏
公又憂門禁久弛恐有外虞門禁難嚴之故一由於
兵餉不足一由於太監驕横上禁門難嚴請飭酌擬
章程疏聖駕出宫蹕路未能嚴肅疏奉 旨内閣學
士寶廷奏門禁宜嚴詳稽舊例酌擬章程一摺另片
奏蹕路經由未能嚴肅等語著御前大臣軍機大臣
内務府大臣前鋒統領護軍統領會同妥議具奏欽
此又上用人行政宜慎疏謹按疏草已失俟考大學士左宗棠

與某大學士不協連疏乞退九月初六日奉 旨出
督兩江十月十三日公三疏留之不報十四日授公
禮部右侍郎公具疏辭奉 昨經降旨將寶廷補
授禮部右侍郎茲據奏稱自維歷練未深恐難勝卿
貳之職請收回恩命等語寶廷遇事尚屬敢言其言
可採擇者無不立見施行現經擢用侍郎正以資其
歷練非徒予以寵榮朝廷因材任使一秉至公該侍
郎惟當勤慎供職勉圖報稱所請收回恩命之處著
勿庸議欽此左文襄之入京也公以嘗疏薦之未嘗
往見至是文襄將行乃往一見以驕盈喜諛為戒文

襄深納之　十二月十六日公上京察積弊疏奉
旨侍郎寶廷　奏京察積弊難除請責成樞臣考察一
摺京察為考績大典歷朝　聖訓諄諄誥誡
成憲昭垂本年復申諭各部院衙門秉公考核至為
嚴切該堂官等自當凜遵前旨力除積習並照定章
於所屬各員悉心甄核各備一冊密識賢否公同酌
定期於舉劾至當儻仍視為具文竟有瞻徇情面舉
劾不公等弊一經察出定當從嚴懲處至所奏京察
後將冊封送軍機處以觀各堂官棄取之公私並飭
樞臣將保列一等司員分日傳至詳加驗看詰問等

語各部院司員等平日才品如何非本衙門堂官不能周知深悉至軍機大臣預參密勿獻可替否本其職分若各部院京察一等人員於引見召見之外復令該大臣等博采時論考察驗看無論各堂官去取之公私與該員之賢否未能取決立談之頃且流弊滋多亦屬無此政體所奏著毋庸議

八年壬午公四十三歲春授正黃旂蒙古副都統四月上察悉工程積弊疏上論朝鮮疏五月上整頓筆帖式疏是月充福建鄉試正考官八月初四日公在福建上疏十二月公在清江上疏奉旨議處

公之為副都統也都統某貝子與副都統某縱容家
丁與章京表裏為奸扣蝕軍餉公至出示嚴禁家丁
需索許章京呈堂究治其風立熄有示黃旂章京示二
篇公嘗欲易八旂火鎗為洋鎗及典試命下公思捐
置洋鎗於所管旂先行試練俟有成效奏聞推行竟
未果　時陋習相沿凡官工所領官款分為十成八
成到工餘二成承修大臣分其一監督司員共分其
一謂之節省錢國家漏卮此居一端公嘗憤之去歲
充承修　西陵大臣因嚴飭商人核實撙節取具
堅固結呈乃發其伏請　恩免歷年承修大臣處分

並請　飭下部議妥實章程酌給勘估修工官員公
費四月十六日奉　旨寶廷許應騤奏察悉工程積
弊請飭部妥議章程一摺各項工程勘估承修均應
核實豈得稍有浮冒該侍郎等所奏從前辦工情形
請察照成案明定章程並此次節省銀兩應交何處
等語著工部議奏欽此時工部尚書宗室某與公同
歲承修　東陵且　西陵原估大臣恨公形其
短遂力駮公議極力彌縫並官役工費之請皆作毋
庸議蓋以窘公也於是所帶司員來往費皆公自出
資給焉　時朝鮮遣使來請通商駐京奉　旨交禮

部議奏部議請下會議公附摺另附陳大意謂日本滅琉球英人攻緬甸法人攻越南中國皆不能救援朝鮮此請已漸有輕視之心朝議不許則已若許之一請仍歸禮部有關各國事務者由禮部轉行總理衙門以符舊制一請仍駐四譯館不可另建公所以示區別一請此次朝鮮來文具陳勢孤力弱難以自振乘此機遣兵助其戍守既可護庇亦可控制使之無二志未幾而朝鮮事起公之在禮部也大臣某公以碩望為尚書公每事虛衷婉商某公以為爭權故每事議論多相左而公實無此意也所可考者有三

事馬一某婦因某甲調戲罵而拒之某甲去婦兄知
而持刀往尋之婦自縊刑部定案為婦請旌議下某
公謂婦之死係畏禍不合旌表公以其持議太刻爭
之大拂某公意其一 本朝定例近邊各國不得越
界私闢時朝鮮咸鏡道刺史擅給執照令該國民人
越境私墾吉林將軍銘安察出具奏請令該國彙收
代納税議下公謂人數過多恐難驅逐若持之急必
致上下相蒙虛文卒事應請 旨詰問該國王失察
之罪然後設官升科編入戶口既可明天朝無外之
仁又可使之知流氓越禁之非益某公則堅持定例

力主驅逐爭辯累日益相失其一禮部申明生員欠
考例河南學政廖壽恆凡欠考六次以外者皆斥革
詳部共革文生四百三十七名武生一千六百名御
史葉蔭昉奏參下豫撫察辦巡撫李鶴年覆奏所革
諸生多由兵荒流離以致欠考且所革尚有未屆六
次者因概請寬免內閣侍讀學士文碩因奏參葉蔭
昉挾私參劾李鶴年瞻徇情面議下某公謂學政斥
革係奉部文並無不合當皆如原奏斥革公謂河南
欠考係因兵荒學政應分別已故未故年老廢病文
行優劣或斥革或補考或給留衣頂若從嚴則欠考

豈待六次若從寬則四次以上特恩開覆歷朝皆有
當分別辦理某公不勝其憤因唆司員與公咆哮公
有示司官說帖一與某尚書說帖一擬疏一以此愈
不合其後文碩劾公辭侍郎為矯飾亦職是公之
到部也合（通）署筆帖式使之誦例或著論說或繕寫履
歷其能誦例者合署止得二人餘者或不能自寫履
歷於是上筆帖式積習已深極宜整頓疏因痛論近
時各部積習請飭下各部教之讀例以能通順與否
為升遷得　旨允行（謹按旨俟考）而筆政中之得勢者皆
紈袴子弟至是有聞而告退者因之怨公者愈衆焉

公之典試入閩也路次聞朝鮮之變八月初四日由驛遞上疏一寬　聖懷一發重兵一選使臣一嚴海防皆為日本而發也　公入閩以福省為有宋諸大儒之桑梓因以大學聖經一章命題又以時日本爭朝鮮因發策問日本及火器戰船諸事榜發得鄭孝胥等若干人皆一時老宿其年至高者林化時年八十四一時傳為盛事有魏君名琦者是歲落第亦來執贄公與之訂交魏君終公之身執弟子禮時落第者又有楊君仰曾精於製器能變西人法而出其上且知兵公聞之咨嗟累日乃以其所著火器圖說及

所注孫吳二卷疏薦之以公方干吏議不報公終身
悔之為 朝廷失一有用才也 公之在閩知閩省
海防難恃因乘輪舟出口徧閱形勢而返思欲入京
論之十二月抵清江浦上疏自劾不及待並上之十
二月上途中買妾自行檢舉疏條陳閩省海防事宜
疏生員楊仰曾熟習兵法算學請交北洋大臣差遣
疏奉 旨議處
九年癸未公四十四歲公罷職納妾汪氏春遊西山夏
遊靈光寺遊昆明湖秋遊西山返宿靈光寺季子康
壽生冬祝 嘏奉旨賞三品職銜

公自是歲罷職日偕故人及門生弟子春秋佳日攜
酒臨眺樵夫牧豎久之皆相識不知公之曾為卿貳
也自是歲結消寒社明歲又結消夏社公為之評定
甲乙指示詩法有以時事問者則默然不答而數歲
中凡遇時事之艱難一發之於詩或酒酣高歌繼以
泣下門生有以忘世之説進者公憮然曰某國之宗
室嘗側卿貳之列受恩至深且重今雖以罪廢亦休
戚同之敢言忘世哉又曰人之所以異於禽獸者特
有此心若避熱中之名忘情君父某不能也然自是
歲避門謝客門生故人外罕得見者遂以山水詩酒

之樂終其身　是歲公自養菊花有變碧色者公名
之曰偶碧作詩紀之自是得變菊法　冬祝　嘏奉
旨賞三品職銜有紀恩詩
十年甲申公四十五歲春遊翠微山桃源滴水崖夏遊
昆明湖秋遊廣化寺
十一年乙酉公四十六歲春遊廣化寺夏泛月惠通河
秋遊翠微山廣化寺冬長子壽富授室
十二年丙戌公四十七歲秋遊廣化寺遊翠微山冬長
孫伯攘生
公之罷職也家無宿儲惟仰香濤師歲有所寄以存

活是歲自嶺外寄公蜜荔支公作詩以報　公自是
歲飲酒輒口糜戲為止酒詩飲愈力自是得喘疾遂
不能飲

十三年丁亥公四十八歲春季子康壽殤遊西山遊妙
峰再遊妙峯　夏遊勾漏崖　遊十三陵　學不及
齋待質稿成

門生夏震武公癸酉典試所得士也好讀先儒書公
與之往復辯難至是集其說為學不及齋待質稿敘
曰某性疎慵兼之放誕夙不好學每謂讀書不必求
解甚但當通其大意少時讀宋五子書雖知為得聖人

真傳而牽於嗜欲又苦其拘束自度弗能躬行實踐雖研究其書亦徒屬空言遂未熟讀深思老近閒居教子讀書自念半生乖謬凡事任情不拘禮法身敗名裂爰取宋先儒諸書重讀之乃知少時自以為無難解者愈讀愈覺其難解乃歎義理深邃其味深長又自念年已五十而大道未聞早衰多病設一旦身死豈不枉此一生可愧亦甚可哀於是扶病日夜讀之思之久始覺稍有所得作論說十餘首而質之友人是非不一方今此學幾絕深通者頗罕罕可就正欲摧燒之又自惜數年心血不顧非笑集而錄之名

曰學不及齋侍質稿命兒子存之以待他年有深通此學者代予補質之不能了然於生前者或可了然於死後若後學小生輕信此未定之說以亂先儒之學使予負貽誤之咎則非余之本意也

十四年戊子公四十九歲正月公遊翠微山三月再遊翠微山遂往廣化寺及滴水崖夏遊昆明湖信宿而返秋長子壽富舉於鄉遊翠微山

是歲得某氏天文說蓋主西法者其序有曰推步之術聖人多疎而西人反密者聖人有所不知也公惕然曰不出百年將有謂孔氏非聖人者矣遂取西人

之說日夜而研究之往往自夜達旦有所得雖眠必
起紀之自是精力大耗其攻西人推步之說者取列
子之意曰兒辨又為原天原地原人原習原教日行
臆說天動地靜臆說書格致啟蒙後諸文以正之
十五年己丑公五十歲秋女淑壽殤公遊西山古文尚
書解紛成
公連歲遭兒女之戚因之病瘵過飲寒疾則瀉元氣
自是益耗矣　公自罷官閉門謝客遊眺之外惟以
讀書為樂日手一卷飲食不少輟為學不問漢宋惟
是之從連年所為經說凡駁正先儒者皆曰質疑凡

自新解者皆曰臆說蓋不欲如諸儒之自是以誤人
也至是古文尚書解紛成叙之曰論語曰多聞闕疑
慎言其餘則寡尤孟子曰盡信書不如無書夫以孔子
之聖當無所疑書為聖人所定當無不可信而孔孟
云然豈聖賢之讀書亦不求甚解乎蓋古書多亡復
多闕誤實有斷不可考者過信或為古人所愚而自
信更病於臆斷故與其輕信無寧存疑君子立言尤
不可不慎也晚出古文尚書自唐孔穎達作疏後世
皆信之宋吳棫始疑為偽朱子雖亦疑之而疑信參
半焉蓋慎也元明以來雖疑之亦有人而尚少至本

朝閻氏若璩作尚書古文疏證惠棟繼之從此攻之者滋多而毛氏奇齡獨信之篤見閻氏作疏證亦作寃詞厥後宗其說者雖不及攻之者之衆而亦代不乏人其尤著者有若張氏崇蘭尚書私議王劼後案駁正皆取攻之者之說條分而辨之二百年來考古文尚書者或宗閻或宗毛黨同伐異聚訟不已竟成千古經學大獄矣余少讀尚書見閻毛諸說雖震其宏博而亦竊疑之顧性狂妄謂讀書當求實用不暇為考據之學罷官閒居無事復理舊書乃取考古文尚書諸家說合經史以考之欲求折衷而愈考愈滋其疑彼

自信為真偽已定者細按之終難歸於一是蓋年遠
書缺已不可考矣乃歎諸儒記誦非不博辯論非不
詳惟忘孔孟闕疑之訓盡信之戒挾成見强書以求
合所以考而益增其紛不揣固陋思欲解之爰著辯
論若干首凡兩家之似是而非者分而駁之其是而
未詳者引而伸之缺者補之有辯而斷者有似斷而
實非斷者既以闕疑且慎言焉嗟乎通經以致用也
豈徒博衛經之名以炫考據之能哉古之人本學術
以為治術所學皆有用不虛其心於無用也自漢學
之說興中華讀書者多喜考據而言考據者必考古

文尚書以為聖經所闕者大也而考古文尚書者無論或攻或袒雖皆以衛經為名實不過穿鑿附會逞臆見以自摽其經學門户而遠在海外者則窮二百餘年智巧考求天文地利物產兵器以謀富强而結連窺伺荐食上國中華學士所學非所用所用非所學他日有事國家欲得真材將孰用哉夫考據非盡無用也而强考斷不可考之書無論難合也即合焉亦何所用之自愧閒身茍活於世拚此無用之心著此無用之書但願後之學者見此書知孔鄭聚訟大意且知古文尚書至今日斷不可考當付闕疑早為有

用之學不必置有用之心於無用之地庶不愧通經致用之稱焉自知此書一出攷晚出古文者將斥為護孔而袒晚出古文者又將斥為助鄭余本非經生豈欲藉衛經以沽考據之名哉志在解紛而已

十六年庚寅公五十一歲二月公自為豫遺與南皮永決書三月妾胡氏卒公遊翠微山四月次子富壽授室六月兒辦成庭聞憶略成秋遊廣化寺十一月丁卯朔越四日庚午公疾戊寅疾大漸己卯子時公考終正寢己丑殯公於先塋

公自知死期二月自為豫遺敘曰遺者何將死遺言

以教子也豫遺者恐死之將至或不及言而豫為之
也余生三十年先君違養至今日已二十年矣先君
夙強健甫六十四而終余弱年來多病兼兒女連殤
哀損心神雖健飯未必即旦夕死然決無久存理余
先君三十年久承嚴訓猶不免任性妄為卒至身名
俱敗負國辱家況兒輩年少質更愚頑余夙無義方
之訓一旦猝死或不暇遺訓言安保斡父蠱而不蹈
余覆轍以行劫學報仇則余上不能承下不能啟更
為家之罪人矣即或知余之非而遂矯枉過乎直亦
未必不敗家以玷祖推厥所由余亦不得辭其罪安

敢不及殘步未盡早絮絮言之哉或以為豫凶非禮夫
生輓生壙古人每不以為嫌況家教攸關非禮之禮
何不可之有縱使僥倖苟延存此俾晨昏披閱發其
喜懼之心生父之言作死父觀之觸目怵懷知親年
漸老死期已近當可體余苦心痛自懲創束身以承
先德力學以繼家聲庶不至以夫子教我以善夫子
未出於善相反責則家門之大幸余雖蹈非禮之愆
所獲不已多乎第恐仍弁髦視之無動於中則余未
死尚不聽其言更安望既死而聽其言余亦惟守不
責善之戒以全父子之恩他日亦不必再伏枕覼瑣

矣光緒十五年九月二十日書又為與南皮先生永
决書日前使來曾附一緘當已登記室矣近日病脾
較減而痰仍不減精神亦覺恍惚氣體亦覺委頓雖
尚不至死而心灰意冷興趣毫無大有死徵恐難久
於人間矣前日又生一子恰殤兒三周歲亦頗奇巧
雖因果儒者不道而事逢其會未免心復一動悲歡
交集賤恙雖起於丙戌冬而自次年季兒殤增重三
年未能去懷今巧值如此失馬得馬爭知禍福連年
屢覯傷心老近氣衰誠何以堪縱此兒體得成立亦
白鬚太守之荔支耳大兒尚頑健二兒亦復多病傷

翕鶩弦難免隱憂此皆致疾之由平時喜看南華每
懷曠達近年嫌非聖人之道時以順受自勉轉覺方
寸不如少壯之寬舒足見中道難能也窮途衰病萬
念俱灰覺此身飄飄天壤無可憂亦無可樂耳平生
好色近亦索然卻覺讀書有味惟願留幾句有功世
道人心言語稍贖平生罪愆庶不枉虛生此世觀此
景象亦恐未必如願每檢新舊草稿紛如敗葉不覺
自恨輕於拈筆貪多自累尤難收拾者為諫草連日
率兒輩檢點愈看愈難不惟未發者稿多錯亂即已
發者亦多失去並有記不真是否曾上者此事無策

可自整理只好仰求代為設法已發者猶易但有存舊京報者即可借鈔未發者非官處不能有焉容借鈔湖自同治甲戌起光緒乙亥至壬午九年間上而未發者約有數十疏俄事尤多篋藏殘稿亦多不符大半隨寫隨改次日又有事商議不及另鈔久為此事躊躇無法死後或者尚可設法尋求求得亦不敢刊不過留之藏示子孫年久再議原無奇謀上策一為留之可見俄事始末否則恐忌者妄造黑白誣為妄言誤事二為使知當日彼此愚忱亦不枉費卻年餘心血若為名計未發疏原不當播揚亦不能借以要名也已發者似

刊無妨建言雖不可為名已發則不須祕密本心為
公事非為名因而得名亦似非有心要名者比況所
言亦未必盡是不是亦可敗名公是公非既發鈔而
自祕之亦非直道也此　平生一大事死而不能瞑
目者深悔當日不留清稿務祈　俯念死友設法代
了此心事九泉銘感然亦須看事酌行若實有難設
法亦不可蹈險因此生事累　公心亦不安幸　詳
慎酌行為禱近作庭聞憶略一本乃追錄　先君訓
語為字不多懇祈　代為刊之以盡不肖顯揚之心
若能附入　尊刻續經
解更妙附驥自可傳矣此外諸拙稿字多須量　尊

力生前諸荷　厚意苟活數年已感不盡死後再重
累良友心更不安在　老夫子量力酌之壽富幸列
門牆知必格外栽培不勞其父饒舌因痰多恐猝壅
不能下豫書數紙留付兒輩代呈匆匆書不盡言諸
維為　國自重再尊刻經解似少選入宋學書為
妙阮刻專表章漢學未免日後招謗且學問原不分
漢宋理亦當如是尊刻書目答問有書林揚觶無漢
學商兑不知何意嫌其斥漢學太甚耶偏固不免然
漢學中實亦有措語失當貽誤後學將此書刻入漢
學書間亦補偏救弊之一道且亦見尊刻無門户之

見似可刻入幸酌之再功名愈盛則忌者愈多此後
幸望慎益加慎用人無才不濟事有才者又每多病
亦須詳慎用之舊友風流雲散惟　老夫子與漱蘭
前輩在位但願功德日上泉下聞之亦喜也　公自
入歲自決必死整理舊稿日如不及是歲夏苦雨幣
月屋瓦皆漏公縛蓋於座著書其下至是庭聞憶略
兒辨西說質疑再質疑成是秋廣化寺爲暴雨所
毀樹石位置蕩然改舊公悽然久之作廣化寺霜葉
記　十一月庚午公疾是秋京師瘟疫盛行公以積
弱遂遘斯疾癸酉少痊甲戌復重遂昏如重醉口中

喃喃無少歇皆東三省邊事也戊寅少痊元氣已損自知不起從容垂訓不孝等朂以建樹報國戒以毋為無用之學不孝壽富等謹受教己卯夜半考終正寢嗚呼哀哉己丑殯於萬泉莊先塋側

版權聲明

我社編輯出版的《國家圖書館藏稿鈔本年譜彙刊》一書中收録的《李清照年譜》（魏堯西編）和《張溥年譜》（蔣逸雪編）兩書，由於無法和權利人取得聯繫，爲了尊重著作權，我方特設立專門賬户向權利人預存稿酬。請相關權利人與我社聯繫并領取稿酬。

陳紅彥◎主編

國家圖書館藏稿鈔本年譜彙刊

中册

國家圖書館出版社

中册目録

先三鄉賢年譜三種

（清）黃佛頤 輯

民國朱絲欄鈔本

序

史漢有儒林傳無道學傳自宋史始分儒林道學為二而理學則宋儒極盛循吏則漢儒稱最馮裕芬末學膚陋鑽研漢宋未窺厓涘竊慕明儒雙槐粵洲泰泉三先生之治績行誼學術遠追劉漢近沿趙宋而雙槐治績儼漢之循吏粵洲行誼泰泉學術躋宋之道學三先生實皆根柢儒林故世德家風於茲弗墜晚近政學奇變蜩螗沸羹罕有溯儒宗而崇理學者鄙人杜門謝絕久矣丙午冬日良友日坡明經以其喆嗣慈溪茂才所輯黄氏家乘續編見眎備覽三先生出處大節仰其授受

淵源純正博大足以軼漢宋而極末流尤敬日坡喬梓

食舊德之名氏足以承先哲而啟後昆也是烏可以不

誌後學南海楊裕芬謹序

先三鄉賢年譜

裔孫映奎命男佛頤恭輯

雙槐公年譜

先雙槐公諱瑜字廷美號友琴晚更號雙槐老人學者稱雙槐先生在先相傳爲蜀漢將軍忠之裔唐末有鶱者隱居有奇操石晉徵拜諫議大夫值亂乃從江西筠州裔孫漢卿爲宋度支員外郎五傳至郡馬迪功郎重載重載生朝奉郎楚州監稅雍雍生元西臺侍御憲昭以直諫謫南海踰嶺卒子從簡始孑身入廣居南海西濠是爲始遷祖以

衛鄉閭功明太祖拜宣慰司副使次子教徙居疊
滘生溫德僑寓東莞溫德生源遠公泗即雙槐公
父再徙居香山遂爲著籍
明宣宗宣德元年丙午
正月六日公生母伍太孺人感赤馬入室之祥故命
公小字馬兒
二年丁未二歲
三年戊申三歲
四年己酉四歲
五年庚戌五歲

公幼有矩矱頭角嶄然不隨羣兒戲弱丱游里塾適童生屬對曰黄楮題朱字方指授采色門類各俯思未就公應聲代之曰青梅點白鹽語甚卓犖近似謂羮師大奇之源遠公因遣就學授以孝經論語諸書過目成誦每謂所親曰光裕我家者必此兒也

六年辛亥六歲

七年壬子七歲

八年癸丑八歲

九年甲寅九歲

十年乙卯十歲

英宗正統元年丙辰十一歲

二年丁巳十二歲

六月十二日伍太孺人卒公哀慕逾恒繼母李太孺

人鞠養之既長敬奉如親母

三年戊午十三歲

四年己未十四歲

五年庚申十五歲

六年辛酉十六歲

七年壬戌十七歲

八年癸亥十八歲

九年甲子十九歲

十年乙丑二十歲

公既冠授尚書窮晝夜手口不懈源遠公恐其成疾
輒禁止之公得侍講林環講義乃竊誦默識大得其
旨適提調甄收俊髦遂入邑庠為弟子員英標特異
流輩未之知也獨同邑李君智見而推許焉因納交
莫逆後遂妻以女弟時番禺東井陳宣之先生政以
五經教授於粵城公卒業其門學益進講習之暇則
修堂祠營居室凡櫝主之制祭祀之儀冠昏喪葬必
倣文公家禮行之源遠公義方之教素嚴公事之惟

謹應門總務咸得其歡心每朔望晨起謁家廟必
豫備盥粥以俟晚有疾旦夕侍側藥餌飲食必親嘗
而後進如是者歷十有四年未嘗怠也
十一年丙寅二十一歲
十二年丁卯二十二歲
十三年戊辰二十三歲
十四年己巳二十四歲
公聘妣李孺人孺人本邑大欖鄉人父英妙當黃蕭
養亂時為其黨所害孺人易服逃匿事定後與兄智
間關求父尸葬焉時年十七源遠公聞其貞且以其

兄智與公交好聘焉　時盜李千户攻邑城源遠公
適在外公躬詣家廟啟神櫝抱主避之他皆不顧城
門閉者三月寇去源遠公歸煑粥以賑鄉民有流離
者出金贖之公與有力焉
景帝景泰元年庚午二十五歲
六月十二日源遠公卒公踊泣幾絕水漿不入口者
累日殯歛送終之節凡當時搢紳之所不能行者務
盡其曲折冒荊莽以求兆原日行數百里兩足潰血
不自知也是歲十一月二十一日合葬源遠公伍太
孺人於本邑壽星塘之原黎修撰淳為撰墓誌銘

二年辛未二十六歲

三年壬申二十七歲

四年癸酉二十八歲

按公娶妣李孺人疑在是年

五年甲戌二十九歲

六年乙亥三十歲

七年丙子三十一歲

公自親没後益自振勵學七月與同舍生鄭賢李濬

自石岐登舟赴省試九月揭曉公中式五十七名燕

鹿鳴日慘然泣下衆驚問之公拭淚曰余永感久矣

父母能教我而不及見我成名此所以悲也語次益歔欷同列咸為之感歎　是歲公始輯錄歲鈔

英宗天順元年丁丑三十二歲

公計偕北上李孺人從焉至江西水暴至亟走岸岸斗峻舟子請援孺人叱曰吾溺尚可援即污我蔽面登岸無懼態鄰舟嘖嘖稱之曰女中師也公抵京試禮部登乙榜辭不就遂游太學與天下士講肄為文章必援經術證時務人盡遜謂弗如也六月會內閣學士薛公瑄致仕歸公往謁送之因與論繼善成性及相近之義大相契洽

二年戊寅三十三歲

公在太學好為詩南京僉都督張公通見而大重之都督詞翰傑出嘗為公作坊牌扁及友琴堂大字他如太宰王公翱侍郎薛公遠學士李公賢邱公濬皆極器重焉李公欲延入館閣公辭不就作七諺以明志後唐君允傳刻之文裕公為書於後

三年己卯三十四歲

四年庚辰三十五歲

五年辛巳三十六歲

按公歲鈔自言有告往南監重經鄱陽湖之事年月無可攷姑識於此

六年壬午三十七歲

七年癸未三十八歲

是歲公再會試不第　會天變求言公抗疏言六事以斥中官遠倡優為說凡數千言按香山縣志載公應詔六事疏一卷忤權貴議削公仕籍賴王太宰翱薛侍郎遠捄之得免繇是譽日章按公歲鈔云予在太學上疏言正身正家六事禮部奉旨本無他意楊與濟伯善必欲文致予罪以問王忠肅公翱公徐曰皇上光復之初乃首罪一監生耶善赧而止

八年甲申三十九歲

公歷事戶部薛侍郎遠延公長安西邸以淑其子禮為上賓薛公每謂公曰向使禮部說行子固今之陳東也然宇宙內事當視為性分子其勉之

憲宗成化元年乙酉四十歲

十一月子鐵生于京師

二年丙戌四十一歲

三年丁亥四十二歲

四年戊子四十三歲

公歷事户部日久以材幹聞會御史缺員吏部疏舉八人以公爲首一夕有俞姓者黨緣戚畹易公疏中名得之或使公進賄公笑曰關節求進吾不爲也

五年己丑四十四歲

會兩廣兵興朝旨不限士之貫籍惟其賢能則授以

牧民之任公遂得授惠州府長樂縣知縣廣惠為鄰郡公曰吾鄉人涖鄉人先化而後政之按舊譜引長樂志稱公於成化四年十二月到任附識俟考

六年庚寅四十五歲

公初視篆見邑學卑隘首捐俸三十石為之倡遷建於城東甫四閱月而經營告成政暇則至學與師生講論經史亹亹不倦邑俗素稱狡獷公至乃闢田里以阜其俗興禮義以化其心上承下御動中肯綮凡避盜流離他境者聞公治聲還以數千計户口既滋增置二里而益庶丁糧既盛增蓋二倉而益富宿蠹

藏奸披扶殆盡郡守吴公繹思尤加禮重侍御龔公晟號嚴峻奴待諸令獨雅敬公始聞能名即加褒獎尋上其績於朝

七年辛卯四十六歲

初邑多淫邪每秋冬之交則覡儺載道云驅瘴疫公禁止之風遂革吴郡守使勘輿甯嫡庶爭產公導以義卒感泣相讓吴公稱為至誠不可及尤憐獄囚每朔望必解桎梏櫛沐飲食之莫不感泣籲祝偶因公久出歸未抵城獄囚聞之歡聲如雷

八年壬辰四十七歲

時豪民黄新殺人上司以其無屍欲出之公禱於神忽有蚱蜢折左股入硯池而斃因謂新曰汝折其左股沈黑水塘中人告我矣新驚服遂得屍未幾僉事蕭倉錄囚至惠受新賂欲以為疑獄公堅持之新遂棄市按粵洲公先妣壙記云先考任長樂時以張方伯提去先妣請曰匆倉卒當理會印信文書乃以先考命庫吏收領縣印及陰陽醫學諸印凡六顆而自收其鑰又取案卷箱匣以鐵鎖連環鎖之先考遂行後仇民黄新欲帥人行劫其謀中沮經歷黎獻聞之以為丈夫有不如也有藩一官墨索賄不予假事辱之歎曰吾倔强可終制耶遂乞歸耆民張老叔等百餘人攀留之不可龔侍御以巳登薦剡留之亦不可公攜家歸至黄土嶺忽甲而持戈

者數百奄至公歎曰行囊甚空盜胡爲來至則涕洟羅拜各出所有爲贐公堅卻之因肩公輿護送過嶺而去蓋向所化盜盧公林也盧爲縣劇盜聚山爲亂吏莫敢問公計召之盧曰黃公召我何敢避死遂造庭下公勞之因令其改行與之吏始盧感泣卒爲良民云公去後邑人爲立生祠於學前直街繼公爲令者使庠生魏鳳等求繪公容以歸

九年癸巳四十八歲

公既致仕歸從家會城番山下手植槐二構亭其中自稱雙槐老人曰子若孫能更植其一則吾志畢矣公雖優游田里恒以不及致身廊廟爲歎按公後又遷居承宣

里即今雙門底泰泉舊里第也

十年甲午四十九歲

十二月二日次子廣生

十一年乙未五十歲

公自編文集爲十卷是歲仲冬廣東按察司僉事營

道趙公宏爲撰序

十二年丙申五十一歲

十三年丁酉五十二歲

十四年戊戌五十三歲

十五年己亥五十四歲

十六年庚子五十五歲

是歲子鑯補郡庠生

十七年辛丑五十六歲

十八年壬寅五十七歲

十九年癸卯五十八歲

二十年甲辰五十九歲

是歲六月總督尚書余公子俊上言邊務以車戰爲守邊簡易之法公識其詳於歲鈔且賦二詩志喜

二十一年乙巳六十歲

二十二年丙午六十一歲

二十三年丁未六十二歲

孝宗弘治元年戊申六十三歲

二年己酉六十四歲

三年庚戌六十五歲

十一月孫佑生

四年辛亥六十六歲

五年壬子六十七歲

公覔壽藏於白雲山之麓有攜甎来售者上有篆曰景定辛酉預備甎尋有售碗碟盤盂者色黝潤若饒磁詢所由来曰得諸劉王冢公以景定乃宋年號辨其非南漢物遂識於歲鈔

六年癸丑六十八歲

七年甲寅六十九歲

三月公自香山省稼回至白沙訪陳公甫先生相見大笑講話竟日各賦一詩而別公詩云吟弄不知春已暮滿天風月玉臺中蓋許以與點之意白沙詩云與語平生燈火事羞看白髮滿烏巾以公老猶耽六籍故云爾

八年乙卯七十歲

二月公輯錄歲鈔成書十卷凡二百二十條公定名雙槐歲鈔自爲序按文裕公書目錄後云先大父挈家游宦十五年於外乃返會城以老故見聞甚富然必參伍研覈始成是編比佐竊祿留院堂東一鉅櫃扃鑰如新因據而補之洪武中科

第及永樂中吉士姓名是也

九年丙辰七十一歲

十年丁巳七十二歲

公嘗置朱子語類及唐音杜詩於卧所晨興讀語類以析名理茟則詠詩數章而寢是歲三月二十二日預知游期晨起猶洒埽庭內哦萬里銘旌詩其夜問僕黃阿三曰三更乎巳而報曰三更矣遂端坐翛然而逝逝之日童穉皆哭失聲公同年興國同知番禺謝公廷舉為撰行狀十二月丙申子鐵奉公柩葬於會城北景泰坑聚龍岡之原公同年雲南按察使副

使南海陳公騏爲撰墓誌嘉靖三年刑部尚書莆林

公俊爲撰墓表後崇祀惠州名宦郡邑鄉賢

按文裕公泰泉集卷四十四有題懷景流芳卷後蓋公據家藏往牘付嫡長子在中輯爲此卷以述雙槐公平生言行者也惜今已散佚無从稽攷矣

粵洲公年譜

先粵洲公諱幾字宗大初號清虛子晚更號粵洲學者稱粵洲先生

明憲宗成化元年乙酉

十一月十四日公生于京師雙槐公命小字曰都生

按雙槐公歲鈔云成化初予寓京師得長子名之曰都生即文莊公濬顧予曷以都得取自得之義也

二年丙戌二歲

三年丁亥三歲

四年戊子四歲

五年己丑五歲

六年庚寅六歲

公隨雙槐公任之長樂

七年辛卯七歲

公生有異質七歲善屬對解鼓琴風姿娟娟如瓊瑶見者呼爲玉童子

八年壬辰八歲

公隨雙槐公歸自長樂居會城里第以孝聞

九年癸巳九歲

十年甲午十歲

十一年乙未十一歲

十二年丙申十二歲

十三年丁酉十三歲

十四年戊戌十四歲

十五年己亥十五歲

十六年庚子十六歲

公補郡庠生通毛詩春秋摭茹百家滌去陳語務追莊騷薄墳典奇峭天出督學張公習稱之曰漢魏乃有此作然竟不能取合有司

十七年辛丑十七歲

十八年壬寅十八歲

十九年癸卯十九歲

二十年甲辰二十歲

公在郡學一夕同舍生攘雞貰酒邀之謝不往即束書歸曰是固嘗舉業擅場者其行若此吾胡可與侶哉乃告改邑庠即沿養親例以歸

二十一年乙巳二十一歲

公於會城内越井岡左建粤洲草堂讀書其中自號清虚子研九流明五行通三才之藴雖星氣象數之書軒轅釋老之學太一雷晶之笈欻火靈飛之符皆詣其極以撰三五元書

二十二年丙午二十二歲

二十三年丁未二十三歲

孝宗弘治元年戊申二十四歲

二年己酉二十五歲

公娶妣陳孺人孺人番禺憲副提學陳公政季女也（按陳公即雙槐公所從學之東井先生）幼端重寡言笑七歲喪父哀慕如成人受孝經論語於諸姊年十七嬪於公事雙槐公李太孺人甚謹（按張公邦奇撰陳太孺人墓誌云時粵洲公遊外邑講求春秋時時捐奩資相贊給資罄而淹迹如故太孺人居之恬如也）

三年庚戌二十六歲

十一月子佐生

四年辛亥二十七歲

五年壬子二十八歲

六年癸丑二十九歲

七年甲寅三十歲

八年乙卯三十一歲

九年丙辰三十二歲

十年丁巳三十三歲

三月雙槐公卒公哀毀逾禮十二月既葬日猶哭諸

墓方晨有虎哭至前俯伏而去公既輟哭乃遥見虎

目以為燈熘𥥛有山人廖翼與一頭陀見之大駭異

為作黄孝子感虎歌以美之

十一年戊午三十四歲

公自丁外艱即棄舉子業隱居粵山之椒按文裕公郡志自叙

先世行狀云今別號粵洲後又居羅浮始留心象數迎真觀廢址是

之學論人休咎多奇中

十二年己未三十五歲

十三年庚申三十六歲

十四年辛酉三十七歲

十五年壬戌三十八歲

十六年癸亥三十九歲

十七年甲子四十歲

公自成化乙巳隱居粵洲嘗讀邵子皇極經世作而歎曰自箕子以來合術於道其惟堯夫乎由是稽元徵訂音聲垂二十年始悟其理是歲三月遂著皇極經世書傳成凡公卷公自爲序按文裕公書後云先君自成化乙巳隱居粵洲草堂潛心內外篇會意先天圖垂二十年始悟其理乃著管窺以闡之凡所注釋有未備者佐附以廣見其推步也年月日時分秒晝夜進退積成一元消長則命算工補其闕焉

十八年乙丑四十一歲

武宗正德元年丙寅四十二歲

是歲子佐補郡庠生　公晚年潛心大易中庸曰中
庸易之疏義也太極通書定性西銘猶中庸也乃述
易説數篇皆出深覃之思
二年丁卯四十三歲
十月十六日李太孺人卒公兩值親喪皆躬調磁漆
手數于棺陳孺人助之手爲鞁裂蓋慮市漆有僞故
親試焉
三年戊辰四十四歲
四年己巳四十五歲
十二月四日合葬李太孺人於雙槐　公聚龍岡兆公

第十六頁

作先妣壙記

五年庚午四十六歲

是歲子佐首登鄉薦當赴部試公止之曰古人有言吾斯之未能信盡更加充養乎越三載乃卒之偕往

六年辛未四十七歲

七年壬申四十八歲

八年癸酉四十九歲

公嘗言幼學時夜每靜顓調息以凝烝精夢游清虛之府見真僊焉及壯有室即瀉白液如乳夢一冕衣裳者崢嶸如龍蜃可怖再拜告曰我鍾山神也七七

之際公嘗為吾主人覺猶環珮璆然發書占之曰吾他日其旅殯乎是歲七月與子計偕如京師至玉峽而病笑曰七七之期至矣數也命也何壽夭問哉十月四日抵儀真而歿子佐扶櫬而歸九年十二月攢於聚龍岡先兆嘉靖十三年父老褒其行實上之當道揭名於孝友坊十五年家人以所著三五元書皇極經世粵洲集按集八卷凡諸書送察院御史周煦歎曰此真隱居求志之儒也建逸士坊於粵洲書院南以旌之崇祀郡邑鄉賢二十二年南京吏部尚書睢陽朱公希周為撰陳太孺人合葬墓表三十二年戶部

右侍郎内江高公韶爲撰家傳

先文裕公諱佐字才伯號希齋又號太霞子晚更號泰泉居士學者稱泰泉先生

明孝宗弘治三年庚戌

十一月十七日公生於承宣里第其夜雙槐公夢有紫綬金章者入室寤而報公誕生粵洲公亦獻吉夢之

焉天稟明睿晬盤之日左手執筆右手提劍人咸異

四年辛亥二歲

五年壬子三歲

按門人黎民表撰行狀云
公三歲即畫地作天字

六年癸丑四歲

受孝經

七年甲寅五歲

隨粵洲公執養親禮日探家笥藏書問知經史難字

觀周程六君子遺像即自誓必如此而後爲人

八年乙卯六歲

九年丙辰七歲

雙槐公教以數與方名公偶弄筆作河洛點畫雙槐

公大喜遂遺就外傅一日問諸師曰大學自綱領條

目外何以釋本末而不及終始耶為文已混融如宿

儒矣師辭不能教

十年丁巳八歲

大父雙槐公卒

十一年戊午九歲

十二年己未十歲

公著漱芳錄自序云佐生髮未燥自媿夫心茅無徑

弗足為五車容也故旁覽載籍境與意

會輒手錄之積累既夥彙而成冊大意則欲以資舉業也

十三年庚申十一歲

十四年辛酉十二歲

公習舉子業成乃更學爲古文詞及皇極象數之學

著有座右銘正騷粤會賦

十五年壬戌十三歲

十六年癸亥十四歲

十七年甲子十五歲

著志學銘以自勗

十八年乙丑十六歲

公集有正己賦序稱弘治己丑按弘治無己丑疑爲是年乙丑之誤

武宗正德元年丙寅十七歲

僉事李公希顔署學事召補郡學弟子員試孔氏遺

書論公謂曾子發堯舜之所未發愼獨是也大異之

置第一粵洲公命纂集權度策策存集中

二年丁卯十八歲

督學林公廷玉至凡李公所取士悉更試之雖奇公

而不令入場屋曰吾以成其才也公自是沈潛義理

至忘寢食久之歎曰孔門之學知行竝進豈可偏廢

乎公少時所見已如此

三年戊辰十九歲

四年己巳二十歲

三月廣州太守曹公琚擇諸生之雋異檄請作養首

加禮於公同學有請俸入之餘以爲利者公獨不受
且白罷之　是歲撰廣州人物傳以補范瑗陸脩之
闕嘉靖五年明山姚修撰淶爲之序後南海倫修撰以訓又序之
五年庚午二十一歲
公應鄉試以詩經中式第一公以所得百金上粵洲
公令給家費不及束裝北上作九州問以見志
六年辛未二十二歲
正月著小學古訓成公自爲序嘉靖十年巴陵方田爲之解命工梓之越
三年甲辰新安程易重梓之是歲公聘妣李孺人
七年壬申二十三歲

八年癸酉二十四歲

七月公侍粵洲公計偕北上十月粵洲公途次儀真病卒公哀號隕絶扶柩而還

九年甲戌二十五歲

十二月攢粵洲公於聚龍岡先兆每日必往至禫猶不食肉

十年乙亥二十六歲

先是弘治丁巳粵洲公於雙槐公塋建茅亭以藉展拜及是公乃改築爲堂八楹旁齋各三間六楹左爲廚右爲庫堂懸扁曰永思志感也

十一年丙子二十七歲

公終喪遂娶李孺人以事陳太孺人

十二年丁丑二十八歲

公再計偕北上至京值病作不克終試同鄉大學士梁公儲慰留之公竟歸　是歲著詩經通解二十五卷成　公自序云予少誦詩因旁及注疏玉海首明集傳之意而附諸說異同於其下命曰詩傳旁通正德庚午得嚴氏粲詩緝復采入焉自是日加刪潤癸丑罹憂廢業丁丑北上不克終試而歸乃復修改并及禮樂更命曰詩經通解

十三年戊寅二十九歲

十四年己卯三十歲

初公自京師歸焚其路引有終焉之志太孺人督勸
不已至是歲復束裝北上赴禮部試

十五年庚辰三十一歲

公至京以失引例不入試禮部尚書毛公澄侍郎王
公瓚皆聞公名許預試同考檢討張公衍慶得公文
置第一大學士石公珤病其專抑置十八名是時武
宗南巡車駕始還京不及廷試公寓於慶壽寺得觀
佛書所謂明得心源之說知宋學之流爲禪者實出
於此

十六年辛巳三十二歲

三月武宗崩世宗即位五月始廷試大學士蔣公冕
閱公卷又欲置第一大學士楊公廷和以公言切直
移置二甲十一名覆閱廷策選爲庶吉士五試皆第
一蔣公以乾清宮成命賦題試諸吉士公獨先成文
奇字奥長老驚歎以爲張平子王文考之流也
世宗嘉靖元年壬午三十三歲
公素不喜干謁而同列又有毁之者或恐公不與館
職公曰即不偶雖州守亦願爲之命下授編修十月
偕衆往見内閣楊公廷和曰予目近視今日乃識君
耳色若有憾焉者是月公上新政要務疏又上修舉

新政疏皆留中不行惟刑部尚書莆林公俊是其儀
遂與定交按公撰翰林記二十卷及與廖侍講道南同撰殿閣詞林記二十二卷當在是時

二年癸未三十四歲

元旦公侍班殿上鴻臚寺引東使經至御前命賜酒
飯公考定朝儀草奏欲正之或曰舊制也不果上未
幾浙有宋素卿之變人以為先見按宋素卿通倭事在是年五月二
月公充會試同考官閱北春秋卷錄成而詩義不稱
衆不肯署名公易之乃授梓時大禮議與毛尚書澄
謂兄終弟及無追尊之禮惟漢有之宜倣其禮公從
其說署名牘尾異議者以為黨公以太孺人在家求

歸九月甲申冊封南渭王奉命充岷府副使以行成都楊修撰慎作詩送之冬道經杭州會友人梁日孚致陽明王公守仁傾仰之意公即往紹興見之時王公方宅憂留公七日食息與俱因論及良知公曰知猶目也行猶足也雖乃一時俱到其實知先行後王公曰君太信宋儒公曰知之非艱行之惟艱豈宋儒耶夫子亦曰知之未嘗復行也王公歎曰直諒多聞吾益友也瀕行詣公舟復與論禦戎治河諸策乃別按公門人黎民表撰行狀稱公四疏省親得先後歸至杭訪王公守仁與論良知明史公本傳因之攷公所著庸言則云癸未冬予冊封道杭會同窗梁日孚謂陽明仰予予即往紹興見之據此則行狀及史誤

矣今特改屬而附訂之於此十二月入楚甲寅至衡山游焉值風
霧至絕頂忽霽作詩紀事次年初夏朏夕為之記

三年甲申三十五歲

正月自永州過粵順道歸省太孺人作文祭告先塋
而行三月八日冊封事竣辭宴幣及銀食器諸物仍
令有司以復十四日抵道州至祁陽得疾自永州十
月復抵家拜太孺人即具出使陳情疏未報有司覈
復命者公力疾還朝太孺人為公聘側室林氏命公
偕李孺人北行至京禮部尚書席書及諸議禮者皆
始進用欲援公為助遣人通意公謝絕之十二月大

學士楊一清召還首詢公以典故公引證以答（集有上楊石淙書）又餽文集欲引用公亦辭不往　公撰黃氏家乘二十卷長洲文待詔徵明為之序八月乙巳高陵呂修撰柟又序之　是歲泰泉書院落成孟冬公為興作記勒于石（按書院創始於二年至是落成在粵城北棲霞山即今白雲新景泰寺址）

四年乙酉三十六歲

閏十二月公三年考滿贈粵洲公文林郎翰林院編修母陳氏封太孺人命至太孺人奉璽書泣曰恨而祖若父不及見今日也

五年丙戌三十七歲

三月公上疏乞給假省親不報八月九月疏凡三上
始獲允十月上賜公道里費出次潞河阻凍還張家
灣館於蕭中書宅十一月三日長子在中生
六年丁亥公三十八歲
公在潞河過元夜凍解乃行時文待詔徵明亦引歸
竝舟而還唱酬甚適五月抵家太孺人得抱孫甚喜
公晨夕問安視膳多倣顔氏家訓行之七月公復以
程期促迫上疏請養病冬巡按御史華亭蘇公檄郡
守范祿請修廣州府志書成卻幣辭宴會王公守仁
總制兩廣手書其先世參議綱死增城事俾采入焉

且命其門客繕寫校正定為七十卷刊之

七年戊子三十九歲

公於會城越井岡修復粵洲草堂堂前西塘侍荔築涵一亭公自為記建世祏祠大學士全州蔣公冕為之記祠前建寶書樓以奉勅命貯書籍明年南海黃侍郎衷為之記又於雙槐公塋築恩光亭建勅命碑刻及墓表布政司徐公問為之記五月公作焚黃告墓文時大禮成釐翰林官為二等文學淵源者留用政事精通者補外公初已留用後有譖之者乃出公為江西按察司僉事六月聞命遂行秋至境上上疏乞休侍養疏下都察院奏覆唯

列公學行甚稱趣令赴任（按公庸言云陽明王公平八寨駐廣予已僉臬江右時開講官民畢集折簡招予予往見大喜曰昔與尊兄論良知兄言明德則良能可兼已作數文書院對聯矣曰欲求明峻德惟在致良知曰明德即是良知所謂燈即是火耳）子隨改督廣西學校官如故或曰君命數臨辭謝不已恐爲太孺人憂公乃強起抵蒼梧軍門舊謁者必跽公長揖而出撫臣不悅公責以君臣大義媿謝爲道經府江猺賊出沒召主守者詰之諭以威信其酋皆叩首而去歲暮抵桂林　是歲六月二十七日次子在素生

八年己丑四十歲

公在桂林修書院育人材與諸生發明理一分殊之

旨因輯理學本源頒行郡邑又出令嚴士習撤淫祠
行射禮舉節孝立鄉社擇土民之秀者為弟子員以
風勵之猺獞感悅寇掠少輯宗室故與諸生為仇督
學者至執梃而後敢出公遺以小學古訓皆遵約束
有來觀射至終事不譁且上書稱贊者公以廣西舊
通志闕略遂發凡舉例重修之書成凡六十卷公為
後序參修者廣西巡撫莆田林公富也是歲世祏
祠落成公有祭告文
九年庚寅四十一歲
八月公校士懷集得家書云太孺人感疾公即日䟽

致仕以符印付有司棄官竟歸御史劾公擅離職守下巡撫林富逮問富言公誠有罪第為親受過情有可原時大學士李公時薦公有程朱之學宜充經筵講官世宗亦知公名而銓部覈謂公母老且病非詐止令致仕而已

十年辛卯四十二歲

公家居遠近學者踵至始闢粵洲草堂以居之又建釣魚臺於泰泉上二月令門人黎民表梁有譽輩輯六藝流別成凡二十卷公序之是時部使者如蜀張公義歙汪公思閩張公岳數來問難聞言甚悅巡撫

陶公諧居還兵部奏薦公有文章華國謀猷經邦之
語諫臣董進第等以遺逸薦禮部侍郎呂公枏以宮
僚薦皆為議禮者沮之會新會令長樂陳士興延公
訂定邑志公乃發例俾門人述焉書成刻於秋孟三
閱月工竣公自為序公屏居常有廟廊之憂賙貧赴
義意惟恐後是歲增置粵洲公義田以贍族人十一
月廣東藩議王公洙為撰黃氏義田記立石香山邑
城按記今嵌香城始祖御史祠壁

十一年壬辰四十三歲

公臨事審密而能斷時海賊許折桂入寇至琵琶洲

會城將閉矣公畫策以授守者賊遂請降　城中有
夷達官舍自永樂中安置其後供費日廣而軍儲至
不給武臣議請裁革衆大譟刑白馬爲誓以仇主者
公聞變亟出撫諭仍言于院使俾復其舊衆始感悅
又有楊指揮者與三學生徒詬競其僚屬從使之歃
血教場欲殲諸生公言於鎮守平之
十二年癸巳四十四歲
十三年甲午四十五歲
十四年乙未四十六歲
公先㨿學廣西所著鄉禮凡六卷粵藩參議西溪徐

乾梓之頒行郡邑是歲大水穀不登鄉落多盗諸耆民請於李方伯中復舉行焉　是歲戴巡按熺攺粵洲草堂為粵洲書院　會有詔於廣州買香海舶不至責居民為香户人多逃匿張方伯鏊患之率屬以請公指授條約城中大悦而人亦願供香有同鄉惡其繩已力沮壞之後盗益起不可治而省城有叛卒之變識者以為不用公策至此（按廣東通志潮州柘林兵叛犯廣州提督吴桂芳討平之事在嘉靖四十三年四月）

十五年丙申四十七歲

公輯内則曲禮及列女傳諸書為姆訓一卷自為序

門人梁有譽書其後　陳巡按大用於粵洲書院前隙地爲公建泰泉精舍公雖爲議禮者所阻然名聲竝起朝廷亦欲用公閏十二月世宗幸平臺召大學士夏言顧鼎臣等謂曰向者李時曾薦黄佐可用今翰林廿此舊臣也可補之否皆叩首曰佐實可用遂以翰林院編修左春坊左司諫起公于家

十六年丁酉四十八歲

十七年戊戌四十九歲

十八年已亥五十歲

七月二日三子在宏生　九月公束裝北上

十九年庚子五十一歲

二月公至京供職作九經政要箴先成法而後規諫又取訓蒙二字更正之將以進先啟輔臣曰儲貳為天下之本而輔導之職則以預養為本輔臣不悅書不果上 按公庸言云予入翰林兼宫諫時見大興隆寺廢址建議欲立為射圃如洪武舊制令觀政及歷事諸士習射因講習車戰砲弩以備狄仍效洪武辛亥銓試授官射策之制所以驗其才識也

三月充經筵講官值暑輟講 會安南莫登庸通使請封詔大臣處分有力言可取以觀進者公示以永樂征交事蹟且言當從其請以羈縻之後登庸效順兵費不損公之力也 是年冬進侍讀掌南京院事

二十年辛丑五十二歲

公赴南京便道歸省正月宿通州二月至德州四月至江西五月抵家九月作文祭告先墓奉太夫人以行門人梁有譽賦詩送公

二十一年壬寅五十三歲

春公迎養太夫人於南京税於院中玉亭賦詩為壽太夫人懽甚大僚如張公邦奇徐公問馬公理日來省問遺以甘旨且作詩紀事焉 公編成革除遺事十六卷助編者黄巖符侍御驗也（見公集中與潘榕溪書）是歲仲冬南京禮部尚書南郡張公璧為公集序

二十二年癸卯五十四歲

三月公具疏給假送太夫人還鄉不報召為右諭德兼修撰同修玉牒公奉太夫人行至潞河大臣有欲公主順天鄉試者適公未至以他人代之後皆得重譴而公免於禍九月至京尋陞南京國子監祭酒復還金陵涖任頒五倫條約禁止超撥之法及清餼廪之乾沒者以給諸生有清如水之謠公以今之留都猶古之東郊也驕淫服美士習益陋乃作南廱志訓以宗之恭儉書成凡二十四卷公自為序贊其事者監丞趙恒博士王製周瑞助教梅鷟也

二十三年甲辰五十五歲

仲春公著樂典三十六卷成以示諸生學士張公治見之曰簫韶九成可復聞也公主試南京因以策士公始為此書夢夫子告以知崇禮卑之說積思二十年始成嘗與洹野崔公質論之至是其傳始廣（公自序稱少時先公出所藏樂雜記而教詔之退而卒業然算及星歷未之好也嘉靖庚寅荒遯粵洲之麓乃始玩悟參伍而後成均之法稍明竊不自揆輯古訓而通釋之）公著樂典成後因大宗伯掌邦之五禮輯三禮而會通為一篇作禮典四十卷自為序又手編定集十卷門人李時行梓於嘉興

四月太夫人忽思歸曰吾恐金陵終苦熱毒翕言謂

不如歸去耳公聞而大恐六月具疏乞休未及報七月四日太夫人病卒於南京公哀慟切至諸生皆哭歸祔廬於先墓之側

二十四年乙巳五十六歲

十一月二十六日合葬太夫人於粤洲公兆南京兵部尚書四明張公邦奇爲作墓誌銘

二十五年丙午五十七歲

時香山令閩鄧遷倡修邑志請公裁定公以方在苫謝之乃令門人楊維震輩撰次論賛比及祥禫躬爲潤色書成凡八卷公序之

二十六年丁未五十八歲

元日公迎召命起公少詹事兼翰林院侍讀學士公行至大庾刑部侍郎劉公節逆謂之曰聞大臣有起用者道經留都公惟遣人投刺有之乎又曰翰林舊風今亦變矣後來者坐起未嘗遜前輩也公但唯唯而已至京入西苑見輔臣夏言抗禮惟施再拜左右大駭與談及河套事言愈不悅會吏部右侍郎缺所司推禮部右侍郎崔桐及公給事中徐霈御史艾楨言桐與左侍郎許成名競進至相詬詈因誣公及同官王用賓亦覬望宜皆止勿用言中主之遂皆賜罷

張公治爲之疏遂曰指讓爲爭與指鹿爲馬何以異

哉同列多來嗣藉公亦不辯遂歸

二十七年戊申五十九歲

公抵家諸生復請公講學乃爲條約以申告之朔望

皆至精舍請業諸生多以行業自飭有宦游四方者

人見其持論必知之曰此泰泉先生弟子也　都御

史張公岳扁泰泉書院堂曰棲霞

二十八年己酉六十歲

公舊著鄉禮六卷粵藩刻之以行是年又以士相見

禮及投壺鄉射諸篇附之合七卷　二月香山令鄧遷

為之序四月順德何鮤又序之

二十九年庚戌六十一歲

二月乙巳湛公若水約公為羅浮之游門人黎民表梁孜從焉戊申偕登天華峰釋菜四賢祠冒雨徧覽名勝萆宿冲虛觀大雨達旦乃霽公賦緩聲歌三章過朱明洞至青霞谷望飛雲石樓諸勝復經梅花村返櫂而歸

三十年辛亥六十二歲

三十一年壬子六十三歲

公自庚寅棄官歸養講學粵洲門弟子執業日錄所

聞迄已酉罷講裒爲十二卷公名之曰庸言是年七
月門人何价孫學古陸湯臣等命工梓成之黎民表
爲後序
三十二年癸丑六十四歲
二月遣門人長樂縣教諭梁邦猷致祭雙槐公長樂
縣生祠公自撰祭文
三十三年甲寅六十五歲
三十四年乙卯六十六歲
是歲次子在素以詩經中式本科鄉試四十四名
三十五年丙辰六十七歲

先是二十九年公游羅浮歸從門人歸善姚泓得舊志錄本黎民表復得圖記鉅幅於故家公遂博訪旁采綱以圖經至是成羅浮山志十二卷自爲之序黎民表爲後序門人姚泓與兄瀾及張文鉅徐國瞻湯相共率錢一萬付梓適佃人送租錢五千至亦畀焉遂竣工

三十六年丁巳六十八歲

公自中歲謝病少通賓客前後著述多所釐正惟廣東通志自宋元來未有修輯之者公亦私有紀載十一月撫按談愷徐仲楫敦請終業開局於貢院次子

在素與焉三歷寒暑而後成公序之謑公徐公以書
成奏薦公繼之者又數上咸謂真儒聖于學今罕儷
云
三十七年戊午六十九歲
公删定門人所編明音類選成仲春公爲之序閏七
月黎民表爲後序潘光統刻之以傳
三十八年己未七十歲
三十九年庚申七十一歲
四十年辛酉七十二歲
九月門人潘光統築滋蘭山房公名其堂曰貽馨復

擕卷求言公書戊午所作夢中小詞并引贈之映奎按公所書墨迹近復得之於粵城故家欵署嘉靖辛酉孟冬朔旦秦泉山人黄某書于求在我軒中求在我軒者即公集中所銘之内省軒也卷末附文衡山待詔畫蘭一幅因合裝之云

四十一年壬戌七十三歲

時潮夷張連叛五月平之公作平潮東雅十有一章

仲秋子在素刻公六藝流別成按在素公書目錄後云茲書編自辛卯告完日就蠹矣歐君大任因加精校懼其湮也乃命工鋟諸梓

四十二年癸亥七十四歲

四十三年甲子七十五歲

公命門人潘光統輯唐音類選成孟冬公為之序

四十四年乙丑七十六歲
十一月九日妣李夫人卒十二月十日陪葬聚龍岡
先兆公作墓誌門人劉兵憲穩來弔備言已行鄉禮
保甲法于南韶弭盜安民之策無出此者已而郭分
守應聘又潤色行之于廣州公賦朔風詩三章以美
之
四十五年丙寅七十七歲
公自去歲已患羸疾七月疾革召門人林喬陳冕黎
民表黎襄輩示以十一夜偶成有詒謀無厚業忠孝
種心田之語二十六夕公將易簀猶講易繫曰自天

祐之吉无不利當以王弼注爲是又作詩有氣完光岳身在雲霄之語整襟撫帶曰弘毅之學當如是也小子識之乃卒子在素在宏以穆宗隆慶元年十二月二十二日攢於聚龍岡先兆門人黎民表爲撰行狀二年詔贈公禮部侍郎四月遣廣東布政司右參政謝鵬舉諭祭五年追謚文裕崇祀郡邑鄉賢神宗萬歷元年子在素等刊公全集六十卷成二月門人歐大任撰後序七年九月工部尚書南海陳紹儒又序之公所著尚有纘春秋明經十二卷春秋傳意十二卷通歷三十六卷革除遺事節本六卷明千家姓纂十二卷論原十卷論式三卷舉燭雜編無卷數著書年月均未詳並記於此

先祖雙槐粵洲泰泉三先生以理學俎豆宮牆爲百粵儒宗映奎學行譾薄恒以弗克纘承爲憾曩從兄石孫曾有泰泉公年譜之輯稿存於家十數年前爲人攫去不返映奎常耿耿於中今歲以校刊家乘續編竣遂出先集家譜及諸載籍命男佛頤重輯之竝命增輯雙槐公粵洲公年譜合一卷俾三先生家學淵源與夫出處大節均得攷見因附刊家乘之後吾宗子弟儻能睠仰先德奮然興起則於數典不忘之意尤足慰爾光緒癸卯臘月裔孫映奎敬識

楊忠湣公自著年譜一卷

（明）楊繼盛 撰

清光緒十一年（1885）童斐鈔本

楊忠愍
堵文襄公年譜

琢如手錄

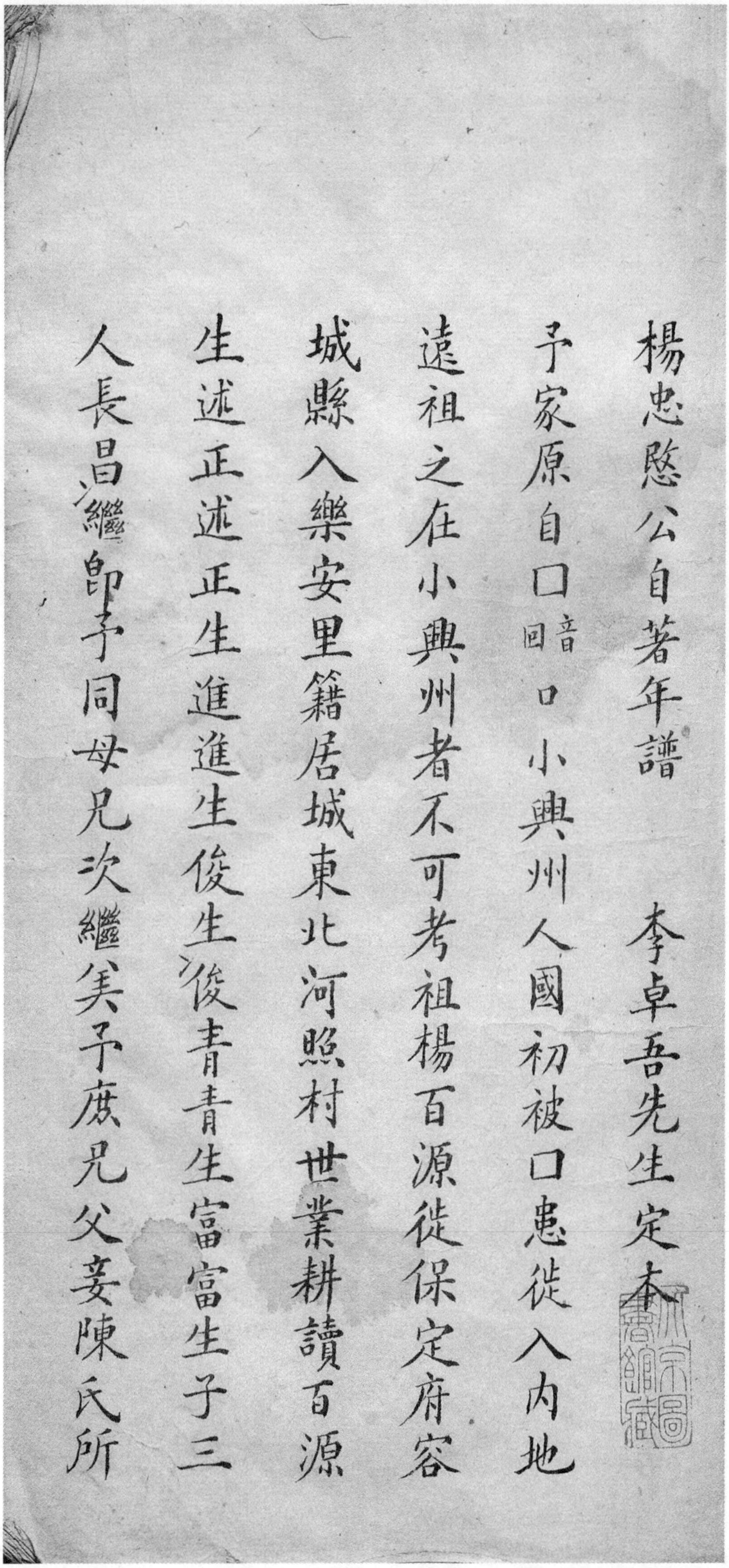
楊忠愍公自著年譜　李卓吾先生定本

予家原自口(音回)口小興州人國初被口患從入內地遠祖之在小興州者不可考祖楊百源從保定府容城縣入樂安里籍居城東北河照村世業耕讀百源生述正述正生進進生俊生⺀俊青青生富富生子三人長昌⺀繼即予同母兄次繼美予庶兄父妾陳氏所

出其三郎不肖也母曹生予於正德十一年丙子歲

五月十一日辰時丁丑二歲戊寅三歲俱在母乳抱

狀奇異頭甚長且圓大人皆以為壽星頭

庚辰年五歲父妾陳有寵而妒遂各居產分為三母

及兄與予得其一

辛巳年六歲嫂惑於庶母兄惑於嫂兄與母又各居

家庭勃蹊之景戚然

耕種之苦負戴之勞母及姊俱身任之時予亦嘗負
一小束禾隨母姊同行見之者皆為嘆息流涕
壬午年七歲嘉靖改元母得咳嗽勞疾七月六日捐
館父攜庶母避之他所予惟哭泣日則諸姊引攜夜
則隨兄同寢其孤苦零丁良為至極
癸未年八歲夏即善牧牛或宿於塲圃或宿於瓜舍

至里塾見諸身揖容之美吟誦之聲心甚愛之欲從讀書兄曰若年幼焉用此予曰年幼能牧牛乃不能

慘語能雋

書讀耶又告於父始得從師受書四五過即成誦從學四五月即能對句

甲申年九歲退學供牧牛事兄以牧牛失期責云即分居汝當餓死矣予曰分亦何妨兄乃分屋一間米

即能部署
如此

豆各數斗騾一頭予早起自作飯食畢則米豆上各
畫字記之將門封鎖乘騾出牧午間回亦如之鄉人
俱為流蕩兄佯為不理至四五日後乃曰我戲而勸
之分居即能料理家事如此耶於是又合居冬十月
農事畢復從塾師肄業
乙酉年十歲從塾師學對句輙善一日客至飲酒於

館歎賞不置父由此鍾愛之而庶母亦稍稍敬矣

丙戌年十一歲春沈師歸家從伯翔讀恐誤學乃脫

牧事九月父得反胃疾乃至家日夜問安侍養十月

母始葬十一月八日父捐館時柩在堂本縣拘兄作

收糧大户兄不得往予遂代役其收納記算卯酉點

查俱不錯誤

此真經濟也

丁亥年十二歲表兄王監生家寄食從劉先生簡齋
學
戊子年十三歲春劉師歸從邱先生諱震號南臺一
日師出同學作布陣相戰之戲師來衆皆藏匿師呼
跪出對云藏形匿影對成者先起予隨云顯姓揚名
師云此絶對也自此相愛之甚日教以作文之法

己丑年十四歲從陰師學師諱從光號臨池縣庠生
與其子標號晦菴同筆硯發憤力學初若漸進
庚寅年十五歲辛卯年十六歲俱從陰師學
壬辰年十七歲陰師棄學業專肆力於置產講解之
功日疏同遊又皆富室子弟日惟嬉紛擾凡促予別
學予以無故不忍辭是年庶凡故

癸巳年十八歲春府考取送察院不中歸甚慚憤乃將四書自讀看一過又別治禮經亦粗讀看一過五月府考取送察院獲縣學生員與同庠王諱世雄號弈山共力親爨讀書於社學所居房三間前後無門又乏炭柴厖席嘗起卧冰霜而寒苦極矣時同會者胡默齋九齡侯中城忠愛許龍川澄陰南峯郑彦并

漢儒都蒼不及此

豫庵弈山也

甲午年十九歲春夏仍同弈山兄讀書社學秋本縣

貢士李諱學詩號古城歸自太學設教甯國寺李端

介有道之士教人不論貧富惟因材加厚予遂從學

復治書經一見師便奇之蓋寓相傳之意也出然非

與題命為文予文甚為稱自是日日講究不懈冬十

大見識

孝友人用心如此

月娶胡村張公諱杲次女為妻先是鄉人見予學頗進富室多許妻以女予曰富室之幼女豈可處於凡嫂之間耶張予兄之叔丈也家以耕織為業行誼為鄉里所重又聞其女長而甚賢與嫂既為姊妹其為妯娌必和遂娶之娶後而妻困苦之狀殆不可言予時居僧人佛永房予無僮僕僧無徒衆僧嘗念經於

貧學有程矩真本領非身歷那曉此境

外子自操井竈之勞秫稈五根剖開可以熟飯冬自汲水手與筒凍住至房口呵化開始作飯夜嘗缺油每讀書月下夜無衾腿肚常凍起而遶室疾走其苦蓋難言萬一矣

乙未年二十歲師教既勤予資性頗高而用力又銳一年之間學業遂成師曰我與汝今日為師徒後年

可為同案矣方期來年謝諸生於與予同務舉子業
焉
丙申年二十一歲新春師得癱瘓病予日侍湯藥百
里之外請醫旣無脚力且少盤費惟徒涉忍餓潛行
而已然師平日酒量大飲多痰盛竟不能起噫予之
心爽至今耿耿豈特三年哉是夏與庠友李鶴峯九

聖賢心事

阜及弈山會文於甯國寺上房陰雲樵養晦等會文
於五方村關王廟七月提學湖廣朱公兩崖歲考優

於先生師
友間可見
忠孝一班

等補廩是秋文會散陰雲樵會長博學能文且性甚
剛介予慕其與己同也乃遂自運薪米日夜共肄業
於野園而學遂大進焉
丁酉年二十二歲春二月提學上元謝公與槐考取

科舉内二題偶記不真方憂其被責及發落則居第二其稱許獎賞反倍於第一者批語内有學力才識過人其就未可量之句郡縣自是有名秋試落第在家教二姪識人巨眼

戊戌年二十三歲引二姪復居縣寺佛永僧房夏大行瘟疫主僧病倒同舍生即亡去凡遺人促予及二

至情可憐

慈心鐵骨

真正可感

姪歸予曰如予去則生此僧死在但夕善遺家人歸
兄又遣遣人促曰如相染毋家歸也予曰平日相與
有病去之心甯忍乎如予相染同死於此亦可也於
是止取二姪歸予為之親供飲日徧求醫藥夜則同
寐二十日而僧愈時兄亦染病矣信到予即歸不解
衣而事者月餘兄愈妻又病無一人近予自調養之

數日而愈是年傳染甚多予親事三人而不染

己亥年二十四歲時二姪思家且供給不便予乃築

草圃瓢於西園肄業其中

庚子年二十五歲春提學甯夏黃公南渠考科舉予

居第三時與本村富民訟於府兄屈賄不勝困於獄

予曰兄負屈如此尚焉能應試爲卽往撫按俱以事

小拒予曰詞訟只當論屈之大小事之大小豈可拘
也訟遂得白赴試中第二十一名主考童內方李芳
泉房考莆田林瘦泉諱成立解元劉一麟也冬十二
月長子生
辛丑年二十六歲會試落第歸仍肄業圃瓢秋同年
孫聯泉諸兄書約入監有告兄曰坐監歷事可三年

而畢須費二百金兄曰若此則負累吾矣乃議析居
不得已乃各居焉是冬入北監
壬寅年二十七歲在監春季考第一五月該撥部歷
事因先有聯泉之約不背乃給引回家九月長女生
冬徙居於縣
癸卯年二十八歲春復居鄉一日予置酒要兄之外

父及諸親數人會飲至半酣間予起而言曰初兄與
予析居謂予坐監費多敗壞家事耳今予坐監歸而
固宜如此
農事所得更豐今欲與兄復同居何如諸親俱踊躍
稱贊以為田氏復生也兄亦喜而允之此意之舉雖
令人感泣
妻亦不知也秋得會試盤費銀三十兩與兄納為散
官

甲辰年二十九歲落第復入監祭酒少湖徐公也課

予以文曰真奇才也但稍欠指引耳遂備束脩整業

焉

乙巳年三十歲二月十九日次子生在京從少湖師

學

丙午年三十一歲二月長殤子從少湖師學

丁未年三十二歲會試中三十八名主考孫毅齋張
龍湖房考都給事中蒲田鄭于野公也殿試中第二
甲第十一名未開榜先鄭于野兩次差人報予中第
一甲蓋大學士憂夏公以予策多傷時語遂不敢進
呈觀工部政六月選南京吏部驗封司主事七月歸
家九月買妾劉氏閏九月赴任十月到任考功司郎

中鄭公淡泉諱曉時稱氷鑑一見而奇之退謂諸僚

數字道盡

曰此人心志氣節事業將來未可言也遂甚相愛日

高深之助

告以居官守身之道與夫古今之典故

戊申年三十三歲本司郎中史沱郲陞予乃署司印

略見經濟

此司專管吏事弊端甚多予立為章程投到則嚴其

登籍尤後則示以定序點查則革其頂替考選則防

其代筆取撥則革其闒弊凡已往弊端俱為之一洗
吏無不服堂上及諸僚俱稱賞焉是年專肆力於詩
文之學
己酉年三十四歲二月妾劉氏死三月二日三子生
庚戌年三十五歲肆力於天文地理太乙六壬兵陣
之學時兵部考功郎中何子吉陽殷子白野張子龍

山余子九厓楊子朋石儲子任齋劉子蘇涯相與講
論予一一力行吉陽謂人曰椒山之果能可語進道
矣故予生死利害義利之關見之甚明皆講學之力
也秋口犯京師南都擬勤王三日無肯行者諸公謂
予曰兄能為一行乎予曰弟雖不才然君父難之何
敢辭也既而口退議亦罷十月考滿本部語云器深

先生自能
行

志遠學懋守嚴儒行占其夙成壯猷可以大受未句蓋謂予麤知兵欲吏部用以治兵事也自南之北由山路涑乃特趨曲阜謁孔顏廟又枉道登泰山至極頂因題絕句云志欲小天下特來登泰山仰觀絕頂上猶見白雲還未序云予讀孟子書以為天下惟泰山為高也今陟其頂而觀之則知所謂高者特高於

聖賢俱從學問成節義故履危不變豈偉成者輩哉

地耳而山之上其高固無窮也予於是悟學之無止法矣

辛亥年三十六歲正月為次男聘李鶴峯第五女先是媒舉顯宦子曰彼富我貧素不相厚志不相孚不敢許鶴峯者幼年同窗且剛直慷慨心志與予同遂結親焉二月買妾槐氏赴京考滿投文日即陞兵部

明代積習

車駕司員外予雖不才然素妄以天下事為己出況此時口患最急又官居兵部志欲身親兵事掃除口口豈意一入兵部之後見其上下所行俱支吾常套不得著實幹事時開馬市衆方聚議予曰馬市一開天下事尚何為哉即欲疏陳其不可然方議遣予行行乃草開市稿俟命下即上大意云馬市決不可開

然既已遣臣臣言其不可是避難也謹條陳開市五事一欲俺韃愛子入質二欲盡還擄去人口三欲別部落入邊俱在俺韃承管四欲平其馬價分爲三等五欲整兵以備戰守並用適一同僚見之乃報本部尚書趙守朴公諱錦曰若此疏上馬市決不得開乃別遣張主事隨行予遂上阻馬市之疏上連三閲即

此五事精於前日部政

敕曰繼盛之言是也下閣臣擬票旨語甚温而咸甯
仇鸞有揭帖上進乃下入臣會議入臣者大學士嚴
嵩李本禮部尚書徐詩階兵部尚書趙錦成國公朱
希忠并仇鸞也此時仇鸞之寵勢甚盛而諸老亦無
有實心幹天下事者皆欲安目前以馬市為必可開
雖徐公亦中懾不敢異會議本上遂下予錦衣獄拷

一拶敲一百敲夾一夾後命下降予陝西臨洮府狄道縣典史未到狄道時其上司僚友俱以予為剛介性氣之士各懷疑畏然予處上司僚友一如吏初選者數日後各喜曰初以先生難處不意今乃守禮可親可愛如此予曰素位而行君子之常居官塲如戲塲時上時下吾惟守分而已先是謫官多靜坐不理

縣尹事縣尹平定州李魚泉亦相愛不忍以瑣事相
干予曰安有食祿而不事事者耶凡有可代勞者望
不吝相委於是始付以事予盡心為之俱有條理而
各上司因之亦以難事相委居月餘府縣學生員從
學者五十人日相講論甚有趣味將門生贄禮併俸
資所餘買東山超然臺此臺相傳以為老子飛昇之

所蓋過函谷西來所傳或不謬云乃於上改書院一
區前三間為進見之所中五間為講堂又後高處啟
殿三間為道統祠上九位為伏羲至周武前側左為
周公右為孔子兩壁側則顏曾思孟漢董仲舒隋王
通唐韓愈宋周程張朱元許衡劉靜脩明薛文清也
狄道多西番回子俱習番經不讀儒書聘教讀人二

於圓通寺設館募番漢童生讀書者百餘人至三月
後各生俱知揖讓敬長上出入循禮其資質可進者
三十餘人各父兄亦因而道理棄番經舉忻忻然相
謂曰楊公來何遲也又此處山木去城近柴甚賤邇
來去城則幾二百里柴漸貴民病之城西北七十里
有煤山一區屢為生番所阻官府不制予往即開百

姓便焉城西一帶俱園圃種蔬菜先年借洮水灌溉甚有利歲久淤塞園漸廢募各園户疏通之而水利之盛倍於昔時狄道應徵糧舊無官册惟書手有簿相傳作弊甚大富者賣減而貧者反增予乃拘集書手在於一所先算各户之總數次算一縣之總數比原額反多三十石蓋往時之飛詭俱查出是以多也將

應徵輕重分為三等而各户之輕重均平無規避於其間者民間之地有糧重者白以與人亦不敢受予白之於府縣前所餘糧用輕價買地二千畝地價不足則賣予所乘之馬及所俸錢并妻首飾也諸生分種一千畝有井田之餘意其一千畝則佃種於人將所收子粒則擇諸生中之老成者四人收掌諸生之

冠婚喪祭則量貧富補助餘則俟年荒各生分用故此一事百姓之糧既均而諸生養之需亦足矣俗好禮佛近僧雖士大夫不免予一禁之舊習遂革初時有稱不便者後來始知惡僧而崇正矣邊方愚民惟以織褐為生上司差來承差書吏或減價和買或以雜物易換雖撫按守巡亦多若此然一褐之不得其

價則一家之不得其養故有號泣於道者有求死於河者予遂出告示禁約公差人員買禍蓋陰寓各上司發價府縣買禍也無何巡按差人買禍予收其牌票欲為申請而府掌印官相講乃已此聲一聞再無一上司來買禍百姓所得之利視昔年加倍故此一舉知非明哲之為蓋欲為百姓興利除害雖叢怨冒

罪亦有不暇顧云邊方之民久被殘虐易於感化予在任則謳歌滿道去任則哭泣而送於百里之外者千餘人孔子所謂蠻貊之邦行信其然歟

壬子年三十七歲四月得陞山東諸城知縣五月得憑離狄道七月到任諸城濱河俗甚强悍予治事不數日民皆守法吏不敢奸八月南京户部雲南司主

事之陞報至十月到南京即有北刑部湖廣司員外之報十一月抵淮安又有調兵部武選司之報先是得邢刑部報即圖歸家以敕命事焚黄祭先父母期告病不出及得兵部報則翻然思曰一歲四遷其官朝廷之恩厚矣尚何以有身為哉舟中秉燭靜坐至四鼓妻問其故予曰荷國厚恩欲思所報無下手得

至性所發急不可遏

力處妻曰奸臣嚴老在位豈容直言報國耶當之此
時只不仕可耳予聞其言乃知所以報國之本又思
起南都日食之變遂欲因元旦日食奏劾大學士嚴
嵩稿成恐過家則人事纏繞或不能元旦抵京乃由
別路於十二月十二日到京十八日到任
癸丑年三十八歲元旦謄真本初二日齋至端門方

耿〻精誠天其鑒之

較班使骨之言稍紓

曲然更明快

欲進聞拿內靈臺官知本意不合卽趨出日怏怏不懌至十四日乃齋戒沐浴三日至十八日本上二十拿送鎮撫司打問先杪到手杪木繩俱斷予曰鬼神在上尚刑哉敲一百敲問所以主使之人予曰當此時之臣奸邪大半皆嘗心腹此事固不可與之議且盡忠在己豈必待人主司如有人敢主司則彼當自

苦心為國
曲盡血誠
然罪案從
此定矣

為之矣又何必使人為哉夾一夾將脛骨夾出又問所以引用二王之故予曰奸臣之誤國雖能欺皇上必不能欺二王蓋二王年幼且未册封奸賊心不隄防避忌譬如人家家作弊家長雖不知而家長之子未必不知也滿朝嵩之奸黨孰敢言彼之過皇上常不與二王相見此奸賊所敢放肆無忌故二王必知

之真矣至親莫若父子皇上若問二王必肯言彼之
過也問官云若此豈敢回本又敲五十二敲夾一夾
其問答之辭甚多予始終不屈重打四十棍釘肘鐐
送監至二十二日奉旨錦衣衛打一百棍四棍一換
送刑部從重議罪比依詐傳親王令旨律絞監候方
予未上本之前司中日相與議論者汪子少泉名宗伊

周子松厓名冕王子繼津名逵少泉則與議冒功一節乃
其所見松厓則與知而不見其稿繼津則知其欲為
而不知為何事上本後入部交牙牌辭僚友衆方知
予有此舉各疾讐遠避而一二知己雖有眷戀之情
尚多畏縮之狀獨繼津則肝膽相許若親兄弟然予
觀其義氣激發情愛懇至遂託云予二子一女一子

已聘有妻一子尚未聘一子女尚未許人長而娶嫁
皆凡事也繼津遂許云此盡在第一小女正與三令
郎年歲相當遂許焉自予入獄鎮撫司刑部之保護
者繼津也其受打之先王子西巖諱名之送蚺蛇膽一
塊託校尉苗生者齎酒一壺云可服蚺蛇膽予曰椒
山自膽有何必蚺蛇哉止飲酒一杯彼又云莫怕子

此等主張非有道者不能

生死關頭在此

曰豈有怕打楊椒山者遂談笑赴堂受打未[打]之先心已有定主打之時兩眼觀心舌拄上腭牙齒緊對意不散亂口不呻吟蓋一呼叫則氣亂氣亂則血入心必死方打四五棍時心受疼不過若忙亂者遂覺照自思此心亂矣於是提起念頭視己身若物外者打至五六十忽覺若有人以衣覆之者遂不甚痛謂之

神助或其然與打畢校尉即推入色袱擡出至門外家人以門扇擡之至法司門口巡風官乃同年江西李天榮革去門扇藥餌諸物一皆阻住予兩腿腫大相摩若一不能前後止手扶兩人用力努挣足不履地而行入獄提牢則奸黨浙江劉櫝也舊規官繫獄則有官監櫝乃下予於民監自入監後棒瘡既上衝

卽此時死亦可謂從容矣

又為强走所努動方依墻而立忽兩響一聲不能聽兩目黑暗能見物予心自覺曰此乃死矣遂昏不省人事身不覺倒地若熟睡然至三更始甦噫忽然而死忽然而甦如睡而醒則人之生死亦甚易也兩腰腫痛衝心不能忍無藥可用又無刀鍼可刺正無計間司獄陝西涇陽劉時守送茶一鍾予飲之心稍定因

茶思起人以瓦尖打寒瘡事遂將鍾打碎取瓦之尖
鋭者將竹筯破開夾瓦尖在內用線拴定以尖於瘡
相對用鼓槌打筯入五六分遂血出兩腰打有五六
十穴孔流血初噴丈餘後則順流於地約十數盌自
是心稍清矣予恐睡倒則血必奔心自後打出衛入

生死關頭在此

刑部三日夜挺身端坐頭不至地以故不能傷身云

藥餌既不得有予潛使人買黃蠟香油自熬膏藥帖
之至二十六日則右腰已潰將皮割去止顯一坑手
摩至骨時有京師秀才侯冕送藥敷之又内侍趙用
送藥服之劉櫝禁繫甚嚴内外不通外面傳已死四
日矣張弘齋差人入視扞獄盧世經稍出牛骨簪一
根家人始知予不死方赦下刑部擬罪時山東司郎

中同年史觀吾名朝賓福建人欲從輕議而尚書何鰲嵩之
門生侍郎王學益世蕃兒女親家聽嵩主使遂擬此
罪命下史欲有言學益怒目視之無何史降官矣刑
帖到司獄即下老監日夜籠柙與衆囚為伍備極苦
楚二月初七八右腰已長肉左腰皮未割去遂潰腫
如小甕毒氣上攻口舌生瘡不能飲食勢已危矣夜

夢三金衣人領一青衣童子小盒內奉藥一丸以湯灌入覺則口舌不痛可進飲食又想起以磁瓦打瘡之事遂用前法連數十下不見膿血予曰此瘡已深非瓦所能到也遂以小刀先用鍼線穿膜皮提起將刀刺入約一寸深周圍割一孔如錢大膿血流出方予割肉時獄卒持燈手戰至將墜地曰關公割肉療

毒猶藉於人不似老爺自割者十六日左股垂筋二
條如箸粗一頭已斷一頭尚在股上予亦割之二十
八日提牢官邱洲峯乃獨仗公義遷予於監獄卒房
幸脫籠柙九月朝審予帶長板鈕鐐出觀者如堵至
擁塞不能行入朝坐西廊下內臣圍予觀以千數有餽
飲食者有送銀錢者予俱却不受內臣鼓舞稱贊而

罵嚴嵩老賊者無數審時為首執筆者吏部侍郎王
用兵實也衆判以比律情真奏請題奉欽依著照舊
監候處決
甲寅年三十九歲夏獄疫大作日與病者為伍遂染
疾時刑部醫官劉廷瑞江西人進予發汗藥二服下
藥二服予病中欠主張俱依彼服遂昏不省人事提

牢官又奸黨曹天佑斷絕醫如初獄故人皆以予必死五月提牢官浙江應養虛親檢湯藥視飲食十四日方出汗噫若使命不在死之久矣養虛説堂出予老監還於外庫居處甚便方養虛還予時庸輭輩皆惕以重禍公乃毅然為之其人品可知矣九月朝審福建李默為首仍判以情真題奉欽依如前監候是

不可無此人故先生嘗曰藏予血三年而碧者地下必有以報應生

冬巡撫艾居麓管馬御史徐紳知府趙忻共處置銀
二百兩為予買地二頃
乙卯年四十歲夏四月用媒約與繼津結親九月朝
審復議情真奏請時南直隸總督張經因倭寇失事
上先已告廟打科官必欲殺之經用厚賄買逸嵩使
為彼出脫者判與予同奏本請意以予乃上所繫念

之人或得混免或云嵩知經為上所必殺欲上一見
經遂云依例處決而已平日予同志若王繼津李鶴峯
徐望崖呂巾石楊毅齋龔全山孫聯泉應養虛奔走
救解鳳洲為予畫策以司業王村者勸渠相救王果
慨然往賊嵩初亦迫公論欲上疏解救猶豫不果方
卜於神適賊心腹大理寺少卿胡植太僕寺少卿鄢

鳳洲以此買大禍先生有友矣

懋卿在傍曰此何用卜繼盛負海內望徐階得意門生階一日當國繼盛出而佐之我輩無遺類矣賊子世蕃率諸孫復跽而泣曰爺如救楊某則舉皆爲魚肉矣然其言遂不果

王煙客年譜一卷

（清）王寶仁 編 （清）顧文彬 節鈔

民國二十三年（1934）共讀樓烏絲欄鈔本

王煙客年譜

七世孫　寶仁　編

明萬歷二十年壬辰公生

公姓王氏諱時敏（初名贊虞至十二歲更名）字遜之號煙客後取龐居士詩惟吾自偶諧自號偶諧道人繼葺小齋用昌黎斂退就新儒之句顏曰新儒又號儒齋晚歲築室西郊之歸村稱西田主人亦號歸村老農既而於潭西結茅屋三間為西廬又稱西廬老人先世系出山西太原南渡後居河南汴梁歷傳至諱求一始遷平江路嘉定之樂智鄉明宏治間割隸太倉遂為州

人八傳至文肅公諱錫爵官至建極殿大學士爲公之王父父諱衡號緱山萬歷辛丑翰林院編修並崇祀鄉賢嫡母金徐馮生母周以八月十三日生公

二十一年癸巳二歲

嫡繼母馮夫人歿年二十三

三十六年戊申十七歲

李碩人來歸公幼依文肅寢息至是始别居

三十七年己酉十八歲

正月二十九日緱山公歿年四十九

三十八年庚戌十九歲

十二月二十九日文肅公薨壽七十七

三十九年辛亥二十歲

先是緱山公里居之暇詮次文肅年譜公於喪次更為補輯又刻文肅奏草文集

四十一年癸丑二十二歲

二月八日葬文肅於楓橋鳳皇墩之賜塋

四十二年甲寅二十三歲

自辛亥夏有恩卹璽丞之詔服闋北上唐叔達要子柔並贈詩序至京拜官

四十三年乙卯二十四歲

奉命視葬益藩隨周太君旋里李碩人九月十六日
卒年二十三
四十四年丙辰二十五歲
為緌山公刻詩文集
四十五年丁巳二十六歲
春入都太君力疾偕行
四十六年戊午二十七歲
致祭衡藩奉太君歸嗣是憚於遠役不復同行
四十七年己未二十八歲
夏拓文肅芍圃為花畦七月初十日長子挺生

李碩人所生三子俱殤其九子長減菴公諱挺側室孫氏出次芝廛公諱揆側室徐氏出次隨菴公諱撰側室姚氏出次平寧公諱持姚氏出次巢松公諱抃徐氏出次砥菴公諱扶姚氏出次汲園公諱攄徐氏出次巘菴公諱掞側室沈氏出次南湖公諱抑側室徐氏出南湖公與芝廛公巢松公汲園公非同母蓋有兩徐氏也

四十八年是年八月後為泰昌元年庚申二十九歲

文肅祠成正月二十七日迎像入祀旋送主鄉賢祠

冬遊廬山

天啟四年甲子三十三歲

夏陞尚寶卿秋得中州捧詔之使事畢旋里

六年丙寅三十五歲

自甲秋旋里至是北上入都數感惡夢汲汲思歸適有閩中頒詔之使七月十七日抵家太君方病相與抱持而泣

按公跋自作幔亭秋色圖云丙寅秋杪曾以使事入閩長揖幔亭君因戲繪其接笋圖以歸又為葉雁湖作武夷山圖跋云丙寅秋杪以使事入閩曾遊武夷至三曲而止

七年丁卯三十六歲

四月七日華亭董思翁其昌陳眉公繼儒過南園繡雪堂話雨留宿思翁題話雨二字於壁

附公書問梅禪院題額後云先文肅種梅數百株於此園每值早春寒香競發萼綠紅白花相錯如繡故有繡雪之稱

秋七月三日周太君歿年六十

崇禎元年戊辰三十七歲

往雲棲為太君作佛事修復海印菴

三年庚午三十九歲

緱山公崇祀鄉賢

四年辛未四十歲

三月北行舟中擬子久秋山圖　秋以存問周藩之

役至家

五年壬申四十一歲

夏祔葬太君於緱山公新塋

六年癸酉四十二歲

秋北行

七年甲戌四十三歲

東園落成自庚申經始改作再四頗極臺榭之美有

藻野堂揖山樓涼心閣期仙廬掃花菴香綠步綰春
橋沁雪林梅花廊翦鑑亭鏡舫清聽閣遠風閣密圓
閣畫就香霞檻雜花林真度菴諸勝費以累萬以樂
郊名之著聲海內
八年乙亥四十四歲
春抵都
九年丙子四十五歲
秋陞太常寺少卿初冬山行以楓林丹黃悅目仿黃
子久筆意寫成長幅
十年丁丑四十六歲

正月九日題差得糧長二月九日出都至南都完差
事五月抵家
十一年戊寅四十七歲、
冬十一月初自家北行
十二年己卯四十八歲
夏持節冊封岷世子其地為楚南絕徼公衡炎出都
暫返里門七月中至南京病瘧力疾勉完使事十月
旋里消瘦骨立遂不作還朝之想
十三年庚辰四十九歲
春具疏遣老僕王寀入都繳節從此不復出山

十四年辛巳五十歲

五十初度詣吳門瑞光寺禮懺設席金閶旬餘乃歸

十五年壬午五十一歲

春作一家同善會廣施粥餅又賠漕糧萬金衣飾酒器盡歸質庫八月十六日長孫原祁生次子揆所出也

國朝順治元年甲申五十三歲

公抱病里居值國變五内摧裂不自意生會南都擁立福藩起陞太常寺正卿公引疾疏辭

二年乙酉五十四歲

二月遇侯廣成黄陶菴兩先生於鄧村去秋被召已得請復爲臺中疏薦仍不赴

司禮姚在洲爲子撰持扶生母之弟秋杪子身至述國變事甚悉相對灑涕館之别室老於婁東

三年丙戌五十五歲

南園梅花盛開時通州白在湄及其子彧如俱善琵琶流落吾州延之園中爲度新聲適梅村至置酒白生朗彈一曲叙述亂離豪嘈凄切中常侍姚在洲因言懸帝在玉熙宫中梨園子弟奏水嬉過錦諸戲内才人於暖閣齎鏤金曲柄琵琶彈清高雜調自河南

寇亂無復此樂相對哽咽梅村因作琵琶行紀事秋築西田於歸涇構農慶堂語稼軒飯犢軒逢渠處巢安室梅村為作歸村躬耕記

四年丁亥五十六歲

夏避暑漁莊日畫十幅秋農慶堂菊花盛開王遺民瑞國吳梅村偉業朱昭芑明鎬黃攝六翼聖李爾公可衛實侯可汧（二李崑山人公之內姪）同過夜飲踰月蒼雪法師亦至西田看菊互相唱和

七年庚寅五十九歲

西田中綠畫閣落成復構西廬延畫友長洲卞潤甫

文瑜繪壁高妙直追董巨公作長歌紀之時招梅村
攝六諸公觴咏屬和成帙十月既望詞人楊曰補見
訪集菊下以詩倡和
八年辛卯六十歲
閏二月入山觀梅
九年壬辰六十一歲
春晴偶步後園池上荷花盛開賦詩志異春曉從西
田放棹探梅蔡灣飲曹氏花下以詩紀之
十一年甲午六十三歲
東郊藻野堂歲久朽壞改築小堂三楹旁構疏快軒

十二年乙未六十四歲

常熟楊子常彝來訪留飲拙修堂陸桴亭世儀盛寒溪敬俱在焉

十三年丙申六十五歲

九月望西田積潦與月光交映滉瀁空明一碧千頃公與客泛舟其中笛聲縹緲恍在天際樂飲忘疲有詩一律以紀其勝黃攝六及陳確菴瑚並過西田與公倡和仲矢子撰輯公詩分二卷一為偶諧草歷仕時所著一為西廬草歸田後所著乞序於嘉定陸元輔

十四年丁酉六十六歲

春石公和尚在隆福寺講法華經公率三子聽講

十五年戊戌六十七歲

元旦次日立春有七律一章

十六年己亥六十八歲

三月遊武林從者子挺撰揆三人徧訪名勝禮具德和尚於靈隱豁堂和尚於淨慈最後雲棲謁石公大師

十八年辛丑七十歲

有七十自詠詩四律

康熙二年癸卯七十二歲

西田土木未息約雲間張南垣疊石種樹又修葺後園改築亭榭為衰年憩息之所冬延蘇崑生教家僮時曲為娛老計

四年乙巳七十四歲

元夕往虞山觀燈仲春於子抑几頭瞥見畫册乃崇禎辛未赴補時舟中所作忽忽將四十年中間陵谷滄桑變遷多故俯仰今昔不勝慨歎且謂筆墨之功視壯時畧不稍進小藝尚爾何況其他因題數行於首九月望邀吳梅村諸公郊園小集陳麇涇許九日

以詩貽公公亦賦詩奉謝

七年戊申七十七歲

九月遊西泠僦居湖樓

八年己酉七十八歲

三月渡太湖至洞庭次日登莫釐峰遊翠峯寺諸勝

并遊席氏園十月詣靈巖山

九年庚戌七十九歲

冬日在拙修堂王石谷暈在座忽暈去少頃平復如

常

十年辛亥八十歲

八月舉八十觴子撰挨徧徵壽言以累百計

十二年癸丑八十二歲

公倡議修建鐘樓請法印禪師住持

十七年戊午八十七歲

地師江右熊開先爲公卜吉壤於二十都金字圩墅

溝舊宅之左是時營築方興有五鶴盤旋之瑞

十八年己未八十八歲

夏邀顧樊村盛寒溪諸公同賞芍藥

十九年庚申八十九歲

六月七日猶手書徑尺榜額是夕諸子侍側坐談娓

娓神氣朗然次晚忽夢西方三聖人現丈六金身垂手相接翼日寒疾陡作毘陵惲南田壽平慕公已久時適與石谷來謁病榻一見而别至十七日酉時薨於寢病中數稱雪老師蓋徑嶠老人公向所皈依者子九人時存者揆撰抃攄扶抑女子八人孫十六人孫女二十一人曾孫九人曾孫女十二人是冬十二月十二日諸子奉公及李碩人柩合葬而以側室徐姚沈諸碩人祔焉公及李碩人墓誌銘李霨撰神道碑宋德宜撰徐碩人墓誌銘汪琬撰姚碩人墓誌銘黃與堅撰沈碩人墓誌銘熊賜履撰時九子生母徐碩人尚在焉二十二年正月二十二日祀鄉賢祠學者私謚為恭孝先生公

自幼至壯未嘗廢學垂老歸田更涉獵羣書晚年多病猶依簷映日手一卷不暫釋繪事尤所癖嗜見古人真蹟不惜重值購藏宋元名家無不摹倣而子久尤為專詣董宗伯每見公作必讚歎題識有蒼秀高華奪幟古人之稱病目後倣惠崇趙大年作村莊小景用筆纖細設色鮮妍不類平日筆法真行書學褚河南八分師受禪碑參用夏承碑法署牓字大數尺者尤雄偉有勢於尺牘師蘇子瞻黄山谷於詩倣白香山陸渭南至竺乾之學風所皈心諸方尊宿之至吳者必擔簦參訪所著偶諧草西廬草及詩餘若干

閨懿訓一冊俱係子撰編集并尺牘家書百餘則子姓中傳寫不置寶仁近更搜輯雜體文一卷詩詞拾遺一卷書畫題跋一冊藏於家

原本四卷此據過雲樓書畫記所載艮盦老人顧文彬節鈔本也

甲戌寒夜寫訖共十一葉

（明）堵胤錫 編　（清）吴騫 續編

堵文襄公年譜一卷

清光緒十一年（1885）童斐鈔本

堵文襄公年譜

辛丑 萬歷二十九年初十二月初八日酉時公生

公大父月川公悉讓其田宅於諸父乃居武進之夾山村中名十坊街外家王氏別業也至是母陶夫人生公於夾山之麓

自記曰時大人年幾四十再娶而艱於嗣每春初則

涓齋禱於句曲之峯凡七往是夕夢青衣召至一殿甚壯麗中王者冕旒降階語曰昨有真武使牒來告汝志專誠及考汝行蹟醖篤恨汝一生薄祿無子惟壽得上壽耳大人泣曰無子且壽曷苦如之願以壽易子王者曰惟減一哥紀與爾鈍者大人泣曰奚貴有子而鈍也王者躊躇良久曰奈何姑與汝慧者然

壽當再減一紀大人叩謝曰所甘心焉出遇一道士手招牧童至垂兩辮著犢鼻謂大人曰是汝兒也牧下牛擲笛逐迎大人而笑遂寤至是不孝生先慈復夢牧豎笑而入懷中笛聲嗚嗚慈撫之喜旣〻一牛突入毛角猙獰觸慈於地慈驚寤腹遂宛轉備折副幾絶名不笑肖曰授志神授也

丙午 萬曆三十四年母六歲居夾山　十月母陶夫人卒

年二十有九

自記曰先慈病革之夕舉不笑孝與先人訣曰妾以

產授兒成疾今得授兒猶妾生也幸鱗撫之復撫不

孝曰授汝母逝矣汝知之乎冀早成立使子春秋有

祀視也時殘燈明滅扃户闃然不孝聞語睡夢中自墜

牀下號涕不已比明見以帛覆慈之首不孝呼曰奚
為覆帛使吾母若何飲食乎猶未知為終天之戚也
且嗔家人言死曰聊熟寐耳殮之夕不孝大慟持不
肯下徐某詭言曰醫云如是晝夜母乃愈不孝信之
每朝夕必環呼曰病愈乎思飲食乎欲坐立乎且使
匠氏啓焉及葬命不孝服衰杖則以為服而啓也命

拜則以為拜而啟也設奠則以為奠而啟也出門則
以為至啓所也及土將發乃驚投幾絕嗚呼痛哉而
母死耶而母死而猶未之知耶今知之矣今知之今
無及矣又奚貴有知耶無論生不能養死不能葬兼
不能知先慈何仇於授而必生授以殺之歟痛哉痛哉
己酉
萬歷三十七年九歲居夾山隨父沖宇公館於下坊之

劉氏　九月試筆作文題若夫豪傑之士雖無文王

猶興公援筆成篇有豪傑者使人待我豈我待人之

句坐客驚賞時沖宇公落鄉闈怏怏不樂見公乃文

乃稍動色

庚戌萬歷三十八年十歲復隨塾於劉氏家居夾山

自記大人嘗曰孔子一生只任為誨二字以臆測之

為誨應非有兩義力學所以為教也己之不正何以
正人推誠於人所以誠身錫拜教受教一日出大父
手書有曰比爾就塾為他人師使我心惻師人非易
況為人師乎而能以師古者使人之足以師而庶無
愧也大人問錫曰而讀之亦能有所感發否錫跪讀
良久大人曰汝知大父之教教我者即所以教汝乎

師人非易者而今日事也為人師非易我今日事也思及非易何刻可寬父子佩以終身有餘矣雖燕閒當如庭對也

辛亥萬歷三十九年十一歲居夾山隨沖宇公館於三橋周氏　二月月川公授讀左史　三月父沖宇公卒自記曰先禁烟節後大人治裝將歸省晨呼不孝曰

膀後如患癬不孝夢中聞語判然驚躍通身汗出如
氷引不孝手摩之戰不能已大人問曰兒何苦而噤
聲曰不知也噫彌天凶咎梁壞泰崩魂魄俱飛撫躬
震驚其有神告之者歟未幾成疽遂入郡就醫於陶
氏舅所越數日疽潰諸父問後事大人曰予不祿天
降之凶使先二老長逝念罪孽已極更有何言而兒

弟其善視甘旨無傷白髮心則予死且無恨惟敝氈
敗葦浮土不封使速朽以彰不孝之罪可乎從容謂
不孝曰授爾將何為泣對曰讀書曰讀書何為曰做
好人曰好人不易做也抑汝知何為是好人曰紆朱
曳紫是好人斥曰去更思之是貴人非好人也不孝
跪請曰夫子有言必孝親忠君者是乎曰然抑汝又

知若何而孝親若何而忠君乎對曰顯親揚名孝也委身致主忠也大人有間曰猶夫朱紫之為見也飯蔬飲水無孝乎草莽氓隸無忠乎不孝膝行而前曰夫子教之曰居吾語汝無念弗愛孝也本之臨深履薄以成無行弗謹忠也根諸質影盟衾而達予一身盡志攻苦與汝孜孜教誨豈逆計後日有朱紫之效

誠以吾儒一生事業文章或有待時惟忠孝兩者惟
當直下猛提終身不悔斯卽所以顯揚委致耳爾能
力體此意則予一生心跡耿然如生吾無長物遺汝
惟此永訣數語也旣又曰學者之患莫大乎成敗易
中夫敗有沮色者必其成而溢志豈讀書人本來面
目君子創業垂統為可繼也若夫成功則天也吾切

切水九原注望汝汝負勿也時不孝雖幼親聆庭訓拜服牀下泣不自勝大人正色曰汝以佩服為孝乎泣涕為孝乎今予啟手啟足之時正汝思志思事之日奈何作此兒女之態徒亂中懷命援筆書之書畢命覆讀復改數字又曰敬身行己之道莫切著於禮吾久欲授爾而未逮其即讀之爾賦性佻達躁而寡

恆其能檢束者此經也讀是經當如爾問予言命具
衣冠舉笥出經盥手以授不孝再拜而受展誦樂正
子春下堂傷足一章諳〻反覆未竟嘔血而暈時三
月一日子刻也於是異香滿室又有白鳥入庭飛鳴
悽惋既一刻而復甦喟然曰父年五十年教育肫切
在予予竟溘然先逝天乎必不許某終養乎蓼莪之

恨賫志重泉斷籟淒風當時聞某深泣聲也强起南面再拜痛咨之言不絕於口嗚呼是則大人之所以為大人者乎時已體息潰耗奄若懸絲顧心志肅毅注意深遠其垂示不孝者即其所力以終身戰兢臨履之言莫愷切於斯矣時伯舅志恒在塾大人計往返以五日囑使者曰汝晝夜倍道予忍待之比初五

上午伯舅至大人已不言能張目指不孝開闔者久之曰善撫我孤遂正衾歛體而卒大人博學强記與於書無所不讀尤謹抑自持呐呐不出諸口處己嚴而切摯與人醇而有恩至睦友仁衆恤孤賑貧皇皇若不足然不敢自專必受命與王父母而後許人孝性蓋天植云 四月寄讀於郡城丁師所 七月大

父月川公卒　沖宇公竭力甘旨終身不畜私財遺
公一椽數畝而已旋遭大父之喪未久而大母繼之
營貸殆盡先業蕩然
萬歷四十年壬子十二歲　三月依於岳家　初沖宇公
以兩配早世誓不復婚以供旨故置一妾治兩喪與
有力焉至是不相安而嫁公徬徨無依陳公娛濵聞

之太息曰吾師乎僅存此孤也乃載公以歸延師錢

德真教之

癸丑

萬歷四十一年十三歲依於陳氏　正月附於周氏

之塾既而遣歸　四月改附於李氏之塾當隆冬無

緼袍露肘向日披讀左國不覺移午掩卷起匆急手足

拘曲不可屈伸遂仆地而呼岳母許氏抱置之敗絮

中逾刻而復初　是歲三仲父卒

丁巳萬曆四十五年十七歲　時岳家貧不能設塾公念

沖宇公没時語乃於五月中裹糧往伯舅塾主戴圻

黄氏舅不見恤尋還

戊午萬曆四十六年十八歲黄氏兄弟約公同硯得留塾

於戴圻　十二月遺書被焚

己未萬歷四十七年十九歲依於陳氏設塾訓蒙

自記曰飢寒剥膚飢饉洊至終無如何乃受四蒙童餬口卒歲所獲三金而已夏則懸被幅爲帳入則汗蒸出則蚊蠐達旦不寐冬則破襦作袴代絮以麻累纍若授之欲脱出肘裂足蹈歌雪中或良月静夜則欹坐古橋邊畔行遊至曙日以爲常聞者哂笑共目

為凝時共志者有蔣沖之吳初侯史吾徃周于廷

庚申萬歷四十八年二十歲依於舅氏　七月遊無錫依

於族兄知白家

辛酉天啟元年二十一歲依於族兄知白家　二月受業

於馬素修先生

自記曰馬師見予院試落卷賞之因執弟子之禮三

年多所資益　素修名世奇字君常無錫人崇禎辛
未進士官至左春坊左諭德嘗曰遇事宜存生機勿
存殺機處世宜尋退步勿爭進步人以為名言甲申
之變沐浴更衣捧敕印北向拜復南向拜母同妾朱
氏李氏闔室自經後謚文忠　三月就婚於陳氏
自記曰時予既生計依人妻父復饔飧不給合巹之

夕貧夫婦謀一布被不可得聊煮梧塗縕以充孔嘉
之色婦亦泰然自居不少歉沮相對敬恪有梁孟遺
風焉　七月獻策於何郡侯不納　遼事孔棘詔募
材俊之士以備邊公上書於郡侯何應瑞累萬餘言
何奇之謂曰汝奚能對曰無所不能曰能弓馬乎對
曰不能能占候乎曰不能能行伍乎曰不能公笑曰

然則奚謂無所不能曰能某使弓馬盡其技占候盡其術行伍盡其進退不能人之所能而能人之所不能變化生心而決勝於帷幄何喜曰汝固奇士然當以詩書自輔益奚屑與蹶張並進乃受策而不許入募

壬戌天啟二年二十二歲依於陳氏　五月補府學諸生

自記曰府試既黜計無所之乃徒步至江上糾同志譁於學使之門為閽人所踣予怒毆者而呼學使心動命何府尊於正考之外特加收錄約非七藝不取四月初八日試於江陰學宮與試者三千人錄三十六人予幸得標初九日即入院試進者八人予幸居其次皆撥入府學是役也予徒步三百里忘寢食者

十五晝夜入譁於院門閽人椎中背發腫傴曲月餘

至不能咽嗜憊矣一衿困人至此極哉以此忘知遇

之艱乃爾　十二月徙居無錫族兄知白之別業名

中橋莊

甲子天啟四年二十四歲居中橋莊　六月復徙歸於陳

氏

自記曰甲子春日跋回時四兄未有子有姪某妬予
之親信於四兄且思利其有憎予以直道相忤遂騰
謗以傷予四兄廉知其狀恨之欲予為難予以疏不
間親諫兄乃止既而揚言及予予懼害告四兄復歸
於婦家兄不得已從之相泣失聲是年滛雨連旬河
流泛溢予同妻女坐一小船忽大風拔木雨如泉注

咫尺不得依岸幾覆者再百里行數日暑月至僵凍
失色人事天行交相為虐復謗語四達予時踉蹌於
放歌行野誠無喙可辨此有生一大奇阨也古云止
謗莫如自修予素皎皎自好若此時小不忍幾何不
為溝瀆之匹矣予忍包詬媿中夜奮勵冀白一段寃
抑積行自強絕不見諸面厥後四兄果得子予亦幸

能砥立恩撫正姪并姪女相依十載如已出以報四兄夙昔之德閭邑之人每相傳予與四兄知遇報施生死窮達以為嘉話前此之謗不辯冰消由是觀之居惡徒穢其身力善未始無獲予於與四兄之謂也古之言豈欺我哉

乙丑天啓五年二十五歲館於南圻蔣氏因與宋北翔魯

同聲交往來甚密人多哂之　十月歲試五等黜青

丙寅天啟六年二十六歲依於陳氏

自記曰自四年大水五年大旱斗米二百餘錢妻女

啼飢皆無完縷衣擁敗絮少展側即露出肩臂倦極

少寐則夢生落水中惕然驚寤內子針紡以食凍瘡

裂甚十指如搥日得一炊便相慶幸予入值內子私

涕慮覺之強爲歡笑予亦弗敢詰也惟各怪面瘦而

已二月長女殤貧夫婦益無聊矣　四月季試得標

縣尹馬天閑博學馬禎岱共賞公卷府録之雋與有

力焉以隔年劣等拔冠一軍亦破格之知也八月府

録一等　十月科試一等復附　十一月子孫驥生

丁卯天啟七年二十七歲就叔祖心膽之聘　七月院覆

試不與除科舉　公以之觀城不及赴霞訴之學使

訑訑不受公戇激不能屈為屈媚之語遂拂衣出親

知尤之公笑曰丈夫屈伸固自難期如終屈也屈我

者宐一學使乎如不終屈予亦何求乎學使

戊辰崇禎元年二十八歲仍就滆西之塾　正月四仲父

卒逾月瘞殷墅　四月仲父無子居於無錫病劇呼

公公侍湯藥爲不解帶數日仲父稍有資產欲遺公

公辭曰姪雖貧猶堪句讀自活五仲父老而孤伯兄

懦而病幸分授之姪分毫不敢望也

辛未崇禎四年三十一歲館於沙灘之吴氏　四月復徙

歸於前亭里

自記曰大父以家難故自前亭里徙居夾山幾六十

年矣大父嘗曰子孫如幸成立其歸守邱墓無忘漆

沮諸仲父益貧折不克自振予復躑躅武宜錫三邑

間靡有厥居大父之志竟不遂今年四月因舉族喪

至前亭徘徊風景不覺泫然有黍離之感乃挈婦來歸

數指之外一箇而已偕族弟協之僦屋而居實左右

焉　五月迎五仲父母歸養　五仲父貧老無子公

曰予每以二人早逝不獲一日菽水為終身憾今仲

父母猶父母也遂迎之

壬申崇禎五年三十二歲仍塾於吳氏　二月五仲父卒

時公傭筆所獲頗有餘儲叔姪歡聚以為慶事至

是醫殯之費踰於館額家復蕭然　三月禮經釋書

成　五歲試二等　八月府試錄　十一月科試二

等
自記曰試之日與靖江童生朱姓者並號甫坐即以
參果餉予求示題意日未逾午予正草二義已構朱
耳語予曰君能以餘力及我倖進報賜兼金先以薛
饋為壽予初感之既幡然曰造物之巧有限予今志
在成名復思射利不祥且予三十載食貧每一介自

砥令一旦為曖昧所奪以犯陰陽之忌志毀不可復
完峻却之復拈經義畢日晡而出予密其事後幸鄉
薦親供時學使以學墨卷與試卷筆跡正草大殊出
以相質見試卷前不過句點後幅乃潑墨淋漓學使
謂予曰汝書義猶人至經義甚滿志定覘夙養今果
不負予因憶曩日或為小利所惑未必能完經即僅

完經未必能後勁科舉尚在去取前能必賢書乎一
時得失相去天淵思之惕息向不過一念見義耳告
之俗議方笑為迂然惟一念見義則神清神清則氣
足一誠之感鬼神格思經義之得進若有神助非鬼
神卽心神也學勿者謂寸晷之下無三尺也噫士君
子見小利而妨遠圖一時失足垂翅終身者何可勝

數由是推之宴安可懷也酖毒亦可畏也千秋久大
貴有曠觀不在朝夕之死生目前之窮達有志之士
其可忽諸

癸酉崇禎六年三十三歲寓建寍府　八月應天鄉試中
式第十六名大主考丁印趨進副主考蔣八公德璟
房師徐松濤養心同門王行儉等十人

甲戌崇禎七年三十四歲　會試不第　三月抵家　五月赴路修期浙江金華府之塾至秋季歸　十月以四兄子天正歸塾

自記曰四兄知白卒於去年九九月正姪孤貧不能讀乃幷其二庶母一妹皆載以歸延師王元履教之與子驥及宋北翔子魁同塾　宋北翔没托孤於王

黄仲含依依數年含仲子女繁不能分給公載之歸後公丁丑會試正月寄書弟寅恭内云驥囑令讀書養脾胃天正囑令早起夜眠勿驕惰魁囑令好學識時務三徒要樣[三]教法孫驥純而弱天正薄而儇魁郎鈍而苦弱者鼓之儇者束之鈍者通之最難最難須細細與元履兄説即以此字與看亦夫無不可也公

之恤孤蓋惓惓不忘如此

乙亥崇禎八年三十五歲　五月赴房師徐公孰姑之塾

詩經釋書成

丙子崇禎九年三十六歲　二月入南雍　三月往金華

七月還至嚴灘被毒不死

自記曰路翁修期復延予至金華閱錄科卷及題贈

遺之外復貸百金為公車資家童孔隨素狡悍不法
在署行竊事敗懼予鞭之復覘予囊篋乃買毒謀間
時有徽友汪千仲之僕汪學汪禮濮典史之僕某及
予五人同載一舫隨行竊事汪覺而恨之七月六日
自蘭順流至嚴灘日暮隨俱晚供至方舉卮見酒色
黝仰吸及半味殊異嚼一臠覺硬不能下咽因命徽

去隨吶吶似有侑飽語遂引滿向汪學復以半予濮
汪禮以卧病獨不與晚涼初奕露坐舟脊汪酒深即
嘔濮繼之予問曰奚若為語未及出口已格格喉間
矣遽匍伏不可起顧見二人嘔益甚隨亦據榜作嘔
狀見其用力甚而無苦予乃悟隨之有異謀也昏憒
不能語念惟得痛嘔可少甦伏見舟縫中有生荳撮

而嚼之荳腥入胃氣以逆行吐甚最後覺鼻有酒香

併一鬵俱出私幸曰吾生矣吐已復瀉一刻數十遍

宛轉几枕汗下如雨幾絶者再子半陽回氣稍復乃

呼舟師曰中毒爲我縶此奴隨崛强予搜其囊中得

餘砒檢昨酒甌滓汁森然語乃塞㬌至桐廬覔醫得

藥又一日至當陽診於來醫家予寓杭呼兄伯緘弟

協之至乃歸致隨於獄未幾隨又以越獄重數月疲死是役也予以孤裝被毒行千里外四顧無依昏憒中惟見江鯨山鬼齒齒相向自分與死為鄰惟冥心靜氣聽其自然而已祖宗之靈天心降祐使予未死之身猶得俯仰身世為人臣子再生之軀敢不自勵以期無負乎予以為不必生而得生不足幸惟不為

無用之死而為有用之死始足幸也嘻不其難哉

九月會試北行　史綱成

丁丑崇禎十年三十七歲寓於京師　二月會試中式第一百八名正主考張悳松至發副主考孔玉橫貞運庚房師陳木生美發同門許承欽等二十一人　三月殿試賜進士出身　狀元劉同升榜二甲四十八名

四月十五日入大理寺觀政　凡新進士殿試唱臚
必主閹家資憩息供飲食初不過弋取小利後聲燄
日盛且有以居停得援者公北上之日拜主祝曰兒
此行幸成名立於朝誓生平不識一閹至是執不往
閹初而怪之再而詬之三而毆之及班役失冠公弗
顧也觀政例日接本候於内朝晨賫而往夜分受旨

而退班役為公憂之公曰無庸是日負胡床裹餱糧
子處垣壁間班役皆匿不敢侍閹貴至公輒瞑目假
寐危坐終日揄揶百端公怡然自若　五月假歸
九月廬於虞山之墓
自記曰予痛念幼失怙恃長而飄泊生無以養死無
以塟歲時伏臘不能以禮鮮民之疚抱以終天策名

歸省宛轉卬墓間惻從中來遂不能去計予假至選期有朞月之便乃結廬墓側枕塊寢苫築塋立主朝而拜主夕而展墓以當定省爰出辛未之笥復加思繹纂而梓之以不忘先澤暇日則習射服勤風雨則讀書稽古以九月朔日至墓明年六月晦日辭墓為期二百七十日非敢曰行古之禮也人子有力以事

親有善以歸親抑必至之情耳
戊寅
崇禎十一年三十八歲廬墓　墓上有枯桐再花枝
間蛛網結成孝字作桐花篇以紀之　六月辭墓作
告主文　八月寓居於淮　東兵窺闕齊魯告急兵
賊縱横不能前進遂寓於淮越月至濟寍遇兵變倉
皇而返　十二月以詩哭大司馬九台盧公

卯崇禎十二年三十九歲三月至京師　四月欽授南
京户部主事　七月涖南都任　九月涖兑差分司
之任　十一月辭兑差離南都　部堂仇公維楨以
北新關委公公辭仇曰資例有定辭者之矯適成爭
者之紛羶潔在心耳盍貪泉之妨夷飲乎公迫於義
乃受劉以二十四日辭兑差離南都

（庚辰）崇禎十三年四十歲正月涖北新鈔關分司之任

内使崔璘在浙督察鹽漕糧餉諸務關使謁之例用

銜帖公初用侍生璘不受公詰閽者曰何為閽曰須

改官銜公曰是奚難但慮過倨不堪耳援筆簡額作

欽差戶部督理北新鈔關分司十八字璘嫌字太高

不受公曰欽差二字可下乎官有内外秩無尊卑予

不敢辱君命故也璘無可如何相見而不受帖每及
交際則以兩帖相隨璘終不受公終不易璘來時騶
從赫赫直至署堂公往亦如之璫爲之氣阻　二月申
明課則革長單撤巡夜免雜税定漏税罰例凡暴商
之政悉去之　五月設捕防廳　關外郭伏莽可虞
乃捐貲募士加以廩賞躬自訓閱命客將佘師貞統

之具文兵部及浙撫按立鋪捕防中軍廳時飢盜充
牣一竟晏然更以其暇講武習射於圃中　七月出
示免稅　溪雨兼旬米價湧貴商舟不至公免其稅
以招之舳艫漸集馬僚素修先生聞之寓書曰日聞
杭關政聲遂欲超閒翁先生之上至米船盡捐稅額
杭城萬井人寄更生尤有轉移造化之力眞五色補

天手也吾黨有人吾郡有人天下有人矣　八月姪
孫正補錫邑諸生公改天正名孫正孫依世偈正從
父命也字寅叔時年十五隨任杭關得報急趨江陰
則一日已覆試矣方新生謁見學使張慰堂以後進
於禮樂題試之文立就學使動容稱賞命具衣冠行
禮比就舍與同輩接見恂恂文弱顧獨伉壯負膽畧

工騎射尤善運槊旋轉便捷如風能踴身躍起丈許錫邑有立闗僧拳棒罕敵客有請觀其技者正以寸木擊其母指立破之遂以藝勇聞　有靈鵲來集

時有靈鵲晨夕集於廨上白羽朱喙朱足羣鵲數百從之飛則白先羣後棲則白中羣遶人以為廉惠所感忽雨日白鵲不至公深自修省焚香祝曰予司榷

有過白鶺永不來庭否則當再來也次日白鶺果至

及公解任始去

崇禎十四年四十一歲（辛巳）官於北新關　二月離任

商人感公之德立碑以永去思工部卓爾康爲之記

三月部假歸里行李蕭然戚里失望　四月上𢰅

齋周相國書　𢰅齋名延儒字玉繩宜興人崇禎二

年晉東閣大士學士從罷歸辛巳四月再召謁者無
虛日公獨不往挹齋雅重公屢使人邀之比至無一
語挹齋徐曰仲緘亦有所囑乎公曰某今亦何求但
得一極危極險之地足以畢命朝廷者於願足矣挹
齋默然公退上書規切之書曰
今之庸庸碌碌奔走於師相之側者不過以師相受

眷特隆再登揆席耳不工為諛附之言即除為身家
之計從無一人論事圖憂獻一得之愚者考之古人
布衣猶得奏計於廟堂今乃禄位晏然唯諾是具竊
用愧之允錫幼讀父書長蒙君錄夙荷師相之奨成
敢附古人之大義謬以目前之急為師相敬陳之皇
上英武間世勵精邁古而謀猷日削未奏膚功者其

故有三一求治太急一執念太堅一進退人才太輕求治太急則不能熟籌時事之緩急輕重慎措其安以徐俟其定而一切功利操竊之術說得以中之執念太堅則未暇為虛中遠鑑投水轉圜之美將過施非分之福輕加不測之威而佞倖僻詭之說得起而伺之進退人才太輕則昔進而不知其難今亡而不

知其易片言而升樞秘一旦而受桁楊天地之生才
有數豈其今不逮古然而所用非所求所舍非所棄
將僥倖苟且之徒益得起而嘗試決裂之凡此皆君
心之未靖以致國運之日靡古云君心即天心也或
者天心悔過禍牖我皇衷師相一出而圖吾君則啟
沃之功其首務矣京師天下之元首東南天之腸腹

齊魯天下之咽喉秦晉天下之肩背楚蜀天下之股肱今阨吾首寇軼吾背漸及於項東南杼柚不繼腸腹已空齊魯饑荒盜起咽喉復梗揣今所急寇不過去志圖剽掠得志之後氣怠意盈盤結險阻苟安旦夕數月之後內未卽猖狂敵覬覦叵測日伺我隙一年鷙伏勢必狼奔鳴鏑之舉已在眉睫一旦毀邊南

下扼臨德擊晉趙掠兗豫據要阻援京師受困竊恐
彼中風土相習無俟秋高此際形情已窺未肯飽去
天下之禍未知終始譬如久羸之人當此急症既欲
治標又欲固本太急則虚弱不能支太緩則怯潰不
及救為今之計莫如姑省楚蜀秦晉肩股之力整飭
燕齊以通咽喉屯田訓武招散集亡先宿重兵以壯

京衛以防寇衝無事則居重足以禦輕既可辨賊有事則先備可以無患又能却敵此為上策若夫師老宿糧以從事於方張之寇則出沒盤踞既非歲月可了敵即大舉入寇元首已墟虛咽喉梗絕肩股外裂腸腹內潰雖盧扁無所施其技矣古者吉甫方叔北治夷南治蠻不過二三元老今敵横寇佻何以異是

而建牙擁茅者多至四五十輩一羊九牧權分力輕
欲以卻敵滅寇必不然之數也以錫愚慮莫如歸併
一路責重各撫九邊止設九督一切戰守機宜悉以
委之許以便宜行事不分任不遥制則無委卸掣肘
之患矣沿邊州府俱選才武甲榜優以道銜使領撫
事一應戰守機宜悉以委之撫總其成府宣其力無

事則畫疆而守有事則荷戟而援則無覬望潰離之
矣至於京師左右陵寢之地當設督臣二員訓兵屯
田招集流亡無事則壯畿輔之威有事則備援勦之
用九邊如九牧二督為二伯周之制也蓋今之弊莫
大於知重邊而不知重腹夫所重在邊不過一邊之
用也弊為尾大唐以亂亡所重在腹則秉樞四應不

徒一邊九邊之用也利為强本周以長祚譬如十萬
人分十則弱合一則强倚邊則空居中則實兵法謂
善守者無所不守名似減而勢益增者此謂也以之
滅寇亦然歸重該撫責成各州密飭置謹偵邏剪遊
掠散其黨與離其腹心朝廷簡名將發萬人賫二月
粮而賊寇亡矣故辦賊在戰務以守為戰辦寇在撫

貴以勦為撫然而一事權明地利輯軍心其守務也

書上梔齋心是其言而不能用

壬午崇禎十五年四十二歲陞湖廣長沙府知府　二月

星沙城守議　公在任與司理縈公道憲相倚重遇

事咨而後行值流氛日熾湖南恃江湖之險有司泄

泄處堂公與司理私憂之乃作星沙城守議畧云大

抵通郡形勢負山面江有險足恃上策以戰為守守
南山而敵人不敢踰險守撈河而敵人不敢飛渡守
江州而敵人不敢艤岸樵採不竭市肆不驚氣展力
餘居中四應十萬之敵不能攻也其次以守為守南
守崗東守坡北守濠西守岸資山澤高下之勢以為
屏蔽可進可退立於無畏養鋭蓄力伺隙而動亦可

稱堅城焉其下則依垣而匿耳增修女牆多設窩鋪編氓而立比户而餽繕器備用閉門自晝以當百千烏合之衆數月之守亦或可堪云云　四月晦臨藍賊犯寗鄉公督兵救之賊宵遁　五月初三追及於大虎坪敗之馘其二賊渠客將余師貞戰死師貞字垂裕號雲岫衢州人崇禎初以武舉從征海寇立殊

功值署守俻值公榷杭關請為捕防廳雖窘至絶粒
不漁一錢或詰之對曰吾不敢玷主政清白也至是
戰没公悲慣如失左右手為之著傳立廟於黄柴大
虎坪二處勒石於府治以柩歸塟并恤其二女　何
鳳浙人亦杭關所録用至是代師貞率師次於黄柴
檄武岡新化黔陽合兵勦賊殲焉剜賊渠蕭相宇腹

以祭死事者　六月剖欽案訟獄榜銷十三十年以前

積案三千餘件　七定民之譁為吉藩所劾　長沙

善化之田投入吉藩者十五逋糧卸役郡縣苦之至

是復與民爭田訟之郡丞王秉乾丞以田給主者宗乃

譁公喻之頗唯唯翌日民榜書王平日之所為揭於

衢王怒鬮校四出業撲捉里民業稍溫者幾無噍類

初三日酉刻民於南倉一呼而應者三千餘人將及夜踰城焚藩哭聲徹野公聞之叱御不及單騎而往私念蚩氓無知縱之則禍不測激之則禍不測有設法以散之徐啓王而善其後耳乃令吏傳呼曰太守來書八硃字以徇曰受寃則告忘動者斬密使營兵夾倉而乘陳民稍定公呼其渠而語之曰汝輩誠寃

無徒自苦其悉具詞於予予為爾理之民唯唯受千
餘詞公謁王曰潭州王湯沐邑受之天子者也無民
則無依奈何使怨怒若此王謝不敏立摘亂法者數
十人杖之百以自解公因令於倉曰後去者誅事既
定吉藩左承黄鳴治與公有夙恣因譖於王王惑之
遂為所劾　八月勳燕子窩賊馘其渠李翳子草上

飛等數十人而還　九月罰俸　吉藩劾疏既上奉
聖旨覽主奏截表叔餉情由殊可駭異堵允錫等果
如此凌犯該撫按何無糾參事關藩體即着察覈具
奏不得隱徇取咎長沙善化兩縣民各叩閽訟冤奉
旨下撫按察奏公上直陳顛末疏會撫按覆奏疏上
得旨罰俸一年　十月余貞師廟成以文祭之　十

一月入覲　各臺以藩劾故題公入覲既而悔則已
登舟矣居民歡送夾江而行聚於湘陰禁之弗止也
癸未 崇禎十六年四十三歲寓於京口　二月渡淮　三
月達京師　五月覲計典竣舉廉卓錫宴禮部加二
級復任　六月便道旋里　八月赴任舟至蕪湖為
盜所劫墮水瀕死脫走草野稱貸而還重整行李赴

任　時聞獻賊破武昌大江路絕乃取路於浙會召募

丁勇始行　十月至蘭溪聞寇陷長沙　十一月至

江西廣信府水陸路絕慟哭而還　十二月自錢塘

還寓毘陵有答鄭又日詩

甲申崇禎十七年四十四歲　正月至南都謁史司馬可

法袁督師繼咸二公海內人宗也共以國士見許委

以長沙監軍之任公慨然接淅而行　二月同巢僉
憲出師復楚　三月長沙平作哭江行　長沙司理
蔡道憲字元白號江門晉江人崇禎丁丑進士賊陷武
昌道憲被執不屈而死公作詩哭之　四月聞京師
失守作隆龍騷五章　五月福王即位於南都改元
宏光　陞武黃漢兵備副使　六月涖分巡道任

九月改湖廣按察司副使加一級提督學政　十月

會講於武昌府之學宮　公雖改學使而訓兵講武

勤倍曩時注意人才旁採謀勇以國仇未雪為深恥

居恆扼腕太息常恨未獲死所因進諸生而諭之曰

千古學術之大莫切於明倫今日明倫之要莫切於

君臣諸生試想二祖列宗休養之隆大行皇帝賓天

之慘目前立於明倫之下覺不共之仇一日不復君臣之義一日不明然復仇之舉不在事功而在志節復仇之地不在疆埸而在衾影蓋滅賊必須人才人才發為經綸經綸本於學問學問根於忠孝諸生刻刻以忠孝為心務求俯仰無愧在家為彥士立朝為良臣則起居動靜皆是復仇之時皆是復仇之地所

謂不待舉而後加者也　拜及時修復事宜疏　其

一論取士之法畧曰竊維制藝非古制也國初亦不

獨重制藝也制藝之重始於成宏至今　而極重乃成

極弊臣以為取士之法莫如實行三試歸併二科以

德行政績言品為第一場德行者學臣條舉士子孝

友之實是以也政績者凡司府州縣儒學之首領佐

貳學臣皆得薦舉如古徵辟之制也行徵辟之制有五便諸士有練達之功一也州縣有任使之員二也國家得士而後用之士不致有以官爲試之患三也士子愛惜進身之始居官必清謹自守四也即薦舉之得失以驗學臣之可否五也言品者古慎言之法一寓目而了然一啓口而曉然也以制藝策論判爲

第二塲制藝判以觀其理學策以觀其時務論以觀其宏博判以觀其律例書一經一策二論一判二亦七篇以韜畧騎射爲第三塲此取士之法也臣法若行則朝廷無文武之異局封疆無兵農之殊任弁鹿鳴鷹揚之二試文學武學之諸生而合爲一科以羅天下之豪傑使文不爲堅瓠武不爲躍冶於以復

古濟艱此其首務以矣

乙酉年四十五歲提督湖廣學政　正月會講於武昌之

學宮　時事日非警報踵至公自辦止有死義一着

值學宮講期公欲感動諸生相與戮力王室因諭之

曰講究理學者所以砥勵名節名所以發皇事業蓋

士子一身百行備焉德性其種子也名節其柯幹也

事業其實栗也理學其耘耔灌溉之方也我國家三百餘年尊賢養士乃一旦陸沉生民塗炭事業不克名節淪喪柳朝廷負士歟士負朝廷歟有肝血者莫不勃焉憤仇矣然究思其故總由為士者以文章為捷取功名之具從未究心於裡學理學衰息德性荒唐種子消亡安求幹栗今日與爾多士開宗第一義

便以聖賢為歸理學為任當下扼定便不放鬆直造
峯尖更勿退轉這纔戴圓履方担負綱常的男子至
其入門下手處正不在多只要劾得義利界限分明
識得生死關頭透徹着實於四字内知明力行自然
智勇深沉於以入聖躋賢思過半矣試以義利言之
義者莫苦遠難卽利者喜近易從今日遽欲撇卻千

駟萬鍾退而薇食瓢飲甘苦殊絕豈能以誇語欺人
子不云乎富而可求執鞭亦爲如不可求從吾所好
利者我所不必有也義者我所自有也不必有者求
諸人我自有者求諸己舍我自有求諸非分一朝訑
遇千古蒙譏西山之歌與牛山之涕孰得孰失孰寡
孰多義利懸殊正可當下醒悟再以生死言之人當

刀鋸鼎鑊之時從容而告之曰汝必舍生而取義此難入之語也然吾非要人輕性命正要人愛性命何則性者有生而成命者皇衷所降如忠孝廉恥皆吾性命內固有之物能愛之者堅如金石壽如山嶽生固不朽死亦不朽今人所戀戀者性非性命也血肉耳肢體軀殼豢養以成長者耆耄少者髫髦吉者塚

林㐫者溝壑稍掩見聞蟻攢烏啄此死固朽生亦朽
也生死固非吾有生亦非吾有也吾與多士不愛已之
有而愛烏蟻之有清夜自問有不啞然笑者乎吾願
人愛性者務要愛得了愛得了則鼎鑊如飴不須慷
慨以求真可從容而就也吾與多士豈不能為聖賢
只緣義利死生固結擾人未免受其交引若此四字

分明透徹更何名節不立何事業不充旋乾轉坤直生心在手耳　三月巡試湖南謁督師何公騰蛟於長沙府　騰蛟以舉人出身累官僉都御史巡撫湖廣後進爵太師其為人智勇深沉嘗率師全桂林取寶慶復全永州與敵大戰於嚴關日越橋搴旗斬將所向克捷士氣百倍江廣大定已丑正月檄諸將集

湘潭謀下星沙北師驟至湘潭陷騰蛟被執勸之降不順命絶粒七日不死復勸之降騰蛟躍起大罵遂遇害公字雲從黎平人時以總督五省軍務駐節長沙公謁之進足餉輯衆之說掀髯鼓掌絶不作瑣瑣態何深器重之　五月南都失守立君子營　南都報至公痛哭三日設科募士或則幼讀詩書長嫺韜畧

或則年力壯茂募義從軍以至一材一藝之士皆聽
入募共得三千人分為十營取越王勾踐君子六千
之義不為之兵丁而為之君子以崇異之一時共事
有章曠楊培東諸人　閏六月唐王即位於福州改
元隆武　八月陞都察院僉都御史巡撫湖廣何公
薦之也　九月往荆南撫李錦等三十萬衆以歸

逆成既死其義兒李錦等十八部屯澧州界上號三
十萬衆遠近大震廉知李錦者闖尊之姪號一隻虎
頗孝其母高氏信用其母舅高一功可以義動客令
人具冠帔諸飭以從乃集其麾下謂之曰成敗在今
日吾誓一死持赤手往為國家收數十萬衆歸報朝
廷祖宗地下無任士民奔竄為也遂策匹馬率帳下

百人由武陵過澧水達草坪賊徒初見公不之禁未
至百里拒不許前積骨縱橫閭舍蕩然止公空城中
宿翼日忽見戈矛蔽天烟塵塞野從者皆泣公顧謂
曰若等自當生還無怯吾死則收吾骸返耳頃之賊
部下至曰知公高義願俯臨營中又步將數十人踵
至接入其營公以大義諭之曰若等皆大用才如此

而陷不義亦當事者之過但國家御宇三百年來若
等祖宗世食其德一旦以烏合之衆破金甌毀宗祏
俾他人收利自居賊名若等爲此何益今若能重自
湔祓戮力建功使名垂竹帛吾當與若等共之錦及
一功素服公名見公慷慨激烈深爲所感皆曰誠如
公錦等初念不及此今公以忠義指示敢不惟命是

聽卽欲羅拜定盟公曰姑徐之吾與若等相約報國
便同兄弟當效古人登堂拜母之義請先見太夫人
然後行禮錦引高氏出拜公答拜之從者奉上冠帨
公曰榮命在卽預備以獻高氏喜卽呼錦跪堂下戒
之曰使爾等贖前罪洗惡名者堵公之賜也爾當終
始勉之勿生二心公因與之釃酒立誓錦等願以死

報及留宴奏妓乃宮中女樂皆京師所掠來者公變
色卻坐泣而言曰兩京未復萬姓倒懸允錫求死無
所何以聽樂錦等卽命撤去益嘆服不置其所掠百
姓不下數萬公盡令釋之且給糧糗公返之日民皆
呼拜道旁徧數百里於是李錦高一功田虎張能賀
藍袁宗第塔天保黨守素李來泰馬某三十餘萬人

皆就撫聽公節制楚中稱為十家兵　上請封降將
疏　自收李高後兵強且衆得專力守禦屢有戰功
公乃為錦等請封遣武陵舉人傅作霖賫疏赴行在
十一月奉旨賜李錦名赤心高一功名必正及諸將
爵秩有差賜號忠貞營而別降勅奬公忠勤
丙戌年四十六歲官湖廣巡撫　二月率師圍荊州　四

月還駐武陵　時降將新附軍餉不給攻荆州久不拔推官趙振芳曰師老矣彼援將至奈何今惟決水灌城可以速下此不容間之會也公不忍民之魚持不決越二日北師果至與戰不利公乃由澧水旋駐武陵憂憤嘔血題二詩與於新化驛人傳誦之有南北試看誰世界死生此刻辨人禽之句回常德力疾

視師發兵各守要地　五月荆師壓境出兵擊之大
敗荆師於草坪　六月子孫驥姪孫正自家間行至
軍公見子姪喜不自勝改孫驥名世明孫正名正明
示不忘本朝也正名明故有勇即命督君子營衆皆
傾服後屢以克敵功膺奬賞累官右都督同子留守
錦衣衛事世明以恩典授江西道監察御史　八月

閩都潰　十月永明王即位於廣東之肇慶府改元
永曆
丁亥年四十七歲　四月陞兵部侍郎賜劍印總督軍務
八月常德陷率諸將守永定衛　九月武崗陷傳
令戒嚴　十一月率師復常德進復辰州　自退保
永定而後幾及半載公憤無恢復期乃書二祖列宗

之位北面百拜拔劍將自刎以謝不職左右急抱持之公釋劍大哭諸將亦哭三軍皆哭哭聲震山嶽焉進忠王進才等咸請效死公乃兜鍪銀鎧建大將旗鼓魁日出戰公姪正明為先鋒身先士卒振臂一呼諸將應聲騰起三軍繼之奮力死戰莫不一以當百三日凡斬獲以萬計遂復常德進復辰州

戊子年四十八歲　三月檄赤心與忠武諸營駐常德

四月北師以書至有大者王小者侯之語公峻拒之

五月上絕口不談和議疏　八月率師復衡州復

湘潭進至江右所向皆克　十月率師還駐茶陵

十一月陞兵部尚書賜印劍總督軍務　十二月率

師援南昌　初金聲桓圍贛州未下北師救至聲桓

退保嬰城北師圍之復以餘力敗傅鼎銓敗余應桂
西破丁家塘江事日急公聞報督忠貞營徃援之
春秋說義成、公嘗命子世明負書居馬前囊細碎
筆墨諸物軍行頓舍治軍書畢即掃地焚香啜茗紬
繹春秋大旨箋釋不輟至是成編名曰說義凡五卷
萬五千餘言傳聞於曹營失之

己丑年四十九歲　正月師次袁州　二月率師救湘潭
不及還守衡州　四月戰於衡州之章橋不利還駐
耒陽　陣於草橋公自執桴鼓諸將直前搏戰自辰
至酉所殺過當勿有輕騎出陣後陣動公急收兵駐
於耒陽令正明別統一軍護眷屬屯永興未幾永興
陷正明戰歿諸眷屬皆闔門縱火自焚　北師使公

戚唐鶴翥召書至公泣而拒之　五月戰於麻河大
捷　公遣子世明賫表赴行在以病卒於道　六月
入朝陞少傅太子太師吏部尚書兼兵部尚書文淵
閣大學士奉命總督諸營以圖江楚　七月師次梧
州寄吳中故人書　畧云僕自甲申以來馳驅王事
心盡力疲不可復振然而一息尚存敢不勉旃倘邀

宗社之福收合餘燼迅掃狂氛揚帆直下重展孝陵
歸老桑梓所甚願也若天不降佑方命失律允錫七
尺微軀久不作人間想矣異日荊溪之湄風清月白
之夜有哀淒叫空者必允錫也故人不棄倘有灑酒以
相慰者乎幸矣念錫一生不初有家妻子棄捐亦十不
復道止有從兄允祿從子昌明為先祖父一脈之遺

貧弱可傷故人能嗟而食之使不至填於溝壑則允

錫生死之感也　十一月師次潯州有疾　公歷年

征調勞苦憂悴常扼腕嘔血又連喪子姪益黯然神

傷值李元允用事每有奏請輒爲扼腕掣肘諸營多

觀望不進展布益難遂發憤成疾　二十六日革拜

遺疏卒於軍中　公病革强起具冠帶望闕再拜上

遺疏畧曰臣自拜命以來任大責重竊不自量擬再
合餘燼少收桑榆不料調兵則一營不發若曰堵督
臣而有兵是豐其羽翼也索餉則一毫不與若曰堵
督臣而有餉是資其號令也致臣如空山獨夫坐視
疆孔急號血拊心畧無展布昨上西山橫邑感厲太
重一病不起遂快羣腹臣亦何恨但以萬死不死之

身不能為皇上畢命疆實乃恨也伏乞皇上揀任老成用圖恢復若軍國大事惟[依]李元允等為股肱心腹則成可虞臣死矣不勝餘憾拜疏訖又南向拜曰皃死不獲更還邱隴矣復懸在三圖命左右環拜一一勉以忠義為決別語及將絕呼筆自題其像曰有明堵子生而精敏遭家不造誠身事親遭時多艱致身

事君四十九年孤兒遁而今而後浩然蒼冥投筆而

卒　時十一月二十六日丑時也三軍慟哭如傷考

妣隨公親屬僅有蔣世芳字清源族姪武鼎字纘侯

及江右知友數人卒之前一日親吏歐陽典夢公乘

牛騰空而去醒以語左右夢皆同嗚呼公生以辛丑

捷以丁丑卒以己丑丑之生固牛屬也茅峯之禱感

於前潯陽之夢徵於後牧公之生卒豈偶然哉

朝廷聞公卒涕泣減膳輟朝五日贈上柱國中極殿

大學士太子太師謚文襄諭祭九壇

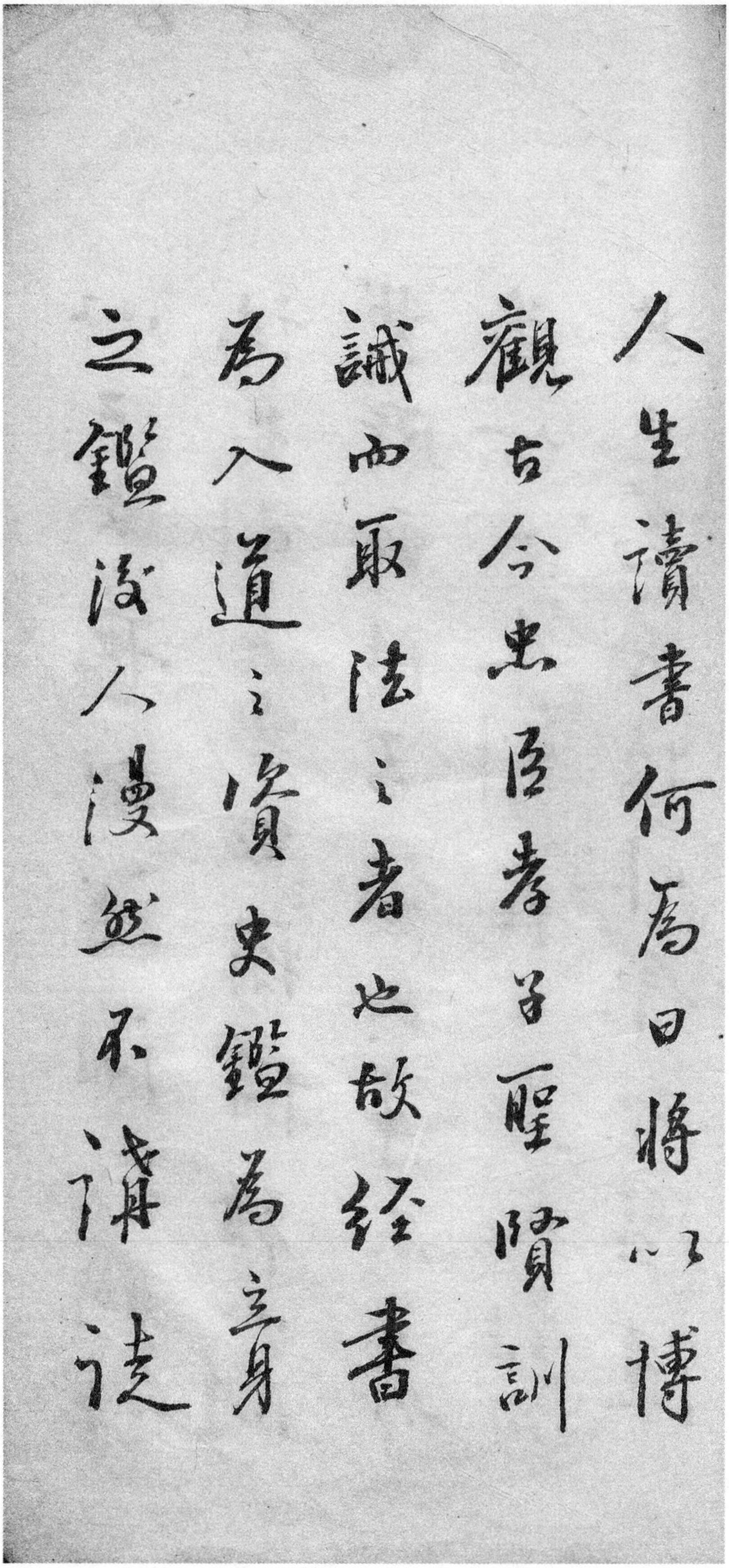

人生讀書何為曰將以博觀古今忠臣孝子聖賢訓識而取法之者也故經書為入道之資史鑑為立身之鑑後人漫然不講讀

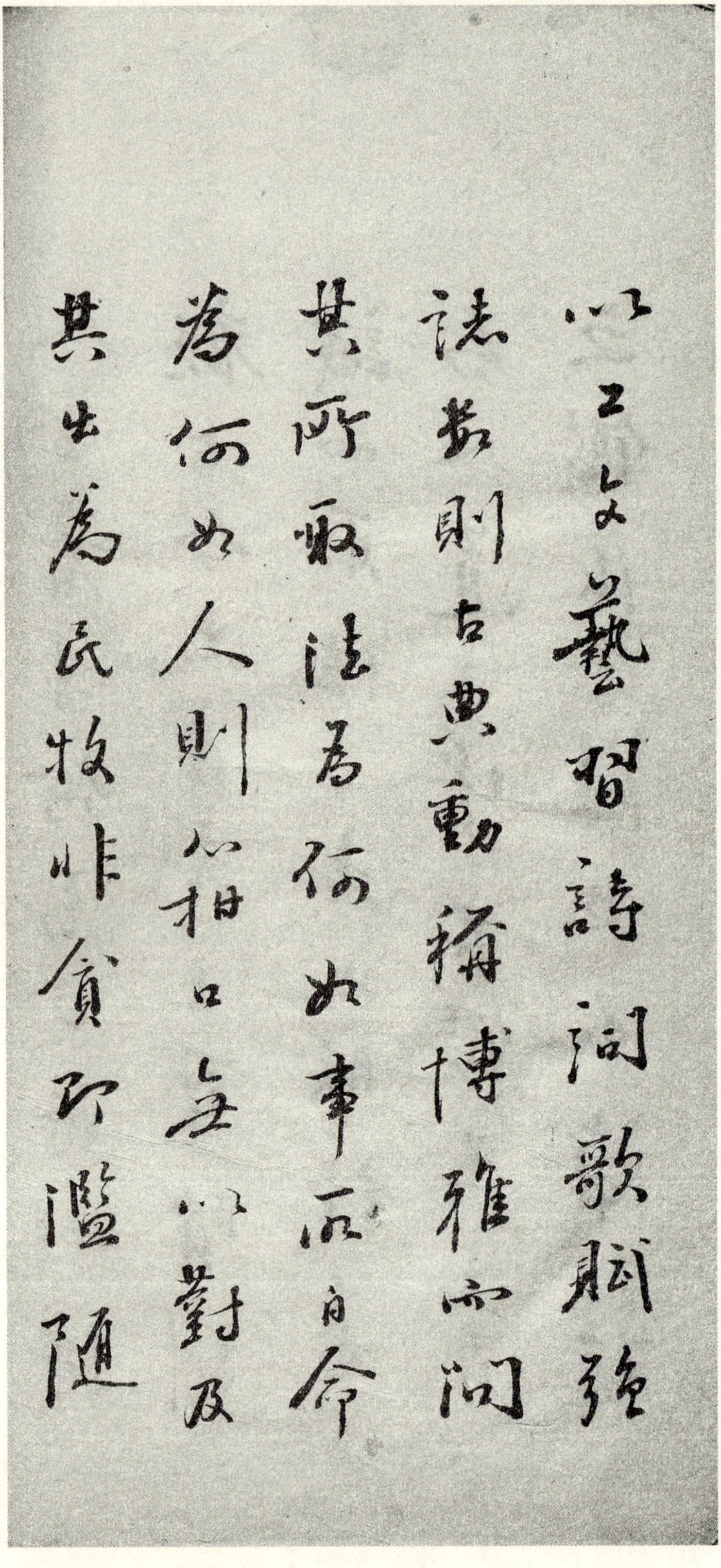
以工文藝習詩詞歌賦強
誌者則古典動稱博雅而詞
其所取法為何如事而自命
為何如人則心相口無以對及
其出為民牧非貪即濫隨

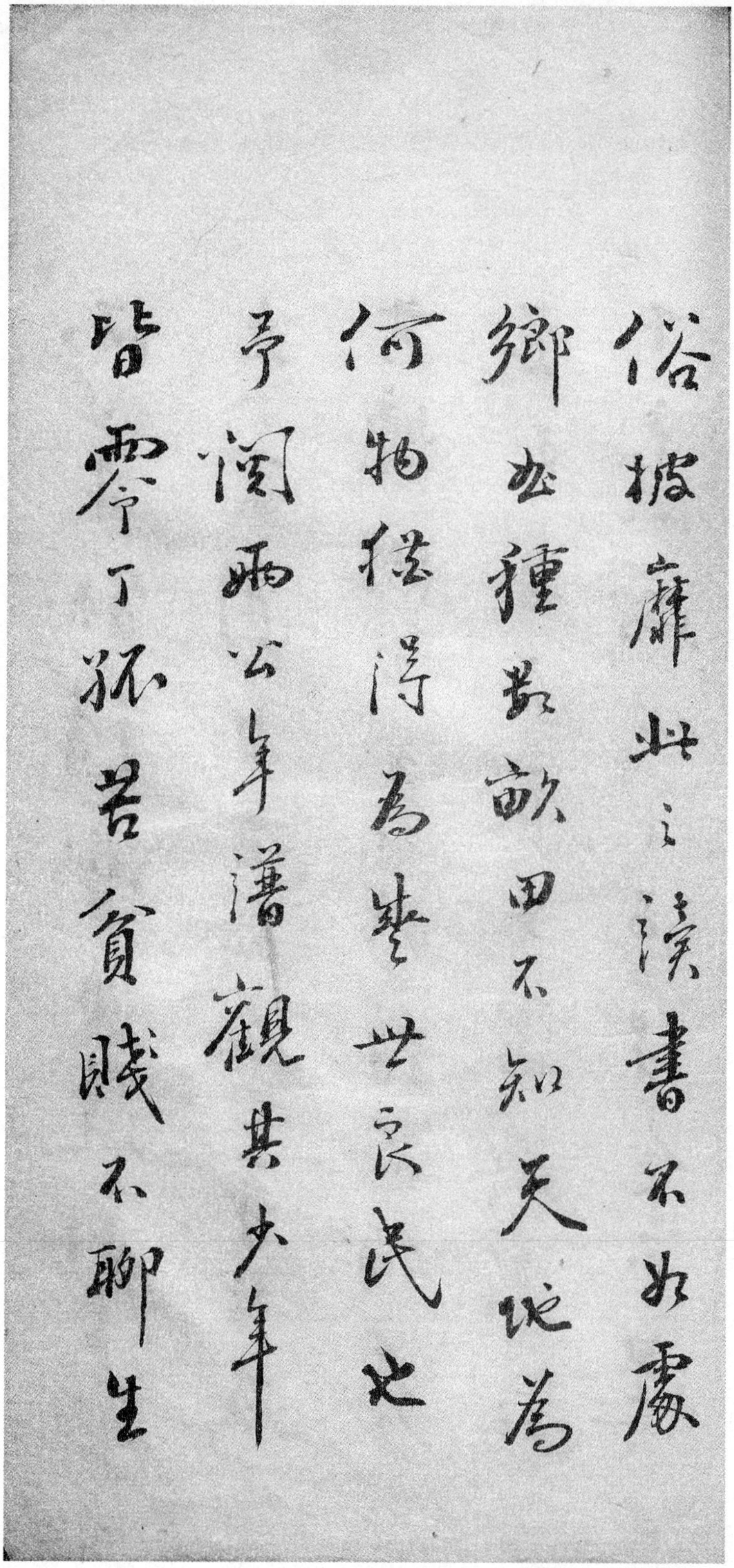

俗披靡此之讀書不如處
鄉然種數畝田不知天地為
何物猶得為世良民也
亭閣兩公年譜觀其少年
皆零丁孤苦貧賤不聊生

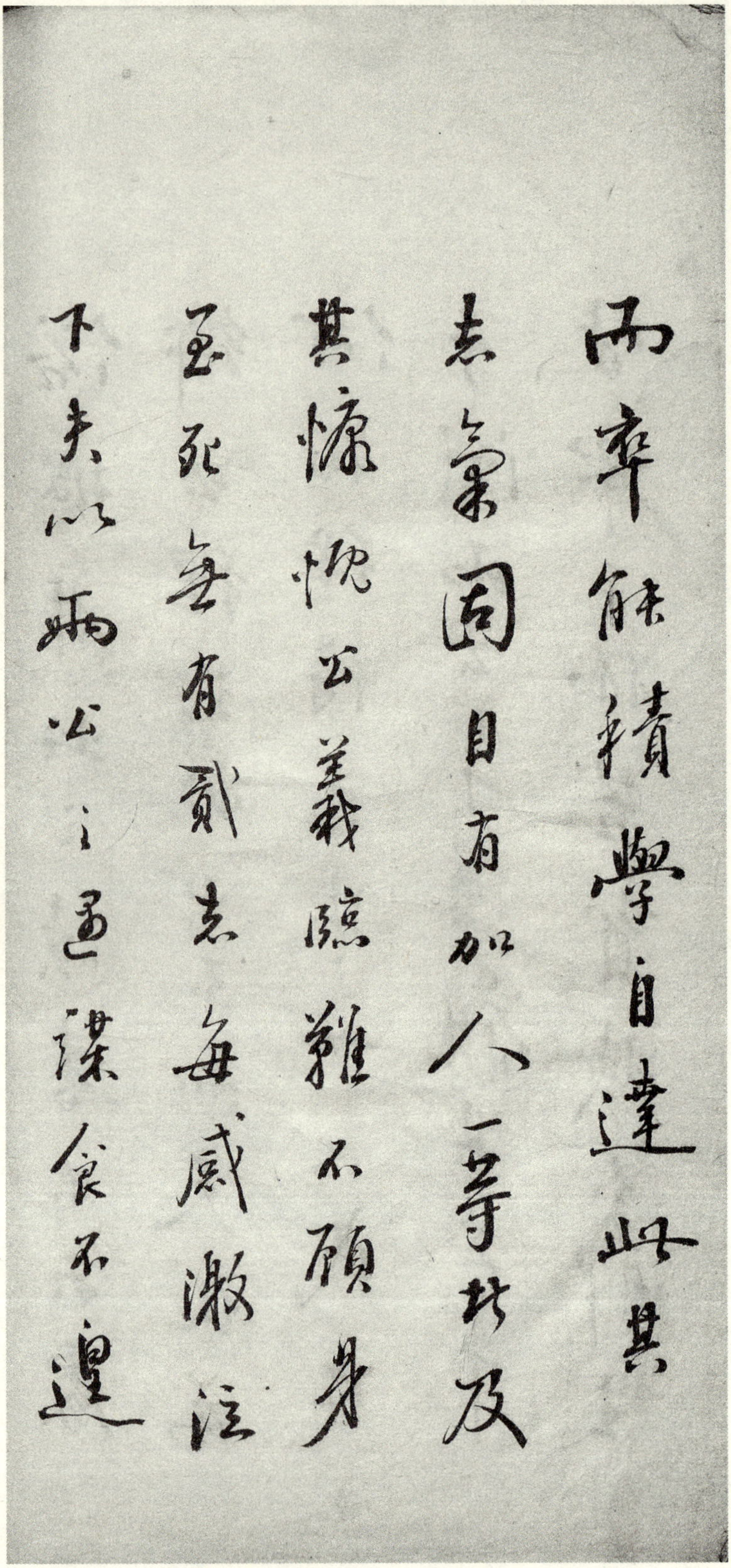
而卒能積學自達，與其
志氣固自有加人一等者，及
其慷慨公義，臨難不顧身，
至死無有貳志，每感激泣
下。夫以[illegible]必之[illegible]謀食不遑

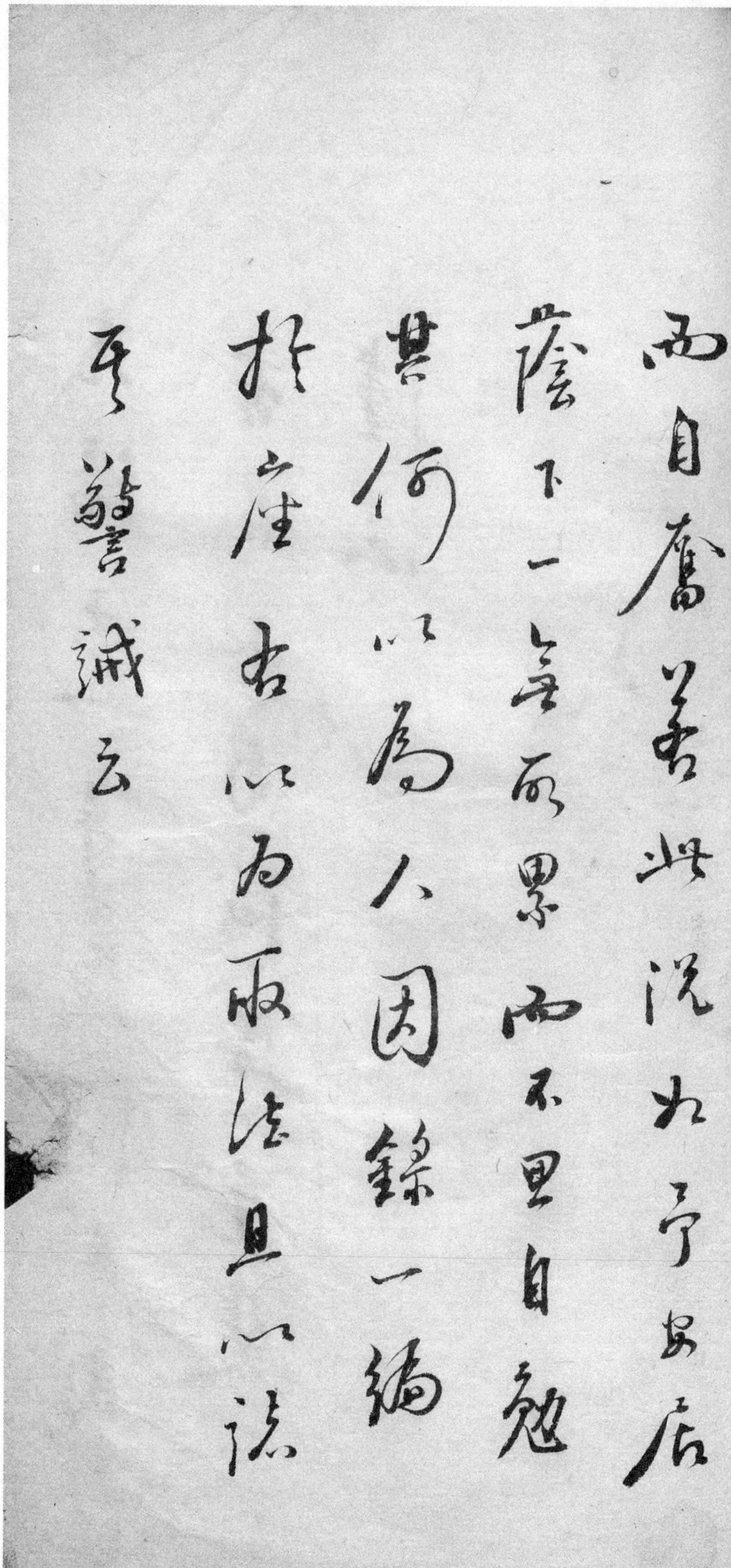

而自詹某與況了安居蔭下一無所累而不思自勉甚何以為人因錄一編於座右以為取法且以誌吾警識云

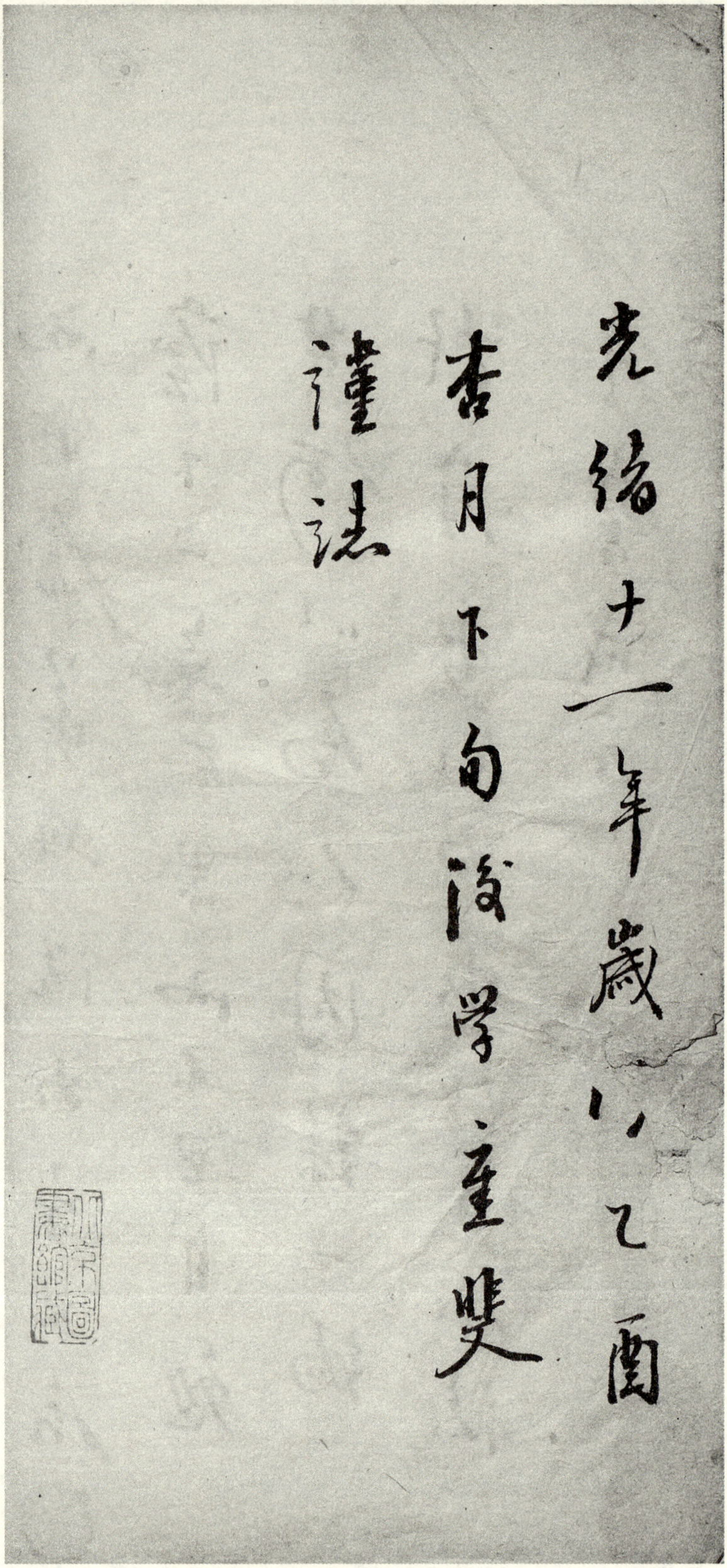
光緒十一年歲次乙酉
杏月下旬陳學棻
謹誌

蔣逸雪 編

張溥年譜

民國朱絲欄稿本

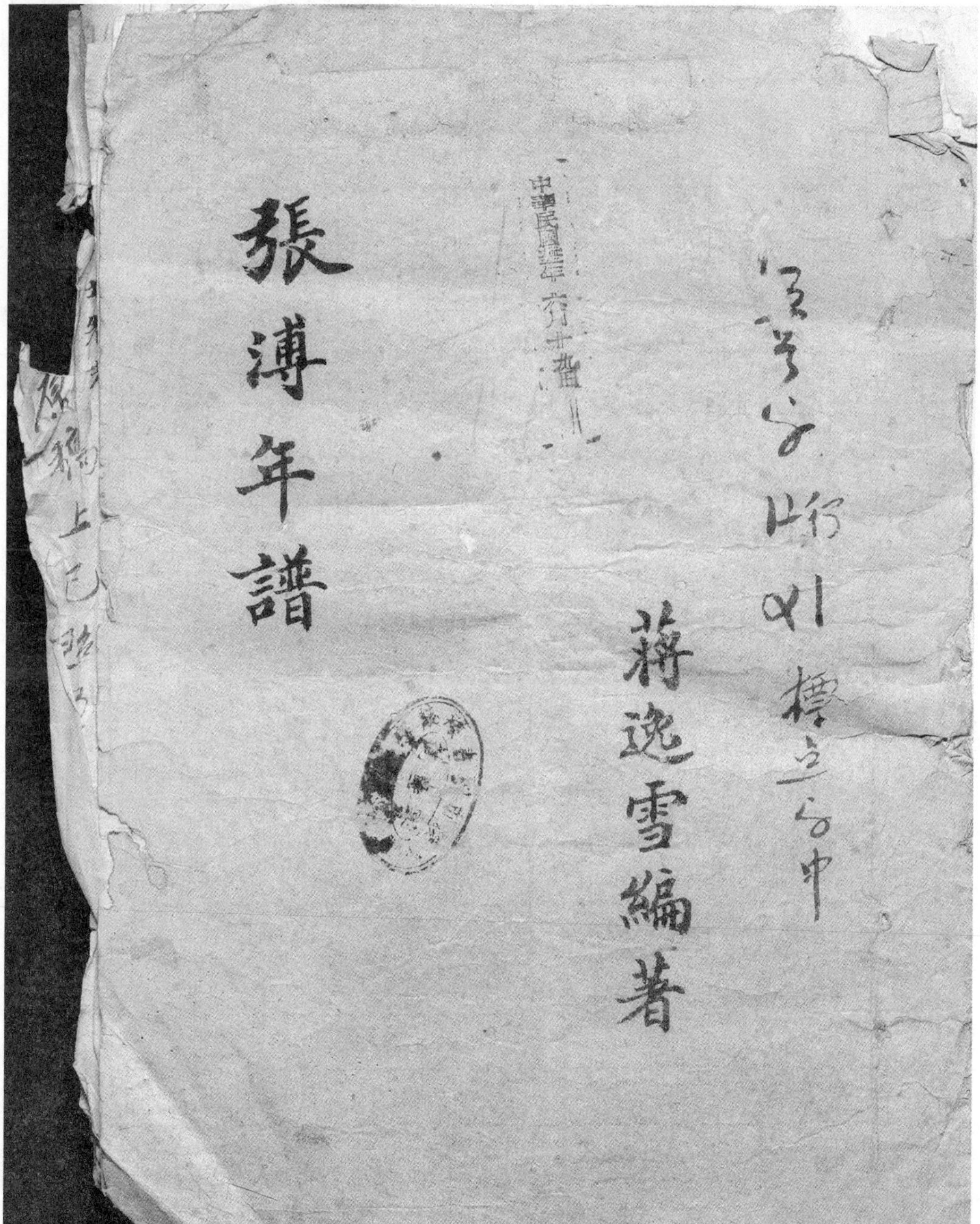
張溥年譜
蔣逸雪編著

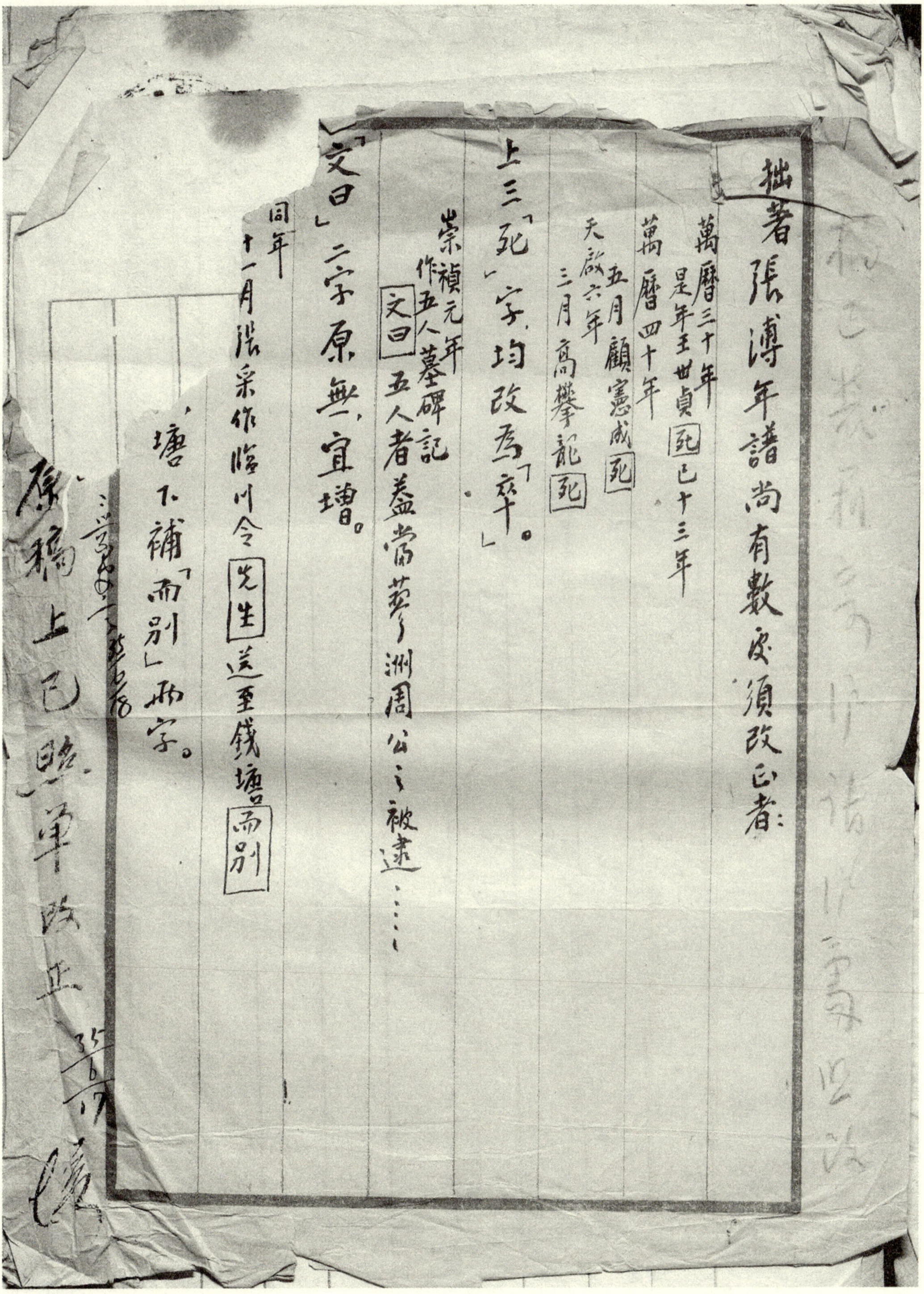

拙著張溥年譜尚有數處須改正者：

萬曆三十年　是年王世貞死已十三年

萬曆四十年　五月顧憲成死

天啟六年　三月高攀龍死

上三「死」字，均改為「卒」。

崇禎元年　作五人墓碑記　文曰　五人者蓋當蓼洲周公之被逮……

「文曰」二字原無，宜增。

同年　十一月張采作臨川令　先生　送至錢塘　而別

「塘」下補「而別」兩字。

原稿上已照單改正　35/6/17

目錄

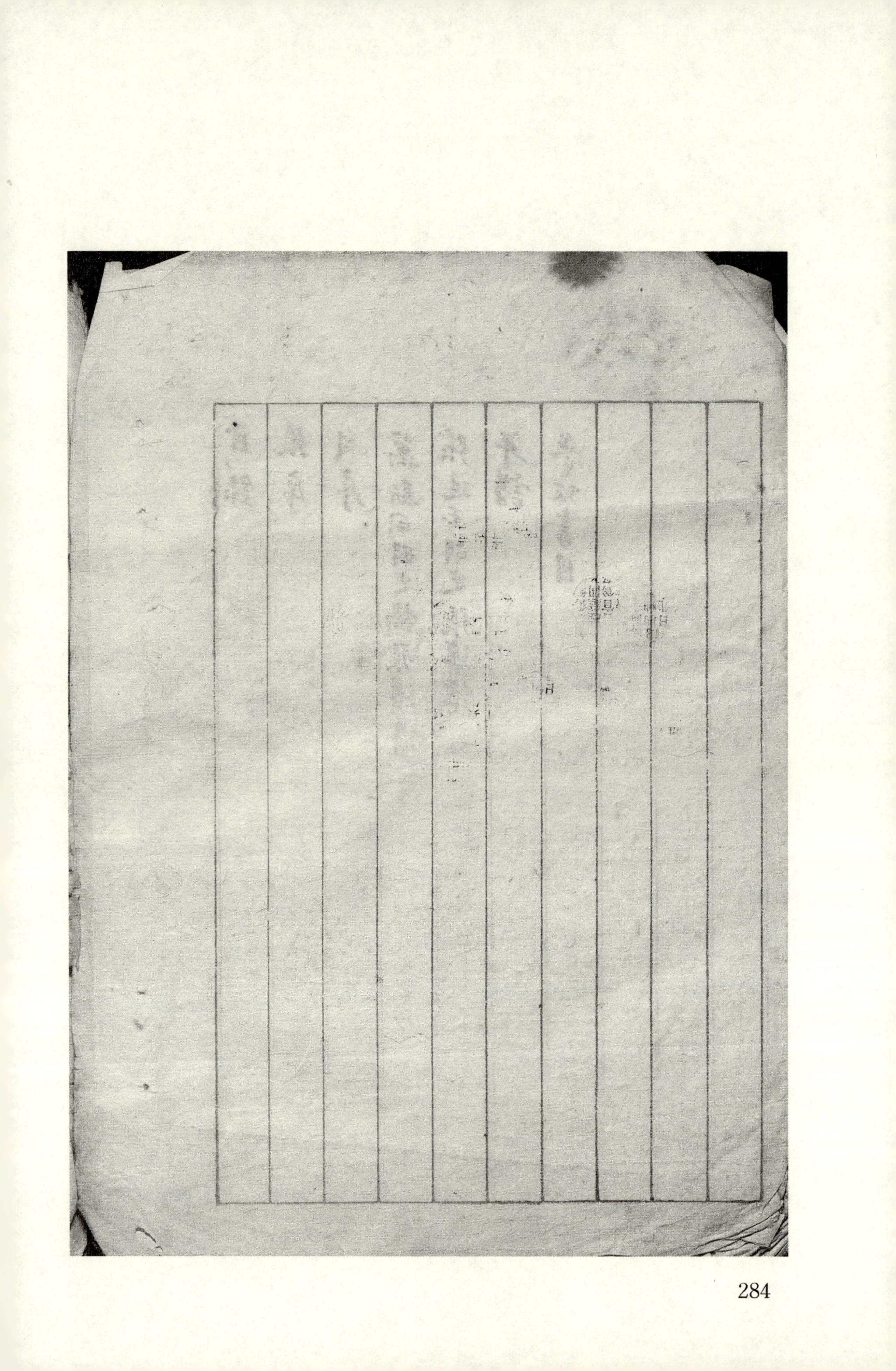

張序

凡為古人作傳記年譜，必將其人學術功業，標舉真確，銖兩分寸，權度靡差。且其人與當時大局有何關係？在史冊中居何位置？衡量估定，乃稱合作。蓋其人苟可傳世，必倜儻權奇，迥異恒流，其功儘可超越人羣，其過亦或流禍宗社，故必至公至明，乃能執簡秉筆，稱厥天職。蔣君逸雪所撰張天如先生年譜，雖未可徑許為合作；然其搜輯史材，如七錄齋詩文合集、近集、太倉張氏家乘、楊彝復社事實、張采知畏堂集，世頗難覯，蔣君銳意搜獲，將張氏家世源委，生平事蹟，紬繹以顯於世，實有功於張氏。余嘗瀏覽復社姓氏錄而知張氏聲氣之廣。考復社姓氏皆錄自國表，今世所傳，約有三本：一為陸世儀復社紀略本，約七百餘人，蓋出於國表首集；二為朱彝尊所錄吳翻本，蓋出於國表一二集，約二千二百數十人；三為吳應箕本，蓋出於國表三四五集，約二千四百餘人。三本去其種複，共得三千餘人。又吳應箕本標明已列仕籍者不載，則不入此錄者尚多。此復社之人數所當記入者，一也。吳山嘉復社姓氏傳略十卷，續輯一卷，有傳者僅千人，則無傳者尚有二千餘人。然觀章學誠湖北復社名人傳，則山嘉所未采者，為數尚多；各省方志所載，為山嘉所遺漏者亦復不少。是復社鼓舞人才，名人孔多，所當記入者，又一也。張氏兼綜經史，學主博大，至其文學，遠紹弘治嘉靖前後七子之烈，頗欲復古，故輯漢魏六朝百三名家集；同社陳子龍等輯皇明經世文編五百四卷，張氏頗襄助而為之序，則亦為經世致用之學。所集復社，其始僅為文社，一變而為政社，遠駕漢唐宋明諸黨之上，有經緯而善組織，擅權略而煥謀猷，為近代政黨楷模，蓋先之以學也，在中國政黨史可首屈一指。然顧炎武吳中傳示同社名氏詩，謂我無人倫鑒，焉能希林宗，頗譏切張氏。蓋張氏頗無人倫之鑒：一失之於吳昌時，而身遭毒斃之疑見董含雜記。本譜雖言其善終，然張采謂天如歿前二日，猶手校近集，錢謙益謂天如之歿耿耿視不受含，頗有暴卒之疑，縱使昌時不下毒手，而彼為基本社員，贓汙受誅，敗壞大局，亦已頹其社聲。一失之於周延儒，而國家再覆之■禍。周延儒字挹齋，其受賄阮大鋮，在初相時，未償其欲，及其再相，遂酬大鋮所親馬士英以鳳陽總督，植馬阮肆奸仇社，致亡南都之禍根。本譜述吴鍾巒謂天如曰：「捴齋座客，皆聲色貨利之輩，無一名士，吾不樂近之。」天如不悟，擁其再起，有愧鍾巒多矣。君子觀於此年譜，謂當與晚明諸史相互參稽，乃能推見其至隱。質之蔣君，當不以余言為偏宕也。

中華民國二十九年三月八日，張繼譔。

自序

仲尼云：「天下有道，則庶人不議。」病痛在身，呻吟斯發，叔世英俊，目擊壞俗，正顏抗論，樹立風聲，緣是而有黨社，披檢史籍，漢之末，明之季，可見焉。或曰：「黨為聖人所禁，門戶之見，常召衰亡，未可從而揄揚之也。」曰：是不然！孔子固有「羣而不黨」之說，然稱其弟子，則曰「吾黨小子」，又曰「人之過也，各於其黨，觀過斯知仁矣」。孔子不惟不諱黨，且讚黨之美，有不可掩者，義各有當，未容執一而論也。炎漢遠矣，請言明季。彼時天地晦暗，姦邪據要津，黎庶陷水火，志士仁人，痛心疾首，攘臂而呼，思得賢者而共濟之，始出為東林，嗣響有復社，末運頹風，雖未克挽，然正氣之發揚，於天地間者，固自足多也。世衰而有朋黨，非朋黨而釀衰世，因果先後，詎宜倒置！甲戌之秋，予來婁江，授徒之暇，喜徵掌故。父老有指而謂予者曰：此張天如之故居也；此天如釣游之地也；此天如講學之所也。憑弔遺蹤，恍沐餘韻。因念復社之立，創自天如，天如起自孤寒，不三十而名震朝野，一言以為月旦，四海重其風儀，北而燕晉，南而閩粵，西而黔蜀，才秀論政，是非臧否，咸取決於吳會，身隱田廬，望重天下，謂非賢者能之乎？宜興再相，拔善類，蠲苛雜，朝政一新，駸駸有中興之勢，論者歸功於天如。迨天如作古，朝事乃不可問，論者又不僅為一人惜也。然君子所痛，小人所快；君子所親，小人所怨。天如初忌於閹黨，終厄於烏程，而鄉里僉壬，又從而譸張誹語四布。甚者謂復社旨在傾覆明社，天如名號比天顯，有異志。恐懼流言，聖者不免，危疑震撼，憂能傷人，致使強仕之年，遽爾殞歿，不得盡其用，君子讀史至此，未嘗不廢書而三歎也。頃考三吳文獻，天如年譜尚付闕如，爰訪之舊家，徵諸故籍，以彌其憾，庶後之輯黨社史者有所考覽焉。丙子新秋逸雪自記。

張廷玉明史張溥傳係據萬斯同明史稿而加刪節，一意求簡，事之原委，或致不具。今兩傳並錄，參互以觀，得失自見。

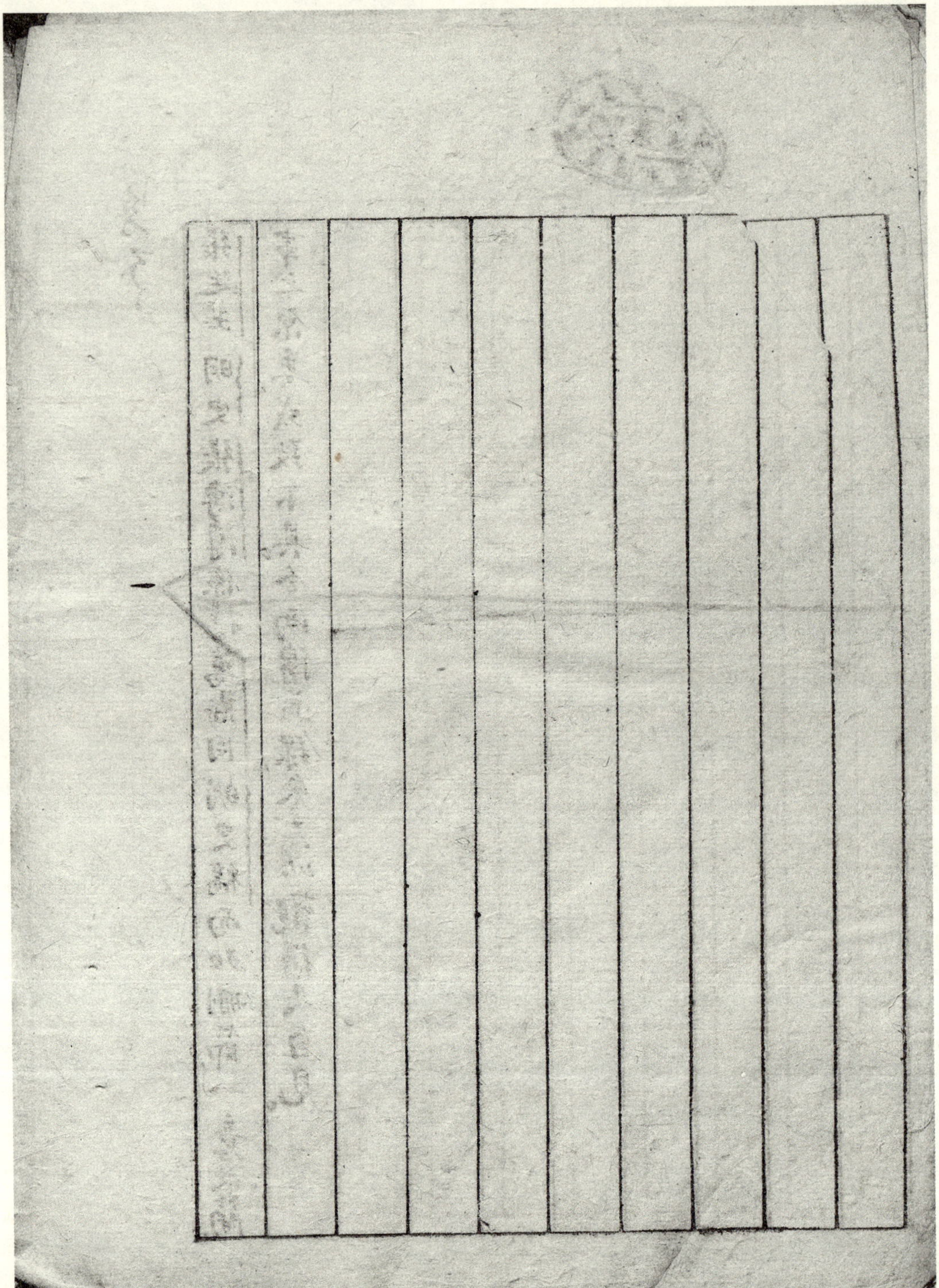

萬斯同明史稿張溥傳

張溥，字天如，太倉人。伯父輔之，南京工部尚書。溥幼嗜學，所讀書必手抄，抄已，朗誦一過，即焚之，又抄，如是者六七，始已。或問：「何勤苦乃爾？」曰：「聊用強記，何留滯心目為！」用是右手握管處，指掌成繭，數日輒割去，冬月手皸，日沃湯數次。其勤學若是。後名讀書之齋曰七錄，以此也。及為諸生，召同里張采共學，益肆力經史名籍，甚時號「婁東二張」。崇禎元年，以選貢生入都，適采初成進士，兩人相得益彰，名徹都下。已而采官臨川，溥歸，集郡中名士，相與砥礪，期復古學，因名曰復社。三年，舉於鄉，明年，釋褐，改庶吉士，在館中頗有臧否，讒言遂興。又明年，乃以葬親乞假去，其讀書仍若經生，無間寒暑，四方徵名者爭走其門，盡名為復社。溥亦傾身結納，名日高，所交游日廣，其聲氣通於朝右，凡所品題甲乙，頗能為榮辱，兩臺暨監司大吏多承其謦欬，而諸奔走附麗者，一託足其門，輒自矜張，曰：「吾以嗣東林也。」乃至執政大僚亦以為嗣東林也，而惡之。其里有陸文聲者，素無賴，以輸貲為監生，求入社，不許。時采亦旋里，嘗以事抶文聲，文聲益恨。九年秋，假興利詣闕陳言，因謂風俗之弊，皆原於士子，而溥、采實為主盟，倡復社以亂天下。時溫體仁枋國，方惡東林復社，遂擬嚴旨，下提學御史倪元珙覈奏。元珙移兵備參議馮元飈，元飈下太倉知州周仲璉，遷延久之，被旨詰責。至明年正月，乃言復社文必先正，行必賢良，無罪可指；文聲被罪潛逃，母服未終，匿喪謁選，今又借端誣陷，罪不可宥。疏奏，特旨，三人皆貶斥，嚴旨仍窮竟不已。閩人周之夔者，前為蘇州推官，主兌運，溥及太倉知州劉士斗私其州人，議以本州額輸，派之各邑，之夔不可，以此忤溥。已之夔坐事罷官，疑溥為之，恨甚。至是聞文聲訐奏，遂縗服伏闕，云溥等把持計典，己之罷職，實其所為，因及復社恣橫狀。章下撫按，巡撫張國維等言之夔去官，自有本末，無預溥事。亦被旨譙讓。至十四年五月，溥已卒，而事猶未竟。刑部侍郎蔡奕琛坐黨薛國觀繫獄，未知溥之卒也，上言：去夏六月，臣邑子倪姓者，見臣邑令丁煌誇其師張溥權力，謂臣旦夕當

遠已而果然，一里居庶常遥握朝柄，豈非異事！因及采結黨亂
政狀。詔下倪姓者吏令煌首實，而責溥采回奏。采上言曰：謂復
社是臣事，則出處年月不符；謂復社非臣事，則生同淬礪，死遊
網羅，負義圖全，誼不出此。念溥日夜解經論文，矢心報稱，曾未
一日服官，懷忠入地，即今嚴綸之下，并不得泣血自明，良足哀
悼。當是時，體仁已前罷，繼者張至發、薛國觀皆不喜東林，故所
司不敢數奏。及是，至發、國觀亦相繼罷，而周延儒當國，溥座主
也。其獲再相，溥有力焉，故采疏上，事得解。明年，御史劉熙祚給
事中姜埰交章言溥砥行博聞，所纂述經史，有功聖學，宜取備
乙夜之觀，因薦采學行可用。秋八月，帝御講筵，問及二人，延儒

對曰：「讀書好秀才。」帝曰：「溥已卒，采小臣，言官何為薦之？」延儒曰：「二人好讀書，能文章，言官為舉子時，曾讀其文，又以用未竟而惜之。」帝曰：「亦未免偏。」延儒曰：「誠如聖諭，溥與黃道周皆傷於偏，止因善讀書，以故惜之者眾。」帝頷之。遂有詔徵溥遺書，而道周亦復官。有司先後錄上三千餘卷，帝悉留覽。天下益頌帝之仁明，而惜溥生前不遇也。溥詩文敏捷，四方徵索者，率不起草，對客揮毫，俄頃立就，以故名高一時。又虛懷善下，有求輒應，人莫不愛而親之。卒時年止四十。

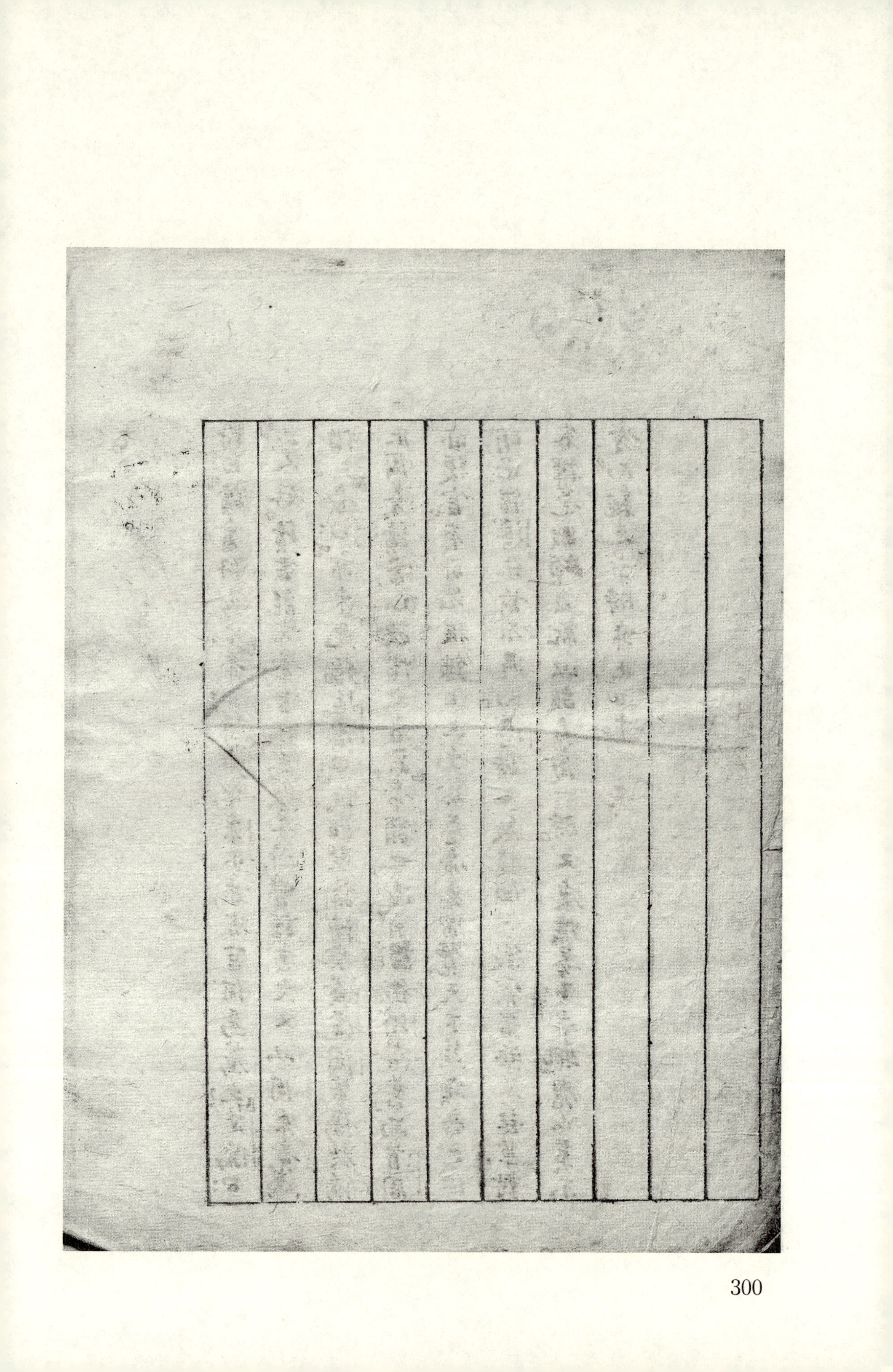

張廷玉明史張溥傳

張溥，字天如，太倉人。伯父輔之，南京工部尚書。溥幼嗜學，所讀
書必手鈔，鈔已，朗誦一過，即焚之，又鈔，如是者六七，始已，右手
握管處，指掌成繭，冬日手皸，日沃湯數次，後名讀書之齋曰「七
錄」，以此也。與里同張采共學齊名，號「婁東二張」。崇禎元年，以選
貢生入都，采方成進士，兩人名徹都下。已而采官臨川，溥歸，集
郡中名士相與復古學，名其文社曰復社。四年，成進士，改庶吉
士，以葬親乞假歸，讀書若經生，無間寒暑，四方噉名者爭走其
門，盡名為復社，溥亦傾身結納，交游日廣，聲氣通朝右，所品題
甲乙，頗能為榮辱。諸奔走附麗者，輒自矜曰：「吾以嗣東林也。」執

執大僚由此惡之。里人陸文聲者，輸貲為監生，求入社，不許，采又嘗以事抶之。文聲詣闕，言風俗之弊，皆原於士子，溥、采為主盟，倡復社，亂天下。溫體仁方枋國，事下所司，遷延久之，提學御史倪元珙、兵備參議馮元飈、太倉知州周仲璉言復社無可罪，三人皆貶斥，嚴旨窮究不已。閩人周之夔者，嘗為蘇州推官，坐事罷去，疑溥為之，恨甚。聞文聲訐溥，遂伏闕言溥等把持計典，己罷職，實其所為，因及復社恣橫狀。章下，巡撫張國維等言之夔去官，無預溥事，亦被旨譙讓。至十四年，溥已卒，而事猶未竟。刑部侍郎蔡奕琛坐黨薛國觀繫獄，未知溥卒也，訐溥遙握朝柄，己罷由溥，因言采結黨亂政。詔責溥、采回奏。采上言：復社非臣事，然臣與溥生平相淬礪，死避網羅，負義圖全，誼不出此。念溥日夜解經論文，矢心報稱，曾未一日服官，懷忠入地，即今嚴綸之下，并不得泣血自明，良足哀悼。當是時，體仁已前罷，繼者張至發、薛國觀，皆不喜東林，故所司不敢復奏。及是，至發、國觀亦相繼罷，而周延儒當國，溥座主也，其獲再相，溥有力焉，故采疏上，事即得解。明年，御史劉熙祚、給事中姜埰交章言溥砥行博聞，所纂述經史，有功聖學，宜取備乙夜觀。帝御經筵，問及二人，延儒對曰：「讀書好秀才。」帝曰：「溥已卒，采小臣，言官何為薦之？」延儒曰：「二人好讀書，能文章，言官為舉子時，讀其文，又以其用未竟，故惜之耳。」帝曰：「亦不免偏。」延儒言：「誠如聖諭，溥與黃道周皆偏，因善讀書，以故惜之者眾。帝頷之。遂有詔徵溥遺書，而道周亦復官。有司先後錄上三千餘卷，帝悉留覽。溥詩文敏捷，四方徵索不起草，對客揮毫，俄頃立就，以故名高一時。卒時年止四十。

（一）

張天如先生年譜

蔣逸雪編著

明神宗萬曆三十年，壬寅（西曆一六〇二）。三月二十三日，

先生生於太倉。

先生姓張氏，諱溥，初字乾度，改字天如，號西銘，蘇之太倉州人也。曾祖鯨。祖仲，娶於方，生三子：長輔之，南京工部尚書；次相之，夭；又次翼之，字爾謨，號虛宇，先生父也。娶陸，繼潘，側室三，葉汪金。金生先生。兄弟十人，先生次居八，門房稱先生十者，以尚書諸子亦列入雁行也。

附世系表

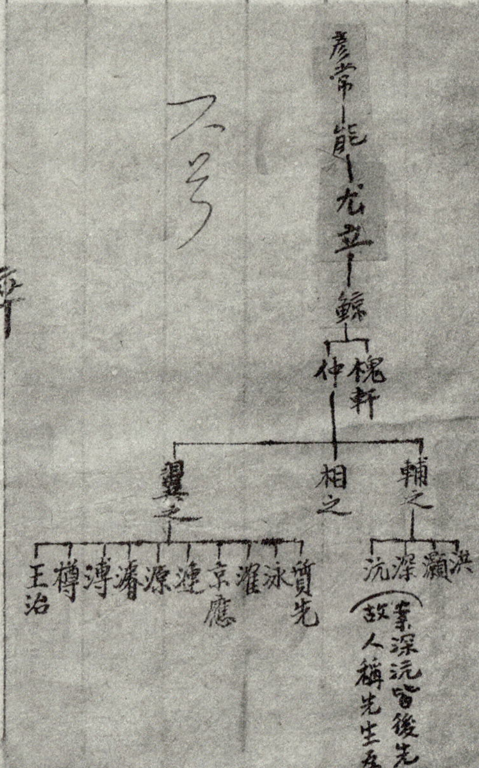

是年，王世貞卒已十三年。

王世貞，字元美，號鳳洲，又號弇州山人，太倉人也。文宗秦漢，詩法盛唐，人雖云亡，而流風未沫，故先生詩文受其影響獨鉅。

（二）

七錄齋詩文合集王文肅課孫稿序：「嘉靖之季，文尚弘邈，吾婁相國（王錫爵）起而昌大其事，觀斯備矣。當時稱述大家者，咸云：「琅邪（王世貞）探放六藝，太原（王錫爵）綜切義理」，兩家嶽嶽，儒林閭，四方車蓋輻輳其鄉，童子歌謠，丈人播說，未能先也。」

又王子彥稿序：「予生時晚，不及從琅邪王氏兩先生游，則聞之長老云：「元美先生廣大，敬美（名世懋，世貞弟）先生方嚴，輒私心想見之。」

友人張采已七歲。

張采字受先，與先生同里，先生居西郊，采居南郊，人稱西張南張合稱兩張先生。先生平生友好，推采為最。明史本傳，采附。

楊廷樞已八歲。

楊廷樞，長洲人，字維斗，與先生共倡復社，契合無間。七錄齋近集楊年伯母侯太孺人六十序：「溥自丙寅以迄庚午，出入必與維斗俱，明經賢書二錄，亦幸同列名，馳驅江澥，徘徊京國，風雨雞鳴，論議不倦。」

吳應箕已九歲。

明史：「吳應箕，字次尾，貴池人。善今古文，意氣橫厲一世。阮大鋮以附黨削籍，僑居南京，聯絡南北附璫失職諸人，劫持當道，應箕與無錫顧杲，桐城左國才，蕪湖沈士柱，餘姚黃宗羲，長洲楊廷樞等為留都防亂公揭討之，列名者百四十餘人，皆復社諸生也。樓山堂全集有感事贈天如虎邱詩。

黃道周已十八歲。

道周曾為先生撰墓誌，中有公之退退而死，則亦維余之故也之語。

姚希孟已二十四歲。

文震孟已二十九歲。

合集有壽文湛持先生六十序。

高攀龍已四十一歲，顧憲成已五十三歲。

萬曆三十一年，癸卯（一六〇三）。先生二歲。

萬曆三十二年，甲辰（一六〇四）。先生三歲。

十月，顧憲成講學東林書院。

明亡述略（作者佚名）「顧涇陽高景逸講學東林，海內士大夫多從之游，故魏忠賢誣為東林黨，而復社則楊維斗張天如倡之，以踵東林者也。」

萬曆三十三年，乙巳（一六〇五）。先生四歲。

萬曆三十四年，丙午（一六〇六）。先生五歲。

門人吳繼善生。

吳偉業志衍傳：「予年十四，識志衍，志衍長於予三歲。」偉業生己酉，故知志衍生丙午，志衍，繼善字也。偉業哭志衍詩，中有「煌煌張夫子，斯文紹濂洛，五經叩鐘鏞，百家垂矩矱，海內走其門，鞍馬塡城郭」之句，想見門牆之盛。

萬曆三十五年，丁未（一六〇七）。先生六歲。

從劉振漢學。

張采庶常天如張公行狀：「蒙師劉振漢死，公操文哭祭，約管子士琬，卜地成葬，歲䘏其妻若子。」先生入塾，似初從振漢也。

是年宋玫生。

宋玫，字文王，别號九青，萊陽人，詩文與先生齊名，鄭潛石

詩云：「剖斗折衡爲文章，天下婁東與萊陽。」

萬曆三十六年戊申（一六〇八）。先生七歲。

日誦數千言。

行狀：「公六七歲，奇慧不逐童戲，兄弟中間童戲，獨正目視，

亡預。晨佩管遝從師受讀，日可受數千言。暮反揖虚宇公

所，或呼問：『今日何書？』琅琅不休，虚宇公絕憐愛。」

六月，友人陳子龍生。

萬曆三十七年己酉（一六〇九）。先生八歲。

門人吳偉業生。

偉業字駿公，號梅村，與先生同里，門牆之中，此為高弟。

萬曆三十八年，庚戌（一六一〇）。先生九歲。

萬曆三十九年，辛亥（一六一一）。先生十歲。

萬曆四十年，壬子（一六一二）。先生十一歲。

受業於張露生。

合集卷三張露生師稿：「予年十一，從先生學文字，時粗解把筆，先生謂為可教，時稱述於先子。」行狀：「我自遇露生張師，始獲黃童譽，師生亦佩知己哉！」

五月，顧憲成卒。

萬曆四十一年，癸丑（一六一三）。先生十二歲。

萬曆四十二年，甲寅(一六一四)。先生十三歲。

萬曆四十三年，乙卯(一六一五)。先生十四歲。

萬曆四十四年，丙辰(一六一六)。先生十五歲。

家庭間多隱痛，虛宇公惟望子之有成，先生刻勵承志。

虛宇長兄輔之，官工部尚書，位雖顯，而無裨於弟，且時有凌奪事，後更縱其門客豪奴與虛宇訟爭，虛宇鬱鬱而死，先生每痛心焉。合集卷六先考虛宇府君行狀：「先君嘗擇地為首丘計，已墨食矣，形家言其善，司空聞之，欲而不言，先君知之，即推予曰：「兄胡不言？子孫一也，何彼此為！」同里張某，敖宕壞產，售地於先君，先予二百金，司空美其上腴，

（六）

先君即裂契歸之，亦不徵所予。……門▇下客某者，能星家言，曉箏歌，初貧無家，夜止佛寺中，隆冬不能具薾絮，先君見之心動，召與語，給以衣食，葺數椽居之。引與司空游，司空喜其滑柔，置諸座客，得日親近。某復請於先君，願治生產為長久，先君與司空各貸以五百金，既而司空徵五百金，某盡輸之，獨欲負先君以自肥，即誑先君曰：「某既洗室歸大人所餘止婦筐中麻耳！」先君笑而聽之。某終不自安，懼日後無以應，與大奴某某謀所以中先君，遂日夜短先君於司空，微伺聲色，謬播揚於人，於是誣人曹、韓二陸之倫，稍稍出矣。曹固舊家，又饒於貿聚，三十年前，曾鬻水田百

17

餘畝於先君。田故蕪，弗治，先君伐材繕屋，募農市牛種，更十餘年始易，計耕植之費，視田值三倍，難於設辭。|韓為先君故人子，|韓父歿而不殮，先君多予之金，僅償地一畝，欲言不得其端。|陸游公卿門，父子皆州諸生，有瘠下田五十畝，無所售，|陸強先君之友勸售，得高值，券書猶新，不可以訟。某與二奴啗之曰：「若第言，當為內助，即不得勝，可獲大利。」誘人搖於利，即登先君門，攘衣求鬬，先君斂容下之。誘人計窮，即誣訟於州大夫。……先君既歷憂患，日延師傅，躬教撻，以望子之有成。……然先君摧辱之時，子雖多，大者二十餘歲，少者僅八九歲，無一人奮聲激昂，稍借爵位氣勢

援先君於禍患，遂至癥結著心，閉睞橫涕，溘然長往，良可慟也！」陸世儀復社紀略：「冀之子十人，溥以婢出，不為宗黨所重，輔之家人遇之尤無禮，嘗造事傾陷於冀之，溥灑血書壁曰：「不報仇奴非人子也！」奴聞而笑曰：「塌蒲屨兒何能為！」溥飲泣，乃刻苦讀書，無分晝夜，嘗雪夜已就寢，復興露頂坐而曉，因病衄。」

萬曆四十五年，丁巳（一六一七）。先生十六歲。

四月，喪父。

先考虛宇府君行狀：「先君生於嘉靖丙辰之四月三日，歿於萬曆丁巳之四月四日，享年六十有二。」張采謂先生「十五歲喪父，當以自述者為足信。

奉母金出居西郭，顏其室曰七録齋。

萬斯同明史稿溥幼嗜學，所讀書必手鈔，鈔已，朗誦一過，即焚之，又鈔，如是者六七，始已。或問：「何勤苦乃爾？」曰：「聊用強記，何留滯心目為！」用是，右手握管處，指掌成繭，數日輒割去，冬月手皸，日沃湯數次，其勤學若是。後名讀書之齋曰七録，以此也。（卷二百八十六下）

萬曆四十六年戊午（一六一八）。先生十七歲。

友人侯方域生。

侯方域商邱人，字朝宗，甲申以後，居於南都，與桐城方以

（八）

智如皐冒襄宜興陳貞慧稱四公子，以議自持，作復社之嗣響。莊悔堂文集有答張天如書。

萬曆四十七年，己未（一六一九）。先生十八歲。

光宗泰昌元年，庚申（一六二〇）。先生十九歲。

補博士弟子。

行狀：十九，補博士弟子，聲聞籍甚，交一時名賢，志為大儒。

是年，始與張采訂交。

張采祭天如兄文：憶弟交兄，始庚申。

熹宗天啟元年，辛酉（一六二一）。先生二十歲。

與邑人顧夢麟游。

逰集壽顧岫雲先生七十敘：「麟士結節鳳里，室僅盈丈，題曰織簾，葚除潔清，花木四植，余每登臨其堂，白日忘返。」

天啟二年，壬戌（一六二二）。先生二十一歲。

吳偉業入弟子籍。

陳廷敬吳梅村先生墓表：「少聰敏，年十四，能屬文，里中張西銘先生以文章提倡後學，四方走其門，必投文為贄，不當意，即謝弗內。有嘉定富人子竊先生塾中稿數十篇投西銘，西銘讀之大驚，後知為先生作，因延至家。」顧湄吳梅村先生行狀：「下筆頃刻數千言，時經生家崇尚俗學，先生獨好三史。西銘張公見而嘆曰：『文章正印，其在子矣！』因留受業，相率為通今博古之學。」又太倉州志引梅村之言曰：「余初第時，不知詩，而多求贈者，因轉乞吾師西銘。西銘一日漫題云：「半夜挑燈夢伏羲」，異而問之，西銘曰：「尔不知詩，何用索解！」因退而講聲韻之學。」據此，梅村之學，得力於先生為多。

天啟三年癸亥(一六二三)。先生二十二歲。

張采至七錄齋共學。

張采祭天如兄文：「歲既癸亥，延我七錄齋，逮丁卯，凡五年中，兄每辰出，夜分或過子刻入，兩人形影相依，聲息相接，樂善規過，互推畏友。時設疑難，必爾我暢懷，歸於大理。金毋從窗戶窺聽，每稱「二子不但勤學，乃從未見惰容嬉色。」

嗟夫！兩人而同胞，亦可不媿友于也。」

訪周鍾於金沙，張采俱。

復社紀略：介生（周鍾字）敏穎絕倫，角丱時，五車萬卷無留牘矣，詩文纚纚萬言，有倚馬之目。……時三吳文社人人自炫，溥一不之看，獨與張采訂交。采字受先，號南郭，以善戴氏學有聲黌序，溥延為館賓，讀書七錄齋。時婁文卑靡，兩人有志振起之。……聞周介生倡教金沙，負笈造謁，三人一見相得甚懽，辨難五晝夜，訂盟乃別。

逸集陳母應太夫人七十壽序：介生十八九歲，即提挈文壇，法言法行，遠邇從風，數試罷困殖，學益深。……身處菰蘆，名動絕域，高麗海外，龜茲牀頭，具書咸滿。」合集房稿表經序：「去介生居五百里，動靜語言，若與之應，」足徵其契合之深矣。吴偉業復社紀事：「先生初以少長兄事介生，既顯貴，傾介生客，顧修舊節唯謹，於[illegible]事必先介生，而已為之下，介生亦不以貧賤故少有所抑損，世稱友道，以周張為難。」

周氏為金沙大族，鍾兄銓，字簡臣；從兄鑣，字仲馭，與鍾並有文名。惟鑣與鍾以才相忌，兩人弟子遇於塗，至不交一揖。李自成陷京師，鍾降，迨賊敗乃南歸。世傳鍾曾向自成上勸進表，中有「獨夫授首，萬姓歸心，比堯舜而多武功，邁湯武而無■德之語，聞者不察，以是醜鍾，而兼病先生無知人之鑒。溫睿臨南疆逸史：鑣叔父維持與鍾兄前蕭山知縣銓奏言：家門不幸，鑣鍾兄弟成隙，而鑣乃偽撰勸進表下江南策以誣鍾，惡名流布不能洗。計東上吳偉業書：■金沙周介生但以夙負重名，一旦臨大節而不能守，污李賊偽命，若王維鄭虔之於安祿山耳，而素不快於介生者，遂加以滔天之罪，至比之王偉之從侯景。若世所傳詔表之語，稍有人心者，莫不冤之。朱倓明季南應社考：明季從賊不從虜之人，在清■皆為人所不齒，以今觀之，從賊終勝於從虜，成則劉邦朱元璋，皆為帝王；敗則李自成張獻

(十)

忠，皆為盜賊，本無定稱也。同是漢族，國亡而降，較之薙髮降虜，淪為外族之奴，其賢否固自有別焉。方以智、陳子壯皆曾汙賊命，終逃南國，誓死不辱於虜。周鍾南奔，其情節與方陳同，特未知其末節何如耳。而世俗視之，與降賊而又降虜之龔鼎孳、梁清標、孫承澤、陳名夏等且不如，實則較之錢謙益、吳偉業、李雯、周亮工輩之降虜，尚高出一籌焉。甚矣！何世俗之昧昧也！討東以王維、鄭虔比之，尚非平允，以王、鄭降安，玄宗尚在；周鍾降李，毅宗已崩，國亡與否，尚有間焉。且安為胡虜，李為漢族，又安可相比耶？故世傳鍾之事蹟，真偽不能盡辨，且觀點不同，是非尤難判定，遠以此病先生，毋乃近於深文。縱令鍾罪在不赦，宜遭千秋之誅，然先生早世，對鍾之後事已不及盡友朋規過之義，舉此相責，其去世情遠矣！

天啟四年甲子（一六二四）。先生二十三歲。

創應社於蘇。

朱彝尊靜志居詩話：「文社始於天啟甲子，合吳郡金沙檇李僅十有一人：張溥天如，張采來章，楊廷樞維斗，楊彝子常，顧夢麟麟士，朱隗雲子，王啟榮惠常，周銓簡臣，周鍾介生，吳昌時來之，錢旃彥林，分主五經文字之選。」合集五經徵文序：「應社之始立也，所以志於尊經復古者，蓋其志也。」

是以五經之選，義各有託：子常、麟士主詩，維斗、來之、彥林主書，簡臣、介生主春秋，受先、惠常主禮，溥與雲子則主易，振振然白其意於天下。」案明以制藝取士，士子咸思厚自濯磨，以求副功令，師友研討，結為文社。萬曆天啟間，文章之歸，豫章、萊陽、吳中稱鼎峙：豫章為陳大士際泰、羅文止萬藻、章大力世純、艾千子南英輩；萊陽則宋玫九青、文子兄弟；吳中則先生與周鐘、張采諸人也。吳偉業云：「余幼執經張西銘先生門，即知萊陽之文章，與東吳、豫章壎篪應和。」（梅村文集卷一宋玉叔詩文集敘序）應社為吳中文社之雄，先生倡之，以氣節為重；衡藝論文，實餘事耳。如合集正風俗議：「風俗之不古也，士子為甚。逆璫之亂，獻謟造祠者，倡於松江；奴酋之横，開城乞降者，見於永平。於是天下爭言士子之變，淪胥已極，幾甚於堯時之洪水，周初之猛獸。要之，此其人不足以謂之士子也。其人雖含氣之屬，久絕於生民之理，名之以人，而人不與；歸之於地，而地不受；苟欲列而謂之士子，則天下之為士者懼矣。詩經應社序：應社之始立也，蓋其難哉！成於數人之志，而後漸廣以天下之意。……此數人者，度德考行，未嘗急於求世之知，而世多予之。其所以予之者，何也？則以其誠也。無意於名，而有其實，不嬰念於富貴貧賤，當其既至，皆有以不亂。是故先與乎其人，後與乎其文。為人之道，有一不及於正者，則辭之而不敢就。既與其人，而文或有未至者，則必申之以正，因其材之所命而樂其有成，是以邪僻之意所無形之於文，而四方之欲交此數人者，嘗觀■其文而即知其人之無偽，則定社之大指也。」房書藝志序：「予素不樂觀時文，迩益復畏之，間以文質難者，讀未盡三四義，輒欠伸欲睡。」綜觀上文，當知社固以文會友，然先生所重則在彼而不在此。或以品定制藝為先生創社之初旨，則失之矣。

明季南應社考：「應社之初起，頗以讀書為是，如張溥朱槐主易，楊廷樞錢旃主書，楊彝顧夢麟主詩，張采王啟榮主禮記，周銓、周鍾主春秋。其後推廣而爲復社，其法傳於浙江，餘姚黄宗羲講學於鄞，有五經會，又名講經會，萬斯大、斯同兄弟皆預焉。斯大有言：「非通諸經不能通一經；非悟傳注之失則不能通經；非以經釋經則無由悟傳注之失。」（黄宗羲南雷文約卷一萬充宗墓誌銘）故一人專一經，而月爲會講，各出所長，以相灌輸切磨，則五經皆通，而所專之經更能精深獨到，此清代經學所以發達也。追溯其源，則五經應社雖以評隲五經制義爲主，然張溥、張采、楊廷樞、楊彝、顧夢麟等皆有經注。（張采有周禮合解十八卷，楊廷樞有易論一卷，楊彝有四書大全節要及四書説約二十

(卌)

卷，說約與顧夢麟合撰顧夢麟有詩經■說約二十八卷，四書十一經通攷二十卷，重訂說約二十卷。先生經注多種，見後。則其提倡風氣之功，不可沒也。」又曰：「應社之人多明夷夏之大防，夏允彝陳子龍吳應箕皆舉兵抗清，事敗而死，而應箕之死尤烈。楊廷樞■因門人戴之儁佐吳勝兆軍抗清，事敗連廷樞，巡撫重其人，命之剃髮，廷樞曰：「砍頭事小，剃髮事大。」臨刑乃大聲曰：「生為大明人，」首墜地，復曰：「死為大明鬼。」逸雪案：首墜地則不能作聲，當係刀已加頸之際，猶復大聲疾呼，首落，餘音尚未散也。此非臨大節而不可奪者耶！徐汧以清兵渡江，自沈於虎邱之後河，語人曰：「留此不屈膝不剃頭之身，以見先人於地下。」一老僕隨之同死。錢旃與陳子龍交最深，卒同其禍，與其婿夏完淳（允彝子）同死江寧。沈士柱古冠大帶，不遵虜服制，被殺，藁葬鳳台門外，妻妾三人同殉。蔣德璟以清兵至泉州，不食卒，或曰吞金死。陳元綸於福京破後，從容不食死。此九公者，其死難不同，要其（不）臣異族，其死皆可與日月爭光焉。楊彝於明亡之後杜門不出，終身力學不仕。顧夢麟桑海以後，斷跡城市。朱槐晚歲當貢，隱居不出。吳有涯於南都破，浙東兵潰後，削髮爲僧，隱鄧尉山。久之返故里，當事請一見，不可，幽憂發病，■不言不出，十餘年卒。劉城於鼎革後，隱於峽川，完髮以卒。萬應隆於鼎革後，嘗一赴會試，未終場而出，築玉屏園

（五）

以居。故交多達官，屢勸之仕，弗應，茹蔬衣褐，又三十餘年而卒。沈壽民避阮大鋮黨獄，變姓氏入金華山中，國亡，遂不返，采藜藿充食。故交陳名夏仕清入閣，將特疏薦壽民，使人寓書，壽民對使焚之，答書曰：「凡今欲徵僕薦僕者，直欲死僕者也。」名夏乃止。黎元寬於明亡之後，絕意不仕，有薦之者，以母老固辭，年八十以壽終。此八子者，雖未嘗殉國，然義不臣虜，其志節亦有足多者。其他或前死，或隱沒無聞，要之應社中人，殆無一降虜者，此可為應社生色也者。（見北京大學國學季刊二卷三號）案有清學術之盛，超越前代，人皆以倡導風氣之功，歸諸亭林、黎洲（靜志居詩話：

26

復社諸君，多以文章經濟自負，韻語不甚專心，若桐城之方密之、錢幼光、周農父、華亭之陳臥子、吳江之吳日生、長洲之陳玉立、崐山之顧寧人，是皆媕雅而繼國風者與（周峻條）。黎洲與先生過從，見本譜崇禎七年。然集體治學，分工互助之法，明季應社實為先河，故先生乃百世之師也。應社（初）僅十一人，其後請入者日眾。復社紀略：貴池吳應箕、吳門徐鳴時，合七郡十三子之文為匡社，行世已久，後合於應社。周鍾應社社目，並將徐汧、荊良、吳有涯、夏允彝、陳子龍、陳元綸、蔣德璟等人列入，聲應氣求，儼然成一政黨，其後更廣，而為復社，旗幟益鮮明矣。諸人於鼎革之際，或殺身以成仁，或採薇而高隱，亮節清風，照耀異代，其人固學養深淳，各有所守；而當日先生激揚聲氣，尤有重要之關係焉。

天啟五年，乙丑（一六二五）。先生二十四歲。

治學益力。

述集「顧麟士四書說約序」：「予口誦筆記，箋滿籬壁。暑月置大甕，納兩足，漏盡畢讀。或譏為迂闊，塞耳若不聞者。」張采所為「行狀」：「公同余讀書時，見公解粽設餳，誤漬墨，口輔盡黑。余笑，公終不覺。夜深燈盡，窗照如白日，疑天遂明，視庭中，則雪深一尺。」

27

秋，袁崇煥解寧遠圍。集中有遠師大捷凱歌四章。

十月，牧撫友人沈承之遺孤。

王家楨研堂見聞雜錄：「吾婁有沈君烈者，名承，才士也，試輒高等，三居第一，聲價蔚起，四方高才皆與結社，竟於甲子下第，死年四十餘。未幾妻薄氏死，一子襁褓，天如張公時為諸生，攜而育之。」按承有即山集，先生曾序之，中云：「甲子孟冬吾友君烈大別……孺人薄氏晝夜擗摽，甘心灰沒，賦悼亡詩百首，愁怨悲慄，痛逾柳下之誄，侵染成疾，竟殞其生，計其去君烈之亡，裁餘一歲有一日耳。」張三光沈君烈

（十七）

軼事：君烈為畸人，少君為畸配，天如為畸友。

十二月，閹黨榜示東林姓名於天下。

天啟六年丙寅（一六二六）先生二十五歲。

三月，高攀龍卒。

近集題贈吳麐𧫶之光州司：高景憲先生從容止水，遺表納忠，不動聲色，倩倍哭泣。合集有弔高景逸先生詩。

與徐汧訂交。

近集祭徐伯母文：溥於丙寅之春交太史。

七月，魏忠賢誣魏大中、左光斗、楊漣、繆楊鎬、熊廷弼賄，均慘死獄中。

28

合集卷五有祭魏廓園先生文。

天啟七年，丁卯（一六二七）。先生二十六歲。

張采以女字先生所撫子恍。

張采祭天如兄文：「丁卯，我第三女許兄所撫子，稱姻家。」所撫，按即沈承之子。

三月，周順昌被逮，吳民不平。

秋，張采舉於鄉。

始交陳子龍。

陳子龍自撰年譜：「天啟七年，丁卯，是歲作梅花賦、蚊賦，始交婁江張受先、張天如。」

十一月，放魏忠賢於鳳陽，道死，詔磔其屍。

十二月，張采入京，先生送之滸墅。

張采《祭天如兄文》：「丁卯，臘月，北上，兄送滸墅，弟泣訖老母，兄泣應。」

思宗崇禎元年戊辰（一六二八）。先生二十七歲。

張采成進士，先生以覃恩選貢入太學，至京寓其邸，公卿名流，均以獲交為幸。

張采《所為行狀》：「戊辰，以覃恩選貢入太學。是年，適余先成進士，公策款段之京師，託余邸。會天下所貢士暨公卿雅流，咸願獲交公，幸一望見。公則循牆謝不敏。」

復社紀略：「戊辰，溥以覃恩選貢入京。會試，受先第三，九一徐汧八公蔣德璟皆告捷；江西黎左嚴元寬已冠禮闈，為主試所抑，置之第二；皆社中才傑也。溥廷對高等，諸貢士入太學者，俱願交驩溥，爭識顏面，因集多士為成均大會。是時宇內名卿碩儒，前為崔魏摧折投荒削逐者，崇禎初政，後先起用，聞溥名，皆願折節訂交，騷壇文酒，簦笈車騎，日不暇給，由是名滿京都。」

復社紀事：「先生以貢入京師，縱觀郊廟辟雍之盛，喟然太息曰：「我國家以經義取天下士，垂三百載，學者宜思有以表彰微言，潤色鴻業。今公卿不通六藝，後進小生剽耳傭

（十九）

目，倖弋獲於有司，無怪乎椽人持柄而折枝，舐痔半出於誦法孔子之徒。無他，詩書之道虧，而廉恥之途塞也。新天子即位，臨雍講學，丕變斯民，生當其時者，圖仰贊萬一，庶幾尊遺經，砭俗學，俾盛明著作，比隆三代，其在吾黨乎？乃與燕趙魯衛之賢者，為文言志，申要約而後去。」

與嚴渡訃文。

訃東江太倉吳祭酒書：「西泠嚴氏與金沙、婁東、吳門及江右之艾氏，皆鼎立不相下。迨戊辰，西銘先生至京師，與嚴子岸定交最懽。子岸歸，始大合兩浙同社於吳門。」子岸名渡，調御子也。（先生曾為調御作傳）調御與弟武順敕倡立小築社，時稱三嚴。嘉慶餘杭縣志嚴武順傳：「兄弟自相師友，力追正始，擇都人士訂業小築山居，武林社事之盛，實自此始。」其後廣小築社而為讀書社，黃宗羲鄭玄子先生述：「崇禎間，武林有讀書社，以文章風節相期許，如張秀初（岐然）之力學，江道闇（浩）之潔淨，虞大赤（宗玫）仲鎬（虞仲瑤）之孝友，馮儼公（悰）之深沈，鄭玄子（鉉）之卓犖；而前此小築社之聞子將（啟祥）嚴印持（調御）亦合併其間。」明年復社出，讀書社併入，子岸與有力焉。

旋於張采先後歸。

行狀：「辰、戊三拜瞻宮牆，訪南北郊制，問辟雍石鼓文上下

(卅)

齊魯，伏謁闕里，氣益優裕，兩人先後歸。已

作五人墓碑記。文曰

五人者，蓋當蓼洲周公之被逮，激於義而死焉者也。至於今，郡之賢士大夫請於當道，即除魏閹廢祠之址以葬之，且立石於其墓之門，以旌其所為，嗚呼，亦盛矣哉！夫五人之死，去今之墓而葬焉，其為時止十有一月耳。夫十有一月之中，富貴之子，慷慨得志之徒，其疾病而死，死而湮沒不足道者，亦已眾矣，況草野之無聞者歟！獨五人之皦皦，何也？予猶記周公之被逮，在丁卯三月之望，吾社之行為士先者，為之聲義，斂貲財以送其行，哭聲震動天地。緹騎

31

按劍而前，問誰為哀者？衆不能堪，抶而仆之。是時，大中丞
撫吳者，為魏之私人，周公之逮所由使也。吳之民方痛心
焉，於是乘其厲聲以呵，則譟而相逐。中丞匿於溷藩以免。
既而以吳民之亂請於朝，按誅五人，曰：顏佩韋、楊念如、馬
杰、沈楊、周文元，即今之傫然在墓者也。然五人之當刑也，
意氣揚揚，呼中丞之名而詈之，談笑以死，斷頭置城上，顏
色不少變。有賢士大夫發五十金，買五人之脰而函之，卒
與屍合，故今之墓中全乎為五人也。嗟夫！大閹之亂，縉紳
而能不易其志者，四海之大，有幾人歟？而五人生於編伍
之間，素不聞詩書之訓，激昂大義，蹈死不顧，亦曷故哉？且

矯詔紛出，鈎黨之捕，徧於天下，卒以吾郡之發憤一擊，不敢復有株治，大閹亦逡巡畏義，非常之謀，難於猝發，待聖人之出，而投繯道路，不可謂非五人之力也。由是觀之，則今之高爵顯位，一旦抵罪，或脫身以逃，不能容於遠近，而又有剪髮杜門，佯狂不知所之者，其辱人賤行，視五人之死，輕重固何如哉！是以蓼洲周公，忠義暴於朝廷，贈謚美顯，榮於身後。而五人亦得以加其土封，列其姓名於大隄之上，凡四方之士，無有不過而拜且泣者，斯固百世之遇也。不然，令五人者，保其首領，以老死於戶牖之下，則盡其天年，人皆得以隸使之，安能屈豪傑之流，扼腕墓道，發其

32

志士之悲哉！故予與同社諸君子哀斯墓之徒有其石也，而為之記，亦以明死生之大，匹夫之有重於社稷也。賢士大夫者：冏卿因之吴公，太史文起文公，孟長姚公也。

南疆逸史：「楊廷樞，字維斗，吴縣人，為諸生，以氣節自任。天啟丙寅，逆奄矯詔逮吏部周順昌，廷樞倡率士民數千人謁巡撫，欲令上書申救。巡撫不可，哭聲震地，校尉呵問，即擊殺之。已而逮御史黃尊素，又至驛中，市民共出閶門，焚其舟，毀其駕帖。巡撫毛一鷺懼禍，根究亂民，殺五人以謝奄，蘇人義而表其墓，所謂五人之墓也。」明史徐汧傳：「周順昌被逮，緹騎橫索錢，汧與廷樞斂財經理之。當是時，汧廷

（十二）

樞名聞天下。」案當時閹勢薰天，天下被其毒，而莫可如何，吳民一擊，可謂驚人之舉，而倡率為楊徐，二人皆在應社，故記有「吾社之行為士先者，為之聲義斂貲財以送其行」之語也。此文風神搖曳，直逼史公，早為藝林所讚；而其發揚正義，彰闡幽潛，激勸之功，尤不可滅也。

閹黨顧秉謙避婁，先生為檄文逐之。

復社紀略：「溥於重名義，崇尚節概，言論丰采，目光射人，而人相砥濯自勵。時魏璫敗，鹿城顧秉謙為邑人所逐，避處婁中，溥采率諸生驅之，檄文膾炙人口。」按顧秉謙曾為首輔，凡魏閹傾害忠良，皆屬其稟擬。三朝要典之作，秉謙實為總裁。明史入閹黨傳。

艾南英來婁論學，不合。

張鑑冬青館甲集書復社姓氏錄後二：當社之初起，東南壇坫不一，蘇州松江金沙皖江浙西江右無不立社，而東鄉艾氏與同郡章世純、羅萬藻、陳際泰以興起斯文為己任，四方翕然歸之。其來婁東之七錄齋也，名流無不在座，予子與西銘論朱陸異同，不合。陳子龍自撰年譜：崇禎元年，戊辰，秋，豫章孝廉艾千子有時名，甚於誕挾謾詐以恫喝時流，人多畏之。與予晤於婁江之弇園，妄謂秦漢文不足學，而曹劉李杜之詩，皆無可取。……予年少，在末座，攝衣與爭，頗折其角。復社紀事：「天下爭傳先生之文，而艾千子獨出其所為書相訾謷。千子之學，雖自命大家，熟於其鄉南豐臨川兩公之言，未嘗無依據，顧為人褊狹矜愎，不能虛公以求是。嘗燕集弇州山園，陳卧子年十九，詩歌古文傾一世，艾旁睨之，謂此年少何所知！酒酣論文，仗氣罵座，卧子不能忍，直前毆之，乃嘿而逃去。先生既篤志五經諸史，不復用制藝與千子爭長短。」按千子與先生所論，重在文派之爭，此與時代地理，均有關係。明文分兩派：一主秦漢；一主唐宋。主秦漢者，為王世貞李攀龍，取法左史。主唐宋者，為歸有光唐順之，步趨歐曾昌黎。先生紹王李之緒，近集劉宗齋先生詩集序：近代論詩者，前稱李夢陽何景明，後稱王世貞李攀龍，宗風相仍，人無異議。王弇州吾婁宗工，與李滄溟異地唱答，鳥鳴求友，詩情最深。于子則宗歸唐，而上溯歐曾。艾南英天傭子集再答夏彝仲論文書：震川留心史記，摹神摹境，假道■於歐。歐者，史記之嫡子，而此老則歐之高足也。答陳人中論文書：足下談古文，輒詆毀歐曾諸大家，而獨姝姝守一李于鱗王元美之文，以為便足千古。不佞方由韓歐以師秦漢，足下乃謂不當舍秦漢而師韓歐；不佞方以得秦漢之神氣者尊韓歐，而足下乃以竊秦漢之字句者尊王李，不亦左乎？歐曾均籍豫章，艾適

(卌)

產其地，世貞則為先生之鄉先輩，因地域之不同，而文章遂異其趣，初不以此判優劣也。而千子必欲伸一己之說，其房選删定序尤極詆毀之能事，宜卧子之不能平也。

初識王志慶。

王志慶祭張天如文：憶自戊辰歲，得交天如，時天如聲氣已通海内，乃謬進予，而勉以道德之歸，文章之事，自此情好日密。天如每西，指予為家，枯魚濁酒，流連晨夕。自其舉於鄉，以至今如一日也。（婁水文徵卷三十六）按志慶字損獻，號與游，天啟丁卯舉人，卒祀崑山鄉賢祠。

十一月，張采作臨川令，先生送至錢塘而别。

張采祭天如兄文：「冬十一月，弟將老母之臨川，兄送我武林，至蕭寺分手，臨岐一慟，左右掩涕。嗟夫！此如邛邛岠虛，難可刻離，臨川不在天上，作此酸塞！」

按《合集》卷二有西湖夜對[illegible]弔岳武穆祠登放鶴亭過嚴先生釣臺桐江遇羅吳皐次孟朴富春道中新安道中野望諸詩，其下詠鹿城烈婦跋云：「五月五日後，同孟朴君偉孟宏自新安歸，舟中刺論節婦事。」疑先生別張受先後嘗與孫淳等遨遊杭州近地諸勝，至明年五月始歸。先生至杭可考者計兩次：一為此次送張受先，一為崇禎六年癸酉與受先至杭晤黎元寬。卷末懷受先詩：「別君幾兩月，草草待江潯，似非癸酉事也。許豸春及堂遺稿與張天如吳駿公楊維斗泛舟西湖，有十里晴明嫩柳斜，同登孤棹賞春華之句，遊時當爲春日，然非在本年也。豸字玉斧，侯官人，崇禎辛未進士，與先生誼屬同年，官至浙江提學副使，先生與梅村維斗往遊之日，或在玉斧居杭作官之時，本年春，玉斧春闈猶未捷。癸酉，先生與受先赴杭，時提學副使爲黎元寬，更覩夜泊斜村浙江正是門前路之句，則是先生至浙，又非僅兩次矣。

崇禎二年，己巳（一六二九）。先生二十八歲。

時文社頗衆，先生合而一之，名曰復社，聲勢動朝野。

行狀：「公既別錢塘，歸果踽踽，頗不聊，又念友生若參昂，古學罔攸明，因集吳越閒俊造，凡經明行修一輩，定規模，要計程課。既集，公颺言於衆曰：「不殖將落，毋蹈匪彝，毋讀非聖書，毋違老成人，毋矜厥長，毋以辨言亂政，毋干進喪乃身。嗣今往犯者，小用諫，大則擯勿與。世教衰，此其復起，名社曰復，共勗諸！」衆咸曰「諾」。於是復社之名振天下。繇吳越以及四方，凡其地[illegible]俊造，經明行修者，以不與為恥。」

復社紀略：「吳江令楚人熊魚山開元以文章經術為治，知人下士，慕天如名，迎致邑館。巨室吳氏沈氏諸弟子俱從之游學，於是為尹山大會，苕霅之閒，名彥畢至。未幾，臭味翕集，遠■自楚之蘄黃，豫之梁宋，上江之宣城寧國，浙東之山陰四明，輪蹄日至。比年而後，秦晉廣閩多有以文郵致者。是時，江北匡社，中州端社，松江幾社，萊陽邑社，浙東超社，浙西莊社，黃州質社，與江南應社，各分壇坫，天如乃合諸社為一，而為之立規條，定程課。曰：「自士教衰，士子不通經■術，但剽耳僧目，幾倖弋獲於有司，登明堂不能致君，長郡邑不知澤民，人材日下，吏治日偷，皆由於此。溥不度德不量力，期與庶方多士，共興復古學，將使異日者，務為有用。」因名曰復社。……又於各郡邑中推擇一人為長，司糾彈要約，往來傳置。天如於是裒十五國之文而銓次之，目其集為國表，受先作序冠弁首。集中詳列姓氏，以示門牆之峻，分注郡邑，以見聲氣之廣云。」

「静志居詩話」：崇禎之初，嘉魚熊開元宰吳江，進諸生而講藝，於時孫淳孟樸結吳翻扶九、吳允夏去盈、沈應瑞聖符等肇舉復社。時雲間有幾社，浙西有聞社，江北有南社，江西有則社，又有歷亭席社，崑陽雲簪社，而吳門別有羽朋社、匡社，武林有讀書社，山左有大社，僉會於吳，統合於復社。復社始於戊辰，成於己巳。……是役也，孟樸跋涉淮泗，歷齊魯，以達於京師，賢大夫士必審擇而定於契，然後進之於社。故天如之言曰：「忘其身，為取友是急，義不辭難，而千里必應。三年之間，若無孟樸，則其道幾廢。蓋先後大會者三，復社之名動朝野，孟樸勞居多。」朱倓云：「吳之有復社，吳翻之力居多，翻家饒於貲，喜結客，復社初起，四方造訪者，舟楫相蔽而下，客既登堂，供具從者，或在舟中作食，煙火四五里相接，如此十餘年無倦色。嘗出白金二十鎰，家穀三百斛，資孫淳效奔走，事結合，先後大會者三，四方以舟車至者數千人。（見靜志居詩話吳翻條）有草檄以聲復社十罪者，中有句云：「傳檄則星馳電發，宴會則酒池肉林，非吳財力充盈，人懷慷慨，何以致此！」（明季讀書社攷）余案孫氏致力，吳氏輸財，均有功於復社，不容隱沒，然苟無先生之通才碩望，又何足以感召之耶？孫氏有梅綰居存草，朱竹垞采其別天如哭天如二首以入詩話，當不如陸桴亭識為「孫鏞司」，而專事奔走，別無所長也。

江南	黃州	浙西	浙東	萊陽	中州	山左	武林	吳門	吳門	崑陽	歷亭	江西	江北	浙西	雲間	社社	諸社
應社	質社	莊社	超社	邑社	端社	大社	讀書社	匡社	羽朋社	雲簪社	席社	則社	南社	聞社	幾社	社社	統於復
					社							復					社表

張采第三女殤。

張采祭天如兄文：「臨上時，第三女殤，弟哭幾絕，非哭女哭我許兄家一意爾。」

崇禎三年庚午（一六三〇）。先生二十九歲。

（廿）

六月，溫體仁入閣。

秋，鄉試，先生為經魁，社友中式者頗多，因為金陵大會。

復社紀略：崇禎庚午鄉試，諸賓興者咸集，天如又為金陵大會。是科主裁為江右姜居之，榜發，解元為楊廷樞，而張溥、吳偉業皆魁選，陳子龍、吳昌時俱入彀。其他省社中列薦者復數十餘人。按社登春社事始末言婁東聲氣至辛未益廣，則本年白下之會啟之也。

張采自臨川歸，王夫人以所撫女字采長男子臨。

張采祭天如兄文：庚午，弟病歸，舟至犇牛，得兄鄉捷音，喜告我母。及歸，則王嫂復撫姪女許臨兒，再稱姻家。噫！兩家

39

交不繫姻，然成姻亦自密也。」

冬，入京。

合集·許年伯母諸太孺人壽序：「庚午冬既，孟宏計偕同平仲與游前發，予於德州道上遇維斗，要之並驅，及商家林，與三子相見。」

是年，曾遊江陰。

黃與堅呂石香先生墓誌銘：「庚午，西銘先生於澄，語予（指呂）曰：『子今者其過乎？過則我擔子荷矣。』」似先生應省試或入京，買舟江行，路經澄江也。

崇禎四年，辛未（一六三一）。先生三十歲。

（九）

春，會試，先生為會魁，吳偉業為會元，刻稿由先生鑒定。

復社紀略云：辛未會試，偉業中會元，溥與夏曰瑚又聯第，江西楊以任、武進馬世奇、長洲管正傳、閩中周之夔、粵東劉士斗，並中式。云：故事：新進士刻稿，皆房師作序。是時，天如名噪甚，會元稿竟以天如鑒定出名。

殿試吳偉業中榜眼，先生授庶吉士，守正不阿，權貴嫉之。

行狀云：庚午，辛未連舉成進士，廷推善文章任翰林選者，無出公右，選翰林院庶吉士。公生平謂：「天■丈夫貴有志，昔人稱三不朽，要各有類：如德，則修身及家，均平天下；否則，備顧問，坐對三雍，為國家作述禮樂，昭宣教化。功，則為社稷

40

臣，勒名旂常；否則，表章六經，裁量子史，俾後學有所依倣，

稽勳亦在旌伐下。言，則冠豸螭陛，屈軼指佞，■行道亦行；

否則，著成一家，藏諸名山，使千萬世知有其人，比於龍門

扶風。又每恨無鞅掌才，不任奔奏，以此讓人，同志知其寄

託有在。及官翰林，思一有所表見，即口語不無予奪；又性

淳古，所不可，輒面赤不應，讒言遂孔張，執政要人眈眈視，

公賦青蠅。

受教徐光啟。

近集卷三　徐文定公農政全書序：「予生也晚，猶獲■先師

徐文定公，蓋歲辛未之季春也。公時以春官尚書守詹次，

（卅）

當讀卷，亟賞予廷對一策，予因得以謁公京邸。公進予而前，勉以讀書經[illegible]世大義，若謂孺子可教者。予退而矢感，早夜揚勵，聞公方究泰西曆學，予邀同年徐退谷往問所疑」。

周之夔授蘇州府推官。

劉士斗授太倉州知州。

合集卷一有送劉瞻甫父母之任婁東詩。

母金入京就養。

張采祭天如兄文：「辛未兄成進士，選庶吉士，弟送金母之北，拜河下，自謂猶子。」先生哭蘇太母文：「予母入都，受先為

4

具舟楫，慎防衛，使之無所慮而後行。」

七月，張采母蘇逝世，先生為文祭之，復有唁張受先詩。

哭蘇太母文：「太母亡於七月之十有二日。」集中更有寄張受先詩，題下有「時聞其內艱」五字。

熊開元歸楚，作詩送之。

明史熊開元傳：「崇禎四年，外調不赴。」合集卷二有送熊魚山給諫歸楚詩。

崇禎五年，壬申（一六三二）。先生三十一歲。

正月，黃道周削籍歸，為詩送之。

黃道周明翰林院庶吉士西銘張公墓誌銘：「方壬申歲，公

（卅）

在館選甫一載，予以宮允削籍歸，公投予二詩。」案合集卷一有送黃石齋先生詩。

冬，所撫子恍歿於京。

張采有張殤童墓壙銘，行狀：「恍隨公，死京師。」案先生將去京，所為先考虛宇府君行狀，末猶言孫男恍，恍之死，必為先生去京前數日事也。合集卷二有哀薄少君兼感恍兒賦猗：

百律鵑紅燭已灰，貞心夜夜變風雷。靈歸何處看兒死，詩到于今似古哀；此日碧鏤知斷絕，十年繡褓辛招來。橫悲秖逐東流水，梁孟墳邊思子臺。

42

假歸葬文。

逰集祭徐伯母文：「壬申，：：冬將盡，溥母子始旋。」行狀：「壬申，請假歸，營卜宅兆，葬其父虛宇公。手自卒瘏，未嘗肩肩閒諸兄弟。」

家居肆力著述，學者爭及門，權貴益忌之。

復社紀略：「偉業以溥門人，聯捷會元鼎甲，欽賜歸娶，天下榮之。遠近謂士子出天如門者，必速售，大江南北爭以為然。以溥尚在京師，不及親炙，相率過婁，造庭陳幣，南面設位，四叩，定師弟禮，謂之遙拜。浣掌籍者，登名社錄而去。比溥告假歸，途中鷁首所至，挾策者無虛日。及抵里，四遠學

(卅)

徒羣集。」

行狀：「讀書，日高起，漏下四鼓息，起坐書舍，呼侍史繕錄，口占手注，旁侍史六七輩不給。園切友聲，書生故人子挾冊問，無■〔用〕剝啄，輒通坐，坐恒滿。四方尺牘又咄咄應，而公俯仰浩浩，所著述可一間屋，豈中材之子能萬一幾及乎？」又云：「發所度書，不下數萬卷，丹黃紬繹，無寒暑間。海內學者爭及門，屨滿戶。當是時，要人方伺間不得，與其黨謀曰：『若聚徒何為？是可指■而藥也。』欲發，猶未名。而往之恥不得有與復社者，心銜其事，獻謀曰：『故時若立復社名甚著，今加婁東，指為黨人，曰婁東復社，即可不必有蹤跡，將一網盡。』」

崇禎六年，癸酉（一六三三）。先生三十二歲。

正月，弟王治入京應試。

合集無近弟稿序：「昨予客燕，無近弟日念予，欲予歸。予歸不兩月，弟車且北矣。昔者二蘇相念，各有逍遙堂雨絕句；子由詩序，謂『感於韋蘇州風雨對床之句，惻然久之』。子瞻亦云：『讀弟書，不可爲懷。』予遠不敢望子瞻，顧弟之才，加以年力，似追子由無難者。且予即才劣，兄弟之情則同，不能不回翔低首也。」

三月，虎邱大會，先生主盟。

復社紀略：「癸酉春，溥約社長爲虎邱大會。先期傳單四出，至日，山左江右晋楚閩浙以舟車至者，數千餘人，大雄寶殿不能容，生公臺千人石，鱗次布席皆滿，往來如織。遊人聚觀，無不詫歎，以為三百年來未嘗有也。」

交吳鍾巒。

復社紀略：「中州名宿吳鍾巒，字巒穉，宜興周挹齋諸生時授業之師，鍾巒為之延譽四方，宜興之登巍科，其獎借之功為多。鍾巒狷介有守，宜興貴為首揆，未嘗有所干請。癸酉春，鍾巒遊吳，謁文選持，天如与之邂逅席次，言論丰采，迥異時流，天如心重之，詢及宜興，曰：「挹齋座客，皆聲色貨利之輩，絕無一名士，吾不樂近之。」天如益重其人，力為引旟。其後鍾巒亦引先生為知己，近集題贈吳巒稺之光州：」司巒稺門弟子半天下，余兒時已聞之。粗解筆，即喜讀李仲達侍御文，侍御年雖少，官歷三朝，卒死閹禍。巒稺齒稍過壯，神不損隳，近對策名動京邑。兩人遇合遲速各有期，此豈人意所及乎？！巒稺雖作客，門多長者車轍，然獨語予，謂「知我者，予與君常爾」！嗟呼！孝標廣論，痛絕名利；贊皇擇交，考氣為主。觀諸巒稺，應無前人矣。」按鍾巒為顧涇陽高景逸之入室弟子，邃於心性之學。其後魯王起兵，以為禮部尚書，清兵至寧波，鍾巒渡海入昌國衛，自焚死。先生禮重之，非偶然也。

（卌四）

六月，周延儒罷，溫體仁為首輔。

溫育仁著綠牡丹傳奇誚復社，先生與張采蒞浙，照學臣黎元寬毀刊本，執育仁家人下於獄。

研堂見聞雜錄：「天如張公，倡為復社，一時主盟，如維斗楊公，勒卣周公，卧子陳公，彝仲夏公，其餘皆海內人望，文章為天下冠冕。燕齊豫章，聲氣畢達，所牢籠天下士，率取其魁傑，以故仰其盟者，如泰山北斗，而士一如登龍門。若紈袴子富家世裔，不以文鳴者，雖費千金，莫得雁行。」黃宗羲云：「崇禎間，吳下倡復社，以網羅天下士，主之者，張受先、天如，……然裁量人物，纖芥之惡，有所不容。」靜志居詩話劉應期條附錄

張鑑

45

復社姓氏傳略序：時相子弟欲入社，不可，因……演為綠
牡丹傳奇。按傳奇溫■育仁所為也，育仁，相國弟。浙士之
在社者，以為恥，病，飛書先生，求為洗刷。先生遂與張采泣
浙，昭學臣黎元寬，令書肆毀刊本，究作傳主名，執育仁家
人下於獄。自是婁江與烏程開隙矣。張鑑書綠牡丹傳奇
後：此吾鄉溫氏啟釁於復社之原，近日讀而知其故者，鮮
矣。書中以管邑為烏有亡是之辭，其實柳五柳車尚公范
思訶，據復社紀略，各有指斥，其於越人，疑亦王元趾陳章
侯一流。而吳興沈重者，以在朝則影黎媿庵倪三蘭，在野
則影張天如楊子常周介生輩。大致如風箏誤燕子箋，亦

明季文學風氣所趨。而語々譏切社長，極嬉笑怒罵之致，宜媿庵當日按試械時相鬪人究及書肆賣友，而毁版厲禁之。……蓋時相子弟育仁暨二子儼侃雇人爲之，謝英顧槃，直用自況，惜乎名字湮沒，世苟有鍾醜齋，不又取以入錄鬼簿歟？按某氏筆記載覺阿開士題壯悔堂集有句云：『傳奇最愛桃花扇，誰唱溫家絲牡丹』，可見公道自在人心矣。

秋，太倉歲歉，張采爲軍儲說以救荒，先生作跋語，蘇理刑周之夔據此陷之。

周之夔原亦社中人，與先生雖相善，徒以國表二集選之夔文僅一首，而又評無褒稱，遂奮身作難。復社紀略：「大風殺稼，斗米千錢，太倉漕無輸，劉士斗念切民瘼，與兩張謀救荒之策。采廣諮博訪，得府胥宋文傑言：「吳郡屬邑八，而太倉、鎮海兩衛，獨隸婁衛軍，軍儲四萬九千石，分支長吳、崑、嘉、吳江、太倉、常熟七邑。考軍儲舊制：其初二衛之軍，原在本地支銷，後來分支每邑。誠能使支獨歸太倉軍儲，越歲而收，又無贈耗，即可減漕糧十之七。此目前救荒之善策也。」采大喜，即著軍儲說，甚言散徵各邑之苦，獨歸太倉之便。溥為作跋語於其後。因共謁士斗而詳言之。……士斗遂據以申文兩院。時之夔署府篆，職監兑，得士斗申文

（卅）

欲借此陷士斗，並傾二張。乘溥公謁，謬言未知軍儲原委，欲得軍儲說一觀。溥信之，歸以語采，采即手疏封進之，之夔遂坐溥、采悖違祖制，紊亂漕規，指士斗為行媚鄉紳。故采遺書讓之，曰：「軍儲說者，弟叨輯州志，因舊載紀向為編成，要西銘跋語。適西銘入郡，老公祖向之取索。遂於公函中附進者，所以復台命也。……乃干戈橫起，夢想不到！西銘生平隱惡揚善，老公祖亦稱其誠厚，今僕首指，又何心乎？」

十二月，劉士斗改署崑山縣事，旋又去職，先生惜之。

研堂見聞雜錄：「劉公士斗，廣東南海人，任吾婁二年，廉明

47

仁恕，為立州以來第一人。失意於郡，推官周之夔訐之罷官。解任日，州民為之罷市，有慈歎者，有涕泣者，有憤憤不平者。■其去也，千萬人以石塞門，攀號不得出。復社紀略：十二月，士斗署崑山縣事，運丁勒加贈耗，軍民相鬭，泗洲衛指揮張景文誣揭士斗減運米腳價，致激軍變。巡漕萬好善疏刻士斗，追論之夔前揭，言太倉州官不宜灑免，得旨：劉士斗違悞漕規，致有嚚變，着降四級調用。兩張於公會日，面責之夔，之夔幾無所容。吳門文文起震孟亦言，「蘇州兩廉吏，俱被章甫逐去，蓋知晏日曙亦因訐典見斥也。」

崇禎七年，甲戌（一六三四）。先生三十三歲。

春，侯峒曾入都，作詩送之。

詩云：「春氣吳山早，風來水國初。社村今日酒，牀笏舊時書；燕子迎新舫，桃花奉板輿。尚持司馬節，珍重佩金魚。」（送侯豫瞻北上）■峒曾，字豫瞻，嘉定縣人。天啟五年成進士，授南京武選司主事，丁父憂。崇禎七年，復入都。（見明史侯峒曾傳）先生之詩，蓋作於此時。陳田明詩紀事選錄先生一首，即此也。鄒漪啟禎野乘：「天如為文融洽經史，詩皆三唐風格。」

夏，黃宗羲往訪。

黄宗羲鄭玄子先生述：「癸酉秋冬，余至杭，沈崑銅（士柱）沈眉生（壽民）至自江上，皆寓湖頭，社中諸子皆來相就。……明年，余過湖上，崑銅又在。……其夏，余自太倉返，與君（鄭鉉）宿於仲嶹（虞宗瑶）水閣，談至夜分。」（南雷續文案卷四）梨洲至太倉，過何人？論何事？未嘗明言。然崑銅眉生玄子仲嶹皆列名復社姓氏錄，往還盡社友，謂其至太倉與先生商量社事，非無據也。

崇禎八年乙亥（一六三五）。先生三十四歲。

七月，周之夔作復社或問。

按之夔既藉故難先生，為清議所不滿，旋署吳江篆，又為士子所罣逐；復復任蘇理刑，涖位匝月，郡紳無一投刺謁見者，之夔知人情不與，延至秋初，乃託病賦歸歟。瀕行，草復社或問以洩憤。張鑑書復社姓氏錄後三云之夔操戈，為吳江潘凱作復社或問，是則此書之作，嘗託名潘凱。

崇禎九年，丙子（一六三六）。先生三十五歲。

二■月，武舉陳啟新以建言為給事中。

張漢儒疏訐錢謙益瞿式耜，奉旨逮問。

復社紀事：烏程竊國柄，陰鷙慘覈，謀於其黨刑部侍郎蔡奕琛兵部給事中薛國觀，思所以剸刃東南諸君子。先生搤腕太息，晝夜呼憤。其門弟子從苕雪閒來者，具得相溫陰事，名為廉潔奉法，實縱子弟綦橫鄉里，招權利，通金錢，先生引滿聽之，以為笑謔，語稍稍流聞。相温時修郄虞山，思一舉並中之，未嘗得間也。會上憂耳目壅閉，詔吏民極陳時政闕失，山陽一妄庸武生上書言事，躐拜吏給事中。海内輕躁險詖之徒，競思鉤奇抵巇，以封事得官。相温陰計此便，遂鈎致陳履謙、張漢儒與謀。履謙、漢儒者，故虞山胥吏，有罪亡命入京師，而政府遣腹心延之東第，密受記，告虞山及其門人瞿公式耜所為不法。相温從中下其章，銀鐺逮治，而復社之獄並起。

五月，陸文聲疏論復社。

（廿九）

文秉烈皇小識：「太倉民陸文聲疏言『風俗之弊，皆起於士
子，』因參庶吉士張溥、前任臨川知縣張采倡立復社以亂
天下。有旨：『提學御史倪元珙覈奏。』既而元珙回奏，極斥文
聲之妄。……先是，張漢儒疏奏虞山，以致逮問，故一時譏
小得意，告訐四起。援陸文聲原僅有憾於受先，見虞山逮
問，乃乘機之京密揭，先以疏稿面進蔡奕琛，奕琛即袖示
體仁，體仁不知有受先，且素無嫌怨，乃曰：『誰為張采？不過
三家村兔園學究耳，烏足瀆聖聽！今朝廷所急者，張溥耳！
能併彈治溥，當授官如啟新也。』奕琛出為文聲述體仁語
於是先生為主名矣。」明史本傳言陸文聲求入社，不許，因

50

詣闕密揭，似猶未得其實也。

六月，七錄齋詩文合集刊布。

陳忠裕集卷二十五有七錄齋集序，爲今本所無。

八月，蔡奕琛復嗾周之夔具呈應天府辨冤。

復社紀略：「陸文聲後，選湖廣永州府道州吏目，以去……奕琛計無所出，左右有言前泗州衛弁李應寔以道遣員罷，居戶部繫，奕琛使人授之指，借條陳漕政利弊爲周之夔辨冤。通政司奏聞，有旨：「周之夔是否因病乞養，著該撫按確實具奏，不許狥飾取咎！」撫臣張國維、按臣路振飛下道臣查報。道臣馮元颺覆言：「李應寔假借言事，代人游說，妄引祖制，與漕例不合。乃引紅牌例，坐應寘謊誑欺君，罪在不赦。應寘恩及禍，挾奕琛手書至闕，令之夔赴闕解白，原官可復得，且有不次陞擢。之夔母服未終，應命。九年八月，之夔具呈應天府投。」

九月，出遊蘇錫江陰，十月始歸。

近集卷二有弔五人墓、錫山道中買泉、雞社晚泊、遊觀鵝亭及澄江夜行懷韓芥城諸詩，遊蹤歷歷可辨。「菊花初釀宜嘗旨，蟹眼方烹欲問津，」（錫山道中買泉）故知其時正當九月。同卷緊接便為丙子十月橫塘送葬展視李長蘅畫扇，中云：「正逢陽月楓紅少，偏歎遺文宿草凋，」卽是十月又由澄而蘇矣。

十月，削前工部侍郎劉宗周籍。

是年，姚希孟文震孟先後卒。

崇禎十年丁丑(一六三七)。先生三十六歲。

二月，周之夔具復社首惡紊亂漕規逐官殺弁朋黨蔑旨疏。

陳子龍自撰年譜：「崇禎十年，丁丑，無賴惡少年逢蠱起飈發，縱橫長安中，俱以附會時相矜誇，旦夕得大官矣。閩人周之夔者，舊司李於吳，險人也，有宿嫌於二張，以病去官，尋喪母家居，揣時宰意，縗絰走七千里，入都門告密，云二張且反，天子疑之，下其事撫按。……之夔既上書，因石齋師比

(四)

之人臬撼甚。又疑予輩為二張道地，則以黃紙大書石齋師及予與彝仲駿公數人之名，云二張輦金數萬，數人者為之囊橐投之東廠。又負書於背，躄躄行長安街，見貴人輿馬過，則攀以愬之蜚語，且上聞，人皆為予危之。掾是之夔徵特許先生，且毀及先生之所親矣。

先生危疑不可終日。

王志慶祭張天如文：「丙子丁丑之間，鬼蜮鴟張，蜚語毒螫，天如與受先揣揣幾蹈不測。」

張采祭天如兄文：「方子丑間，兩人几上肉，弋人眈視，外傳緹騎且至，一日數[illegible]驚。」

52

杜登春社事始末「西銘批讀經史，為千秋事業，而中夜不安，唯恐朝廷尚以黨人目之也。彼為小人者，即無吹求之端，而竊竊自疑」。

秋，聞溫體仁罷，與社友吳應箕等晤於虎邱，始一展眉。

夏燮吳次尾先生年譜：「崇禎十年，丁丑八月，抵蘇，寓虎邱之竹亭僧舍，與張天如同寓。集中感事贈張天如虎邱，「寥落相逢處，金閶氣正秋」，時正中秋八月也。又云「自古論憂患，賢人受獨苛」，謂天如方罹獄禍也。按烏程構復社之獄，先後鈎致周之夔、陸文聲、陳履謙、張漢儒等告訐，其後奸狀洩，上始悟體仁從中主其謀，命枷死漢儒等，烏程以病免」。

復社之獄始稍稍解。一時社中諸君子，朋簪畢集：楊維斗本吳中人，自天如自婁東外，若周仲馭自金沙來，沈眉生自宣州來，方密之自龍眠來，沈崑銅自蕪湖來，而陳定生顧子方亦自陽羨梁溪來，於是復社之會，交游文物，焜耀江左。」

陳貞慧周鑣梅朗中至婁。

陳貞慧山陽錄云：「天如文豐蔚典贍，兼家丞庶子之長。崇禎丁丑，余與仲馭朗三詩酒婁上，見其賓客輻輳，幨帷如雲，口授吟謠，手挍墳典，箏歌賓笑，五官並應，絕歎為二劉更生。」案夏燮吳次尾先生年譜謂本年八月虎邱之集，周仲馭自金沙來，陳定生自陽羨來，疑先生虎邱返棹，陳同等隨行，同至婁上論學也。朗三名朗中，宣城人，鼎祚之孫，有書帶園集。

崇禎十一年戊寅（一六三八）。先生三十七歲。

九月，謫少■詹事黃道周為江西布政司都事。

十月，應天巡按張國維奏覆周之夔疏訐案。

為直陳漕儲無誤之實，理官去任之由，明公道以祈聖鑒事。吏部咨，原任蘇州府推官今致仕周之夔奏「為復社首惡，擅作威福，紊亂漕儲，逐官殺弁事」。奉旨：「該部嚴查具奏。」咨查。崇禎九年八月，戶部為新運伊邇，漕政可虞事，蒙部

（四）

覆，奉旨：「周之夔去任情由，是否因疾乞養？着撫按確查，據實具奏，不許狥飾取咎。」職時生在行間，未遑會覆。且以周之夔蓄疑逞聽，久當自悔，不意其母服未終，赴京上疏，復奉旨嚴查。夫之夔之去任，謂由爭漕也，臣請先言漕儲之無誤，以破其借端可乎？蘇郡兌漕之外，復輸倉糧以養本地之軍，名曰軍儲。漕兌苦於橫軍勒索，耗贈日增；而軍儲則在地方交納，絕無耗贈，小民利之。崇禎六年，太倉值風潮傷稼，知州劉士斗請將他邑輕糧軍儲歸之州額，以本邑漕運扣還各邑。此在州言州，出於救荒之迫念。前撫臣莊[illegible]（祖）誨有「漕儲兩項，豈得交易互兌」之批；前按臣祁彪佳

54

有漕運屆期，作速料理，毋使州民藉口觀望之批，事遂不行。至士斗署崑山，為運弁張景文逞兇毆辱與太倉軍儲之議，原係兩事，迥不相涉。且其時崑民相率兌完，亦與太倉無異，漕儲之無誤，已較然矣。無所誤而何必有爭？無所爭而何以求去？則因有私揭一事，為公論所擯，乃借題以相陷也。之夔與士斗同年同事，然懷有夙隙，暗將士斗協災詳文，指為獻媚鄉紳，具揭於總漕巡漕兩臣，而撫按不知。迨總漕巡漕兩臣因崑山縣運軍狂逞，並糾士斗引軍儲一節，拈出之夔私揭，於是都中訾議之夔者藉藉。臣時叨有撫吳之命，實稔聞之。之夔見士民籲留士斗，自知無所

(四)

容於公論，而去志從此決矣。其詳文有曰：『總漕巡漕採職言入告，致士斗■為法受過，職獨何心，安位苟容。』似此數語，真心未泯，深慚私揭之非，可為去位之鐵證。所云誤漕爭漕，皆蛇足也。初次具詳，即以終養為詞，及展轉求去，臣皆其才，冀以善全其終，就累詳所請歸養，代為具題，誰為強勒之乎？迨蒙恩復任，臣等交相慰藉，人情絕無齟齬之釁，可以相安矣。忽而成病，一卧數月，輿疾竟歸，此固國人所共見聞，非有他端，臣又不得不為題具矣。夫前之求去，由私揭發露，有漕臣之疏可稽；後之決去，由真病纏綿，有道府勘詳可據。乃曖昧之情，欲掩覆於己；陰陽之患，反委咎

55

於人。揣其不過從一官起見，然不妨徐為申理，胡為當陸文聲張漢儒高張之時，奔馳赴闕，拾其唾餘，但知好奏自口，不顧衰服在躬，士類鄙之，臣又烏能曲庇之乎？至於疏中摭拾，語語張大其詞，似乎張溥張采有紊亂把持之事，宜動聖明詰究。臣等為朝廷執法，如果壞漕干紀，敢後鷹鸇之逐？但年來漕兌如故，軍儲如故，旂軍與百姓相安如故。其相生端者，獨有之夔與史漕之奸弁李應寔耳。然之夔即百端借訐，張溥張采無片語相干，又國人所共見聞也。若仍舊而坐以紊亂，則漕運之功令無憑；若靜聽而坐以把持，則紳民之耳目俱亂。臣正為漕政慮，為地方慮，不能增無事而爲有事也。臣會同巡撫王志擧合詞據實上奏，仰聖鑒施行。

崇禎十二年己卯（一六三九）。先生三十八歲。

是年生子。見行狀

嫡母潘亡。

吳偉業張母潘孺人墓誌銘：崇禎己卯，孺人亡。梅村文集卷十五

復社紀事：先生葬母，門下士以古文書誌表，誤配作妃，孚手自竄定，其本已有流傳者，僉壬遂大書之，訐爲僭端。按妃與配本通，左傳：天有三辰，地有五行，體有左右，各有妃耦。故夫婦稱妃耦，亦作配偶見後漢書鄧訓傳注也。或以此訐先生，不惟無

56

礎，轉增其陋耳。張鑑書復社姓氏錄後二：「西銘妻金之喪，會弔者不下萬人，周之夔奮身作難，遂以變上告。以天如為名號比天，以張誼、王家穎、趙自新、蔡甲四友為四配，以門人吳偉業、孫以敬、許煥、穆雲桂、周肇、吳國杰、金達盛及其昆弟張源、張濬、張王治為十哲；以復社為欲傾覆宗社；而禍幾不可問矣。」案先生生母金，配王氏，側室董氏，均後先生歿，秋水所謂妻金之喪，殆嫡母潘亡之訛也。

崇禎十三年庚辰（一六四○）。先生三十九歲。

四月，黄道周下獄。

有託名徐懷丹者，製復社十大罪檄。

(四六)

楊彝復社事實：「蘇州推官周之夔希閣臣意，罣經諸闕，訐奏溥等樹黨挾持，業久未結，讒言罔極，至有草檄以伸復社十罪者。」

六月，給事中袁愷疏參貪官受賄，首輔薛國觀回籍，家臣傅永淳少司寇蔡奕琛俱下獄，國觀尋被逮入都，賜死。

七月，謀解黃道周於難。

陳子龍自撰年譜：「崇禎十三年，庚辰七月，南還，過石齋師於邵伯驛，詢京師近事，緹帥從行頗迫，須臾別去，師意甚慷慨，而予不勝欷歔矣。至鹿城，夜過天如，議急石齋之難，天如將傾身家以圖之，真有賈彪之風，予甚愧焉。」太倉州

57

志濤與朋友周篤，聞正人患難，如身受。

與孫淳別於崑山。

孫淳《玉峰塔下別天如》：「經過便聽塔鈴聲，誰解銷[illegible]魂此日情？客為譚深催別暮，船隨潮便報帆輕；偶因懷友重憑檻，悔不看山再入城。二十餘年芳草寺，隔查相望水盈盈。」

是年，子殤。

行狀：「公一子，纔二歲，先公一年殤。」

崇禎十四年辛巳（一六四一）。先生四十歲。

二月，黃道周戍辰州衛。

呂起周延儒。

明史周延儒傳：「始延儒里居，頗從東林游，善姚希孟羅喻義。既陷錢謙益，遂仇東林。及主會試，所取士張溥馬士奇等，又皆東林也。至是歸失勢，心內慚，而體仁益橫，越五年始去，去而張至發薛國觀相繼當國，與楊嗣昌等並以媢嫉稱，一時正人鄭三俊劉宗周黃道周等得罪。溥等憂之，說延儒曰：「公若再相，易前轍，可重得賢名。」延儒以為然。……

……十四年二月，詔起延儒。……延儒被召，溥以數事要之，延儒慨然曰：「吾當銳意行之，以謝諸公。」既入朝，悉反體仁輩弊政，首請釋漕糧白糧欠戶，蠲民間積逋。凡兵殘歲荒地，減見年兩稅。蘇松常嘉湖諸府大水，許以明年夏麥代漕糧。宥戍罪以下皆得還家。復詿誤舉人，廣取士類，及呂還言事遷謫諸臣李清等。帝皆忻然從之。延儒又言老成名德不可輕棄，於是鄭三俊長吏部，劉宗周長都察院，范景文長工部，倪元璐佐兵部，皆起自廢籍。其他李邦華張國維徐石麒張瑋金光辰等，布滿九列。釋在獄傅宗龍等。贈已故文震孟姚希孟等官。中外翕然稱賢。」據是宜興再起，朝政一新，則又先生之意也。先生賀宜興再召北上詩，有「我瘦民肥不足憂」之句，其責望於宜興者至矣！其後宜興亂政，不克令終，人皆謂由於先生已逝，不復聞正言之故。明季南應社考：「……假使天假以年，以溥之才力經濟，

（四）

而輔之以東林之正人君子，復社之英俊少年，則或可以使周延儒吳昌時輩不得不出乎正道，所謂「蓬生麻中，不扶自直」，朝政整正乎內，兵政肅乎外，則或可以苟延明祚，未必遽至於亡。」張采祭先生文謂「兄死繫治亂，使不得見治平，則為國家哭」，非私言也。

四月，與張采重訂結節共讀之約。張采祭天如兄文：「兄命駕南郭，……一月不過一二至，至則談平生，考古今，亦何減七錄齋時。乃前二十有七日，（按祭文作於五月，則前二十有七日必指四月而言。）兄遠歸，薄暮抵我儉齋，酒行甚歡。弟見兄擔荷頗重，因語：「漢侯廟將落成，擬購旁隙地數楹，為潛修計；

59

兄抱襆被，兩人寒窗擁爐，仍修舊業。兄唯唯。」

七錄齋近集成。■

張采西銘近集序：「此我亡友張子遺集也。不名遺集者？先是張子裒其古文辭，比次連類，名曰近集，授諸書史矣。歿前二日，猶手執讎校，則後死者不忍有變益，故仍其自名。」

五月初八日丑時，先生卒，見行狀神志朗澈。

陳忠裕公全集卷十九：「天如臨歿尚講易，謂侍者曰：「月甚明，我將行矣！」遂逝。」

計六奇明季北略：「宜興再召，通內而贄幣帛者，馮涿州（銓）也；奔走而為線索者，太倉張溥、嘉興吳昌時也。擘畫兩年，綸綍始下，昌時於是事權在手，呼吸通天，為所欲為矣。昌時與張溥同為畫策建功之人，淮安道上，張溥破腹，昌時以一劑送入九泉，忌延儒密室有兩人也，其忍心如此！案先生擁宜興再起，為不可諱言之事，蓋溫體仁、張至發、薛國觀相繼當國，轇轕忠良，正士不引退，則遭謫降，小人乘之，訟諍繁興，君子自危，先生其尤著者也。宜興往仇東林，既知懺悔，可與為善，且上又思念之，此先生所以樂其復攬朝政也。昌時墨傲，是誠小人，然謂其毒斃先生，不免有眾惡皆歸之嫌。紂之不善，不若是之甚也。先生自壬申（崇禎五年）自京歸後，即未再入燕市。張采祭先生文，謂「四月二

60

十七日與先生酒行甚歡，重訂共讀之約，其時去先生之歿，僅十有一日耳，誠如許氏所記，當時既以一劑送之入九泉，則藥性必猛，早當斃於途矣。陳子龍輓詩句：君到九京無別恨，獨憐夜哭有高堂，亦不似死於非命者。先生自任以天下之重，而憚於譏讒，坐是促其年算。雖宜興再起，而病根已深，不可治矣。

無子，明年，錢謙益等為立嗣。

張采祭文附言：遺腹舉女，復殤。今年崇禎十五年夏五，始得邀同人定嗣，因梓牧齋先生嗣說告海內。

天如館丈之歿也，諸執友議立後焉。論宗法以次，及次

(卒)

房之應立者；又於應立之中，推擇其稚齒便於撫育者。天如之母夫人暨其夫人咸以為允，諸叔弟皆曰諾。嗚呼！天如之歿，而耿耿視不受含者，獨念母夫人耳。自今以往，庭户依然，田廬如故，夫人甘食美衣，僮奴指使，久而忘天如之亡也；天如之魂魄，晨夕於母夫人之側，久而自忘其亡也。季札有言："鬼神無廢祀，宗廟無乏主，吾又何求！"吾輩庶可慰天如於地下矣乎！嗣子生十齡，未有名字，諸公以犬馬之齒屬余，余為命其名曰永錫，而字之曰式似。詩有之："孝子不匱，永錫爾類。"又有之："教誨爾子，式穀似之。"是子也，推孝子不匱之思，應螟蛉類我

61

之祝，善視其大母及母，天如猶不死也。豈必屬毛離裏，而後使人曰，章哉有子也哉！崇禎十五年壬午月朔日己巳，虞山通家錢謙益再拜書於婁江舟中。

女一，張采初爲許字嘉定侯檠，見行狀後嫁吳孫祥。

按太倉州志藝文類有張在貞王靜紈月窗合稿，注云：張氏溥女，吳孫祥室。王氏溥女，張在上室。在上即采長子于臨，先生以所撫外家之女嫁之。先生生女二，一存，一殤，存者即在貞。州志云吳孫祥室疑初字於侯，侯氏子或早夭，終嫁於吳也。先生遺書萬卷，盡歸在貞，在貞喜臨十三行，人以爲獻之復生。

(五)

葬崑山三十保。

『行狀』：嗣定即卜地西門外婁江西館南岸崑山之三十保，以崇禎十五年十月二十七日成葬。』

『靜志居詩話』：崇禎間，文社四起，執牛耳者，婁江張吉士溥也。歲辛巳，吉士卒，麗京束芻絮酒往會葬，賦五言長律一時傳鈔，以爲傑作。』麗京姓陸氏名圻，一字景宣，錢塘貢生，有『從同集』。杭有西陵十子，圻褎然冠首。

私諡曰仁學先生。

『復社紀事』：先生卒於家，千里內外皆會哭，私諡曰仁學先生。

先生疏駁，仍有攻訐者，張采具疏剖白。

知畏堂集具陳復社本末疏：「復社一案，責張溥及臣回奏，惜溥已死，臣謹齋沐陳之：我朝制科取士，因重時文，凡選鄉會中式文曰程墨，選進士文曰房書，選舉人文曰行卷，其諸生徵文彙選曰社稿，從來已久。若復社之起，臣以為縣令，不預書生事。張溥時猶未第，故選社文，以臣向同硯席，代臣作序。及溥成進士，而臣以病廢矣。豈意臣里中奸人私隙中傷，有復社一款，下蘇松提學。前學臣倪元珙曾經具覆，奉旨再察。既學臣亓璋以丁憂去，張鳳翮以外轉去，懸案未結，事會致然，罪不在溥與臣也。乃夏五月初八日，溥病方死，惟臣僅生。謂復社是臣事，則出處年月不符；謂復社非臣事，則溥實臣至交，生同砥礪，死避羅弋，負義圖全，臣不出此。竊維文者，昭代之所重；社者，古義所不廢；推廣溥志，不過楷模文體，羽翼經傳耳，未嘗有一毫出位躍冶之思也。至於或網及罪檄，此忌溥者羅織虛無，假名巧詆，不惟生者不聞，亦溥死者不知。若使徐懷丹果有其人，臣願剖心與質；儻其人烏有，則事必誣構。獨念溥日夜解經論史，矢心報稱，曾未一日服官，懷忠入地；即今嚴綸之下，並不得泣血自明，良足哀悼。臣雖與世隔越，孤立杜門，而兢兢勉學，頗知省察，不欲一字自欺，豈敢一字欺皇上！謹據實回奏，臣無任戰兢待罪之至。

行狀：「公死後，復有攻公希跳獄者，再得嚴旨，責公及采各自陳。采謹齋沐具疏，備述復社端倪……既草疏，焚一爐香，向公木主呼曰：『天乎！公因亡罪，我杜門惜不與社事，痛公一生汲引，乃加罪我，不敢逃死已。任天子聖明，可無他者；赫然怒，相見黃泉矣。』疏上，上亦鑒書生文社不足究，旋得公素行，心憐之，有旨勿問。」案當日處於專制淫威之下，臣下不容干政，先生以天下為己任，為清望所歸，一言一動，眾所瞻依，實一在野政黨之魁傑也。采所言乃避嫌遠禍之說，吾以此疑「思不出其位，」為孔子憤慨之言也。

(三)

詔徵遺著。

明史本傳：「御史劉熙祚，給事中姜埰，交章言溥砥行博聞，所纂述經史有功聖學，宜取備乙夜觀。帝御經筵，問及二人。延儒對曰：「讀書好秀才。」帝曰：「溥已卒，采小臣，言官為何薦之？」延儒曰：「二人好讀書，能文章，言官為舉子時，讀其文，又以其用未竟，故惜之耳。」帝曰：「亦未免偏。」延儒言：「誠如聖諭，溥與黃道周皆偏，因善讀書，故惜之者眾。」帝頷之，遂有詔徵溥遺書，有司先後錄上三千餘卷，帝悉留覽。」援先生文思敏捷，著述繁富，惟卷數今則間有不可考者：

周易注疏大全合纂六十八卷　尚書注疏大全合纂

69

詩經注疏大全合纂三十四卷

三書雜取注疏及大全合纂而成，所以糾科舉之士之株守殘賈者，不足盡先生之所學也。先生原擬自周迄唐，有見必書，有言必存。蓋古人說經，源流尚近，文旨並茂，得其一言，如寶元龜。即或解異時王，初指自在，所謂過而廢之，寧過而立之，名曰經學古解。宋元諸儒，解經最詳，然師門相因，語言不休，複說枝譚，往往而有，不得不少辨得失，鄭重去取，名曰經學通解。明以經學取士，流為科舉，其學遂荒。然山澤之中，巖廊之上，亦間有其人，採其最長者著之，名曰皇明經學。略見五經注疏大全合纂序 然天不假年，強仕而逝，有志未逮，經術之不幸也。

春秋三書三十二卷

四庫存目云：是書第一編曰列國論，凡二十四卷；第二編曰四傳斷，凡七卷；第三編曰書法解，凡一卷。徐汧張采均為之序。采有例言，稱列國論中，尚缺雜國一題，四傳斷中，僖公缺十餘年，文公全缺，襄公以下亦全缺。采間為補之。書法解為目多端，僅成一則。

四書注疏大全合纂三十七卷　十三經詁釋　宋史紀事本末一百九卷　元史紀事本末二十七卷　通鑑紀事本末　南北史同異　歷代史論一編　歷代史論二

編十卷　論略　讀史管見　皇明經濟書　歷代名臣
奏議三百五十卷　七錄齋詩文合集十六卷　七錄齋
近集十六卷　按合集、近集篇目有重出者，似先生之意以近集爲定本也。　歷代文典　歷代
文乘　崇禎文典
漢魏六朝百三名家集一百十八卷
四庫書目云：自馮惟訥輯詩紀，而漢魏六朝之詩匯於
一編；自梅鼎祚輯文紀，而漢魏六朝之文匯於一編；自
張燮輯七十二家集，而漢魏六朝之遺集匯於一編。溥
以張氏書爲根柢，而取馮氏梅氏書中其人著作稍多
者排比而附益之，以成是集。州分部居，以文隸人，以人

(五五)

隸代。使唐以前作者遺編，一一略見梗概。

古文五刪五十二卷

取文選■廣文選、唐文粹、宋文鑑、元文類五書，芟複去雜，故名。

黃■道周、陳子龍等均有詩哭先生，錄附於后：

新書未■就已藏山，覤雪纔消又閉關。不為幽憂成鵬賦，何當造次閱麟刪；斯文欲喪慙無黨，吾道更生恥獨還。莫說作官官易盡，祇今鐘呂在人間。

可憐北斗掩光儀，已見明河藻雪時。人事總從丹史過，君心不與青蠅知。十年著作千秋祕，一代文章百世師。縞帶

難將淒海淚，灑煙瘴山嶺共相思。黃漳浦集卷四十七哭張西銘二十章
江城日日坐相思，尺素儀傳絕命辭，讀罷驚魂似夢裏，千
行清淚不成悲。
越山北望指吳閩，一月緘書定往還，數日不傳雲裏字，那
知非復在人間。
憶君弱冠負經綸，予亦同年許俊民，二十春秋如一日，生
平兄事更何人？
每念君親自性成，縣來風義古人情；應知何物堪殉汝，一
卷尚書與孝經。
當年結納走風塵，四海交遊若比鄰；鄭綦有田皆給客，孔

融滿座更賓（留）。
高密扶風相後先，談經嶽々腹便々；青麟白鳳無顏色，魯
國諸生盡黯然。
五車十乘古來聞，博物司空又屬君；禹穴酉陽多典籍，可
能地下作郎墳？
三江潮落月黃昏，巷絕春歌欲斷魂；賓客如雲人不見，秋
風先到信陵門。
沖夷風度極雍々，善誘殷勤不易逢；天下幾人成善士？早
年還似郭林宗。林宗年四十二，而君止四十。
綠波搖蕩月臨窗，垂柳闌門隱畫艭；明歲吳城花放日，莫

敎春邑渡婁江。

知音謬自託金徽，結客中原攬風輝；清德俊才皆不少，注々千頃似君希。

文章弘麗潤巖廊，下筆如雲掃七襄；自是才高人莫學，一時枚馬有兼長。

橫經虎觀集諸儒，一日聲名滿帝都；從此已懸公輔望，誰令十載在江湖？

青溪渡口共迴船，痛飲流光十二年；縱有鳳凰台上月，不堪和淚照江天。憶與天如同學時。

赤熖雄狐守九閽，國香不復樹當年；數章告密何人意？十

（五九）

載行吟是聖恩。

菉薋滿野楚天寒，魑魅窺人白日殘；投虎投豺應不遠，為麟為鳳異時看。不踰數月，而二讒一廢一譴矣。

疾惡如風最不平，天涯何處有荆卿？長虹莫掛徐君墓，擕爾延津浦上行。謂閹賊也。

萬卷塵封丹旐前，講壇秋樹起哀蟬；莫誇門下多房杜，定有侯芭為守玄。

二十年來遺錦衾，幾番風雨慰同心；應知南郭先生意，紅樹蕭蕭罷鼓琴。謂受先也。

南冠君子朔風前，慷慨西行倍可憐；已乏何顒為奔走，更

68

無愧邵與周旋。石齋師之逮，天如經營急難備至，師未出獄，而天如先歿矣。
令君壽考古難當，自信文章走八荒。君到九京無別恨，獨
憐夜哭有高堂。
執燭猶持易一編，但稱朗月在中天；知君聞道光明鏡，不
向人間號謫仙。
少婦含啼方避室，萬人齊祝詠維熊，若從此日論天道，應
有傳經鄭小同。小同，鄭益恩遺腹子也，天如竟生一女，傷哉！
八月胥江濁浪奔，千人縞素爲招魂，自憐越界怖皇甫，不
得相從哭寢門。陳忠裕公全集卷十九哭張天如先生二十四首。
偶因文事立雞壇，不料浮言啟百端，生死幾人知痛哭？風

(六)

波惟我共艱難。北門學士虛華屋，南郭先生為撫棺，不負當年風雨夜，並將松柏厲餘寒。

孫淳梅縮居存草悲悽吟。自注云：曰哭天如也。已

69

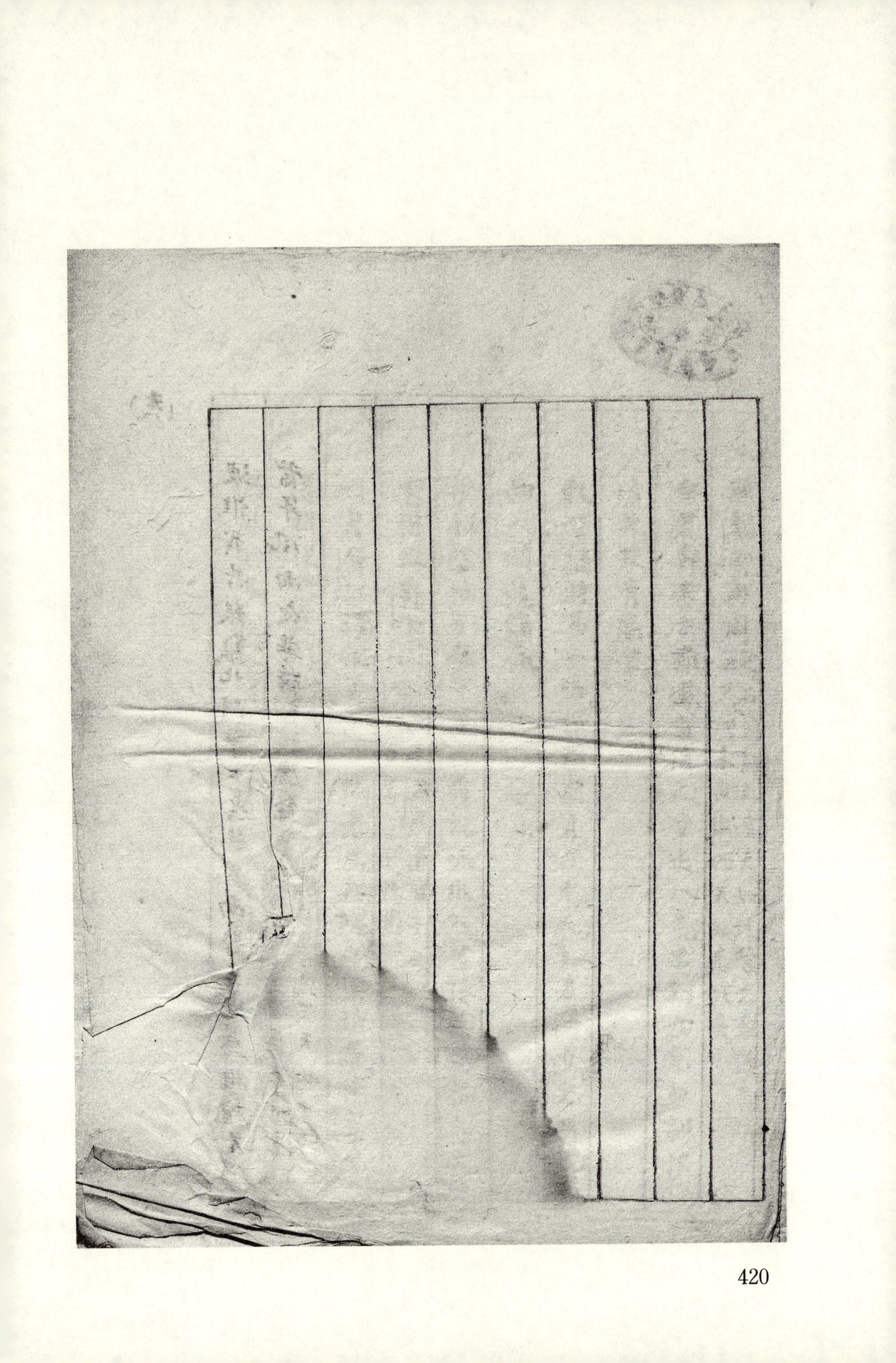

（附一）

附本譜參考書籍

（一）張溥七錄齋詩文合集

（二）張溥七錄齋近集

（三）太倉張氏家乘

（四）王祖畲太倉州志

（五）王寶仁婁水文徵

（六）邵廷烈婁東雜著

（七）王家楨研堂見聞雜錄

（八）鄒漪啟禎野乘

（九）計六奇明季北略

(十)文秉烈皇小識
(十一)溫睿臨南疆逸史
(十二)徐鼒小腆紀傳
(十三)陸世儀復社紀略
(十四)吳偉業復社紀事
(十五)杜登春社事始末
(十六)楊彝復社事實
(十七)朱倓明季南應社考
(十八)朱彝尊靜志居詩話
(十九)陳田明詩紀事

(附二)

(廿)張廷玉 明史

(廿一)張采 知畏堂集

(廿二)吳偉業 梅村全集

(廿三)黃道周 漳浦全集

(廿四)陳子龍 陳忠裕全集

(廿五)計東 改亭文集

(廿六)張鑑 冬青館集

完

董遷 編

合肥龔端毅公年譜稿

民國二十九年（1940）朱絲欄稿本

合肥龔端毅公年譜稿

弁言

僕少既失學，及長顛沛四方，退食之餘，讀書畧有領悟，每欲綴述成文，輒為藏拙之心而止。客冬吾友李君冷衷主編朔風雜誌，屢屬為文，情不獲已，因憶曩時於虞山婁東二老之集曾加涉獵，錢博吳豔，至今猶縈胸懷，亟思再得定山堂集讀之，拚以己見而成江左三大家合評。於是晝讀合肥宗伯所著詩詞，哀婉之處，既時見故國之思，其奏疏中為漢人計者，則更深且巨，至於優隆遺老，奬掖後

遂順康之間尤無其匹昔日崇吳柳龔之志於
斯趣果而前修之題反不敢輕於著筆矣抑
錢吳兩家詩文流傳已廣年譜亦早有作者
由其文字窺其生平自易惟端毅身後軼事
不顯編詢諸先輩均不聞有為輯集者僕
以詩文質疑考誤筆記已積數十則乃決
編次成譜以備他年史家所採惟未愜意者
有數事羽沉鱗滯兵戈載途端毅宗系圖
譜在京未能訪得掛一漏萬譏自不免此其一
也乾隆詔燬虞山集後以其並被波及兼罹前

諡於身後故蘄水名宦志康道兩朝刻本題有不同而續刻同人集內更將以詩改梓兩名歧雖辨析此其二也雍乾之際文字獄案羅織甚深洎公謝諡時人於其職位多不敢道隨園去公不過百年詩話所記校閱古事已大失真譜貴徵實康熙以後記述義不敢採此其三也是譜薪窮數月之力大體漸具至於端毅生平出處與夫一生事跡均據前人所書並揭譜中以待後賢評定既不敢以私見妄論前輩行藏尤不敢以曲筆代為廻護惟冀海內博

雅与端毅贤啬、有以纠正其遗误、则幸甚

民國第一庚辰首夏姜邏識於燕京

本譜所用參攷書

定山堂詩集　分水縣志

定山堂文集　江南通志

龔端毅公奏疏　廣東通志

淅川政譜　東華錄

明史　貳臣傳

清史稿　先正事畧

合肥縣志　國朝詩人小傳

廬州府志　牧齋年譜

蘄水縣志　牧齋有學集

梅村年譜
吳梅村家藏稿
梅村詩集
閻古古年譜
古古全集
姜貞毅年譜
杜于皇年譜
變雅堂集
帶經堂詩集
王漁洋年譜
漁洋感舊集
分甘餘話
香祖筆記
蠖齋詩話
曝書亭全集

傅青主年譜
尤西堂年譜
尤西堂全集
板橋雜記
今世說
廣樵紀聞
賴古堂尺牘
湖海樓集
安雅堂集
婦人集
玉琴齋詞
緯樓集
西陂類稿

龔端毅公年譜

公諱鼎孳，字孝升，生時庭產紫芝，因號芝麓。端毅則其謚也。先世自江西臨川徙皖之合肥。至公已五世矣。幼奇穎，書一寓目輒不忘。總角能文。崇禎癸酉甲戌聯捷成進士，年纔二十耳。是年停館選，公筮得蘄水令，勸農興學，聽斷如神。時值流寇蔓延，守城之功尤偉。丙子佐吳梅村、宋九青分校楚闈，號稱得士。俸滿行取，升授兵科給事中，在職之時一月疏十七上。癸未因劾時宰下獄，久乃得釋。順治初以原官台疏辭

不獲進，掌科，累遷太常寺卿，刑、户兩部侍郎
晋左都御史，一載之中疏章累百，其最著者
有敬陳職掌及免裁刑官、暫停秋決等疏，丙
中諭上林苑苑丞，壬寅再起（鑾邦），甲辰移刑部尚書（仍補左都御史）、
疏請寬失出宥小過，恤株累，每對罪囚惻怛慘
見眉宇，丙午調兵部，奏請往來兵馬勿得入
城擾民，歲餘改禮部，奏復各省歲貢，廣州
縣取士額，庚戌、癸丑連（聯）主會试，得士徐乾學、
韓菼等，皆當時名宿，一掃時文靡滑之調，以
自是年出闈後，即以疾疏請解任，蒙諭慰留

閻爾梅傳山陷獄，皆賴公之力得免。朱彝尊、陳維崧尤倜遊京師，貧不自存，尤賴公得以成名。自錢謙益卒後，在外有文藻負士林之望者，當推公，因是

至八月始奉命，允未及一月而卒。公初以才名受知清世祖，嘗謂左右曰：龔某下筆千言，如兔起鶻落，不假思索，真才子也。當時鼎革方新，前朝耆舊多混迹酒人畫師，以寄其悒憀幽憂之感，而少年英俊，布先待蔭者翕集京師，均惟公是依。吳門顧茂倫次公集於虞山婁東二老之後，有江左三大家之刻，於是紙貴一時云。以上據清史稿、江南通志、合肥縣志、廬州府志、國朝詩人小傳、嚴正矩撰、端毅口傳

[illegible]

祖承先，字元鑑，萬曆三十一年癸卯舉人，四十四

年授浙江分水縣知縣、在任裁陋規，崇學校，恤孤老，建橋築堰，百廢俱舉、調任桐廬，擢雲南祿勸州知州、未赴，即謝病歸、治分水四載，遺愛在人，祀名宦祠

以上據合肥人物志及分水名宦志

父孚青字尹達、廿負文名，庚辛歲饑，首倡捐賑，全活甚眾，流寇攻城，率兵拒之，城賴以全，年五十卒，鄉人哀之，奉祀鄉賢祠，著有眉齋集

以上據廬州府志及合肥縣志

母楊太夫人卒於崇禎元年，公時年十四、見敬端公奏疏

繼母王太夫人、卒於順治十八年、詳譜中

北京特別市公署

伯父萃肅萬曆四十四年丙辰進士，授吉安推官，擢御史，論遼猾張我續貪冒之罪，白知州汪心淵守徐之功，糾袁崇煥之壞疆事，舉方震孺之有才品，悉觸言既，差長蘆鹽政，内升太僕寺少卿。以上據府志及縣志

萬曆四十三年乙卯（公元一六一五）十一月十七日公生於合肥里第。（歷代名人生卒年表）龔鼎孳生於萬曆四十三年乙卯，卒於康熙十二年癸丑，享年五十有九歲。（吳詩集覽）壽龔芝麓詩云："丈夫四十致卿相，努力以孫方少壯"。靳榮藩注：梅村丙子典試湖廣，為崇禎九年，又十八年而甲午，則順治十一年也，詩當作於此時。由順治十一年逆前推之，公生之年與名人生卒年表所記，恰相吻合。

（定山堂集）卷七冬仲三日善持君三十設帨之辰，十七日又余初降達，以於此月朔為誦經竟日，感其意，因賦二

首、兼記歲月、又總目卷十二仲冬十七日、長玉
為予疳降、舟泊陸家橋、按兩詩公生當在是日、

萬曆四十四年丙辰公元一六一六公二歲

萬曆四十五年丁巳公元一六一七公三歲

萬曆四十六年戊午公元一六一八公四歲

萬曆四十七年己未（公元一六一九）公五歲隨祖父元鑑公官浙

（定山堂集）總目卷二十五先大父奉直公以分水令攝篆桐廬
秋端擢州守、即日謝病歸、余時甫五齡侍行、今三十餘年往矣、按
祖元鑑公四十四年之分水任、
公何時隨往未詳、容待再考、

萬曆四十八年庚申（公元一六二〇）公六歲、里居隨祖父元鑑公攻讀、

（嚴正矩撰龔端毅傳）公生而岐嶷、穎慧夙成、祿勸公（元鑑）
林居、極愛憐之、手授經書、親加課讀、精、不午夜不就寢、

天啟元年辛酉（公元一六二一）公七歲

天啟二年壬戌（公元一六二二）公八歲

天啟三年癸亥（公元一六二三）公九歲
天啟四年甲子（公元一六二四）公十歲
天啟五年乙丑（公元一六二五）公十一歲
天啟六年丙寅（公元一六二六）公十二歲
天啟七年丁卯（公元一六二七）公十三歲，習制舉業，每一篇出，邇絶儕耦，兼博通騷史，善詞賦古文，宿老見之罔不推服。（嚴傳）
崇禎元年戊辰（公元一六二八）公十四歲，母楊太夫人見背（藝、譜三歲公）
奏疏（乞恩俯允回籍守制疏）云：
臣幼遭閔凶，行年十四，母楊見背。
崇禎二年己巳（公元一六二九）公十五歲

崇禎三年庚午（公元一六三〇）公十五歲，在里與秦虞桓訂交，（定山堂集潭影堂詩序）余與虞桓諸子訂交在庚午之歲，余方垂髫，從兩姊後，而虞桓亦以弱冠藉甚諸生間，按詩集卷廿八，當順治四年公南游時，在金陵有留別秦虞桓律句，前同彼時所作，

崇禎四年辛未（公元一六三一）公十七歲，

崇禎五年壬申（公元一六三二）公十八歲，受知太守烏程嚴公大尹新建熊公，補博士弟子，（廬州府志）嚴爾珪，浙江烏程進士，崇禎間知廬州府事，熊文舉，字公遠，號雪堂，江西新建人，崇禎四年辛未進士，授合肥知縣，恤士愛民，以廉平著，乙亥（八年）流賊薄城，公守西偏，築威遠亭於其上，指畫有方，按熊於縣革後官至吏部侍郎，著有雪堂集，公受知甚深，定山堂詩集內屢見酬贈之作，

崇禎六年癸酉（公元一六三三）公十九歲，舉於鄉，（合肥志選舉表）龔鼎孳崇禎

癸酉舉人。（定山堂文集）張建侯附藝文序云：余與張子建侯同領鄉薦，時正癸酉，余年未及冠，建侯亦苕苕頴豎，雄文茂鬯。

崇禎七年甲戌（公元一六三四）公二十歲，成進士。闈卷房牘膾炙海内，有露灕園稿百篇，學士家爭傳誦之。

（江南通志）龔鼎孳字孝升，孚肅子，崇禎甲戌進士。（定山堂詩集）卷十五贈溫以函增世姪自註：以增為座師溫文忠公之孫。按烏程溫體仁於崇禎七年甲戌以大學士奉命典會試，卒謚文忠，當是公之座主。

崇禎八年乙亥（公元一六三五）公二十一歲，是年停館選，補授湖北蘄水縣知縣。狀貌魁梧，人不覺其年少也。（見蘄水各官志）爾時流寇方陷鳳陽，取道荊楚之入陝，擾及蘄、黃。公間道赴任，下車伊始，籌劃守禦，調停兵食，高城浚池，無不悉當。（沛川政蹟山聲堂集偶存）龍笑詳文。

流賊之奔突蘄陽也，春間已被蹂躪矣。卑職到任後，一意招
徠耕農，漸多起色，百方修繕，殫力幸有堅城。至九月間，天災
流行，秋禾蟲食，卑職遍鄉查看，閭疾扶傷，乃以晚稼之方登，
忽而寇氛之驟至。九月廿四日，蜂屯萬騎，來自黄岡，以夏畦
秋疇之遺黎，當怒馬橫戈之虐焰，其各營堡有鬭者有逃
者，突銛觸炬，痛不忍聞云云。

崇禎九年丙子（公元一六三六）公二十二歲，在蘄水任奉命分
校楚闈，總裁為畢東吴梅村先生偉業、
萊陽宋九青先生玫，並稱文壇名宿，與公以
氣誼甚合，藻鑑相同，所拔皆奇雋之才，得
士解元周壽明及前魁嚴正矩等七人。周則以季
試蘄水所首拔士也。（明史）宋玫字九青，山東萊陽人，天啟五年進士，官至刑部侍郎，崇禎

十六年在臨清殉難（湖北孝感志）嚴正矩字方以湖北孝感人丙子舉人癸未進士鼎革後歷官浙江溫處道廣東按察使晉户部右侍郎著有涉園文集

崇禎十年丁丑（公元一六三七）公二十三歲仍在蘄水賊每歲往來無虛日不則兵來以宿於城上於是有喋喁之集賊渠高迎祥是歲經孫猶師傳庭擒送京師伏法鄂北賊勢因之小緩以節進諸生商奇析義文風丕變得士為林彬之稱盛於是有風雅之集問奇之篇（蘄水名宦志）

崇禎十一年戊寅（公元一六三八）公二十四歲仍在蘄水夏四月張獻忠因敗偽降九月洪承疇大破李自成

於潼關、荊楚之一帶稍安（通鑑輯覽）李自成寇陷光州固始潢蘄黃一帶因地

眾豫境時〻受擾嗣經副將孫應元共連破於舞陽固

始、賊謀犯江北、應元共扼其前、復連敗之、賊渠劉國能

共請降、獻忠亦為左良玉敗乞降、左知其詐而然不

聽、追至九月洪承疇破李自成於潼關、自成改計謀竄山西、

豫楚之形勢稍緩、公暇與士民講說詩禮、激發忠義、

開民疾苦、興除利弊、種〻善政不遑枚

舉、更為闡揚理學、勸課多士、齊安九邑

文士多來就社、（蘄水名宦志）

崇禎十二年己卯（公元一六三九）公二十五歲、仍在蘄水、六月

張獻忠復叛、謀自楚之入蜀、官軍擊之、遁走

武昌、蘄、黃、又形嚴重（通鑑）

崇禎十三年庚辰（公元一六四〇）公二十六歲、仍在蘄水、秋七月
張獻忠入蜀、與羅汝才合、九月李自成入鄖、
荆楚告急　通鑑
崇禎十四年辛巳（公元一六四一）公二十七歲、春二月張獻忠復入
楚、陷襄陽、殺襄王翊銘、荆楚大震、秋公在
蘄水、俸滿考績第一、授兵科給事中、冬入都、
（蘄水名宦志）公在任五六年間大寇大兵大餉大修築
迭無寧晷、公各方應之、或謠牘抽札、或揮案飛書、蔚
詞麗句、積案盈几、於是有山聲堂之集、鶴盧之帙、蘭
皋之剩吟、台司交推、薦曰遂為全楚行治第一、辛巳之
冬欽授兵科給事中、按光緒癸未龔氏家刻本端毅
公奏疏、附有山聲堂集二卷、政題浠川政譜、玉鶴廬蘭
皋兩集、今世則不得見、再按民國第一甲子龔氏家刻本
定山堂集、題自辛巳、公在蘄水舊作、似已全佚、

崇禎十五年壬午公二十八歲（公元一六四二）陞見、上注視嘉悅、即日命察理畿南、廣平等處、編歷州邑、詳覽形勢一月、疏凡十七上、自固邦本、以及善後畫沙聚米、皆切實急着、居兵垣十月（閏）、諸如疆圉大勢、狡寇情形、賢姦進退、國事安危、知無不言、言無不盡、上見嚴侍、中秋與閆古古孝廉集方密之太史曼寓分韻、詩見定山堂集中、閆名爾梅、沛縣人、天啟丁卯舉人、方名以智、桐城人、崇禎庚辰進士、並與杜于皇在京訂交、（變雅堂集）哭龔孝升先生文云、濬與先生訂交在壬午都中、距今三十二年、而永訣焉、按杜字于皇、號茶村、湖北人、流寓金陵、崇禎壬午以貢生入北雍、除夕奉命入直右掖、見定山堂詩集

北京特別市公署

崇禎十六年癸未公二十九歲仍在兵垣於人才士 公元一六四三

氣諄諄致意司寇徐公之言國材特疏請留又

極論言官章公正宸惠公世揚憲臣劉公宗

周金公光宸皆當賜環因及錢公謙益揚

公廷麟忤璫同難之方公震孺俱不宜終

老巖穴又因同官請恤宋玫並請卹抗節

殞身之范淑泰又言河南撫軍王公漢死永

城叛帥之變宜下明詔卹忠討賊遣官致

祭以動兩河父老忠君仇賊之心收拾鼓舞

所關甚大聞詞臣黃公道周杖後蹇殘不能

步履凄然,淚下,即引以請罷詔獄、廷杖,復請蠲流賊焚劫之郡邑三年田賦,以安人心。

上據此嚴傳及康熙合肥志。

是年,顧夫人善持來歸。(板橋雜記)

(陳其年婦人集)顧夫人識局朗拔,尤擅畫蘭蕙,蕭散樂託,畦徑都絕,固當是神情所寄。顧字橫波,合肥龔大中丞夫人,龔甚尊寵之。集中章負秀含衣事早朝,及不知何福消得君諸句,皆為夫人詠也。

(板橋雜記)顧媚字眉生,又名眉,莊妍靚雅,風度超群,鬟髮如雲,桃花滿面,弓彎纖小,腰支輕亞,通文史,善畫蘭,追步馬守真,而姿容勝之,時人推為南曲第一。家有眉樓,綺窗繡簾,牙籤玉軸,堆列几案,瑤琴錦瑟,陳設左右,香煙繚繞,簷馬丁當。當時江南侈靡,文酒之宴,紅妝與烏巾紫裘相間,座無眉娘不樂。而尤艷顧家廚食品,差擬郇公李太尉,以故設宴眉樓無虛日。未幾,歸合肥龔尚書芝麓。龔雄豪蓋代,視金玉為泥沙糞土,得眉娘佐之,益輕財好客,憐惜才士,名譽盛於往時。客有求書詩文及乞畫蘭者,縑箋動盈篋笥,畫款所書橫波夫人者也。

按顧歸龔之年,詩內未能考出。惟閻古古桃花城顧夫人挽詞第四首云:「共誰歡笑共誰愁,生死相憐二十秋。恰好歸來第錦浦月,明三滿忌辰週。」第九首云:「眉樓相訪夏初時,贈我開元一句詩。二十五年賡和斷,翻來江上寫哀辭。」詩下自注云:「壬午年四月,客金陵,王穆如、吳周昉諸君招飲秦淮,步月過訪眉生,眉生問余為誰,諸君方說推因，眉邨應聲云：此古古先生耶。余曰：何以見知。眉拱手云：天下何人不識君。諸君大笑，此亦一时快事云。按顾夫人卒於康熙二年癸卯，推前二十年，正是本年癸未，而第九首固古古自注壬午，顾尚在平康，归龚自当在翌年，

時大學士周延儒罷歸，舊輔王應熊赴召將至，公疏劾應熊結納延儒，營求再召，政本地重，私相援引，延儒再出，應熊復來，天下事豈堪再誤。疏入留中未下，會延儒被逮在道，不即赴，冀應熊先入為之解，思宗知之，命應熊歸，賜延儒死，兵部尚書陳新甲獲罪棄市，具疏參劾呂大器為陳新甲私人，不宜令總督山東河南。以上據貳臣傳（參嚴傳）抨擊時宰則有大奸本乎大貪之

疏、政本關係安危已誤不容再誤之疏、糾論怙惡之疏、及庇貪誤國一疏，則專擊首揆，以此下之於理、十月初

七日下獄有詩、見集中卷三 十一月十七日適公初度在

獄賦生辰曲十首、見集中卷卅六 嚴冬寒甚顧夫人送

被獄中、夜卧不寐口占絶句二首荅之、並見集中 是

年即在獄中度歲、

崇禎十七/順治元年甲申（公元一六四四）公三十歲正月仍在獄中、上元由

熊魚山給諫出獄、公有詩送之、二月初一日與

姜如農給諫同時被釋、（定山堂詩集）送熊魚山給諫出獄詩序云：魚山拜杖後繫獄（見四卷三）

年餘，適荸得罷下理，昕夕過從，纏綿百日。日昨當先生論

戍蒙恩報可，一時同難諸君子感解網懸鞳之盛事，莫不舉首加額，賀先生之遭也。又見日卷十六送姜如農給諫

謫戍宛陵四首其一云、我策疲騾君策蹇，芒鞋雙踏鐵门

北京特別市公署

10

用、布衣暖覺春睡重、青史名容後進陪、去國一身真只报毋、

投荒萬里亦憐才、欣看折坂存遺直、狐虎紛紜已死灰詩

下自注云時與如農同出獄待放、（姜貞毅自訂年譜）正月

閣臣某奉命督師山西、行推轂禮、時請釋埰等、上報可、

二月初一日出獄、按明史列傳熊開元字魚山、湖北嘉魚人、

天啓五年進士、積学篤行、出宰吴江、後社諸子奉為首領、

内用給事中、時以言事入獄、國變後剃髮為僧、易名正志、

姜埰字如農、山東萊陽人、崇禎四年進士、授儀真知縣、

擢給事中、同以言事入獄、國變後隱於吳门、謚貞毅、三月李賊自成陷京師

思宗殉國、賊以縉紳錄按名搜索、（庭按紀聞）牛金星執（賊入京師按户搜索、）

縉紳錄唱名、嘻笑怒罵、恩威不測、賊憤各官不迎己、欲盡殺之、因宋獻策力争乃止、太子太傅駱

養性、尚書張縉彥、張忻、侍郎黨崇雅、葉

初春、劉餘祐、寺卿張若麒、李元鼎、等百數十人

均降、並見貳臣傳中 公投井未遂、被賊擄去、（嚴傳）、後陷 都城公園

门拷井為居敝甦寇脅以徑不屈，夫榜慘毒，脛骨俱折，未
遂南歸之願（《定山堂集》）懷方密之序云：都城淪陷，余以
罪臣名不罣朝籍，萬公一得脫，可銷需以觀變，遂易姓
名雜小家傭保間，經營顧白畏見其影，時密之與舒章
戢身一破之家中，越日遂有偽畏朝臣之事。余私念曰
事迫矣，然我有恃以解免，以我迺臣無可以入也，密之適
來倉卒數語，面無定色，曰：幸甚，我苟自今以往，長為編氓
以役世矣。余心疑其色，然不忍不信其言。有頃，戶外白
挺林立，譟入，問：諸何官者？余曰：是矣，吾受死。振衣
而出，則密之又適來，露曰：吾斗吾與子同死，今吾君臣
夫婦朋友之道俱盡矣，安用生為？吾且以頸試子劍
至是始知之方為賊得，迫令索余，計劃無之，強應耳。嗟
乎！密之何負於余哉？既抵賊所，怒張甚，問若何為者不
謁丞相邸，乃亡匿為？余持說為前，復索金，余曰：死則死耳
一年貧諫官，忤宰相意，繫獄又半年
安得金？賊益怒，箠楚並下，繼以五木。五月，清師入關
京援公原官（《貳臣傳》：順治元年五月，睿親王多爾袞
定京師，鼎孳降，授吏科右給事中，尋陞
禮科（《嚴傳》）李朝義旗東來，狂氛電掃，名以原官就
職，疏辭再三不允，趙吏科右給事中

力辭不獲乃就。（定山堂集文）卷三上攝政王衰病殘軀不能供職乞恩放行啟云：伏念職待罪前朝，備員言路，行能本無足取，以參論故輔冒昧無當，先帝下之於理，葦荷矚恩待以不死。流寇陷城，夷拷慘毒，骨脛折斷，匿門投井，為居民救甦。恭逢殿下義旗迅指，醜類宵奔，一時臣民欣離水火。當先帝喪衷之日，職亦思死隨諸父老後，聞闖入城，感激隆恩，扼右廷謝於扼單內，註明建言革職四字，蓋亦自明其身為棄物，擯絕班行矣。今蒙殿下諭以原官供職，自知疏不能追縲絏於前朝，又不能效忠藎於今日，負先帝豢成之德，昧人臣進退之義。職原籍廬肥，前年五月獻賊破城，職父母僅以身免，今且云迷子舍，國何處庭幃，淚染溫衽，注陳魚雁。伏乞俯軫恩誠，特賜罷斥，縱此菽水承歡，可勝激切待命之至。

順治二年乙酉（公三十一歲）在京，任禮科都給事中。

屢乞回籍養親，均未獲允。（奏疏）卷一乞假省親疏云：感溫嶠絕裾之非，心劇丹；讀李密陳情之表，血歌沾衣。臣鄉江北，久入版圖，子舍白雲，依稀在望，是則臣披胸露心之時矣。又懇回籍養親

疏云瞻言馳屺岵實切臣情、臣思依日月之光、又臣切庭闈之戀

私中展轉滿兩交窮、跂望雲情伏候矜許、又再乞歸

奏臣疏云臣以南方孤鳥依先日月、鄉夢初通有路洒陳情

之血國恩欲報夾心聞遯容之書、若再遷延必生狼狽

伏乞聖明憫臣謀身之拙、念臣孤子之難、特沛天恩放歸

侍養臣、從此不先犬馬填溝壑、捐靡失志豈後他人、遯拖

以前後三疏皆出至

誠斷非矯情之作、三月十九日思宗殉國週年、有詩述感、

（定山堂詩集）總目卷十六乙酉三月十九日述懷云殘生猶得

見花光回首啼鵑血萬行、龍去蒼梧仙馭杳、鶯遊堤

柳暮雲黃、寢園麥飯虛寒食、風雨珮弓泣

尚方、愁絕茂陵春草碧、罪臣蛾已罷長楊、四月禮部

議復公奏、故明舊制考取舉人第一場時文

七篇、二場論一篇表一篇判五條、三場策五道、

今應於科臣請、減時文二篇、照故明洪武例附

用時文五篇、於論表判外增用詩去策改用

（漁洋感舊集）、宋琬字荔裳、號玉叔、山東萊陽人、順治三年乙亥進士、官至四川按察使、有安雅堂集、贈龔孝升太常詩云、仙客朝回散玉珂、薊門春色未蹉跎、人從鄴下風流健、詩入關中涕淚多、漢時猶傳朱雁曲、祠官新紀白狼歌、子雲宗室耽詞賦、肯許狂生載酒過、

宋荔裳有詩送之、安雅堂集送龔孝升守制歸廬江詩云、搖落秋風裏、登高見素車、周南太史淚、江表子山書、憔悴叢中舫、蕭疏影外廬、故人曾子建、宗室意何如、冠蓋恩高老、烽烟從楚臣、青楓千里暮、白雁五湖濱、擊缺人皆散、垂綸事果真、孤帆對明月、寄愁秋……

奏疏至京城貢院頹壞應即修葺、得旨考試

仍照例行、貢院著即修葺。見東華錄 亂時公

得家書、為疏代双親祈福、題具疏還願禮佛

見文集中 九月遷太常寺少卿、見東華錄及貳臣傳 宋荔裳有詩賀之

順治三年丙戌（公三十二歲）四月十五日尹達封翁卒

於合肥里第、六月奉憂、攜顧夫人善持 又字眉生

回里、（定山堂集）卷一四月十五日值先大夫中祥之辰、於佛禪院懺誡一章、按尹達公四月十五日逝世、公在京、六月始聞訃、即奔喪、

舟過淮陰、萬年少自清江來訪未遇 見定山堂集中

按萬年少名壽祺、字介若、一字內景、江蘇銅山人、崇禎三年庚午舉人、有隰西草堂集、國變後隱於淮上、與閻古古稱為徐州二處士、

途中公以詩投贈閻古古、閻答七律五首慰之、

（閻古古集）卷九南直隸集答龔孝升五首，題下自注
時自都门南下以詩投我。遂據順治三年公南下時閻正
里居，至順治十三年公使粵南下，閻則在囹中矣。原詩五
首，其三云：金斗江空笑宦籯，雙魚南北枉嘉平。有懷
安用涕相愧，無路何妨各自行。元直曾云方寸亂，子長
終為故人明。可憐凝碧池頭句，讀罷傷心哭幾聲。
詩下自注：京師破時孝升二親具在，故第五句及之。其四
云：三年窮餓一書籯，慟哭離騷伴歷年。鼇嶼猶存昭代
鼓，明因憶蕭蕭寒水處，悲歌燕市久無聲。其五云：霞
羽蝎墓誰使漢官行，披裘有志毋相迫。吞炭何心未
先幾，出薛家籯，便道青门訪郃年。鴻雁一天秋水洛，
芙蓉雙岸美人行。雲移村樹峰皆變，烟冷江樓月更明。
相見欲言言不得，不如遙寄各吞聲。詩下自注：時孝升
攜顧眉南下。遂據閻古古在清初遺老中性行最為耿
介，論人亦最嚴，劾錢牧齋嘗云：士得古古稱善，想必無可
議矣。足徵閻之不輕許人。然答公五首，其三「有懷」「無路」
各語，為公剖解備至，更因公時有双親，引以徐庶李陵
故事，可知於公之苦心已十分諒解。當時遺老持論如此，
後之議公者，自無置喙之地，而公得此老代為剖白，地下亦
可瞑目矣。

順治四年丁亥（一六四七）公三十三歲，里居。元日社集有詩。

（定山堂集）卷十八元日社集有句云：蕉家久誤臺前燕，羇采爭憐鏡裡雞。又云：春楷合讓狂奴醉，愁畫鄉雲隔去行。又云：山中廿之式春應長，嘗有黃金屠管鋤。按公自甲戌通籍筮仕蘄水後，已十餘年，此次返里，得享山林之樂，頗為自得。

離鄉

八日，伯父雍箎公卒，以詩哭之。（定山堂詩集）卷十七有伯父雍箎公惠詩垂憶依韻奉荅，卷十八又有八日郊行兼哭伯父雍箎公，挽公伯父苹肅與雍箎公是否一人，容俟詳考。

春暮，離廬東下，有詩留別秦虞桓。（詩見集中）至白下，楚玉招飲方子唯園亭，顧與治買舟桃葉渡，邀與同遊，秋夕與杜于皇同泛秦淮，均有詩紀勝。（並見集中）重九後一日，姜如農招同羅訒菴、曹惕乾（園亭讌集）分韻賦詩，如

農將返真州、以詩見貽、和答二首、據（以善貞敘年譜）順治四年九月返儀真

順治五年戊子（公元一六四八）公三十四歲春正月由金陵之丹陽舟中遇顧赤方、經夜每每別去、贈詩四首（詩見集中）抵吳門、道公招飲虎邱、以陳百史題壁韵索和、尋錢後至杭州、曹秋岳已先期至湖上見待、逾期廿日、輒有寄訊之作、相見出示、和答四章、四月十五日為尹達公中祥之辰、拜懺禮佛並為昭慶寺重修戒壇作疏募緣、時公弟孝緒方官杭州、因至寓園、留飲竟日、又為顧夫人善持作疏祈子、（板橋雜記）顧眉生既屬龔芝麓、百計求嗣而卒無子、甚至雕異香木為男、

[illegible][illegible][illegible]四肢俱動、錦衣繡褓、內外通稱小相公、蓋亦不之禁也。按長公子士稹以順治丁酉科副榜、此時當在十歲左右矣、

是歲值吳薗次[illegible][illegible]三十初度、按薗次名綺，江南揚州人，以拔貢官湖州知府

[illegible]公依紀伯紫韻賦詩四首壽之、詩見集中

秋暮抵吳門、冬之揚州、

順治六年己丑（公元一六四九）公三十五歲。正月二日與趙友沂、

吳薗次、宗定九、諸君子及達旨、慧譓二上人分

韻、按友沂名爾抃，揚州舉人、官內閣中書、定九名元鼎，揚州人，為新城司寇門人、元夕後三日

鄧孝威諸子集以寓所，錢送劉藥生觀察

之潁上任、諸子紛歸海陵，以亦由鎮江而之金

陵、余澹心名懷，上元人，有味外軒集紀伯紫時相過從唱和

甚多。杜于皇寓雞鳴山下，公常往訪，秋夜同友沂、于皇、澹心集具治齋中，送伯紫之邗上，有詩紀事。鄧孝威、唐髯孫相繼蒞止，文酒之會甚盛。（以上並見定山堂集）

順治七年庚寅（中先十年生〇），公三十六歲，正月之揚州，春夜吳薗次招同宗定九、程穆倩集玉琴齋，限韻。十六日杜于皇四十初度，依園次韻贈詩八首。春暮陳其年、許力臣約看玉蘭，清和後一日偕紀伯紫、冒辟疆訪杜于皇於儀鳳軒，用王龍標韻各賦一章。秋日於淮舟與吳梅村書。（以上詩文分見集中）

宋荔裳有詩送之、安雅堂集送龔孝升起服回京詩云：長安郎第舊朱樓、簾捲珊瑚玉作鉤、結客樽前銷蠟炬、退朝花下散名騶、南歸歲月懷三黍、北望關山咏四愁、舊日酒徒零落盡、五桑筑嗚咽水交流、

順治八年辛卯公三十七歲元日有雙鶴紀祥和 公元一六五一

梁公狄韻詩、見集中 夏駕舟北返陳古公

唐祖命均有贈別之作、舟過淮浦萬年少

集祖命愚山諸子觴之隱西草堂公韻賦

詩、梅公與閻古古書云舟過淮浦年少飲我隱西草堂言念故人當風雪涕、閻年譜注孝升順治八年夏北上、所謂年少觴之隱西草堂者即此時也、過清源有詩贈雷龍淮水部、（定山堂集）自注此地舊為袁籜菴權差公署余五年前南還曾集於此、按集中卷三十三懷袁籜菴水部四十韻、題下小引畧云丙戌秋扶服南還抵清源則已為中秋前二日、籜菴存我甚厚、痛楚之中得見故人、為停泊兼宵、

順治九年壬辰公三十八歲、守服制闋回京、起補館 公元一六五二

職、疏稱譯館之設、雜習文字、通化柔遠、同係

甚重、條陳應行四款俱見採納、上已與韓聖秋、丁野鶴、鄧孝威、白仲調、趙友沂、聽王子玠度曲、夏日宋既庭南歸、(漁洋感舊集)宋实穎字既庭江南長洲人以孝廉官興化縣教諭有玉磬山房集(今世說)宋既庭在京師謁公一見甚歡相與分韵賦詩以才思敏捷落筆若飛望之如神仙中人、嚴方公[illegible][illegible]赴蒲州觀察任、公均有詩酬贈、重陽邀同何楷菴、成二鴻、吳岱觀、韓聖秋、紀伯紫、鄧孝威、李素臣、白仲調、王撫友諸子集慈仁寺毘盧閣登高、用少陵九日韵、分賦、九月熊雪堂守制歸豫章、公賦七律八首送之、(貳臣傳)熊文舉投誠時、其父洪立籍明福王逮下獄、文舉子畏華請以身代、

得釋、未幾、愚華病死、迨江南有司上其事、治椎愚華、至是洪卒、文華聞訃奔喪田里、

順治十年癸巳（宋之一生平主）公三十九歲元日有和鄧孝威除夕守歲韻、因（出手時）負性剛直不附時宰、致相抵牾、遂欲藉甄別出之外藩、（嚴傳）引見日世祖大悅（今世說）以陛見為孝陵所賞識、在禁中嘆曰、龔某真才子也、以上並見嚴傳及鄧方坤國朝詩人小傳、四月擢刑部右侍郎、具疏論列七事、蒙允議行、

（貳臣傳）十年擢刑部右侍郎、奏定本部事宜、疏列七事、（一）法司問擬大小獄情、宜悉依律文確議、不得舍律科罪、（一）折獄務得其情、虛者即為申雪、實者據詳定案、毋持兩可、（一）獄訟宜令滿漢司官会訊、錄詞呈堂後審、或擬罪或釋放、加以勘語、付司存案、（一）處決重囚、宜令科臣將應決人犯詳註姓名、其有情罪允當者、許即時執奏、（一）遣戍罪人、宜就原籍遠近定地發遣、（一）畿輔州縣旗民交訟人命盜案情、仍赴部質審、鬥爭細事、請即令各州縣審擬申

招犢撩結案（一）老幼篤病律有收贖之條請再為申明凡
垂死連坐之家屬即照依律科斷
（龔端毅公奏疏）遵諭陳言疏各司司官滿漢並設原
期同心商酌共砥以平庶獄無遁情官無曠職近見
大小獄情回堂時多只有清字而無漢字在滿洲同堂
諸臣虛公共濟事事與臣等參詳然倉卒片言是非
立判本末或未及深悉底案又無從備查至於重大
事情又多從清字翻出漢字當其訊鞫之頃漢司官
未必留心追聽案已成罪名已定雖欲旁贊一語輒苦
後時是何滿司官之獨勞漢司官之獨逸也請自今以
後一切獄訟必先從滿漢司官公共質訊各註明切口詞呈
堂覆審發落既定或擬罪或釋放臣等即將審過情節
明注於口詞之內付司存案以便日後稽查其有事關重
大間從清字翻出者必仍引律敘招臣等覆加看詳然後
具題事以斟酌而無訛謬亦精詳而可守
按此疏即奏定疏列七事之第三項上後即下所司議行
於是刑部讞獄供詞只錄滿文定奪之權亦操之滿司
官手漢人遇有冤獄每難伸雪此疏建議名曰使漢司
官分滿司官之勞實則張漢人之權抑滿人之勢有功於
漢族至大數百年來漢族得以不衰其實基於此當時

北京特别市公署

滿清入關，席捲中國，一時群雄皆俯首帖耳，而公竟於此强項敢諍，殊存漢人挽回權利甚大，世之議公者豈不省耶。

是年曹秋岳奉名入都，宋荔裳自銓曹出觀察隴西，公均有詩贈之。詩並見集中

順治十一年甲午，公元一六五四公四十歲，春正月地震，立春後六日，同王鐵山司馬、張坤安司寇奏事南海子，上元雪中早朝有詩紀事，並有和梅村宫坊韻。梅 吳梅村於順治九年經兩江總督馬國柱薦以才學優長，十年又經吏部侍郎孫承澤薦以學問淵博，器宇凝宏，後經有司敦逼，扶病入都，大學士馮銓又薦以才品足資啟沃，遂授秘書院侍講學士。二月轉户部侍郎，爲江淮亢旱成災，疏請蠲免田賦，見奏疏中 五月遷左都御史，具疏懇辭，未獲俞

允履任有敬陳戒掌共砥勿欺之疏、有圖治
方殷綜覈貴收實效之疏、有推明德意之疏
有免裁刑官之疏（見奏疏及嚴傳）重陽同曹秋岳韓
聖秋紀伯紫諸子集慈仁寺登高限韻、十一月
初度之辰、錢牧齋吴梅村均有詩相贈、吴並有序、
（牧齋有學集）龔芝麓四十初度樹詩無喜凡二十二韻詩
云一氣乘箕㬚、三辰戴斗邊、上卿占月省、按法丽星躔、獨
坐中台耑、雙藤圖户懸、黑頭三事廿、白筆四聰占、讖
曉雞人罷、戍陰鶴蓋聯、游河五緯並、降昴一神徧、天
老論塵數、壹椿記小千、上尊同馬湩、御席列駝𨅬地
餅老常無天、廚器自然、小紅花破臘、重碧酒為泉、洞
府徽嘉会、靈簫倚宿緣、眉傳京兆嫵、曲奏相夫憐、
烏命頻伽共、花心雜苑駢、珠林香馥郁、玉樹自嬋娟、
閣道紅牆近、天街碧落連、霜生楚州筆、春發蔓學刀
篇、鳳為樓舊將、蟾於顧兔圓、耳璫嗔放日、壺矢笑

北京特别市公署

連天、婉戀將雛毋、參差上樹仙、即看金作礪、還似玉為
田、無駕鳥行追逐、嚶嚶鳴樹祝筵、終期鸞鵲雜甲子、度堯年、
（吳詩集覽）卷五壽總憲龔公芝麓詩云、丈夫四十
致卿相、努力以孤方少壯、握手開尊話疇昔、故人一見稱
無恙、當初海內苦風塵、解褐才名便絕倫、官守蘄
春家近楚、然窺江夏路通秦、書生年廿非輕敵、擐甲
開門便迎擊、詩成橫槊指黃巾、戰定磨崖看赤壁、
我同宋玉適來游、多士名賢共投轡、此地異才為亂出、論
文高話鎖所秋、別後相思陽江水、黑山鐵騎為風雨、聞道
黃州數被兵、讀書長嘯垂囊裹、荏苒分飛十八年、我甘
衰白老江邊、那知風雪嚴城鼓、重謁三公擊戰前、即君
致身已顯、足正色趨朝勤補衮、異書捫腹五千卷、美酒
開顏三百斛、月明歌舞出簾櫳、剪燭分題揮酒中、談笑
院生青眼客、文章王播里頭公、卻思廿小經離亂、銅駝
荊棘尋常見、側身天地竟何心、追暇風光有誰羨、淡楚之水
吳山思不禁、朝衫欲脫主恩深、待看賀監歸來歲、句漏
丹砂亦易尋、按梅村此時到京未久、故三四兩句語及之、
（吳梅村家藏文稿）題龔芝麓壽序云、夫鄭仲華廿年
拜衮適會風雲、王文度壯歲登庸、半參門冑、未有起
家州郡通籍詩書、往已躋于台司、甫方當於彊仕、於御

史大夫芝麓龔芳之者也屆逢覽降爰命嘉招賓客刻
羽蓋朱輪宴飲劍蘭肴旨酒甜金缸而卜夜懸玉笛
以飛觴吐納雜容聲華照灼迺撫今而追昔輒即事
以興懷射策登朝分符出宰兵連吳楚寇逼蘄黃
掇矢登陴橫刀守陣雪夜發圍城之嘯月明起破陣之
歌絕壁無糧橫江寡援力搘强寇志決孤城洎乎名拜
諫官而陳條奏朝愷正論士目黨人慨國是之紛更政
王途之板蕩飄泊抱黍離之痛西鶴捷□草昧之艱俯
念餘生克遭新造唯盡心於所事庶援手乎斯民詩
錫闕右之祖免祀西掖顧赦洛陽之獄理出千人凡皆
壯歲之可爲長恐修名之不立即今朋舊相看鬧於
道故義時消埃已親拂袖歸來於是上客揮毫名流授
簡持杯緩詠剪燭高吟此士既文香溫那南人之才非任
沈風稱知己雅善生平悟辭旨之流連寫聲情於忼
慨顧皆妍思此綸勝集況辰主顧爲歡家稱上
壽只因家近八公黃精易飯羞使詞高三歸絳樹
將歌足助風流可資口藻會見櫻桃葉底爭
傳花月之篇何必楊柳樓頭重唱陋山之曲也

順治十二年乙未（西元一六五五）公四十一歲、在總憲任、治事一載

疏章累百、其最著者有敬陳治平八事法

疏、太原傅山（青主）以飛語陷獄、經年、以力救得免、

（傅青主年譜）順治十一年甲午、先生寓平定、以飛語下太原獄、除夕有詩、明年合肥龔芝麓總憲、金陵紀伯紫處士、力救事白得釋。按此事並見清史稿本傳

七月、周亮工（櫟園）以在閩臬任內案

被劾解、户部侍郎任赴閩候質、公以詩慰

之（詩見集中卷三十七）八月、詔停刑部秋決、公疏請令內

外概停、以彰朝廷一視之仁、又奏每年六月審

定立決重犯、俟七月具題、正法、奉旨永著為

例（見貳臣傳）十月、原任閩浙總督劉清原不候交

代田駐杭州、以玆漳州失陷、具疏劾奏奉
旨革劉清原職、（見東華錄）公在法司每事持兩議
人為公言滿漢異議、未使公并聽、未戮、吏部奉
上諭朕每覽法司覆奏本章、龔鼎孳往往
倡為另議、若事係滿洲則同滿議、附會重律
事涉漢人則多出兩議、曲引寬條、果係以忠為
國豈肯由此、龔鼎孳蒙恩拔擢總憲、不思
盡忠圖報、乃偏執市恩、是何意見、著明白回
奏、等語、公遵旨回奏、上以公偏執沽名回奏支飾、
大負擢任、下部議罪、部議革職、奉旨降八級調

用、（今世說）龔芝麓拜御史大夫，抗疏每言時政得失，迨
決獄日，必手反數十事，事雖奏行，有毫髮疑，必挑駁至盡，至七箸展轉含毫，獲有生機後已。同事以為不可，必動色力爭，至再三不厭。十一月，順天
巡撫顧仁[illegible][illegible]以貪污不戢伏法，經內大臣鰲
拜查明，以公薦取奉旨，再降三級調用。（見東華錄）
尤侗（西堂）在永平推官，上書自陳憔悴，公答箋慰勉、
（尤西堂年譜）順治十二年乙未，嘗上書于總憲龔公芝
麓，述憔悴狀，公手劄酬答，勸勉備至，掌銓者每遇考
選，輒為予屈一指，徂於資格，卒不得與，至是憫其久困
改京兆推官。書云：總一郡之紀綱，攝橫豸、肅秉九流之
刀尺，簪盍龍門，庶乎得聖人之清，為此任天下之重
雖然，耋老之卒，盡知安石之為蒼生，況屬吏門生，不仰
季長之右絳帳。再上書云：夫士終身不遇知己而不用
或誤為不知己所用，二者皆無足惜，惟是遇知己矣，上欲
援之而阻於格下，欲攀之而懸於勢，逡巡卻顧，而時已去，机
已失，使知己有不獲用士之憾，使士有不克効用知己之羞、

斯則天下所大痛矣、又云閣下攬四方之紀綱，東西之刀尺、位已極矣，望已隆矣、文章經濟赫然稱當代一人矣、而猶傾心于下吏、肯首于愚生、褒尺寸之才、揚纖毫之美、故長安四方之士、郵相傳說、莫不慕閣下之知侗為特奇、而漳侗之受知於閣下為獨至也、

順治十三年丙申公四十二歲（公元一六五六）因上年十月奉旨降八級調用、十一月又因顧仁案奉旨再降三級調用、至本年四月補上林苑蕃育署署丞、（見東華錄）往例降職官多不入署辦事、公以官無大小俱應供職無缺、（集內有入上林署口號絕句四首在卷三十八）在上林署上疏請退出屯莊二十二處仍歸民間業主耕納丁糧、（上見嚴傳）未幾奉使頒詔粵東、鄧漢儀（孝威）同行

(今世説話)鄧孝威嘗從龔端毅使粤，過梅嶺，道經山
有句云：人馬盤空細，煙嵐返照濃。寫景逼真。

東江蘇浙江江西等處，顧夫人送至杭州。

樓々使粤仙自水道而行，在灤河登舟，有口號四首；滄
州舟中坐月有五律二首；泊頭書事有絕句四首；過德州
欽羅欽瞻侍御齋中五律四首；過臨清有贈馬生絕句
二首；過濟寧有太白樓懷古二首；過淮陰有李素臣
過訪紀謝二章；至揚州有冒辟疆喜予將至邗江枉過
賦謝二首；至吳門有雪後舟行紀事四首；有抵杭
州有君虎林與善持君言別及善持君移舟
相送各篇；錢塘江行雜詩三首；從錢塘南下舟經富
陽、蘭溪、龍游、常山、玉山、上饒、貴溪、弋陽、安仁、吉水、廬
陵、贛州、南康、南安，過梅山嶺，經始興、曲江、三水，而抵粤垣。
沿途紀游之詩並見寶山堂詩集中。吳梅村、錢牧齋均有詩贈之。

(吳詩集覽)送舊總憲龔芝麓孝升以上林苑監出使廣東
與君對酒庾樓月，君逼干戈我離別。與君籍地燕山草，
君作公孤我潦倒，亦知窮老應自疏，識君意氣真至徒。
門前車馬多豪俊，羈衣上坐容衰鬢，我持半句君一斗。

詠吟一篇君百首、每逢高會輒盡歡、把詠新詩不容口、
今日似節再送君、地角天涯復何有、山川有靈々有命、
延津會合真難定、如君共事曹侍郎、百僚彈壓鳳裁飛、
搖筆論文海內推、文游京雒聲華盛、秋風吹向越王臺、
攸先踪跡誰能信、不見蘭臺連柏府、卻過劍浦來珠郡、
相贈雖無陸賈金、相看何必周昌印、丈夫豁達闊心期、
悠々世上無人知、三仕三已總莫問、一貴一賤將奚為別、
君勸君休失意、碧水丹山替游戲、客路々遍舟好善書、故
園九日堪況辭、烏柏霜紅廿歸樓、桃柳雨黑引人騎、獨有
飄零老伏生、不堪衰白困將迎、祗困舊識當遠步、坐使新
知詠怨筆輕、花發羅浮夢君處、躑躅悲歌不能去、
(牧齋有學集)哀丞前三日吳門送龔孝升大憲頒詔嶺南、
蕙蘭曹秋岳左轄四首、陽生嶺表動吹葭、使節追遙出內家、
何是飲冰宣詔草、祗應銜雪看梅花、春前黃木南雲近、臘後
紅蕉北户々榕周左羅浮香夢裏、隨君吟嘯繞天涯、夕陽弔古
無傳車、風度祠前噪晚鴉、萬里珠崖開幾郡、千秋金鏡廢
誰家、天南日月周迴迴、規外星辰布置賒、卻望蒼梧瞻蕩節、
依然三殿領黃麻、回首春明戰齒牙、崔々嶺樹喜迴庭、清流
久已沉灰劫、鈎黨何當指漢家、樹叫鈎輈魂刺促、穴銜窮蟻
夢交加、今照一摘曹溪水、莫向恒河錯筭沙、左官才子似長沙、

北京特別市公署

杯湯相逢笑畫蛇、崖蜜盤中過苦味、嶺梅笛裏憶邊笳、肉身命訖三生石、淚眼圖披六葉花、從此真依結香火、心香傳記到南華、歲暮抵粵、

順治十四年丁酉（公元一六五七）公四十三歲在廣州元日有次曹秋岳韻詩、廣東通志職官表曹溶於順治十三年至十四年任廣東左布政使、人日同鄧孝威遊海幢寺、初春偕緡原道三水英德曲江北旋三水舟中有和曹秋岳韻、道經英德曲江亦並有詩、花朝雨中扶病返梅嶺、舟至章江適熊雪堂先生謝病山居輕帆出晤、並誦見懷之作、公感賦七律八章、以志從遊歲月、按貳臣傳熊文舉自順治九年奉抵歸田里、至康熙元年始奉詔起用南昌登滕王閣、又有和曹秋岳韻、夏日至全

陵仍寓市隱園中、杜于皇相期已久，時有見懷之詩、（詩見變雅堂詩集中）王藉茅方伯出示五日詩補和二首、宋既庭余澹心喜公自嶺南歸均有詩紀事、公分別依韻酬荅、七夕有和杜于皇韻、中秋同伯紫諸子讌集吳詠亭、重陽前一日同于皇澹心諸子集綺季水閣、重陽招同諸子登雨花臺、踐集限十三日于皇招同澹心前民諸子登清涼山、十五夜同于皇泛月秦淮均有詩、（並見是集中）九月長公子士稹中順天鄉試副榜、（乾隆合肥志人物志）龔士稹字伯通，丁酉科副榜，以蔭官工部虞衡司員外郎，歷官至湖廣按察司僉事，以廉明聞、

光緒《廬州府志·選舉表》：龔士稹，康熙丁酉副榜。[illegible]

〈嚴傳〉丈夫子二，長士稹，丙中副車，以廕候補；次士祖，[illegible]拔貢。

（康熙《合肥志·雜事志》）龔僉事千谷士稹，大宗伯[illegible]公子也，慷慨好施予，中副榜。嘗自都門歸，道河間，會景州牧貢應田職卒於任，其子亦諸生，以逋累逮繫，幾斃於獄，千谷垂橐救之出。端毅聞而偉之，曰：應田一舉甚佳，至意凡事如此作去，不減范氏麥舟矣。後任湖廣僉事，值宣城孫日都令衡陽，亦以虧欠繫湖南三年，千谷捐俸助之，母子乃得歸里。性孝友，宗族貧乏者收卹之。當宗伯公之卒於京邸也，伏闕上書，得俞旨與祭葬，賜謚端毅，千谷感激圖報。及官虞衡，適黔滇蕩平，朝議各省銅鐵砲解京，公抗論鐵砲不宜解京，有傷民力，上韙可，萬眾懽呼。任營繕司郎中，核算文華殿工料，省以[illegible]省金錢數百萬，舉力能事一，復請易京閘亂築，至今便之。至任僉事，均郵傳勞逸，署臬篆，亦寬獄，釋繫累，皆其事之大者。至履僉事任時，陛辭特召對乾清宮，溫語移時，尤異數云。按順治十四年為丁酉，再下一甲子至康熙五十六年始為丁酉。據〈嚴傳〉，公卒時長公子士稹已丙中副榜數年，無又四十餘年後仍應鄉試之理。再按前文，端毅聞而偉之，可見端毅當時並未在京，與〈嚴傳〉所記頗相吻合。〈嚴〉、〈啟〉正矩係同時之人，所記自屬可信。光緒《廬州志》誤甚。

嚴傳

十一月三日顧夫人善持生日，公在中林堂觴客

（板橋雜記）順治十四年丁酉，芝麓尚書挈顧夫人重遊金陵，寓市隱園中林堂。值夫人生辰，張灯開宴，召諸賓客數十百輩，命老梨園郭長春演劇，夫人垂竹簾，召舊日同居南曲姊妹行者與燕、李六娘、王節娘皆在焉。時尚書門人楚之嚴某赴浙監司任，逗留居樓下，垂簾長跪捧巵，稱賤子上壽，坐者皆離席伏，夫人欣然為罄三爵，尚書歡甚。按崇禎丙子公以蘄水令襄試楚闈，獲士嚴正矩，後以癸未成進士，歷浙江溫處道，仕至戶部侍郎，與公師友風義甚篤。（前文所記嚴某自是正矩無疑）越日乘舟北歸，牧齋先生及諸子枉送燕子磯，月下集飲，感賦四首。十七日公生日，舟泊陸家墩，有詩紀之。

歲暮抵京。

順治十五年戊戌（公元一六五八）公四十四歲，在京師。先是頒詔，任國子監助教。

粤東、遼次奉旨移太僕寺主簿、再移上林
苑丞、京察部議鐫級補外、奉旨留内補
國子監助教、上固鑒其忠誠、聊於裁抑之
中寓意在國學、課諸生勉學力行、士多興
起。（見嚴傳）元日有試筆詩四首、六日紀伯紫過
友沂過集有詩、上巳同友沂伊人過（漁洋感舊集 顧湄字伊人）
（江南太倉人 吳梅村门人）集園次齋中、初夏仲調慈仁寺
寓齋、聖秋適至共賦一章、除夕守歲用
空同歲暮韻賦五首、
順治十六年己亥（公元一六五九）公四十五歲、仍任國子監助教、

人日友沂招同諸子過集齋中有詩。元夕雪後伯紫、綺季過集，和空同韻二首。閏三月十二日張空同招集慈仁寺看海棠。五月初八日雨霓有詩紀時。秋，魏環溪先祿（先正事畧：魏象樞字環溪，蔚州人，官至大司寇）歸養蔚州，孫退谷少宰（孫承澤字退谷，大興人，官至吏部左侍郎）集洞門諸公於藤陰送之，分韻賦詩。重九過慈仁寺，同聖秋登毘盧閣，飲松下（以上並見集中）。冬，王士禎（貽上）出任揚州推官，諸公請訓公集京師諸詞人祖席賦詩，聯為巨軸（見漁洋年譜）。士禎（貽上）有詩留別（帶經堂集）。已亥別御史大夫龔公詩云：北府新軍領上遊，燕城歌吹咽寒流。浮湛京洛人將老，蕭瑟江國戰未收，河朔清樽初送遠。竹西明月獨登樓，春來無限隨堤柳，攀折何由寄別愁。

公另有詩及序送之。詩序並見集中

順治十七年庚子（公四十六歲）仍在國學。元日早朝試筆有詩。六日對雪懷櫟園即和其除夜韻。二十一日為孚肅公誕辰，於長椿寺拜懺禮誦。（定山堂集）先嚴誕辰於長椿寺禮誦，默公出縑扇索書，援筆寫懷，遂成春日雜詠二十首。按公與長椿寺香火緣甚深，集中贈長椿默公、達公之詩屢見。迨顧夫人卒後，亦寄厝於長椿寺三年，始運柩回里安葬。三月，袁九叙少司馬開府滇南，公有詩送之。東華錄順治十七年三月以袁懋功為兵部右侍郎兼右副都御史巡撫雲南畢節等處　十月，周亮工被劾受賄案，戍邊未行，會赦得釋，公有詩志喜。

（貳臣傳）十六年部議亮工被劾各款，贓證不承認，而前此田起龍等已憑證佐審實，計贓累萬，仍擬立斬，籍沒。上以前後辭證不同，再下法司詳審。十七年法司論罪如前議。恩詔予減等，改徙寧古塔，未行，得赦，志喜詩見定山堂集。

順治十八年辛丑，公四十七歲，仍在國學供職。正月初八日丁巳子刻，世祖章皇帝崩於養心殿，遺詔頒示天下，（見東華錄）公與韓聖秋郎中詩伏景運門外恭聽遺詔，有詩志哀。二月初二日壬午奉移梓宮於景山壽皇殿，公冒雪恭送，敬賦四律。正月二十五日丁丑繼母王太夫人憂，在京聞訃，具呈本監堂上懇代轉奏回籍奔喪。（乞恩俯允回籍守制疏）

（龔端毅公奏疏）本年二月二十五日在京痛聞母喪，當經吏部具題，奉旨：龔鼎孳著在任守制，欽此。聞命自天，悚惶

北京特別市公署

無地。臣幼遭閔凶，行年十四，母楊見背，顛連疾苦，藐無依恃。臣母王氏歸於臣父，鞠育撫摩，恩踰己出，拮据膏火，課臣誦讀，雖當貧瘁，口不言勞。臣賴教養深慈，幸獲成立。今一旦遠焉長逝，遺慟終天，伏乞天恩准臣回籍終制。

奉旨在任守制。南行未果，杜于皇期公不至，有詩見懷（變雅堂詩集）今年舊口號二十四首：悲君弗克見星行，如滌山川共此情，雲勢南來應得雨，為誰散作此風聲。詩下自注：聞知己龔孝升先生丁內艱南歸有日矣，乃復不果，嗚呼我則使然與。又奉懷龔孝升：多難餘生苦重鐵，逢窮迫豈在相知，惟應卸帽江頭別，一日懷君一賦詩。重九同韓聖秋集龍爪槐下有詩。十二月十九日，帝從都御史魏裔介之請，詔諭盡蠲新加練餉，感恩紀事，因賦蠲租行二首。

康熙元年壬寅（公元一六六二）公四十八歲，仍在京師。三月賈膠侯中丞開府三秦，張元公中丞開府中州

公均有詩送之（東華錄）康熙元年二月庚申以賈漢復為陝西巡撫、以張自德為河南巡撫、

趙友沂舍人病逝、公哭之以詩、秋日奉

詔以侍郎起用、陛見謝恩有詩紀事（見東華錄及本集）

康熙二年癸卯（公元一六六三）公四十九歲、六月起補左都御

史、有寬民力以裕賦稅之疏、惜人才以收器使

之疏、有感誦皇仁無插標識諸疏（見嚴沆撰志傳）余懷

貽書賀之、公亦有箋酬答（賴古堂尺牘）余懷與龔鼎孳憲老云、前作詩送程翼蒼君

赴國子監任有句云芝楚嶽三年作此官、烏臺松柏擁琅玕、即為今日再掌憲綱之讖也、伏維先生負元龍之氣、挺名霓之才、道邁張蒼梧、高劉璃緯、騶請綠森捧搒衛齋、高帝云御史大夫職為憲司、以威裁為本、劉孔明云居此官者必使蕃邦斂手、豪右屏氣、先生為國棟梁、作時霖雨、豈非千載一時耶、

尤侗寄呈 西堂

排律五十韻（尤西堂集）寄龍共總憲云帝夢思良弼官占得
大臣天心尊简在古道廸忱恂斩絕風徑后周翰嶽
降神廿卿侍瀛海芝瑾起江濱知畧堪磨盾文章工斲輪高標樓百尺匡筆
勞千鈞司馬皆餘子雕龍第下陳西京归大雅東國仰人倫劍履挑黄閣
風流動紫宸卿雲弘黼黻雷雨欝经綸鍾進千秋鏡诗陳七月豳乃心
存補翼怀口敢批鱗國是頻君筋天威自岸巾先皇嘗歎息此老
国忠純驄馬多強項青蠅会反唇功成身易退位压道彌伸其若蒼生望
因兹黄髮询御前求奏劄桂仗锡簪绅两府知名舊三台执法新巖巖班
突兀嶽嶽氣嶙峋埋轂排当道沉樓缩要津獻箴期弼主補牍為晏氏謁
淮勤陈侖蠲通廣垂仁黎旺方鼓舞墨吏且逡巡羽檄将軍怨鞭笞野老呻句
君全计毋蔓窮很因均募并呼庚癸午家避戍申東南真劳午左右在同寅廟廟
需果栋口閣指隐論珊瑚四面網樸樕一興新不事登朝彥宁身入幕賓鷹貫
原為國偈士豈呈身（自竭俸以下皆總憲條奏事也）賤子同夫己零丁獨不辰烏
窮哀趙壹鶴傲老蘇秦陋巷飢驅我空山鬼笑人徒勞出塞苦莫救挽闵贫橋樸
薛农蝶被求裘把钓蓬藩常穿穿訟業漫邈逡望出文祖禪宗有道恋子虚

詅狗盐箫管教蛾嬪齒、告言薛拙虞翻骨相也、無由叫閶闔、終已卧柘筠、如
憾長如日、恒悵黍谷春、篱骶欣剪擲、薛暴尊陶甄、尺素時來鯉、初筵勝飲
醇、收因自羈遠、予豈得回飆、壹志彈流水、不言賦采蘋、西風生肅颸、
北斗坐輪囷、仍敢希前席、何當安以塵、丹青藏在笥、願共畫麒麟、

秋七月顧夫人卒於京邸（閻古古集）桃花城挽詞第四首（詩見譜內崇禎十六年）自注眉以七月十五日終、今七月十五日恰已三年、按閻古古年譜此詩係作於康熙五年丙午、夫人之卒自在是年、再攷公於夫人卒後□□悼亡之詩雖無專題標明、但於集內詩文中已屢見之、如詩集卷三十送李素臣歸八寶時南宮已雋後失兼值悼亡聊志同病之感、卷三十一清明同古古仲調伯紫諸子登妙光閣感悼閣為善持夫人所建、又善持君櫬南歸、六如上人禮懺有作用和原韻、卷四十一中元為善持君忌辰禮懺、又寒食感懷為善持君櫬將南發□□□

（八施愚山集蠖齋詩話）龔宗伯讀韞林集有悼顧夫人善持君四絕句、感而遥和、亦自風流可愛、九年騎省悲陽人、一曲清商信損神、珍重紅閨兩行淚、西風吹上舊羅巾、塵生錦瑟倚空床、玉笛當風制恨長、憑仗敬亭雲一片、返魂香散駐斜陽、青鸞曾秋接芳鄰、春水臨妝拜洛神、回憶幽蘭風外散、慧羅兼福是前因、感舊詩

絲玉琴紈扇女相如，何緣更倩簪花筆，重染零香斷粉。

書愚欲改第二首蝕句憑杖歐尊同調，血鋪魂詩作返魂

香韞林集為吾宣王友雅人，能詩能作蘭竹，有林下之風

跋。按此詩定山堂集中未載。

康熙三年甲辰公五十歲（一六六四）五月，錢牧齋卒，夫人柳氏

殉節，公有詩挽之，牧齋子孫貽以遺集請公校訂。

（錢牧齋年譜）甲辰五月臥病東城故邸，黃太沖來訪，

將行，牧翁抱留，云：惟兄知吾意，沒後文字不托他人。尋呼

子孫貽與聞斯言。其後孫貽別求於龔孝升，云太沖云

後越數日先生遂卒，時五月廿四日也。下子孫貽文弱不振，族

黨以其可侮，藉口責逋，覬其田園，于宝勢洶洶。柳夫人故有

殉意，乃婉言謝眾曰，明日合謐其前所需，多寡惟命。眾散，

柳夫人中夜書訴詞，遣急足詣府縣，而自縊於榮木樓，是為六

月二十八日也。孫貽感柳夫人高意，用世禮殮之。（定山堂集）卷十

四有輓河東夫人五律二首，卷二十三有追和牧齋先生韻。十一月遷刑部尚書（見東華錄）

適懸弧之辰，牋啟謝客（定山堂集）卷六有五十謝壽啟云：五十之年，忽然已至。

未能聞道實愧知非，母表在堂，妻室連逝，蒲弥增憔悴
壯懷日切，莫夢魂屈指，隨墜地回首，盡傷心之事之辰

宋荔裳有詞為壽（因寄此調）賀新郎壽龔芝麓
尚書云
白雪詩盈卷，笑微軀未堪
衆嫭錢從嚴譴，公也纓冠縢欲解，知己感恩雙淚，身已似
三眠殘繭。洛下重來劉夢得，問種桃道士花深淺。隱劍
履，兩肩展。丹心皎皎風雷顯，佐天家，醴資葉麴，鹽梅需和
扁社稷臣元推汲黯，遇眼白衣蒼犬。話禮數今宵都免。
龍馬精神方健在，補宗彝
藻大垂虞典。款追酒，燭頻剪。

陳其年南歸呈沁園春詞三首別公
湖海樓集贈別芝麓先生即用其題
烏絲詞韻三首云
四十諸生，落拓長安
口乎念之，正戟門開日，呼余驂馬，座燭花滅處，目我于思
古洗感恩，不如知己，卮酒為公安足辭，吾醉矣，縱一聲河滿
淚滴珠薇，昨來夜雨霏霏，歎如此狂飈世所稀，恰山崩
石裂，其窮已甚，獅騰象踏，此景尤奇，我賦將歸，公言小
住，歸路銀濤百丈飛，琵琶媛趁銅街似水，么鬒和氛題 其二
云歸去來，今竟別公歸，輕帆早張，看秋方欲雨，詩爭人瘦
天其未老，身與名藏，禪榻吹簫，妓堂說劍，也算男兒意
氣場，真愁絕，卻心憂似月，鬢亂如霜，新詞填罷，蒼涼

更暫緩脂歧入醉鄉、況僕本恨人能無刺骨公真長者未免沾裳、此去荊溪舊名罨畫擬携蕭齋種白楊、從今後莫逢人許我宋艷班香、其三云歸則[illegible][illegible]毋歸對酒當歌終〻難激揚、似孔家文舉幼原了了衛家叔寶晚更茫〻、王劇金鞭六鄉寶馬、誰數吾家老子昂、以真淚歎臣今已老鬢短心長、御溝偶過毬場、笑塗轍鄰為著華妝、更內家髻樣巧為馬墜小鬟、舞勢快作鸞翔、酒則數行食而三歎、歎盡西風烈士腸、登城望有千群華策萬點牛羊、

康熙四年乙巳公五十一歲、在刑部任、庭訊罪囚、哀矜惻怛慘見眉宇、反覆詳稍有疑竇必為昭雪、有後秋決恤婦女之疏、星變陳言有請赦寬疏、有寬失出宥小過恤株累諸疏、皆切中時務、語多忌諱、見嚴傳 七夕與白仲調朱鶴門集慈仁寺、九月三日與紀伯紫集龍爪

槐下均有詩、並見集中 吴園次出守吴興、以詩送之
王西樵考功時以中州科場案繫獄、以嗟歎竟日
（分甘餘話）先兄西樵以中州科場磨勘事自吏部移刑
司、會中秋、合肥龔端毅公門人為置酒、呼梨園奏伎、公愀
然曰、王西樵無恙在請室、吾輩可樂飲乎、遂罷遣樂
人、若稱清波而已、古道久廢、書此以勵薄俗、
余澹心在金陵見懷用陳其年韻填沁園春三
闋寄京（玉琴齋集）寄語尚書一壑一丘自謂過之（寄懷鄴芙尚書云）
看紫絲黃絹、誰能遣此、青鞋白襪、不可方思、
窺閣芙蓉軒摒鸞鶴、醉後悲歌詠楚辭、吾何恨、恨南
雲北雪、隔斷音徽、尊前玉雪霏霏、但遠上孤城雁影稀、
喜鄭公嫵媚、行間帶秀、楊雄淡泊、字裡多奇、七寶莊嚴
九珠璀璨、風雨蛟龍落紙飛、吾何顧、願補天縮地、對面
標題、其二 植鼓中原、橫海旌風、跋扈飛揚、羨謝家安石、過
人疊疊、衛家珠玉、對此茫茫、鐵笛頻吹、鈿箏初試、碎擊胡
琴學子昂、緣何事、竟酒酣耳熱、鬢短心長、無端誤入
名場、縱玩世欺人亦不妨、哀時詞客、江關蕭瑟、救時宰相、廊

北京特別市公署

廟迴翔，君賦梅花我依桂樹，各有凌雲錦繡腸，逢相憶
憶蓬山紫閬，控鶴騎羊。其三 有酒千觥，有菊半軒，有
琴一張，喜綠叢青笠，不知姓字，赤松黃石，莫論行藏。春
夢婆來信，天翁去病，馬嘶風哭戰場，我是亢沾楚雨鬢點
吳霜。辣簾透出新涼，愛六代風流老是鄉，況石頭城下歌
殘紅豆，摩訶池上舞罷霓裳，五顧徐陵，三生杜牧，兩慘衆春
帆掛水楊，逢人間問
秋風乍起何處鱸香。冬 閻古古孝廉入都，公與別十
餘年，相見歡甚。其榆園獄，賴公力為營救得免。
(閻古古集)讀龔孝升九日見懷詩有丙申感序云：大都
聞孝升晉大司寇，與兒云：吾家大禍非此不解，且刑部必其戚
事，即拔刺往謁，公驟然，次日招飲黑窯廠，限重陽登高
四韻。公有舊交回首盡，懷啼到歡場之句，哀淚俱下。
梏嬰兒謁坐，容曰：此古古先生次郎也，適有紀伯紫、白
仲調、崔兔床、王衛之諸子，書交閱之，盡為駭歎。
當時未東明之余之入都也，感而志之，詩云：僧窗紙碎
朔風侵，往昔更長畫昔陰，思辱何堪遲歲月，悲遲禪
猶恐累山林。同鄉達坐何人罪，到歸無言愧我心。聞道
尚書仍念舊，歡場淒咽有微吟。又十二月二十日龔司寇

為予題疏得允，喜極，以詩報余，余作韵答之，詩云：勃然長
逝歎先生，作昔閑看宋不驚，祁大夫明羊舌肸，季將軍
感夏侯嬰，露珠從海愁徵浦，玉還山穀泣荊，君自
古人敦友誼，千秋非借我成名。
康熙五年丙午，五十二歲（公元一六六六年），具疏乞歸葬母，不允，奉旨
給假三個月。（龔端毅公奏疏）親表未葬，子情迫切，疏仲懇乞代奏給假，呈云：查定例，京官在任五年，准給
假遷葬。職自順治十四年奉差回京，已歷九年，即比引遷
葬事例，亦相符合。昔語奉特旨不便給假葬親，相應不准。昔
因經吏部再為題奏，始奉准給假三箇月，事完速來。舊亦事（閻古古年譜）康熙五年注內引龔政司書云：弟請假事，部
議恐不能如所擬，昔看上意如何耳。元日招閻古古、紀伯紫、白仲調
等遊集有詩。季春閻古古出都還沛，以
詩謝公及魏柏鄉相國。（閻古古集）丙午元日孝升招飲，與紀伯紫、白仲調同賦
詩云：罘罳影射碧空塵，翔日青雲甲子新，橄欖香隨椒葉暖，箜篌聲帶竹枝勻，衰年一史換長生錄，將酒金澆不死

人，此後風光皆意外。龍門何若望來迎，又出鄴、謝觀相國龔尚書兼示伯棠仲凋竹云：蕭然不掛一絲塵，談灑東風謝主人君。相從未能遂命，此山此去好容身。管寧流寓惟穿榻，鮑永隨裝但幅巾。蘭室晨慈携蘭在，登高回首益傷神。博物人占紫氣驚，分携餅饌散豐城。遂山杖履虛增歲（乙巳余六十有三，昭云七十有三，当事謂余年老，釋之以歸），逃世詩文復著名。君文何嘗求晏子，釋之先自結王生。蕭條擊筑悲歌後，二十餘年又一聲（王年年別孝升寄之故云）。天街轂擊雨塵然，答拜疏慵策蹇疲。昔月高懸黃閣掌（疏上魏公為余稟松故云），春風滿布白雲司（魏子存、程崔鹿皆刑部司官，為余調停）。名山有路偕翁慶，複壁傷心別趙岐。行矣贈言無忘諱，上東門外是前期。

夏間遵旨回田里，營葬王太夫人並撫頤夫人靈櫬，南旋，附葬塋次。杜濬于皇為文恭祭太夫人（變雅堂集）。恭祭龔太夫人文云：蓋太夫人之全福備德，其所以相太翁為碩儒，教諸子成名士，至於貽厥孫謀，莫不盡善。濬不克悉知悉數，而獨以其伯子司寇先生觀之。蓋司寇先生嘗一為廿司寇，再總台綱，今又晉大司寇，其所執掌皆天下之大刑大獄，而先生慮囚詳慎，至廢寢食，既不肯失出以養亂，又不忍失入以傷和。

嘗記丁酉之歲，先生寓居金陵，嘗朝夕過從。一日見先生眾季躬親酒
掃，大治供張，門之內雜青倍於他日，玉斧直斷後，亦莫不欣欣喜動顏
色，以為太夫人將至。劉先生年日之榮事太夫人，而服其訓辭者何以，益可
以知孟子之不謬，而福報之不爽矣。彼于公之大其門，曾不足多也。蓋太
夫人之藏於是，手將與瀧岡阡並垂不朽焉。閻古古自沛前來送葬。（見閻手譜）

為少依

益都盧郡夏秋詩三十首（閻古古集）唐郡夏秋詩三十首，首為龔芝孝升作，今錄其十首 其一云

蘭畹無葹草方華，以類徑豫稱徐孺子，來弔郭林宗對效山川志用

參捧唱鋒嘉賓多，未面虞左侍龍鍾（孝升葬太夫人王氏故弔之）其二

長君賢者擅，君得歸盧江，身任朝廷事功垂，父母邦世間人有數，天下士無双倚

賦歸來早悟，然勝北牕 其三

家迴先歸里，君猶未乞骸，鬼神寬夙孽，詩酒放吾儕，藝苑三都賦，宗門

一隻鞋，伯倫遊戲去，荷插幾曾埋 其四

野外秋鳴蟋，山中野打蚊，世身真處士，賊有故將軍，君抗陳表情，至修

岳墓文，倘能如所願，肯得賦離羣（將軍廟乃宋楊沂中也，有功於盧故記之）

北京特別市公署

其五
須作救時相擬題直諫門朝中推故老海内感平反察吏文無害明刑殺不
冤西風衰草路多少再生魂（奉批此句為刑部改云） 其六
自解山東網漁樵路始寬百年知己淚一粒返魂丹作客遊鸞座
坊更弄丸待君裹大可垂制永遠遊冠 其七
時序成功退星辰謝政閒采霞攢錦帛香雨洗塵山儀子須乘鳳出人
自放鵬淮南雞犬在猶待八公還 其八
脫驂公在又誰識是王生此地曾無謝相知若有情遠心權出處救世託功
名悵惋云何詠傷哉阮步兵 其九
亹亹綱千秋業甘陵直到今尚書推北斗廬郡即東林法筵花前奏寒
巖草際吟高山與流水嗚咽感知音 其十
僻好嗟山水秋來補破帆詩題騷客命語改美人篇月業袁宏室毋
投塵竟無寄言同志友君子慎憂讒

陳其年有詩相贈（湖海樓集）館龔芝麓先生
云先皇頻網羅人雄龍吟虎
嘯凌長風尚書北斗班資貴亞相西京禮數同角鷹雕
鞲馬脫轡我公慨慷日言事謹潔顯蒙聖主憐激昂頗

受當途忌，豫章之木何青葱，会須老汝風霜中，木疆

自識周昌重，戇心直徧知汲黯[illegible]忠，無何能鎮僕墜地，顧

命褒之鄂之侍，留得忠良輔子孫，手携金床示以意，我

以目語九疑寒，况闻表母摧心肝，情関家國容顔換愁

極君親，去住難周劉[illegible]夏殷，今皇是朝臺趣尚

書，趣國計終煩老大臣，私艱未許歸田里，尚書服闋朝

至尊，履聲直達銅龍门，屢趋紫禁衛，朝命獨抱烏

歸憶主恩，白雲南望悲風木，君王孝治傳邦族，北闕晨陈

人[illegible]好情，東门夕锡允僚沐，茂陵風烟日荒蕪，張翰歸心鴐

入吴，知以最有思親淚，併入西風洒具湖

禮畢北行，杜濬（李皇）有詩送之（變雅堂集）送龔孝

升先生北行詩云：天末

襄遲眼十年望故人，相逢不長聚，後会後何辰，獨国方

知拙，難言總是貧，良時多將語，忍淚盼行塵（其二）獨

行猶闊别，况復舉家行，只恐絲綸貴，因同帶礪盟，青

霜催短褐，白首望燕京，道路期君將，何當賦北征陰（其三）

德手以大，今年再弄璋，微又聽前勞，秋水一笑識文昌，已

卜功名盛，先虞道路長，老夫他日見，應问宦何方，康濟（其四）

誰能盡功成，退步竟甚梅，留澹味霖雨慎波瀾，毫素

深心託，榮華道眼[illegible]觀，古来先安毋知止最為難，離鄉（其五）

北京特别市公署

其五
須作赦时相携題通德门朔中推做老海内感年反察吏文年害昭刑殺不
寬西風衰草路多少丹生魂（齊州时爲刑尚炒改云）其六
自離山東綱海樵路旅寬方年祇一粒返魂丹作客遥驚之産
坊更弄丸待君衰大可垂制衣邊遊冠 其七
用序成功返星夜謝玻閒采霞攢錦帛香雨洗塵々
目放鵬洮南雞犬在猶池八口還 其八
脱驂尔后又徐儀垂主出兆岭曾年謝日
衣帳挽云何啄傷哉阮步兵 其九
豈涸千秋業甘陵直到
巔華休吟高山興
儲存吟山水秋來補破帆詩題騎崇命恨玻美人盟且葉表國室毋
投度亮並寄言同志友君子慎真凌讒
陳其年亦有詩相贈（湖海樓集）館龔芝麓先生
云先皇頗網羅人雄龍吟虎
嘯凌長風尚書北斗班資貴亞相西京禮數同角鷹馳
鞲馬脫鏤我公慨慨日言事謹潔顯蒙聖主憐激昂頗

受當途忌，豫章之木何青葱，会須老汝風霜中，木彊
自識周昌重，戇心直徧知汲黯，因忠，無何能顏倏墜地，顾
命褒以鄂以侍，留得忠良輔子孙，手搀金床示以三意，我
以目訴九疑，塞，況聞表母指心肝，情因家國容颜揍愁
極君親，去任艱，周劍函夏，啟今皇是，朝堂趣治尚
書，赴國計，終烦老大臣，私覲未許歸田里，尚老服闋朝
至尊，履聲直達銅龍门，屢趋紫禁衛，朝命獨抱烏
歸憶主恩，白雲南望悲風木，君王孝治傳邦族，北闕晨陈
人子情，東门夕锡元僚沐，茂陵風烟日荒芜，張翰歸心鉴
入吴，知以最有恩覲淚，併入西風洒鼎湖，

禮畢北行杜于皇有詩送之，（變雅堂集）送龔孝升先生北行詩云：天末
衰遲眼十年，望故人相逢不長，聚後会後何辰，獨困方
知拙，艱言指是貧，良時多將語，思淚盼行塵，其二 獨
行猶闊別，况後攀家行，只恐絲綸貴，因同帶礪盟，青
霜催短褐，白首望燕京，道路期君好，何當賦北征，陰
其三
德于以大，今年再弄璋，雙瞻剪秋水，一笑識文昌，已
卜功名盛，先虞道路長，老夫他日見，應问究何方，康濟
其四
詒能畫，功成退步寬，趋梅留澹味，霖雨慎波瀾，毫素
深心託，榮華道眼冷觀，古来充史册，知止最為難，鄉
其五

四十載親串隔千峯、難得夢中見偏於意外逢、行藏俱寂寞壯老各形容、此會須常記同聽虎阜鐘、

九月遷兵部尚書（見東華錄）是年次公子士雅生（按龔端毅

奏疏李振裕序云、公子仲圭不遠千里遣一介之使而致辭曰、

昔我先公之棄養也、士雅生始八年、孩提無知、未獲覩先公

立朝大業云云、皆以公卒之年分推之、士雅之生當在是年、再按

（[illegible]雅堂集）前錄（[illegible]雅堂集）送龔北行詩第三首語亦及之、

閻古古又有詩賀之（閻古古集）孝升以大司馬晉階一品、賀之詩云、冰簪螭夜繡衮衣紅、

樞極桓圭錫命崇、灑孔貴夢龍生九子、周官司馬拜三公、詩

文蘇黃徐陵體、絲竹絪縕謝傅風、位極人臣星不遠、天

樞[illegible]原在紫微中、詩下自注、龍生九子事在二壓冊、孝升

得汝子甚慧、故及之、

康熙六年丁未（公五十三歲）仍在京師、兵部、歷劃方略、

重嚴軍實、嚴紀律、有劾投誠嚴言路諸疏、

至寬奏銷疏、請復江南降黜紳士不下千人、

於跡涉嫌（時[illegible]）公毅然曰以我一官贖千萬人戢

何不可卒獲免（以上見嚴傳及康熙合肥志）灯夕飲李湘北

太史齋中有詩春闇古古重至都下唱

和甚多是年董侍御文驥陳太史廷敬李

太史天馥在京共組文社以公為主王西樵貽

上鼠仲亦預焉（見漁洋年譜）

康熙七年戊申公五十四歲（[illegible]）仍在兵部人日讌集

闇古古紀伯紫朱錫鬯分韻賦詩（闇詩脈後花前七日）

春晴宵圍坐百禽茵向手猶未完婚嫁賈誼徒能說

鬼神編考名山多得意覃思佳句必驚人朝來聞道

修明史洪武元年紀戊申詩下自注詩出京師傳之駭然

孝升云既修明史自當從洪武戊申始後生未雲博考耳至其

其巧合處則匪夷所思矣。朱詩：汾東岱北三千里，惆悵花前四度春。江左文章公尚在，燕臺風物客愁新。牋題薛訪

誇車子，歌許荊卿和酒人。不是尚老期我數，天涯讀斷此佳辰。夏四月朔日，閻古古

出都，以餞之於真空寺，有詩相聯，閻亦賦詩

答謝。詩云：浪說天星摘步微，隨緣託鉢隱僧扉。花間有酒醉還須醉，地上無家歸未歸。折柳分為紆紫舞，行雲

觸起亂山飛亦影。交大與尋常異，不餞三公餞布衣。詩下自注：是日觀相國亦出都。夏五月，冒青

若南旋，公適病中，伏枕作書寄其尊人巢

民先生。秋，董玉虬侍御參藩秦州，公招同

劉公㦷、汪苕文、程周量、陳子端、李湘北、王貽

上、陳其年諸子集城南祖餞，分韻。尤西堂

出都，留詩謝公。（西堂全集）謝龔大司馬詩云：驅馬國河春後秋，掃門僅一見。廬州陸生

入洛似烏角、謝傅登坛正黑頭、大雅未凋松柏在、小山待援桂枝留、美人繡段勞持贈、新為張衡解四愁、

是時士人游京師者、必先挾文謁公、次即趋

汪苕文王貽上諸子、見漁洋年譜

康熙八年己酉（公元一六六九）公五十五歲、五月調禮部尚書、奏

復天下歲貢、並請增廣縣邑取士名額、又

奏請釐正京官儀從、嚴傳

康熙九年庚戌（公元一六七〇）公五十六歲、仍在禮部、春主会

試、得宮夢仁、徐乾學等三百零八人、嚴傳 四月

袁九叙大司馬出撫山左、（東華錄）四月乙卯以袁懋功為山東巡撫 有

詩送之、季夏彙（以目衰）其新舊作、請吴梅村為序、

吳梅村家藏稿龔芝麓詩集序云：先生身為二公而修布衣之節，交盡王侯而好山澤之游，故人老宿殷勤贈答，北門之窶貧，行道之饑渴，未嘗不傍徨而慰勞也。後生英儁，宏獎風流，考槃之寤歌，彤管之悅懌，未嘗不流連而獎許也。自伐木之道衰，而黽勉有無，匍匐急難者，吾不得而見之矣。先生傾囊橐以恤窮交，出氣力以援知己，其惻怛真摯見之篇什者，百世而下讀之，猶為感動，而況身受之者乎。

康熙十年辛亥（公元一六七一）公五十七歲，仍在禮部。暮春，聞古古出都，公與紀伯紫餞之慈仁寺，分韻賦詩。宋荔裳入都，宴公及梁蕉林大司馬、王西樵、貽上昆季於梁家園（見香祖筆記）。越日公在黑龍潭邀宋、梁、王氏昆仲及愚山、伯紫、繹堂讌集分韻（見漁洋集）。十二月廿四日吳梅村卒（見行狀及名人生卒年表）。

康熙十一年壬子公五十八歲（公元一六七二）正月以嬰疾疏請醫治不允五月復請仍不允六月疾大作上遣學士傅侍衛吳醫官茹玉寓存問以謝表有閭巷驚傳為僅見舉朝共慶其遭逢之句感荷殊恩力疾入署以圖報稱勞輒疾發屢疏乞解任調理皆荷溫綸慰留嚴傳時商邱宋牧仲（清史稿宋犖河南商邱人大學士權子以廕生累遷至吏部尚書）正在都候銓寓柳湖寺以時與王貽上朱竹垞過寺觴詠

見西陂類稿

康熙十二年癸丑公五十九歲（公元一六七三）春奉命典會試

得韓菼等一百五十八人。八月，疾益難支，痛切乞歸，上念其情懇，特允之，著令馳驛，病痊起用，乃謝事。（嚴傳）九月十二日卒於京邸，見杜于皇哭龔孝升先生文臨沒猶以徐釚囑梁蕉林相國，先已事畧：釚字電發，由國學生召試詞科，授檢討。會當外艱遽乞歸，後以外官起用，不就。卒年七十有三。平生好古博學，弱冠天才駿發，搖筆數千言可待。龔芝麓尚書奇賞之。黃岡杜濬于皇以文哭之。文云：先生勳業滿世而不自以為美，利濟在人而不自以為功，往往於酒闌燭炧，歌殘舞罷之際，與濬輩相對，泫然流涕焉。雖有汲直，何以加此。回又云：丙午之秋，先生以歸葬太夫人，礼畢北行，濬為詩六章送之（見前）。見者或謂先生方晉官，奈何為此言。乃先生深厭賞之，以為必如此然後謂之真朋友。明日來別，猶出詩袖中曰：謹佩厚意。雖然，退不得退何。濬曰：以公此行，從此步步退，著著謀退，則易退矣。空

言訖退，判退難矣，先生舉手謝曰，某朱彝尊（竹垞）稿詩云

不敢忘，及是別又八年矣。

坤維初震後，元老忽淪亡（五日地震，越六日公亡）。空春帆計翻，教夜壑藏把，杯人未散，戀闕意堪傷。

德今但謝，悲看大鳥翔。

西掖存封事，南天返使車。任偕三譯坐，職棄六書典，禮真無泰論文，書不如最憐

羣弟子，不擇去叔戲。

九日龍潭識，指歸自此休（公每歲九日，游燕宴於龍潭）。遲歸因酒債，垂死及山游（九月吉公扶病游某寺）。別訣仍曾把（時余赴），詩篇採未酬，重來

清溪送風急，讀帷秋。

京華留滯久，悵若失輿車。記恨惟公切，迎逢識我疎。頓忘何日別，空問舊時書。剩

有雲壇句，臨岐禊飲初（辛亥上巳，余從京師至揚州，廿八日諸公讌別）。

墨自臨池妙，詩先過嶺工。換鵞仍太苦，刻燭未敦詩，臣陳題長遍，辭篇思拙雄。

要知作者意，肯與古人同。

剩有梨渦曲，麗樽賦，秋華歌翻落，桃葉留按，小梅花擅拔柳，三變全登八

又江南腸斷句，回首向誰誇（公最賞余《風湖》詞）。

含玉遺孤在，招魂上客存。天邊丁令鶴，夢裏謝公墩。心如吹將歸路，田廬何處

村居同鐘太付，雨含寒訣好

已韜青門錢，空憐白馬箇，九京應笑里，未口但孤舟，游無名，說易傷哉，添黃收

寄箋縫擬殘体作帝宗唯

是年十月長公子士稹具疏請卹。疏云：臣父鼎孳自順治元年蒙世祖章皇帝錄用，自科員洊歷今職。服官三十年，仰荷殊恩，夙夜兢兢，積勞成疾，一再請告。奉旨慰留，感戴皇仁，勉出供職。今秋病篤，始敢乞休，奉旨情詞懇切，應准解任回籍調理。正擬就道，風疾轉劇，自知不起，口授遺疏，於九月十二日具奏，即於是日身故。易簀之時，猶以大恩未報，一語不及家事。伏思大臣病故，例有卹典，格外優卹，又出特恩。為臣鄉原任吏部尚書王永吉以降級調用，故後世祖復其原級，恩禮有加。臣草土餘生，冒死哀鳴，叩乞天慈，鑒念先臣勞悴殞身，恩賜優卹，俾勞臣得叨身後榮典，闔門老幼，世世頂禮。臣父九泉之下，更感激皇仁於無既矣。十二月己酉奉旨予祭葬，並賜謚端毅。

康熙十四年乙卯，王貽上在京過龔端毅故邸，有詩云：往日平津邸，蕭條斷掃門。春來雙燕

字、循憶主人恩、見漁洋詩集擬公卒後遺旅即扶櫬
還里、後公子士禎亦外轉、京邸亦遂日臻
荒蕪、漁洋山人本詩亦不勝感喟、

北京特別市公署

夫人童氏（板橋雜記）龔芝麓宗伯元配童氏，明兩封孺人，龔入仕本朝，童夫人高居合肥，不肯隨官京師，且日我經兩受明封，以後本朝恩典，讓顧太太可也。

如夫人顧氏 按顧夫人初從公時，本屬妾媵，追歸華後，因童夫人不受清封，顧夫人榮膺紫誥，遂為公之亞妻，定山堂集內各詩所紀，公均以宗人稱之，儼為嫡室矣，至公之其他妾媵，遂無文字紀載可考，但公次子士稚似生於康熙五年，公時年已五十有二，非童夫人顧夫人業已物故，自屬他妾所生，再按顧夫人生時寵專後房，公恐無其他姬妾，至次公子士稚之母，當係康熙二年顧夫人故後始來歸耳。

胞弟鼐孳字孝緒，以貢生授臨安縣訓導，升仙居縣知縣，仙居民多踞山為盜，不可施以政，吏急則竄諸以法，故雖有願歸業者，亦不敢擅還，鼐孳為言

於大吏，撥得給牌照，全活數千人。歸後築墅城南

題稻香水明之樓以居。所著有稻香樓詩文集

以上據府志及縣志

張鍔字孝積（事跡府縣志均不可考，按空山堂集有聞警懷弟孝積用少陵韵詩，又有舟至淮陰與弟孝積小飲詩，又有飲孝積弟新居詩（同古集），有別（廬州）懷孝積五律四首，以此相証，孝積似里居甚久。）

胞妹適同邑生員沈應秋。氏幼出巨族，性甘淡泊。

夫沒時年甫二十九矣，志守節。公姑病，呼籲願

請身代。課三子以母兼師。子壻許孫荃未達時，

嘗以簪珥助膏火，後成名進士，官至參議。

以上據合肥縣志列女傳

子士禛，字伯通，又字千谷。順治丁酉副榜，以蔭官工部虞衡司員外郎，歷官至湖廣按察司僉事。所至以廉明聞。合肥志

士雅，字仲圭。康熙丙寅拔貢，宿松縣教諭，學行著於鄉里。合肥志

孫志夔，士禛子，以恩廕授定遠教諭，大計卓異，遷安仁縣知縣，斥浮屠，絕淫祀，簡田賦，民稱善治。

志說，士禛子，事跡未可考，曾於康熙五十二年刻定山堂小品文二卷，今行世。

志頤，士禛子，事跡未可考，曾隨叔父士雅校刻

端毅公著疏

續 祖士雅子、乾隆五年貢生、東流縣訓導、

曾孫曾懿 曾憙 曾憲 曾懇 曾恕 曾聰

以上並見於梓刻續端毅公奏疏題名

端毅公著述

堞喟集　按蘄水名宦志此集係公在蘄時所作　今已不傳　僅於小品文中尚存其序　以上二

鶴廬　佚

定山堂文集六卷　民國甲子龔心釗重輯

定山堂詩集四十三卷　康熙四十三年吳興祚刻　民國甲子龔心釗重輯

定山堂詞集四卷　康熙十二年吳興祚刻　民國甲子龔心釗輯

山聲堂集偶存　又題浠川政譜　光緒癸未龔彥緒刻

龔端毅公奏疏八卷　康熙龔士稚刻　光緒龔彥緒重刊

定山堂小品文二卷　康熙三十三年龔志說刻

北京特别市公署

（清）沈日富 編

沈端恪公年譜四卷

清鈔本

沈端恪公年譜卷一

辛亥康熙十年正月十四日 公生于浙江杭州府仁和縣之五杭村

公諱近思字位山一字闇齋又號俟軒姓沈氏先世詳公所撰祠墓圖自記云沈氏自西涇公始遷仁和之五杭六傳至東園公諱魁性好施與鄉人推為長者安人宋氏勤儉起家生二子長敬園公諱學曾安人屠氏次諱學顏公早卒安人尤氏年二十有二矢志守節立長房次子順環公諱時吉為嗣娶安人俞氏性賢淑相繼早卒遺孤起凡公諱大震零丁孤苦尤安人撫孤兩世當明末時數罹兵荒內憂外患艱苦備嘗賴安人節操才智支持門户使不傾起凡公號百里性純孝自以幼孤見祖母苦節終身憂患中對家人未嘗有喜笑之色每遇橫逆拂意事即詣墓所哀訴悲思當依戀終日不歸數十年皆如是安人俞氏勤儉操作刻苦立家生五子季即近思也

壬子十一年 公二歲

癸丑十二年公三歲

甲寅十三年公四歲

乙卯十四年公五歲

丙辰十五年公六歲

丁巳十六年公七歲

杭太史世駿撰公神道碑云公少而夙成七歲請于父曰仁為何物父大奇之

日富按彭進士紹升測海集有云位山年十歲從師學輒疑仁是何物意公自七歲懷此疑積久不釋其弗得弗措之思幼而已然矣

戊午十七年公八歲始從師

公感懷和王志安韻詩有云八歲始從師先生敦古道周旋澹甯居俯仰復長嘯高趣世莫知薄俗羞同調說書愛秋風論文對夕照伯道竟無兒天亦爽施報去歲返故鄉柴桑居然好懷經悲往時不復覩言笑

紀十八年公九歲遭父起凡公喪
公撰曾祖妣尤太孺人事略云不孝近思七八歲時聞先君子每與諸兄語及曾祖母苦節事輒淚下曰汝曾祖母守節三十餘年撫汝祖及吾兩世因農家無力請旌又不得當世能文君子表揚苦節是吾恨也近思九歲先君子歿又聞先慈曰汝父平生無時不以祖母為念凡遇橫逆拂意事即詣墓所哀訴悲思嘗終日依戀弗歸三十年來皆如是　請移贈疏云臣父見背時臣方九歲執臣手而命之曰祖母撫孤兩世苦節三十四年農家無力請旌他日若得讀書成名必思有以表揚祖母臣泣誌之不敢忘　感懷詩云喪父纔九齡恭承母氏教言行身之樞忠孝為要力田貴深耕讀書須窮妙毋為他人嗤頑然子不肖吁嗟爾父志非我實言耄母亡忽十年遺言何所儆終日事詩書愧未窺其奧　又云吁嗟先君子矢志繩祖武獨子門戶艱外侮良哀苦厥生子五人支持如負弩年未半百期中道悲摧阻教子惟儉勤驕奢羞紈組罔極無以酬蒼天恨終古

庚申十九年公十歲

辛酉二十年公年十一

壬戌二十一年公年十二

癸亥二十二年公年十三始應試

公告慎言四兄文云十三赴府考四哥領入試院試畢徒步回五杭時已昏黑入門見母依依如昨日

冬往靈隱寺

公自述詩集陶有注云念死生事大參學靈山自癸亥冬至靈山至癸酉回家已十年餘矣　書案梅絕句有序云余年十三初參靈隱同一僧詠此題有雖則無根似有根之句借巢老人痛予之杖云俟後有得當更為之今隔三十一年矣忽憶老人語聊續舊題茫茫宇宙誰復為我正此詩者投筆三歎其詩云多年冰雪護深根始見花開滿樹新分取一枝書案供清香要識本來真

從崑山周魯亭學

公周師魯亭先生傳云先生名思敏字穎士於崑為舊族以諸生傳家者十世矣父教授浙中先生奉母課徒于家母遘危疾禱天請以身代每年祖粒及束修所入除國賦家食外悉以供佛飯僧母茹素亦茹素在父母側和氣柔聲依依如孺子其教生徒嚴立課程稍不如式督責不少貸與人交謹慤諾嚴取與一言之約雖風雨必踐不爽時刻當東海秉政汲引甚勤先生素為推重且館其家十餘年守義知命安貧奉親晏如也尚書嘗語人曰清修篤行如周某者士林中誠不易得但多茹素一節先生曰某無他長唯此遵母命耳師借巢老人嘗參竹篦子公案有山河大地成金玉之偈蓋儒以真實為學佛以真空為宗先生學佛而行儒體空而用實其篤志力行表裏不欺雖世之真儒無以過焉者也近思自十三歲從學先生之門與先生子清臣同學寄食其家者五年

日富按彭尚書啟豐撰公墓誌銘云家貧隨仲兄游學靈隱有借巢老人

者資之讀儒書負笈虞山錢圓沙嚴寳成之門神道碑亦云從虞山錢燦嚴虞惇學今檢公集無與錢嚴二公往來之作唯感懷詩有云憶昔虞山下朝暮自裴回一歲遇兩師學問見根荄想即指二公然不詳其何年而公之從周曾亭疑為借巢所遣蓋周既飯僧又師借巢故借巢以公寄食亦想當然耳姑附識此以俟更攷

甲子二十三年公年十四

乙丑二十四年公年十五在崑山交吳禮深劉綏人柴敬存沈雍來顧聲夏感懷詩云昔年在鹿城遊學逾五載吳子善論文劉生多妙解更有柴顧賢意氣傾湖海相別已十年無由覿丰采君輩皆嘉禾吾獨愧粃糠何年扁舟去清談共灑灑　又秋懷詩云鹿城遊學舊同窗白露蒹葭隔一江自笑生涯惟鐵硯那堪孤影對銀缸蘇臺此日懷明月震澤何年駕小艭慚愧別來增馬齒才疏空有志難降自注云鹿城即崑山余乙丑年游學得交吳劉諸公今十二載矣

上孝感熊座師書云自十五歲即讀尊著學統一書私心已知向往

請移贈疏云臣十五學禪

丙寅二十五年公年十六

丁卯二十六年公年十七

戊辰二十七年公年十八遭母俞太夫人喪

告四兄文云十八思從蘇回赴試因母病侍湯藥不欲行母再三命往且催四哥領試至杭城宿長明寺夜夢不祥不及待試次早倉皇奔回母已彌留際矣　感懷詩云少小曾慕道挈衣往招提求魚奈緣木蒸沙豈療飢歸來母終堂拊心增悲悽滅性非所安與兄同芸畦至道在倫理何言塵俗羈　秋懷詩云少小離家天一區枝頭每愧見慈烏樹因風過無時定烏為雲迷獨自呼菽水未曾承色笑光陰大半誤跏趺可憐異學傷倫理原道方知真不迂

感懷詩有注云崑山諸公自戊辰冬別已十年矣

己巳二十八年公年十九從王滄洲讀書長明寺

公書滄洲夫子遺墨後云憶己巳歲從王師滄洲夫子讀書長明僧舍見師獨抱一編苦吟達旦嘗訓思曰天生一才必有用處思從此始知自信後凡遇苦厄不敢放倒唯奉師言為前導

庚午二十九年公年二十

自述詩集陶有注云自廿歲至廿九歲俱杜門攻苦

辛未三十年公年二十一補諸生

告四兄文云二十一入泮時二哥自杭城回家日方暮大哥四哥尚在田間告之故喜復相泣痛母不及見也　神道碑云補錢唐學官弟子公之以錢唐著望自此也

上曾祖母守節事于學使侯官鄭公開極給冰節完天四字以旌之

公曾祖妣尤太孺人事畧云曾祖母姓尤氏世居仁和之五杭村某公女年十九歸我曾祖學顏公四年公歿無所出時本生曾祖敬園公生六子孺

人請于舅姑而立我祖順環公孺人治家極嚴子少有過命跪受責後娶
婦俞孺人督責紡績嘗過夜分有時至雞鳴不敢休内外長幼罔不見憚
先祖考妣相繼早世遺吾父纔十三歲先姑二人纔數歲孺人内撫孤孫
外禦強侮困苦艱難莫可名狀孺人之兄某素以豪俠雄里中見孺人無
親子孫值秋成竟率衆取禾孺人暗以鍼倒插滿髮上且踊且號曰欲絶
吾母孫命耶兄見逆命怒捽其髮鍼刺手血淋漓始驚避去又欲搆訟孺
人手攜孤孫被衰麻服將號于官事遂寢其撫吾父及兩姑也愛益深教
益篤（嚴）飲食步趨皆有法度足不履非禮地口不出非禮言後吾父娶吾母
能勤儉操作得孺人歡兩姑長適胡早卒次適俞早寡矢志亦不忝孺人
教也吾父幼清癯多病孺人時蹙眉曰吾撫汝父及汝辛苦數十年汝設有
不測誰延汝祖一綫乎吾目中得見曾孫死不恨矣順治辛卯三月先兄
光斗生孺人于壬辰正月六日殁享年五十有五孺人性嚴而勤自奉極
薄冬夏一布衣雖極敝猶澣濯不忍棄居常食菜羹一魚豆非祭祀所

餘不動箸新正元旦拜祖先畢孺人忽不安謂家人曰吾將不起然吾事
已盡地下有閻君亦可對之無懼也越五日夜分忽有聲如雷起室中内
外震驚及旦而孺人端然逝矣先一日天甚暖賀節者至揮汗殁之次日
大雪盈尺河冰凍合人謂節烈之所召云孺人殁後四十年近思始受知于
學憲鄭公給冰節完天四字以旌之

壬申三十一年公年二十二與項性存讀書雲居山
公燈下賦呈性存云憶昔壬申歲同君雲居游把手訂交情意氣高千秋
後余拔汚泥相與濯清流快讀古人書恥與今人儔荏苒忽五載光陰空
悠悠雕蟲徒滋悔浮談每招尤躬行未有得中心實懷羞再拜啓君知放
心從今收莊敬務日強毋使安肆偷陋巷慕顏樂溝中抱伊憂周行先聖
示勉矣追前修余願策駑馬君亦鞭健騮同日上天衢馳騁雄九州朝夕
但皇皇時哉不可留　復胡國期書云弟賦性迂愚幼無明師前導浸淫
于禪學者幾十年因讀近思錄而疑焉即以命名壬申讀書雲居與同學

項性存燈窓辨論時有悔悟

日富按公改名當在壬申以前然不詳何年要公反正之意已萌于此及

交性存而益決爾

癸酉三十二年公年二十三歸自靈隱

感懷詩云一飯敢忘之況復生成德其奈鯤鵬翅誤投荆枳息飲啄固所安不復展其力意欲棄之去中懷倍踧踖路岐迷適從誰為指南北昭然古聖謨近思錄一冊易名以寄志慷慨情何極　又云憶昔十年前曾叅古道場巍巍法王子示我以周行忽然知其非相辭返故鄉昨聞師已化黯黯心慘傷西風吹桂子白雁來秋霜終古長遙遙何年拜禪林深恩豈不念人難棄倫常　秋懷詩云余本農家村落居狂馳求道棄耕漁投林不擇幾傷翅緣木何因可得魚六尺微軀思一本三年短髮愧重梳每思季布甘奴日野蔓盈前恨欲鋤

袁大令枚小說一則云石揆諦暉二僧皆南能教也不相下諦暉先圭靈

隱寺石揆謀奪其席會天竺禱旱持呪召黑龍行雨人見以為神諦暉
聞即避去石揆居靈隱垂三十年身本萬歷舉人口若懸河衆尊信之
沈端恪公少孤貧偶入寺石揆見之大驚願乞為弟子延師教讀美其衣
食長通舉子業令應考中府學第三名月餘石揆忽集合寺僧曰沈某
余沙彌也何得背我入學為生員耶命公跪佛前剃其髮披以袈裟改
名逃佛同學諸生聞之大怒連名數百人上控巡撫學院道發僧剃生員
髮援儒入墨不法甚有項霜泉者仁和學霸也率家僮數十篡公取公為
假辮以飾之即以己妹配之置酒作樂聚三學弟子員賦催妝詩作賀諸大
府雖與石揆交而衆怒難犯不得已准諸生所控許公蓄髮為儒諸生猶
不服各洶洶然欲焚靈隱寺毆石揆大府不得已取石揆兩侍者各笞十
五羣忿始息後一月石揆命侍者撞鼓鐘召集合寺僧各持香禮佛畢
泣曰予負諦暉之報也一念爭勝延綿不已念己身滅度後非有大福分人
不能掌持此地沈氏子風骨嚴整在人間為一品官在佛家為羅漢身

常昭合志云原志字碩揆鹽城孫氏子天性高明豪邁不可羈勒父陞任俠為惡少所害志泣血行遁數年卒手刃其仇祭告父墓遂辭母出家依具德禮（僧字具德法名禮）希究有省歷主徑山三峯靈隱祖庭康熙中加駕幸靈隱御書雲林寺額賜金二百兩圓機貴弼所以側出嗣法弟子諫乘量明巖照青霄霖等三十人（賜謚）淨慧並七佛會語錄○按此袁氏誤石揆為明峯人亦未確

故余見而傾心欲以此坐與之今為辱已甚尚何面目坐此方丈乎速迎諦暉為我補過言訖而逝公後成進士官至總憲雖貴每言石揆養育之恩未嘗不泣下也

日富按石揆即借巢老人項霜泉即性存也公九歲喪父十三往靈隱而袁氏言七歲喪父母為人傭隨其主入寺又公回家在是年而入學在辛未受室在丙子而此所記若一年中事又以項性存為學霸又誤謚為清恪皆與（行）公事未致唯諸生搆訟一節當係實事故采存之而刪節其前後文袁為公同縣人公卒之年袁已入學于公少年事或有傳誤不應謚法亦差且所記筆墨甚蕪雜要之亦不足辨也

又按欽余金撰熙朝新語云錢唐沈閣齋幼孤貧依靈隱寺諦輝和尚延師課讀遂成通儒有項姓者識其非常以女妻之則誤以石揆為諦輝較袁氏所聞益疏矣

伯兄光斗卒

日富按公告四兄文云癸酉甲戌大哥二哥相繼謝世未言其卒之先後而感懷詩作于丁丑有云母亡忽十年遺言何所傚又云感此懷仲兄逝矣忽四秋以母卒之年數例之則仲兄之卒當在明年是年為伯兄卒無疑矣

三十三年甲戌公年二十四仲兄卒

日富按公兄四人疑叔兄最早卒伯季兩兄為耕農而仲兄常出游墓誌銘云從仲兄游學靈隱而感懷詩有生前顧復我深恩誰與儔之句則公雖家當常與仲兄相偕也其學禪與否則不可知耳

與項性存同見沈志可先生示以應氏性理大中

沈先生名士則仁和諸生受業應潛齋先生撝謙門公初見即以潛齋所著性理大中示公且謂公曰知師說者有凌文衡子學禮而已公撰其傳云先生壯歲始師潛齋學禮初疑禮為難行潛齋曰爾自不行禮禮豈難行哉先生聞言汗流浹背自是毅然以力行古禮為己任居家授

徒端坐終日威儀整整雖盛暑不去冠襪出則徐行緩步兩手捧心未嘗掉臂接人貌温氣和無疾言遽色人有過必正言規誡即相遇途次或冠履有不正亦偲偲告之居喪不用浮屠悉遵古禮本生母殁服以禮殺而哀不忘請于督學使守制一載補考值父忌又請改期下至功緦之喪亦必成服平日往來常見先生冠素冠也歲時祀先族衆聚而祭者百餘人先生定爲祀規咸遵之於禮書無不講明尤詳於古斂禮葬禮嘗云唯送死可以當大事每諄諄爲人道雖疏遠親朋不惜竭蹶以襄事貧而好禮如此先生以禮律身即以禮教人始或以爲迂久而感其誠意咸斂容致恭焉

乙亥三十四年公年二十五見淩文衡先生

淩先生名嘉印公撰其傳云淩翁文衡者錢塘人也年四十前猶充杭郡司李書吏性好讀書同輩皆非笑之嘗居書直舍案下無人時私讀之夜則取油一盞俟衆熟睡後默誦不休或

侍立官側口雖應對公事心輒默記夜所誦書同輩或嗤為癡或目為迂翁益自信不疑然翁所誦者非世俗應舉本子乃四書五經天人性命之文也四十後始決計棄業為吏受業於應潛齋先生盡得其所傳窮年矻矻學為著書一切家事付之不問坦懷自得頹乎其順而氣象寬和渣滓悉化冲然有道之容使人對之而忘其畛域焉歲乙亥思与項子性存從同宗志可翁往訪時翁年六十餘猶手一編抄錄不輟冬月嚴寒呵凍注禮書日幾頁謄寫日幾頁皆有課程嘗謂思曰學問須到造次顛沛必於是方有得力又曰世人讀書為科舉有志者不妨借科舉以讀書思等每舉應先生所著書相質曰某不敢不承師說公等從程朱自不差也

全吉士祖望題公神道碑後云端恪既為儒私淑應潛齋先生之學潛齋在日端恪尚少及自靈隱歸得見潛齋之高弟沈君

士則凌君嘉印從之求得其遺書乃知正學有在發明宗旨已而于潛齋語間有未安皆反覆以求其通論者以為應氏功臣

始得陸清獻公書讀之

公復同年胡國期書云于同志可宗翁處竊閱應潛齋先生遺論稍知趨向乙亥得稼書陸先生松陽講義及一隅集二種始知聖賢門路尋繹性理益知朱子之四書集注為一字不可刪動讀集注二年似有所得而作輟頻仍若明若昧凜然危懼若將墜于深淵　請移封疏云二十五始知聖賢門路

假錢塘學舍授徒書程子二語于座右

日富按公借居學舍最久然未詳何年姑附于是歲

神道碑云假學舍授諸生經厲志求聖賢之學曰人欲窮理必自六經孔孟始讀六經孔孟自集注始欲修行自敦倫始敦倫

自力行小學始生右書伊川涵養須用敬進學在致知語自警　墓志銘云讀宋儒書刻勵苦志書程子涵養須用敬進學在致知二語于座隅嘗自言其得力曰吾由周程張朱之書上溯孔顏曾孟之心怡然渙然若合符節不自知其手舞足蹈也

丙子三十五年公年二十六六月望日娶夫人項氏夫人性存之女弟也公感懷詩云千秋有項子結交雲居山乃翁敦古誼絲蘿許一攀不以炎涼棄庶幾古人班自傷命不辰鸞分餘窮鰥造物多靈秀我心最冥頑孤樹春不花春去秋復還冷風吹長條慎勿輕爲扳

日富按公有寄項之和先生詩云每念深情殊未荅何時重話筆山邊疑即夫人之父

七月七日項夫人卒

公悼亡詩云嗟哉君之人天賦幽閒姿厥德正且和情恭禮自持六年不外出十二喪萱慈行止在中閨鮮言維其時孝友有至性父兄每稱之今夏歸于我病已不可支將死始含悲拱手啓余知惟曰子讀書此外無一辭　相聚六月望相別七月七吁嗟百年期二十有一日秋風何太肅摧我幽芳質彩雲不可思去之亦云疾秋去冬又來篋中舊時瑟將理不忍彈傷哉我無匹非子之情兮實子之德壹　又有丁丑七夕懷亡詩七律四首有云喜聞德義神偏爽惡說繁華性獨清小學至今遺篋內墨痕點點尚分明

作秋懷詩三十首

七律用上下平韻（中多自述之辭已散見各年）

作詩贈志可翁

序云乙亥之秋志可先生五十初度也思隔歲始知又聞其有辭

嘉興府志介節傳云宋瑾字崑友諸生研窮濂洛之書与陸清獻公訂其為友序其四書大全授徒講學著有習是編識小集禮記集注治略芻言思位錄嘗遊闕里見三教堂駭其遂啟衍聖公毀之著闕里紀言後亭紫

祝數則因不敢效世俗補祝例讀王志安先生奉祝之作情動于中率步原韻以誌景行其詩為七言古一首

日富按詩中有云檇李崛興宗正學錢唐高蹈顯真儒兩賢篤生世可挽著述開來功業遠謂清獻及潛齋也公是時雖日從應氏弟子游而心惟向往當湖矣

丁丑三十六年公年二十七作感懷詩三十一首

五言古和王志安韻亦多自述語散見各年

見宋豫庵先生

宋先生名瑾字崑友湖州人与陸清獻友善每言我輩今日當隨處體認天理亦當隨處培養人材清獻記其語又稱其所刊習是編多切日用又所作姚廣孝論是一篇大文字　公復胡國期書云丁丑見湖州宋豫庵先生講論程朱之學頗有如蘭之樂　与及門書云前輩老成人中如豫庵先生志可先生皆知

陽書院教閱明
理學者會講向
答方正学年譜僕之心事
〇按志以先生為秀水人

作俞貞女詩

序云丁丑夏讀海昌俞貞女徵詩啓貞女以未嫁殉夫節烈可風
敬賦一章以紀其事

戊寅三十七年公年二十八秋哭凌文衡先生

公凌先生傳云戊寅秋將以所疑數十條請正而翁已先逝矣歿
之日猶注禮書一頁午後思臥一睡遂不復醒卒年六十三

己卯三十八年公年二十九舉于鄉

中式第　名主試溧陽史公䕫覺羅公滿保也榜首為嘉興
李承祺

交馮天佐

凌先生傳云翁歿一年得交馮子天佐其少年立志棄吏爲讀書
訓蒙事與翁頗相類惜其窮而早歿不得有所成就讀其臨歿

前一日与思之札可悲也曰弟病勢變遷不一大命未能可保如有不幸不知桎梏死耶抑天命耶相知三人刻刻不忘自恨浮生之薄以有今日又承賜以藥金在友朋固有此義但弟目下藥餌可以自支貧友之賜斷斷不受也三人者項子性存陳子嗣長及思也卒年三十有一無子其平生好學凡性理語錄諸書每自手錄為人氣清而力弱嗚呼使斯人而天假之年當必有以樹立而不幸短命死其臨殁之言炯炯可識余故附書之以傷其志云

庚辰三十九年公年三十成進士

會試中式第　名主試孝感熊文端公賜履及興化李公柟沁州吳公琠華亭王公九齡也　殿試二甲第三十八名

公上熊座師書庚辰歲得成進士幸出門下自顧空疏不敢進謁

墓銘志云康熙三十八年舉于鄉明年成進士亟返里門理故業選期已過顧以學未成不出也

辛巳 四十年 公年三十一 繼配徐夫人來歸

日富 按公是時与項性存同居 公有寄項詩有百歲時將半同

居已有年之句可見 哭長男文云汝母來歸吾与汝留方氏同居

即指性存非徐夫人昆弟也 按徐夫人似無昆弟 文又云汝外祖

父母止生汝母一女 據此可見

（九月）哭志可先生

先生病九月六日 公候于榻前 先生舉應氏禮學彙編教養全集

（書）編授之 公疑應先生言性理太極鬼神与程朱不合 先生蹙額曰

多乎哉 聲嗚咽不出 越三日死 遺命以次子辰錫從公于錢唐

學舍 公是時仍借學舍授徒也

冬會胡國期

胡君名紹安平湖人 庚辰進士 公同年也 先是胡介同年陸昂千

致書于公 是春 公復其書有云 雖質魯功鈍懶慢無成 然生

平之所趨向者惟知有程朱而近時之學術純正明白無疵者惟知有稼書先生每以未得盡讀其書為恨也年長兄學廣才高卓絶一時而又生稼書先生之里講稼書先生之學稼書先生之學即程朱之學即孔孟之學也則近宗稼書先生以遠溯孔孟程朱者惟吾長兄是任所望堅其志願挺然倡率為海内斯文領袖闡發稼書先生之學以昌明斯道則處足以有守出足以有為勿徒以口耳講説相矜尚不勝斯文之大幸尊選扶植理學真足以正人心作士氣至欲詮刻宋儒書尤為津梁後學之要務但未即湖舟當湖躬請其目耳為悵耳年兄若駕至會城暢論數晝夜析疑辨難共商志願得以拜領教益此弟之所樂而厚望者也云云至是始與相會

壬午 四十一年公年三十二長女晧蘭生

公惟一女後適舉人趙溶

十二月偕宋豫庵先生及朱曰定項性存陳嗣長游河渚訪施石農先生

河渚即今西溪也施先生名相時隱居于此又有徐先生名介字狷石時寄食其家兩人皆故明遺老行事詳全吉士鮚埼亭集　公集陶詩有憶壬午冬同人游河渚訪施先生忽已六載慨焉有述一首自注云余初意卜居河渚今忽六載未獲踐前約

問作詩之法于石農

公讀施先生詩書後云思嘗問作詩之法于石農施先生先生曰不過一真字而已後蒙惠以佳詠有言情絕粉飾即事貴清真之句思因先生之言以求先生之詩而知先生之不我欺也夫詩以道性情人之性情不同如其面也焉人人各有面目人人各有性情如飾己面為人之面以誇於人雖愚者亦且笑之故詩而真也雖古之婦人女子寫其哀怨悅豫之詞亦自真其樂真其憂為採風所必及如其假也雖世之丈人

學士繪詞琢句非不炳烺可觀而處安樂之地謬為愁苦懷憧擾
之胸妄托和平亦何苦而為此不情之語乎先生之情詩景真
景真句々真字々真求一言之不真而不可得思因悟不獨作
詩凡字皆然讀書真則為真學問作事真則為真人品先生
真之一字即溫公不妄語之意也讀先生詩遂書此意于後

癸未四十二年公年三十三春閒施先生家失火
公集陶憶四先生詩其石農一首有注云先生癸未春遇火家益
貧不能常得酒
日富按公卜居河渚之願未必非因此而阻

甲申四十三年公年三十四長子玉麟生
日富按公三子長玉麟次遷次玉璉惟長子係徐夫人所出可攷其所
生之年餘則未詳
作陳氏三世家傳

三世者明舉人名言給事中名所學副榜貢生名昌懿也傳贊曰 今
上御極之四十三年春二月錢塘縣儒學教諭陳還麒奉其曾祖祖父
主從祀海鹽縣學乃屬門下士近思作三世傳
曰當按公詩目中有稱陳石雄師者凡兩見与公互相和韻詩編燈下賦
呈性存等篇後想即教諭而所交陳嗣長疑其子弟也
乙酉四十四年公年三十五冬赴京謁選
公集陶詩秋日感懷其序云余自庚辰成進士家居六載悠然有泉
石之趣乙酉冬忽感念於民物謁選京師云云
與嚴太僕虞惇書
太僕公之師也書未見集中太僕荅書云都門握别忽已六載知吾弟
杜門養道立德立言眞足追配古人具徵德器深厚學問堅定視僕之
碌碌風塵不啻鯤鵬之與蠛蠓矣可敬尤可愧也僕年來窮厄益甚
去臘抵家境況甚惡不得已授徒維揚為餬口之計偶歸故鄉縱中峯
未見又患危疾大約身不可保家無一㕓一畝

和尚接讀吾弟手書具傾關注至意當今時勢日就衰薄居官無一事可做不過要錢耳論古人之道自當深潛隱伏超然事外但吾弟年尚少力正強非隱居之日又出宰百里作民之牧或有一二利益百姓之事亦士君子讀書用世一場但須據此一官不畏不疑亦不必作過情之事只從百姓起見吾盡吾心其他利鈍聽之於天但得如朱邑之桐鄉亦足永永不朽矣僕自少有此志欲作一親民之官好作條教少立名迹此志不遂蹉跎至今願吾弟勉之只此一官尚可為餘則向背俱齷不得不殺人詐人以媚人矣僕尤恨今日所稱好官纔到任便減陋規革常例標榜清節矯飾聲譽而其實私門穿竇暮金日進人皆謂清官此種人極削天地之元氣欺世盜名尤為可恨僕所見真正清官湯潛庵先生一人而已清不絕物和而不隨此人若在聖門不出四科之列願吾弟以此為法而今之所謂刻薄苛皦一流切勿效之也芻蕘之言幸垂採納聞有來虞山之說此誠至願倘得買舟一來相敘數日何快如之人生會合不常出處無定未知此

後離合如何若果能此幸先信相聞僕當從揚州過江而來如期相會
若不先訂恐又不相值也千萬千萬欲言種種總俟面時傾倒不盡

15

沈端恪公年譜卷三

丙戌康熙四十五年公年三十六元旦游泰山

日富 按公壽張容川封翁詩云元日曾同躡泰山廿年風景憶追攀

詩編官京僚時距此剛二十年也

上座師熊文端公書論孔廟從祀

時孝感致仕留京公上書云竊惟文廟從祀大典為學術命脈所關人心精神所聚祀典定則人心正而學術明祀典未定使異端之士得濫廁兩廡天下之人槩以先儒目之則黑白不分而邪正混淆故一天下之人心正天下之學術莫先於考定祀典孔子之道至朱子而大明朱子為繼述孔子之大宗同乎朱子者即同乎孔子者也始可從祀異乎朱子者即異乎孔子者也不可從祀此千古不易之定理也上自周漢下迄元明兩廡先儒莫非一脉相傳其有異乎此者雖一時混入後必黜革詎有明中葉陽明

王氏獨起而非毀朱子破壞成法突於嘉靖九年增入陸象山於從祀其增象山者顯樹敵於朱子也陰亂孔子之統也萬曆十二年陽明門人陸澄輩復增入陽明陳白沙於從祀其增陽明白沙者廣樹異學之幟也巧為其師地也是時在朝諸臣如沈宗伯鯉亦嘗力爭曰從祀宜先布衣胡居仁至陳獻章王守仁徐俟論定乃閣臣私取內旨予之公乎非公乎竊按象山與朱子同時朱子比之為告子其為異學無疑至曰六經皆我注腳則非經背聖狂妄自恣不可從祀也必矣白沙雖不敢顯議朱子而杜門靜坐養出端倪的係禪定一派以之從祀可乎若陽明之學原於象山而倡狂過之似乎白沙而詭譎為甚孔孟之學以性善為宗而陽明祖述告子以無善無惡為心之體源頭一失萬事俱差大學明修己治人之理首重格物而陽明妄倡致良知之說滅裂格物擾亂聖經朱子四書集注垂訓萬世如日中天歷元迄明士子咸知誦法家無異教人無異學陽明獨以中年未定之書變亂舊章肆無忌憚且以孔子為九

千鎰以朱子為楊墨洪水其他精一之旨博約之訓知行之序誠敬之功千
聖相傳心法盡為翻駁破壞種種邪說流毒無窮遂使有明末造詖
淫交作風俗大壞若當孔子難逭兩觀之誅如遇孟子必在放距之列
乃使之久竊從祀此萬萬不可者也議者徒以其功業為辭不知功業誠
高不過杜預而學術偏邪甚於安石兩人既黜何得獨留陽明前輩如
羅整庵陳清瀾諸先生竭力辨之至詳至悉奈當時陷溺既久附和者
多以致謬誤相沿祀典不光天運循環無往不復至我　本朝禮樂大
備夫子以碩德重望首倡于上而一時鉅儒如陸稼書諸先生正論于
下海內學者已咸知程朱之為是而陸王之為非乃從祀之典尚未改正
根之不除蔓將復出伏念夫子為本朝理學領袖闢邪崇正繼統
程朱而遭逢　聖主治化隆洽君臣相得千古一時如夫子不言則更
無能言之人及今不言他日榮旋林下則更無可言之機伏望特為　聖天
子一一陳之懇懇　俞允俾得早為改正黜去陽明陸陳鄭清廟廡

使天下曉然知異學之不可以亂真而學術以一人心以正則不勝萬世
斯文之幸蓋不尊朱子則孔子之道不明不黜陽明則朱子之學不尊
不去三人從祀則陽明之言不熄伏望老夫子俯垂採擇焉
日富 按陸清獻荅范彪西書有曰來札以國典為嫌鄙意王陳之崇
祀不過明季一時之制原未可為萬世定論正賴儒者討講以備禮官
之採擇非所謂矛盾也往者荀況揚雄之徒皆嘗濫入兩廡俱賴諸儒
議論得以改正我輩未有議禮之任雖未可過為激論涉於橫議豈
可便置而弗問耶云云公之此書真足繼起清獻而孝感素不滿姚江
顧卒未舉行者度時論未可而止耳公後官京僚有可言之時亦不聞
具摺以請豈同此意歟
公勵志録一則云象山得佛之心體說來如一橛頭相似陽明得佛之
機用圓通活潑不可捉摸一是如來禪一是祖師禪也 又一則云陸
王雖說得不是却自己有所得世儒雖說得是却自己無所得

謁選得河南臨潁縣

公選官前二日作詩云少小長懷屺岵悲春光何日見慈帷但求夙夜能無忝敢望風雲得有為落〻時趨留骨性悠〻古處愧須眉每思揚顯真難盡只願清名百世垂

見李梅崖先生

李中丞先生名基和　人時以井陘道罷官居京師公有冒雨同朱曰定年兄謁李梅崖先生有作即以奉贈一首　勵志錄云梅崖李公為井陘道日陸稼書先生任靈壽縣令來謁公開中門以賓禮接見迎送至門未嘗以屬員待也三次特薦陸相見時稱薦主晚生公甚喜　又云梅崖有言養先于教除害先于興利此為政之序也又謂州縣以積穀為要身經歷者知之

神道碑云生平敬李梅崖之道義蔡梁村之理學

別胡國期于鐵鴉寺

公跋後胡同年書云丙戌春晤於京師胡子卧病鐵鴉寺余往榻前話別執手慇慇彼此相期甚遠後君之任武清未幾遂卒不克大展其蘊負追憶曩時語不覺悽然神傷也君卒任所頗有所累賴其賢昆季變産拮据以完其身後之事一門皆傑出之才而君以文章名當世誠為難兄難弟　勵志錄云庚辰同榜文章相知者惟陸巢雲胡國期二人國期學極該博而受氣本弱酷好文字嘗謂余曰吾諸事倦於酬應惟對文字則樂此不倦甫任一令隨即早歿巢雲才氣雄邁極欲做事業只名心未淡亦有文字之癖余嘗規之以枝葉太繁本實欠缺巢雲極口服善然終不能改亦未及中壽而卒嗚呼以二人之才俱不可一世使完養精神而無紛于嗜好其所成就豈止如此乃皆為詩文名譽所誤悠悠泉下相見無期可不懼哉

曰富　按巢雲即陸師字麟度也

平湖縣志云胡紹安字國期號筆廬康熙庚辰進士授順天武清知縣邑當孔道以仁廉治之變産償供應免紅剝船變償諸累雪冤獄修學宮公餘常手一編吟誦若諸生以體羸不任煩劇逾年卒于官紹高字閬衣紹安弟工制藝操選政三十年康熙己丑進士授貴州貴筑縣知縣革除苛派丁艱歸又遭母喪廬墓日常泣尋卒初紹安沒紹高傾貲産助完官帑撫姪讀書成立里人賢之　又按云紹安令武清歿後崇祀名宦武清自宋寇萊公準後名宦止三人而紹安

與焉其治績可知矣

五月九日抵臨潁任

臨潁縣令隸許州時未分析仍屬開封府　神道碑云家故貧惟一僮執役謁選授河南臨潁令不改素操單車涖職　墓誌銘云為臨潁令單車就官謝請托却餽遺謹號令禁科派

曰富按墓誌中謝請托以下四事當（皆）指公初政觀勵志録一則云初涖政時固不可更張太驟亦不可不先定紀綱須是紀綱先定然後從容以行之而漸幾於有成若紀綱不定大體已失中途便不復能振作只得事事因循隨俗苟且弄得下稍決無收煞又一則云清是居官之根本初涖任時先須立其大綱如杜請托拒餽獻明節儉洗冤抑布公平謹號令信刑賞此數事乃下車之始政此等不講漫言初任苟且隨俗到得後來便不復能自振作其他興利除弊一切教養等政宜因勢利導之逐漸修舉不可行之太驟據此二則蓋可想見（矣謝請托）此等事自常人視之誠為不可及在儒者不過自安

其素未足云事業也故蔡文勤祭公文有云公嘗語余為政初年
循常而理不免具員此雖公之自道而蔡借作文章波瀾要之至理亦
正如此
六月徐夫人卒于家
公哭長男文云汝母勤苦一世止生汝及汝姊兩人汝三歲失母零丁孤
苦吾每傷汝母未嘗不加憐汝也汝母來歸吾雖已中進士依然
寒儒家貧授徒餬口吾与汝舅氏同居家無奴婢惟有一僕黑
早挑水三擔至缸中即令出外不許復入汝母親操井臼手攜汝
姊懷抱汝上竈燒鍋時門人八九人每人飯一盌菜一盤皆分
給供膳吾或食魚肉有餘則留以待下頓汝母未嘗動一箸也
吾每年取四伯父鄉間乾菜四擔汝母早晚以乾菜下粥日中以
油蒸乾菜下飯復欲乳汝且晝夜勞紡績以備一家衣服鄉間
蠶後或有絲綿送至則盡取衣我汝母則敗絮不周又吾少年

性氣太剛過於求全責備汝母歸我六年吾於丙戌五月赴河南臨潁任汝母於六月間傷寒大病歿於家不能一至署中時汝止三歲姊汝止五歲煢煢無依此我所傷心悼痛也　公有得室人徐氏凶問一首又有悼亡偶作一首俱集陶

八月集陶句作秋日感懷詩

其序有云謁選京師得河南之臨潁策蹇就塗於丙戌五月九日之任迄今秋仲已三閱月矣無一善政不覺有愧因集陶句以寄鄙懷

日富按公集陶詩一卷俱作於臨潁時此其首篇也

邑有水

公集陶有中秋夜餞幕友返浙次日一首自注云時一路俱大水又潁河孔家口築堤記云近思於康熙四十五年五月下車甫一月鄉民紛紛以潁河孔家口來控云被害已三年矣余詢其地則隸許州是以因循未脩也

修城

公上徐太尊書有云卑職自四十五年到任適當城池久圮之後計坍一十四處共九十一丈二尺卑職念城池關係重大兩年之間捐銀四百五十兩自行修葺四十七年始竣

設書院延宋謙為師

謙字子遜公論進士雙單並用一疏內有云臣初任臨潁（河南）時（知縣）見詞訟繁多皆由生員舞弄刀筆因設書院延請邑中品行第一之生員宋謙為院長加之隆禮凡諸生以文字來者臣皆以禮待之期年後咸知自愛恥入公庭而詞訟漸少糧稅早完因知化民必先

教士

曰當　梭公建紫陽書院在庚寅年而規模已先定于是歲所謂先立其大綱也又勵志錄云為政以厚風俗為先然此是無憑據事人莫不笑以為迂蓋刑名錢穀尚弄不了那有閒工夫及此間有一二講此

者又係腐儒都不理會實事只做得許多虛文故事所以人皆笑之殊不知此是根本若根本不立風俗日壞則刑名簿書日治而日見繁難若大本既立風俗漸好下面事便輕減了一半治之亦易比如義學書院聘得一真實有德行品望之士為之師極加隆禮使通國皆知矜式使曉然知吾所好在此而所惡在彼則許多無恥好訟之徒便自消阻不敢上前此亦一端也真是這邊重了一分那邊便輕了一分賈誼曰夫移風易俗類非俗吏之所能為也俗吏之所為在於刀筆筐篋而不知大體意思甚好却分作兩橛刀筆筐篋何嘗非移風易俗所在即如聽訟斷獄開發良心引歸孝弟忠信不以摘奸發伏為能而以息事甯人為本此亦厚風俗之一端也按此一則蓋公自言其所得云

丁亥四十六年 公年三十七春公有疾

集陶有春日病中對雪集陶句答署中諸先生一首

勸農

集陶有雪晴勸農一首暮春望雨一首憂旱一首

三月告病不准

公凡兩請巡撫汪公批其詞曰年既甚青仕又未久慎無再然汪又言公不合時宜公有穀雨日已乞休矣因想歸田之興不覺快然遂集陶句以見意十首又有乞休不允有感而述一首思歸一首歸田咏贈署中陳漱六沈翰先馮景蘭汪謹修項性存一首俱集陶

再繼室宋夫人來歸

日富按公哭長男文云汝至臨穎吾因汝孤苦又為續娶繼母汝性甚孝四五歲時冬寒嘗以身先溫枕席繼母問故曰我煖席以待母寢也據厚貽四歲則宋夫人之歸當在是年

戊子四十七年公年三十八正月往省城

有元旦正月上省即事生朝東郊春行等詩又有偶感一首有句云常因政拙勤無補漫說心勞懶是真五斗不須輕俗吏兩間

何處有間人又有郊行雜詠集陶六首

秋省試分房

集陶有懷戊子秋闈分校寄同年諸友一首自注云分校時余在東經房每夜与諸同年相聚暢談又云貧寠力學懼為我所遺欲盡兩河之士則焉能庶幾一榜所獲頗亦宜于衆論也

修倉廒

修城工竣又以倉廒久圮（念倉儲重大）盡撤其朽易之所費二百餘金見集中上徐太尊書

下一條同

糴漕

是歲漕糧米價騰貴令各州縣自行買米臨穎每石定官（公）價八錢及脚費使用等項捐及八百餘兩

祀

四十八年公年三十九四月行縣至葛岡村

公葛岡社學碑記云葛岡村在潁之西偏土瘠民愚一村之中不獨

無讀書俊秀即求其略識之無者而不可得矣康熙四十八年四月余循行至其地王生作梅偕其弟作哲請於余曰斯地朴鄙望設義學以教之余諾其請時步憩古廟王生指廟旁隙地曰此官地也地有大榆木一株若得奉我公命伐樹為梁可蓋屋三楹以為講習之地所其費不過數金余欣然捐資如其數以予之王生經理無幾日而義學成予顏之曰舊岡社學因捐修脯延師訓業其中一時從學童子二三十人屋不能容則為灑掃古廟餘房以坐之余頒示學規每一人授一書程令其填寫日課於下四時之季諸童赴縣呈書程簿余按簿挑背試其勤惰諸童俱遵余命每當背書之時或八歲九歲以下十五十六以上其父母俱為製衣帽共坐牛車赴縣各將書程并所讀書次第呈上余按名抽背皆能如法背誦其有書聲琅琅如餅瀉水卓然不群者余加給紙筆以獎異之期年後子弟彬彬知書識字而各家父兄亦皆化為馴良早完糧稅恥興爭訟子

游所謂學道易使豈不信歟王生復請曰公之捐資止可一時非可經久曷置地以為修膳余因買地四畝王生亦輸四畝鄉民程璣助二畝歲令王生收子粒以為延師膳薪五十二年余因陞任南甯將去社學之師率諸童三十餘人共坐牛車赴縣送余并請余一言余告以孝親敬長讀書耕田無忘造就之意因書此付之使識其設學之始末云

邑大水

巡撫題請發粟以賑窮黎復設局施藥救有疾病者公奉命發常平倉穀二千石復捐給二百石親歷村落查訪疾苦目覩鳩形鵠面之狀按名先量給一二十文不等民賴以濟

公克己節減衣粗食淡幕賓俱各散去廚房水夫不留一人止用一二小使炊煮自給見上條太尊書

庚寅四十九年公年四十 春二月築孔家口堤

潁河孔家口築堤記云潁水在縣西十五里俗名渚河源出登封之潁谷過

十二

禹經許由縣西北入境至風溝灣陡折而南至小商橋又折而東至黃
連城出境入西華縣界至清水鎮會沙河入蔡達淮其來也浩浩乎
二百餘里其去也一線細流耳每至淫雨水勢暴發當河之陡折而
南處曰鍋壅口者勢易決決則水直走而東而縣之四境化為洪波
矣諺曰開了鍋壅口淹了西華與陳州西陳既淹則本境可知也前令
郭公孝梁公潢俱詳請總河巡撫免出黃河夫役專修本縣鍋壅
口并請命西華陳州協修始得堤防完固而近年鍋壅之上百餘步
曰孔家口者地係許州界內又復沖決許民被害者三潁民被害者七
水發時潁之黃岡城皋平北王西張園龍北陽六保田禾悉被湮沒
近思下車甫一月鄉民紛紛來控云被害三年矣余詢其地隸許
州因循未修也四十八年大水東西六保之地一望汪洋余目擊心傷
明年春請于州願出夫十之七以脩堤岍時有阻之者曰歲荒人饑
毋興大役厲民實甚余曰否否水復出民命盡矣何厲之為爰自

捐穀二百五十石上徐太尊書云一百四十石勸紳士共輸二百七十石計每夫日給穀二升以作工食一時民皆踴躍赴功裹糧宿境外操作無倦色日役夫三千名越二十日而堤成計長九十九弓五尺厚二十四弓高二丈沿堤插柳以固其址是年水發時沙漲護堤增厚丈餘堤不傾圮歲獲大熟民歸功於余余方愧前此之因循而害我民今幸天時人事相協成功非神之助不及此因以少牢祀河神祈永保焉又為詩以勞我民是役之興司其工者義民程禮劉玫也

三月添設義塚

饑荒之後慮道路多暴骨飭各州縣查明義塚即時掩埋公查邑中義塚明泰昌元年邑令張福臻所建澤民墦一十七處又有義指六七處今不可盡攷惟順治九年所立在北門外者有碑記其他可查者興文保四東關路南郭家寨路北瓦店寨盆山曲保二南關南南關北南王保三城小商橋大袁家莊黃連北王保七瓦店東南平甯城瓦店南李家莊瓦店北南江村元莊村西張保一張潘圈龍保三城北二里頭又

文

固廂 城皋保二洪山廟王岡廟 黄岡保一大石橋 北陽保三西關北 又 又共二十七
處計丈地四十二畝九分有奇又捐銀四十八兩六錢買城北地五畝七里頭城
南地十四畝十里鋪 并邑諸生項奇生王作梅婁六行婁琦聶廷棟監生張璣
鄉民婁元振宋聰等所捐共置新塚八處計丈地三十五畝二分有
奇圈龍保三七里頭陵店東 又巨俗曲保一十里鋪 興文保二聶家莊項家莊 又北呂保一
葛岡村 申安保一杜曲鎮 通計新舊三十五處地七十八畝一分有奇通詳各憲
并申禮部每塚各小石碑一座上書憲示下開坐落四至地畝弓口
永禁侵犂為久遠計又總叙其事之始末記之

四月修宋統制楊將軍墓

公撰碑記云丙戌五月近思承乏臨潁即詣小商橋致瓣香宋統制楊將
軍之祠廟越五年庚寅四月始知將軍遺墓在橋之東半里許躬往
瞻仰維時麥菽稠密孤塚獨存旁無豐碑跪拜之地墓前有斷碣僅留
其半字漫滅不可識唯大書楊再興墳墓五字尚可別白近思排

徊墓側摹書碣文感慨興懷不能自已以將軍忠義坏土掩於田疇
蕪麥之間而墓道弗脩豐碑未立甚非表揚忠義勸厲死節之意
也官斯土者實有責焉爰是封而誌之謹按將軍名再興始為曹成將成
破岳王釋之而告以忠義報國將軍感謝屢立戰功紹興十年岳王
敗金人于郾城兀朮合兵逼之將軍單騎破其軍手殺數百人兀朮復
屯兵十二萬於臨潁將軍以三百騎遇於小商橋殺二千餘人及萬戶
撒八孛堇千戶百人遂遇害會張憲繼至大敗兀朮追奔五十里中原
大震岳王自郾進次潁哭將軍於商橋獲其尸焚之得箭鏃二升
夫將軍以一介武夫感岳王忠義報國之言而百戰不屈卒以死殉
可謂不負國士之知矣且當是時將軍以三百騎抗十二萬之師擊
殺數千人使兀朮沮喪張憲甫至即望風遠遁岳王進次朱仙鎮
追奔逐北幾復中原將軍商橋一戰實為虎賁前驅功亦偉哉岳王
有言文官不愛錢武臣不惜死天下可致太平如將軍之忠義報國真

十

可謂不惜死之臣矣此近思所以望故壘而興懷撫孤墳而神往也又於
將軍祠左得殘碑一有云將軍與金人戰歿葬於商橋東店立墳塋一座
周三十畝迤北坡一頃五十畝成化十二年遠孫楊敬故絕無人祭掃地屬
他姓則將軍之葬處無疑也或謂當時屍已受焚今謂有墳似屬可疑
不知岳王之焚傷其流矢叢體故焚屍去鏃使遺骨全歸地下宋史
載文文山致命燕市友人收其骸未去髮上繩遂見夢則岳王之焚
屍葬骨何疑乎或又謂宋既南渡兩河之地日為戎馬踐蹂安得有
墳至今不知岳王朱仙大捷之後遣使修治諸陵則同時戰死將士必
悉為埋葬而將軍之墓隱然獨存者忠義之氣留之無疑也嘗思忠
義之氣塞乎天地之間根乎秉彝之性雖歷千百年而忠魂毅魄凜凜
如生一抔之土天地照臨之鬼神呵護之而必無泯沒可信也近思於是捐
貲若干買其墓之四傍地一十九畝監生邢倫捐地五分一時好義紳衿
輸工樂助相與恢拓舊塋封土高二丈五尺重立新碑題曰宋統制楊將

軍之墓使後之人仰雲霄而瞻浩氣將軍忠義報國之心其猶可想見於
茲土也夫

建雙忠祠

公以潁民多淫祀而忠義無聞因修楊統制墓而念及岳忠武偶閱
杜研岡志舊有云統制有廟而忠武無祠誠為缺典又考明史河南初
設巡撫自于忠肅公始而省城向有庇民祠今亦圮廢爰力為捐資
創雙忠祠卜地於縣治之東始立正堂六間東岳西于中隔以墻至
明年又立前屋六間各開門戶

上本府徐太尊書

時以杞縣李令虧空飭各屬捐助祥符令札示公約派百金公以小邑
為辭徐不允檄公立繳公遂上此書其略云連年饑饉荒邑窮民催
科不忍上年民欠二千本年錢糧徵收未滿四千輕封短少一槩從寬串
票傾銷久經捐備額定之耗有減無增捐賠之項月需歲益所入不敷

所出克己節減雖曰居官若倍寒士又當衝地驛遞往來一身拮据晝夜不安自到任來修城修倉嚴糴糧放賑所費若干又捐許藩憲所欠老人部費等項一百二十兩乃分內公務理所應爾又因六保之民被孔家口河決之患申許州協修捐給工食又因人多路死設立義塚又因頑民不識禮義欲設義學於各集鎮尚須捐給修脯其他若盔甲若河工若部費若派搭若各節若餘稅若耗禮若考務若公派若雜費或百或十歲以千計皆取給一分耗內非係奉 旨之項即屬奉憲公務固無敢少有遲違以取罪戾乃若李令所任杞地：大糧多名甲一省李令居官久歷年所虧空之由若非縱恣靡濫費用無經曷以有此雖在憲臺俯視屬員固無彼此然地有不同人亦各異以小邑之脂膏補大縣之虧空那窮員之正項賠貪吏之贓私是不肖者可任意侵欺拘守之士反因人取咎卑職不獨心有不甘亦實力有不及也

夏六月公有疾

公復仇少宰書云夏秋之交大病兩月

秋大熟始建社倉

經始于是秋成于明春公詳上臺云頴邑地處卑下民鮮蓋藏四十八年大水萬姓嗷嗷近思奉命發賑親歷村落目覩鳩形鵠面情狀始知升合俱可救人性命於是節減百務勉自刻勵思為民廣積貯之計幸遇　皇恩憲德感召天和四十九年二麥有收三秋大熟穀價之賤從來未有伏念積貯之計必在豐年隨於縣署西偏隙地倣朱子遺意次第捐建社倉至今年七所成計二十一間先買穀四千石貯其中將來或可逐歲增益計一邑每一年所積穀賤可千石稍貴亦可五百石如此數年可積萬石以佐常平之不及豐年則積中年則借荒年則散庶備賑有資而民生不無小補但恐法久弊生官吏更易不無侵蝕難垂久遠詳請批示勒石以使永遵又念積貯甚屬艱難支散則又無幾

誠恐異時或有提撥則本地百姓不蒙積穀之利而反多脚運之擾懇將社倉捐貯穀石止賑本縣貧民勿撥協他處俾地方得沾實惠本縣紳士庶民必將奮興鼓舞逐歲增加此法可通行久遠并請批示勒石

八月建紫陽書院

公作碑記云近思治潁已五載幸會盈成而地小俗樸絃誦未宏是乃官師之事也因改建城隍廟門于南向即於其地葺為學舍有門有階有堂有室環以板築嚴以扃鐍中有三槐高古恰當庭簷經始八月之初至九月九日而工告成顏曰紫陽書院蓋欲學者講明朱子正學也

刻潁川會課

公序之其略曰云近思供職臨潁越今五載迂疏之學有愧稱報幸遭逢盛世滌除煩苛因得於簿書之餘與諸生講論文字每月分題課作四

時之季大集諸生於庭面試之復建紫陽於北城爲講習之所又擇其文之雅馴者付之梓而以告諸生曰一邑之政風俗人心尚已欲厚風俗先端諸生之行習欲正人心先辨諸生之文字是故文字卑而心術邪心術邪而行習苟行習苟而風俗漓睢州湯先生曰人有真性情真學術而後有真文章若徒剽竊模擬雖極工巧終爲陳腐平湖陸先生曰舉業與傳註同功爲天下闡幽非與天下爭勝二公之言如此塗徑可識而文字可知矣

重建三家店社學

公作碑記云穎之東三十里有鎮名三家店接壤西華居民稠密前明張侯福臻建立社學以廣教化歲久傾圯余行縣至其地欲復張侯之舊而屢遭水旱撫字多愧禮義未遑也今年庚寅二麥既收秋禾復盛爰設書院於縣城聚俊秀而教之欲盡復各鎮之學愧力有不及乃李生公耀首先捐地二畝在三家店舊學之後於是鳩工庀材門垣堂室

東西書房無不畢具新規式煥舊制有加余既喜李生之實獲我心而
幸社學之克成也乃為之言曰云云

冬復仇少宰 兆鰲 書

其書云承諭上臺已蒞一載有闕參謁之禮近思之罪也蓋因去歲水
荒今春散賑地方隻身難以刻離夏秋之交大病兩月秋收之後買
補桔据入冬以來又屆大計是以未得上省將來有公事自當恭謁
請訓非敢不近人情也實以憲德寬厚下吏圖報不在儀文伏讀
札諭具仰為國樹人之至意獎勵後進之深心凡在人倫孰不感激
但施之近思則為過分蒲柳之資難堪仕宦前院時兩次乞休未
允若使老先生一言使得早歸鄉里整理書生舊業則庶幾不負
期許大德耳抑更有請者竊以　聖主當陽賢才星聚直與堯
舜君民之日老先生秉政銓衡理學經濟既已乘時利用矣其
有剛方正直為國為民偶有一事之誤而致被議論者伏望一言

維持而剖白之其有清忠才節赤心熱腸偶遇雷霆之威而致久沈
淪者伏望一言明揚而薦引之則扶植忠良樹立氣節蒼生蒙福
海内聞風矣近思草茅下吏不敢出位妄瀆因恃向年訓誨之德感
今日垂注之仁推廣老先生憐才之雅意而一獻其愚
曰富椄公此書疑仇公先有書与河南大吏以公為屬故公荅之如此書
中所稱上臺蓋指鹿中丞蘭皐名祐也

辛卯五十年 公年四十一 春臨潁社倉成誓城隍神
其誓辭曰維此社倉行於朱子自鄉而國法良意美思也不才治潁五年
無一善政以為患鮮歲當己丑邑遭大水夏麥波中秋禾浪裏哀此
下民無以為生號饑啼餒鵠面鳩形乞食道路室家離散吏實失
職徒切哀歎維大中丞代天施仁下車首疏請賑飢民特命小吏遍
歷村落目擊苦情施先孤弱二千之粟救活實多 皇仁憲德
户誦人歌始信荒年維穀為寶升合所關民命再造因自發憤百

IX

計括建此社倉備濟人飢爰請上憲勒示禁諭以絶侵欺以免協濟凡我同志踵事增脩恢張廣大鰥寡蒙休社倉之穀實係民命或廢或興福殃類應官失其政吏飽其私敬告明神尚其殛之

致李禮山書求為雙忠祠記

李先生名來章初名灼然河南襄城人康熙乙卯舉人廣東連山縣知縣行取補授兵部武選司主事嘗游孫徵君李二曲魏蔚州三公門与徵君及湯文正耿逸庵張清恪冉蟫庵竇靜庵張起庵稱中州八先生著有禮山園文集及連陽八排風土記洛學編等書 公與書云思所以祀二公者蓋以其皆鞠躬盡瘁于兩河有功德于茲土者也岳王為兩河招討提師鄜境力戰商橋屢敗兀朮於臨潁父老遮馬戴香迎師武功赫矣于公為兩河巡撫十有九年積穀備荒築隄障水鑿井種樹教民蠶桑深仁厚澤血食世世文德隆焉其力排和議專主恢圖報國復讎有死無二其志同矣勠力兩河馳驅南北招討

巡撫位俱少保其地同矣皇天后土可表此心社稷山河血灑何地其忠同矣莫須成獄權有奸檜意欲定枱禍起賊亨一日不殺岳某則和議不成一日不殺于某則事為無名其冤同矣王之武略等於諸葛汾陽王則百戰百勝公之識力似乎寇準李綱公則萬舉萬全其才同矣慷慨入獄致命武林談笑赴刑成仁燕市棲霞之嶺三台之山西湖把臂其墓同矣若夫二公之本原則有可得而論者王有言曰文官不愛錢武臣不惜死公有言曰兩袖清風一腔熱血維清維忠無私則仁其學同矣王有詩曰功業要刊燕石上歸休終伴赤松游公有詩云好在田園三畝宅功成身退是男兒於志決身殲之日而未嘗無雲霄萬古之懷亦可想見其無弗同矣此思所以望古興懷而特立雙祠之意也雖世易時移而忠義則一好德攸同使聞二公之風者頑廉懦立子孝臣忠皆賴先生之大筆有以洗發之也

奉朱子神位于潁川書院頒學規示諸生

公選擇邑中有志之士得四十人送入肄業定學規十一則揭示院中云為設立書院條規事照得本縣建立書院延請鄭先生督課經書宋先生批閱文字又復親試爾等諸生俱係有志之士讀書准送入學所有書院條規開列于後簡而易知爾等恪遵日就月將庶幾有成毋自怠棄以負兩先生教育之心暨本縣造就之意慎之勉之

一立志遠大諸生讀書全在立志志向遠大者始可造就志趣卑陋者決無成功近來士子以博一青衿為滿足殊不知人生天地間致君澤民建功立德有許大事業諸生先須掃除凡陋之見遠以孔孟程朱為習近以湯潛菴陸稼書兩先生為步趨庶幾讀書可以上達而路徑不差可以不入於下流

一出入必嚴一出一入皆有定時黎明早至文公先師前一揖即揖先生次相揖就位日入離館立心誠敬諸生讀書全在誠實一言一行不可有一毫虛偽如說謊尖酸機械變詐之類有一於此便是陰險小人不可讀書全在恭敬一出一入不可有一

毫輕肆如飛揚佻達侮慢狂妄之類有一於此便是惡薄小人不可讀書諸生犯者出學　一讀書專一諸生讀書全在專一專一則精熟而意味日出心得無窮若一書未熟又讀一書雜而無功徒廢歲月故一年止許讀一書愈少愈妙每讀一書作數次工夫如讀上論一次日讀半頁二次日讀一頁三次日讀二頁四次日讀四頁五次日讀一第六次日讀兩第七次日讀五第八次日讀十第九次十次通本熟讀又每日讀書讀過百編即背百編讀而又背背而又讀隨讀隨思隨思隨背反復數千餘編自然心與書洽而意味之樂口不能言如親見聖顏如親聞聖語所謂怡然理順渙然冰釋者也一書既透他書自欲罷不能東坡所謂學者須精熟一兩書其餘如破竹數節皆迎刃而解矣誠格言也諸生誠依此法讀得一書儘可變化無窮他書自迎刃而解勉之勉之每月朔望將半月所讀書赴衙本縣親自聽背歲終則赴衙通背一年之書書不熟者出學

一出入必嚴一出一入皆有定時黎明早至至文公先師前一揖即揖先生次相揖就位日入離館如違常期必加之罰　一坐立有序長幼之節自不可廢居位並行至聖所譏故坐立之際先生正面學生旁侍俱以年序有問則起而對言語溫勤動止安詳所以涵養氣質薰陶德性違者罰　一作文純正每期二作須發揮道理自攄心得不可抄襲舊文及倩代作欺人耳目自誤生平違者罰　一字畫端楷字亦文場之助雖有佳文字體減率潦草深足為累故凡減筆訛謬者每字責一手板　一講解詳明了然於心方能了然於口苟講解之時不求心中明白模糊過去此謂自欺臨文自然俱影響隔壁之談研究集注逐字熟讀精思每日必有疑義質問或有新得請正方見好學　一禁止閒談戲言妄語不但玩日愒時且足招非損德故凡踰位閒談必行倍罰　一禁止妄交親賢如就芝蘭避惡如畏蛇蠍德業消長皆由於此苟擇交不慎必至燕朋溺師燕僻廢學今既在

書院讀書凡一切無益交游皆宜一槩謝絕勿與往來即有親戚探望亦令在家相會毋得來此書院混擾違者出學　一禁止飲酒喪德失儀荒思廢業惟酒為甚宜痛戒之每日不許飲酒惟文期二作俱畢許略飲數杯即止違者出學　以上十一則須字字身體力行本縣拭目以觀諸生之學業有成我日斯邁而月斯征時難得而易失也學難成而易荒也苟非有志之士願毋入斯門也諸生其勉之哉　又示書院諸生云讀書經須与堯舜三王相晤對讀詩經須与文武周公相晤對如親履其地親聞其語按其音節密咏甜吟玩其義理高歌低唱使聖賢氣象宛在目前書中意味躍躍胸次不自知其手之舞之足之蹈之方有得力處也勉之　又諭義學諸生云語云食古而化初學作文欲求其化先求其食凡讀經須精熟作文之時必須見之於文文内不能引用無一經字經句便是讀得不熟也待滿篇俱經史字句已免俗下空疏白肚之病然後可講精粹變化此是廣貯

作料為爾輩初學脱皮換骨之法一切時文切不可入眼一到眼中便油腔惡調蕪詞俗句膠粘筆端渾身塵土雖欲擺脱總跳不出惡腔子如若不燒卻時文雖日讀經書古文亦是那邊熟這邊生無益于事俞甯世所謂時文是腐腸之物一入肚中便大黄巴豆打不下亦是善喻戒之戒之如欲讀時文無在書院可也

刻論語讀注偶見錄授諸生

讀注偶見錄者公曩時為學徒講解論語錄其所見積久成帙唯与項性存時辨論未嘗示他人及是延宗子遴主書院教諸生讀四書集注苦其汩於俗學因索笥中舊本加點校先刻論語二卷授之公序之云朱子之注不可添減一字者也朱子始作口義精義後復為集注大約圈内注仍口義訓詁之體圈外注仍精義議論之體精微廣大為天地間第一部書乃蒙師俗儒妄分内外肆加勾抹此風一開後生初學久不知讀全注矣微言大義何以得明今所講未敢謂

是非不謬於朱子第欲諸生如吾法以讀注字字而思之句句而繹之
若夫求其真而喻其味端在諸生精思實踐之如何不徒語言講說
間也

沈端恪公年譜卷三

壬辰康熙五十一年公年四十二在臨潁任上徐太尊書

其書云前蒙諭助解餉銀三十二両又馬價三十兩俱如數送上伏望查收卑職茲有禀者叨蒙憲臺六年覆載教誨諄諄卑職竭力仰荅潔己奉公節衣縮食正項早完公派不後稍可以告無過即一切衙門冊子雜費亦並未敢短少茲因提五十一年存留確冊夫確冊必俟司頒而憲臺戶房書辦數次滾提不過為些須之費乃一則曰醉夢未醒再則曰請賜目一看種種嗤笑不一而足借憲臺之牌票逞無端之凌辱卑職再三自反實無開罪上下相維以禮相接以體卑職即甚不肖自有 朝廷之處分憲臺之揭報胥吏安得而辱之況憲臺待屬員如此之寬仁有禮而遭胥吏如此之筆鋒凌侮卑職實有所不忍敢據實禀明伏候憲慈飭奪

刻陸宣公奏議授諸生

公作序其略云孔子作孝經而無忠經後儒於是有補唐陸忠宣公奏議一書真可謂之忠經也其告君之大者如推誠接下聽言用人改過罪己散財絶賄貯粟定稅馭將治邊體備用周見古大臣格心正君之學焉總之義利二字辨之至明一切雜霸曲學不敢陳於君前當時導利害義者莫甚於裴延齡故公有奸蠹一書直言不諱九死不辭其忠誠激烈百世之下尚可激濁揚清某來治潁川建社學於北城簿書之暇与項子性存宋子子遜稍為校定公書點讀付梓以授社學諸生自十五入大學讀孝經小學四書本經後即令讀公奏議使君父忠孝大倫早明於天性未漓之日而正誼明道堯舜君民之志不誤於蒙養先入之言云云

修臨潁縣志

公序潁川八景詩云潁川舊有八景歌咏者衆矣然後述淫靡盛誇僭竊採風者每恥及焉如蓮池印月紂寵妖姬魏廟鍾碑丕移漢祚

馬融附冀亦有書臺鄧艾強曹乃稱水利皆君子所不道而潁水爲
貽羞者也他若地名栢塜事屬無稽景曰摩雲義何足取乎因修
輯邑志僭爲更之謹列虞夏商周漢唐宋明間遺跡分爲八景
要以一洗舊污地因人重庶使學士文人遊眺及此稍供憑弔之資
聊備歌吟之具云爾其八景曰潁水清流潁水源出登封之潁谷由鈞經許至縣西北十五里入境環折
而東南至西華以達淮許由洗耳事屬傳疑然此名
潁水西華曰箕城或爲當日游歷所至未可知也豢龍遺跡豢龍城在
縣北十五里相傳夏時劉累畜龍孔甲因遷逐豕韋氏封累
於此地賜號曰御龍氏今其地名圈龍城疑豢龍之字誤也殷帝穹祠
縣東三十里有商高宗寨寨後爲商城寺相傳高宗捕蝗至此土
人因祀之寺後有古槐色甚奇異而殷湯城葛伯城俱在其左右巨陵
野店在縣北十里春秋鄭厲公自櫟侵鄭及大陵獲傅瑕酈道元水經注曰
大陵即巨陵在臨潁地屬鄭漢大傅陳蕃去光祿勳還道巨陵亭亭長
呵止之相傳即此今俗稱拒陵店謂楚王虛葬之陵有巨蟒出入爲害故於陵
之後修建二郎廟開元寺以鎮之蟒遂不見因爲拒陵然其說無考未可信也
西豪故里漢荀淑有子八人時謂之八龍所居里名西豪潁陰令苑康名其
里曰高陽里陳寔既謝太邱長嘗過潁陰訪之太史奏德星見五
百里內有賢人聚按縣西北即潁陰故縣今講武舊臺在縣東南十里水
一望皆朱櫻翠竹遐想高風或其居不遠云環四周面對平岡
中爲蘭若頗可登高望遠唐高宗顯慶二年大閱兵於此名講武臺舊爲
馬融讀書處名尚書臺後爲僧寺更名照影然女樂緇林俱不足稱因

名為講
武臺云商橋忠墓在縣南二十五里宋紹興十年岳王部將楊統制再興以三百人追兀朮師十二萬戰歿岳王焚其尸得箭鏃
一升遂葬骨於商橋東半里許歲久幾湮近復新立墓
碑築土高二丈餘種樹數百株臨流弔古頗稱勝槩 研岡文峰在縣東南三十
里其勢蜿蜒若蒼龍起伏之狀上有古研大砩可撼後峯卓立如文筆因以
名岡明都御史杜柟居其下擅風雅才自號研岡省志云潁水西㶏研岡東
峙亦茲邑之名區也 各為七律一首詠之
日富按以上二事不詳何年姑附是歲
癸巳五十二年 公年四十三 巡撫鹿公以卓異薦
鹿公名祐字蘭皐
人公有上鹿老夫子書云近恩撫字無能催科
之術七年勞吏莫酬 君父之恩數載病身無補災荒之歲措施罔效
俯仰懷憂惟有引身以恬退庶免顛躓於步趨乃蒙師恩謬鑑識拔
於荒蕪枯寂之中列之於騄駬驊騮之內許以卓異特為薦 題非特心
神所不敢望亦夢寐所不敢期也 又有壽鹿公序云某向叨字下久荷
生成五年之內止兩以公事進見硜硜自守唯樸唯拙乃受公知特加薦
拔甫至粵西短才乞休公之所取豈真世之所棄乎

夏陞廣西南甯府同知冬由臨潁赴新任

神道碑云去潁之日士民攀車灑泣道不得行　公客中感懷寄項性存詩有注云初仕時筮坤之象有利西南之語豫粤皆在南地也

取道浙江留妻子於家邀李兄同行

公哭長男文云吾陞任南甯汝与汝姊歸家汝繼母又患弱症　告四兄文云癸巳冬赴任南甯蠻烟瘴雨之鄉四哥亦共此辛苦　寄項性存詩云持家留弱婦懶學任嬌兒　伏枕一首云伏枕唯聽水推篷即看山一年冬已盡萬里路猶艱薄酒無勞勸新詩不待刪思家徒自苦兒女任癡頑　公一路作詩甚多有舟中感興和杜少陵秋興韻八首紀行四十韻過釣臺二首過焦石塘宿青山夾村登滕王閣宿豐城縣宿滌口等詩

除夕宿東安縣淜抖村

湖南永州府屬邑也是夜雨公有東安除夕五首云今夕臘隨楚地盡明朝

春到粵城初客中守歲憑何事賴有囊攜數卷書其二云昨朝路
入東安縣今夕舟停淵圳村自有碁聲敲白晝不須雨點鬧黃昏
荒江怪石迎船出古廟頹垣隔岸存四十三番除夕裏那堪又把客
中樽其五云阿兄對奕興方發有客聯吟韻屢拈洗盞莫嫌椒
味薄拭盤唯覺菜根甜皆寫（言得）是夜舟中真（即）景

甲午五十三年公年四十四正月抵廣西省城
公有甲午元旦（晉）雨後雨霽各一首湘山寺禮無量壽佛真身四首發
全州一首注云全州楊柳已拖濃綠又有過興安縣萬里橋出陡河過
大榕鎮各一首見菜花一首云今日逢人日菜花開已繁宿鸕鷀塘
一首抵桂林城一首

見巡撫陳公
大學士海昌陳文簡公元龍也（時為吏部侍郎）以五十年八月出撫廣西（與）為公同郡人時
以廣東開捐本省（被各路采買）米價騰貴亦奏開捐穀之例

别黄司馬之孝

黄君字百先与公同官河南宰武安縣有善政先為鹿中丞薦舉稱河南卓異第一陞桂林同知仍与公同官公發桂林别之以詩有司馬聲名久重逢桂水涯故交深氣誼餘力見才華之句

由桂林赴南甯三月抵任

有入陽朔二首注云自桂林以西諸峯皆純石壁立並無寸土蒼梧即事一首注云三汊河口一往廣東一往桂林一往南甯自此俱行逆水矣過藤縣一首注云自梧州以來俱土山平坦無石壁危岩之險又有舟行後感用少陵遊何將軍山林韻十首客中感懷寄項子性存用少陵重過何氏韻五首過貴縣二首入横州界忽逢新霽一首過横州宿二州各一首大灘祭伏波將軍廟二首過永淳縣一首清明前一日入宣化界感懷一首清明日抵南甯郡城一首

閱儀封張公所編書

有泊舟城外讀儀封張孝先先生濂洛關閩四書一首又有讀儀封編書一首云濂洛微言猶易輯最難收拾考亭書韋編若不經三絕絃誦何能約五車幸挈綱條精意出宛留聲振大成初獨愁太極西銘注添減新安費補苴有注云張編采擇甚精獨太極西銘注刪減朱子原本終覺掛漏

詣敷文書院謁陽明先生像

公有詩云修髯碧眼英雄氣瘦骨清姿儒者風草滿講壇悲絕響雲荒戰壘憶奇功海濤何處還飛錫瘴雨歸來並刻銅誰道晚年能定論新安新建費磨礱

曰富 按廣輿記南甯有陽明洞王文成征思田經此刻陽明洞天四字及平南記一篇疑書院即在其地

題署中桄榔軒

郡有崑崙山公自號崑崙散吏堂前桄榔兩樹綠葉紛披題其

軒輶吷咏崑崙稱散吏負丞丞負細商量自注云雖當閒官猶以曠職為慮　神道碑云公涖南甯任執法不避權貴豪吏歛手

六月告病

高安朱文端公軾序公集云貳守于粵以直道忤其長輒投劾歸

公上鹿中丞書云拜辭後即馳驅就道行兩月而抵任又蒙廣西撫憲不加擯斥特賜優容方謂硜硜守介稍有進步可藉報師恩于萬一孰意南甯守君性情行事与迂濶素履竟有風馬牛不及者若阿私苟容不獨自負其生平且有負師之明德矣兼之水土不服疾病連曆故不得已作告病歸休計聊以適生平耿介之志耳特是知遇之隆涓埃未報朝夕感銘莫釋于懷未知何日少有遂也然近思之所以不為苟容不失素履者亦正所以仰答師恩之一端也

筮歸

公初筮乞歸得泰之九三至是友人孫某爲公筮歸得井之九五公作詩解之曰洌取鄉中井寒歸林下泉文辭須美會灑落一欣然

日富按公所占已兆他日大用矣

秋以候代留官署

公日誦易及杜工部集時作詩自遣其偶興云砌草紛披綠墻花爛熳紅數莖鬢須畏雪半頂髮愁風（自注余因髮脫每怕頭風）白日門常掩黃虀甕未空由來愛官冷豈敢惜途窮詠雲云靉靉片雲出風吹到九垓力微難作雨勢險只聞雷無意隨舒卷何能定去來幾時攜在袖重放舊山隈偶歎云欲住既不可辭歸苦未能敗書無處賣短几亦時憑筐掛蟢延壁牀空鼠瞯燈殊方多寂寞物類復堪憎荒齋云荒齋何所事彷彿似山家薄醉嘗蔫草（本草云西方有草其名曰蔫食之醉人即世俗所喫烟也）加餐煮豆芽庭飛鳥不絕門掩犬無譁三復陶公句真憐馬隊斜九月即事云昨(重陽)已過我亦愛晴天曝日乾書蠹乘風曳紙鳶九秋脚不

韤終夜睡無綿始識炎方景真殊内地偏偶坐後園破屋云頹簷埋
草徑呼僕一芟除坐久心無事憑高望有餘隣園懸果熟秋色上
城虛偶爾逢佳趣臨風欲起予復坐小閣云新喜官衙後欹斜一閣
存徑荒惟有草屋老已無門野鼠騰高樹隣雞過短垣呼童移
片石坐久亦忘言歸思云嫋〻秋風江上吹豈比崙散吏動歸思豈因祿
薄難支日正喜官休未老時數卷（殘書）收拾早一輪明月送行遲舉頭惟
望中丞檄痼疾烟霞笑已知和（馮）拙園韻四首之一云一官匏繫粵江
濱難使弥縫風俗醇不分雞栖同覓食那堪馬隊日爲隣身留
白璧終還趙手盡黄金必去秦回想西湖烟水裏猶徉甘作釣魚
人秋日感懷八首用少陵韻其二云馬隊西隣屋角斜那堪穿寔對
繁華玉喉度曲朝〻板銀膾刀鳴夜〻槎酒後已將催曉箭歌來
又復雜殘笳羈人輾轉難安枕耳欲聾（加）眼欲花其三云寸心敢昧報
春暉祿〻終慙名位微泉石本非甘隱遯雲霄何處可騫飛賈生

積貯謀甯左陸相籌邊事竟違珍重蒼生留大命紛〻徒為橐
囊肥其七云霸術羞稱管晏功當時煎海載書中空勞鹽鐵賢良議
復起鞭箠健酷風盆覆千家寃不白鼓吹一部血流紅牧民豈愛
追呼迫作俑吳興是此翁即事云一年乾溢苦相兼漫說貧惟儉
養廉市上魚稀桃白小船來米貴糴紅尖種蔬恨占官街窄沽酒
欣嘗鄉水甜市有賣紹興酒者日費百文鶩鵞眼細也能常使突為黔闇
鵲云晨光甕牖入雨散天忽霽樹頭何忽喧烏鵲噪不已自分窮莫
時何方來送喜身苦熱濕侵心淡如秋水跼蹐一散員知非長久計
兩上乞休書難測上官意欲歸不得歸蹉跎歲月逝轉眼菊花開
何日返鄉里擬古二首云生逢堯舜時何必稱管晏漢世鹽鐵議至
今猶為患作俑始自誰美官情所戀營謀廣賄賂虧課二十萬東
餉西稅多剜肉醫瘡慣累重苦不支商賈各星散分派州縣官
數踰正供半每自顧考績追呼不容緩小民亦吞聲終歲長食淡

豈敢怨鞭箠價鬻子女賤 古時計入粟蓋為備邊籌今時議開捐
無非蒼生謀水旱所時有堯湯不自由最苦遇荒歲人死積如邱廟
堂念民瘼上釐匜至尊憂大臣進碩畫莫若納粟優納粟得官
去名器豈濫收庶幾民命重不惜百萬留奉行有故事利在爭效尤
徒以囊橐計乃為壟斷求蓋藏絕紅朽冊報皆盈浮傷哉為人臣忍
心視瘡疣

曰富按公南甯之行得詩前後計二百餘首今錄登十餘篇其休官
情事略可想見于此又以見公之處無聊不平中而有以自樂与朱子罷
同安簿時絕相類所謂悲天憫人与樂天知命固並行而不相悖也

方君日斯來會
公之師也有詩云五嶺蠻荒外三秋毒熱中師從萬里至我隔十年逢
會面傷頭白論心剪燭紅官休囊似洗送別恨匆匆

游李副戎園林

李副戎字黃城公詩有吏喜東籬畔時、聽讀書之句蓋武人之
知學者也又有和李將軍東園雜詩二十五首皆分詠其園中亭臺
又有增益齋賞蘭和懷遠將軍韻十首有云花与主賓成四美注云時
李黃城副戎于心山刺史暨余共三人与蘭合為四又云將軍舊種籬
邊菊刺史新栽牕下蘭注云昨在李將軍東園看菊 公又有朗
甯八景八首其景為羅峯晚景青岫松濤馬山遠眺象嶺煙嵐鬱
江春泛仙坡懷古花洲夜月仁寺晚鐘未知係公所品題否也書案梅一
首亦在此時作

冬去任

公有離南甯一絕句云不覺羈留已一年扁舟此日別南天雖無尺寸堪
施設也有清風兩袖懸 有過大灘重謁伏波將軍廟一首云重謁將
軍廟千山一水間狂風掀白浪冷日照蒼顏 聖主威無外微臣髮
未斑休官謝神力喜得早生還 宿貴縣宿雞公塘皆有詩

十一月至平樂

有宿昭平住蓬冲 住平樂登印山亭諸詩

遇高李兩同寅同赴桂林

宿陽朔縣詩有云相逢煩地主一路竟如歸 到桂林云雅度逢高李相依至桂林注云路遇平樂高梧州李二寅友同赴省城承其資助

游省中諸山

遊明靖江王府憩獨秀峰下 遊曾公巖 虞山謁舜帝廟 遊風洞 遊劉仙巖 登疊綵山 均有詩 又有曾公巖說事一詩 仿昌黎體寫巖中景窮形盡相作法甚奇

在省度歲

有甲午除夕詩

乙未 五十四年公年四十五春在桂林

有乙未元旦立春詩又有坐宋顏公讀書巖下 重過潮音洞 三過潮音

洞等寺詩

四月為文壽黃、百先

其略曰世之服官者曰守曰才曰真精神守不足自信才不足服衆而欲
有所建立則必不能即才守兼長而精神不足以副之亦逡巡畏縮善
作未必善成君之治武安也為鄴下名區素稱難治君鋭意興、除期
年政成念城久傾圮為守土之要務先葺内城濬原隍故道復建外城
周十三里費計萬金不派民一錢脩學校設義館建育嬰買漏澤
豁浮糧教開墾大饑請發粟賑濟又借帑數千往山右陵谷閒買
米減價出糶自冬徂春至二餘萬石大中丞鹿公採公論舉河南卓
異第一引　見賜蟒特陞粵西桂林司馬大中丞陳公又薦其治行於
朝君一署府印兼攝臨桂詞訟聽斷至公不私時有以草場官地二
十里為豪强所佔來告者君即捐金贖出以供民樵採莫不德之
其奉各憲委任也如修桂林文廟省城城垣重建華掌書院教習

諸生設義學凡十六處捐給脩脯遍教兵民子弟他如養老慈幼濟貧備荒諸美政莫不立法周詳用心曲盡其于靈川甘棠一渡也造浮橋以濟千萬人往來于興安之陡河也繼伏波武侯而修千百年之廢墜此皆君之真精神為之而愈以徵其守之清才之大且長也

日富按是歲三月陳文簡在巡撫任疏奏現行事宜三條一桂林貯穀高建倉一百餘間以避潮濕一興安縣陡河水通灕江達廣東為三楚兩廣運糧要道舊閘傾圮率屬捐修一養濟院外別搆屋數十間收養鰥寡又立義學即以貧士為師量給修膳創育嬰堂施藥餌設粥廠以賑窮民皆即公文中述黃司馬所奉行者是時公方在省又為文簡鄉人不知頗有所諮詢否然不久即歸宜亦不在其位不謀其政矣南甯守不詳其若何豈文簡亦未深知公可任事耶抑盍公見幾明決不願留也非公之窮乃粵民之不幸爾

歸自桂林上鹿中丞書

其書已見前舉卓異及告病兩事下是時鹿公亦告休歸里矣

丙申五十五年公年四十六家居授徒

公告兄文云乙未歸田某仍教學四哥仍課兒孫耕稼　墓誌銘云

擢南甯同知引疾歸教授生徒布衣蔬食泊如也　朱文端序公集

云粵歸讀書授徒足迹不至公府

哭王滄洲師

公書滄洲夫子遺墨後云丙申歲薄遊粵東西甫至桂林遽有木

壞山頹之慘某嘗哭以詩曰發憤長明萬卷開一燈風雨幾追陪青

雲自命終舒翮蒼冥誰知竟忌才三十年來師弟重八千里外死

生哀寒江臘雪空歸櫬恨滿南天五嶺隈

丁酉五十六年公年四十七三月為文壽鹿中丞

其文有云蓋大臣之居心唯一清清而薄矯弊一時清而厚造福世

世公之於屬員誠心孚格而要之以一無所取故貪者有所畏忌而不得逞其志廉者無所顧慮而可以竭其才不得逞其志則不敢剝取民財可以竭其才則無不盡民心事而民之受福無窮矣云云

四月為文壽孫母廖太君

文云太君為靜公先生配先生負理學經濟之才究心良知家言棄諸生遁跡天台黄巖鎮帥前川張公造廬禮聘欲疏其功於朝辭之遂（移家京口）与太君偕隱性好施常以醫藥濟人不取值即稱貸者不計及子母舉丈夫子三太君曰君已有子何不焚諸逋欠先生曰微子言吾幾忘之其積善類如此長子（後歸錢塘）養素傳先生數學精於六壬薄遊粵東西一時督撫提鎮靡不倒屣余向佐郡南甯与養素往來最久見其信然諾好施與為人排難解紛文武僚友莫不資其言論聲譽偉然余因語孫子古人一日養不以三公換吾歸侯子於湖山

烟水之間他日卜地結鄰共數晨夕孫子曰諸兹當太君八十誕辰即以此言視之

曰富按孫養素蓋即為公莁歸者其父静公諱甚高惜未詳其名

六月宋夫人卒八月長子厚貽卧疾

宋夫人本患弱疾公罷南甯回夫人病日深至是遂卒長子厚貽四月中生瘍于腰八月潰毒流不止體素羸不復能起動

杭大宗世駿以詩文就正

堇浦太史祭公文云駿曲學所習矇昧所守不揣固陋猥以媲青儷白琱刻藻繪之文就公評騭公時居家衍濂洛關閩之派識老學博戔戔之説若穅秕之眯目固宜為公所鄙斥不省公匪惟不之見絶且命兒子傳鈔弆之篋衍展翫以為愉快與客言則深嘉而亟與之嗚呼駿何人斯而得此于公哉云云時太史尚為諸生也

曰富按祭文云命兒子傳鈔則太史謁公當在厚貽病未甚時今姑

附于是歲竊謂公不輕譽人已早知太史之必有建豎而太史他日之

氣節宜亦得力於公者多云

總督覺羅滿公招往閩中辭不赴

滿公字息山即公己卯座師也由福建巡撫陞浙閩總督知公罷官家

居屢以手書招往公以長子病不能離遠為辭

戊戌五十七年公年四十八辭敷文書院主講之聘

公哭子文云本處當道以敷文書院招我我亦以汝病為辭

赴朔望講約始与高安朱文端公輒會

高安以五十六年巡撫浙江刊　上諭十六條注解頒各屬府縣朔

望宣講于明倫堂又遴選鄉耆老優其禮數使各解說於其鄉公是時亦

往与因見高安焉

日富按文端序公集云余自撫浙時從衡門寂莫中物色得公迄今

幾二十年臭味之投終始之分竊自幸不愧序作于乾隆元年仲春

固(故)知非(初)涖任時即見又公足迹不至公府而文端薦疏有臣于宣講
上諭處見其云云之語則因此而會無疑其云從衡門寂莫中物
色柳或文端先造訪而后邀赴歟

又續娶夫人

公哭子文云年來疾病無人照拂因而復續娶汝繼母使看撫汝無
奈繼母又復多病之人不能撫汝吾所以朝夕不能相離
日富
桉彭尚書為公作墓誌銘云妻項氏繼徐氏皆贈夫人又繼宋氏
吴氏而杭太史代勵尚書廷儀作公神道碑則云初娶項繼娶徐及二
宋及吴皆士族然則兹所娶之夫人或吴或宋未可知也公固撫子(養)
病而娶不宜固遲故列於是年然公哭子文之末有雖(云)舍父而得恃
四母也汝無悲怖則疑此夫人亦不久謝世蓋卒于公由京赴閩之年
故文中序厚貽於公(庚子八月)出門後猶曰對母姊日以守父家規為言而公辛
丑詩 至沙溪二首遽有伶仃傷母恃醫藥託交親慚無中饋理弱女

苦勞辛等句文兹雖未明言意不能撫汝一語已指此矣疑事毋質姑
備其說于此
己亥五十八年公年四十九辭豫章書院主講之聘
大學士奉天白公潢以丁酉秋授江西巡撫戊戌到任至是特疏請
增賓興解額比於京闈又遴選十三郡能文之士二百有奇肄業豫
章書院其不在所選中而願來學者又百餘人一體給与廩餼[illegible]聘
公主講席公亦以長子病辭不往高安有与白中丞書有云今之
士子以文章為邀榮之階儒其名市井其心是故非擇生徒而教之
難擇教生徒之人為難也先生嘗寓書聘錢塘沈位山先生矣位山浙
之名儒也位山辭而後別聘其人必位山匹也
庚子五十九年公年五十五月高安朱公以賢能薦
高安特疏薦公奏稱近思初任河南縣令循績特著以卓異陞補同知
因水土不服告休歸家足不出戶鄉里欽敬臣于宣講上諭處見

其年力尚壯精神強健之 敕部調取引 見破格擢用疏入即有

得旨召入京以繫要缺用

八月八日由家赴都

公哭子文云去歲因高安之薦奉 旨引 見不得不行於八月初八日起

身 勵志錄云余庚子秋出門中秋宿高郵河上賦絕句八首時月色明

皎公詩不見集中

冬會儀封張清恪公伯行論學

公撰儀封墓表云庚子之冬近思始見先生於京邸質疑就正於大

學一書頗有論辨 公神道碑云與張清恪公講性命之學清恪所

著學庸講義皆與公往復辨論而後成

會陳公守創吳公隆元

公撰贈通議大夫陳公傳云康熙五十九年同（近思與陳）被薦及君木齋吳君易齋

同被薦入京一見如舊交相得甚歡又二年遇 今上御極之初三人

張清恪公年譜云乾隆五十九年夏四月公赴通州薦沈近思陳守創吳隆元監督倉場注云公常懷以人事君之義汲

引人才若将不及然或摺奏或口奏不令所舉者知之即子弟亦不与聞

俱蒙擢用而木齋進少司農總督倉場務每一相見各抒懷抱契合無間又云余觀木齋之為人忠誠坦白絕無粉飾其設施事業篤實有成

嘆為不可及

辛丑六十年公年五十一二月監督清河本裕倉

神道碑云監督清河本裕倉嚴立規條搜剔奸蠹積弊一清

四月覺羅滿公奏發福建候補知府

先是滿公在巡撫任奏請閩省沿海要缺乞於（直省）卓異官中調發庶可勝任有　旨命廷臣議御史璩廷祐疏言未便　上以為督撫欲地方得人所言合理似皆由卓異官不願往海疆陰囑御史先發此論如此權歸科道是明季陋習也命另議乃有揀選卓異官送部引見簡放要缺之例故高安得以公薦至是滿公奏發候補知府特保題公時公監倉未兩月即有　旨發往閩中

六月出京聞臺灣之變閏月抵浙省

公祭淵公太夫人文有云夏末出都道經鄉邑初聞捷音懽忻踴躍

七月由浙赴閩

公哭子文云吾自七月初三日出門　和（有）倪子珍贈句四首有注云在湯溪路遇中山貢使知海氛既靖不勝懽忭　過草萍（音）云烈日肩輿過玉山勞勞棒檄鬢毛疏迴思七載南甯返細雨斜風到此間　玉山開舟一首過焦石塘一首至沙溪二首望鵞湖山用朱子和陸子壽韻三首紫溪口占一首車盤旅店口占用鵞湖山下舊韻一首時一路亢旱

游武彝

有至崇安縣一首遊武彝山一首至武彝山從問津亭登峭遊大王峯入武彝宮又沿山行里許望玉女峯因日莫不及遍遊隨下筏行至戌刻始登舟一首和朱子櫂歌十首再和三和各十首和仁智堂等題十首再和十首和大隱屏四首和袁機仲仁智堂等題九首（少止宿寮一題）和朱子答袁機仲韻和朱子武彝謾題各一首舟行一首舟中書懷借朱子武彝精舍

韻一首至建陽縣借朱子瑶字韻一首借蔡九峰天柱峯韻一首和熊勿軒隱屏精舍韻一首和熊勿齋韻（扉字韻）一首又和二首喜雨宿小箬驛有作借前韻有感再借前韻又二首過延平口占三首憶武彝一首

八月抵福建省城

將抵省城有感而作二首有云客路三千里官期（一月程）日必登今朝方抵岸朔日必登城拙直違時好痌瘝感物情但存清白質隨分濟蒼生 吾生感意氣努力報 君師敢顧身家念慚當民社司病兒千里外孤影半衰時利濟情偏切皇天伏護持 又有渡烏龍（江）望五虎山有作三首見葉閣老墓碑一首謁范忠貞公祠一首

由省赴廈門

滿公以五月駐師泉州之廈門六月施提督世驃藍總兵廷珍復臺灣閏月擒朱一貴及其黨解京而餘孽未盡尚留鎮所公抵省不數日即往軍營有赴廈門一首舟至興化城外登岸有感二首中秋宿興化

偶憶去歲客高郵用百年幾遇月當頭作起句因復用前韻三首至瀨溪見彭中丞墓碑有感一首過梅嶺僧舍偶坐二首過楓亭一首過興泉交界懷李彭二公一首謂文貞公光地及中丞鵬也過惠安城過洛陽長橋各一首謁蔡忠惠公祠二首宿同安縣界沙溪旅店一首有感臺灣事十二首過五通江有作一首起岸登廈門一首

抵廈門見滿公即留幕中辦事

公著遠慮論四篇論臺灣善後事宜當時采其議行之其一論全臺形勢云臺地流雜至一二百萬其人衆矣田園日闢膏腴倍收其地廣矣洋通禁弛百貨皆集其財聚矣鹿耳之門四面鐵沙一夫當關萬舟莫入可謂天險矣寥寥三縣官吏稀少則巡察疏也鎮兵缺額素不操練則武備弛也內地過臺隔一重洋風順則平波靜浪一葦可杭風逆則駭浪驚濤儼同外國文書羈遲呼應不靈踰月經旬急切難到則勢處孤危非同內地之

可以臂指使呼吸通也今幸而如朱一貴之無知則剿平易〻耳設有黠者如鄭成功輩竄入其中則文官如歐陽凱土珍等之庸懦或死或逃而彼則撫數十萬流離之衆據二千里膏腴之地以重兵守鹿耳之門以勁卒取澎湖之島且拘收船隻不放過洋則臺灣已失而内地尚不知也及内地既知而彼謀已定我反為客以内地之兵攻外洋之寇勞師動衆未易卒平奈何不早為之所也　其二言當設官分理云臺地二千里一府三縣俱住府治官不知民民不知官亂之所由生也今宜照内地縣制或一倍或兩倍多不過三百里而止分作八縣以抵内地之中郡則官之耳目可以周知一縣而巡行可以徧歷四境才智可以展抒而精神可以管攝就一縣之中分而為都圖保甲統領約束絲連繩牽則村庄大小戶口多寡可以一目燎然而稽察無遺俾各官其地各子其民分疆畫界定宅安居此不能之彼〻不能之此不獨外來之奸宄各有盤查〻不能越海渡

洋而潛匿即臺地之居民各有管轄不能踰庄越界而逃藏一道
一鎮彈壓府治駐兵三千游守千總分防各縣各駐千兵分地而守
因糧而食一有竊發務必緝獲盜賊不除必成大寇一縣疏防即
將一縣之文武照內地處分庶地方各有責成而官吏俱能展布
其三言弭亂之方云取數十萬無室無家之人處之得其所其事
在為之以漸而行之不覺夫此數十萬中有好勇使氣才力過人而
能作亂者百人中一人而已彼既負此桀驁之資必不肯胼手胝足
從事農業者也為文武官者或於月朔或於季終借讀法講武
之事會集鄉民見有勇力過人氣槩出衆者即拔而取之置之
行伍濃其賞賜美其衣服令其豔慕而樂為今日拔十人焉明
日又拔十人焉十人為隊領以隊長十隊百夫領以百夫長百隊千人
領以千夫長嚴加操練團弄純熟如有過犯軍法從事不出半年
而臺灣之兵皆精悍而充盈迨兵多之後於換班之時令村官約

東潛移過臺以充內地各標之軍實如此數年則精英悉拔壁壘眞
新而緩急可用蓋人各有志則得其志則治失其志則亂人各有欲
順其欲則治逆其欲則亂人各有管束有管束則治無管束則亂人
各有職業有職業則治無職業則亂今以好勇恃強之人而使之為
兵馳馬試劍挾矢操戈則其志得也此輩所欲在衣服飲食而按季
食糧勤操邀賞則其欲遂也行伍森嚴號令分明則管束有人
而桀驁飛揚之氣不得逞也日省月試勤操熟練則職業雖曠
而浮蕩縱肆之惡習自然消磨也臺灣之不靖不過此輩作祟耳
今既拔而取之則其餘皆庸愚無知蚩蚩之衆耳蚩蚩之衆將惟吾法
之行而誰敢梗其令紀綱法度之詳可次第施布之矣 其四言治民
之道云八縣既分地制有定則一二百里之內可以周覽而知也且保
甲既編戶口有籍則有室家與無室家之人可以按圖而攷也其有
家室者各田其田各宅其宅無論已其無室家者或籍內地漳泉

或籍廣東潮饒俱必有家屬在彼或限以三月或限以半年令其
回鄉搬取來臺方許其授田居住而違抗不從者則驅逐過洋如此
則在臺之民皆成土著而永無外來之流雜況以一縣之官經百里
之地丈量可清而欺隱漸出荒蕪既闢而田園自多以欺隱荒蕪之
地分給有室家土著之民使之各墾其地各管其業各完其稅各
當其差無僱替代管一田三主之紛擾而各有父母兄弟以相聚各
有夫妻子女以相樂無異類客庄結盟拜把之惡習而且編以保甲
嚴以約束十家為甲則有甲長十甲為圖則有圖總十圖為都
則有保長鄉約日稽月查朝巡莫察奸宄何自而潛藏地方何緣而
不靖況為政必兼教養禮記曰家有塾黨有庠古時蓋無地無
學也中等之人教而後善不教則放佚為非勢所必至務必每村每
庄設立義學人生六歲即令其入學教之以灑掃應對愛親敬長之
禮十五以後講明大學令其作文其有秀出人羣者即取入泮而養

之於學宮況臺道有考試之權激勵勸懲可以自主移風易俗反掌何難而義學之費則出之於官莊以地方之財供地方之用樂育人才挽回風俗皆由於此無財不可以為用故不肖者以財為囊橐之物而賢能者以財為經濟之資洵不誣也化頑暴之風而為馴良之俗變海島之習而成禮義之鄉者其能外此而他求哉　又有感

臺灣事詩十二絕句

祭海神

祭文有云近思浙水寒儒潁川下吏七年作官止知潔己愛民八載歸林惟在讀書稽古乃以浙撫朱公之特薦獲覲　天顏又蒙福督滿憲之保題遠來茲土適逢臺灣之變正當軍旅之秋未獲補官方將需次快覩天戈之所指醜類已早剷平更愁害氣之未銷遺黎尚煩安輯邇者浙閩總督覺羅滿保肅虔告祭擇吉渡洋獎率十三軍指重溟而直往撫綏萬姓知滄波

之不揚特命近思追隨舟次鼓舞前驅自顧微員幸叨重委誓心清白對流水以何慚矢志丹誠望波濤而不媿云云又代滿公為文祭臺灣山川之神祭臺灣死難諸將許副戎等祭施提督九月望日卒于軍祭穆提督與施公卒先後在一旬中見祭文

曰富按藍鹿洲太守鼎元平臺紀略纖悉必書獨不書公到臺豈未果行耶又公代祭施提督文中有云公方留臺戎行慎簡班師遲遲頻思防患予欲渡洋與公晤面善後良圖深籌熟算編甲清丁增名設險定里分疆賦均民便以絕奸頑以安良善孰意涼秋訃聞捐館據此則施未卒以前滿未嘗至臺而平臺紀略載九月施提督卒于軍藍總兵署事十月藍公解餘賊至廈門十一月大舉搜捕十二月滿公在廈親審逃員委遊擊安奎押送臺斬決時鹿洲在藍公軍營使公有奉委赴臺事必與相見不宜反不書也

校詩送陳少林夢林歸漳浦丙戌藍鹿洲鼎元
鹿洲集附行述云辛丑四月臺灣亂羽檄交馳府君援筆立就條畫悉
合制府多如其議時錢塘沈端恪公需次入閩在幕府尤嘆異焉曾憶
端恪送陳少林先生還漳詩云我聞閩中有二賢共說少林玉霖好才
名非獨冠臨漳默輸忠赤傾葵陽我識陳子思藍子何時笑詠
諧清商蓋謂府君也按公詩不見集中又云六年冬以相國高安朱公薦引見
條奏六事時朱公侍側而錢塘沈公為總憲與俱交贊其才
鹿洲跋陳少林臺灣後游草云其初渡臺以聘修諸羅縣志辛丑再
渡臺以制府滿公屬參軍事隨師平賊未幾而復有癸卯之遊殊
非其意憶昔征帆諸詩所為詩也中丞沈閣齋比之少陵又云雍正
六年 上命內外臣工各舉有猷有為有守之士中丞閣齋先生以為無
逾君者亟草疏欲薦于朝稿已具而中丞疾作乃寢
日富按兩處言六年皆誤實五年也此以後事因叙公之知二君故預附

於此

十一月聞長子卒於家

公長子名玉麟字厚貽自幼端重三歲喪母徐夫人四五歲時在公臨頻署冬寒嘗以身先温枕席繼母宋夫人問故曰我煖席以待母寢也宋夫人有病則禱拜神前不止公赴南甯不以家口隨及歸見其質鈍不三四行深以為憂乃自教之日聽講解忽開悟一日能背誦一二十行字亦端楷公復喜以為質本不鈍也已而得弱疾臥床五年然能料理家事且教戒幼弟讀書日以守父家規為言公往福州臨行前一日猶手書八事曰創修義學養濟孤貧勸民敬字掩骨埋墳平治道路立願救人廣施醫藥拯救生靈公臨行之日復以首抵枕上曰望大人為官力行八事以荅上天語罷哭失聲即於公行之月卒年十八公十一月二十日在厦門聞訃尚未詳其卒日有哭長男玉麟文又有得麟兒凶信用柳子厚韻一詩云心死寒灰不復然那堪腸

斷鷺江邊離家遠隔三千里養汝空勞十八年東野有書難記日西河無罪欲呼天一棺遥想秋風冷痛絕蘇堤敗柳烟後以其仲弟遷之長子恒爲嗣遵公遺命也恒生三子長舒華嘉慶戊午舉人

壬寅六十一年公年五十二正月由厦門回福建省城

元旦作七律一首四日又作絕句曰正月四日離鷺津斜風細雨送行人此方物候偏驚早一路桃花照眼新

作勵志錄

曰當按錄中一條云余庚子秋八月八日出門中秋宿高郵河上賦絕句八首時月色明皎辛丑七月二日赴閩中秋宿興化城外賦絕句三首時天陰無月今年寓閩署無詩天雨無月出門以來三度中秋得看月者一而已嗟乎月之晦多明少與人之處世何以異哉有志者可以自信矣據此條則是書當作於是年無疑

哭陸麟度師

有閩邸抄知陸麟度年友已作古人為詩哭之七律一首

日富按麟度一字巢雲与胡國期皆為公同年中最相契勵志錄中有論二人一則已載卷二丙戌年中

作俟軒賦

公寓閩署名所居曰俟軒即以自號作賦曰仰穹昊之如蓋兮遠蒼蒼其何極弄日月於如丸兮紛往來其相織春與秋而代謝兮等光陰於過客人生在其間兮曾不能以止息憶少壯之如昨兮儼白駒之馳隙曾轉盼之幾何兮忽衰老其將及視茫茫而漸昏兮髮星星其化白聰明之日減兮意氣亦復非昔媿此身之屢變兮難比質於金石雖聖賢之當此兮亦無所庸其智力披遺書以三復兮曰俟命而不惑謂齊彭殤為妄兮問何事之真實一死生為誕兮更何修之親切青春其不再兮欲追尋而無覓逝水其不舍兮欲留停而無術憶往以悲來兮對秋風而飲泣嘆老以嗟衰兮覓丹砂而駐色欲計

較之營々兮腸九廻而百折苦寤寐之逐々兮心冰寒而火熱豈知大
造之有定兮曾何加於損益是以智士惜時仁人愛日驗道體之離合
兮必須臾而敬惕決吾心之存亡兮功不違於終食勿以去日為多兮
行百里者半九十勿以來日為少兮賤千金而貴一刻百年非久兮
佚庸流之浪擲寸晷非暫兮成奇行之激烈或半生守正兮忽末
路之變節或畢世浮沈兮至莫年而改轍謂五十其始衰兮蘧瑗
知非而進德謂七十其稱老兮尼山寡過而學易謂九十其既耄兮
衛武賓筵而戒抑謂啓手足其知免兮曾氏彌留而易簀一息之
尚存兮此志不容以懈怨對衾影而不愧兮待蓋棺而論畢日汲々
其不遑兮學孜々其弗輟惟憤樂之循環兮已相忘於歲月何
思而何慮兮何憂而何戚苟朝聞而夕已兮亦順存而甯歿請以俟
名軒兮庶有資於時習

作時習吟

廿

詩曰尼山開正學時習乃其方汲汲無欲速循循不敢荒思深能浹洽行熟漸安强渙若冰為泮怡然旨獨嘗念我同心友千里還一堂麗澤交滋益春風共就將悠悠户外客悲憫非自傷廓然太虚體浮雲相與忘

沈端恪公年譜卷四

癸卯雍正元年公年五十三春奉　欽召入京授吏部文選司郎中

神道碑云　憲皇帝初即位　上向聞公名召授吏部文選司郎中時銓法久亂胥吏多假手為姦公密察輿論盡得其隱吏不敢欺由是宿弊頓絕　國史稿本傳云雍正元年特用吏部文選司郎中予加二級　賜第一所帑金四百兩　墓誌銘云公夙夜勤慎有姦輒發吏不敢欺

九月充會試同考官

是年三月舉行鄉試各省同考官監臨先期試以時藝一篇文理優長者入內簾荒疏者供外場執事　九月會試十月　殿試中式二百七十人　上以兩總裁特擇公充輿論翕然加太子太傅銜兩總裁者大學士朱軾吏部尚書張廷玉也

十一月授太僕寺卿仍兼文選司事

神道碑題後云端恪前此為選君尚書隆科多密勿重臣最專斷曹郎莫敢仰視端恪獨侃侃持正議一日畫諸尚書曰可端恪曰不可尚書怒端恪持之益力良久尚書忽曰沈選君諍友也改而從之且曰寮友當如此矣入告於　世宗遂不次加太僕寺卿仍領選司自此得大用

甲辰二年公年五十四正月充山東鄉試正考官

是年為補行癸卯正科鄉試副考官公同年涿州朱丹山一鳳時官御史頭場四書題子以四教一章言其上下察也五畝之宅一節解元王世魁濰縣人公序山東鄉試錄有曰臣等所持以衡較者惟在守周程張朱之言以求孔孟程朱之理外以體驗天下之事內以印證一己之心四者合而為文始入彀其他迂疏凡陋詭譎輕儇者槩弗錄焉非敢謂執其法而遂可定其人也亦即由此求之庶幾乎其不遠云耳

此處應增 上諭清查虧空疏

二月擢吏部右侍郎
上賜詩曰常伯官資貴齊名屬亞卿同邀三品重並列六曹崇操比寒潭潔心同秋月明所期庶政理海宇日澄清蓋異數也
日富按神道碑云丙午主江南試 陛辭之日 御賜詩云云而 國史稿列傳係於擢侍郎下當以 國史稿為正

四月回京上出使事宜疏
疏有曰臣在東省見百姓耆老言及原任糧道余甸原任布政使佟吉圖二員清廉愛民家家感念查余甸等因河工被劾其獲罪情由臣未悉知惟是輿情愛慕解任後迎養輪供起解時又爭出錢物攀留迫切之情出於誠心若非實惠及民何以得此臣既經目擊不敢隱諱云云
日富按閱是疏公之護惜善類不避嫌私於此可見

上諭清查虧空疏

此條宜移置擢侍郎

一条前

時田文鏡為山東巡撫方查辦州縣虧空公上論清查虧空疏曰伏
查東省向來虧空繁多據撫臣云欠在藩庫者一年以來皆已全補
欠在各州縣者尚有三四十萬正在嚴催急補臣愚以為填補庫項
固當上緊然亦須量其力之可為而不累於民若一味嚴急各州縣
只顧一邊暗加火耗有傷民力非　皇上愛養民生至意要在大法小
廉清心節用漸補而不覺其難既補而不復再虧斯為善補之道
也虧空亦各有不同有軍需要務及地方賑灾不得已而虧空者有因
逢迎上官及侈靡妄費而虧空者有自己任内虧空者有前官虧
空被上司威逼而承認者夫居官一有虧空則身非乾淨之身陞遷
無望而名節不顧貨利是急而貪汚不恥府庫空虛而賑濟郵
灾皆為具文故虧空之中必無循良之吏也一虧空而吏治民生俱不
可問矣臣愚以為宜將虧空之省飭令撫藩通盤清算共計若
干分別四等一為奉　旨事件公捐之項一為通省事件公用之

項一為前任所遺代認之項一為本官自己侵那之項造具清冊不得掩
飾其為自己侵那者固當著落本人賠還置之重典矣其為奉
旨事件公用者當遵 旨施恩照例豁免矣其為通省事件及
前任所遺代認者此等官員概以侵那治罪似乎太過若留之地方
甚為有害既經虧空必不肯將己財補用不過取之於耗羨仍
是地方之物況肯受虧空之人必不能有操守而善節省久留於
任不特前虧無補必致後虧復生輾轉滋累徒使百姓日受重
耗之害臣愚以為此時凡有虧空之員應即令其解任另選賢能之
員開明數目將加一耗羨量留上下各官養廉外酌算每年應補
舊虧若干限年補清報部酌量議敘如有於加一之外再行妄加火
耗者即以貪贓參處如此則通省皆清白之官彼此砥礪名節可
以永無虧空之慮而國計民生均有裨益矣
上疏請移贈曾祖父母

方望溪集贈淛人尤氏墓表云　皇帝嗣位之始年搜揚遺賢命
大臣各舉所知於時今吏部侍郎沈近思以郡丞就其家起吏部文選
司郎中既任官　特命兼太僕寺卿逾年四月拜疏歷其曾祖母
尤氏守節撫嗣子教孤孫艱而有成暨其父將終傷家世田農不
能為大母請旌而有望于後願以元年　覃恩身及妻應得之封移
贈尤氏　天子既賢近思感其意　詔以侍郎階資贈其曾祖父母
公疏有曰臣本農家世守耕讀曾祖二十而歿曾祖母二十二守節嗣子
及婦相繼早亡遺孤年十三即臣之父當前癸未之末村落適遇
兵荒臣曾祖母挈孤孫流離饑饉之中內憂外侮艱苦倍嘗支
持茅屋使不傾覆鄉里皆以為難臣父見背時臣方九歲執臣
手而命之曰祖母撫孤兩世苦節三十四年農家無力請旌他日若
得讀書成名必思有以表揚祖母臣泣誌之不敢忘臣十五學禪
二十一入泮二十五始知聖賢門路每於燈窗寒餓淒風苦雨之時

無刻不以曾祖母苦節冰霜為念臣知立志自守不敢浮沈隨俗皆臣
曾祖母苦節之遺教也幸遇　覃恩大沛之時内外臣工皆得推封祖
父、恩綸復許移贈臣受　恩深重先世有苦節而不為表章是
臣之不孝也懇求　皇上鴻恩破格俞允以章苦節不獨臣此生
之私願得伸而臣之先祖父母俱銜感於地下且使鄉里聞知皆信苦節
之久必獲報而臣舉家世世子孫永戴　皇仁於不朽矣

七月奉　命往河南審案

國史稿本傳云奉　命同尚書阿爾松阿往河南審理生員王遜
等糾衆罷考一案論如律

十月充武會試正考官

公甲辰科武會試錄序有云我　國家近科武舉之制一場試騎射
二場試技勇三場兼攷策論亦既備前代取士之法矣　聖祖仁皇
帝文德武功超邁萬古俾應武科者三場首語孟論次武經論次

時務策又設立好字號分別技勇參以文章分別取舍而一時武士
咸知誦習孔孟之書我　皇上龍飛以來作人造士加意慎重至於
武科既命親王大臣監試而榜發之後對策　彤廷復　親閱較射
所以鼓舞而作興之者至精且詳矣多士幸生其間亦思文武本一
途而知所以報效之具乎又云承平之日四海恬熙所以資彈壓修武
備者亦必以清慎勤三字為兢兢清以表率則餉無虛冒而兵皆
實在之兵於是乎戎行整慎以約束則民無擾累而兵皆節制之
兵於是乎閭閻安勤以訓練則軍無惰遊而兵皆精悍之兵於是乎
壁壘新而邊疆肅

對廷議耗羨歸公事

是歲山西巡撫諾敏上耗羨歸公之奏下廷臣議衆以　上意所向
不敢言公獨爭之力言耗羨為額征所餘本無定數今歸公則與
額征無異在今日為正項之外更添正項他日必至耗羨之外更添

耗羡是重困民也他人或不知臣起家縣令故知其不可行　上曰汝為令亦私耗羡乎公對曰非私也非是無以養妻子　上曰汝學道乃私妻子乎公對曰臣不敢私妻子但不能不養妻子若廢之則人倫絕矣　上笑曰朕今日乃為沈近思所難是日同列皆為失色然上嘉其誠剴不之責也　上以耗羡惟無定數故不肖有司取民無制遂著令以加一為率提解司庫頒　上諭曰耗羡存庫不過暫寄以備地方公用斷不可歸入錢糧之內凡此等羡餘概不得牽混正項國家經費自有常額若將此入正項爾等羡餘必仍另取不特名實相違且恐移東就西反致滋弊　上之此諭蓋猶秉采公之言云本全謝山太史題神道碑後參彭尺木進士測海集其　上諭則從刻本東華錄謹錄入

曰富　按松江府人物志載青浦王原康熙四十一年由貴州銅仁縣行取授工科給事中時山西平陽府知府馬思贊請以天下錢糧加一火耗作為正供原奏言其不可議遂寢原字令詒陸清獻公弟子也以其

所見與公合故附記之且見此事康熙中已有人倡議不自諸撫始也

乙巳三年公年五十五夏坐事應降調尋旨寬免議

本傳云六月吏部議年羹堯誣參道員金南瑛等不實罪尚書隆科多擅會同兵部僅議革年羹堯將軍職 上以吏部應議事含混會奏巧為徇庇下都察院議隆科多削太保銜近思等坐附和降調得旨寬免 望溪集侍郎魏公墓誌銘云乙巳夏 上告廷臣曰如朱軾張廷玉沈近思魏方泰朕保其終無貳心

七月聞季兄慎言卒于家

公諸兄惟慎言及見公登第至是歿公七月下旬聞訃為文以祭稱其篤于孝友至性激切書 勤田桑夜愛讀大學孜孜喜聞善言數十年不與戶外事雖老于農蓋不愧為公之兄也公告四兄文末有云某以千里憂患之殘軀一旦遭此骨肉死喪之異變傷心慘目幾不欲生兼之仕途難定未知何日得歸老首邱惟硜硜自

守一絲不染留此清白之身不致玷辱家風異日可以見祖宗與
諸兄于地下言之慘悽筆不能下云云後大興朱相國珪讀公集評
其文曰楊津之與楊椿溫公之與伯康其於死喪之際哀痛宜何
如也觀於此者孝悌之心油然生矣

上疏請進士雙單並選教職改用正途復行舉薦實學
疏云知縣一官為親民之吏錢糧刑名皆所職守今之進士未必皆能學
道愛人然欲求學道愛人之吏斷必在進士中也　皇上軫念人才將
癸卯恩科內點出三十員除發往外省餘則在於月選進士班後添
用一人臣伏查銓選舊例進士選用知縣者止於雙月大選十七缺用
五人而單月不得與焉故往往候至十餘年尚多壅滯人才實難當
及其精銳而用之候缺年久志氣消磨立名砥節之念既淡趨利避害
之意漸生應請嗣後將新科進士內選擇年富力強言動端樸者恭
請　皇上親加考試以吏治民生因地制宜之事命題觀其經濟識

見明白通曉如何量取四五十名照四舉四捐四補之例亦入於單月分內
選用四人以十六缺為一班則讀書明理之士得及時先用而地方赤子
必蒙清廉慈惠之福又教職等官有司教之責非他雜職可比　皇上
慎重學校洞鑒捐納之員不可以教訓士子悉令捐教諭者改補縣丞
捐訓導者改補主簿臣查未奉改補之先有捐納而現任教職者尚多
其人現今奉　旨將揀選舉人之年老者悉令改教則舉人候補教職
數倍於前請立限年之法凡從前捐納教官任滿五年已足榮身悉令
原品休致不論經制復設凡教諭員缺令舉人補用訓導員缺准令恩
拔歲副補用庶正途可以疏通蓋士為四民之首民俗之淳漓由於
士習之邪正教官職分全在教訓士子約束嚴密不許才華奔競
如一縣之內生員果皆守分讀書不入公門詞訟稀少風俗樸茂
教官即為稱職該督撫不拘年限破格薦舉以示風勸其有
縱容士子出入公庭或結交請託或抗拒把持詞訟起滅風俗澆

濡即將教官以溺職糸革其有年過七十以上衰朽太甚不能約
束士子已經過任十年者雖正途亦令原品休致以避賢路而
教官既有師道之尊不宜置之末入流雜職之後應加正八品級以
重其體歲科兩試衡文之外當令教官將各士品行優劣開明
事實申報學臣嚴加分別不得徇情苟容以致學校之設有名
無實又各省書院之設所以講明實學造就人才也近來士子惟
知習學時文以為梯榮之具身心民物久置度外應飭督撫
將各省書院查明向來捐助義田餘貲敦請道德品行之儒
能守孔孟程朱正學者為之師擇取通省生童内有志實學
之士肄業其中倣宋儒胡瑗經義治事條規講習明體達用
之功比年三年以待其成其有品行端潔通曉治道者開列所
長歲薦一二人咨送到部恭請　皇上親加考試各量所長
而設歲薦之職以觀其賢能如才堪大用則督撫加級薦非其人

則四訂其俸此於科目中額之外復加薦舉實學之條庶取士之
途廣而 國家收得人之實效現今銓法精嚴臣之所請法外
恩也
上疏請典史改用正途
其疏云一縣之內有令丞簿尉小邑率無丞簿惟尉則每邑有
之即今典史也職分甚微而與民最親其專司有督務能緝
盜則良民安其兼掌有獄禁能卹囚則人命重又有批發之
詞訟差委之案件才幹則無稽遲安靜則無煩擾其官雖卑
於丞簿其職掌實視丞簿為要而民之受其利害尤為切近
唐宋進士初第縣尉與拾遺史館侍御史中書舍人知州縣事
並除近因例由考職吏員出身遂咸以卑賤目之欣逢 皇上
洪慈於雍正二年冬舉行計典典史雜職俱得與州縣官一體卓
異庶人人可以鼓舞而知所自新矣但查此等官員有應選先

用兩項其應選班次據外省總冊挨次選用現今所選僅至康熙二十四
五年其中半多物故暗中頂替莫可究詰至先用一途五年役滿
加捐者固多有之而掛名著役頂冒加捐者亦復不少現今極力
嚴查設法防禁而各處假印抽憑之事紛紛敗露其果係吏員
正身又屬久慣衙門熟於作弊本人亦自以出身卑微不肯復修名
節甫一到任書役皂快本其同氣彝好弄法本其故智害人詐財
本其生業地方惡棍以其職卑行污易以賄買遇有詞訟批發計刑
杖之多寡定價值之高下魚肉小民若分所應然甚而有與捕
役通同養賊暗剖贓私名曰收月規又凡難結之案或迎合上司或
受人賄囑土囊壓口草薦豎壁實有人所不忍言者今各省
命盜重案其不研求實情題參監斃銷案者半由此輩所為
即至嚴參革被視其官本同買販曾無警懼臣愚以為此輩
吏員似不可為親民之官也查銓選則例內吏員應選八九正從未

入流驛丞倉場庫使閘官等共五十餘項為途甚廣儘足充吏員之選用應請將典吏仍古制為縣尉改州吏目為州尉與教職平行補用正途凡有舉人揀選期遠年力精壯情願初試為仕者許其呈通詳咨部揀選照府廳之例與知縣有正佐之分不行屬下之禮三年內遇大計卓異有實在潔己愛民弭盜卹囚治績表著者該督撫據實薦舉卓異優陞其餘同正途論俸陞轉不比雜職此例如有忘出身詩書之籍仍蹈猾吏所為即行參革其或知縣缺出新官未到之先即委暫署有超群出格者即題補本縣蓋既為縣尉則於本縣之民情土俗自必周知熟悉使之署理尤為便習如此則佐貳微員亦可望以補偏救弊之事風塵下吏不致安於卑污苟賤之為滌除民害一也整飭官方二也疏通人才三也實於地方事務大有裨益

上疏請定屬員調補差遣之例

其疏云調補之法固量才器使之道臣愚以為去不肖宜速而任賢宜久也夫不肖之在地方肆其惡政雖一日而可懼賢者之在地方布其善政須積久而後成今之督撫於地方屬員往往有任僅數月忽以為賢能而調繁夫以為不賢而調之則賢者正宜久任使得展其經濟竟其設施小民所深望而最難得者賢司牧耳今幸得一賢員乃甫及數月未得成其善治即別調之而更以新官豈不生小民之怨而為地方之惜況任只數月所為賢者未必果賢臣愚以為督撫有以屬員為不肖而調簡者應即行降調有以屬員為賢能而請調繁者除初選時已奉　旨准調外其餘必須任滿三年果有善政可稱并查實無虧空令督撫開明事實咨送引　見方准調繁則地方收得人久任之效而絕虛聲躁進之弊矣又督撫差遣自有佐貳以備使用今多以正印之州縣調入省會經年累月不得在任所以致錢糧不得催徵刑

名不得清結至於署印等事往往有相隔數百里輒令帶理勢必不能分身兼顧徒使兩地俱空夫州縣之於小民猶父母之於赤子疾苦撫摩豈可暫離朝夕州縣賢能之員雖如龔黃卓魯而不能常在地方亦復何益臣請嗣後督撫凡一切差遣署理之事俱用同知通判佐貳等員不得輕調正印若以佐貳不足差遣則此等官員竟成虛設應即以不職參革不宜令其竊位素餐如有萬不得已之委署盤查須正印州縣者亦必地方貼鄰可以朝發夕至兼顧無誤不得隔越百里之外其有公務調入省城亦必隨即發回除科場大典外不得逾半月之限以致廢職曠官

丙午四年公年五十六

是歲二月介王君虛舟乞方君靈臯為曾祖母贈淑人尤氏墓表其文有云尤氏重其夫以及其嗣子可以教天下之為人妻者矣近思念

其父以及其祖所嗣之大毋可以教天下之為人子孫者矣　天子優
賢厲節推恩於功令之外而褒崇踰所應得可以教天下之為
臣者矣禮達義明不可以匆籍也云云

三月轉左侍郎
日富　桉是春陸清獻公從祀孔子廟

七月充江南正考官
副考官為太常寺少卿天門曾元邁所取解元為銅陵黃淮公序
丙午江南鄉試録有云唯執實理為憑不敢以浮華是尚理之所
是不敢不取也理之所非不敢不去也又云多士以本至誠不欺之心
體日新不已之學内以勵純粹潔白之操外以立正直光明之業

十月有　旨加級
奉　上諭曰閲江南鄉試録見主考沈近思出題正大不尚詭僻三
場策問内發揮性理具有本源以此試士實有裨於人品學問甚

屬可嘉交部議叙加二級

按是科江南鄉試頭場題賜也女以予為多學而識之者與全章

序爵所以辨貴賤也二句詩云雨我公田一節二三場題未詳

上浙省弊疏

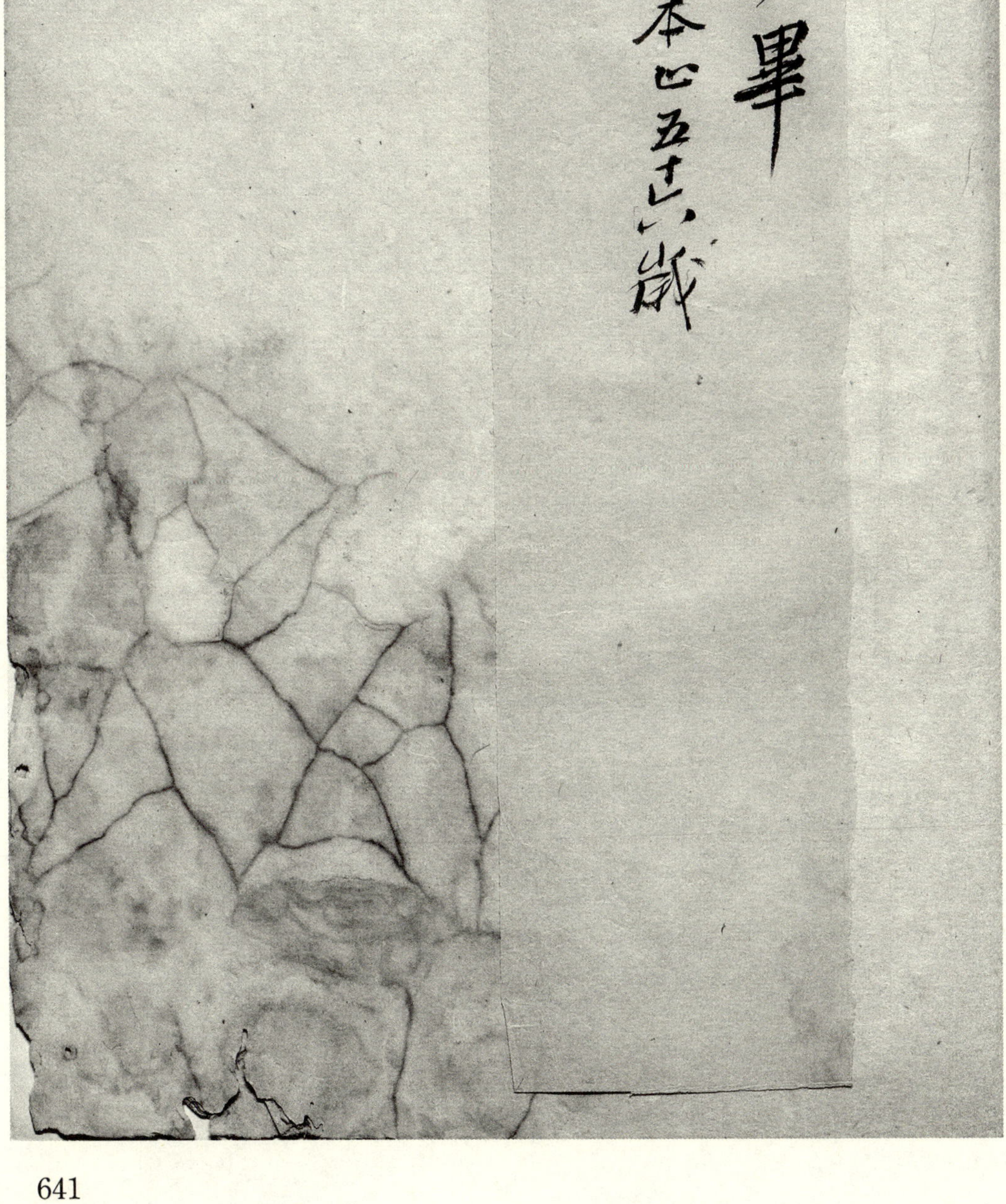

本末抄畢
滕清本已五十六歲